하늘과 땅 그리고 사람의 학문

도학풍수지리

하늘과 땅 그리고 사람의 학문

도 학 풍 수 지 리

초판 인쇄 2016년 5월 20일
초판 발행 2016년 5월 30일

지 은 이 장정환

펴 낸 이 강기원
펴 낸 곳 도서출판 이비컴

편   집 홍승희
디 자 인 박보람
마 케 팅 양경희, 박선왜

주   소 서울 동대문구 천호대로81길 23 수하우스 201호
대표전화 (02)2254-0658   **팩 스** (02)2254-0634
전자우편 bookbee@naver.com

등록번호 제 6-0596호
등록일자 2002.4.9
I S B N 978-89-6245-125-2 (93480)

이 도서의 국립중앙도서관 출판시도서목록(CIP)은 e-CIP 홈페이지(http://www.nl.go.kr/cip.php)에서
이용하실 수 있습니다.(CIP제어번호: CIP2016012207)

하늘과 땅 그리고 사람의 학문

도학풍수지리

평산 장정환 지음

이비락 樂

책 을 시 작 하 며 . . .

#01

긴 날을 원고와 씨름 하던 어느 날 아침.

휴대폰 진동음이 성가실 정도로 울린다. 지난 밤 원고 작업으로 날을 꼬박 지새운 터라 모든 것이 둔감해진 상태에서 무덤덤하게 오전 10시 30분을 가리키는 휴대폰을 열었다. 낯익은 번호....... 아버지로부터 걸려온 전화였다.

"예. 아부지! 웬일이세요?" "응. 그래 나다!"
"아침은 드시구요?" "......." "왜요? 무슨 일 있으세요?"

평생 태산이 무너져도 꼼짝 안하실 아버님의 목소리가 유난히 긴장되어 들려왔다.

"아직도 책 때문에 바쁘냐?" "아니요. 원고 마감하고 있어요. 무슨 일 있으세요?" "근데 말이다. 나 여기 수유리 병원인데 지금 의사가 큰 병원으로 빨리 가보란다." "왜요? 무슨 일 때문에요?" "별건 아니고 아침부터 목에서 피가 조금씩 넘어오 는데 멈추지를 않는구나. 그래서 가까운 병원에 왔더니 큰 병원 가라고 해서......." "아부지 알았어요. 전화로 119불러서 고대안암병원 응급실로 가세요. 아니면 거 기 병원 담당자한데 앰뷸런스 불러 달라고 해서 빨리 가세요. 지금 바로 응급실 로 갈게요."

혈액을 채취하고 이것저것 많은 검사가 이루어졌다. 피는 멈추지를 않고 연신 뱉어 내시고, 닦아 내고........ 혈압이 고저를 오가며 요동쳤다. 시간은 어느덧 오후 3시 를 넘겼다. 잠시 기력을 되찾은 아버님이 한 말씀 하신다.

"난 괜찮다. 네가 책 때문에 바쁘니 빨리 가서 마무리해라. 조금 있으면 괜찮아 질 테니 전화하면 그 때 오너라. 어서 가서 일 보고 빨리 완성하거라."

"걱정 마세요. 아부지! 잠시 후에 피 멎으면 같이 퇴원해야죠. 제 걱정 마시고요"
"배고프다. 빨리 퇴원해 집에 가서 밥 먹어야겠다. 네가 빨리 끝내야지........
　너, 책 다 쓰면 고향이나 한 바퀴 돌 테니 빨리 끝 내거라." ....

그 말씀을 끝으로 얼마의 시간이 흘렀을까? 밤 9시 중환자실, 긴박한 상황이 이어졌다. 자정을 넘겨 새벽 2시를 넘어 7~명의 의료진이 심폐소생을 이어갔다. 이내 막내의 절규하는 울부짖음이 중환자실의 공기를 가른다.

　"형! 형~!! 아부지가 너무 아파하시잖아!! 형!! 이제 그만 보내드리자~!!

주치의의 시선이 나를 향했다. 이미 내 손은 그만을 알리고 있었다. 곧바로 삐이익~ 하는 소리가 이어졌다. 새벽 3시. 2016년 1월 13일. 나는 아무 기억을 할 수가 없었다.

#02
　그러니까 좌청룡 우백호이니 하는 말을 들어본 적이 7~8세 쯤 이었을 무렵. 하얀 두루마기를 걸친 조부 손에 이끌려 처음 보는 아저씨와 함께 증조와 고조부 산소에서 어른들의 알 수 없는 얘기를 들은 것이........ 그리고는 세월이 지나 내 머릿속에서 지워졌던 그 생소했던 용어들이 20여 년이 지나 밤하늘 별처럼 반짝거리는 기억으로 다가왔고, 모든 문중 사(事)를 내게 넘겨주신 아버님의 뜻을 이어 받으면서 벅차게 들려왔다.

　"어르신! 긍께 저~ 앞 나산강이 여그 묘를 요렇게~ 감싸고 있응께...."

　낯선 아저씨의 말과 행동까지 또렷이 스쳐지나갔다.
그렇게 몇 번의 산천이 바뀌었을까? 문득 풍수라는 학문의 중심에 서 있는 나를 발견했다. 도학풍수는 최초 전남 박모 선생에 의해 알려지고, 그의 제자 윤모 선생께서 '통맥법'이란 풍수론으로 강론하면서 보급된 우리나라 순수 자생풍수이론이다. 궁중과 사대부가에서 비전비기되어 전수된 전통풍수론으로 중국에서 유입된 여타의 이론과는 논리자체가 다르며, 풍수에서의 혈과 명당이란 결국 '통맥(通脈)'을 전제로 한다. 그래서 내 박사학위 논문에서 그 명칭에 대해 한국풍수의 종조이신 도선국사와 무학대사의 뜻을 기리고자 법명을 빌어 '도학(道學)'이란 이름으로 한국풍수의 자존감을 찾을 것을 강조하였다. 이 책은 한국풍수의 미래를 개척하는 전통이론이다. 풍수가 왜 과학이고 실학인지를 깨닫게 될 것이다. 현재 한국 풍수는 그 존재마저 위협받고 있다. 학술적으로는 출처불명의 중국계 풍수이론이 풍수의 본질을 호도하고 많은 이들에게 사술적으로 접근하고 있다. 특히 실내 인테리어 풍수 분야는 미신적인 요소로, 풍수를 가장한 속신적이고 주술적인 내용으로 사람들을 현혹시키고 있다. 이 책의 출간 이유도 여기에 있다.

〈제1편〉에서는 풍수가 현대학문으로 정립해 가기 위해 우주와 지구, 그리고 별들의 세계, 모든 생명체와 기후조건, 인간을 비롯한 생명체들의 출현과 지구의 내부 구성, 자연생태시스템, 풍화와 침식에 의한 자연지형의 변화에 관한 내용을 다루었다. 〈제2편〉에서는 풍수지리에 대한 정론을 비교적 소상하게 고전적 용어를 현대용어로 바꾸어 꼭 필요한 내용만 소개하였으며, 〈제3편〉에서는 한국의 자생풍수이론인 도학풍수와 그 활용을 위한 내용을 다루었다.

이 책은 자연과 환경, 그리고 풍수적 삶을 위한 필자의 모든 인생의 꿈을 담았다. 나의 꿈을 위해 많은 분들의 도움이 컸다. 그 중에서도 기꺼이 책 출간에 응해주신 출판사 강기원 대표께 감사를 드린다. 또한 석·박사 대학원 제자들께서 긴 시간 날을 지새우며 교정과 원고내용에 대해 조언을 주신 덕택으로 출간에 이르게 되었다. 정태열, 박병옥, 이승노, 유영수, 정민호, 원홍식, 김여경, 천남열, 김인덕, 김태석, 김가임, 故 정정옥 선생님들께 감사를 드린다. 그리고 아직도 부족한 제자로 기대에 부응하지 못한 나를 묵묵히 지켜보시고 격려의 말씀을 아끼지 않으시는 김주환, 홍기삼 은사님께 머리 숙여 용서와 감사를 드린다.

평산 장정환

13

제3편 긴 여정의 끝 – 한국의 도학풍수

제1편

자연과 인간에 대한 이해

풍수지리학을 위한 여행

人傑則 地靈故 地靈則 奪神功改天命也.

훌륭한 인물은 땅의 영험한 기운으로 태어나고
땅의 영험한 기운은 하늘에 의해 결정되는 사람의
주어진 운명마저 바꾸게 한다.

제1장 지구와 우주로의 여행

1절 지구와 우주의 자연시스템

고대 우주론에 의하면, 우주는 닫혀진 유한의 구체구조球體構造를 가지고 있다. 그 중심에는 부동不動의 지구가 있으며, 그 위에 달, 수성, 금성, 태양, 화성, 목성, 토성이 박힌 7개의 투명한 천구天球가 일정한 회전비율로 둘러싸고 있으며, 그 위에 항성恒星이 박혀있는 천구가 역방향으로 회전하고 있다. 각각의 천구 상호 사이에는 일정한 관계가 성립하고, 그것이 만물의 원리적 구조 또는 원형을 이루고 있는 거대한 유기체로 생각하였다

일반적으로 사람의 힘이 가해지지 않고 우주에 저절로 이루어지는 모든 존재나 상태를 우리는 자연이라고 한다. 다시 말해 자연은 세상에 저절로 생겨나 스스로 존재하는 유형의 모든 산, 강, 바다, 식물, 동물따위와 바람과 같은 무형의 기氣에 의한 것들까지를 포함한다 그러므로 지리적 · 지질적 · 기후적 환경은 물론 사람과 사물의 본성이나 본질, 그리고 의식이나 경험의 대상인 현상의 전체까지도 자연이라고 할 수 있다. 다

시 말해 자연이란 스스로 생명력을 가지고 나와서 자라다가 쇠약衰弱해지고 사멸死滅하는 과정이며, 우주에 있는 모든 것들의 정신계나 물질계가 생성, 발전하는 물리적 환경이나 사물의 현상을 말한다.

자연이란 용어는 동양의 경우 중국에서 유래하였다. 자연이라는 말이 최초로 나타난 것은 '노자'에서 보이는데 원래는 어느 상태를 나타내는 말[1]로 결코 존재를 나타내는 명사는 아니었다. 따라서 자신을 뜻하는 자自와 상태를 나타내는 접미사 연然으로써 '자신의 상태' 또는 '스스로 존재함'을 나타내는 것이었다. 그런데 노자는 '자신'이라는 것은 사람의 힘을 뜻하는 인위人爲가 가해지지 않은 본래상태이기 때문에, 자연은 무위無爲와 결부해서 '무위자연'이라는 숙어도 생겨났다. 자신이 무위라는 것은 또한 물질의 있는 그대로를 존중하는 것뿐만 아니라 물질내면의 의식까지도 포함한다. 어쨌든 자연이라는 것은 자신을 포함한 만물萬物에 대해서도 '인위를 가하지 않은 자신의 상태'를 의미한다. 다시 말해 자연이란 오늘날 자연이 의미하는 삼라만상森羅萬象의 대상적 세계일반을 나타내는 것이 아니었다. 대상적 세계일반으로는 오히려 '천지'나 '만물'이라는 말이 이용되었다. 이같은 생각은 천지의 자연을 주장한 도가道家나 '논형論衡[2]'에서 자연을 논한 왕충도 함께하고 있다.

서양의 경우 현재 우리들이 이용하고 있는 '자연'이라는 말은 그리스의 '피시스(physis)'라는 어원까지 거슬러 올라간다. 피시스라는 어원이 의미하듯이 스스로 생기고, 성장하고, 쇠퇴하고, 죽는 일반적인 현상이 자연이며, 아리스토텔레스가 정의한 것처럼 '자신 안에 운동변화의 원리를 가진 것'이 그것이었다. 즉, 고대 그리스에서는 죽어서 없어지는[3] 무기적 자연이 아니라, 태어나서 성장하는[4] 유기적 자연이 자연의 원형이었다. 거기에서 자연은 인간에 대해 상극으로 대립하는 것이 아니라, 자연의 일부로서 상생적 존재로 포함되어 있다. 신神까지도 자연을 초월하는 것이 아니라 자연의 일부로 내재한다. 결국 그리스에서 자연은 인간이나 신을 그 안에 내포하는 살아있는 통일체이며, 이같은 생각은

1) 맹연(猛然)은 홀연히나 갑자기를 뜻하고 흔연(欣然)은 기쁨을 나타내는 의미 임.

2) 중국 후한(後漢)의 사상가 왕충(王充)의 저서

3) 사멸死滅

4) 생장生長

중국의 산수관山水觀이나 인도의 전통적 자연관5)에서도 거의 동일하게 말하고 있다. 그러나 중세 그리스도교 세계관에 이르러서는 인간과 신 마저도 자연의 일부라고 생각함으로써 자연이라는 통일체가 무너지면서, 신-인간-자연이라는 계층적 질서가 나타난다. 그리스도교의 새로운 질서는 곧 자연도 인간도 모두 신에 의해서 창조된 피조물被造物로써 신은 이 세상에서 가장 완전한 초월적 존재로 등장한다. 뿐만 아니라 인간도 자연의 일부가 아니라, 오히려 자연 위에서 이를 지배하고 이용할 권리를 신에게서 부여받는다는 신神중심의 질서로 개편됨으로써 서양의 자연관은 고대의 자연관과는 다른 길을 걷게 된다.

자연은 끊임없이 변화한다. 변화하는 모든 자연물은 과거와 현재, 그리고 미래라는 시간속에서 생물이건 무생물이건, 혹은 무형이든 유형이든 생장生長과 소멸消滅을 반복하며 시·공간상의 변이과정으로 나타났고 또한 진행될 것이다. 그것이 생물이건 무생물이건, 무형이든 유형이든 자연의 법칙은 일정성과 항상성으로 시·공을 초월한 동정動靜의 변화원리에 의해 삼라만상森羅萬象6)의 변화작용과 현상을 만들어 낸다. 다만 자연의 사물事物과 형상形象의 특질에 따라 대소장단大小長短의 차差에 의한 변화의 완급緩急만 있을 뿐 변화라는 자연의 법칙을 벗어날 수는 없다. 우리는 자연과 구성주체로서의 물상物象에 대하여 그들 스스로 변화하는 법칙성과 일련의 과정에 대한 이해의 필요성을 느낀다.

지구와 우주가 언제부터 생명의 역사를 시작하였는지 그 시작의 근원7)에 대해서 완벽하게 알려지지는 않았지만 일반적으로 우주는 '빅뱅(big bang)'이라고 알려진 약 137억 년 전의 우주 대폭발이라는 큰 사건으로 시작되었다는 것이 정설로 받아들여지고 있다. 빅뱅에서 '뱅'은 우리말로 '꽝' 정도에 해당되는 의성어다.8) 빅뱅은 직역하면 '큰 꽝'이란 의미이다. 빅뱅 이전에는 시간도 공간도 존재하지 않았다는 것이다. 그렇다면 시간도 공간도 없는 곳에서 어떻게 우주가 만들어졌을까? 우주의 저

5) 예로부터 지관이 인도인들의 세계관이라면, 따라서 인도문명은 종교성이 강하다. 지관이란 온갖 망념을 버리고 맑은 지혜로 사물을 관찰하는 것인데, 종교적 명상이나 활동이 이에 해당한다.

6) 우주 안에 있는 온갖 것의 일체를 말함. 우주에 있는 온갖 사물과 현상.

7) 시원始原

8) 이 연대는 가장 오래되었다고 알려진 별들의 연대와 비슷하다.

쪽 끝에는 무엇이 있고 그것은 어떤 물질로 되어 있을까? 이러한 의문들이 자연스럽게 생긴다.

9) 현대 우주론의 출발점은 1917년 아인슈타인이 발표한 정적 우주론이 효시이다. 아인슈타인은 우주는 팽창하지도, 수축하지도 않는다고 주장했다.

10) 프리드먼의 제자인 러시아 태생 미국 물리학자 가모브(George Gamow, 1904~1968)였다. 그의 논문은 1946년 초에 발표되었다

현대 우주론에 따르면 태초太初에는 아무것도 없었다고 한다. 우주라는 용어도 별(星성)도 원자도 없었다. 그런데 어느 순간 시간과 공간이 태어났다. 우리는 이것을 대폭발, 혹은 빅뱅이라고 부른다. 그 전에는 무無의 세계, 즉 알 수 없는 세계였다.[9] 초기 우주의 모습을 처음으로 정확하게 계산해 낸 '가모브'라는 과학자[10]는 우주가 고온 고밀도 상태였으며 급격하게 팽창했다고 주장하였다 그에 따르면 우주의 온도는 탄생(빅뱅) 1초 후 1백억℃, 3분 후 10억℃, 1백만 년이 됐을 때는 3천℃로 식었다고 한다. 또 우주 초기에는 온도가 너무 높아 무거운 원자들은 존재할 수 없었다고 하는데, 이때 생긴 수소와 헬륨이 현재 우주 질량의 대부분을 차지한다고 설명했다. 아무튼 빅뱅을 천재지변이라고 생각하면 빅뱅에 견줄 만한 천재지변은 없다. 이 사건의 위력으로 시간과 공간이 생겨났으며, 여기에는 '바깥'도 없고 제3자로서 관찰할 수 있는 사람도 없었다. 또한 여기서는 '먼저'라는 개념마저도 존재하지 않았다.

원시 지구의 이해도 ▶

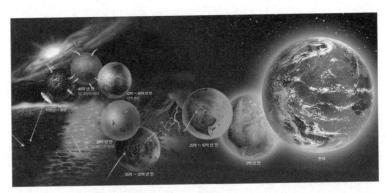

원시 지구의 진화 과정 ▶

행성들의 충돌기 ▶ 마그마 바다기 ▶ 지각의 형성기 ▶ 지구의 완성기

빅뱅이라는 대폭발로 우주가 탄생하고 우주현상에 많은 가스가 응축되어 태양이 만들어졌다. 이때 태양 외곽에 있던 소량의 물질들이 회전하다가 미행성微行星[11]이 만들어졌다. 초기에 만들어진 이 미행성은 먼지 입자 또는 가스구름들이 서로 뭉쳐서 생겼다. 그 수는 수조 개로 추산된다. 이들은 자기들끼리 서로 충돌하면서 계속 몸집을 키워 나갔다. 마치 오래된 침대 밑에서 먼지들이 엉켜서 덩어리가 되는 것과 같은 이치다. 미행성은 암석 성분으로 된 것과 철과 같은 금속 성분으로 된 것으로 나눌 수 있는데, 이들이 충돌하는 과정에서 금속 성분의 미행성은 서로 끌어당기는 힘 때문에 점점 더 커지고, 암석으로 된 미행성 물질들은 부서지고 떨어져 나가면서 원시 태양과 미행성들이 만들어졌다. 보통 이상 되는 큰 미행성들은 더 빨리 커져 나갔다. 주위의 물체를 끌어당기는 중력이 생겼기 때문이다. 그래서 부딪혀 흩어지는 암석형 파편들노 숭력의 힘에 의해 외부로 떨어져 나가지 못하게 붙들어 둘 수 있었다. 더 많은 물질들이 빨려 들어왔고, 모든 물질들이 하나로 합쳐지는 새로운 과정이 진행된 것이다. 이때부터 큰 미행성의 중심부에 모여 있던 고온의 물질들이 외부로 표출되고 크고 작은 천체들이 하늘에서 마구 떨어지는, 그야말로 혼돈의 상태가 지속되었다. 미행성들은 중력을 이용해 자신들의 몸집을 키워가면서 각자의 형태를 만들어 갔다. 그야말로 별들의 전쟁이자 별들의 고향이 만들어지게 된 것이다. 지구라는 생명체도 이러한 과정에서 생긴 우연이었을 뿐이다. 이때의 원시지구는 고작 수 킬로미터 밖에 안 되는 작은 몸집이었다. 수백만 년 동안 미행성들은 분합分合의 과정을 거치며 그 중 가장 큰 것이 원시 지구로 성장하였고, 시간이 지나면서 성장은 점점 느려졌다. 그것은 원시 지구의 덩치가 워낙 커져서 보다 작은 미행성이 충돌해도 성장률이 상대적으로 낮았을 뿐만 아니라, 궤도 부근에 있던 미행성의 수도 많이 줄어들었기 때문이다. 원시 지구의 내부[12]는 태양을 비롯한 태양계의 행성들이 만들어질 때 가장 먼저 만들어졌던 철과 니켈 같은 금속성분으로 채워졌다. 그 결과 지구 내부에서는 온도가 높아져 가스 배출과 열을 식히기 위한 자

11) 원시 태양계가 만들어질 때 여러 개가 모여 원시행성을 만드는 유성 크기의 천체로반지름 반지름 10 km 정도의 소천체를 말함

12) 중심핵

구책으로 화산 폭발 같은 일이 일어나기 시작하였다. 이때 빠져 나온 기체들로 인하여 하늘에는 새로운 대기가 만들어지기 시작하였다. 미행성들이 충돌하고 지구 내부의 물질이 표출하는 과정에서 엄청난 압력과 열 그리고 메탄, 수소, 암모니아, 이산화탄소 그리고 80%의 수증기와 같은 휘발성 성분이 방출되기 시작했다. 얼마나 시간이 흘렀을까? 고열의 지구는 점차 온도가 내려가고 이산화탄소와 수증기가 점점 많아지면서 원시대기가 형성되었다. 지구가 이산화탄소와 수증기로 덮여 있었다는 사실은 매우 중요하다. 이산화탄소와 수증기는 온실 효과를 일으키는 기체이기 때문이다. 만약 지구를 감싸고 있는 온실 기체가 없었다면 이때 생긴 엄청난 열이 모두 우주 공간으로 날아가 버렸을 것이다. 따라서 오늘날과 같이 푸른 지구가 탄생되지 않았을지도 모른다. 원시 지구의 수증기와 이산화탄소에 의해 두터운 구름층이 형성 되고 공기 중의 수증기가 물방울로 변하는 아주 중요한 일이 벌어졌다. 물론 수증기는 원시 지구가 행성들과의 충돌당시 행성의 파편들 속에 있던 선물이기도 하였다. 마침내 하늘을 뒤덮은 구름에서 비가 내리기 시작했다. 펄펄 끓던 마그마의 바다가 점점 식기 시작하면서 수백만 년 동안 끊임없이 비가 내렸다. 땅 표면이 꺼진 부분은 모두 빗물로 채워져 태초의 바다가 생겼다. 이 비는 시원한 비가 아니라 300℃에 가까운 뜨거운 비였지만 폭포수처럼 땅으로 쏟아지면서 1300℃ 정도로 펄펄 끓는 땅 표면을 빠른 속도로 식혀 주었다. 땅 표면이 식으면서 더 많은 수증기가 하늘로 올라가고 또 비가 내리는 과정을 반복하면서 땅은 더욱 식었고 더 많은 비가 내렸다. 이런 일이 얼마나 오랫동안 지속되었는지 아무도 모른다. 지구를 덮고 있던 두꺼운 구름층은 차츰 자취를 감추었고, 대기의 농도가 낮아짐에 따라 지표의 온도가 점점 더 내려갔다. 이렇게 해서 지구에는 육지와 바다, 그리고 맑게 갠 하늘이 생겼다. 지금부터 46억 년 전의 일로 우리들의 어머니는 그렇게 탄생하였다.[13]

13) 대단한 지구여행, 푸른길, 2011.

현대 과학계에서 말하는 우주탄생과 관련한 이론들을 종합하면 과거 어느 시간에 우주가 한 점으로 이루어져 있다가 폭발하였다. 그 한 점에는 우주 초기 폭발에 앞서, 오늘날 우주에 존재하는 모든 물질과 에너지는 작은 점에 갇혀 있었고 우주는 무無의 상태에서 대폭발로 태어났다는 것으로 집약된다. 현대 과학계는 빅뱅이후 우주의 팽창과 수축에 대한 연구가 주를 이루지만 무無에서 유有를 있게 한 근원에 대한 연구결과는 쉽게 내놓지 못하고 있다. 이에 대해 전통지리학의 이론적 논리의 중심을 이루는 대표적인 태극도설에서는 다음과 같이 다루고 있다.[14] 우주탄생에 대해 그 무엇도 없는 공空의 허虛와 무無로서 맑고 깨끗하여 때가 없는 경지인 청정무구淸淨無垢한 상태였다. 그러다 어느 시점에 청정무구한 상태에 두 가지 기운이 감돌기 시작하였다. 그 두 기운들은 각기 그들만의 맑고 깨끗함을 추구하면서 서로 다른 이질적異質的인 성향으로 양분되기 시작한다. 그리고는 또 어느 시점에 이르러 이 청정무구하고 순수한 기운들은 그들만의 충만함이 한계점[15]에 이르게 된다. 그리고는 이내 성향이 다른 두 기운은 각자만의 순수한 본성을 뒤로한 채 혼탁해지면서 서로 대립되는 기질로 다른 길을 걷게 된다. 그리고 얼마나 지났을까 두 기운은 혼탁해진 자신들의 기운을 억제하지 못하고 충돌하게 된다. 충돌의 과정을 통해 그들은 상대편의 기질을 배척하는 것이 아니라 수용함으로서 더 큰 생명의 에너지로 그들의 지위가 강건해 진다는 지혜에 도달한다. 즉, 무극無極에서 두 가지 상태인 순음순양純陰純陽의 음양기陰陽氣가 모여 동성운동同性運動을 이루다 어느 시점에 탁음탁양濁陰濁陽의 응축된 양기兩氣의 이성운동異性運動에 의한 태극운동시대가 도래하면서 일순간 만물萬物이 창조되고 분화되었다고 보고 있다.[16]

우리가 보고 느끼고 있는 대부분의 태양계 행성들은 일정한 궤도로 각자의 회전축에 따라 서西에서 동東으로 자전운동을 한다. 이는 우리가 익숙해져 있는 운동의 방향과는 사뭇 다르다. 우리는 동에서 서로 운동하는 순환성에 길들여 있다. 그런데 모든 행성들은 서에서 동의로의 역逆운동을 한다. 풍수지리학에서는 이것을 '음陰의 우선운동右旋運動'

14) 상세한 것은 뒤에서 다룬다

15) 극極에 이른것을 말함

16) 장정환, 청오경, 전게서, pp.97~101

이라고 부른다.[17) 따라서 우리가 바라보고 있는 하늘, 즉 하늘의 기운인 천기天氣는 상반된 순順운동인 '양陽의 좌선운동左旋運動'을 하게 된다. 이러한 운동법칙은 직선운동에서도 마찬가지다. 직진하는 차안에서 보면 중앙선 건너편의 정차된 차는 마치 나를 향해 직진해 오는 차로 보이는 것과 같다.

우리 인간은 지구라는 지표면이 대부분 단단한 물질로 이루어진 회전체에 살고 있다. 전통지리학에서는 말하는 음양관에서 음이란 단단하고 높은 것, 역행하는 것이라면 양이란 부드럽고 낮고 순행하는 것으로 본다. 따라서 지구(땅)를 음기陰氣의 고형체로 보고 있다. 음기는 수축과 수장되는 기운으로 태초에 지구는 음기의 주도적인 작용으로 형성된 만물의 모체母體로서 음지陰地를 각角이 진 방체方體로 보았다. 따라서 땅의 운동성은 양기陽氣인 천기天氣에 의한 천체운동이 순행順行의 회전운동을 하는 것에 반해 역행逆行의 회전운동을 한다고 설정하고 있다. 이는 좌선운동과 우선운동의 개념으로 규정되어 진다. 지구라는 회전체는 뜨거운 가스로 가득 차 있는 거대한 가스 덩어리 주위를 돌고 있는데 이 거대한 가스 덩어리가 바로 태양이다.

17) 천원지방사상天圓地方思想을 의미한다.

태양계는 지구를 포함한 8개의 행성과 위성, 명왕체, 혜성, 소행성, 유성들로 구성되어 있다. 풍수지리학에서는 8요曜와 28성수星宿로 구성되어 있다고 본다. 좀 더 구체적으로 보면 태양계에는 8개의 행성과 이

태양계의 행성들 ▶

27

들 8개의 행성 주위를 도는 약 150개의 위성, 명왕성과 같은 정확한 숫자를 알 수 없는 소규모 명왕체(plutoids), 수많은 혜성[18], 약 50,000개의 소행성[19], 그리고 수백만 개의 유성체[20]들로 구성되어 있다.[21] 태양계 8개의 행성은 풍수론에서의 8개 성좌星座로 목화토금수지월일木火土金水地月日[22]을 의미한다. 이 8개의 행성을 풍수론에서는 8요曜라고 부르는데, 팔요자체는 선천창조적先天創造的 음양陰陽의 고형체로 정형定形[23]이었으나 후천변화운동에 있어서는 제각각 일정한 궤도를 형성하고 천기天氣에 의한 순양운동으로 우주만물의 변화를 주도한다.

태양계는 약 50억 년 전, '성운(nebula)'[24]이라는 항성의 전신이 되는 고온의 고밀도 형태의 '원시별(protostar)'이 만들어지면서 물질의 중력적 붕괴로 내부로의 수축이 시작되어 탄생했다. 이 뜨거운 중심부에 있는 태양은 차갑고 회전하는 가스와 먼지 덩어리의 원반에 둘러싸이게 되었고, 결국 이러한 물질들이 서로 압축되고 모여서 지구를 비롯한 지금의 8요성이 만들어졌다. 또한 태양계의 모든 행성은 일정한 법칙에 의해 태양을 중심으로 태양주위를 타원 궤도로 돌고 있고, 이 행성들의 궤도는 거의 동일한 평면 방향으로 돈다.[25]

일반적으로 태양계 행성들은 태양과의 거리가 멀면 멀수록 자전과 공전 속도가 느리고 대기온도가 낮다. 지구라는 행성은 항상 변화하는 생명체이다. 인간의 관점에서 작고 느린 변화는 연속적인 반면에 태풍에 의한 변화와 같이 규모가 크고 빠른 변화는 돌발적이다. 빠르거나 늦거나 혹은 크거나 작거나 또는 연속적이거나 돌발적이거나 간에 지구를 포함한 태양계의 모든 별들의 핵심적인 운동의 의미는 음양운동의 변화이며, 지구를 포함한 태양계의 8요는 결코 정적靜的이지 않고 끊임없이 음양陰陽의 우선운동성右旋運動性을 가진다.[26]

지구는 행성과 행성간의 상위개방계인 천체는 물론이고, 내부 구성체

18) 암석과 금속 광물질 조각과 함께 결빙된 물과 각종 가스로 이루어진 눈덩어리.

19) 지름 수 km 이내의 작은 암석으로 이루어진 천체, 운석보다 크고 행성보다 작은 천체.

20) 모래알 정도 크기의 작은 물체.

21) 전체 우주에서 본다면 중간 정도의 크기인 태양은 태양계의 중심이면서 태양계 전체 질량의 99%를 차지하고 있다.

22) 地:땅:地球, 月:달, 日:태양

23) 정적靜的인 형체形體

24) 거대하고 차가운 가스와 먼지로 이루어진 대규모의 성간구름을 말함.

25) 태양계의 기원은 성운 원반설과 관련이 있음을 알 수 있는데, 이는 뒤에서 다룰 태극도설의 정성적 설명으로 가능하다.

26) 브라이언 J.스키너, 스테핀 C. 포터, 박수인 외 역, 생동하는 지구, 시그마프레스, 1999, p.2

간의 상호작용을 하는 여러 부분으로 구성된 하위 폐쇄계[27]에서 생물의 활동 결과는 지구 시스템의 한 부분의 변화[28]로써 필연적으로 지구의 또 다른 곳의 변화를 초래한다. 변화가 변화를 야기시키는 지구시스템의 작용은 풍수에서 말하는 만물萬物은 곧 일체一體이며 일체는 곧 만물을 낳는다는 역易과 태극사상의 원리이기도 하다.

2절 지구라는 생명체 – 지구 생태계

지구라는 땅은 그 내부가 하나의 덩어리로 이루어진 것이 아니고 각각 구성성분과 역할이 다른 세 개의 층 내지 면이 존재함으로써 연속적인 하나라기보다 연속적이지 않는 주요 불연속면이 존재하는 생체生體와 같다. 지표로부터 평균 40km까지는 지구의 껍데기에 해당되는 지각이 형성되어 있다. 이는 지구 부피의 1% 정도인데 여러 가지 암석 물질들로 구성되어 있다.[29] 또 지구 표면으로부터 약 2,900km까지는 맨틀[30] 부분이다. 깊이는 지구 중심의 반 정도 되지만 지구 전체의 80%를 차지한다. 또 가장 깊은 곳에 있는 핵 중 외핵의 두께는 약 2,280km로 철과 유황이 함유된 액체이거나 액체와 같은 성질의 물질로 이루어져 있다. 그리고 내핵은 약 1,190km의 두께이며 유황, 규소, 니켈, 칼륨 등과 같은 여러 가지 광석류로 이루어져 있다.

대부분의 사람들은 지구가 둥글다는 것을 잊은 채 살아간다. 둥글다는 것을 느낄 수가 없을 뿐만 아니라 시각적으로도 구球처럼 보이지 않기 때문이다. 그렇다면 얼마나 큰 구이기에 평지처럼 느껴질까? 아무튼 지구는 평평한 듯한 곡면이 모여 커다란 구球를 이루는데, 길이의 측면에서 약 20km까지를 평지라고 생각해도 무방하다. 과학적인 사고가 없었던 고대의 사람들도 월식을 보고 지구가 둥글다는 것을 어느 정도 짐작할 수 있었다. 월식은 태양과 달 사이에 지구가 끼어들어 생기는 현상

27) 내부 곧 지하
28) 지구시스템은 생물체만의 것이 아니다.

29) 주로 화성암, 변성암, 섬록암 등을 말한다

30) 맨틀의 주성분은 짙은 녹색의 투명한 페리도타이트라는 감람석의 일종으로 추정하고 있다.

으로, 이때 달그림자의 변하는 모습을 보고 지구가 둥글다는 것을 알 수 있다. 또 북쪽으로 올라갈수록 북극성의 고도가 높게 나타난다는 점이나 배가 항구에 들어올 때는 돛대가 먼저 보이고 반대로 항구를 떠나갈 때는 돛대가 마지막으로 사라진다는 점도 지구가 둥글다는 것을 알려주는 현상이다. 이 외에 지구의 적도에서 남·북극으로 갈수록 같은 위도상의 평행선의 크기(길이)가 점점 줄어드는 것도 지구가 둥글기 때문이다.

31) 피타고라스(Pythagoras, BC 582~BC 497)

32) 배가 불룩한 지구의 적도 둘레는 40,075km(1°당 111,319km)이고, 극 둘레는 39,940km(1°당 110,944km)이다.

33) 장정환 상게서, pp.17-18

지구가 둥글다는 이론은 오래 전부터 알려져 왔다. 동양철학에서 근원적 미美의 완성을 원圓으로 생각하였듯이 피타고라스 또한 '물체의 가장 완전한 형태는 구이다'라는 철학적 근거에 의해 지구가 둥글 것이라고 생각했다.[31] 그 후에도 여러 과학자들이 확인을 거듭한 끝에, 지구가 둥글되 적도 쪽이 약간 불거져 나온 회전 타원체라는 것이 확인되었다. 그러나 아주 먼 옛날 사람들은 천원지방天圓地方 사상에 근거해 자기가 보이는 곳을 벗어나면 낭떠러지라고 생각하고 함부로 멀리 가는 것을 꺼렸다고 한다. 뿐만 아니라 지구 탐험 초기의 탐험가들도 지구가 둥글다고 생각지 않았다. 그래서 북반구의 사람들은 지구의 남쪽이나 서쪽으로는 뜨거운 햇빛 때문에 끝까지 내려가지 못한다고 믿었다. 해가 서쪽으로 넘어가 그 밑으로 빠졌기 때문에, 거기엔 뜨거운 태양이 있다고 믿었다. 둥근 지구의 둘레는 서울과 부산 간 거리의 100배에 해당한다.[32] 그러므로 지구의 둘레를 기억할 때 약 4만 km라고 하면 무리가 없다.

우리 인간의 집단적인 활동은 지역적이며, 동시에 전지구적으로 사물을 변화시킬 뿐만 아니라 그 인위적 변화는 우리가 가능할 것으로 생각했던 것보다 훨씬 빠르게 진행되고 있다.[33] 인간이 거주하는 지구환경 속의 지표면은 아주 복잡하고 극히 다양하기까지 하며 끊임없이 새롭게 변하지만, 자연환경이란 아주 연약한 대상이기도 하다. 우리는 자연 그 자체뿐만 아니라 다양한 자연환경적인 구성요소와 자연경관을 구성하는 모든 자연지리적 요소들의 특징 및 그들의 실체와 변화에 대하여 음양오기론陰陽五氣論으로 살펴보아야 할 이유가 있다. 왜냐하면 각종 자연환경과 요소들 간의 상호작용과 지표상의 공간적 분포, 그리고 이들 하위시스템간의 기본적인 상호관련성에 대하여도 이해하여야 한다. 현재 전 지구적 차원에서 인간에 의해 야기된 인위작용으로 자연변화 현상이 급속화 되고 있으며, 환경변화의 특성들은 끊임없이 변하고 있다. 이러한 특성을 통하여 지구환경의 변화는 지속적으로 진행되고 있기 때문이다.

◀ 지구의 구조

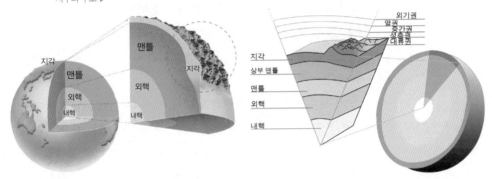

지구는 한시도 쉬지 않고 지금 이 순간에도 돌면서 달려간다. 지구중심의 고체철심이 마치 대형 전동기가 지구를 돌리는 것처럼 작동한다. 과학적으로 증명된 지구 핵의 중심이 이동한다는 것은 지구의 자기장과 핵심 사이에 상호 작용하는 전류가 가장 깊은 부분의 핵심을 전동기처럼 회전하도록 한다는 것이다. 이같은 힘은 지구가 갖는 에너지이자 땅의 지기이기도 하다. 우리는 지구가 돌면서 달려 나가고 있음을 전혀 느끼지 못한다. 지구가 움직이는 모습을 눈으로 볼 수 없기 때문이다. 태양이 뜨고 진다는 것은 해가 움직이는 것이 아니라 지구가 돌고 있다는 것을 말한다. 동력 상태인 지구는 이 순간에도 가공할 속도로 어디론가 달려가고 있다.[34] 또 지구는 한 시간에 경도 15°씩 자전하고 있다. 즉, 지구는 초속 464m의 빠른 속도로 돌면서[35] 초속 30㎞씩 나아가고[36] 있다.

지구는 하루에 한 번씩 지축地軸을 중심으로 스스로 돌고[37] 있다. 이에 따라 밤과 낮이 생기고, 천구天球의 일주日走 운동이 생긴다. 또 덕분에 지구에서는 물체에 원심력이 생기고, 그에 따라 지구 상의 각 점에는 중

34) 1억 4960만 ㎞ 떨어진 태양의 주위를 시간당 약 107,320km(30km/s, 근일점: 30.3, 원일점: 29.3)의 속도로 달리고 있다. 여름철에 부는 태풍의 1,000배 속도로 태양의 주위를 달리고 있다.

35) 자전自轉을 말함.

36) 공전空轉을 말함.

37) 자전自轉을 말함.

력 방향과 크기가 위도에 따라 변하게 된다. 지구가 한 번 자전하는 데 걸리는 시간은 태양을 기준으로 24시간이고, 항성을 기준으로 23시간 56분 4초이다. 이와 같이 차이가 나는 이유는 지구가 태양을 중심으로 공전公轉하고 있기 때문이다. 그 결과 계절의 변화, 하루 태양이 비치는[38] 시간의 변화, 태양의 남쪽하늘에서의 태양높이[39]의 변화 등과 같은 현상이 생긴다. 태양은 천구의 일주 운동으로 그 고도가 변화한다. 지구가 천구상 한 점에서 출발하여 다시 그 지점에 돌아오는 데 걸리는 시간을 1항성년이라 하며 365.2564일이다. 지구가 춘분점을 출발하여 다시 춘분점으로 돌아오는 데 걸리는 시간을 회귀년이라 하며 365.2422일이다.

지구는 생명체와 무생명체인 대기, 해양, 대지가 하나로 엉켜 적합한 생존 조건을 만들어 가는 살아 있는 유기생명체이다. 지구는 지구 핵심의 전동기가 지구를 돌리고 있기 때문에 그 자체가 살아 있는 생명체나 다름없다. 신기하게도 지구는 겨울철에 태양에 가까이 접근하고 여름철에 태양으로부터 더 멀어진다.[40] 태양과 지구 사이의 떨어진 거리는 매년 계절에 따라 조금씩 차이 나는데 가장 멀 때와 가까웠을 때 약 5백만 ㎞ 정도 차이난다. 이 차이는 지구와 태양 사이의 떨어진 거리에 비하면 3% 정도로 매우 작기 때문에 실제로 지구 기후에 영향을 줄 정도는 아니다. 그러므로 계절[41]은 거리와 무관함을 알 수 있다. 계절 변화가 일어나는 것은 지구의 자전축이 23.5° 기울어져 있기 때문이다. 즉, 1년 동안 태양의 고도가 달라지기 때문이다. 태양의 고도는 겨울보다 여름이 더 높다. 따라서 겨울보다 여름에 태양 에너지를 더 많이 받기 때문에 여름이 더 더운 것이다. 그러므로 여름철 더운 것과 겨울철 추운 것은 태양과 지구의 떨어진 거리에 정비례하지 않는다. 태양의 고도는 낮 12시가 가장 높아서 12시경에 가장 많은 에너지를 받는다. 하지만, 지표면이 달구어지는 데에 시간이 걸리므로, 낮 2시경에 온도가 가장 높다. 지표면이 달구어지는 데에 약 2시간이 걸린다는 말이다. 태양의 고도가 가장 높을 때 6월[42]인 것에 비해 평균 온도가 가장 높을 때는 8월인 것과 같다. 또

38) 일조日照

39) 남중고도南中高度

40) 남반구는 반대

41) 춥고 더움

42) 하지

한 태양의 고도가 가장 낮을 때는 12월[43]인 것에 비하여 평균 온도가 가장 낮을 때는 1월이다. 즉 지표면이 식는 데에 시간이 걸리기 때문이다.

지구의 자·공전과 회전타원체, 그리고 지축의 경사와 지구내부의 순환체계 등으로 대표적 천기인 태양열이 지구상에 고르게 배분되지 않기 때문에 생기는 세계의 일차적인 기후의 차이는 열수지에 의한 것으로 열대, 온대, 한대 등으로 나타난다. 열대는 양陽의 기후이고 한대는 음陰의 기후이며 음양의 기후에 영향을 미치고 양의 기후와 음의 기후를 중화시키는 조절적 기후가 온대기후이다. 열대지방은 받아들이는 열인 수렴의 양기陽氣[44]가 발산하여 내보내는 열의 양기[45]보다 훨씬 높아 양기가 지배적이어서 필요이상의 기氣인 태과지기太過之氣의 불균형지대를 의미하며, 한대지방은 반대로 수렴하는양기[46]보다 발산하여 내보내는 열의 양기[47]가 훨씬 높아 양기가 적고 음기陰氣가 매우 성행하는 필요이하의 기인 불급지기不及之氣의 불균형지대를 의미한다.

그러나 지구전체로 볼 때는 음양기陰陽氣의 적절한 조화에 의해 기후 환경적으로 미묘한 균형이 이루어져 세계의 기온은 일정하게 유지된다. 다시 말해 현대 지리학적으로 지역에 따른 기후의 차이는 있으나 전지구적全地球的인 측면에서 세계의 기온이 일정하게 유지된다는 것은 동양의 우주운동에 대한 관점으로 보면 일정한 법칙에 의한다고 본다. 사시四時의 변화와 일월日月의 교차, 천상天上의 성좌星座까지도 우주라는 전체적인 틀로 보면 일정한 궤도로써 운행의 법칙에 따른다. 이는 음양陰陽과 오행기五行氣의 교호交互현상 때문이다. 대기의 운동, 대기와 지표간의 수분교환 등 모든 기상현상은 천기天氣의 대표적 태양의 복사에너지에 의한 양기陽氣에 의해 일어난다.

기후는 오행적 기후요소인 기온, 강수, 바람, 습도 등의 상호작용에 의해 결정되며, 위도, 지형, 해류 등의 기후인자氣候因子 또한 이들 음양기와 오행기五行氣에 의한 상호작용으로 기후요소의 분포가 결정된다. 또

---

43) 동지

44) Input

45) Output

46) Input

47) Output

한 한 지점이 아닌 넓은 지역에 바탕을 둔 기단, 전선, 기압 등 무형無形의 자연요인에 의한 기후변화운동에 대하여도 음양기와 오행기에 의한 대기현상의 결과로 설명되어 진다.[48] 우리는 지구라는 생명체에 대한 지모사상地母思想이라는 풍수론적 접근을 위해 지구상의 식생과 토양, 그리고 지층은 어떤 구조로 이루어져 있는지에 대해 알아볼 필요가 있다. 뿐만 아니라 지구의 표면을 둘러싸고 있는 지각이라는 지구껍데기를 구성하고 있는 산과 물에 대한 풍수논리를 위해서라도 우리는 식생과 토양 및 지층에 대해 이해할 필요가 있다.

지구의 열수지와 환경시스템 ▶

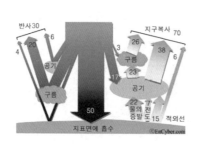

열수지도에 의한 지구시스템 [49]

지구환경시스템

2.1 환경론적 식생에 대한 이해

우리가 살고 있는 지구에서 최초의 생명 출현은 약 40억 년 전으로 추정되지만, 당시 생물의 직접적인 증거는 아직 발견되지 않고 있다. 화석기록으로 남아 있는 가장 오래된 생물의 흔적은 박테리아의 일종으로서 약 35억 년 전 바위침대라는 의미의 '스트로마톨라이트(stromatolite)'라는 남조류이다. 남조류는 광합성을 하는 단세포 조류로 다수의 단세포가 집합하여 실 모양이나 덩어리 모양의 무리를 형성한다. 핵이나 색소체는 없고 작은 단세포들이 사슬처럼 연결되어 매우 가느다란 섬유구조를 이루고 있다. 그 표면에는 끈끈한 점액이 분비되어 모래나 점토들이 잘 달

48) 현재는 주로 기단, 전선 등을 도입한 형상적形象的인 음양기와 오행기五行氣에 의한 오운육기의 성인적成因的 분류가 시도되고 있다. 권혁재, 자연지리학, 법문사, 2011, p.60

49) 출처: 이석형, 지구과학 스페셜, ㈜ 신원문화사, 2008.

라붙는 특징이 있다. 이 때문에 매일 주위의 퇴적물들이 박테리아 층에 붙잡혀 한 겹 한 겹 쌓이면서 차츰 버섯과 비슷한 퇴적구조를 만들게 된다. 이들 박테리아 남조류는 유독가스로 가득했던 원시지구의 대기에 산소를 공급하기 시작한 최초의 광합성 생물이었다.[50]

스트로마톨라이트의 반복되는 퇴적층에는 두 가지의 형성 이론이 있다. 가장 일반적으로 알려진 이론은 시아노박테리아 표면에서 분비한 끈끈한 점액에 물속을 떠다니던 모래입자가 달라붙어 주야간의 활동주기를 따라 반복적으로 퇴적층을 형성한다는 것이고, 또 다른 이론은 시아노박테리아가 광합성을 하는 동안 박테리아 표면이 알칼리성을 띠게 되어 탄산칼슘을 침전시키면서 석회질 퇴적층을 형성한다는 것이다.

◀ 샤크만의 스트롤마톨라이트

호주 서부 샤크만

스트로마톨라이트

단면구조

지구상에 유착하고 있는 식생은 자연환경의 구성요소 중의 하나로서 중요하게 다루어진다. 개별 식물이 모여서 이루는 식생植生은 위도와 고도 뿐 만 아니라 바다에서부터 거리에 따라 생기는 기후의 차이[51]에 따라 영향을 받는다. 따라서 해안 지방은 기후의 차가 적은 해양성 기후의 영향을 받고, 내륙 지방은 대륙성 기후의 영향을 받아 차이가 크다. 그러므로 기후, 토양, 지형 등 환경요인 간의 상호작용에 의한 기질氣質의 변화에 따라 지형변화의 차이가 다르며, 식물은 인간의 의식주에 필요한 귀중한 자원의 하나로 제공되어 왔다. 또한 지리학에서는 식생을 환경 내지 경관요소로서, 풍수지리학에서는 양기와 양택입지 인자로써 중요시하기 때문에 공간적으로 펼쳐지는 기후, 토양, 지형 등 환경요인의 영향하에서 형성된 식생의 유형과 구조가 주요 주제로 다루어진다.[52] 전통지리학에서는 식생에 대해 오행기의 목화기木火氣에 의해 생장生長되

50) 시간을 담은 땅의 기록 – 지질박물관, 2009. 8., 한국지질자원연구원

51) 격해도隔海度

52) 자연지리학에서는 인간의 간섭없이 발달한 자연식생을 핵심적인 연구대상으로 한다. 권혁재, 상게서, p.248

는 양물陽物로써 이해한다. [53]

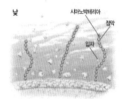  

모래 등 물속의 부유물이 박테리아 표면에 있는 점성물질에 달라붙는다.

박테리아가 활동을 정지하고 달라붙은 물질이 굳어서 층이 된다.

다시 활동을 시작해 전날에 고정된 층 위에 새로운 입자들이 달라 붙는다.

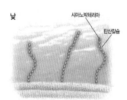  

광합성에 의해 알칼리성이 된 부분에 탄산칼슘의 결정이 형성된다.

침전층이 굳어서 층이 된다.

동일한 과정으로 층이 겹쳐나 간다.

또한 지구상의 식생은 토양의 각종 영양소와 수분의 제공으로 지표를 엷게 덮고 있고 뿌리는 토양에 둔다. 배산임수에서의 임수臨水[54]와 배산背山[55]지역 모두 토양을 도외시할 수 없다. 농작물을 비롯한 식생은 토양없이는 생장할 수 없기 때문에 토양[56] 또한 귀중한 자원으로써의 가치를 가지며, 식생[57]은 토양을 침식시키는 결과를 가져온다. 이는 오행론에서의 목극토木剋土에 해당한다. 토양은 암석, 공기, 수분, 생물 등 여러 물리적이고 화학적인 여러 인자들 간에 일어나는 복잡한 상질적 상호작용에 의해 극히 느리게, 혹은 하천 양안의 범람원 토사土砂처럼 단기간에 토극수土剋水작용으로 빠르게 발달하여 농작물을 비롯한 식생을 무성하게 성장시킬 수 있다.

53) 오행기의 상생과 상극에 대하여 설명하면 극剋과 관련하여서는 목극토木剋土, 금극목金剋木으로 설명되며, 생生과 관련하여서 목생화木生火, 수생목水生木으로 오행기에 대한 상질적象質的 의미로 식생에 대한 변화원리를 설명하고 있다.

54) 평지, 평지지역을 말함.

55) 산지, 산지지역을 말함.

56) 땅을 말함.

57) 풍수에서의 목木을 말함.

2.2 토양과 지층구조에 대한 이해

토양은 본래 암석의 풍화산물이 오랜 기간에 걸쳐 변질됨으로써 생성된 것으로, 몇 개의 층으로 나뉜다. 토양의 지층구조는 풍수학이나 현대지리하이나 차이가 없다. 지표면의 제일상부를 이루는 층은 토양의 식물에 수분과 영양소를 공급하는 층으로, 즉 뿌리가 뻗은 깊이와 일치한다고 보아도 무방하다. 이 층을 전통풍수지리학에서는 표토층表土層과 점질층粘質層이라고 부르는데 표토층은 1년생 초목의 뿌리가 뻗어나가는 토층土層으로, 표토층의 아래는 점질층으로 다년생 초목이 뿌리를 내리는 층이라고 한다. 그 다음 층은 풍화토라고 부르는 토양으로 풍수학에서는 마사토磨砂土라고 부른다.

식생 가운데 유독 소나무만은 풍화토風化土까지 뿌리를 뻗는다. 표토층이나 점질층은 토양입자와 입자 사이의 간극間隙 내지 공극孔隙(air gap)이 좁은 반면 마사토는 간극이 크다. 간극이 크다는 것은 토양입자가 점질층보다는 굵다는 의미이고 이것은 입자사이에 공기를 많이 함유하고 있다는 의미이다. 따라서 간극에 있는 공기중의 산소로 말미암아 토양이 생토生土이며 보온과 보습이 양호하고 지하로의 배수가 용이하다. 다음으로 풍화토양 아래에는 지중풍화에 의한 고운 모래층인 미립세질층微粒細質層이 있다. 이층은 풍수학에서 죽은 사람을 매장하는 지층인 혈토층穴土層에 해당한다. 혈토층은 죽어서 묻혀있는 사람의 사체死體에서 살과 뼈가 분리된 후 뼈만 가장 신선하게 보존시켜주는 지층이다.

마사층과 마찬가지로 가는 모래와 모래사이의 간극이 존재하며 항상적정한 온도가 유지된다. 냉장고의 표준 냉장온도와 같이 거의 일정한 온도의 생토生土이다. 혈토층 아래에는 암반층巖盤層이 있다. 풍수학에서는 뇌토층腦土層이라고 부르고 혈토층과 접하는 암반층사이는 건수乾水의 유입으로 지중풍화地中風化가 가장 심하게 일어나는 층이다. 또한 암반이 갈라진 틈새인 절리節理를 통해 지하수가 스며들어 지중풍화가 활발하게 진행되는 층이기도 하다. 이 암반층은 풍수학에서 땅의 지기地氣인 음기陰氣가 강한 고형체固形體로 본다. 따라서 지표면의 바위 또한 음기陰氣가 강한 고형체의 부산물로 지기地氣의 표상으로 인식한다.

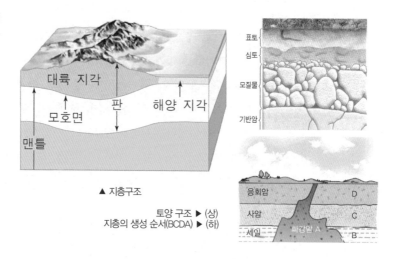

지층 구조와 생성 순서 및 토양 구조 ▶

▲ 지층구조

토양 구조 ▶ (상)
지층의 생성 순서(BCDA) ▶ (하)

토양의 생성과 암석의 풍화작용은 그 관계에 있어 상호 밀접한 관계를 가지고 있다. 암석이란 고체 상태의 광물입자의 집합체이거나, 광물·변질된 유기물 및 이들의 조합으로 이루어진 자연산 고체로서 쉽게 말하면 견고한 돌이나 바위를 뜻한다. 지각을 구성하는 암석은 화성암, 퇴적암, 변성암으로 이루어졌다. 단순히 풍화작용을 받아 암석이 부서진 것을 토양이라고 하지 않고 쇄설물이라고 한다. 토양은 암석의 풍화산물이 토양생성작용土壤生成作用을 받아 발달한 것으로, 토양은 광물성 입자와 공기, 수분, 유기물 등의 혼합으로 이루어진 영양분 층이다. 따라서 암반층은 다량의 유·무기물질과 금속성분을 함유하고 있어 만물萬物을 생육生育시키는 지기地氣의 보고층寶庫層으로 불리며 토양의 모태母胎이기도 하다.

토양[58]도 식생[59]처럼 환경에 변화가 일어나면 상극적 작용인 목극토木剋土나 토극수土剋水 작용을 처절히 진행해 가면서 환경과 조화를 이룰 때까지 안정된 토양으로 적응해 나간다. 토양은 빗물이 침투하거나 계절적 음양기에 의해 얼어[60]붙고 녹는[61] 과정이 반복될 때마다 조금씩

58) 오행상 토土를 말함.
59) 오행상 목木을 말함.

60) 결빙結氷

61) 융해融解

변화한다. 이 때 빗물과 결빙, 그리고 융해라는 형질의 변화 요소도 결국은 물[68]이라는 성분일 수밖에 없다. 이와 같은 토양의 상극을 통한 생성작용은 음양오행기의 작용에 의한 토극수土剋水 관계에 해당한다. 지표면인 지상은 지구라는 큰 음체陰體의 표면에 해당한다. 그러므로 지상인 지표면은 큰 음중陰中[62]에 소양少陽[63]에 해당하고, 지하 또한 지구전체가 아닌 부분으로 큰 음중[64]에 소음少陰[65]에 해당한다. 따라서 지상[66]과 지하[67]에서 일어나는 각종 생물의 활동도 토양의 성질에 변화를 가져온다. 소양의 지표가 천기작용에 의한 침식을 받아 기복起伏이 완만해지면, 결국 주어진 환경에서 광물, 공기, 수분, 유기물 등이 오행기의 상호작용 결과 이상적으로 배합되어 환경과 조화를 이루는 토양이 발달한다. 따라서 토양을 중심으로 한 환경요인 중 기후와 식생은 가장 중요한 역할을 담당하고 풍수에서 말하는 풍살風殺 또는 수살水殺과 관련을 갖는다.

생물환경인 기후 및 식생과 조화를 이루는 토양을 흔히 '성대토양成帶土壤(zonal soil)'이라고 하는데[68], 이 토양은 풍수론적으로 상생토양인 생토生土에 해당한다. 반면 무생물로써 지표를 구성하고 있는, 즉 지구 구성체의 하나로 지각을 구성하고 있는 각종 암체岩體는 지표의 기복과 같은 지형의 발달에 직 · 간접으로 큰 영향을 미치는 지구[69] 내의 작은 층層의 하나[70]로 음중소음陰中少陰의 고형물에 해당하고, 암체의 형상에 따른 미추美醜와 관련하여 풍수학에서는 매우 중요한 외부환경 요인으로 형기론에서 중요하게 다룬다.

2.3 생명체들의 마당 지각地殼에 대한 이해

지구는 마치 계란과 같은 형태이다. 그 내부는 매우 뜨겁고 죽과 같은 연질의 고온물질[71]이 가득 차 있는 표면을 껍데기가 둘러싸고 있는 형태이다. 계란의 껍데기에 해당하는 부분을 지각地殼이라고 부른다. 다시 말해 지구의 표면을 둘러싸고 있는 부분으로, 토양과 암석으로 이루어진 지구의 껍데기를 지각이라고 한다. 태초에 대륙은 한 덩어리였다.

62) 지구를 말함.
63) 지표를 말함.
64) 지구를 말함.
65) 지하를 말함.

66) 소양少陽
67) 소음少陰
68) 상게서, p.298
69) 태음太陰
70) 소음少陰

71) 마그마

인류가 태어나기 전인 아주 먼 옛날 지구는 하나의 대륙으로 붙어 있었는데, 이것이 점차 분리되어 지금의 대륙과 같은 형태가 되었다는 학설이 대륙이동설이다.

대륙표이설大陸表移說이라고도 하는 이 이론은[72] 대륙 이동설과 해저확장설이 정립되면서 초대륙의 실존이 서서히 입증되기 시작하였다. 이이론에 의하면 지금으로부터 약 2억 년 전인 중생대 초기에는 초대륙[73]과 초해양[74]으로 존재했었다고 한다. 베게너는 그 증거로 산맥 등이 같은 지질 구조로 발견된 것과 각 지역의 유사한 화석이나 동식물의 분포, 해안선의 일치, 빙하의 분포 등으로 하나의 대륙임을 입증하였다. 지구의 표면[75]은 크고 작은 조각으로 나누어져 있는데, 이 조각들을 지각판 또는 줄여서 판板(plate)이라고 한다. 지구의 껍데기에 속하는 이 판들은 서로 밀고 당기는 매우 강력한 힘에 의헤 지금도 움직이고 있다. 이 같은 에너지는 풍수지리학에서 말하는 역동적인 지기의 실체로 인식된다.

판구조론이란 '지구의 지각은 몇 개의 조각난 판으로 구성되어 있으며, 이 판들은 맨틀대류를 따라 움직이면서 생성·소멸하고, 서로 충돌하거나 미끄러지며 상호작용을 하고 있다'는 이론이다. 이는 계란의 껍데기가 여러 개의 껍질조각으로 기워져 있다는 말과 같다. 이 판들이 언제 다시 요동칠지는 알 수 없다. 판의 두께는 평균 48㎞ 정도 되며 크기는 지름이 수천 ㎞에 이르는데, 가장 규모가 큰 태평양 판은 서태평양 해안부터 대서양 한복판까지 1만 ㎞ 정도 뻗어 있다.[76]

지구의 판들은 주로 해저의 산맥[77]이나 해저의 깊은 골짜기[78]에 의해 나누어지는데, 해저의 산맥과 깊은 골짜기는 매년 2~8㎝씩 이동하고 있다고 한다. 1㎝는 아주 작아 보이는 움직임이지만 5천만 년 후면 500㎞가 이동된다. 이러한 이동이 앞으로 5천만 년 동안 더 진행된다고 가정하면 인도네시아의 섬들은 남유럽의 산맥과 같이 복잡한 지형으로 변할 것이고, 북아메리카는 태평양 쪽으로 이동되며, 아프리카와 유라시아가 충돌할 것이기 때문에 지중해는 사라질 것이라고 예측한다. 물론 인간의 시간개념으로 보면 장구한 세월 같지만 자연이란 존재에서 보면 극

72) 독일의 기상학자 알프레드 베게너(Alfred Lothar Wegener, 1880~1930)에 의해 제창되었다.

73) 판게아라고 불리며 모든 땅을 말한다.

74) 판탈라사라고 부르며 모든 바다를 뜻한다.

75) 지각

76) 그 외에 아프리카 판, 유라시아 판, 인도 판, 북아메리카 판, 남아메리카 판으로 크게 나눌 수 있으며, 소규모의 카리브 판, 나스카 판, 스코티아 판, 필리핀 판, 아라비아 판 등으로 이루어져 있다.

77) 해령

78) 해구

히 짧은 시간에 해당한다.

지각의 생성과 소멸 ▶

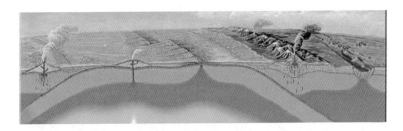

　또 태평양의 섬들은 침식되어 사라지고 새로운 섬들이 나타나기도 하며, 오스트레일리아는 아시아와 충돌할 것으로 전망하고 있다. 또 1억 5천만 년 후에 중국, 동남아, 오스트레일리아, 남극이 하나의 초대륙이 된다고 한다. 그렇게 된다면 지상의 낙원이라는 뉴질랜드까지 우리나라에서 비행기로 1~2시간의 거리가 될지도 모른다. 오늘날의 대륙 모습이 언제 다시 이동되어 다른 모습의 초대륙이 될지, 아니면 태평양의 섬처럼 산산조각이 날지 아무도 모르는 것이다. 왜냐하면 지구는 살아 움직이기 때문이고, 움직이는 모든 물체와 물질은 운동에너지를 가지고 있기 때문이다. 이러한 운동에너지를 가지게 하는 맨틀운동과 그 맨틀운동을 있게 한 근원적인 힘을 풍수에서는 '지기地氣'라고 부른다. 지기는 지상에 유착하는 모든 동·식물들에게 영향을 미치며 천기의 작용에 의해 다양한 지형을 이룬다. 풍수에서의 명당이란 형국도 이러한 지기의 영향이 만들어낸 자연적 형국이다.

지구의 판 ▶

지구라는 생명체는 완전 평면을 기대할 수 없는 불완전한 구형체로 바닷물로 덮여 있는 해양 속이나 육지에 해당하는 대륙이나, 크고 작고 혹은 높고 낮은 기복으로 되어 있다. 지각의 이러한 기복현상은 1차적으로 지각 자체가 여러 개의 지판으로 결합되어 있고, 여러 개의 판은 밀고 당기는 힘겨루기에 의해 형성된 지기의 대소大小에 따른 것이다. 이 엄청난 힘겨루기는 인간의 눈으로 볼 때 단시간의 가시적인 힘겨루기가 아닌 장구長久한 시간을 두고 은밀히 진행되는 초인적인 힘겨루기이다. 이 지각 판의 싸움은 지구환경에 큰 재앙으로 나타나 자연재해를 주기도 한다. 이러한 재해는 지진과 화산폭발, 그리고 그 결과로 발생하는 해일 등을 말한다. 물론 이 엄청난 에너지[79]를 동반한 지판운동은 지구내부에 마그마라는 에너지원으로부터 발생되는 열 순환운동에 의해 발생한다. 몇 개의 조각으로 된 지판이 지구表面을 변형시키고 있다는 의미이다. 지구의 얼굴을 변형시킬 정도의 힘이 지하에는 있다. 지상에 있는 모든 것들은 이 힘의 지배를 받는다. 지기의 영향권 아래 모든 생물과 무생물들이 있다는 의미이다. 풍수학에서 말하는 땅의 에너지란 의미에서의 지기는 살아 있는 생동에너지로 땅의 형상[80]과 토양에 따라 각기 다른 생물들의 생로병사生老病死에 관여하는 모성애母性愛와 같다. 지모사상地母思想이란 이러한 의미에서 출발하였다. 풍수학에서의 기氣는 이러한 지구생명체의 형질적이고 형상形象적인 기氣에 음양오행기라는 지리철학적 요소인 기의 개념까지도 포함하는 넓은 의미[81]의 개념을 말한다.

　　여러 개의 판板(plate)으로 나누어 진 지각판은 풍수적으로 지구내부[82]의 소양기少陽氣에 의한 결과물로써의 고형물固形物이다. 이 판들은 열 순환과 관련하여 각기 특정한 방향으로 움직인다. 우리 주변 산이나 강, 혹은 바다 밑과 산맥 등 자연지형의 기복과 같은 형상은 장구한 지질시대에 비추어 보면 일시적인 것이고 지형은 후천변화의 음양원리에 의해 끊임없는 변화작용을 한다. 지구라는 얼굴의 주된 변화운동은 지구내부의 열이 원동력이 되지만, 하늘의 에너지[83]인 태양의 복사에너지는 지형의 변화를 가져오는 또 다른 원동력으로 작용하고 있다.

79) 지기地氣

80) 지형

81) 광의廣義의 개념

82) 음중陰中

83) 천기天氣를 말함.

전통지리학에서는 지구[84]를 만물을 생육生育하는 유기적인 생명체로 인식한다. 이는 지금까지 살펴본 현대 지리학의 이론과 같다. 따라서 풍수론에서의 산山ㆍ수水 또한 생명을 가진 산수체계山水體系로써 끊임없이 태어나서 성장[85]하고 죽어서 묻히는[86] 유기체로써 역易에서 말하는 태극운동의 변화체로 바라본다. 그러므로 음陰으로서의 산山이 기복하고 양陽으로서의 수水가 굴곡하는 변화성은 생生으로 강조되고, 반면 변화되지 않고 본성을 유지하려는 즉, 기복과 굴절이 없는 산수운동은 의미 없는 사死의 상징성을 부여하여 흉격凶格으로 간주한다. 따라서 선천적 본성을 탈피하여 크게 변화하는 후천적 산수는 생生의 상징성을 부여하여 길격吉格으로 보아 생토生土, 생지生地, 생룡生龍, 생기生氣 생수生水 등 다양한 시각으로 분류하고 구분하여 취용取用한다.

자연현상과 사물에 대한
풍수론에서의 음양관 ▼

<table>
<tr><th rowspan="4">상대적 음양관</th><td>기본
개념</td><td colspan="14">1. 우주는 끊임없이 변화하고 운동성을 가진다. 따라서 우주만물은 생장수장(生長受藏)의 과정을 거친다.
2. 만물은 무극(無極)에서 태극(太極:純陰純陽) ⇨ 사상(四象:太陰, 少陽, 太陽, 少陰) ⇨ 8괘 ⇨ 64괘 ⇨ 4096괘 ⇨ … ⇨ 무한분열의 변화와 역순의 무한수축이라는 과정으로 윤회를 반복한다.
3. 모든 자연현상과 사물은 선천적 음양기의 본성인 정신(精神)을 가지고 탄생되며, 후천적 오기(五氣)가 작용하면 개별적 외형인 육체(肉體)를 이룬다.
4. 큰 음중에는 작은 음양을 가지며 큰 양중에도 작은 음양을 가진다. 따라서 음양작용이란 무한분열과 무한수축이라는 운동을 유지하게 된다.</td></tr>
<tr><td>陽1
陰1</td><td>넓은 것
좁은 것</td><td>溫純한 것
暴惡한 것</td><td>낮은 것
높은 것</td><td>따뜻한 것
차가운 것</td><td>유(柔)한 것
강(强)한 것</td><td>前
後</td><td>右.
左.</td><td>깊은 것
얕은 것</td><td>動
靜</td><td>春
秋</td><td>夏
冬</td><td>水
山</td></tr>
<tr><td>陽2
陰2</td><td>天氣
地氣</td><td>曲한 것
直한 것</td><td>肯定
否定</td><td>順行.
逆行.</td><td>靑赤
白黑</td><td>木火氣
金水氣</td><td>東南方.
西北方.</td><td>熱氣
寒氣</td><td>熱
冷.</td><td>물(水)
산(砂)</td><td>平地
山地</td><td>宇宙.
地球</td><td>陽地
陰地</td></tr>
<tr><td>陽3
陰3</td><td>面
背.</td><td>朱雀
玄武</td><td>靑龍
白虎</td><td>海洋
陸地</td><td>日.
月.</td><td>晝
夜</td><td>天干
地支</td><td>남.
여.</td><td>기쁨
슬픔</td><td>아침
저녁</td><td>건기
습기</td><td>동물
식물</td><td>밝음
어둠</td><td>넓음
좁음</td><td>행복
불행</td><td>등
등</td></tr>
</table>

84) 땅

85) 생성生成

86) 사장死藏

87) 유수流水

풍수론적으로 음陰의 체형인 높은 산지를 형성하게 하는 지각변동, 용암을 쏟아내 화산을 형성하는 화산작용 등은 지구내부 열순환운동의 일환인 음중陰中내 양동운동陽動運動의 결과로 일어나는 것이다. 그 결과로 나타나는 지형의 형성작용은 양동의 발산작용 결과 수장收藏되는 과정에서 형성되는 것이므로 '음정陰靜의 내적작용內的作用'이라고 한다. 그리고 여름이면 우리가 많이 찾는 깊은 골짜기를 파는 흐르는 계곡물,[87] 모래를 쌓아 언덕[88]을 만드는 바람, 해안에 절벽을 깎아 놓은 파랑波浪 등의 기구機構도 에너지의 근원이 양동陽動의 천기天氣인 태양의 복사열에 있다. 따라서 이러한 기구에 의한 지형의 형성작용을 '양동陽動의 외적작용外的作用'이라고 한다. 이러한 내·외적 변화작용은 지구라는 생명체가 끊임없이 생동하고 있음을 말해주며, 음체형陰體形인 지표와 양천기陽天氣인 대기간의 수분 순환과 대기의 운동은 지구[89]에서 받아들이는 태양의 복사열[90]로 인해 발생하는 것이다.

자연지리학에서는 '환경으로서의 자연' 뿐만 아니라 우리의 눈길을 끄는 '경관의 구성요소로서의 자연'도 중요시 되는데, 지형은 이 두 측면을 모두 갖추고 있다.[91] 이와 같이 경관이 갖는 환경적 의미는 풍수지리의 형기론形氣論에서 말하는 조응照應논리와 그 뜻을 같이 한다.

지구의 복사평형과
열수지 및 해류도 ▶

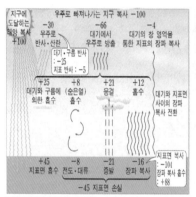
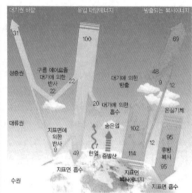

지구의 복사평형과 열수지

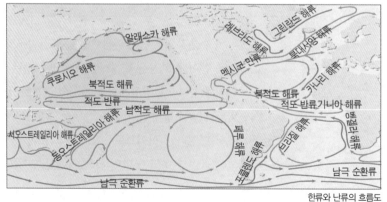

한류와 난류의 흐름도

88) 사구砂丘

89) 음陰

90) 양陽, 양기陽氣

91) 우리가 주로 접하는 지형은 산지, 범람원, 선상지, 사빈, 하천 등과 같은 소규모의 것들이며, 지형학 에서의 주요관심도 이러한 지형의 구체적인 모양이 어떻고, 그러한 모양이 어떻게 형성, 이용되고 있는가에 모아지고 있다. 상게서, p.340

마지막으로 지구표면의 약 70%를 차지하고 있는 양陽의 상징인 물[92] 또한 변화운동의 주체로서 개별적, 혹은 앞서 논의한 변화요소들과의 상호 복합적인 관계형성으로 끊임없이 유동流動하고 있다. 양수陽水로서의 해양은 음지陰地로서의 지구차원에서 양기陽氣인 태양의 복사에너지를 저장하여 지구라는 음체陰體가 갖고 있는 음냉陰冷의 지구기후를 전체적으로 완화시키고 순환시켜 주는 역할을 한다. 우리가 태양으로부터 받아 누리는 지구의 양기陽氣인 열수지熱收支는 바닷물[93]의 순환운동과 같은 생동운동 없이는 기대할 수가 없다. 다시 말해 양 없는 음이 없고 음이 없는 양이 있을수 없다는 말과도 같다. 해양은 비교적 얕은 표층수를 통해 기후에 영향을 미치며, 대부분의 해양생물이 서식하는 수심도 깊지 않다. 그리고 지역적인 기후에 영향을 미치는 해류도 표층수에서 일어나는 현상과 차가운 한류[94]와 따뜻한 난류[95]로 구분되어 나타나는 현상으로 구분되기 때문에 자연지리학에서의 관심이 일반적으로 해양의 표층에 국한되어 있다면, 풍수지리학에서의 관심은 한류와 난류 같은 음양수陰陽水까지도 관심의 대상이 된다.[96] 그 이유는 인간의 주거환경에 절대적으로 영향을 미치는 외부 자연환경 요소이기 때문이다.

제3절 지구생명체의 형태와 운동 및 시간

3.1 지구생명체의 형태와 경위도

지구의 형태에 대해 동양에서는 지방地方의 형태로 생각하였듯이 고대 그리스시대 초기에는 원반 모양으로 평평하게 생겼다고 믿었다.[97] 이러한 지구의 형체에 대해 천지음양론으로 지구는 음중의 음으로 큰 음陰인 태음太陰의 형질적 본체로 보았다. 생동하는 지구의 크기에 대한 측정은 특정지점상의 자오선子午線과 하지夏至의 정오에 태양광선이 수직선에 대하여 이루는 각도를 측정하여 지구의 크기를 알아내는 데 이용했

---

92) 해양海洋

93) 해수海水

94) 음수陰水

95) 양수陽水

96) 상게서, p.560

97) 그러나 기원전 6세기에 지구구형이 제기된 이후 그것은 점차 정설로 받아들여졌으며 자연히 지구는 얼마나 큰가에 관심을 갖게 되었다.

98) 오늘날에도 위도를 측정할 때 이용하는 이와 같은 방법은 이미 그리스의 포세이도니우스(Poseidonius, BC 186?~135?)에 의해 시도되었다.

99) 대권은 두 지점을 잇는 최단거리이기 때문에 항해와 항공에 중요하다.

100) 지오이드는 평균해수면에 기준을 두고 설정하였으며, 그 모양이 마치 울퉁불퉁한 배처럼 생겼다. 지오이드의 윤곽이 크게 과장되었다. 그림(下)의 설명: 지구는 자전의 영향으로 가운데(적도) 부분이 조금 볼록한 타원형인데, 이에 따라 지구 중력가속도도 모든 지역에서 정확히 9.8m/sec²이 아니라 적도 부근 인도양(사진의 푸른색 부분)은 9.83/sec², 북극에 가까운 아이슬란드 인근 대서양(사진 윗쪽 주황색 부분)에서는 9.78/sec²으로 약간 차이가 있다. 과학계는 순전히 중력에 의한 대양해류의 움직임을 파악해 기후변화를 예측하거나 지진활동을 예측하는 등 응용 분야가 넓을 것으로 기대하고 있다.

으며, 지구의 표면은 둥근 구면이기 때문에 두 지점에서 측정되는 별의 각도차이로 지구둘레의 산출에 이용할 수 있었다.[98] 지구는 완전한 구형이 아니라 극축이 짧은 회전타원체回轉楕圓體로 되어 있다는 사실은 17세기 초에 와서 측량 및 천체 관측기술이 발달하여 지구의 형태를 구명하기 위한 경선의 측정이 실현됨에 따라 지오이드 모양이 밝혀지게 되었지만, 동양에서는 그보다 훨씬 앞선 시기에 선·후천지축도와 사시四時의 변화로써 파악하고 있었다.

지표상의 어떤 지점, 즉 풍수론에서의 혈점穴點과 같이 특정 지어진 위치를 나타내기 위해서는 좌표가 필요한데 위도緯度(latitude)와 경도經度(longitude)는 그러한 좌표의 마련을 위해 설정한 기준이다. 경도는 남북 양극간의 지축을 따라 교차하는 두 개의 면이 이루는 각도로서 표시되며 경선은 그러한 면이 지표와 만나는 선을 가리킨다. 지구라는 완전한 하나의 기하학적인 구球에 대해 그 중심을 지나는 면으로 2등분 하면 이 면과 구의 표면이 교차하는 선線은 구를 절단했을 때 생기는 모든 원 중에서 가장 크며 그것을 '대권大圈(great circle)'이라고 부른다.[99] 모든 경선은 대권이지만, 위선 중에서는 적도만 대권이고 그 밖의 위선은 이보다 작아 '소권小圈(small circle)'이라고 하며, 동경과 서경을 합친 경도 360°에 걸친 시간차는 24시간이고 1시간의 경도차는 15°이다.

지오이드의 모양[100] ▶

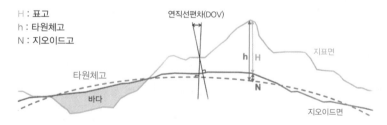

H : 표고
h : 타원체고
N : 지오이드고

연직선편차(DOV)

지표면

타원체고

바다

지오이드면

풍수지리학에서는 지구라는 타원체에서 대권상의 경선점인 특정한 지점을 중심으로 시·공간배분을 24등분하여 1시간의 경도차인 15° 24 방위로 세분하여 간지干支 음양배합하고 각 방위마다 풍수방위명을 명

경선과 위선[101] ▲

명命名하여 1일 24시간, 사시四時 365일을 배정한다. 이는 지구라는 타원 구체에 대한 기하학적 등분인 공간에 시간성까지 함의한 것으로 동양적 사유체계에 의한 지리관이다. 따라서 일시日時의 경우 2시간의 경도차를 12궁으로 1시간의 경도차는 24방方으로 나타내고, 년시年時의 경우 24방은 태양의 연주에 따른 24절기이며, 1방方 1절기는 15일의 시간을, 쌍산 1궁宮은 두 절기가 합친 약 30일의 시간을 나타낸다. 그러므로 풍수론에서 혈점穴點이 주어진다는 것은 경·위도의 특정한 선분상에 한 점이 갖는 시·공간상의 기점基點을 말한다.

3.2 지구의 운동과 시간의 변화운동

지구는 풍수지리학의 선천팔괘도상에서 알 수 있듯이 양남陽南·음북陰北 양극점을 정점으로 하는 지축을 중심으로 서쪽에서 동쪽으로 자전自轉(rotation)하는 우선右旋운동을 하고 주기는 1일로 규정되며, 1일은 24시간으로 나뉜다. 그러나 자전의 주기는 일정한 것이 아니라 1년을 통해 규칙적으로 약간씩 변한다. 해가 동쪽에서 뜨고 서쪽으로 지는 좌선운동은 지구가 서쪽에서 동쪽으로 자전하는 우선운동 때문에 천체는 동쪽에서 서쪽으로 움직이는 것과 같다. 따라서 천기天氣는 좌선左旋하며 지기地氣는 우선右旋한다.

지구가 일정한 궤도를 따라 태양의 주위를 도는 것을 '공전公轉(revolution)'이라고 하며 그 주기는 1년으로 춘분점을 지나 다시 춘분점으로 돌아오는 기간을 '태양년太陽年(tropical year)'이라 한다. 그 길이는 365일 5시간 45분 45.68초 또는 약 365.25일이다. 이 태양년과 365일의 태양역년太陽曆年의 차이 즉 0.25일을 4년 동안 합치면 1일이 되어 이때마다 2월에 1일을 추가하고 그 해를 윤년閏年이라고 부른다.[102] 그러므로 윤년은 4년을 주기로 반복되고 풍수론의 삼합오행은 4년을 주기로 0.25일이 4회 윤전輪轉되는 각각의 오행기五行氣를 말하고 24방위에서 4년을 주기로 만나는 방위는 정삼합正三合을 이루게 된다. 정삼합을 이루는 방위의 기

101) 위도는 적도를 기준으로 북쪽과 남쪽으로 각각 90°, 경도는 본초자오선을 기준으로 동쪽과 서쪽으로 각각 180°로 나뉜다. 출처: 자연지리학, 권혁재, 법문사, 2010. 한겨레뉴스, 2010.06.29

102) 윤년은 400년에 97번 할당되는데, 서기년이 그 중에서 4로 나뉘어지는 해가 윤년이 된다. 그러나 그 중에서 100으로는 나뉘지만 400으로는 나뉘지 않는 해가 세 번 나타나는데, 이러한 해는 평년으로 처리된다.

질氣質에 대해 동질同質로 보고 5행기 또한 동질로 본다. 따라서 360° 12 궁에서 1궁은 30도의 시·공간적 영역을 지칭하는데, 12궁은 12개의 음지陰地에 양간陽干을 배합하여 배정된 동궁同宮이라는 영역성을 말한다.

삼합논리에서 상수象數의 활용시 12궁宮은 1일의 24시와 1년의 4시四時, 또는 12개월을 내포하는데 일日과 년年에 대해 4제어를 한다. 지구가 공전하는 방향은 태양을 중심으로 볼 때 시계바늘과 반대인 우선右旋의 역행逆行방향이다.[103] 태양과의 거리가 가장 가까운 근일점近日點(perihelion)은 음기陰氣가 극極에 달한 1월 3일경이고 가장 먼 원일점遠日點(aphelion)은 양기陽氣가 극에 달한 7월 4일경에 나타난다.[104] 지구에 도달하는 태양 복사에너지의 양은 근일점에서 증가하고 원일점에서 감소한다. 근일점은 북반구가 수기水氣가 강한 겨울이고 화기火氣가 강한 남반구가 여름일 때 나타나기 때문에 남반구는 북반구보다 1년을 통해서 받아들이는 태양 복사에너지의 양이 다소 많다. 지구의 공전속도는 행성의 운동법칙에 따라 근일점에서 빠르고 원일점에서 느리다.[105]

태양을 중심으로 한 지구의 공전궤도가 이루는 면을 황도면黃道面(plane of ecliptic)이라고 하는데, 황도면은 지구를 2등분하며 적도와 교차한다. 적도면과 황도면간의 각도는 23.5°[106]이고 지축地軸은 황도면에 대한 수직선으로부터 23.5°기울어져 있다. 이 지축선[107]의 각도는 24방위에서 축미궁선丑未宮線을 지나며, 철학적으로는 세상의 도道가 바로 서지 못하고 인간세계의 모든 갈등은 지축이 기울어진 연유에서 찾기도 한다. 또한 축미는 12궁 포태법에서 모든 활동이 휴지기休止期에 접어든다는 고장庫藏에 해당한다.

103) 지구의 공전궤도는 타원으로 되어 있다. 지구와 태양간의 평균거리는 약 1.5억km이다.

104) 이때의 거리는 각각 1.47억km와 1.52억km이다.

105) 평균속도는 시속 107,000km이다.

106) 또는 23°30′

107) 자오선

제2장 인류열차와 인간승객

1절 진화의 꽃 인류

드디어 지구가 만들어지고 원시 생명체도 나타났다. 지구의 생명체의 탄생을 알기 위해서는 지구 탄생 최초의 순간을 알아야 하지만, 현대 물리학이 아무리 발전했다고 해도 우주 진화 과정과 생명 탄생 초기의 사건은 정확히 알 수 없다. 생명 탄생 초기의 비밀은 앞으로도 긴 시간 동안 미지의 상태로 남은 숙제일 수도 있다. 어쩌면 우리 인간은 생명 탄생의 비밀을 모른 채 멸망할지도 모른다. 지구에 원시 생물이 처음 나타난 곳은 바다였음에 틀림없다. 초창기 지구 대기에는 지금과 달리 오존층이 없었기 때문에 태양으로부터 나오는 자외선을 막을 방법이 없었다. 이때 자외선을 피할 수 있는 유일한 곳은 바다 속 이었다. 실제로 35억 년 전 바다에 생명체가 살고 있었다는 확실한 증거도 있다. 오스트레일리아 노스폴에서 발견된 스트로마톨라이트(stromatolite)가 그것이다. 그리스어로 '바위 침대'라는 뜻의 이것은 나무의 나이테를 연상케 하는 줄무늬가 있는 검붉은 암석으로, 세포 속에 핵이 따로 없는 원핵생물인 녹조류들이 무리 지어 살면서 만든 형태이다.[108] 이 녹조류들은 엽록소를 갖고 있어서 광합성을 할 수 있었는데, 그 후손들이 지금도 살아남아[109] 스트로마톨라이트를 만들고 있다. 한편 35억 년 전에 광합성을 하는 생명체가 있었다는 것은 이때 이미 산소가 만들어지고 있었다는 것을 뜻한다. 이후 산소의 양도 충분해지면서 오존층이 만들어졌는데, 지금으로부터 불과 약 4억 년 전의 일이다.

원시 생명체의 탄생에 가장 중요한 역할을 한 것은 물이었다. 태초에 바다가 만들어진 후, 바다 속에서는 여러 가지 원소들이 특별한 반응과 변화를 거쳐 생명체의 바탕이 되는 유기물을 만들어 냈다. 그리고 이 유기물들이 변화하면서 마침내 박테리아와 같은 최초의 생명체가 만들어졌다. 오존층도 생기고 산소도 많아졌다. 바다에서의 생명체들은 서로 분화된 기능을 수행하면서 점점 더 복잡한 생물들로 진화되어 갔으며, 이들 중 일부는 오랜 진화 과정을 거치면서 먹이경쟁에서 벗어나고자 육지로 올라 왔다. 물론 동물보다 식물이 먼저 육상으로의 진격에 앞장섰다. 이처럼 바다는 지구 최초의 생명체를 밴 곳이며, 물은 지금도 모든 생물을 낳고 기르는 데 반드시 필요한 생명의 젖이다.

그렇다면 고등동물로써 먹이사슬의 최상부를 이루는 인간은 언제, 어디서 나타났을까? 지금으로부터 4~5백만 년 전, 생물의 급격한 분화와 진화가 진행되던 시기, 즉 생물학적 폭발에 의해 원시 인류가 나타났다고 한다. 당시의 인간 모습을 상상할 수는 없지만 아주 초보적인 형태였을 것으로 추정하고 있다. 그 후 인류의 조상인 오스트랄로피테쿠스 (Australopithecus)가 등장하였고, 250만 년 전쯤에는 뇌가 점점 커지고 도구를 사용할 줄 아는 호모 하빌리스(Homo habilis)[110]가 등장했다. 160만 년 전에는 걸어 다니는 호모 에렉투스(Homo erectus)[111]가 나타나서 아시아, 아프리카, 유럽, 중국까지 퍼져 나갔다. 50만 년 전에는 베이징 원인이 나타났고, 10만 년 전에는 인류의 사촌이라고 할 수 있는 네안데르탈 (Neanderthal)[112]인이 유럽과 중동에 등장하였다.

4만~5만 년 전부터 인류는 호모 사피엔스(Homo sapiens)[113]라는 현대

108) 핵막의 유무에 따라 원핵생물과 진핵생물로 나눈다. 진핵생물은 유전 정보가 담긴 핵을 핵막이 감싸고 있지만, 원핵생물은 핵을 감싸고 있는 막이 없다. 원핵생물은 지구 최초의 생명체로 지구상에 있는 모든 생명체가 원핵생물에서 나왔다. 박테리아가 대표 원핵생물이며 곰팡이는 박테리아보다 발전한 진핵생물이다. 세상에 있는 거의 모든 생물들이 진핵생물에 속한다.

109) 오스트레일리아 서쪽의 샤크 만에서 볼 수 있다.

110) 재간꾼이란 뜻이다.

111) 곧 선 사람이란 뜻이다.

112) 호모 에렉투스의 후예

113) 지혜로운 사람이란 뜻이다.

적인 인간으로 변모해 갔다. 유럽에서는 후기 구석기 시대에 해당하는 4만 년 전에 크로마뇽(Cro-Magnon)인이 나타나 네안데르탈인과 장기간 공존하였다. 그리고 약 4만 년 전부터 인류의 직계 조상이라고 할 수 있는 호모 사피엔스 사피엔스(Homo sapiens sapiens)[114]가 나타나기 시작하였다. 아프리카 남동부에서 탄생한 인류는 유럽으로 간 백인계와 아시아로 간 황인계, 그리고 아프리카에 남은 흑인계 등으로 구분할 수 있다. 그 후 인류는 다른 생명체들과는 전혀 다른 진화의 길을 걷게 되었으며, 문화의 발달을 멈추지 않고 전 지구로 퍼져 나갔다. 전 지구에서 인류가 가장 늦게 도착한 곳이 뉴질랜드이다. 우리나라에 도착한 인류는 시베리아와 몽골 쪽에서 건너온 것으로 추정되므로, 인도와 중국보다 인류가 늦게 도착한 것으로 추정된다.

인류의 조상이 아프리카 대륙에 처음 등장했을 때만 해도 네 다리로 기어 다니는 동물이나 다름없었지만, 많은 세월이 흐르면서 두 다리로 걸어 다니는 직립 인간으로 변해 갔다. 더불어 지적인 능력이 서서히 진화하면서 도구를 발달시키고 농사를 짓고 문명을 이룩할 만큼 뇌도 점점 커졌고, 마침내 지구를 변화시킬 만한 위치에 우뚝 서게 되었다. 이들은 기후 변동과 인구 증가 등으로 인해 아프리카에만 머물지 않고 미지의 세계인 전 대륙으로 생존을 건 탐험의 길로 들어 간다.

인류의 진화과정과 이동 경로 ▶

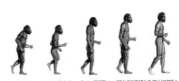

오스트랄로피테쿠스 호모하빌리스 호모에렉투스 네안데르탈인 호모사피엔스

114) 아주 현명한 사람.

115) 호미니데(Hominidae: 고릴라, 침팬지, 오랑우탄을 포함하는), 즉 사람과의 호모 사피엔스(Homo sapiens) 종이다.

인류란 두 발로 서서 걸어 다니는 영장류이다.[115] 인류는 털이 거의 없으며 뇌가 비교적 크고 문화라는 독특한 생활방법을 지니는 점에서 침팬지, 고릴라 등과 구분된다. 현생인류와 가장 가까운 친척인 침팬지의 경우 고생물학적 연구 결과 인간과 침팬지는 6백 5십만 년에서 7백 4십만 년 전 사이에 갈라졌다고 한다.[116]

2절 인간이라는 열매

대부분의 다른 영장류와 같이 인류는 사회성을 추구하는 사회적 동물이다. 하지만, 인류는 다른 영장류와 구별되는 언어라는 고도의 의사소통 기술을 사용하여 지식의 전달이 다른 영장류와는 비교하기 힘들만큼 고차원적이며, 또한 이로 인해 거대한 규모의 복잡한 사회구조를 이룰 수 있게 되었다. '마음이론(Theory of Mind)', 즉 다른 사람에게 거짓말을 의도적으로 할 수 있다는 지적능력 이론은 인간과 다른 호미니데[117]를 구분하는 척도로 사용하기도 하지만, 아직은 논란의 여지가 많은 이론[118]이다. 인간의 경우 일반적으로 4, 5세부터 이러한 능력을 가지게 된다고 알려져 있다. 인간은 조직사회를 이루고 언어와 도구를 사용하면서 생활해 왔다. 이같은 생활방법은 사람이 태어날 때부터 가지고 있는 선천적인 것이 아니고 각자가 생후에 후천적으로 사회에서 습득하며, 자손에게 전해지는 것이다. 신체적 특징은 생물로서의 유전법칙에 의해 부모로부터 자식에게 전해지지만[119], 생후에 습득한 언어나 기술은 사회를 통해 세대에서 세대로 전해진다.[120] 생후에 획득한 신체적 형질形質은 다음 대에 유전되지 않지만, 어떤 세대에서 발명되고 개선된 생활기술과 사고는 다음 세대에 계승되고 발전한다.[121] 이 같이 신체의 진화와 생활기술의 진보는 개인에 따라 발전의 방법을 전적으로 달리하고 있다.

초기의 인간은 어느 쪽의 발전도 지극히 완만했으나, 생활기술의 발전은 점차 그 속도를 빨리하여 생물로서의 진화를 앞지르게 되었다. 이제는 인간의 진화는 정지한 것처럼 보이기도 한다. 이같은 인간 특유의 생활기술도, 그 근원을 거슬러 올라가면 역시 인간이 동물로서의 삶을

116) 분자생물학자들의 연구에 따르면 5백 4십만 년에서 6백 3십만 년 전 사이로 생각하고 있다 또한 이 두 그룹은 97에서 99.4%의 DNA를 공유하고 있는 것으로 알려져 있어 일부 학자들은 침팬지를 호모(Homo)속屬에 넣어야 한다는 주장을 하고 있다.

117) Hominidae란 고릴라, 침팬지, 우랑우탕과 같이 두발로 서서 걸어다니는 인류(영장류)를 말함. 사람(인간)과 구별되는 개념이다.

118) 마음 이론(Theory of Mind)이라 함.

1119) 생리적 감응이라고 한다.

120) 문화적 감응이라고 한다.

121) 정신적 감응이라고 한다.

영위함에 있어서 이를 보충하기 위한 생물로서의 특성에 기인한 생리적 감응에 불과하다. 일찍이 지혜를 간직한 뇌의 발전은 사람으로 하여금 사람답게 하는 근원이라고 간주되었다. 그러나 오늘날에는 화석인류化石人類와 문화유물에 나타난 증거에서, 두 발로 곧게 서서 걸어 다니기[122]에 알맞은 신체구조의 변화가 먼저 이루어지고, 뇌의 발달은 이보다 늦게 진행되었다는 사실이 명백해졌다. 그리하여 인간이 생물로서의 특성에 바탕을 두고 성립된 생활기술은 반대로 생물로서의 진화에 영향을 주는 요인이 되었고, 지구상에 출현한 지 200만 년에 이르러 오늘날 지구상에 널리 퍼져, 독특한 생활을 영위하는 문화와 정신적 감응에 의한 인간세계를 나타나게 하였다.

인간은 지구상에서 생물진화에 있어 최고의 단계에 있다. 이전에는 이 인간의 종류에 대하여 다원설多元說이 대두되었지만, 현재에는 일원설一元說로 되고 있다. 그리고 그 발생은 화석인류化石人類로부터 판정하여 100만년 전前, 또는 그 이상으로 오래된 것으로 거슬러 올라가는 설도 나오고 있을 정도로 인간의 역사는 유구성을 가지고 있다.

인간은 그 심리적 작용 및 음절로 나누어진 언어를 가지고 있다는 점에서 가장 발달된 동물로부터도 구별되어 3재의 하나로 분류 된 소우주적 존재이다. 인간의 행동은 사고 · 감정 · 의지, 나아가 자연 · 사회 · 자신 스스로에 대하여 많든 적든 그것이 가지고 있는 법칙에 대한 지식을 토대로 이루어지지만, 다른 동물의 행동은 본능 · 환경에 대한 반응으로 규정된다. 인간이 갖는 인간성은 사회의 일정한 조직에 의해 규정되는 구체적인 인간본성 위에서 만들어진다. 그러나 동시에 각각의 사회 발전단계에 있는 일정한 조직에 있어서의 인간은 인류역사로부터 만들어진 것이며, 인류가 종래에 완성시켰던 지식을 받아들이고 문화를 기초로 하여 형성되고 있는 것이다.

모든 인간이 그들이 각자 가지고 있는 재능과 그 특성을 살리고 과거의 인간이 만들어 냈던 긍정적인 문화적 재산을 섭취하고, 개성을 자유롭게 발전시켜 인간으로서 살아가기 위해서는 계층간의 불평등한 생산

122) 이족직립보행二足直立步行

양식과 사회구조를 극복하여야 하며, 그렇게 될 때만이 인간의 전면적 발전이 보장될 수 있다.

인간에게는 목숨을 지탱하고 있는 '신체'가 있다. 서양의 사고로 보면 그것은 분명 물질이면서 생명을 영위하는 복잡한 유기물의 집합, 살아 있는 세포의 연결, 기본적으로는 다른 생물과 다르지 않으나 가장 복잡한 물리화학의 법칙에 따라 그 기능을 발휘하는 매우 정밀한 기계와 같은 생물체다. 어느 정도는 인과적으로 분석 및 설명 가능한 기제(mechanism)에 의해서 진행되는 물리, 화학적 법칙 때문에 신체는 기계와 동일시 될 만한 부분을 가지고 있다. 그러나 신체는 살아 있는 인간의 것이다. 동양의 사고로 인간이란 생물이 기계와 다른 것은 기계는 부분의 총화지만 생명이 있는 것은 전체성을 근본원리로 하고 있을 뿐 아니라 합목적合目的的이며, 분석 불가능한 고유의 법칙성을 통하여 특이한 개성을 만들어 내고 분화시킨다는 존재적 가치이다. 더욱이 인간은 다른 동물과는 비교가 안 될 독자적인 반응을 나타낸다. 외계의 자극에 대한 단순한 반사작용으로서가 아닌 각 개인의 마음에 의하여 환경에 작용하고 또한 환경으로부터 작용을 받는 독자적인 생명을 지니고 있는 위대한 소우주적 존재이다.

인간은 '마음'을 가지고 있다. 동물에도 의식과 비슷한 것이 있다. 그러나 인간의식의 특성은 반성하는 정신으로서의 의식이라는 데 있다. 그것은 자신을 아는 의식, 자신 밖의 타자他者와 세계를 아는 의식이다. 그러므로 인간은 스스로 깨달을 줄 아는 자각自覺의 존재다. 삶과 죽음을 생각할 줄 알며 고독을 의식할 줄 안다. 적어도 그러한 능력을 부여받은 존재일 뿐만 아니라 인간은 고도의 개성을 갖추고 있는 정신계의 주체이다. 각자가 자주적 존재로서의 인격을 이루고 있고 자주적으로 행동하면서 인간은 사회적 관계 속에서 살고 있는 존재다. 마치 오행에서 토土의 중화작용 내지는 혈을 중심으로 사신사가 관계성을 가지는 소통과 융합融合의 중화자中和者와 같다. 독립해 있으나 사람과 사람 사이의 관계 속에서 상호의존 한다는 점에서 혈과 사신사와의 소통성[123]과 같다. 즉, 인간은 물질이고 생물이며 심신결합체다. 독립적 존재이고 사회적 존재이며 자각적 존재다. 여기서 독립적 존재란 개성적 존재라는 뜻으로 풍수의 3재 사상에서 말한 소우주적 주체자로서의 혈이다.

노자老子사상의 요체는 음과 양, 유와 무, 추와 미 등을 분리해서 보는 것이 아니라, 실제의 근원에 깔려 있는 전체적 연관성에서 사물을 본다. 즉, 음과 양, 주체와 객체를 분리해서 생각하지 않고, 일원론一元論인 입장에서 본다. 음과 양, 유와 무, 추와 미, 선과 악 등은 자연의 법칙에서 볼 수 있듯이 역동적 균형과 조화를 이루고, 상황에 따라 음양의 대립적 가치는 계속 반복, 성장, 변화한다. 도道의 목표는 생활의 완전함으로 이는 빠짐, 모자람, 결점, 지나침이 없는 것을 의미하며, 유약과 겸손과 낮음으로 도달된 도는 모자라거나 허수룩하게 보인다. 흔히 유의 존재는 무와 밀접한 관계를 맺고 있어, 도의 성취나 사고 및 물적 대상의 이해에 있어서 허虛나 무無를 중요시하고 무無, 유有의 통합적 이해가 중요하다. 생활 및 행위는 가급적 무위無爲, 즉 최소의 활동과 무작위의 자세로 행위함으로 자연과 조화를 이룬다.

이성과 감성을 포함한 인간의 정신문화에 아름다움을 추구하기 위한 미美의 인식은 자기 자신을 대상에 비춰봄으로서 생겨나며 그 결과 예술가와 관람자 사이에 혼입이 생겨난다. 미에 대한 인식은 주어와 목적어 간의 상대적인 개념이 용해되고 '나'라고 하는 주어와 '그것'이라고 하는 목적어가 모두 총체적 일원성으로 혼입되었을 때, 다시 말해 주체와 객체의 구분이 사라졌을 때 비로소 가능하다. 따라서 미에 대한 진정한 인식은 '나'가 '그것'을 지켜보는 곳이 아닌 미가 미를 지켜보는 곳에서 찾아져야 한다. 또한 미에 대한 인식에는 시간 같은 것이 없다. 그것은 미래나 과거로 한정되지 않은 바로 이 순간에 존재하는 것이라고 말할 수

123) 융합내지는 네트워크 관계이다.

있으며 아름다운 물건은 좌우에 얽매이지 않는 바로 여기에 존재하는 것이라고 말할 수 있다. 인간의 천성은 이원적이 아닌 비이원적인 총체가 인간 본연의 상태이다. 사물을 둘로 나누는 것은 본연지성本然至誠 이후의 일로서 비자연적인 것이다. 미美와 추醜의 구분은 도道의 오류에서 비롯된 것으로 인위적인 것이며 비자연적인 것이다. 따라서 우리는 이원성二元性이라는 오류에서 벗어나 우리의 고향이며 구원이 약속된 비이원성의 총체적 단일세계로 되돌아가야만 한다.[124] 그것이 도道의 구현이고 풍수에서 진혈眞穴이 주어지는 천조지설天造地設인 것이다.

124) 《동서양 및 한중일의 미적 개념》
의 차이 중 '불교(선종)의 미학' 참조

제3장 문명과 문화라는 화장

1절 문명이라는 기초화장 – 4대 문명

인류탄생으로부터 긴 시간을 지나 인간은 비로써 문명시대의 문을 두드리게 된다. 문명이란 사람이 무지몽매한 야만과 자연의 예속에서 벗어나 자연을 다스리는 지혜를 터득하고 인간답게 사는 이치를 깨우쳐 밝은 빛 속에 살고 있는 상태를 일컫는다. 인간답게 산다는 것은 사람들이 일상생활에 필요한 여러 가지 도구를 개발하여 서로 골고루 나눠 씀으로써 삶의 의의를 새겨 볼 여유를 누리면서 살 뿐만 아니라, 여느 초목이나 짐승들에게서는 볼 수 없는 도덕 원칙을 세우고 거기에 자신들의 행위를 맞춰 나가는 적선적덕積善積德의 인격적 삶을 산다는 뜻이다. 어떤 사람들은 문화와 문명을 구분하여 문화란 정신적 개화 상태요, 문명은 물질적 개명 상태라 하기도 하지만, 우리는 정신적 감응의 문명 상태나 물질적 감응의 문화 상태를 애써 구분하기가 쉽지 않다. 문명이란 사람들로 하여금 일정한 법과 질서를 지킴으로써 사회를 형성하고 그 사회의 일원이 되게끔 만들어가는 과정을 뜻한다.

아무리 뛰어난 성능을 가진 기계들을 생활 도구로 가지고 있고, 제 아무리 탁월한 유희 문화를 즐기고 있다 하더라도 시민적 삶, 즉 인격으로서 인간의 존엄함과 자유와 평등 그리고 이웃 사랑의 사회 운영 원칙이 준수되지 않는 사회생활이 문명적 삶이라고 할 수는 없다. 참다운 문화는 인간다운 인간들의 문명 세계에서만 볼 수 있는 것이다.

동양 문화는 서양 문화와는 원천적으로 다른 방법으로 실체에 접근한다. 서양 문화가 이성 중심적인 데 비해 동양 문화는 감정 문화이고, 지적 논리보다 감성적 직관에 의한 총제적, 경험적 실체 파악에 초점을 두고 있다. 우리 한국에서도 '정情'과 억압된 감정인 '한恨'이 중요한 어휘인데, 두 개념 모두가 '마음 심心'자를 끼고 있다. 무無의 사상은 주와 객, 감성과 이성의 불가분적 음양 관계[125]를 전제로 한 것이다. 따라서 서양 문화가 시간과 공간을 이분적으로 개념화하여 가자를 선형화하고 정적인 것으로 여긴 반면, 동양에서는 시간과 공간보다 그 사이에 있는 생태를 먼저 중요시하였다. 동양의 공간은 '공간으로 이루어진 시간'이고 시간은 '시간으로 이루어진 공간'으로 음중에 양이 있고 양중에 음이 있다는 역易의 시·공간성을 의미한다.

동·서양의 문화는 기본발상에 큰 차이가 있다. 서양의 문화(culture)는 '경작하다, 만들다'의 뜻에서 비롯되었고, 예술(art)이라는 말도 '만드는 기술'이라는 뜻에서 출발하고 있다. 그러나 동양의 문화는 '하늘 과 땅과 사람'이 주인공이었다. 서양인의 자연은 사람이 놀고 이용하기 위한 종속적 존재였지만, 동양인의 자연은 인간이 경탄하고 놀고 배우는 상생적인 것이었다. 이와 같이 동양의 사상은 자연 스스로를 커다란 모태로 삼았고, 문화나 미美는 인간과 천지사이의 감응적 교감에서 산출되는 것이며, 인공적인 기술의 결과보다도 자연 스스로가 얼마나 잘 반영되었느냐에 두었다. 천하의 모든 사람들이 미美를 아름답다고 인식하기 때문에 추악醜惡의 관념은 나타날 수밖에 없다. 또 선善은 착하다고 인식하기 때문에 불선不善의 관념이 나타나게 마련이다. 그런고로 유有와 무無는

125) 체體와 용用의 관계

상대적으로 이루어지고, 길고 짧은 것도 상대적으로 형성되고, 높고, 낮음도 상대적으로 대비되고, 음과 소리도 상대적으로 이어지게 마련인데 이 모든 것은 음양론적 관념에서 나온 것이다.

인류의 세계 4대 문명은 크게 메소포타미아 문명, 인더스 문명, 이집트 문명, 황하 문명을 말한다. 4대 문명의 발생지들은 모두 부富와 재물을 상징하는 큰 강을 끼고 북반구에 위치하고 있었으며, 대부분이 기후가 온화하고 기름진 땅의 지역들이다. 특히 황하, 티그리스-유프라테스강, 인더스강, 나일강 등 이들 지역이 4대 강을 끼고 있어 기후·교통·토지 등 고대 농업 발달에 유리하다는 점 때문에 문명 발생의 근거가 되고 있다. 이는 모두 풍수에서의 임수臨水에 해당한다.

BC 6500년 경 농경, 목축이 시작된 메소포타미아 문명은 티그리스와 유프라테스의 두 강 유역에서 발달하였다. 메소포타미아는 '두 강 사이의 땅'이란 뜻으로 비옥한 반달 모양의 티그리스 강, 유프라테스 강 유역을 중심으로 번영하였다. 바빌로니아·아시리아 문명을 가리키나 넓게는 서남아시아 전체의 고대 문명을 지칭하는 경우도 있다. 지리적 요건 때문에 외부와의 교섭이 빈번하여 정치·문화적 색채가 복잡하였다. 폐쇄적인 이집트 문명과는 달리 두 강 유역은 배산背山지역이 아닌 관계로 항상 이민족의 침입이 잦았고, 국가의 흥망과 민족의 교체가 극심하였기 때문에 이 지역에 전개된 문화는 개방적, 능동적이었다. 이에 반해 인더스 문명은 BC 3,000년 중엽부터 약 1000년 동안 인더스강 유역에서 청동기를 바탕으로 번영한 고대 문명이다. 대표적 유적은 당시의 2대 도시였던 하라파와 모헨조다로인데, 최초로 고고학적 조사를 받았던 하라파 유적의 이름을 따서 고고학적으로는 '하라파 문화'라고 부른다.

BC 3000년 경의 이집트 문명은 나일강 하류의 비옥한 토지에서 이루어졌다. 이집트는 지리적 위치가 폐쇄적이어서 메소포타미아 문명에 비하여 정치·문화적 색채가 단조롭다. 사막과 바다로 둘러싸여 있어서 외부의 침입 없이 2000년 동안 고유 문화를 간직할 수 있었다. 또한 나일강과 주변의 기름진 토양을 바탕으로 일찍 농경이 발달하였다. 해마다 겪게 되는 나일강의 범람氾濫은 상류의 비옥한 퇴적물을 운반하는 작용을 하였으므로 나일강변은 풍요로운 땅이었다. 홍수는 규칙적으로 일어나서 미리 예측을 할 수 있었기 때문에 이집트인들은 농사의 시기를 조절할 수가 있었다. [126] 이는 중국 하나라 우왕의 치수治水 신화와 같다.

동아시아에서 가장 오랜 문명을 형성한 황하 문명은 중국 황하강 중·하류 지역에서 발생한 문명이다. BC 5000년~4000년 경부터 신석기 주거문화가 이루어졌으며, 좁쌀·기장 등이 재배되고 개·돼지 등도 사육되었다. 이는 황제시대를 배경으로 쓰여 진 『황제택경』이란 책에서도 내실이 있는 좋은 집[127]으로 집의 크기에 비해 가축이 많은 집이라고 하였다. [128] 황하강 유역의 신석기 문화는 양사오 문화와 그로부터 발생한 룽산 문화 두 가지로 대별된다. 황하강 유역의 신석기 문화는 양사오 문화와 그로부터 발생한 룽산 문화로 대별된다. 종래는 문명을 미개의 상대적인 말로 이해하고, 문자의 발명과 도시의 성립 등에 중점을 두어, 황하 문명의 연도도 청동기 시대 이후로 보는 것이 보통이었다. 그러나 문명을 문화의 가치 체계를 떠받치는 물질적·기술적 기초라고 정의할 경우, 황하 문명의 연대 범위는 농경이 시작된 신석기 시대부터 청동기가 나타난 은나라, 철기가 거의 완전히 보급된 전한시대前漢時代까지라고 할 수 있다. 세계의 4대 문명은 큰 강 유역에서 일어났다. 그렇다면 왜 중국 문명은 양쯔강이 아닌 황하강 유역에서 일어났을까? 양쯔강의 경우 신석기 시대에는 현재보다 기온이 높고 강수량이 많아 저습지에 크고 작은 호소湖沼가 산재하여 삼림이 무성한 상태였다. 이에 반하여 황하강 유역은 대륙성 기후로 건조한데다가 비옥한 황토가 퇴적하여 황토지대를 형성하였다.

동양문화의 발상지인 황하 문명은 신석기 후반에서부터 그 이후의 초

126) 이러한 범람 때문에 태양력, 기하학, 건축술, 천문학이 발달하였다.
127) 오실五實, 즉 다섯 가지의 실을 말함.

128) 소택다육축小宅多六畜

기왕조인 하나라와 은나라를 일컫는다. 우리는 황하 문명을 맨 처음 양사오 문화와 룽산 문화로 나누는데 사실상 이외에도 많은 작은 문명이 존재했다. 양사오 문화는 채문토기를 특징으로 하며, 양쯔강의 중·하류에서 발달한 흑색토기를 중심으로 하는 룽산문화가 있다. 그리고 은 문화는 청동기를 중심으로 여와[129]씨와 함께 시작되었다. 여와 이후 염제炎帝 신농神農씨의 천하가 8대 530년 동안 계속되다가 오제五帝의 첫째 황제黃帝 헌원軒轅의 천하가 되었다.

옛부터 중국사는 삼황三皇·오제五帝로부터 시작되었다는 것이 정설이다. 삼황은 복희씨伏羲氏·여와씨女媧氏·신농씨神農氏 혹은 천황씨天皇氏·지황씨地皇氏·인황씨人皇氏로 기록되어 있으며 여와씨 대신 축융祝融 또는 수인燧人으로 기록한 문헌도 있다. 오제란 황제黃帝·전욱顓頊·제곡·제요提要·제순帝舜을 말한다. 황제 헌원軒轅은 공손씨公孫氏의 성姓으로 유웅국有熊國의 임금 소전少典의 아들로 총명하여 태어난 지 70일이 못되어 말을 했고 모르는 것이 없었다. 헌원이란 이름은 황제가 살던 지명을 따서 붙인 이름이다. 황제는 나이가 들어 더욱 총명하고 민첩해 주위 사람들의 촉망을 받았다. 당시 여러 제후들은 서로 침략을 일삼아 백성들을 괴롭혔으나 여러 제후의 맹주격인 염제 신농씨의 힘이 미약해 백성들은 괴로운 생활을 보냈다. 이에 황제 헌원은 처음으로 창과 방패를 만들어 침략을 일삼는 제후들을 징벌했으나 치우만은 정벌하지 못했다. 이렇게 되자 맹주의 자리를 도로 찾기 위하여 염제 신농은 제후들을 괴롭히거나 침략하였다. 마침내 황제와 염제는 3번의 싸움 끝에 황제가 승리를 거두었다. 그러자 이번에는 가장 포악하기로 이름난 치우가 반란을 일으켰다. 황제는 제후들의 군사와 연합하여 탁록에서 치우와 결전을 벌였다. 황제는 짙은 안개에 대비하여 자석이 달린 수레인 지남차를 발명하였기 때문에 안개 속에서도 치우가 있는 곳을 탐지할 수 있었다. 격전 끝에 황제의 연합군이 대승을 거두었고 치우는 사로잡혀 죽임을 당하였다. 이에 황제의 명성이 크게 떨쳐 중원의 제후들은 모두 황제

129) 여와女媧는 고대 중국의 전설상의 황제인 복희, 신농神農과 함께 삼황 중 하나로 알려져 있으며, 복희의 아내였다고 한다.

61

를 '천자'로 추대하기에 이르렀다. 황제는 천자가 된 후, 배와 수레를 발명하고 집을 짓는 법과 옷 짜는 일을 발명했으며 약초를 조사, 분석하여 의료기술을 폈다. 또 창힐에게 명하여 문자를 제작하게 하고 영륜에게는 악기, 대요에게는 십간과 십이지를 만들게 하였고, 부인인 유조는 누에치는 법을 가르쳤다 한다. 이때에 이르러 천하는 잘 다스려지고 백성들은 안락한 생활을 누리게 되었다. 황제는 장기적이고 대규모적인 전쟁의 승리자가 됨으로써 지금까지 폐색되었던 씨족 사회의 한계를 타파하고 각 씨족간의 융합이 이루어져 한족의 옛 전신인 화하족이 서서히 형성되기 시작하였다. 이런 사실 때문에 후세 사람들은 황제를 화하족의 시조로서 우러러 높이 받들고(崇仰숭앙) 모든 문물과 제도의 확립을 모두 황제의 공적이라 하여 황제를 '문명의 개조'라 칭송하고 있다. 황제는 죽은 후 섬서성에 묻힌 것으로 전해진다.

황하문명의 두 축인 양사오 문화와 룽산 문화의 차이▶

양사오 문화	B.C 4000~B.C 2000년 경이며, 칠무늬 토기를 만들어 썼다. 대표적인 곳이 허난성의 양사오이므로 이 문화를 양사오 문화라 한다. (황하 상류)
룽산 문화	B.C 2500~B.C 1500년 경이라고 추정된다. 황하 하류와 동아시아 전체에 걸쳐 검은 간 토기가 사용되었다. 그 중심지가 산둥성의 룽산이므로 이를 룽산 문화라 한다. (황하 하류)

황제의 능이 있는 고을 이름은 황제의 이름을 따 황릉현이라 불리고 있다. 예로부터 전해 오는 전설에는 신화적인 색채가 짙은 것이 사실이지만, 황제의 역사를 자세히 검토해 볼 때 그 때까지 없었던 일련의 놀랄만한 전쟁은 전혀 터무니없는 허구虛構가 아님을 충분히 이해하고 짐작할 수 있다. 황제의 시대가 지나자 중국의 역사는 원시적 씨족 공동체가 무너지고 노예제가 싹트기 시작하여 계급이 없는 사회에서 계급이 있는 사회로 이행移行하는 대 변혁의 시대로 들어서게 되었다.

신석기 시대가 끝날 무렵 청동을 사용하게 되자 우수한 쪽이 다른 쪽을 제압하여 왕조를 건설하고 국가 체제를 정비하였다. 중국 최초의 왕조는 은殷나라이다. 은나라는 갑골 문자와 정교한 청동기를 사용하였다.

춘추 시대에는 철기의 사용으로 농업에 일대 혁명이 일어났다. 이로 인해 우경牛耕이 시작되었고 대규모의 수리공사水利工事도 이루어지게 되었다. 그 결과 농경은 능률적으로 되었으며, 경지면적은 확대되고, 수확은 급격히 증대하였다. 부富의 축적은 화폐경제의 발달을 촉진하였고, 도刀나 포布라고 불리는 청동화폐를 발생시킴과 동시에 상공업의 융성에 힘입어 도시의 번영과 국가의 부강을 가져왔다. 한때 정체하였던 중국의 고대문화는 비약적인 발전을 이루었다. 춘추 전국시대의 광대한 도성都城이나 분묘, 그리고 그곳에서 발견되는 갖가지 호화로운 유물들은 이러한 정세를 배경으로 한다. 역사가 시작되면서부터 은殷·주周 시대를 통하여 중국 문화의 중심지대는 황하 유역에서 이루어졌으며, 그것은 짧은 진秦나라의 통일시대를 거쳐 전한前漢시대에 들어와서도 얼마 동안은 같은 상태가 계속되었던 것 같다. 전한의 무제武帝(재위 BC 171~BC 87) 무렵에 철기가 거의 보급되고 생산력의 지역 차가 줄어들자 문화도 전국적으로 평균화되었다. 오랜 전통을 지닌 황하 문명은 널리 확산되었으며, 획일적인 한문화漢文化 속으로 발전적인 해소를 하였다.

인류 4대문명의 발상지와 황하 ▶

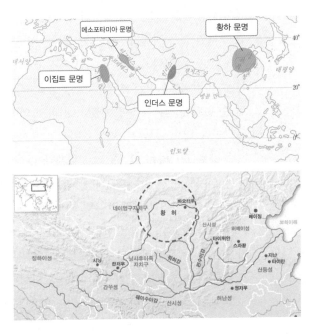

2.1 뇌의 혁명 - 언어와 문자

언어는 인간을 다른 동물과 구별하여 주는 특징의 하나이다. 지구상의 모든 인간은 언어를 가지지 않은 경우가 없고, 한편 아무리 고등한 유인원類人猿일지라도 인류와 같은 언어를 가지고 있지는 않다. 침팬지의 새끼를 갓 태어난 아기와 함께 같은 환경에서 길러 보았으나 인간과는 달리 침팬지는 언어를 습득할 수 없었다 한다. 따라서 인간은 다른 동물이 가지고 있지 않은 언어습득의 선천적인 능력을 가지고 태어난다고 할 수 있다. 왜냐하면 비교적 기능이 발달하지 않은 유아기에, 그리고 비교적 짧은 시일 내에, 정식 언어교육도 없이, 또한 지능의 차이에도 관계없이 언어를 습득하는 보편적 사실로 보아 선천적인 언어능력을 갖고 있다고 할 수밖에 없다. 최근에 많은 언어학자 · 동물학자 · 심리학자들이 과연 인간만이 언어를 가진 것인가, 동물도 교육에 의하여 언어를 가질 수 있지 않을까 하는 가설 아래 동물언어 실험을 실시하였다. 그러나 이러한 실험에서 반복적인 집중학습에 의하여 몇몇 단어, 많이는 400여 단어를 습득했으며, 이를 구사하여 간단한 문장(sentence)을 사용할 수도 있게 되었으나, 정밀히 재조사한 결과 이러한 문장의 사용은 단지 자극에 대한 반응 그리고 보상에 의한 재강화 또는 단순한 모방에 불과하다는 것이 밝혀졌으며, 아무리 고등한 동물이라도 인간과 같은 언어는 가질 수 없다는 결론에 도달하였다. 따라서 언어는 인간만이 가진 독특한 능력이라고 할 수 있다.

문자로 표기하는 언어문화는 현재 우리가 누리고 있는 음성 언어나 문자 언어를 통해 알 수 있지만, 과거의 문화는 문자 언어를 통해서만 알 수 있다. 이러한 사실은 문화 이해 측면에서 음성 언어보다 문자 언어가 보다 중요한 역할을 한다는 것을 알 수 있다. 문화文化의 '문'은 문자 언어이다. 문자는 그림 문자로부터 표의 문자인 단어 문자를 거쳐 음절 문자와 음운 문자로 발달되어 왔다. 말이나 소리를 눈으로 볼 수 있도록 적기 위한 일정한 체제의 부호. 넓은 의미로는 시각적 기호를 통하여 인간 상호간의 의사소통을 하기 위한 관습적·규약적 체계를 말한다. 인간의 1차적인 의사소통 방식을 언어[130]라고 하면 문자는 2차적인 의사소통 방식이다. 인류가 눈으로 볼 수 있는 기호의 필요성을 느끼게 된 것은 언어가 시간적으로는 전개됨과 동시에 사라지고, 공간적으로는 멀리까지 전달될 수 없다는 약점을 지니고 있기 때문이며, 따라서 이를 보완할 수 있는 문자를 고안해 내기에 이르렀다. 인류가 개발하고 발전시킨 여러 다른 종류의 문자에 대한 연구는 그것을 사용한 문명과 밀접한 관련을 갖는다.[131]

초기문자와관련한문양과기호 ▶

2.2 진화의 끝, 회화와 미美

회화란 조형미술造形美術의 하나로, 여러 가지 선線이나 색채色彩로 평면상에 형상을 그려낸 그림을 말한다. 풍수지리학에서 다루고 있는 하도와 낙서, 음양부호와 태극문양 그리고 역易에서 괘卦를 활용한 선·후천 팔괘도와 같은 그림도 문자 이전의 회화 일종이다. 우리나라의 회화는 삼국 시대로부터 현대에 이르기까지 긴 역사를 이루며 끊임없이 변화하여 왔다. 수많은 전란과 재난, 정치적인 불안이 국토를 휩쓰는 동안

130) 입말. 즉 입으로 하는 말.

131) 문자발명 이전의 시대를 선사시대. 그 이후를 역사시대라고 구분하기도 한다.

에도 건전하고 훌륭한 화풍畵風이 계속하여 발달하였던 것이다. 또한 중국 회화의 영향을 선별적으로 받아들여 독자적인 양식을 형성하고, 일본 회화의 발달에 큰 영향을 끼치기도 하였다. 이렇듯 우리 나라의 회화는 외국 회화와 빈번하고 활발한 교섭을 가지면서 그것을 토대로 외국의 회화와는 스스로 구분되는 한국적 화풍을 키워 왔다. 우리 나라의 회화는 조각 · 공예 · 건축 등 다른 분야의 미술과 마찬가지로 한민족이 지닌 예술적 창의력과 미의식의 대표적인 구현체로서 한민족이 이룩한 문화적 업적의 한 전형이기도 하다. 따라서 그것은 단순한 감상의 대상만이 아니라 한국 문화의 변천을 구체적이고도 신빙성 있게 말해 주는 산 자료이기도 하다. 회화는 애초에 생존을 위한 주술적 맥락에서 형성되었으나 점차 종교적 · 장식적 목적으로 제작되었다가 자기표현적 · 자율적인 것으로 발전하였다.[132] 또한 그 속에 담긴 내용이나 주제 · 양식적 특성 혹은 그려진 대상에 따라 종교화 · 풍속화 · 역사화 · 초상화 · 풍경화 · 산수화 · 정물화 · 영모화翎毛畵 · 풍수에서의 사신형국도 등으로 나뉘며, 20세기 회화의 중요한 양식인 추상회화도 서정적 추상 · 순수색채 추상 · 기하학적 추상 · 추상표현주의 등으로 분류할 수 있다. 이와 같은 재료기법 · 양식 · 표현대상 · 주제는 각 시대의 사회적 또는 회화 내적인 요청에 따라 변화되었으며, 미술의 역사는 거의 회화사라 할 정도로 회화는 당대의 시대정신을 반영하며 전개되어왔다.

아름다움[133]이란 것이 인간의 감각에서 보고 듣는[134]것을 매개로 얻어지는 기쁨 · 쾌락의 근원적 체험을 주는 것이라면, 지금까지 아름다움이 존재할 수 있는 원리는 조화나 균형에 있다고 여겨왔다.[135] 근대의 미는 때때로 동적이고 발전적 생명감의 발로로서 혼돈된 전체 속에 미가 추구된다. 미는 변하지 않는 형상形相에 있는 것이 아니라 단지 현상現象으로 나타나는 것으로서, 숙명적으로 덧없는 성질을 가지고 있다. 또한 일정한 규범에 입각한 영원 부동의 원리가 아니라 오히려 관능의 도취를 가져오는 생명의 연소燃燒이며 찰나적인 감각의 충족감에 지나지 않는다. '

132) 그려진 장소나 부위에 따라 암각화岩刻畵 · 벽화壁畵 · 제단화 · 타블로화 등으로 분류되며, 사용되는 재료와 기법에 따라 프레스코 · 템페라 · 모자이크 · 스테인드글라스 · 유채 · 수채 · 소묘 · 판화 · 콜라주 · 몽타주 · 수피화樹皮畵 · 수묵 · 담채 등으로 분류한다.

133) 미美

134) 시청視聽

135) 플라톤에 의하면 모든 미적 대상은 '미'의 이데아를 분유(分有)함으로써 비로소 아름답다고 하였다. 미는 개체의 감각적 성질에 있는 것이 아니라 모든 미적 대상에 불변부동(不變不動)의 '형태'로 나타나는 초감각적 존재이며 균형 · 절도 · 조화 등이 미의 원리라고 하였다. 중세의 T.아퀴나스는 미를 완전성 · 조화 · 빛남 속에서 구하였다. 즉 그는 "미는 완전성과 조화를 갖춘 사물이 거기에 간직된 형상의 빛남을 통해서 인식될 때 비로소 기쁨을 자아낸다. 미는 신의 빛이고 그 빛을 받아서 완전한 형태로서 빛나는 것."이라고 보았다.

영원'이란 관념을 가지지 않는 사람의 눈에는 '멸망하고 있는 것의 아름다움'도 비치지 않을 것이다. 덧없는 아름다움이 우리들 앞에 나타나는 현상의 배후에는 고전적 질서를 지향하는 아름다움의 좌절을 통해서 혼돈이라는 불가피한 충동이 눈을 뜨게 된다는 생명의 역학力學이 숨어 있다. 미는 원래 '진眞·선善·미美'로 병칭되어, 인간이 추구해야 할 중요한 가치로 여겨왔다. 미는 특히 선과 밀접하게 관련된다.[136] 인생에 유용한 것, 목적에 합치된 것이 선인 동시에 미라고 여겼다. 이에 반해서 근대 미학에서의 미는 오로지 우리들의 감성에 조응照應하는 것이라고 생각하였기 때문에 미를 선으로부터 분리시키는 경향을 나타냈다.[137] E.칸트에 의하면 미는 단순히 감성적 인식으로서 주어지는 것이므로, 아름다움의 쾌감은 존재에 대한 무관심성에서 성립된다. 그것은 일반적인 쾌락과 같은 경향성에 의한 속박도 없고 존경에 의한 명령도 없으며, 사람의 마음속에 형성되는 만족감으로서 자유스러운 놀이의 상태에서 발견할 수 있다. 그런 뜻에서 선이나 유용성이 요구하는 합목적성으로부터 해방되어 있다. 미는 도덕법과 같이 보편적 승인을 요구하지 않으나, 승인을 기대한다. 따라서 미는 '개념 없이 보편적으로 만족을 주는 것'으로 정의된다. 미를 진이나 선에서 분리시키고 감성에 대응하는 면에서만 추구해갈 때에 미는 악과 결부되는 경향으로 흐르기 시작한다. 미가 진이나 선과 단절되면, 반대로 부조리나 악과 결합된다. 그만큼 미의 자율성을 확립하기란 곤란한 일이다.[138]

136) 플라톤은 미(칼로스: kalos)와 선(아가톤: agathon)이 하나가 된 상태로서 칼로카가티아(kalokagathia: 아름답고 선한 것)라는 이상을 내세우고 있다.

137) 칸트에 의하면 미는 단순히 감성적 인식으로서 주어지는 것이므로, 아름다움의 쾌감은 존재에 대한 무관심성에서 성립된다. 그것은 일반적인 쾌락과 같은 경향성에 의한 속박도 없고 존경에 의한 명령도 없으며, 사람의 마음속에 형성되는 만족감으로서 자유스러운 놀이의 상태에서 발견할 수 있다. 그런 뜻에서 선이나 유용성이 요구하는 합목적성으로부터 해방되어 있다.

138) 모발학 사전, 2003. 5. 22., 광문각

제4장 자연과 인간의 숙명

1절 하나의 자연

삼재三才사상은 한중일 동양 3국에서 세계를 설명하려고 고안한 천·지·인 세 가지의 작용을 말하며 이를 삼재三才라고 한다. 역의 설괘전說卦傳[139]에 천도天道에는 음양, 지도地道에는 유강柔剛, 인도人道에는 인의仁義의 작용이 있다는 것이 그것이다. 여기에서는 인仁이나 의義라는 인간의 덕德을 음양·유강이라는 자연의 이법理法에 순응하는 것으로 생각한다. 즉, 인간은 자연과 대립하지 않고 자연의 조화를 인간계에서 구하려는 자者로, 이는 풍수사상의 특징 중 하나이다. 삼위일체론에서의 천지인 3재三才가운데 주자와 공자는 경전 중에 나타난 천天을 3가지로 분류하여 설명하였는데, 이는 상고上古의 일신교적一神敎的 천天의 관념을 벗어나 인격적 주재천主宰天으로 보고 천도天道를 인도人道의 근원으로 삼았음을 알 수 있다. 천天은 다시 형질적形質的 또는 형체적形體的 천天으로서 과학적 천[140]과 철학적 천으로서 이법적理法的 천을 말하는 천[141], 그밖에 훈리적訓理的 천으로써의 이법적理法的 천[142]으로 구분된다. 특히 훈리적 천天은 동양철학의 본체론적 천에 해당하는 것이지만 음양오행사상

139) 공자(孔子)가 말한 역(易)의 십익(十翼)의 제팔익(第八翼)으로서, 팔괘효(八卦爻)가 일어나는 곳과 괘상(卦象)이 유추례(類推例)를 적은 책(冊)

140) 창창자蒼蒼者

141) 주재자主宰者

142) 훈리자訓理者

과 관련지어 보면 창창자와도 밀접한 관계가 있다.[143] 삼재는 우주와 인간 세계의 기본적인 구성 요소이면서 그 변화의 동인動因으로 작용하는 천天·지地·인人을 일컫는 말이다. 유학 사상사의 흐름에서 삼재론三才論은 『역전易傳』인 '십익十翼'에서 본격적으로 나타난다. 그런데 삼재론은 자연적 구성 요소의 대표라 할 수 있는 천지에 인간을 참여시킨 것으로서, 인간의 위치를 천지와 같은 수준으로 끌어 올린 인간 중심적 사조가 삼재론 형성의 사상적 배경을 이루고 있다.

주대周代의 인문주의적 문화를 배경으로 하여 인도주의적 가치관을 확립한 공자에 이르러 인간은 윤리의 주체로 서게 되었다. 그리고 『역전』·『중용』·『예기』 등을 통하여 인간은 사회적인 도덕 주체의 위치에서 한 걸음 더 나아가 천지와 함께 우주와 세계창조의 주체자로 인식되었다. 바로 이와 같은 사상적 흐름 속에서 인간을 중심으로 하는 삼재론三才論이 형성되었고 풍수이론의 주요 논리적 토대가 되었다. 그러나 중국 유학의 흐름 가운데서 삼재론은 그 이후 큰 중요성을 가지지 못하게 된다. 이것은 삼재론을 이루는 구성 요소 가운데 지地의 개념이 약화되면서 천天에 포괄되어 버렸기 때문이다. 물론, 삼재 가운데 지地가 완전히 사라진 것은 아니지만, 천天과 인人에 대한 독립적인 자격을 상실하고 천에 종속됨으로써, 그 뒤 삼재론은 이재적二才的 천인론天人論으로 사상적 구조와 내용을 바꾸게 되면서 지리학의 입지는 경학에서 위학으로 자리 매김하게 된다. 다만, 중국 사상의 원류라 할 수 있는 주역 가운데 삼재론은 음양론과 함께 기본적인 구조를 이루고 있다. 64괘의 초효初爻와 2효는 지, 3효와 4효는 인, 5효와 상효上爻는 천으로 6효가 천지인의 삼재를 상징하고 있으며, 『주역』의 계사繫辭·설괘전說卦傳에서는 각각 천도天道를 음양陰陽, 지도地道를 강유剛柔, 인도人道를 인의仁義로 규정하고 있다. 이에 비하여 한국 사상사에서 삼재론은 초기 단군신화 속에 이미 그 원형적 모습을 갖추고 있다. 최근에 와서 단군신화는 주로 천인합일天人合一 또는 천인본일天人本一의 구조로 이해하지만, 좀 더 세밀히 파악할 때는 천지인의 삼재론으로 구성되어 있음을 알 수 있다.[144]

143) 종교학대사전, 1998. 8. 20., 한 국사전연구사

144) 한국민족문화대백과, 한국학중 앙연구원

2절 자연을 위한 지리학

2.1 정량적 현대 자연지리학의 오만

지구는 태양계의 일부이며, 태양계는 은하계의 일부이고 은하계는 우주에 속해 있는데 이때의 우주는 소우주에 해당한다. 천문학에서는 이러한 소우주가 여러 개 합쳐 대우주를 형성하고 이런 규모의 대우주가 도대체 몇 개가 있는지 알 수 없다고 한다. 따라서 지구의 존재는 우주에 비하면 지극히 미미할 수밖에 없다. 이러한 입장에서 상대적으로 지극히 작은 지구에 살고 있는 우리가 자연에 대해서 어떤 생각을 갖느냐 하는 문제는 대단히 중요하다.[145] 즉, 우리가 어떤 자연관自然觀과 지구관地球觀을 갖느냐에 따라 지리에 관한 이해를 높일 수 있다고 보여 지는데, 이는 자연을 바라보는 우리들의 사고와 관념적 철학이라고 할 수 있을 것이다. 이 같은 자연과 지리에 대한 우주론적 인식의 자연철학은 현대 순수지리학에서는 물론이고 전통지리학으로서의 풍수지리학에서도 동일시되어 왔다.

지리학은 땅의 이치를 궁구하는 학문이다. 지리학은 지역, 지표, 공간, 땅을 대상으로 하는 학문으로서 역사와 정통성을 가지고 있으며 오랜 기간 인간의 삶 속에서 출발하여 형이상학적인 우주관과 환경관을 형성하였고, 인간의 공동체적 삶이 전개되면서 지리학은 실용성을 겸비한 학문으로서 필수적인 분야가 되었다.[146] 또한 지표기복에 대한 관심은 인류가 지구상에 출현하면서부터 시작되었고 문명이 발달한 후부터 자연과의 관계정립을 어떻게 하느냐가 늘 관심의 대상이었다. 한 때는 자연을 경외의 대상으로, 어느 때는 자연을 동반자와 같은 입장으로, 그리고 근래에는 인간이 자연을 지배할 수 있다고 생각하는 착각까지도 하게 되었다.[147]

인류역사와 함께 지리학은 관심의 대상이었으며 오랜 세월 동안 꾸준히 발전하여 왔다. 지구를 구성하고 있는 지표면의 자연환경과 인간이

145) 김주환, 지형학, 동국대출판부, p29.

146) 양보경, 한국의 학술연구, 전통지리학 연구와 전망, 대한민국학술원, 2002, p.17

147) 김주환, 지형학, 동국대학교출판부, 2002, p.28

거주하는 지역을 중심으로 한 활동과 인간에 의해서 구성되는 지역의 형태 및 변화과정에 대한 이론적이며, 기술적인 설명이 지리학문의 근간을 이루고 있다. 따라서 일차적으로 지구상의 지표면이 그 연구 대상이 되며, 활동의 주체인 인간은 지표변화의 가장 중요한 주역으로서 지리학에서 다루는 대상이 되고 있다. 인류역사를 통하여 지리학에서 다루는 연구대상은 변함이 없으나, 이 대상을 다루는 방법은 각 시대에 따라 사회적 배경과 학문의 주류를 이루어 온 철학적 배경 및 패러다임(paradigm), 그리고 기술발달에 의해 다양하고 창의적으로 발전하여 왔다. 특히 현대사회에 와서는 고대사회에서의 수학적 연구[148]방법에서 철학적인 기반을 둔 이론적 접근이 새로운 근간을 이루고 있다.[149]

고대 동양의 수학은 상수학象數學에서 유래하는데, 이는 『주역周易』의 괘상卦象과 하河 · 낙서洛書의 수數를 기초로 한다. 계사전繫辭傳에 "성인이 8괘 · 64괘를 진설하여 상을 보이고, 또 괘사卦辭 · 효사爻辭를 붙여 길흉吉凶을 밝혔다"고 하였고, 설괘전說卦傳에는 "신명을 그윽히 협찬하여 시(蓍서)를 이용하는 법을 만들고, 하늘을 1 · 3 · 5의 세 수로 하고, 땅을 2 · 4의 두 수로 하여서, 이에 의거하여 수를 세웠다"고 하였다. 상象은 본디 괘상과 효상을 가리킨다. 계사전은 "성인은 천하 만물이 너무도 잡다함을 보고 그 밖의 물상을 가지고 천지만물의 형태에 비기거나, 혹은 천지만물의 마땅히 그러할 모습을 상징화하였으니 그것을 상象이라고 한다"고 하여 상의 개념을 아주 분명하게 정의하였다.

수數는 주로 점서占書에서 괘卦를 정하는데 사용하였고 하나의 괘를 얻으려면 반드시 49개의 시초를 사용하였다. 현대에 이르러서 역易은 과학역科學易으로 신속하게 발전하였는데 계산기와 2진법, 생물체 DNA의 64종 조합법칙, 원소주기율표, 양자역학, 이체과학 과학 등 현대과학 전부가 역학易學의 범주로 되어, 사람들로 하여금 주역이 현대과학 발전의 맨 꼭대기에 위치한다는 결론을 내리게 하였다.

초기의 점성술은 전쟁, 왕조의 흥망, 지배자의 명운, 또는 한발 · 홍수 · 기근 등에 관한 예조를 일 · 월식, 태양이나 달의 무리, 여러 혹성의

148) 주역철학사, 예문서원, P.171, PP.750~751

149) 장정환, 자연지형의 변화 현상과 원리, 그리고 풍수지리의 만남, (주)청우인쇄컴, 2013

이합집산離合集散이나 특정 성좌에 대한 위치, 신성·혜성·유성의 출현 등에 의해서 점치는 국가의 점성술이었다. 『서경』에는 순舜이 북두칠성의 운행을 관측하고, 일월오성의 운행이 법칙에 따르고 있기 때문에, 제위에 오른 것은 하늘의 의지에 따르고 있다는 것을 알았다고 하였으며, 『좌전』에는 주의 무왕이 토벌해서 은을 멸망시켰던 천상의 예조가 기록되어 있다. 어쨌든 천체의 운동이나 현상을 관측하면 하늘의 의지를 알 수 있다는 생각이 반영되어 국가의 흥망성쇠를 점쳤다. 기원전 5~3세기의 전국시대에 혹성의 위치나 그 운행이 보다 정확하게 관측되고 이해되자, 점성술이 매우 성행하였고, 감덕甘德이나 석신石神 등에 의해서 점성술의 지식이 집성되었으며, 전한의 기원전 2세기에 이르러서는 사마천이 『사기』 '천관서'에서 점성술을 정리해서 체계화하였다. 혹성 중에서는 세성[150]이 중시되며, 이 혹성이 거의 12년에 전 천을 일주하는 것으로부터 주천周天을 12등분 한 후, 12차의 어디에 세성歲星이 오는지에 의해 12차에 할당된 분야, 즉 지상에 존재하는 국가들의 명운이 점쳐졌다.

현대 자연지리학은 지구를 구성하고 있는 지표를 대상으로 지표상의 자연환경의 영향과 이에 대한 적응, 그리고 이를 극복하여 생활을 영위하면서 이룩하여 온 삶의 터전에 대한 연구이다.[151] 자연지리는 자연적 현상 혹은 주제를 지리적으로 다룬 것으로 특정지역에 초점을 두고 그것을 둘러싼 장소의 모든 관계를 밝히고자 한다. 이와 같이 지역의 개성을 파악하여 체계적으로 설명·기술하는 것을 목적으로 하는 현대지리학은 모든 지리적 현상을 어느 정도 해명할 수 있을 것이라고 본다. 그러나 자연적 현상에 대한 이 같은 노력은 자연의 법칙성과 대상물의 현상에 대한 철학 없이는 불가능하다.

음양오행의 논리와 이론체계를 기저基底에 깔고 있는 풍수지리학에서 바라보는 현대지리학의 목적성은 현상에 대한 이해에 비중을 두고 있을 뿐 근원적이고 원리적인 해답은 제시하지 못하고 있다는 한계점을 안고 있다. 이러한 문제를 해결하고 현대지리학의 계량적 사고를 보완할 수 있는 전통 풍수지리학은 한국적 지리학의 새로운 지평을 열고 현대지리

150) 목성

151) 이찬, 이기석, 한국의 학술연구, 인문지리학 연구개요, 대한민국학술원, 2002, pp.3~4

학의 목적성을 명쾌하게 해결할 수 있는 지리철학적 지혜를 제공할 것이다. 전통 풍수지리학은 결코 사장死藏·사멸死滅되어야 하는 지리학이 아니라 현재와 미래에 실학實學으로써 인간사회에 유용하게 살아 있는 지리학으로 거듭나야 한다. 인간의 삶을 외면한 지리학은 죽은 학문이다. 전통지리학은 계량적인 현대 자연지리와 함께 상호 보완관계로써 실학화를 위해 상호 기여해야 한다.

2.2 정성적 전통 풍수지리학의 자만

풍수지리학을 포함한 동양철학사상에서는 대우주를 구성하고 있는 소우주는 천지인天地人 삼재三才의 각기 다른 소우주로 구성되어 나눠지며, 각각의 소우주는 각기 다른 이치가 있다고 살펴 본 바 있다. 삼재의 리理는 천리天理, 지리地理, 인리人理[152]를 말함인데, 이 삼리三理는 서로 상통한다고 봄으로써 우주는 하나의 체계적 시스템으로 되어있는 순환체계를 가지고 있다고 규정하고 있다. 따라서 우리가 무심코 사용하고 있는 지리地理라는 용어에서의 리理에는 땅의 이치理致, 즉 자연에 대한 이치와 원리를 다루는 학문이며, 이는 곧 지地에 대한 관觀으로서 자연이란 대상물과 지리적 공간개념에서 인문적이고 자연적인 현상들을 어떠한 관점으로 바라보고 이해할 것인가에 대한 철학적 의미가 함축되어 있는 것이다. 일반적으로 이러한 철학적 의미를 함의含意하고 있는 풍수지리학에서의 풍수風水는 '장풍득수藏風得水'의 줄임말로 바람을 감추고 물을 얻는다는 뜻으로 설명된다.[153] 여기에서 단순히 풍風을 감추고 수水를 얻는다는 자의적字意的 설명은 금낭경의 고문古文을 근거로 풍수에 대한 왜곡을 일반화시킨 까닭이기도 하다. 장풍득수藏風得水란 배산임수背山臨水에 대한 부차적 표현으로 자연적인 주거환경을 의미하는 것이다. 또한 지리학적 의미로는 바람[154]과 물[155]은 자연변화 현상의 가장 핵심적인 인자因子로 풍화와 침식의 주요인으로 변화의 주체자라는 의미를 지닌다. 배산의 장풍국은 바람에 의한 풍화현상이 지배적인 주거환경이고,

152) 장정환, 청오경, 미래출판사, 2007, p98~99.

153) 윤태현, 주역과 오행연구, 식물추장, 2002, p125.

154) 풍風

155) 수水

임수의 득수국은 물에 의한 침식현상이 지배적인 주거환경임을 나타낸다. 따라서 풍수의 논리가 자연현상에 대한 지리적 특성을 상관관계로 양·음택지의 길흉에 따라 인간의 운명도 결정된다는 환경결정론을 수용하는 학문이라고 보아도 무방하다. 그러나 최근 이와 같은 환경결정론에 대한 반론이 제기되면서 환경가능, 혹은 환경개연론적으로 해석해야 된다는 주장이 설득력을 얻고 있다. 그러므로 보다 자연지리학적 측면에서 풍風과 수水는 자연환경에 지대한 영향을 미치는 성인적 주변화 요소要素로써 인간이 삶을 영위해 나가는데 있어서 최소한으로 요구되는 기본적인 요소이며, 한편으로는 가장 큰 영향을 미치는 자연환경自然環境의 주요 변화인자變化因子라고 볼 수 있다.

자연지리학적으로 풍수지리학에서 기본적으로 요구되는 장풍藏風, 즉 바람을 감춘다는 의미는 시베리아기단에서 불어오는 대륙성 북서한풍北西寒風을 피할 수 있는 형국의 땅地形을 말하며, 득수得水 즉, 물을 얻는다는 의미는 동·식물의 생존을 위한 식음수食飮水와 농업용수農業用水를 용이하게 얻을 수 있는 지형[156]을 말한다고 볼 수 있다. 또한 환경 인자로써의 풍風과 수水는 형국의 지형과 인간의 생활에 직·간접적으로 영향을 미치며 지형이 형성된 이후의 2차적 지형변화인 풍화와 침식, 그리고 삭박 등 물리·화학적 작용에 의해 지형변화를 불러일으키고 인간에게는 지형에 따라 고유한 생활양식과 문화라는 다양한 인문적 현상과 변화를 제공하였다. 따라서 풍수지리학은 우리 인간이 자연환경에 순응하며 동체同體로 공존하기 위한 지혜로서 최적의 길吉한 지형을 명당明堂이라고 개념화概念化 시키고 그러한 명당明堂을 얻고자함에 있어 자연환경적 요소를 고려하고 배려하여 기술적 논리들을 체계화하고 이론화한 전통지리학이라고 할 수 있다.

그러므로 전통지리학으로서의 풍수지리학은 다분히 자연 철학적[157]이며, 한편으로는 자연과학적 학문이라고 할 수 있다. 자연철학적 이론은 이기풍수론理氣風水論으로, 자연과학적 이론은 형기풍수론形氣風水論으

156) 땅

157) 인문과학적

로 불리어지면서 독창적 학문영역을 이루었다. 따라서 풍수지리학에서 말하는 명당의 조건이란 자연환경변화로부터 가장 안정적인 변화지점에 대한 통시적通時的인 영역적 공간개념이라고 할 수 있다.

지난 수백 년 동안 지속된 유교시대에서 경서經書의 지위나 권위가 아닌 위서緯書로써의 풍수지리학은 환경과 인간, 지리와 인간, 천문과 인간 이라는 관계설정에서 상생적 관계를 강조해 왔다. 뿐만 아니라 끊임없 이 변화하는 자연의 이치에 순응하려 했던 실학적 자연지리학 내지 생활 지리학이었음에도 불구하고 현대에 와서 철저히 외면되고 배제되었다 고 해도 과언이 아니다. 한국의 전통지리학은 이기풍수론과 형기풍수론 의 논리체계로서 자연의 변화원리를 다루고 있다. 주요 이론은 다양한 원리로 지리철학적 자연관을 지향하고 있는데, 형기풍수론은 지형지세 의 변화된 상으로, 이기풍수론은 음양오행과 역리易理에서의 팔상八象으 로서 시·공간적 자연의 변화상을 설명하고 있다.[158]

풍수이론에서 각각의 용법用法에는 이기와 형기론 모두에서 천문과 지리, 그리고 인간과의 삼각체계(triple system)에서 자연변화의 순응적順 應的 원리와 논리체계로 구성된 3재才 중심의 지리학이었다. 따라서 풍수 지리학의 원리적 논리체계에서 음양오행론陰陽五行論에 대한 형상形象과 형질形質[159]이라는 두 가지 측면과 오운육기 및 오행기의 삼오분기론三五 分紀論[160]으로 자연의 변화현상에 대한 함축된 의미를 활용하여 지형의 다양한 변화현상에 대한 관점을 대상으로 한다. 음양陰陽의 형이상形而 上·하적下的 정의에 따라 이미 풍수론으로 정립되어진 주요 이론에 근거 하여 그 원리를 도출하여 지형지세地形地勢에 따른 함의含意로써 지형의 변화원리와 현상에 대하여 정성적 관점으로 완전한 해석이 가능하다고 본다. 동양 철학사상의 우주관에서 태극론太極論에 이르기까지 지리철학 과 관련한 내용을 표방하면서도 현대지리학의 방법론적 계량화를 비판 하고자 하는 풍수지리학만으로는 과학화를 걸을 수 없다는 한계를 가질 수밖에 없다. 따라서 이러한 한계를 인정할 때 비로소 한국의 풍수지리

158) 이러한 풍수지리 이론은 5대요소 인 용혈사수향(龍, 穴, 砂, 水, 向)이라 는 주제에 따라 각자의 주요 활용법을 가지고 있다.

159) 형상形相

160) 삼오분기론은 오행의 기를 평기 (平氣), 불급지기(不及之氣), 태과지기 (太過之氣)로 나누는 것.

학은 실학으로서의 지위를 갖게 될 것이다.

풍수론에 의한 묘동의 자오선축
구도와 동심원적 세계관[161] ▶

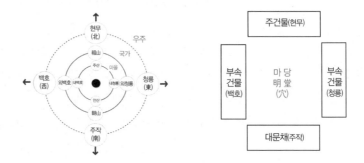

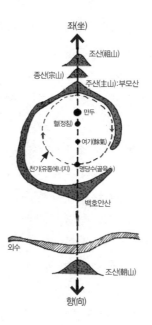

161) 강영환, 한국주거문화의 역사, 기
문당. p.187~189

제5장 자연철학의 학문

1절 변화의 원리 - 역과 태극

동양적 사유思惟에서 우주에 대한 의미를 보면, 우宇는 공간이고 주宙는 시간이라고 본다. 고대인들은 우주를 역易 체계에서 시·공의 좌표로 불렀고, 우주는 생生하고 생하여 쉬지 않고 변화하는 가운데 그 운동의 법칙이 있으며, 이로써 간이簡易[162]를 밝혔다. 고대 천문 역법은 상수역학가象數易學家들이 우주의 상象과 수數를 모형화하는 출발점으로 인식하여 하도河圖와 낙서洛書는 상수역의 기본 모형의 틀로 천간天干과 지지地支가 우주와 통하는 통합신호체계로써의 부호로 여겼으며, 시·공간의 좌표로 선택하지 않는 것이 없었고, 다시 상수의 모형으로 재구성하여 자연과 사물의 변화와 길흉吉凶을 아는 기본 도구로 사용했다.

하도河圖와 낙서洛書의 원리는 역易과 음양오행론을 있게 한 도서圖書로써 상象과 수數의 원리가 함축되어 있는 동양철학 사상의 밑거름이라고 할 수 있다. 그림의 선천하도先天河圖(左座)에서 1, 2, 3, 4, 5는 기본이 되는 생수生數이며, 6, 7, 8, 9, 10은 성수成數이다. 생수의 천지수天

162) 간단하고 편리함. 물건의 내용, 형식이나 시설 따위를 줄이거나 간편하게 하여 이용하기 쉽게 한 상태를 이른다는 字意에서 취용하여 命名한 것이다.

地數 즉, 음·양수를 보면 천수天數는 홀수[163]인 1, 3, 5이며, 지수地數는 짝수[164]인 2, 4로 삼천양지수三天兩地數로 이루어졌음을 알 수 있다. 그런데 삼천三天 즉, 1, 3, 5를 합하면 9가 되고, 양지兩地 즉, 2, 4를 합치면 6이 된다. 그래서 효위爻位에서 양효陽爻는 9를 쓰고, 음효陰爻는 6을 쓰는 것이다.

생수生數인 1, 2, 3, 4, 5를 체體로 본다면, 성수成數인 6, 7, 8, 9, 10은 용用이며 작용수作用數가 된다. 또한 후천낙서後天洛書의 구궁九宮에서 수數의 상象을 보면, 천수天數 1, 3, 5, 7, 9를 합하면 25가 되고, 지수地數 2, 4, 6, 8을 합하면 20이 된다. 천수와 지수를 합하면 45가 된다. 하도의 수는 10으로 선천수先天數의 체體이고, 낙서의 수는 9로 후천수後天數의 용用을 말한다. 낙서수를 구궁수九宮數라고 하여 5를 중앙에 두고 제외한 후 맞은편 쪽끼리의 수를 합하면 10이 된다.

그러나 중앙의 수 5를 포함하여 구궁수를 전체로 해서 좌우, 상하, 대각선으로 합하면 15가 되는데, 이를 '마방수魔方數'라고 한다. 오행, 즉 목木, 화火, 토土, 금金, 수水의 상생相生과 상극相剋의 이치 또한 도서圖書에서 잘 나타내고 있다. 복희씨伏羲氏는 오행의 상생相生법칙인 순행順行원리에 의하여 자연과 공존하면서 천하를 다스렸고, 하夏나라 우禹는 오행의 상극相剋법칙인 역행逆行원리에 의해 치수治水에 성공하여 천하를 다스렸다. 이는 선천팔괘에서 상생의 법칙을, 후천팔괘에서 상극의 법칙을 취용한 것이다.

하도河圖(左)와
낙서洛書(右)[165] ▶

163) 기수奇數

164 우수偶數

165) 출처: 易思想辭典, 부산대학교, 2006, p.1614

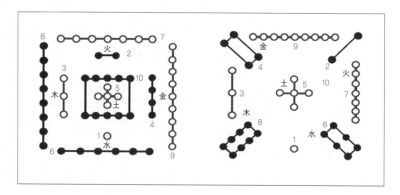

『주례周禮』'춘관태복편春官太卜篇'에 보면, "태복太卜은 삼역三易[166]의 법을 관장했는데, 첫째가 연산역連山易이요, 둘째가 귀장역歸藏易이요, 셋째가 주역周易"이라는 말이 있다. 일반적으로 연산역連山易은 복희씨伏羲氏의 역易이고, 귀장역歸藏易은 황제黃帝의 역易이며, 주역周易은 문왕文王과 공자孔子의 역易을 말한다.

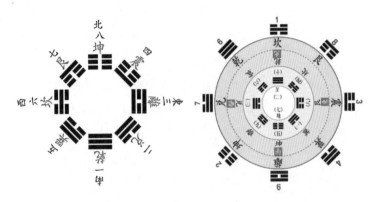

선천팔괘와 선천수(좌) 및
후천팔괘와 후천구궁수(우)[167] ▶

역은 지금부터 6,700여 년 전에 복희씨伏羲氏가 창안하였고, 많은 학자들에 의해 오늘날까지 전해 내려오고 있다. 『상서尙書』 삼황오제三皇五帝에 대한 기록에서 삼황은 수인燧人, 복희伏羲, 신농神農으로 기록되어 있다. 수인은 불을 일으키는 방법과 음식을 익혀먹는 방법을, 복희는 상서와는 달리 계사전에서 포희包犧라고 기록되어 있고 하도河圖와 64괘도 등을 남겼다. 그는 수렵하는 기술을 가르치고 목축을 가르쳤다. 결혼제도와 예물을 교환하는 풍습을 전하였다. 또한 『한서漢書』에는 대호大昊, 『제왕세기帝王世紀』에는 태호太昊라고 기록되어 있다. 또 『좌전左傳』에는 대호大皡, 『풍속통風俗通』에는 복희씨伏羲氏, 『주역』에는 포희씨包犧氏, 『제왕세기帝王世紀』에서는 포희씨庖犧氏, 『역위易緯』에서는 포희씨炮犧氏, 창정蒼精, 창아蒼牙 등의 각기 다른 이름으로 기록되어 있다. 신농은 농사와 기술, 의약초, 의술, 물물교환을 가르쳤고, 오제五帝는 황제黃帝, 전욱顓頊, 제곡帝嚳, 요堯, 순舜 등 5명을 말한다.

황제는 중국을 최초로 통일한 군주로 창과 방패를 만들고 신농씨의

166) 허신(許愼)이 지은 설문해자(說文解字)에서 易字의 근원에 대해 도마뱀, 日月의 合, 깃발(勿)에서의 유래 등 3가지의 유래를 소개하고 있다. 또한 역의 의미에 대해 공영달(孔穎達)이 지은 주역정의(周易定義)에서는 역위건착도(易緯乾鑿度)에 있는 글을 인용하여 역에는 간이(簡易)·변역(變易)·정역(定易), 즉 불역(不易)이 있다 라고 하였다.

167) 출처: 역사상사전, 부산대학교, 2006, p.1654

자손인 염제炎帝를 판천阪泉 들에서 격퇴하였다. 황제[168]는 창힐蒼詰로 하여금 글자를 발명하게 하였으며, 대요씨大撓氏에게 10간과 12지지를 만들게 하고 60갑자를 만들었다. 동이족을 정벌하고 기백岐伯을 잡아와서 『황제내경黃帝內徑』을 지었다. 지구와 목화토금수일월성의 칠요七曜가 순차적으로 일직선이 되는 때를 알아 60갑자를 사용하였다. 삼묘족三苗族인 치우蚩尤의 반란을 탁록涿鹿에서 격멸하고 천자가 되어 탁록의 언덕에 도읍을 정했다. 복희의 팔괘八卦, 즉 중국 상고 시대에 복희씨가 지었다는 여덟 가지의 괘卦에 대해 '주역'에서는 세상의 모든 현상에 대해 음양부호를 더하여 사상四象을 나타내고, 그 사상에 다시 분열과 분산의 확장으로 음양부호를 다시 추가하여 여덟 가지의 상으로 나타낸 것이 8괘라고 하였다. 그 여덟 가지는 건乾(☰), 태兌(☱), 리離(☲), 진震(☳), 손巽(☴), 감坎(☵), 간艮(☶), 곤坤(☷)을 말하는데, 8괘를 중첩시켜 64괘를 만들었다. 선사시대에는 문자가 없어 새끼의 매듭으로 자기의 의사를 전달했지만, 이런 괘사는 필요에 의해 계속 구전口傳으로 후대에 전해지다가 4,700여 년 전에 황제黃帝가 나타나 글자를 발명하여 구전되었던 역易에 대한 이론들을 기록하기 시작하였다.

역에 대한 개설에서 언급하였다시피 풍수지리학에서 형기론과 이기론을 막론하고 역과 음양오행론은 주요한 이론의 논리체계로 삼아 지리를 논하고 있다. 음양원리란 어떤 실체가 아니라 사事와 물物을 지각하고 관련짓고 해석하는 데 사용한, 사람 마음속에 있는 조직원리이다. '한다와 못 한다', '된다와 안 된다'라는 이분법적 상대는 전통문화를 이해하는 중요한 대칭적 상대로 상정해 볼 수 있다. 앞의 것이 능동의 양陽이면 뒤의 것은 수동의 음陰이다. 이러한 수동과 능동은 음과 양의 성질로써 풀이할 수 있다. 양자는 서로에 대하여 모순 · 반대 · 주종 · 표리 · 상하 · 좌우 · 선후 체용 경위 등의 여러 관계로 성립할 수 있다. 따라서 두 개의 관계에 여러 가지로 변환이 가능하다. 이러한 이분법적 상대성의 사고구조는 한국을 포함하는 동아시아 한자문화권의 공통된 구조적 원리이다.[169] 음과 양은 이원적이면서도 그 동태적 관계에서 음양은 합일하

168) B.C 2,700에서 2,600여 년 전 인물로 추정.

169) 이를 '음양의 원리에 입각한 대대적문화문법對待的文化文法'이라고도 표현할 수 있다.

게 되어 있으므로 일원적一原的이고, '분分하면 합合하고, 다시 합하면 분한다'는 논리까지 깃들여 이원적이면서도 일원적이고, 일원적이면서도 이원적인가 하면 다원적이기도 하다.

역의 음양분열과 수축의 변화과정 ▶

| 陰陽의
分列과 收縮 | 分列過程 | 無極 ⇨ 太極 ⇨ 四象 ⇨ 八卦 ⇨ 64卦 ⇨ 4096卦 ⇨ 無限分列 ⇨ 無極 |
| | 收縮過程 | 無極 ⇦ 無限收縮 ⇦ 太極 ⇦ 四象 ⇦ 八卦 ⇦ 64卦 ⇦ 4096卦 ⇦ 無極 |

황제 헌원은 대요씨大撓氏에게 명하여 갑甲·을乙·병丙·정丁·무戊·기己·경庚·신辛·임壬·계癸라는 큰 양의 천간天干 10개와, 자子·축丑·인寅·묘卯·진辰·사巳·오午·미未·신申·유酉·술戌·해亥라는 큰 음의 지지地支 12개를 만들고, 이 천간과 지지를 배합해서 갑자甲子 을축乙丑으로부터 시작하여 마지막 임술壬戌 계해癸亥까지 60갑자甲子를 만들어 일진日辰에 사용해 왔다. 10천간은 오행의 성정을 취해서 북두칠성의 기機로 세워 일日에 붙인 것이고, 12지지는 월月에 붙였다. 천간과 지지는 음양과 오행으로 세분 배정하여 음양오행설의 근간을 이루었고 지리에 대한 논리체계를 이루는데 중요한 역할을 하고 있다. 황제시대에 이미 천간의 합合과 지지의 충冲 등 음양오행설의 중추적인 이론이 성립하였으며, 그것은 후세에 지대한 영향을 미쳤다. 역易과 음양오행설은 이론적으로 그 근원이 판이하게 달라 각기 다른 철학분야로 발달하게 되었다. 공자는 주역을 집대성한 『십익十翼』[170]을 통해 우주의 근본을 연구하고 자연과 만물의 이치, 그리고 인생의 가치를 부여하는 철학으로 승화시켰다.

주역이나 음양오행론은 진시황의 분서갱유焚書坑儒 속에서도 오히려 황제皇帝나 권신權臣들에게 더 많은 관심을 받았다. 한漢 고조高祖 유방劉邦의 천하통일과 무제武帝를 거치면서 국가의 안녕과 천하의 발전을 위해 국가차원에서 역과 음양오행론은 더욱 발전시켰다. 이때는 천재지변天災地變과 같은, 다시 말해 하늘의 재앙인 천재天災와 지상에서의 이변異

170) 중국의 공자가 지었다고 전하는, 역(易)의 뜻을 알기 쉽게 설명한 책. 상하(上下)의 단전(彖傳), 상하의 상전(象傳), 상하의 계사전(繫辭傳), 문언전(文言傳), 서괘전(序卦傳), 설괘전(說卦傳), 잡괘전(雜卦傳)의 10편으로 이루어져 있다.

變인 지이地理와 자연현상을 기초로 한 재이설災異說이 유행하여 음양오행과 절후節侯에 대한 이론이 각광을 받았다. 이런 기후와 음양오행설陰陽五行說의 근간이 되는 재이설災異說과 주역이 결합한 이론이 새롭게 탄생하게 되는데, 이것이 상수역象數易이다.[171] 상수역이란 상象과 수數를 중심으로 주역을 해석하려는 역학이론으로 상象이란 형상이고, 수數는 숫자이다. 상象과 수數의 용어가 상호 관련성을 가지고 출현한 최초의 문헌이 『좌전左傳』이다.[172] 상수는 뼈로 점을 치는 상象과 시초로 점을 치는 수數의 두 가지 방식과 관련된 용어에서 출발하였다. 귀복龜卜의 갈라진 금[173]을 상징하는 상象이 주역과 관련될 경우에는 괘卦와 효爻를 지칭하는 용어가 된다.[174] 괘상卦象과 효상爻象은 일정한 상징체계를 가지고 있고, 이 상징체계를 규명하는 것이 상수역의 주요 과제이다. 주역의 계사전繫辭傳에서 역의 원리 자체를 상象이라고 규정하고 있고, 상은 바로 형상을 의미하는 것이며[175], 또 상을 통하여 자신의 의사를 남김없이 드러낼 수 있다고 말한다.[176] 그래서 상象은 주역이 내포하고 있는 자연의 원리를 탐색하기 위한 경서經書로써 풍수지리학에서는 일부 이기론 연구의 이론적 논리가 되기도 하였다.

『십익十翼』이란 중국의 공자가 역易의 뜻을 쉽게 풀이한 책으로 상하上下의 단전彖傳, 상하의 상전象傳, 상하의 계사전繫辭傳, 문언전文言傳, 서괘전序卦傳, 설괘전說卦傳, 잡괘전雜卦傳의 10편으로 이루어져 있는 책을 말한다. 공자에 의해 역의 괘상卦象은 고도의 상징성을 가지고 자연과 사물의 원리를 설명하는 철학적인 개념으로 변하게 되었다. 역易은 그 자체가 수數를 가지고 미래를 예단하는 것이며,[177] 천지天地는 모두 수數의 원리에 입각해 있고, 상象은 수數의 원리를 극도로 구현한 것이라고 설명할 수 있다. 수 역시 상과 마찬가지로 주역의 심오한 체계를 드러내는 핵심 용어이다. 상수역은 수당隨唐 시대에 의리역과 공존하다가 송대宋代에 상수역이 발달하게 된 원인은 화산도사華山道士라 일컬어지며 중국 도교의 3대 지존 중 한 사람으로 후당後唐 사람인 진단陳搏에 의해서이다. 진단陳

171) 공자가 주역을 집대성할 때는 象數易이나 義理易이라는 이론적인 구분이 없었으나, 한대(漢代)에 들어서서 상수역이 의리역보다 먼저 등장하였다.

172) 좌전 희공(僖公) 15년 조(條)에 의하면, 진(晉)의 대부(大夫) 한간(韓簡)은 "귀 상야, 서 수야(龜 象也, 筮 數也)"라고 하였다.

173) 선線

174) 괘가 상징하는 것이 바로 괘상이며, 효가 괘의 내부에서 자리하고 있는 공간적 위치나 시간적 배경 등이 바로 효상(爻象)이 된다.

175) 周易 繫辭傳 : 易者 象也 象也者 像也

176) 상게서, 聖人立象以盡意(성인입상이진의)

177) 상게서, 數往者順, 知來者逆, 是故易, 逆數也.(수왕자순, 지래자역, 시고역, 역수야.)

博보다 1,300여 년 전의 '계사전繫辭傳[178]'에 '하도河圖'와 '낙서洛書'라는 말이 있으나, 이것이 어떤 것인지 밝혀지지 않다가 진단에 의해 그 실체가 드러남으로써 진단은 도서학파圖書學派[179]의 개조開祖가 되었다. 진단의 도서학은 유목劉牧과 이지재李之材[180]에게 전해졌고, 이는 다시 주렴계周濂溪와 소강절邵康節에게 전해졌다. 주렴계는 태극도설太極圖說을 주창하였고, 소강절은 선천팔괘도先天八卦圖ㆍ후천팔괘노後天八卦圖ㆍ팔괘차서도八卦次序圖ㆍ복희伏羲 64괘 차서도次序圖를 최초로 세상에 내놓았다. 소옹邵雍 즉, 소강절(1011~1077)은 중국 송宋나라의 학자ㆍ시인이며 도가사상의 영향을 받고 유교의 역철학易哲學을 발전시켜 특이한 수리철학數理哲學을 만들었다. 그는 음양陰陽ㆍ양양陽陽ㆍ강강剛ㆍ유柔의 4원元을 근본으로 하고, 4의 배수倍數로서 모든 것을 설명하였다.[181] 주요 저서는 『황극경세서皇極經世書』, 『관물내외편觀物內外編』이 있다. 하남河南에서 살았으며, 주염계周濂溪와 동 시대 사람으로 이지재李之才로부터 도서ㆍ천문天文ㆍ역수易數를 배워 인종仁宗의 가우연간嘉祐年間(1056~1063)에는 장작감주부將作監主簿로 추대받았으나 사양하고 일생을 낙양洛陽에서 숨어 살았다.

역易에서의 효爻란 괘卦를 이루는 하나하나의 음양부호를 말하는데, 가로 그은 획. '─'을 양양陽으로 하고 '──'을 음음陰으로 하며 밑에서부터 세어 초효初爻, 이효二爻라고 하고, 맨 위 여섯 번째의 것을 상효上爻라고 한다. 주周나라 문왕文王은 역의 64괘에서 6개의 효爻가 변할 수 있다는 이치를 깨달아 384효를 창안했을 뿐만 아니라, 후천팔괘後天八卦를 새로 만들어 역을 한 단계 높은 수준으로 끌어올렸다. 역의 목적은 숭덕崇德과 성인聖人의 도道를 추구하는데 있다. 숭덕이란 우주 자연의 본연성을 말하며, 자연과 인간과의 질서로써 천인합일天人合─관념이 전제되어 있다. 하夏나라와 은殷나라에서는 신神을 믿었는데, 이들의 신은 천신天神과 수신水神ㆍ산신山神 등의 자연신自然神과, 죽은 사람들의 영혼인 귀신鬼神을 일컫는다. 신神이란 여러 가지 의미를 내포하고 있는데 『역전易傳』에서는 세 가지 의미를 부여하고 있다. 첫째는 다가올 일을 미리 알거나 조짐을 아는 오묘한 힘, 둘째는 자연의 변화를 일으키는 배후의 주체, 셋째

178) 〈계사전(繫辭傳)〉은 《주역(周易)》 《십익(十翼)》 중 하나로, 《주역》 사상의 난해한 내용을 체계적이고 철학적으로 서술한 책이다. '계사'는 글자 그대로 '말을 매단다'는 뜻인데, 바꾸어 말하자면 《주역》의 괘사와 효사를 총괄하여 해설한 글이다.

179) 유목의 학문은 소옹(邵雍)과 연원을 같이 했지만, 송나라 상수학(象數學)의 한 지류인 도서학파(圖書學派)의 개창자가 되었다. 도서학파는 송나라 인종(仁宗) 때 문인 황려헌(黃黎獻)과 오비(吳秘), 정대창(程大昌) 등에 의해 성행했다. 저서에 『역수구은도(易數鉤隱圖)』와 『역해(易解)』, 『괘덕통론(卦德通論)』, 『선유유론구사(先儒遺論九事)』 등이 있다. 도서란 하도와 낙서를 말한다.

180) 李之才(출생미상~1045)로도 쓴다. 북송 청주(靑州) 북해(北海) 사람. 자는 정지(挺之)며. 인종(仁宗) 천성(天聖) 8년(1030) 진사(進士)가 되었다. 목수(穆修)에게 배워 『주역』을 익혔고, 이어 소옹(邵雍)에게도 배웠다.

181) 자는 요부堯夫이며 호는 안락선생安樂先生이고 시호는 강절康節이다.

는 통속적인 의미의 길흉화복을 주재하는 절대적인 신령을 말한다. 그러나 이러한 신도사상神道思想은 하나라 말기에 들어서면서 무너지기 시작했다. 『사기史記』에 의하면, 은殷나라 마지막 왕인 주紂의 증조부 무을 왕武乙王에 대해 "무도無道하여 인형을 천신天神처럼 만들어 이를 사람 머리에 씌우고 그와 바둑을 두었는데 모욕하고 가죽 주머니에 피를 집어 넣어 하늘을 향해 쏘았다."라고 기록되어 있다. 또 주紂왕은 "귀신을 업신여겼다."라고 하여 신도사상이 쇠퇴하기 시작했음을 알 수 있고, 이는 정신의 지주인 중심 사상이 무너져 결국은 은殷나라가 망하게 된 것임을 밝히고 있다.

은나라에 이어 주周나라에서는 신도사상 대신 하늘에 의지하고 기도를 하거나 제사를 지내어 섬기는 사상이 생겼는데, 이를 천도사상天道思想이라고 한다. 주왕周王은 천명을 받은 군주로 천자天子라 하고 하늘을 두려워하고 공경하는 천명사상天命思想을 주도하게 되고,[182] 서주西周시대까지 지속되었다. 그 후 동주東周인 춘추전국 시대에 들어서면서 하극상下剋上과 난신적자亂臣賊子가 난무하여 윤리와 도덕이 땅에 떨어지고 패권주의가 판을 치고 절대자인 신神이나 하늘에 대하여 평가절하平價切下되기 시작하면서, 신神에서 천명天命으로, 천명에서 인간중심의 인도사상人道思想으로 전환하게 된다. 전국 시대에는 역易이 음양론을 수용하면서 신神은 더 이상 인격을 지닌 절대자나 창조주가 아니라 단지 기氣로 이해되었는데, 신神은 양기陽氣로 귀鬼는 음기陰氣로 인식되어 기氣를 취산聚散, 굴신屈伸,[183] 승강昇降 작용을 일으키는 변화의 원천으로 보았다. '설괘전設卦傳'에는 "신神이란 만물을 현묘玄妙하게 하는 것이다."[184]라고 하였다. 공자가 주역을 집대성하여 철학서가 되기 이전부터 역에는 취상설取象說과 취의설取義說이 엄연히 존재하고 있었다. 공자는 역에 관한 저술에 있어 취상取象보다는 취의取義에 더 비중을 두었고, 효爻의 위치와 음양과 강약을 고려하여 효위설爻位說을 창안하였다.[185]

주역의 64괘는 8괘를 기초로 하여 그것을 중첩시켜 만든 것인데, 이

182) 詩經의 大雅篇과 書經의 泰誓篇, 史記에는 周代에 있었던 天命思想이 여러 곳에서 발견된다.

183) 굽어지거나 펴지는 것.

184) "주역" '설괘전' : 神也者 妙萬物而爲言者也.(신야자 묘만물이위언자야.)

185) 요명춘(寥名春) 외 2인, 주역철학사, 심경호 역, 예문서원, 1994, pp.137-47

것은 음양이 분화·분열하는 괘상卦象으로 8괘는 각각 고유한 상象을 가지고 있다. 취상설은 8괘가 물상物象을 가지고 중괘重卦, 즉 64괘의 괘상卦象을 설명하고, 그로써 괘명卦名과 괘효사卦爻辭의 뜻을 해설하는 방법이다. 또한 주역의 8괘는 만물을 여덟 가지의 성질로 표현된다. 설괘전說卦傳에서 "건乾은 강건剛健함이요, 곤坤은 유순柔順함이요, 진震은 움직임이요, 손巽은 들어감이요, 감坎은 빠짐이요, 리離는 걸림이요, 간艮은 그침이요, 태兌는 기쁨이다"라고 설명하고 있다. 괘의 이러한 성질은 고정불변이니 8괘를 중첩한 64괘도 각각 일정한 의의意義를 가져 일정한 괘덕卦德을 나타낸다. 취의설은 괘명卦名의 의의와 괘의 덕행설德行說을 가지고 중괘重卦의 괘상을 밝혀 이로써 괘효사卦爻辭를 해설하는 것을 말한다. 반면 효위설爻位說이란 전체 괘상卦象에서 효상爻象의 위치를 가지고 괘효사卦爻辭를 설명하는 것으로 이 이론의 기초가 음양강유설陰陽剛柔說, 또는 음양동정설陰陽動靜說이다. 풍수지리에서 이론적 논리의 근거로 활용되는 역이론은 상象과 수數를 중심으로 한 상수파역象數派易을 취용하여 땅의 이치인 지리地理와 인리人理 및 천리天理를 이론적 배경으로 하고 있으며, 합목적 논리를 전개하고 있다.

주돈이의 태극도설에서
태극과 음양오행도 ▶

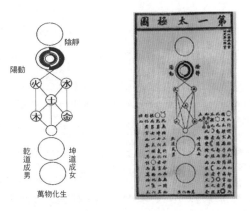

따라서 하도河圖에는 선천세계의 천지창조에 대한 음양관으로 양의 근본이 되는 건乾을 남으로 하고, 음의 근본이 되는 곤坤을 북으로 한 천축天軸의 중심선인 경선을 체體로 하여 천지음양기에 의한 오행이 순행

하는 선천원리가 내포되어 있다. 반면 낙서洛書에는 후천세계의 천지자연에 대한 변화관으로 변화의 화신이며 주재자인 화火를 남으로 하고, 수水는 북으로 한 천축의 중심선인 경선을 체로 하는 천지오행기에 의한 변화와 오행이 역행하는 후천원리를 들 수 있다.

주돈이周惇頤는 그의 저서 『태극도설太極圖說』에서 "무극無極이면서 태극太極이다. 태극이 동動하여 양陽을 낳고, 동이 극極에 이르면 정靜이 되며 정靜하면 음陰을 낳는다. 정靜이 극極에 이르면 동動으로 돌아간다. 한 번 동動하고 한 번 정靜하여 그 뿌리가 된다. 양陽으로 나누어지고 음陰으로 나누어져서 양의兩儀가 된다. 양이 변하고 음이 합하여 목화토금수木火土金水 오행의 5기氣가 순리적으로 퍼져 사시四時가 행해진다. 오행은 하나의 음양인 것이다"[186]라고 하여 오행이 음양에서 나왔다고 보았다.

2절 존재를 위한 음양오행

2.1 오행의 역사와 통찰

풍수론에서 논하는 음양에 대해 "우주일체宇宙 一體의 현상은 태극太極으로부터 분리된 음양陰陽 양원기兩元氣의 동정動靜에 의해 현멸現滅하고 소장消長하는 것"이라고[187] 그 개념을 설명하지만, 그 원리는 역경易經과 도교道敎에서 취용한 것이다. 일반적으로 풍수론에서 음양은 동정動靜의 상태라고 하는데 이는 협의狹義의 개념이며, 역사상易思想의 태극론에 의한 정해正解는 음陰이란 정적靜的인 것이 아니라 정적靜的이려고 하는 진행형의 수장과 수축의 역행逆行이라는 운동성運動性을 말한다. 이는 만물의 변화원리에 의한 형상의 변화현상은 음양운동에 의해 기인하는 것으로 보기 때문이다.

따라서 풍수론에서는 이같은 음정陰靜에 대해 사멸死滅이라는 협의狹義의 개념보다는 양동陽動의 성장운동成長運動과 대응되는 개념인 쇠퇴운

186) 無極而太極 太極動而生陽 動極而靜 靜而生陰靜極復動 一動一靜 互爲其根 分陰分陽 兩儀立焉 陽變陰合而生 木火土金水 五氣順布 四時行焉 五行一陰陽也. 무극이태극 태극동이생양 동극이정 정이생음 정극복동 일동일정 호위기근 분음분양 양의입언 양변음합이생 목화토금수 오기순포 사시행언 오행일음양야.

187) 村山智順, 앞의 책, p135.

동衰退運動의 개념으로써 진행형의 음정陰靜으로 규정한다. 즉 음양동정이란陰陽動靜이란 음정陰靜의 수축운동收縮運動과 양동이라는 팽창운동의 개념으로 원리를 삼고 있는데, 이는 작용作用과 반작용反作用이라는 물리적物理的 운동성運動性과 같은 의미라고 할 수 있다.

풍수론에서의 오행五行은 목화토금수木火土金水의 형상적인 다섯 가지 원소元素가 기행氣行하는 것을 말하는데, 목화기木火氣는 양동陽動의 성장운동을, 금수기金水氣는 음정陰靜의 쇠퇴운동을 말한다. 음양 각각에 오기五氣가 상호 개별적으로 조합組合(相生相剋상생상극)됨으로써 지상구성체인 만물의 변화운동 과정을 상질적象質的으로 나타내기도 한다. 이때 토기土氣는 극極한 성장과 수축운동에 대하여 중재자로서의 조절역할을 한다는 것으로 오기五氣에 대한 운동성향을 설명하고 있다. 풍수론에서의 오행기五行氣 가운데 토기土氣는 자연 변화운동의 직접적인 기氣보다는 양동陽動의 목화기木火氣와 음정陰靜의 금수기金水氣를 상호 조절 통제하여 중화中化시킴으로서 성장의 분열에 따른 극양極陽의 무한생無限生과 쇠퇴의 수축에 의한 극음極陰의 무한사無限死가 아닌 생화生化의 변화운동을 지속하게 하는 역할자로 본다.

또한 음양이라는 두 개의 특성화特性化된 기氣는 독자적으로 변화운동의 성향性向에 대한 본성本性만을 나타낼 뿐이며 변화요소로서 직접적으로 작용하지는 않는다. 그러므로 각각의 음양이 변화운동이라는 요소로서 작용하기 위해서는 음양이 서로 만나 짝을 이루는[188]의 운동과정을 통해 무한분열과 무한수축이라는 변화에너지를 갖게 되고, 무한분열과정은 또다시 2차적 음양과의 배합과정配合過程인 분열分裂을 통해 4개의 변화된 상象[189]으로서 변화작용을 할 수 있는 운동에너지를 갖게 된다. 이 운동에너지를 풍수론에서는 태극운동太極運動에 의한 기氣의 유행流行으로 본다. 따라서 무한수축과정은 무한분열과정의 역행으로 진행되어 태초의 무극으로 환원화, 즉 귀납화 되어 원초적 하나[190]를 이룬다. 주역에서의 음양이란 서로 만나 마주하거나 대치하면서 극하는 것[191], 또는 필요에 따라 서로 만나[192]는 관계[193]라는 뜻의 음양대대陰陽待對로

188) 음양상배陰陽相配

189) 풍수론에서 변화에 대한 진행방향을 설명할 때 無極에서 純陰純陽으로 純陰純陽에서 濁陰濁陽으로 濁陰濁陽에서 사상(四象)으로 이어지는 과정을 太極圖로써 圖形化하여 나타내는데 四象은 마지막 太陽, 少陽, 太陰, 少陰의 4개의 變化象을 말한다.

190) 일체一體

191) 待대=相剋상극

192) 상배相配

193) 對대=相生상생

써 천지인 3재才를 해명하는 원리로 이해한다.

반면, 오행五行은 음양 각각이 갖고 있는 본성本性에 5개의 정형적인 변화기질 요소로서 오행기간의 상호조합으로 비정형적 25개의 기질변화 요소로 나타나고, 25개의 기질변화는 다시 125개의 기질변화를 낳으며, 125개의 기질은 다시 15,725개의 분열기를 통해 무한의 변화된 기질을 낳음으로써 만물의 형질을 다르게 한다. 이렇듯 오행기는 오행간의 상호작용으로써 사물의 변화현상[194]에 독특한 영향을 미치는 다섯 가지의 기氣라고 할 수 있다. 이는 체體로써의 음양에는 용用의 오행이 내재되어 있고, 용用의 오행에는 또한 체體의 음양이 내재되어 있다는 의미로써 만물萬物의 근원은 하나인 일원一元에서 출발한다는 일체一體를 말하는 것이다. 일체는 통합된 하나의 체계體系로 시스템화 되어 있다는 동양철학사상에서의 태극론太極論으로 이같은 음양오행론은 풍수론에서 취용하는 논리가운데 가장 핵심직인 논리중의 하나리고 할 수 있다.

오행의 이름이 유서儒書 가운데 처음 나온 것은 『서경書經』의 '감서甘誓'이지만[195], 그보다도 앞서 '우공禹貢'에 육부공수六府孔修란 말이 있는데 육부란 오행에 곡穀[196]을 더한 것이다. 그런데 오행에 대한 상세한 것은 『홍범洪範』에 있다. 홍범은 하은주3대夏殷周三代 사상의 총괄로서 통설에 따르면, 주周의 무왕武王이 천하를 통일한 후 은殷의 현공자賢公子였던 기자箕子에게 도道를 물음에 그는 대우씨大禹氏로부터 전해 온 홍범구주洪範九疇로써 대답했다고 한다. 구주九疇란 천도天道, 지도地道, 인도人道의 3재지도三才之道를 9개의 범주로써 요약한 것으로 그 중에 오행으로서의 수화목금토水火木金土의 다섯을 말한 것이 있다.

오행의 행行은 유행流行이나 운행運行의 행行으로서의 의미를 갖으며 이는 행行이 순탄치 않는 고행苦行의 의미를 내포하고 있다. 오행의 운행과 관련한 오기운행설五氣運行說은 춘추전국시대春秋戰國時代 말기의 추연鄒衍의 오행상극설과 한초漢初 유향劉向의 오행상생설을 낳았다. 오행에 대한 의미는 형질形質과 형상적形象的 의미를 갖는데 『좌전左傳』에서는 오행을 오성五聲,[197] 오색五色,[198] 오미五味[199]와 관련하여 배당配當하

194) 형화形化

195) 대전우감(大戰于甘) 내소육경(乃召六卿) 왕왈(王曰) 차육사지인(嗟六事之人) 여서고여(予誓告汝) 유호씨위모오행(有扈氏威侮五行) 태기삼정(怠棄三正) 천용초절기명(天用剿絶其命) …감에서 대전 하실 때 육경(六軍의 장수들)을 부르셨다. 오–육경들이여! 나는 훈시로써 고하노라 유호씨는 다섯 가지 행실을 경멸하고 세 가지 옳은 일을 태만히 버리니 하늘이 그들의 명을 끊으려 하고 있소.

196) 자의(字意)로 곡식(穀食), 녹(祿), 복록(福祿), 녹미(祿米: 녹봉으로 받는 쌀)의 의미도 있지만, 정성(精誠), 기르다, 양육(養育), 생장(生長), 정성(精誠)의 의미도 있다.

197) 궁상각치우(宮商角徵羽)를 말함.

198) 木青, 南赤, 土黃, 西白, 北黑色의 다섯 색을 말함.

199) 풍수론에서 다섯 방위에 배정된 쓴맛, 단맛, 신맛, 짠맛, 매운 맛을 말한다.

고 있다.

　뒤쪽 그림에서 오행상생도는 만물의 생성기운은 수水의 기운에서부터 출발한다는 순행의 좌선도左旋圖이며, 상극도는 만물의 생극작용 또한 수水의 기운에서부터 시작하여 역행의 우선도右旋圖를 나타낸 것이다. 팔괘도八卦圖에는 선천팔괘도先天八卦圖와 후천팔괘도後天八卦圖가 있다. 선천팔괘도의 경우 복희씨가 하도를 본떠서 천지인天地人 3재才의 도道로써 8괘를 만들었는데, 이는 자연의 변화원리에서 음양역순陰陽逆順이라는 운행질서에 따른 것이다. 괘의 순서에 있어서는 양陽의 근원으로 남南에 위位하고 있는 건괘乾卦를 기점起點으로 해서 우선右旋의 음운동陰運動으로 태兌, 이離, 진震의 3괘를 위位하게 그렸고, 나머지 괘는 음陰의 근원으로 북北에 위位하고 있는 곤괘坤卦를 기점으로 해서 좌선의 양운동陽運動으로 간艮, 감坎, 손巽의 3괘를 위位하게 배치하였다.

　이는 우주만물의 창조와 변화의 근원인 경선經線, 즉 천축선天軸線을 중심으로 양건陽乾은 음운동陰運動인 우선을 취하고, 음곤陰坤은 양운동인 좌선을 취하여 음양의 상합相合을 나타내면서, 8괘 전체상全體像으로는 음과 양이 서로 마주보게 하여 음양의 대대對待(待時대시)로써 천지음양天地陰陽의 배합配合을 이루게 한 것이다.[200] 또한 8괘도상에서 마주대하고 있는 상수象輸의 합은 모두 9가 되며, 선후천팔괘도가 만들어진 것은 복희씨와 우왕 시대이지만 문헌상 최초로 나타난 것은 소강절邵康節의 저서에서이다.

　계사전에 보면, "천지가 자리를 정함에 산과 못이 기운을 통하며, 우뢰와 바람이 부딪치고, 물과 불이 서로 해치지 않는다. 그리하여 8괘가 서로 뒤섞이게 된다."라는 말이 있는데, 이것은 음양의 배합과 천리가 순행하는 이치로 괘를 배열했다는 것을 의미한다. 선천괘는 건곤乾坤, 즉 하늘과 땅이라는 천지가 근본으로[201] 천지음양의 만물창조를 의미하며 천축인 경선상에 위位하여 있다. 이에 반해 문왕文王의 후천팔괘도後天八卦圖를 보면, 복희씨가 그린 선천팔괘도를 바탕으로 우왕禹王이 만든 후천수를 기초로 하여 만들었다.

200) 윤갑원, 2006, 전게서, p.123 先天八卦圖上에서 乾南 1과 坤北 8은 河圖의 天地創造라는 陰陽本體를 의미한다.

201) 天地定位 山澤通氣 雷風相薄 水火不相射 八卦相錯 천지정위 산택통기 뇌풍상박 수화불상사 팔괘상착

복희씨의 선천팔괘는 천지음양의 순리인 창조와 상생을 근본으로 하였기 때문에 건乾·곤坤괘가 근본이었으나, 문왕은 우왕의 상극이론으로 치수에 성공하여 천하를 안정시켰기 때문에 천지간에서 변화의 주요인으로 가장 큰 변화인자인 화火와 수水를 경經의 근본으로 삼아 배치하여 수화오행水火五行의 만물변화 주체를 천축天軸인 경선상에 배치하였음을 알 수 있다.

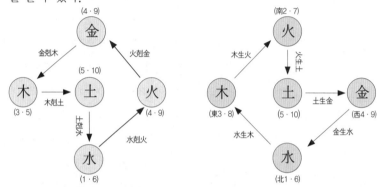

선천팔괘도를 보면 하도상의 선천수가 체體로 10을 사용했지만, 우도右圖인 후천팔괘도상으로는 대대對待(待時대시)의 괘수卦數 합슴인 9를 용用으로 사용했음을 알 수 있다. 따라서 하도와 낙서, 선·후천팔괘도상으로 보아 체體 없는 용用 없고, 용用 없는 체體는 있을 수 없다는 이치가 된다. 그러므로 선천先天은 체體가 10이고 용用은 9이며, 후천後天은 체體가 9이고 용用은 10으로, 역易의 조화와 변화의 원리를 알 수 있다. 선천은 오행의 상생과 천지건곤天地乾坤의 음양적 창조원리를, 후천은 감리수화坎離水火의 오행상극적 변화원리를 내포하고 있는 것이다. 경방京房[202]은 음양오행설을 주역에 최초로 대입하여 자기 고유의 이론을 세웠는데, 8궁설과 세응설, 납갑설은 음양오행의 기초 위에 세워진 이론으로 획기적인 발상의 전환을 가져왔다. 역은 6700여 년 전 복희씨가 창안했지만, 음양오행설은 4,700여 년 전 황제黃帝 때 발생한 것으로 근원 자체가 다르다. 음양에 대해『설문해자說文解字』를 보면, 음陰이란 어둡고 닫는다는 말로 유암幽暗하다는 뜻이다. 산의 북쪽을 음陰이라고 한다.[203]

02) 본 명은 이방(李房)으로 스스로 경씨(京氏)로 성을 바꾸었다. 생몰은 BC 77~BC 37이다. 중국 전한(前漢) 때의 사상가. 양(梁)나라 사람 초연수(焦延壽)에게서 역학(易學)을 배웠다. 재이사상(災異思想)에 밝아 원제(元帝)의 총애를 받았다. 음률(音律)을 연구하여 현(絃)에 의한 음률측정기인 준(準)을 발명함으로써 60률을 산정하였다. 저서에는《경씨역전(京氏易傳)》 3권이 있다.

203) 陰闇也 闇者 閉門也 閉門卽幽暗 山之北(음암야 암자 폐문야 폐문즉유암 산지북)

그리고 똑같은 뜻으로 음黔이라는 글자가 있는데, 이는 구름에 가린다는 뜻이며, 양陽은 밝은 것으로 산의 남쪽이다.[204] 양陽은 일日과 일一, 그리고 물勿의 합으로 양昜이라고 되어 있다.

삼음삼양三陰三陽의 기운氣運 구분 ▶

陰陽 區分	氣運의 勢氣에 따른 區分		
	弱	中	强
陰	궐음(厥陰)	소음(少陰)	태음(太陰)
陽	소양(少陽)	양명(陽明)	태양(太陽)

문헌상으로는 황제와 기백의 대화를 기록한 『황제내경黃帝內徑』의 '사기조신대론四氣調神大論'에서 "음양과 사계절은 만물의 시종始終이며 생사生死의 근본이다. 이를 거역하면 재해災害가 생기고 이를 따르면 악질惡疾이 일어나지 않는다. 이를 도道를 얻었다고 한다. 성인聖人은 도를 행하고 우매한 자는 도를 거역한다. 음양을 따르면 살고 이를 거역하면 죽는다."라는 말이 있고, 또한 '음양응상대론陰陽應象大論'에서는 황제黃帝가 말하길 "음양이란 천지天地의 도道이고, 만물萬物의 기강紀綱이며, 변화의 부모이면서, 생사生死의 본시本始로, 신명神明의 창고이다"라고 기록되어 있다.[205]

204) 陽高明也 山之南(양고명야 산지남)

205) 황제내경, 전통문화사, 2004

동중서董仲舒의 오행원리 ▶

五行	主要 理論
木	太過한 해에는 風氣流行. 脾臟이 피해 받고, 밥맛이 없고 몸이 무겁고 煩悶하며 雲物이 飛動한다. 草木이 잘 못자라고 심히 흔들려 落葉이 떨어진다. 옆구리가 아프고 吐하는 症勢가 심각하다. 목의 疾病은 風인데, 木의 五行이 太歲에 水나 木이 많으면 木이 太過한다고 하는데, 木이 天干이나 月에서 많으면 木의 病인 風이나 骨折 등의 병이 많이 생긴다. 木은 土를 剋하는데, 土의 臟器는 脾臟이나 胃臟으로 이런 병들이 많이 발생한다.
火	太過한 해는 더위가 심하며 肺病이 많이 발생하고 천식(喘息), 혈일(血溢), 이농(耳聾), 견배열(肩背熱)로 고통을 받기 쉬우며, 기(氣)를 오래 받아 독명(獨明)하면 우빙(雨冰)이 상한(霜寒)하며 사물이 메마르게 된다.
土	土氣가 왕성한 해에는 雨濕이 유행하고 腎臟 계통의 병이 많고, 복통이나 몸이 무겁고 번뇌가 있으며, 각하통(脚下痛)이나 四肢를 못 쓰는 병이 생기고, 샘물이 넘치고 하천이 범람하며, 못이 말라붙어 고기를 잡는다.
金	金氣가 太過한 해는 마른 氣運이 流行하며 간이 나빠지고 腹痛이나 眼疾이 생기고 가슴이 아프며 등줄기가 당긴다. 氣를 많이 받으면 草木이 오그라들고 파랗게 말라 버린다.
水	水氣가 太過한 해에는 心臟病과 熱病이 많고 血便이 나오고 頭痛이 많다. 붉은 穀食은 열매를 잘 맺지 못한다.

노자老子의『도덕경』에서는 '만물萬物은 음陰을 지고 양陽을 껴안는다'[206] 라고 하였다. 이렇듯 음양이란 상대적 성질의 관계로 상쟁관계라기보다는 상보적相補的인 관계의 상존성相存性을 전제로 한다.[207] 황제내경에서는 음양의 기운을 각각 세 가지로 설명하고 있는데, 이 음양의 세 가지를 삼음삼양三陰三陽이라고 하여 기후와 연결지었다. 오행五行에 대한 문헌으로는『백호통白虎通』에서 "오행이란 목木(나무), 화火(불), 토土(흙), 금金(쇠), 수水(물)를 말한다. 행行이란 글자는 하늘이 행하는 기氣라는 뜻"[208]으로 5행五行, 즉 5원질五原質 자체는 끊임없이 움직이는 행도行道와 고행, 곧 험난한 의미를 담고 있다.[209] 따라서『백호통白虎通』에 나타난 행行은 험난한 운동運動, 변천變遷, 유동流動을 말한다고 볼 수 있다. 백호통은 전한시대前漢時代에 황제皇帝와 대신들이 모여 학술대화를 가졌는데, 이를 '백호관경학회의白虎觀經學會議'라고 하며, 이에 참여한 인물과 학술을 기록한 것을 전한시대前漢時代에는『백호통덕白虎通德』이라 했고, 당나라 때에는『백호통의白虎通義』라고 했으나 현대에는『백호통白虎通』이라고 한다.

또한 사마천司馬遷이 지은『사기史記』의 '역서易書'와 서자평徐子平이 지은『연해자평淵海子平』에 오행과 간지干支에 대한 기록들이 있다. 그리고 황제내경의 천원기대론天元氣大論에 "하늘에는 오행이 있어 오위五位에 임하여, 한寒, 서暑, 조燥, 습濕, 풍風을 생생生하고, 사람에게는 오장五臟이 있어 오기五氣로 화化하여 희노사우공喜怒思憂恐을 생생生한다"[210]라고 하였다.

황제내경에는 오행의 상생상극과, 천간天干의 상합相合과 지지地支의 상충相冲에 대한 이론이 있었고, 이는 춘추전국시대의 추연鄒衍과 한漢나라 시대의 음양오행론이 정착하는데 결정적인 계기를 제공해주었으며, 황제시대로부터 천지만물은 음양과 오행의 상생과 상극으로 생멸生滅의 변화과정으로 윤회輪回한다는 논리가 태극론과 음양오행론의 요체로 되어 있음을 알 수 있다.[211] 황제내경을 중심으로 한 우주변화의 원리에는 오행에 대한 이론이 있다.

또한 오행의 원리에 대해서 한대漢代의 대표적인 오행학자인 동중서董仲舒는 오행을 자연질서나 자연현상이라고 생각했는데, 그는 자연현상적

206) 萬物負陰抱陽(만물부음포양)

207) 陰中陽也 陽中陰也(음중양야 양중음야)

208) 五行謂木火土金水 言行者爲天行氣之義也(오행위목화토금수 언행자위천행기지의야)

209) 한동석, 우주변화의 원리, 대원출판사, 2001, p.60

210) 皇帝問曰 天有五行御五位, 以生寒暑燥濕風 人有五藏化五氣, 以生喜怒思憂恐(황제문왈 천유오행어오위, 이생한서조습풍 인유오장화오기, 이생희노사우공.)

211) 한동석, 전게서, pp.44~143

인 측면과 성질 및 색과 방향 등으로 오행의 원리를 설명하였다.[212] 앞에서 살펴 본 바와 같이 오행의 상생원리는 복희씨의 선천팔괘도에서, 상극원리는 문왕의 후천팔괘도에서 취용한 것으로 순행順行과 역행逆行의 상반운동에 대한 작용성이며, 변화운동의 형이상·하적 성인성成因性을 의미한다. 오행의 형질形質과 형상形象에 대한 의미는 다음 쪽의 표를 참조하기 바란다.[213]

오행에 관한 문헌 가운데 『상서尙書』의 '홍범洪範'에 무왕武王[214]과 기자箕子와의 문답이 소개되고 있다. 무왕의 본명은 희발姬發이며 중국의 주周를 건국한 왕으로, 기원전 1046년 서쪽 제후들을 규합하여 상商을 멸망시키고 호경鎬京으로 도읍을 옮기고 봉건제도를 실시하였다. 기자의 본명은 자서여子胥餘이다. 중국 상商의 군주인 문정文丁[215]의 아들로 주왕紂王의 숙부叔父이다. 주왕의 폭정暴政에 대해 간언諫言을 하다 받아들여지지 않자 미친 척을 하여 유폐幽閉되었다. 상商이 멸망한 뒤 석방되었으나 유민遺民들을 이끌고 주周를 벗어나 북北으로 이주하였다. 이 두 사람의 대화에서 기자가 곤鯀의 토극수土剋水와 홍범구주洪範九疇에 관해 대답하는 과정이 나오는데 이는 복희의 오행론과 일치함을 알 수 있다.

곤에 대해 설문說文에서는 곤이 물고기의 이름으로 되어 있지만, 서경書經과 사기史記에서는 하夏나라 우왕禹王의 아버지로 요堯임금의 명령을 받고 홍수를 다스리려고 하였으나 실패하고, 마침내 순舜임금에 의해 우산羽山으로 추방당하여 죽은 것으로 되어 있다. 원래 곤은 산동 지방에 살고 있던 동이부족東夷部族의 신神이었던 것 같으나, 나중에 중원中原의 부족과 접촉이 빈번해짐에 따라 마침내 중원의 신화에서, 불리한 조건으로 흡수되어 우왕禹王의 치수治水전설을 돋보이게 하기 위하여 악인惡人으로 왜곡된 것으로 추측된다.

212) 동중서는 중국 전한前漢 때의 유학자로 무제武帝가 즉위하여 크게 인재를 구하므로 현량대책賢良對策을 올려 인정을 받았다. 전한의 새로운 문교정책에 참여하여 오경박사五經博士를 두게 함으로써 국가 문교의 중심이 유가儒家에 통일된 것은 그의 영향이 크다.

213) 장정환, 해안침식에 대한 사신사적 관점, 한국문화역사지리학회지, 제21권 2호, p.24

214) ? ~ BC 1043년 ?

215) 태정太丁

區分	木		火		土				金		水	
	陽	陰	陽	陰	陽		陰		陽	陰	陽	陰
天干	甲	乙	丙	丁	戊		己		庚	辛	壬	癸
地支 (月)	寅 (1)	卯 (2)	午 (5)	巳 (4)	辰 (3)	戌 (9)	丑 (12)	未 (6)	申 (7)	酉 (8)	子 (11)	亥 (10)
四時	春		夏		四季節(3,6,9,12월)				秋		冬	
方位	東		南		中央(東西南北)				西		北	
五色	靑		赤		黃(靑赤白黑)				白		黑	
五常	仁		禮		信(仁義禮智)				義		智	
五味	신맛酸		쓴맛苦		단맛(신.쓴.매.짠):甘				매운맛辛		짠맛鹹	
象數	生成	3·8	成熟	2·7	統合·中和		5·10		收受	4·9	受藏	1·6
性質	生氣發興		活動作用		孕育培植 및 中和作用				禁制作用		藏伏作用	

음양의 상호조합표(左)와 오행의 상호조합표(右)[216] ▼

陰陽 五行	陰陽組合		陰陽과 五行의 組合				
	陰	陽	木	火	土	金	水
陰	陰陰 〈太陰〉	陰陽 〈少陽〉	陰木	陰火	陰土	陰金	陰水
陽	陽陰 〈少陰〉	陽陽 〈太陽〉	陽木	陽火	陽土	陽金	陽水

五行	木	火	土	金	水
木	木木	木火	木土	木金	木水
火	火木	火火	火土	火金	火水
土	土木	土火	土土	土金	土水
金	金木	金火	金土	金金	金水
水	水木	水火	水土	水金	水水
운동 성향	오행기의 발전성향		중재 운동	오행기의 쇠퇴성향	

『홍범구주』는 중국 하夏나라 우왕禹王이 남겼다는 정치 이념이다. 홍범은 대법大法을 말하고, 구주는 9개 조條를 말하는 것으로, 즉 9개 조항의 큰 법이라는 뜻이다. 우왕이 홍수를 다스릴 때 하늘로부터 받은 낙서洛書를 보고 만들었다고 한다. 주나라 무왕武王이 기자箕子에게 선정의 방안을 물었을 때 기자가 이 홍범구주로서 교시하였다고 한다. 『서경』 '주서周書' 홍범편에 수록되어 있으며 9조목은 오행五行·오사五事·팔정八政·오기五紀·황극皇極·삼덕三德·계의稽疑·서징庶徵 및 오복五福과 육극六極이다.

『상서尙書』의 '감서甘誓'는 우虞, 하夏, 상商, 주周 시대의 역사적 내용들이 기록되어 있는데, 그 내용에 "우임금이 하나라를 다스릴 때의 제

216) 상게서.

후로 군사를 일으켜 쳐들어 온 유호씨有扈氏가 오행을 위력으로 모독하고 삼정三正을 태만히 하여 하늘이 그 명을 끊으려고 하니, 이제 나는 오직 천벌을 삼가 행하는 것이다"라는 내용이 기록되어 있다. 또한『춘추春秋』의 '좌전左傳'[217], 『국어國語』[218], 당唐의 공영달孔穎達의 어록 등 많은 문헌상에서 오행에 관한 기록들이 보인다. 삼정三正이란 첫 번째 의미로는 천天, 지地, 인人 삼재三才의 올바른 도리道理를 말하며 둘째, 군신君臣의 의義, 부자父子의 친親, 부부夫婦의 별別의 올바른 도리道理이고 셋째, 자子, 축丑, 인寅을 일컫기도 하며 넷째, 옛날 중국의 달력에 있어서 세 가지의 정월正月, 즉 하夏에서는 건인建寅의 달, 은殷에서는 건축建丑의 달, 주周에서는 건자建子의 달을 정월正月로 했다는 하은주夏殷周 삼국의 달력을 말하기도 한다.

공영달(574~648)은 당唐나라 초기의 학자로 당나라의 태종太宗에게 중용되어 신임을 받고, 국자박사國子博士를 거쳐 국자감의 제주祭酒 · 동궁시강東宮侍講 등을 지냈다. 음양오행설은 수많은 사람들에 의해 발전해 왔는데, 추연鄒衍[219]과 한대漢代의 동중서董仲舒, 당대唐代의 이허중李虛中과 일행선사一行禪師, 송대宋代[220]의 서자평徐子平과 주돈이周敦頤[221] 등을 꼽을 수 있지만 실제로는 헤아릴 수 없이 많다.

추연은 추연騶衍이라고도 하며 맹자보다 약간 늦게 등장하여 음양오행설을 제창하였다. 세상의 모든 사상事象은 오행상승五行相勝 원리에 의하여 일어나는 것이라 하였고, 이에 의하여 역사의 추이推移나 미래에 대한 예견豫見을 하였다. 이것은 오행상생설과 더불어 중국의 전통적 사상의 기초가 되었으며『사기史記』의 '맹자열전孟子列傳'에서 첫째, 음양의 소식消息에 대한 관찰 둘째, 기상禨祥[222]과 그 법칙에 대해 셋째, 오덕전이설五德轉移說과 마지막으로 권력자들이 오행설을 중시하였다는 그의 기록에서 추연의 오행관을 엿볼 수 있다. '맹자열전'을 보면 추연은 음양의 소식消息에 대한 관찰을 깊이 했음을 알 수 있다. 『사기』의 역서曆書에는 "황제가 천지와 계절을 고찰하여 성역星曆[223]을 확정하고 오행을 건립했으며, 소식消息이 있는 것을 보고 남은 것을 가지고 윤달을 정했다"라는

217) 기원전 5세기 초에 공자(孔子)가 엮은 것으로 알려진 중국의 사서(史書). 춘추시대(春秋時代) 노(魯)의 은공(隱公) 원년(元年, BC 722년)부터 애공(哀公) 14년(BC 481년)까지의 사적(事跡)을 연대순으로 기록하고 있으며 유학(儒學)에서 오경(五經)의 하나로 여겨진다.

218) 중국 춘추시대(春秋時代) 8국의 역사를 나라별로 적은 책.

219) BC 305~240

220) 중국 당(唐) 나라 때의 인물로 명리학(命理學)을 체계화하여 중국 고대 명리학의 종사(宗師)로 평가된다.

221) 1017~1073

222) 길흉(吉凶)의 징조를 뜻하는 말이다.

223) 황제역黃帝曆

기록이 있다. 또 "주周 양왕 26년 3월에 윤달이 있었는데, 선왕들이 때를 잡을 때 처음에는 역법을 세워 기본을 세우고 중간에 24절기를 정하여 남는 날의 마지막을 윤달로 돌렸다. 이 때 추연鄒衍이라는 사람이 있어 오덕五德이 전이轉移되는 법칙을 명찰明察하고 소식을 구분하는 학설을 전파하여 제후들에게 알려지기 시작했다"라는 기록도 있다.

성역星曆이란 북두칠성이 자子방향을 가리키면 11월이고, 축丑 방향을 가리키면 12월을 의미하고, 인寅 방향을 가리키면 1월을 말하는데, 이는 동중서의 오행원리에 의한 배정과 같다. 오행을 건립한다는 말은 목화금수木火金水를 사방에 배치하고 토土를 중앙에 배치하는 것으로, 이는 하도河圖의 법과 같으며 추연은 소식을 통해 절후節候를 말하였음을 알 수 있다. 『사기』에 "추연은 당대부터 황제 때까지의 흥망성쇠를 중시하여 그 시대의 기상禨祥과 그 법칙을 기록했다"라고 기록되어 있다. 이어 '음양오행가들은 "친인상응설天人相應說"이라고 하는데, 이는 "기상禨祥의 출현은 인사人事와 상응한다. 인사가 올바르면 하늘은 길조吉兆로써 응하고 부당하면 흉조凶兆로써 상응한다"라는 말이다' 또한 '홍범에 오사五事[224]가 올바르면 하늘은 길조로 감응한다.'고 기록되어 있다.

추연은 오덕전이설五德轉移說에 대해 "천지가 생긴 이래로 오덕이 전이함에 따라 통치에는 올바른 제도가 있으며, 그 부응하는 것도 같다"라고 하고 있는데, 오덕이란 오행을 의미하는 것이다. 동중서는 "천지의 기氣는 합해지면 하나가 되고 나누어지면 음양이 되며 분리하면 사시四時가 되고, 나열해서는 오행五行이 된다"라고 하였던 것과 같은 의미라고 볼 수 있다. 이같은 기록으로 보아 추연은 오행이 우주에 존재하는 5종의 상이한 성질의 자연적인 힘이나 성질을 대표한다고 생각하였다. 이 오덕五德은 일정한 순서와 법칙에 의하여 끊임없이 변화 운행한다는 것[225]이 그의 오덕전이설五德轉移說이다.

그 밖에 『사기』의 '맹자열전'에 보면 오행설의 추종자이던 추연鄒衍에 대한 제후들의 행동이 기록되어 있는데, 양梁나라의 혜왕이 영접하여 귀빈으로 모셨다거나, 연燕나라 소왕의 극진한 예우를 받았고 '주운主運'이

224) 용모, 말하는 것, 보는 것, 듣는 것, 생각하는 것을 말한다.

225) 양계초 외 3인, 김홍경 역, 음양오행의 연구, 신지서원, 1993, p.211

라는 책을 지어 소왕에게 받쳤다는 등의 기록과, 공자는 진나라와 채나라 사이에서 푸대접을 받고 배를 곯았다는 기록에서 알 수 있듯이 권력자들이 오행가五行家를 대우했고 오행설을 중시했다는 것을 알 수 있다.

중국 풍수의 종조宗祖인 일행선사[226]는 중국 당나라 시대의 밀교 승려로 천문학자이다. 724년에 역법 개편작업을 시작하여 역법에 역의 형이상학을 결부시킨 대연력大衍曆을 완성시켰다. 이 역법에 의하여 계산된 태음력은 그의 사후인 729년부터 전국에 배포되었다. 천문과 풍수지리에 밝아 도선국사도 도당渡唐하여 일행지리학을 그의 문파門派에서 전수받은 것으로 알려지고 있다.

음양오행설은 황제 때부터 발생하여 송대宋代 초기의 서자평徐子平에 의하여 집대성되었으며, 황제 때에 이미 오운육기五運六氣 이론에 의한 황제내경이 탄생하여 질병 치료에 이용하였고, 전술한 바와 같이 간지干支의 합충合沖 이론은 이때 생겼다. 추연의 오행 상생·상극 이론은 왕조교체 당위론에까지 확대 적용되어 '오덕전이설五德轉移說'이 되었다. 그 시절은 천자국天子國인 주周나라의 덕德이 쇠퇴하고 제후들이 서로 다투어 패권을 잡던 때이므로, 주나라를 계승하려는 제후들의 야심에 영합하여 추연의 오행설이 크게 성행하였다. 그 후에 진시황이 천하를 통일한 다음 정삭正朔[227]을 고치고 옷의 색깔[228]을 바꾼 것은 전적으로 오행사상에 의한 것이었고, 또 한漢 고조가 흰 뱀을 죽인 것으로부터 제업帝業을 시작했다는 것도 오행사상을 빌려 민심 포용에 이용한 것이었다. 흰 뱀에서의 희다는 오행상 금백서金白西의 의미로 오행의 상극에 의한 정치적 정당성을 부여하기 위한 의미라고 볼 수 있다. 이는 추연의 오덕전이설에서 황제 때는 토덕土德이었고, 하夏는 목덕木德이었으며, 은殷은 금덕金德이었고, 주周는 화덕火德이었으며, 진秦은 수덕水德이었고, 항우項羽는 목덕木德이었고, 한漢은 화덕火德이었다는데서 유래한다.

한漢 무제武帝는 여러 술수術數 사상 가운데서 오행설五行說을 가장 신봉했다. 이는 오행이 일상생활과 연관되어 있고 가장 합리적이라고 믿었기 때문이다. 그리고 치밀하게 오행사상을 연구한 동중서董仲舒의 권

226) 683년~727년

227) 해의 처음과 달의 처음. 곧 정월 초하루를 말함. 또는 책력(册曆), 즉 역법책을 말함.

228) 북北, 수水, 흑黑이다.

유로 오행사상은 더욱 성행하게 되었다. 그러므로 무제 이후 오행사상은 재이災異를 해설하는 주요 근거가 되었는데, 반고의『한서漢書』에서도 오행지五行志를 상, 중의 상, 중의 하, 하의 상, 하의 하 등 5개의 큰 편으로 나누는 등 10지志 가운데서 오행지의 분량만을 몇 배로 늘린 것만 보아도 오행사상이 얼마나 성행했는지 알 수 있다. 이는 오행설이 계절과 자연 사물을 대상으로 이치를 논하는 것이므로 일상생활에 절대 필요한 것이었기 때문이다.

음양오행의 변화원리는 복희伏羲 · 기자箕子 · 노자老子 · 공손룡자公孫龍子 · 추연鄒衍 등 많은 철학자들에 의해 우주동정宇宙動靜의 원리에서 출발하여 규명되었다. 풍수지리학은 이러한 철학적 지리사상의 원리를 취용해 단적端的이지 않고 통일적인 지리관으로 서양의 철학이나 지리학처럼 그 원질原質을 어떠한 개개의 물질이나 성질에서 찾으려는 것이 아니고 통일된 형形과 상象에서 찾으려고 하는 것이라고 할 수 있다.

따라서 풍수지리학에서 음양오행론을 원리로 삼아 지리철학을 다루고 있는 이기론에서는 특히, 동양철학과 같이 하도河圖와 낙서洛書의 상징성에 의해 상수象數의 법칙을 찾아내고 자연지형의 변화원리도 이 법칙에 입각해 자연스스로 변화운동을 하고 있다고 보는데서 출발한다. 만물萬物은 모두 유 · 무생물을 떠나 정精과 신神의 반복운동인 것이며, 물物과 질質이 팽창과 수축 혹은 분산과 수장이라는 음양운동 결과에 따른 모습에 불과하다. 따라서 정신과 물질, 내면과 외면, 혹은 내기內氣와 외기外氣에 의해 서로 매개媒介하면서 끊임없이 변화작용을 일으키게 되고 그 결과로 생성된 것이 현상적現相的 자연물이다. 이와 같이 음양운동은 분합分合과 진퇴운동進退運動으로써 자연변화운동이며 우주만물의 본질을 측정할 수 있는 법칙이기도 하다.

모든 사물의 기본원리인 음양운동은 역易의 원리와 태극도설太極圖說에 따라 연역적演繹的으로 분화된 음양운동인 목화토금수木火土金水라는 5행운동을 낳는다. 따라서 오행 또한 귀납적歸納的으로 음양의 성性과 질質에서 상象을 취하여 다시 발전성수發展成遂하는 기상氣相이다. 오행이란 개념은 태극이라는 통일체가 네 단계운동, 즉 태역太易 · 태초太初 · 태시太始 · 태소太素의 운동을 거쳐 발전되어 이루어 졌듯이 태극은 다시 음양으로 분화되고, 분화된 음양은 또 다시 각각 무한분열과 무한수축이라는 분합작용分合作用을 일으키면서 다섯 개의 새로운 성질이 발생하게 되는 것을 오행의 개념으로 규정할 수 있을 것이다.

네 단계운동은 전국시대 정鄭나라 학자인 열자列子철학의 요체로써 열자는 모든 형태가 있는 사물은 모두 형태 없는 氣, 곧 道에 의해서 형성된다고 말하고, 모든 사물은 제 각각 기氣, 형形, 질質의 3요소를 갖추고 있다고 하였다. 그는 우주 생성과정 가운데 무無로부터 유有가 되기까지의 사이에 4단계가 있다고 하였는데, 태역은 아직 氣가 나타나지 않은 단계를 말하고, 태초는 기운이 시작한 때(氣之始기지시)를 말하며, 태시는 만물을 형성할 때의 최초 상태로 형形의 시작을 말한다. 태소는 우주만물을 구성하는 최초의 물질형태物質形態로서 질質의 비롯됨을 말한다.[229]

이 오행은 지구 위에 있는 삼라만상과 현상에 대해 법칙적인 해석이 가능하지 않는 것이 하나도 없는 관계로 풍수지리학에서는 이 원리를 취용한다. 이는 희랍의 자연철학이나 현상적 물질단위 위주의 서양지리학처럼[230] 삼라만상森羅萬象의 유동하는 변화를 계량적이고 논리실증주의적인 사고로 접근 · 측정하려는 것이 아니고 사물과 현상의 정신까지 동정動靜하는 모습을 측정할 수 있는 자연법칙이라고 할 수 있다.

모든 공간에 귀숙歸宿하고 있는 어떠한 물질이나 형상 및 자연현상에 이르기까지 어느 하나 할 것 없이 오행기五行氣가 아닌 것이 없다. 그러므로 오행의 기운이란 것은 수축하여 응고[231]하게 되면 형질과 형체를 이루게 되고, 분해[232]되면 또 다시 순수한 오행기로 변하는 기화氣化작용이다. 오행五行의 오五는 우주의 만물萬物은 다섯 가지의 원질原質 혹은 법칙권내에 있다는 것을 의미하며, 행자行字를 붙인 것은 기운起雲이 취산聚散하면서 순환循環하는 것을 상징한 것이다. 그러므로 행자行字를 분석하여 보면, 척자彳字와 측자亍字로 구성되어 있다.[233]

행자行字는 이 두 글자의 상상象을 취한 것으로 오행의 행로行路가 평탄

229) 장정환, 상게서

230) 서양의 지리학이 성인적(成因的) 연구에 있어 괄목하다고 할 수 있지만, 사물의 정신까지는 연구가 동양에 비해 저조하다는 의미이다.

231) 음陰

232) 양陽

233) 한동석, 전게서

한 것이 아니라는 의미이며, 일진일퇴一進一退를 의미하는 것이다. 이는 우주의 일왕일래一往一來하는 모습이 오행의 운동규범이라는 것을 표시하기 위해 명명命名한 것이다. 이같은 반복을 풍수지리학에서는 생장수장生長收藏이나 12포태胞胎, 혹은 절節[234]의 변화과정으로 설명하고 생성과 소멸에는 형질形質과 형상形象에 합당한 정신과 자연한 법칙이 존재하지 않을 수 없다고 본다. 이 같은 절의 변화는 용의 행진에 있어 좌우로 굴절되는 평면상의 영역적 공간에 대한 변화를 나타내기도 하는데 24방위의 경우 1방위는 15도, 간지배합의 쌍산 12궁에서는 1궁의 경우 30도의 수평각이 갖는 영역을 의미한다. 또한 24절기에서 절기가 갖는 영역 또한 태양의 공전궤도상에서 15도라는 태양의 일주운동, 즉 15일이라는 시간성의 사시四時변화를 의미한다. 오행이란 이와 같이 무형[235]과 유형[236]의 양면성을 띤 것이므로 모든 사물과 현상에 있어 오행법칙이 만상萬象의 연구에 있어 지고지상至高至上의 규범으로 지리학적 의미가 있다. 앞서 논의한바와 같이 오행운동은 곧 음양의 무한분열과 무한수축에 관여하는 분합운동分合運動이기 때문에 양陽운동의 과정인 목화木火에서는 분산分散하고, 음陰운동 과정인 금수金水에서는 종합綜合되는 것이다.[237]

우주에 존재하는 모든 사물과 현상이 갖는 변화운동의 원질原質과 기운氣運을 목화토금수木火土金水로 명명命名한 것이 오행이라고 하였다. 이 오행의 실체에는 형질적形質的 측면과 형상적形象的 측면이라는 두 가지 측면이 있다. 오행은 형이상形而上과 형이하形而下의 개념을 포함하는 상징적 부호로써, 형상적 측면은 형이상으로 체體와 경經으로써 선천先天의 표상表象이며, 형질적 측면은 형이하로 용用과 위緯로써 후천後天의 표상表相이다.[238]

234) 四時와 日氣의 변화와 龍脈의 변화 등 다양한 의미의 과정과 자연적 반전(反轉)을 절(節)로 표현하고 있다.

235) 기질을 말함.

236) 형질을 말함.

237) 한동석, 전게서

238) 五行에 대한 陰陽區分과 形象·形質的 區分에 대해서는 앞에서 인용 설명하였다.

2.2 풍수에서 오행의 두 얼굴 - 형질과 형상

1) 오행의 형질적 의미와 행도원리

오행이란 목화토금수木火土金水를 말하는데, 다섯 가지의 자연물에 대한 원질原質로써 모든 사물의 형질을 귀속시켜 분류하고 있다. 만물의 형체를 구성하는 형질적 물질로써 5가지 성분이 주체가 되어 음양의 가미와 성분 각각의 것에 의한 배합으로 물질의 세분화를 나타낸다. 또한 물질 성분간의 상호작용으로 변이된 제2차, 제3차수 등의 물질이 생성되고 소멸되는데 상호작용에는 상생과 상극작용으로 만물의 시종始終을 설명하고 있다.

여기에서 상생작용은 점진적이고 순화적인 작용으로 물질의 변이를 설명하는 것이며, 상극작용은 급진적이고 역순환적인 작용으로 물질의 변이를 설명하는 것을 말한다. 따라서 상생작용은 완만한 물질의 변이작용[239]을, 상극작용은 급격한 물질의 변이작용[240]으로써 두 가지의 작용은 우주공간상에서 변이되는 물질의 생장과 수장의 시종에 관한 형질적 변화라는 자연법칙을 말한다.

자연지리학적 개념으로도 오행의 의미는 분류될 수 있다. 오행의 상생관계는 하도河圖에서 천지창조라는 원초적 운동법칙에서 복희伏羲에 의해 취한 것이며, 상극관계는 낙서洛書에서 변화작용하는 운동법칙에서 문왕文王에 의해 취한 것임을 살펴 본 바 있다. 형질적 측면의 상생상극에 대한 지질학적 의미는 표와 같다.

오행의 성분과 형질에 대한 지리학적 개념분류와 상생상극 ▼

五行	成分形質	地理學的 意味	相生 木火土金水	相剋 水火金木土
木	나무	지상의 식물계	木生火	木剋土
火	불	공중계 : 대기순환계. 태양계. 기후계(건계)	火生土	火剋金
土	흙	지표상의 지형계	土生金	土剋水
金	금속	지질계와 지하 광물계	金生水	金剋木
水	물	수중계 : 물순환계. 기후계(습계)	水生木	水剋火

239) 상생생相生生

240) 상극생相剋生

相生 · 相剋		形質的 側面의 地理學的 意味
相生	木生火	지상의 식물계는 대기의 순환에 완만하게 좋은 영향을 미친다.
	火生土	대기의 순환과 태양의 활동은 지표의 지형과 기후에 완만하게 좋은 영향을 미친다.
	土生金	지표상의 지형구조는 지질과 지층의 광물에 완만하게 좋은 영향을 미친다.
	金生水	지질과 지층의 광물은 물순환과 기후에 완만하게 좋은 영향을 미친다.
	水生木	물순환계는 지상의 식물계에 완만하게 좋은 영향을 미친다.
相剋	木剋土	지상의 식물계는 지표상의 지혈계에 급격하며 악영향을 미친다.
	火剋金	대기의 순환계, 태양 및 기후는 지질계와 지하광물계에 급격하게 악영향을 미친다.
	土剋水	지표상의 지형계는 수중계: 물순환계와 기후계(습계)에 급격하게 악영향을 미친다.
	金剋木	지질계와 지하 광물계는 지상의 식물계에 급격하게 악영향을 미친다.
	水剋火	물순환계와 기후계(습계)는 대기순환계, 태양계, 기후계에 급격한 악영향을 미친다.

오행의 상생과 상극에 따른 형질적 측면의 지리학적 의미 ▲

따라서 만물과 자연현상의 시종始終과 생사生死, 발산發散과 수축收縮이라는 변화운동은 상생과 상극이라는 양면적인 운동을 통해 자연한 법칙성으로 우주운동을 하고 있다. 오행의 상생작용은 북방수위北方水位에서부터 시작하여 좌선운동左旋運動을 하면서 목화토금수木火土金水의 순서로 생生하였는데, 상극작용은 북방수위에서부터 시작하여 우선운동右旋運動을 하면서 금화교역金火交易에 의해 수화금목토水火金木土의 순順으로 운행되어 우선右旋하는 순위가 되는 것이다. 금화교역이란 선천에서의 금金과 화火의 위치가 하도에서와 달리 낙서에서 바뀌어진 것을 말한다. 즉, 금화교역金火交易은 본래 낙서洛書에서 그 상象이 나타난 것이며, 하도河圖에서는 생生하는 상象만을 나타냈는데 낙서洛書의 출현에 의해서 상극相剋의 상象이 제시되면서부터 원리로서의 기본이 생긴 것이다. 다시 말해 선천先天에서 남쪽에 있던[241] 화火와 서쪽에 있던[242] 금金이 후천後天의 도수圖數에서 4 · 9금金이 남방南方에 와 있고 2 · 7화火가 서방西方에 가 있는 교역현상交易現象은 금金이 화火를 싸기 위하여 위치位置를 바꿔서 있다는 것을 말한다.

241) 남위南位

242) 서위西位

2) 오행의 형상적 의미와 행도원리

목木이라는 것은 분발奮發하는 기氣를 대표하는 것으로 생生이며, 용출湧出과 용력勇力을 상징한다. 모든 사물과 자연현상은 변화를 일으킬 때에 음양은 항상 억압과 반발이라는 모순과 대립과 조화의 과정을 거친다. 그러므로 목기木氣가 일어날[243] 때는 내부에 축적되었던 양陽이 외부로 용출하려고 하지만, 만약 외면을 감싸고 있는 음陰의 형形과 상象의 세력이 너무 강하여 분출噴出을 허락하지 않는다고 하면 잠복하고 있는 양陽은 더욱 그 힘이 강화되게 마련이다. 그러던 것이 어느 순간에 이르러 양이 음을 깨고 나올 때 생기는 반응을 목작용木作用이라고 한다. 목기木氣라는 것은 압력과 반발의 투쟁에서 이루어지는 것이라는 것을 알 수 있는데, 이것이 모순과 대립의 과정이다. 따라서 목기木氣는 수水의 가장 많은 억압을 받는 것이므로 그 힘 또한 가장 강한 기운이다. 즉 목木은 수水를 발판으로 분출하는데, 수水란 본래 응고凝固가 심하여서 용력勇力을 잠장潛藏하고 있을 뿐 뜻을 이루어내지 못하고 있다가 목기로 변질되면서 그 힘이 활동하기 시작하는 것이다. 따라서 수기水氣는 목기木氣의 모체母體가 되며, 목木이란 수水의 형질과 형상이 운동하는 시초始初의 모습으로 자연계의 동정운동動靜運動이며 수기水氣 발전의 제1단계에 해당한다.[244]

화火라는 것은 분산分散을 위주로 하는 기운으로 화기火氣를 반영한다. 우주의 모든 형질적 변화는 최초 목木의 형태로써 출발하지만 그 목기木氣가 다하려고 할 때에 싹은 가지[245]를 발發하게 되는데, 이것이 변화작용의 제2단계에 해당하는 화작용火作用이다. 화기火氣가 분열하면서 자라나는 작용은 그 기반을 목에 두고 있는 것이므로 목木이 정상적인 발전을 하였을 때는 화기도 또한 정상적으로 발전을 하지만, 만일 목의 발전이 비정상적일 경우에는 화火 또한 역시 불균형적으로 발전하게 될 것이다. 이것은 화기火氣가 발전하는 경우에서 뿐만이 아니라 목화토금수木火土金水에서 어느 것이 발전하는 경우에 있어서도 마찬가지이다. 화기火氣가 발전하는 단계에 들어오면 목기木氣의 특징은 이미 소진消盡되고, 분열

243) 발發

244) 한동석, 전게서, p.64

245) 지엽枝葉

에 의해 무성하게 성장하는[246] 새로운 특징과 바뀌지게 되는 것이다. 따라서 목기의 지배하에 특별하게 성장하던[247] 만물의 힘과 충실했던 내용은 외관적인 수려秀麗와 공허空虛한 허식虛飾으로 바뀌지는 것이다. 그러므로 화火란 것은 그 상象이나 본질이 목木에서 기인한 것으로 외형外形과 또 다른 내면[248]의 질質이 서로 투쟁함에 있어서 외형이 점점 밀리면서 확장분열하게 되므로 형상形象의 대립이라고 한다. 즉, 형形과 기氣는 항상 그 세력이 병행하는 것이 아니고 서로 소장消長하면서 외면外面을 형성한다는 원리를 말하는 것이다. 화기火氣의 외형은 무성茂盛하지만 내면은 공허空虛해지는 때이므로 생장生長할 수 있는 힘의 원천[249]은 끝나고 퇴색退色이 시작되는 때이다.[250]

　　토土라는 것은 중화작용中和作用[251]을 하는 것을 말한다. 천도天道에는 통일하기 위한 과정을 거쳐 발전이라는 행도行道의 법칙을 가지고 있다. 통일과정의 행도법칙行道法則이란 양陽의 생장을 정지하고 성수成邃로 전환하려는 운동과 금화金火의 상쟁相爭을 막으려는 작용운동을 말한다. 뿐만 아니라 토 작용은 음陰의 수축收縮과 수장收藏을 정지하고 생장生長으로 전환을 적극적으로 도모한다. 금화金火의 상쟁相爭이란 생장生長[252]은 성숙을 전제로 하는 운동이므로 금수金水로 통일하여야만 가능하다. 즉, 화기火氣의 타오르는 열[253]은 금수金水로써 종합해야만 성숙成熟을 이루게 된다는 것을 의미한다. 그러나 금金과 화火는 서로 용납하지 않는 개와 원숭이의 관계[254]와 같은 관계로 토기土氣가 중재하지 않으면 금金이 화火를 포장包藏할 수 없다. 이것을 금화상쟁金火相爭이라고 한다. 따라서 토기는 금화상쟁을 막는 중용지덕中庸之德을 지니고 있어 화순和順하고 불편부당不偏不黨하는 절대중화지기絕對中和之氣 작용을 한다.[255] 다시 말하면 생장生長인 발전이나 수장收藏인 성수成邃작용 등에 있어 공정무사公正無私한 중작용中作用을 한다. 따라서 토기土氣는 화기火氣가 무한분열無限分裂할 때 생기는 것으로 변화발전의 제3단계에 속한다.[256]

　　금金작용이란 토기土氣의 공정무사한 작용[257]에 의해 목화기木火氣를 종결짓고 통일작용의 제1단계인 동시에 자연변화의 제4단계에 해당한

246) 장무長茂

247) 특장特長

248) 이면裏面

249) 역원力源

250) 生長의 力源이 끝난다는 말은 현실적으로 생장하지 않는다는 뜻이 아니며, 또 退色이 시작된다는 말은 현실적인 퇴색이라는 말과 다르다. 한동석, 전게서, p.65

251) 中化作用의 의미와 함께 쓰인다.

252) 목화木火

253) 염열炎熱

254) 견원지불화犬猿之不和

255) 장정환, 혈의 중위성에 대한 고찰, 서경대학교 학술발표자료집, 2011년.

256) 한동석, 전게서, pp.64~66

257) 황파黃婆작용이라고 함.

다. 금金과 목木은 그 성질이 상반되는 것으로써 목木은 내부의 양[258]이 표면으로 분산하려는 발전단계의 시초지만 금金은 겉으로 나타나는 양[259]이 다시 이면裏面으로 잠복하려는 수장收藏의 시초단계인 것이다. 이와 같이 금기金氣는 목기木氣와는 전혀 다른 작용을 하면서 양陽을 포장하지만, 결코 내면[260]까지 견고하게 하는 것이 아니므로 금의 기가 머물러 있는 곳[261]에는 양성陽性이 오히려 강강强해 응고작용凝固作用의 기본 토대만을 이루어 놓는다.

마지막으로 자연변화의 5단계에 대해 살펴보면, 모든 만물은 생장生長하여 결실을 맺은 다음 거두어들이는 작용[262]을 한다. 수장작용은 토기土氣와 금기金氣의 도움을 받아서 수水에 이르러서 비로소 통일과업을 완수하게 되는데, 금기金氣는 표면을 수렴하는 작용에 그치지만 수기水氣의 작용은 내면 깊숙이까지 응고하게 하는 작용을 한다. 이러한 변화작용을 거쳐 목화기木火氣의 양陽은 완전히 수장되어 만물의 창조와 변화운동의 근원根源으로 작용한다.[263] 즉, 수기水氣는 생명과 형체의 본원이며 통일과 분열의 기반인 것이다. 수水의 응고작용이란 것은 곧 생生의 원동력으로 변화작용을 일으키는 만물의 내면활동이며, 만물만상萬物萬狀의 활동이란 곧 수水의 활동에 기인하였음을 알 수 있다.[264] 따라서 수水의 자연 생수生數는 1이다.

258) 이양裏陽이라고 함.
내부의 陽을 말하며 表陽의 반대말이다. 裏: 1. 속(=裡), 내부(內部), 가운데 2. (사물의) 안쪽 3. 뱃속, 가슴속 4. 속마음, 충심(衷心: 마음속에서 우러나는 참된 마음) 5. 태, 모태 6. 곳 7. 다스려지다(=理) 8. 안에 받아들이다.

259) 표양表陽

260) 이면裏面

261) 금기소재金氣所在

262) 수장작용收藏作用

263) 이 같은 水作用을 인간에 있어서는 精이라 하고, 식물계에 있어서는 핵(核)이라 한다.

264) 한동석, 전게서, p.66

3절 기와 이기체용 - 氣와 理氣體用

하도와 낙서에 의한 선·후천간의 상호원리에 대한 체용논리體用論理는 선천先天이 체體라면 후천後天은 용用이 된다. 또한 시·공간을 상징하는 경·위선의 경우에 있어서 경선상 천축天軸의 중심이 체라면 위선緯線은 용用이 된다. 이상의 선·후천 체용관계는 팔괘도상으로도 나타나는데 천축의 중심선을 경선상의 중심선이라고 할 수 있다. 따라서 방위적 팔괘의 영역성은 팔괘八卦의 변화성을 기본축선으로 한 것으로서, 풍수지리학 방위론의 골간骨幹으로 모든 현상과 사물에 이르기 까지 적용하여 활용하였다. 물론 작게는 양택좌향론에서도 이를 취용하였으며, 과거 동양 3국의 건축문화에 지대한 영향을 끼쳤다는 것은 주지의 사실이다.

동양적 기氣의 개념을 정확하게 파악하기 위해서는 우선 그것이 농경사회와 깊이 연관되어 있는 개념이라는 것을 알 필요가 있다. 중국의 가장 오래된 사서인 『설문해자設文解字』에서는 기를 운기雲氣, 즉 구름이 생성되고 움직이는 것 같과 같은 현상적인 기운이라 설명하고 있는데, 은·주시대 이전부터 기氣는 바람이나 구름을 포함한 기상을 나타내는 말로 쓰였다. 기상과 계절의 변화를 나타내는 천기天氣와 땅의 기운인 지기地氣가 결합하여 곡물이 생장한다. 동물은 식물의 생명력을 소화·흡수의 과정을 거쳐 활동력으로 삼는다고 고대인들은 생각했다. 기는 이렇게 해서 생태계 일반을 두루 관통하고 있는 우주적 생명력을 뜻하게 되었다. 인간의 생명 역시 기의 흐름이었다. 그것이 피의 순환과 연관된다고 보아 혈기血氣라 했고, 호흡이 그 관건이라 보아 기식氣息이라 했다. 내적 생명의 상태는 자연히 밖으로 드러난다 해서 기색氣色·기분氣分·기품氣品이라는 표현이 있게 되었다. 글에서는 문기文氣, 글씨에서는 서기書氣, 땅에서는 지기地氣, 하늘에서는 천기天氣와 같은 것이 기에 대한 외적 표현의 동일한 맥락이다.

천구상의 황도12궁과 백도265) ▶

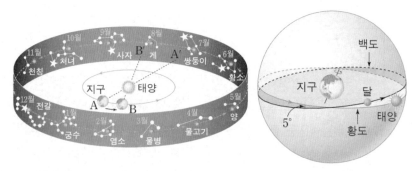

265) 이미지 출처: 천재교육

266) 천원기대론(天元紀大論)에서 "......
故在天爲氣 在地爲形 形氣相感而化
生萬物矣......"라 하였다. 즉 그러므로
하늘에 있어서는 氣가 되고, 땅에 있어
서는 形이 되어 形과 氣가 서로 感應하
여 萬物을 이룹니다.

267) 황제내경은 소문素問과 영추靈
樞로 구성되어 있는데 소문은 황제가
기백岐白을 비롯한 여러 명의와 나눈
문답을 기록한 것이다.

268) 萬物은 陰을 지고 陽을 껴안아
氣가 서로 섞어 和를 이룬다.

269) 금낭경 상(錦囊經 上) 기감편(氣
感編)에서 ...... 장자승생기야......(......葬
者乘生氣也......)

270) 송대(宋代)의 장재(張載)가 대표
적이다.

271) 지상가(地相家), 감여가(堪輿家)
혹은 지사(地師), 지관(地官), 풍수가(風
水家)라고도 부른다.

272) 청오경에 "盤古渾淪 氣萌大朴
陰分陽分 爲淸爲濁..........氣乘風散
脈過水止 藏隱蜿蜒 富貴之地........"
라 하였다.

273) 김봉주, 2007, 現代科學으로 본
氣, 충남대 출판부, p.81.

274) 옥한석, 2005, 경관풍수의 본질
과 명당의 선정기준:북한강 유역을
중심으로 하여", 문화역사지리 제17
권, p.25.

기氣에 대해서는 동양학에서 보편적인 개념으로 변화의 근본, 즉 변화를 갖게 하는 근원적인 에너지로서 이해하고 있고, 성리학性理學에서는 사물事物이 존재하는 이치理致를 리理로, 사물을 형성하는 근원根源을 기氣로 보는 이기체용론理氣體用論[266]을 다루기도 하지만, 풍수에서의 기는 근원에 의한 변화운동의 실체를 의미한다. 아뭏든 기氣의 개념이 언제부터 사용되었는지에 대한 명확한 근거는 알 수 없다.

다만 고전의 문헌상『황제내경黃帝內徑』'소문편素問篇'[267]에 기氣의 개념을 논하고 있고 그밖에 노자老子의『도덕경道德經』[268], 청오자靑烏子의『청오경靑烏經』, 맹자孟子의『호연지기浩然之氣』,『금낭경錦囊經』[269] 등 역전易傳과 지학地學 및 기학氣學[270] 등의 다양한 분야에서 상당부분 기록되어 전승傳承되어 왔고, 기氣에 대한 정의 또한 유학자儒學者와 지리가地理家[271]에 따라 다양하게 논의되어 왔다. 풍수의 원전이라고 할 수 있는『청오경』에 '반고시대에는 기가 혼륜하였으나 차츰 그 기가 지극히 순박하여 순음순양으로 나뉘어 청과 탁이 되었다. 기라는 것은 바람을 타면에 흩어지고 지나가는 맥은 물이 붙잡아 멈추게 하는 것이다. 산이란 때로는 숨기도하고 은맥隱脈으로 나타나기도 하는 것인데 산세가 길게 구불구불 뻗쳐 지나가는 형세는 부귀가 따르는 땅이다'라는 내용이 있다.[272]

근래에 이르러서 기氣란 현상계現象界에 있는 모든 존재 또는 기능의 근원자根源子로서 이 세상 모든 존재물을 구성하는 원초적原初的 질료質料로써 물질적인 것과 정신적 존재까지를 포함하는 것이라고 정의하는가 하면,[273] 기라고 하는 것은 "기체 상태로 대기 중에 존재하는 수증기 혹은 습기"이면서도 지형적 조건에 의하여 순환이 잘 되어야 하는 것을 암시할 뿐이므로 생기生氣라고 하는 개념은 단순히 '기체 상태로 대기 중에 존재하는 수증기 혹은 습기 이상의 어떤 것'을 의미하고 '바람에 의하여 잘 순환되는 기체 상태로 대기 중에 존재하는 수증기 혹은 습기'라고 보는[274] 등 기氣에 대한 다양한 해석들이 나오고 있다. 그러나 이는 기를 단순히 기체상태로 대기중의 수증기와 같은 습기로 보는 것은 기에 대한 이해가 부족한데서 연유하거나 설문해자나 은·주시대 이전의 기氣의 개념에 대한 자의적字意的 해석을 그대로 수용한 것으로 풍수론적 기의 개념이 아닌 것이다.

기와 관련하여 중국 전한前漢의 학자로 성은 유劉이며 이름은 안安으로 회남왕淮南王에 책봉되었던 회남자淮南子[275]와 동시대 유학자로 호는 계암자桂巖子이며 춘추공양학春秋公羊學을 수학하여 하늘과 사람의 밀접한 관계를 강조한 동중서董仲舒[276], 그리고 학자·문인으로 자는 자운子雲이고 성제成帝 때에 궁정 문인이 되어 성제의 사치를 풍자한 문장을 남긴 양웅揚雄[277], 중국 후한의 사상가이며 자는 중임仲任으로 자유주의적 사상을 지녔으며 신비적 사상이나 속된 신앙, 유교적인 권위를 비판하고, 언론의 자유를 주장하고『논형論衡』을 저술한 왕충王充[278] 등도 모두 그들의 우주론에 있어서는 기氣를 본체本體나 본질本質로 본다는 점에서 리理를 본체나 본질로 본 풍수론과는 논리체계가 다르다. 그런데 한대漢代에는 주로 음양오행으로써 모든 것을 해명하려 하였기 때문에 비록 대극일기太極一氣의 개념은 있었지만, 중심은 항상 음양에 있었음을 '청오경'을 통해 알 수 있다. 따라서 중국철학에 있어 본체론이 본격적으로 다루어진 것은 송대宋代 철학부터라고 보아야 할 것이다.

송대 철학의 요체는 이기理氣와 심성心性의 탐구라고 할 수 있는데, 리와 기 양자는 곧 실재로서 본체론에 해당하는 것이고, 심성은 곧 심리윤리心理倫理로서 인성론人性論에 해당하는 것이다. 그들은 노장老莊과 역괘사易繫辭의 사상思想을 취하여 유가철학의 본체론을 수립하였다. 대표적인 학자로 주염계周濂溪, 즉, 주돈이周敦頤[279]는 중국 송나라의 유학자이다. 그는 도가사상의 영향을 받고 새로운 유교이론을 창시하였다. 세계는 태극 ⇨ 음양 ⇨ 오행 ⇨ 남녀 ⇨ 만물의 순서로 구성된다고 하였다. 또, 도덕과 윤리를 강조하고 우주생성 원리와 인간의 도덕원리는 같다고 하였다. 그의『태극도설太極圖說』은 무극無極[280], 음양, 오행, 만물萬物의 순서로 우주본체론을 세웠다.

소강절邵康節은 중국 송宋나라의 학자로 소옹邵雍[281]을 말한다. 그는 그의『황극경세서皇極經世書』라는 저서에서 태극 ⇨ 음양 ⇨ 사상 ⇨ 팔괘의

275) ?~B.C.123

276) 중국 전한(前漢)의 유학자(?B.C.176~B.C.104). 호는 계암자(桂巖子). 춘추 공양학(春秋公羊學)을 수학하여 하늘과 사람의 밀접한 관계를 강조하였다. 무제(武帝)로 하여금 유교를 국교로 삼도록 설득하였다. 저서에 ≪춘추번로(春秋繁露)≫가 있다.

277) 중국 전한의 학자·문인(B.C.53~A.D.18). 자는 자운(子雲). 성제(成帝) 때에 궁정 문인이 되어 성제의 사치를 풍자한 문장을 남겼다. 후에 왕망(王莽) 정권을 찬미하는 글을 써 비난을 받기도 하였다. 작품에 〈감천부(甘泉賦)〉, 〈하동부(河東賦)〉, 저서에 ≪법언(法言)≫, ≪태현(太玄)≫ 따위가 있다.

278) ?30~?100년

279) 1017~1073년

280) 태극太極

281) 1011~1077년

순서로 태극일기太極一氣의 운화運化를 해명하였다. 황극경세서는 모두 12권으로 되어 있다. 역리易理를 응용하여 수리數理로써 천지만물의 생성 변화를 관찰, 설명한 것이다. 12진辰을 하루, 30일日을 한 달, 12개월을 1년, 30년을 1세世, 12세[282]를 1운運, 30운[283]을 1회會, 12회를 1원元으로 한다. 그러므로 12만 9600년이 1원이며, 천지天地는 1원마다 한번 변천 하고, 만물은 이 시간적 순서에 따라 진보한다는 것이다.[284]

장횡거張橫渠는 하늘이란 뜻의 기초 개념인 태허太虛 음양의 기氣로써 유무혼일지상有無混一之常을 주장했다. 그의 철학은 명말청초明末淸初의 왕부지王夫之가 계승하였다. 이정자二程子는 중국 송나라의 유학자 정호程 顥와 정이程頤 형제를 높여 이르는 말인데 정호程顥는 중국 북송北宋의 유 학자儒學者이며 자는 백순伯淳이다. 호는 명도明道이며 낙양洛陽 사람으로 주돈이周敦頤에게 배우고,『정성서定性書』를 저술著述하여, 우주宇宙의 본체 를 건원乾元의 기氣라 하고, 리理를 기초基礎로 하는 도덕설道德說을 주창 하여 우주의 본성과 사람의 성性이 본래本來 동일同一한 것이라고 했다. 음양기화陰陽氣化의 소이所以로서 리理의 실재를 확립하여 주자朱子에 이 르러 대성大成되었다.

주자는 리理와 기氣로써 이원론二元論을 수립하였고, 성性과 정情에 배 당함으로써 인성론人性論에까지 일관시켰던 것이다. 한국의 성리학은 바 로 주학朱學의 이기론理氣論과 인성론人性論의 영향을 받은 결과라고 할 수 있다. 주자의 이기이원론理氣二元論은 형이상학적 본체에 해당하는 것이 다. 중국 명明나라 때의 유학자 나정암羅整庵[285]은 주자학의 입장에서 왕 양명王陽明의 신설을 비판하고 논쟁하였으나, 순수한 주자학자로 볼 수 는 없다. 그는 '기氣를 떠난 이리는 없다' 하여 이기일체론理氣一體論을 제 창하였다. 따라서 그의 철학을 '기의 철학'이라고 부르며, 주자의 '리理 철 학'을 수정한 것이었다. 그의 이기일물설理氣一物說을 거쳐 왕양청王陽川의 심즉리설心卽理說이 되었다.

심즉리설은 육왕학陸王學에 있어서 심心이 곧 일체의 이법理法이라는 의미의 최고 명제이다. 심즉리설은 송대의 육구연陸九淵에 의해 발단되었

282) 360년

283) 10,800년

284) 6권까지는 역易의 64괘卦를 원·화·운·세에 배당하여 요제堯帝의 갑진년甲辰年에서 후주後周의 현덕顯德 6년인 959년 까지의 치란治亂의 자취를 적시하고, 7~10권에는 율려성음律呂聲音을 논하고, 11~12권은 동·식물에 관해 논하였다.

285) 1465~1547년

고 명대의 왕수인王守仁에 이르러 완성되었다. 왕수인의 심즉리설은 다음과 같은 두 가지 의미로 설명될 수 있다. '심心은 리理이다'라는 의미와 '리理는 심心과 분리되지 아니한다'라는 의미이다. 왕수인이 심즉리를 제창하게 된 것은 당시의 학풍을 주도하던 주자학, 특히 격물치지설格物致知說에 대한 회의와 불신에서였다. 격물치지설은 주자의 경우 사물에 이르러 그 이치를 깨닫는 것이라고 한 반면 왕양명은 마음을 바로잡아 지극히 한다는 것이라고 하였다. 심心이 곧 리理라는 말은 일상생활 속의 상대적인 사람의 평상심이 곧 리理라는 의미가 아니라, 상대적 선악을 초월한 순수 본심으로서의 양지심良知心이 곧 리理라는 의미이다. 다시 말하면 사욕이 완전히 극복된 순수한 심心일 때 그것이 곧 리理라는 것이다. 이와 같은 왕수인의 심즉리설은 주희가 심心에서 분리시켜 낸 형이상학적 가치로서의 도덕리道德理를 구체적으로 살아 움직이는 활발한 순수 본심과 일체화시키는 입장이다. 청대淸代에 이르면 대동원戴東原의 주기론主氣論으로 결정되는데 주자학은 한국과 일본에 전파되어 각기 특색 있는 발달을 하게 되었다.[286]

풍수론에서 말하는 이기풍수理氣風水와 형기풍수론形氣風水의 논리체계는 다음과 같이 정의 내릴 수 있다. 먼저 이기풍수의 경우는 형이상학적 본체적本體的 의미의 리철학理哲學[287]으로 음양오행의 상생극의 충합여부沖合與否로 지형지세(理氣: 形象的형상적)의 길흉여부吉凶與否를 보자는 것으로 구성되어 있음을 알 수 있다. 반면 형기풍수의 경우 형이하학적 기철학氣哲學[288]을 취용하여 지형지세의 상相인 형形[289]의 기운에 의한 발산發散[290]과 수렴收斂[291]이라는 환경적 영향력으로 지기地氣의 길흉여부吉凶與否를 보아 취사선택取捨選擇하는 논리체계로 구성되었음을 알 수 있다.

이는 앞의 담론에서 많은 선유자先儒者들의 이기이원론理氣二元論을 통해 알 수 있었듯이 리理를 형이상자形而上者로, 기氣를 형이하자形而下者로 하여 우주만물宇宙萬物의 생화법칙生化法則을 리理[292]와 기氣[293]로 설명하고 있기 때문이다. 그렇다면 이기풍수론에서 형국상形局上의 영역에 배

286) 김여경, 상게서

287) 체용(體用)관계에서의 체(體)를 말함.

288) 체용(體用)관계에서의 용(用)을 말함.

289) 형질形質

290) 조照

291) 응應

292) 체體, 경經, 상象의 개념

293) 용用, 위緯, 질質, 상相의 개념

정하고 있는 오기五氣[294]에서 중앙에 배정되어진 토기土氣에 관한 의미에 관심을 갖지 않을 수 없다. 유행流行하는 오기五氣는 두 가지 측면으로 해석되어 진다. 즉, 형질적 측면[295]과 형상적 측면[296]이라고 설설說한 바 있다. 따라서 혈이 갖는 지리철학적 본질은 무엇인가에 대한 풍수론적 해석은 매우 중요한 사안이다.

4절 식탁 위의 천간과 지지 - 60갑자

중국에서는 간지干支가 아주 일찍부터 쓰였는데, 갑골문자甲骨文字를 통해서 살펴보면, 은殷[297] 이전부터 사용되었다는 것을 알 수 있다. 그리고 이 간지가 역일曆日에 잘 쓰였다. 『조선왕조실록』에는 연대기에 매일매일의 각 역일 대신 일진으로 적어 놓았다. 간지기년법干支紀年法으로 갑자년생은 60년 후에 다시 갑자년을 맞이하게 된다. 첫 사랑을 나누었던 갑甲이란 남자와 자子라는 여자가 60년 만에 재회한다는 뜻이다. 이런 의미에서 61세의 생일을 회갑回甲 또는 환갑還甲이라 하여 잔치를 베푸는 날로 정하고 있다. 연대를 나타내는 방법으로 단기 또는 서기를 쓰는데, 때에 따라서는 '병자년 · 정축년'과 같이 간지로 나타내는 경우가 있으며, 이런 방법을 간지기년법이라고 말한다. 간지기년법은 60년을 주기로 하여 같은 간지가 되풀이 되므로 오랜 연대에 대해서 적용시킬 수는 없지만, 사람의 연령이나 과거에 경험한 수재水災 또는 한재旱災를 말할 때 긴요하게 쓰인다.

진한대秦漢代에 이르러서는 갑을甲乙 등 10간干과 자축子丑 등 12지支와 결합시킴으로써 복잡한 참위설讖緯說의 기초이론이 되었고, 또한 천문天文, 지리地理, 역보曆譜 등 술수術數 위학緯學[298]의 기초이론으로 자리 잡았다. 참위설은 본래 중국中國 고대古代의 예언설豫言說이다. 음양오행설陰陽五行說에 바탕을 두어, 일식日蝕 · 월식月蝕 · 지진地震 등의 천이지변天異地變이나 위서緯書에 의하여 운명運命을 예측豫測하는 것으로, 진대秦代에 일

294) 木火土金水의 五氣를 말한다.

295) 용用인 형이하자形而下者

296) 체體인 형이상자形而上者

297) 기원전1776~기원전1123

298) 경학(經學)의 상대적 학문을 말함.

어나 한漢나라 말엽末葉에 성행했으나 뒤에 그 폐해弊害가 많아 금禁했다. 음양오행설에 있어서 간지干支는 매우 중요한 의미를 가진다. 간지는 세수歲數의 변천과 절기節氣 등 시간성과 관련된 역법曆法의 기초가 되기 때문이다. 간지론은 풍수지리학에서 공간상의 영역과 시간상 변전變轉되는 기氣의 흐름에 따라 24방위 12궁宮이라는 방위성의 배분에 다양한 오행적 의미를 부여하여 이론적 배경으로 삼는다. 간지는 역易의 음양성陰陽性에 따라 음양과 오행을 배정하여 활용되는데 60갑자甲子에는 음陰과 양陽 오행五行의 의미가 배정되어 주어진다.

　　지지의 음양과 관련하여 동물을 음양으로 나눌 때 보통 발가락 수나 신체의 특징으로 기준을 삼는다. 쥐는 발톱이 5개로 양陽이고, 소는 발굽이 2개라 음陰이며, 호랑이는 5개로 양陽, 토끼는 뒷발가락이 4개라 음陰이요, 용은 5개로 양陽이고, 뱀은 혀가 둘로 갈라져서 음陰이다. 말은 발굽이 1개로 양陽이고, 양은 발굽이 2개라 음陰이다. 원숭이는 5개로 양陽, 닭은 발가락이 4개로 음陰, 개는 5개로 양陽, 돼지는 2개라 음陰이다. 뿐만 아니라 간지에는 합合과 충沖에 관련한 이론이 있는데 이는 음양오행과 역曆의 관계에서 매우 중요하게 다루어지고 있는 이론이다. 간지합충론干支合沖論은 천간과 지지에 각기 적용되는데 풍수지리에서도 활용되기 때문에 이론적 고찰은 반드시 필요한 것이다. 먼저 천간과 관련한 합충론을 보면, 천간天干의 어떤 하나에서 6번째 되는 천간과의 합은 도합 5개의 합合을 이룬다. 예를 들면, 첫번 째 갑甲과 여섯번 째 기己가 합合하면 토土가 된다. 여기에서 갑甲은 대림목大林木이고, 기토己土는 음토陰土인데 합合하면 토土가 된다. 기토己土는 전원토田園土라고 한다. 갑기甲己의 합合은 전원田園에 큰 나무가 서 있는 형국이다. 그러므로 저 전원田園은 내 땅이라고 하지 내 나무라고 하지는 않는다. 그래서 토土가 되는 것이다. 또한 갑목甲木은 살아 있는 것이지 죽은 것이 아니다. 을乙과 경庚이 합合하면 금金이 된다. 여기에서 을乙은 칼집이고 경庚은 대검인 칼이다. 칼집에 칼이 들어 있으니 칼이라고 하지 칼집이라고 하지 않는다. 여기서 칼집에 해당하는 을목乙木은 죽어 있는 것이다. 병丙과 신辛이

합슴하면 수水가 된다. 병丙은 태양이고 신辛은 구름이다. 태양이 구름에
가려 비가 오는 형국이 되어 수水가 된다. 정丁과 임壬이 합슴하면 목木이
된다. 정丁은 촛불이나 화롯불이다. 여기에 물을 끼얹으면 꺼져서 숯이
되는 것이다. 여기서 목木은 죽어 있다. 무계戊系가 합하면 화火가 된다.
여기서 무戊는 고산高山이고 계수癸水는 비다. 이는 고산에 비가 내리고
번개가 치는 형국이다. 여기서 화火는 번개를 말한다.

　이는 하도河圖에서 기본 수에 5를 더하면 성수成數가 되는 이론과 같
다. 이 이론은『황제내경』에서 오운五運의 결정에 사용되는데, 이는 오행
이 육기六氣에 영향을 미친다는 것이다.

10천간과 12지지[299]에 따른
음양오행 배정과 의미성 ▶

干支區分		陰陽五行 配定과 意味性			其他月
		陰陽	五行	意 味 性	
10天干	甲	陽	木	大林木. 草木의 種核. 氣立之象. 最初의 成長. 草木의 根幹	
	乙	陰	木	小木. 싹이 막 터서 힘이 없어 굽어진 형태. 草木의 枝葉	
	丙	陽	火	太陽. 草木이 太陽을 받아 크게 成長.	
	丁	陰	火	달(月), 등불. 光合成作用에 의해 氣를 蓄積.	
	戊	陽	土	高山흙. 6月의 草木. 最高의 茂盛함.	
	己	陰	土	田園濕土. 成長의 完成. 己는 숫자로 10인 마지막 數로 統一.	
	庚	陽	金	大劍. 萬物이 자라 種子가 여물어 단단해 지는 것.	
	辛	陰	金	果刀. 珠玉. 열매가 最終的으로 자라 飽和狀態를 이룬 것	
	壬	陽	水	江河. 私物이 孕胎하여 子孫을 보호.	
	癸	陰	水	雨露. 孕胎한 것이 子宮에서 자라고 있는 形象	
12地支	子	陽	水	天干의 壬에 해당. 孕胎하고 着床하여 자라는 것.	11
	丑	陰	土	胎兒의 움직임. 태어나기 直前.	12
	寅	陽	木	天干의 甲에 해당. 出生하여 成長. 太陽이 막 떠오르는 形象	1
	卯	陰	木	天干의 乙에 해당. 草木이 자라 여러 갈래로 자라는 形象.	2
	辰	陽	土	천둥과 번개치고 비가 내려 萬物이 새롭게 生長하는 形象.	3
	巳	陰	火	丙과 같은 뜻. 私物이 太陽을 받아 한참 자라고 있는 形象	4
	午	陽	火	丁과 같은 뜻. 成長極大. 午에서 陽이 가고 陰이 시작.	5
	未	陰	土	萬物이 成熟하여 最高의 맛. 午後2時 陽氣가 陰氣로 變함.	6
	申	陽	金	天干의 庚에 해당. 열매가 단단해지는 結實의 時期.	7
	酉	陰	金	天干의 辛과 같음. 成長完成. 더 이상 성장 안 됨.	8
	戌	陽	土	落葉이 지는 狀態. 나무기운이 줄기나 가지에서 뿌리로 옮김	9
	亥	陰	水	天干의 癸와 같음. 姙娠하여 胎兒가 자라는 狀態.	10

299) 동물을 음양으로 나눌 때 보통 발가락 수나 신체의 특징으로 기준을 삼는다. 쥐는 발톱이 5개로 陽이고, 소는 발굽이 2개라 陰이며, 호랑이는 5개로 陽, 토끼는 뒷발가락이 4개라 陰이요, 용은 5개로 陽이고, 뱀은 혀가 둘로 갈라져서 陰이다. 말은 발굽이 1개로 陽이고, 양은 발굽이 2개라 陰이다. 원숭이는 5개로 陽, 닭은 발가락이 4개로 陰, 개는 5개로 陽, 돼지는 2개라 陰이다.

60갑자의 근원과 역법曆法에 있어 간지干支는 음양오행의 범주 안에 들어가 이를 실전에 응용하게 되었다. 간지의 조합에 따라 그해의 간지를 세차歲次라고 하며, 이는 천문天文과 역법曆法에서 기원한다. 서양에서는 태양력太陽曆을, 동양에서는 태음력太陰曆을 중시하였지만 태양계의 행성에 대한 크기나 태양과의 거리에 대해서 정확한 물리량을 산출할 수 없었다. 동양 최초의 역曆은 황제력으로 보는데, 황제는 창힐蒼詰에게 글자를 발명하게 했으며, 대요씨大撓氏에게 10간과 12지를 만들게 하여 60갑자를 만들었다. 그리고 동이족東夷族을 정벌하여 명의名醫로 소문난 기백기伯을 데려다가 『황제내경』을 지었고, 천간과 지지의 합을 연구하여 그 해의 기상氣象과 건강을 예측하는 오운육기五運六氣 이론이 최초로 출현했다. 또한 당시에 이미 우주를 관찰하여 일월日月, 즉 해와 달과 오성五星[300]의 관계를 고찰하여 이를 칠요七曜나 칠정七政이라고 불렀다. 이때 일년은 365와 4분의 1이라는 것을 알았고, 4년마다 3합이 되는 해를 알았던 것이다.[301] 삼합오행의 논리는 여기에서 기인한다.

천간과 지지의 상충에 따른 해설 ▶

干支區分	相 冲		特 記
天干冲	甲↔戊, 乙↔己, 丙↔庚, 丁↔辛, 戊↔壬, 己↔癸, 庚↔甲, 辛↔乙, 壬↔丙, 癸↔丁.		일곱 번째 되는 천간과는 相冲한다.
地支冲	子↔午	子는 陽水이고 午는 陽火이다. 水剋火하여 火가 傷한다. 午火는 많이 傷하고 子水는 若干 傷한다. 陰水와 陽火나, 陽水나 陰火의 冲은 陽對陽이나 陰對陰의 冲보다 弱하다.	
	卯↔酉	卯는 陰木이고 酉는 陰金이므로 酉金이 卯木을 剋하여 卯木은 심한 타격을 받는다.	
	丑↔未	丑未는 陰土이나 일곱 번째 되는 五行과는 相冲한다.	
	辰↔戌	辰戌은 陽土이나 일곱 번째 되는 五行이라 相冲한다.	
	寅↔申	寅은 陽木이며, 申은 陽金이라 冲이 된다. 金剋木하여 寅木의 打擊이 심하다.	
	巳↔亥	巳는 陰火이며 亥는 陰水이므로 冲이 된다.	

300) 水·金·火·木·土星을 말함.

301) 중요한 것은 황제시대에 지구와 칠요가 순차적으로 일직선이 되는 해를 갑자(甲子)년으로 잡았는데, 이 주기가 180년이 된다는 것을 알았다. 황제시대 때에 태양의 행성이 순차적으로 일직선이 된 때가 있었는데, 이때를 갑자(甲子)년 갑자월 갑자일 갑자시로 잡아 사용했음을 전술한바 있다.

목화토금수의 오성五星은 지구를 가운데 두고 내행성은 금성金星과 수성水星이고 외행성은 화성과 목성과 토성이다. 그리고 오성과 지구와 태양과 달이 순차적으로 일렬로 된 해부터 60년을 상원갑자上元甲子, 다음 60년은 가운데라는 뜻으로 중원갑자中元甲子, 마지막 60년을 하원갑자下元甲子라고 정하여 후대는 이 삼원三元갑자를 계속해서 사용되어 왔다. 이렇게 칠요와 지구가 순차적으로 일직선이 되면 항성간의 인력引力이 상당히 작용하고, 그 결과로 지구의 기상이변이 발생하며 그에 따라 동·식물에게 많은 영향을 미친다는 것을 알았던 것이다.

뉴턴의 만유인력은 두 물체 질량의 곱에 비례하고 거리의 제곱에 반비례한다고 하는데 지구와 칠요가 순차적으로 일직선이 된다면 그 인력은 지구에게 상당한 영향을 미친다는 것을 알 수 있고, 현대 물리학에서도 지구와 칠요가 순차적으로 일직선이 되는 주기는 180년이 된다고 천문학자들은 밝히고 있다.[302]

조선朝鮮의 4대 임금인 세종世宗은 우리 나라의 일식과 월식·밀물과 썰물 등이 중국과 오차가 있는 것을 알고 정인지 등에게 역법曆法에 대한 강의를 받았으나 미흡하다고 생각하여, 세종 자신도 직접 역법을 연구하였으나 별다른 진전이 없었고, 관상감의 종사자들도 신통치 않자 세종은 관직에 상관없이 역법에 유능한 봉상시윤奉常寺尹 이순지李純之와 봉상시주부注簿 김담金淡 등에게 연구토록 하여 AD 1444년 갑자년을 상원갑자로 정하고 『칠정산내외편七政算內外篇』을 완성하여 발표했다.[303]

이는 우리 역법에 회회역回回曆과[304] 원대元代의 수시력, 명대明代의 대통력 등 중국역을 도입하여 우리 고유역을 완성했다는 것은 의미가 있지만 황제가 정한 삼원三元을 정한 해로부디 산출해오면 1444년은 하원갑자가 되는데 이를 상원갑자로 정한 것은 역법에 큰 오류를 범한 것이다. 그래서 우리 나라는 세종의 역법에 따라서 1984년이 상원갑자라고 떠들썩했으나 진정한 역법으로 따지면 하원갑자에 해당하는 것이다.[305] 또 관상감觀象監에서 소장한 『천세력千歲曆』 '범례凡例'에 의하면 역법은 고대 황제부터 시작했다고 기록되어 있으며, 또한 청나라 광서光緖 32년 1889년 상해에서 발행된 『흠정만년서欽定萬年書』라는 책에 의하면 황제의 나이 61세 때인 B.C 2637년을 상원갑자로 정하고 매 60년마다 상·중·하원下元 갑자를 밝혀놓았다.[306] 그리고 사마천의 『사기』에 의하면 황제역을 조력調曆이라고 하여 세수歲首를 11월, 즉 자월子月로 정했다고 한다. 그리고 전욱력顓頊曆에 관해서도 사마천司馬遷의 『사기史記』 제 26권에 실려 있는데, 그 내용은 태양년과 태음월의 길이와 매년의 세수歲首의 일진日辰, 동지冬至의 일진과 시각을 계산할 수 있을 정도로 간단히 기재되어 있다. 또 날짜를 정하는 방법으로 일진을 긴요하게 쓰고 있으며, 세수歲首를 1월, 즉 인월寅月로 정했다고 한다.

일진의 사용은 은허殷墟에서 발굴된 갑골甲骨에 '임신 일에 점술가 각

302) 180년 주기는 역법에서 3원갑자에 해당하는 회의 주기와 같다.

303) 이은성, 역법의 이해분석, 정음사, 1985, p.333
봉상시는 조선시대 국가의 제사 및 시호를 관장하던 기관으로 윤尹은 정3품, 주부는 종6품이다.

304) 아라비아 역을 말한다.

305) 2044년이 되면 상원갑자가 되어 지구와 칠요(七曜)가 순차적으로 일직선이 되어 지구 자체나 생태계에 어떤 급격한 변화가 일어날지 모르는 일이다. 삼원풍수지리학에 대한 문제점이기도 하다.

306) 이은성, 전게서, p.224

이 점을 칩니다. 사냥을 해도 좋습니까?' 라는 내용과 함께 '그러자 4일 후에 함정을 파서 사슴을 잡으라는 점괘가 나왔다. 그렇게 했더니 과연 209마리를 사냥했다'라고 기록[307]된 바와 같이 3천년 이전에 사용되어 왔으며, 『춘추좌전』에서 노魯나라 은공隱公 3년에 관한 기록[308]과 『곡량전穀梁傳』에서의 공자에 관한 기록, 삼국사기와 고려사 및 조선왕조실록에 이르기까지 일진과 함께한 60갑자 간지론과 음양오행론은 인간의 역사와 함께하여 왔다. 간지론에서 천간天干은 완전한 우주 자연현상의 순환과정을 말하는 것으로 초목의 출생 · 성장 · 무성 · 결실 등 땅 속에서 생명이 잉태하여 다시 출생하는 만물의 순환주기를 설명하고 있다. 그러나 초목이 자기 씨앗의 껍질을 뚫고 나오는 것은 갑甲이지만 진정한 생기의 발동은 사실 종자가 배태되는 임壬에서 시작되어 계癸에 이르러 지상으로 나올 준비를 한다. 10간이 임壬에서 시작하지 않고 갑甲에서 시작하는 것은 하夏나라의 역易이 자월子月을 정월로 하지 않고 인월寅月을 정월로 한 것에서 유래한 것이라고 볼 수 있다. 이렇듯 간지의 의미는 전한前漢 시대에 글자 풀이한 것을 모은 허신許愼의 『설문해자說文解字』와 사마천의 『사기』, 반고가 지은 『한서漢書』의 '율력지律曆志' 등의 문헌에 나타난다.

307) "壬申卜殻貞(前辭) 畢(命辭) 丙子筫鹿(占辭) 允畢二百又九(驗辭) 임신복각정(전사) 필(명사) 병자정록(점사) 윤필이백우구(험사)"

308) B.C 720년

제6장 풍수를 먹기 위한 간식

1절 풍수요리의 종류

1.1 삼합풍수

12지지地支에서 두 지지가 합쳐지면 6합六合이 되는데 이때 지지마다 갖는 오행은 본래 자신이 가지고 있던 오행을 버리고 다른 오행으로 변한다. 즉, 자축子丑의 합合은 토土가 된다. 자子는 물[309]이고 축丑은 음토陰土인 모래이다. 모래에 물을 부우면 물이 스며들어 모래만 보인다. 인해寅亥의 합合은 목木이 된다. 이는 수생목水生木하여 목木이 되는 것은 당연하다. 묘술卯戌의 합合은 화火가 된다. 묘卯는 목木이고, 술戌은 화로火爐이다. 그래서 불이 타고 있는 형상이다. 진유辰酉의 합合은 금金이 된다. 토생금土生金하여 금金이 되는 것은 당연하다. 신사申巳의 합合은 수水가 된다. 이는 병신丙辛의 합수合水와 비슷하다. 오미午未의 합合은 화火가 된다. 미未는 불씨이고 오午는 불이라 타고 있는 형국이다. 지지地支에서 자子는 정북正北에, 오午는 정남正南에, 묘卯는 정동正東에, 유酉는 정서正

309) 수水

西에 배치하고, 나머지 지지도 각 위치에 해당하는 방위가 있다. 이는 지구가 자전을 하기 때문에 회전축과 같이 서로 마주 보는 지지끼리 합을 이룬다. 또한 12지지에서 세 지지의 각자 다른 오행이 모이면 강력한 연합 집단인 국局을 이루는데 풍수지리에서는 삼합국三合局이라 부른다. '황제내경'에 보면, 1년은 365.1/4일이기 때문에 4년이 되어야 1일이 생기므로[310] 4년이 되는 지지地支를 서로 합습으로 본 것이다.[311]

자子의 오행에서 네 번째 있는 지지오행은 진辰이며, 진에서 네 번째 있는 지지오행은 신申이며, 신에서 네 번째 있는 지지오행은 자子가 되어 신자진申子辰은 3합국을 이룬다. 이 같은 삼합논리는 풍수지리론에서 삼합이론으로 정립된다. 간지배합으로 시·공간상의 우주자연과 만물 변화상에 대한 표현으로 방위성이 강조된다. 방위성이란 간지배합으로 360도 원주상에 24개의 공간영역을 설정하고 배정된 방위공간상의 영역을 의미하는데 이에 대한 도식적 활용구는 라경이라는 측정구로 제작되어 풍수지리에 있어 필수품이 되고 있다.

24방 12궁에 배정된 간지삼합의 12포태胞胎 3합기운 조견표 ▶

三合五行四局 \ 胞胎氣運	생지生地	왕지旺地	고지庫地(四庫藏)
寅午戌 화국火(局)	간인艮寅	병오丙午	신술辛戌
亥卯未 목국木(局)	건해乾亥	갑묘甲卯	정미丁未
巳酉丑 금국金(局)	손사巽巳	경유庚酉	계축癸丑
申子辰 수국水(局)	곤신坤申	임자壬子	을진乙辰

표에서 보듯이 간지삼합干支三合이론은 24방위에 있어 천간天干끼리의 삼합인 간삼합干三合과 지지地支끼리의 삼합인 지삼합支三合으로 세분되므로 쌍궁雙宮(同宮동궁)으로는 12쌍궁, 즉 12궁宮으로도 궁삼합宮三合을 이룬다. 따라서 12궁은 양의 천간과 음의 지지가 배합된 음양의 합을 말하는 것으로 양간음지陽干陰支가 하나의 궁宮에 위하므로 동궁同宮, 혹은 쌍산雙山으로 명명命名한다.

310) 4×1/4

311) 365.1/4(365.25)일은 목기木氣
365.2/4(365.50)일은 화기火氣
365.3/4(365.75)일은 금기金氣
365.4/4(365.100)일은 수기水氣

24방위를 나타내는 다양한 형태의 도학풍수용道學風水用 라경羅經 312) ▶

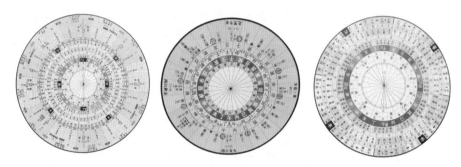

사유축巳酉丑 등 나머지도 마찬가지다. 궁삼합宮三合에 있어 지리에서의 오행주도는 지도방위地道方位의 중심인 4정正, 즉 자오묘유子午卯酉가 주도한다. 또한 삼합이론을 논리로 삼고 있는 4대국 포태지리수법胞胎地理水法에 있어서 24방위 영역을 4개의 큰 대국大局으로 나누어 5행을 배정한 것이 4대국이다. 그러므로 지리에서의 지도地道에서 신자진申子辰의 합合은 4정방正方 가운데 자子가 주도하게 되는데, 자는 정오행상 수水에 해당하여 4대국오행으로는 수국水局에 편입하게 되어 수국을 이루고, 진자辰子·신자申子·진신辰申의 합은 반수국半水局의 합이라 하여 반수국도 수水의 기운을 갖는다고 본다. 그러나 신진申辰은 신자申子, 진자辰子보다 세력이 약하다. 313) 여기에서 순포태順胞胎로 신申은 수水의 생지生地라고 하고, 자子는 왕지旺地, 진辰은 묘지墓地 또는 고장庫藏이라고 한다. 고지庫地314), 즉 4장藏의 진술축미辰戌丑未의 고지는 충冲해야 길吉한 것으로 보는데, 이는 충을 해야 비로소 보물창고의 문이 열리기 때문이라고 보기 때문이다. 즉, 4고장인 진술축미가 모든 것을 수용하고 수렴한다는 보고寶庫의 상징성 때문이다. 모든 것을 수용한다는 것은 길吉 뿐만이 아니라 흉凶과 화禍까지도 포용하고 수용한다는 의미이다. 또한 오행이 서로 상극相剋하는 것들 중에는 충冲·형刑·파破·해害가 있는데, 충冲은 싸우는 것들 중에서 그 영향력이 가장 크다. 천간의 충은 일곱 번째 오는 글자와 충冲이 되며, 지지에서도 일곱 번째 되는 지지오행과 충이된다. 자子에서 일곱 번째 되는 오午와 충이 되고, 인寅은 일곱 번째 되

312) 출처: 장정환, 2006년 특허출원 등록 그림.

313) 三合五行에서 五行의 性格을 糾明하는 것은 4正, 즉 子午卯酉이다. 따라서 半局에서 子午卯酉가 들어가는 半局의 영향력이 크다. 胞胎는 順逆에 따라 生旺이 바뀐다.

314) 용신(用神)이 생지(生地)나 왕지(旺地)에 들면 대길(大吉)하지만 고지(庫地), 즉 묘지(墓地)에 들면 大凶하다. 예를 들면 用神이 丙火인데, 寅 大運이나 午 大運은 吉하지만 戌 大運은 極凶하다.

는 오행인 신申과 충이 된다. 충沖은 강한 상극相剋이지만 황제내경黃帝內
徑의 육기六氣에서는 상극생相剋生을 상생相生보다 더 큰 동기同氣로 본다.

1.2 포태법

1) 포태의 의미

풍수에서의 포태법은 12신神 정국을 따지는 명리이론에서 기인한다.
12신이란 4계절로 순환하는 대자연의 법칙을 구분하는 지지의 12단계를
말한다. 이 12지지를 다시 인간과 우주만물의 생로병사의 과정으로 풀
이한 법칙이란 의미이다. 즉, 사람이 나서 땅으로 가는 삶의 기간을 12
단계로 설정하여 좋고 나쁨을 따지는 운명론 가운데 하나의 이론쯤으로
이해하면 된다. 봄(生생), 여름(長장), 가을(斂렴), 겨울(藏장)의 4계절로 순
환하는 법칙을 다시 12단계로 구분하는 것을 말한다. 포태법의 논리는
명리학 뿐만 아니라 풍수지리에서도 포태수법이라 하여 활용되고 있는
데 연원은 중국풍수에서 유래한다. 명칭에서 알 수 있듯이 수법水法이란
물을 기준으로 전개되는 풍수이론이다. 물의 중요성은 산악지형보다 평
야지형에서 매우 중요하다. 그러므로 물을 기준으로 한다는 것은 평야
지대에서 인간의 의식주와 관련하여 매우 소중한 자연요소를 중요시 한
다는 것을 말한다. 이 자연적 요소에 사람의 운이 함께 한다는 논리에서
물의 방위는 매우 중요한 생활인자로 다루어져 왔다. 방위와 사람의 12
단계의 삶을 이론화 한 것이 포태수법이다.

사람의 삶은 한 남자와 한 여자가 결합하여야 비로소 수태受胎라는 과
정을 거치고 임신에서 출생, 출생에서 성장하고, 성장하여 장년의 삶을
살다 쇠하고 병들어 죽으면 땅에 묻히는 것이다. 이 같은 정해진 삶을 어
느 누구도 거역할 수가 없다. 모든 자연물은 생生이 있으면 사死가 있고
이후의 정기精氣로 이어진다. 비록 사람의 신체는 유한有限하더라도 정
신은 무한無限히 지속된다는 뜻이다. 그렇다면 12정국이란 절絕 · 태胎 ·

양養 · 장생長生 · 목욕沐浴 · 관대冠帶 · 임관臨官 · 제왕帝旺 · 쇠衰 · 병病 · 사死 · 장葬의 12단계를 말한다.

포胞는 절絶이라고도 부르며 남녀가 결합하여 처음 수정受精하는 상황을 표현한 것으로 일생의 시초를 뜻한다. 포란 글자의 의미는 태아를 감싸고 있는 막과 태반을 의미하는 태보胎褓에서 유래하였다. 태胎는 수태受胎되어 모체의 태중에서 자라나는 과정으로, 귀 · 눈 · 입 등 5관이 생길 때까지의 과정이다. 따라서 포태胞胎는 무엇이든 발생하는 첫 번째 과정, 인생에 비유하면 모체母體내에서 이제 인간으로 형체를 형성하는 시기이다. 양養은 기른다는 뜻으로 인간의 형태를 갖춘 태아가 태 속에서 완전한 사람으로 자라 모체를 벗어나 출산될 때까지를 말한다. 그래서 동양인은 서양인에 비해 태어나면서 한 살을 더 먹는다

생生은 태아가 출생하여 독립된 개체로 모태母胎로부터 분리되어 이 세상에 존재하는 과정을 말한다. 생의 단계는 그토록 바라던 인간으로서의 탄생을 시작했으므로 내면으로는 삶의 의욕을 강하게 가지고 태어난다. 기氣가 맑고 순수하고 이러한 기를 오래토록 가지고 살아간다는 의미로 장생長生이라고도 한다. 욕浴은 목욕을 한다는 의미로 출생한 아기를 목욕시켜 태 안에서 묻어 온 불순한 것을 제거하는 과정을 말하나 일반적으로 어린 유아기 때 목욕을 시키는 연령의 과정을 말한다. 유아기는 부모가 늘 옆에 있으면서 돌봐주고 더러워 졌으면 씻어 주어야 한다. 목욕의 단계는 장생 시기의 순수하고 맑은 기氣가 소모되기 시작하였으니 이제는 세상에 적응해야 할 새로운 기를 흡수해야 하는 때이기도 하다. 이로써 태아는 완전히 모태母胎와의 연을 끊고 독립된 인간으로 존재하게 된다.

대帶는 띠를 두른다는 의미로 사춘기를 지나 20세의 성인 의식인 관복冠服을 입는 것으로, 부모의 영향을 벗어나 완전히 독립할 수 있는 시기를 말한다. 아직 정신적으로는 미성숙 단계이나 육체적으로는 성장하여 얼마 안 있으면 부모 곁을 떠나 독립할 준비를 하고 있는 시절이다.

관冠은 어른으로 성장하여 댕기머리를 자르고 벼슬길이나 사회구성

원으로 활동하는 시기를 말한다. 관이란 글자는 갓이란 의미를 가지고 있다. 관의 단계는 체력적으로나 물질적으로 가장 왕성하여 최고의 전성기를 목전에 두고 전력투구하는 때이다. 즉, 성인으로서 독립된 직업을 가지고 노력하여 경제적이나 사회적으로 자기 자신을 과시할 수 있는 시기로, 정열과 박력이 넘치는 시기를 말한다. 왕旺 또는 제왕이라고도 하는 이 단계는 가장 성숙된 시기로, 이제까지 쌓아 온 실력을 최대한 발휘하여 경험과 능력을 활용할 수 있는 시기이다. 12기期 중 제왕에 해당하는 때가 가장 융성한 시기이며 장년기에 해당한다. 체력적으로나 물질적으로 사회적 신분이 최고의 전성기에 해당한다.

지금까지의 포태양생욕대관胎胎養生浴帶冠의 과정은 엄밀한 의미로 왕이라는 정상에 오르기 위한 과정이다. 그러나 이 시기는 무조건 좋다고만 할 수 없다. 산의 정상에 올랐으니 내려가야 할 때이기도 하다. 그것이 자연의 순리이자 법칙이다. 이제 노후를 준비해야 하는 숙제를 안고 있다. 쇠衰는 약해진다는 의미이다. 왕성했던 기가 점차 약해지고 박력과 용기는 감퇴한다. 적극성도 줄어들며 소극적이 된다. 그러나 그것은 생生에서 왕旺에 이르기까지 거치는 동안 인생의 쓴맛 단맛을 알았기 때문에 오는 지혜의 산물이기도 하다. 활동할 수 있는 시기가 지나고 기력이 쇠진할 때이므로 정년의 퇴임기에 해당하며 내부관리에 충실을 기할 때이다.

병病은 심신이 점차 쇠약해져서 활동할 수 있는 힘이 없고 죽음만을 기다리는 시기이다. 누구든 늙으면 쇠잔하여 병이 드는 것은 어쩔 수 없다. 대자연의 거스를 수 없는 이치이다. 기력이 현격히 떨어지고 몸의 이곳 저 곳에 병이 침범한다. 젊은 시절 흥청망청 살았던 사람이라면 급격한 노화老化가 진행되며 병이 찾아들지만, 자신의 관리를 잘했던 사람의 몸은 서서히 찾아온다. 아름다운 노년을 맞이하느냐 추한 노년을 맞이하느냐 그것은 젊은 시절의 몸과 행동에 달려 있다. 사死는 모든 기혈氣血이 쇠진하고 백 가지 병이 침입하여 생의 마지막 기력을 끊고 죽음에 임한 때이다. 생자필멸生者必滅이라고 했다. 영혼과 육신이 분리되어 영혼은 신神과 혼魂으로 승천하고, 육신은 귀鬼와 백魄이 되어 지령地靈으로 승화된다. 생生의 다른 말이 사死이다. 생과 함께 죽음은 시작된다. 장葬은 묘墓라고도 하고 죽은 뒤 입관시켜 묘지에 안장되는 인생의 종지부를 의미한다. 혼백이 분리 되는 장藏은 인생의 끝이지만 결코 끝이 아니다. 그것은 오늘 하루만 태양이 떴다가 지는 것이 아니라 내일 또 다시 태양이 떠오르는 이치와 같다. 모든 죽음의 뒤에는 다시 생이 시작된다. 그것이 자연의 법칙으로 새로운 정국을 맞이 한다. 이제 12포태에 대해 알았으니 12지지와 12포태의 정국正局을 따져보자.

4대국 정국표 ▶

항목	子: 신자진申子辰	午: 인오술寅午戌	卯: 해묘미亥卯未	酉: 사유축巳酉丑
정오행	수水	화火	목木	금金
4대국	수국水局: 진파구	화국火局: 술파구	목국木局: 미파구	금국金局: 축파구
득파방	을진. 손사. 병오	신술. 건해. 임자	정미. 곤신. 경유	계축. 간인. 갑묘
기포방	손사방: 사巳기포	건해방: 해亥기포	곤신방: 신申기포	간인방: 인寅기포

4대국의 4기포방인 인신사해寅申巳亥로부터 12포태를 하면 다음과 같이 된다. 먼저 쌍산 삼합오행을 이해하여야 한다. 삼합오행은 24방위에서 천간과 지지가 동궁同宮을 이루므로 쌍산이 된다. 예를 들면 임자壬子는 동궁同宮으로 천간天干 임壬과 지지地支 자子로 합궁된 것이므로 쌍雙이 된다. 삼합오행은 땅의 지기에 대한 삼합의 기氣를 논하는 것이므로 지도地道의 원리가 적용되어 자오묘유子午卯酉가 주도권을 쥐고 있다는 것쯤은 오행론에서 숙지하였다. 따라서 여자인 음陰의 자오묘유와 짝하는 남자인 양陽의 갑경병임甲庚丙壬의 기질도 자오묘유와 함께 한다. 먼저 금절어인金絶於寅이란 말이 있다. 절絶은 포胞라는 의미와 같다고 앞에서 살펴 본 바 있다. 다시 말해 24방위 4대국에서 금국金局의 절絶(포胞)은 인寅에서 시작된다는 의미이다. 또 목절어신木絶於申이란 말도 있다. 이 말 또한 목국木局의 절絶(포胞)은 신申에서 일어난다는 의미이다. 수절어사水絶於巳는 수국水局의 사巳에서 포胞가 일어나고(기포起胞), 화절어해火

絕於亥는 화국火局의 해亥에서 기포한다는 의미이다. 따라서 쌍산삼합雙山
三合에 따른 기포는 아래의 표와 같다.

3합국에 의한 4대국 12포태방 ▼

오행＼12지신	포	태	양	생	욕	대	관	왕	쇠	병	사	장
사유축 금	인	묘	진	사	오	미	신	유	술	해	자	축
해묘미 목	신	유	술	해	자	축	인	묘	진	사	오	미
신자진 토수	사	오	미	신	유	술	해	자	축	인	묘	진
인오술 화	해	자	축	인	묘	진	사	오	미	신	유	술

2) 포태수법의 활용법

일반적으로 가장 많이 쓰는 수법이 4대국 수법이다. 수구水口가 어느
방위에 있느냐에 따라 4대국이 정해진다. 4대국의 각국마다 기포는 인
신사해寅申巳亥 중에 하나에서 이루어진다. 기포起胞(絕절)는 12포태로 순
행한다. 이때 혈을 중심으로 득수得水와 득파得破가 어느 방위에 있는지
를 살핀다. 재산을 상징하는 물을 얻는다는 것은 매우 중요하다. 물을 얻
는 득수방위는 좋은 방위에 있어야 하고 재산인 물이 사라지는 득파방
위는 나쁜 방위에 있어야 좋다. 좋은 방위궁은 양생대관왕쇠養生帶冠旺衰
궁宮이고 나쁜 궁은 포태욕병사묘胞胎浴病死墓방이다. 포태수법에는 향상
작국법向上作局法 등 여러 수법水法들이 있지만, 모두 목화금수라는 4대국
을 바탕으로 하고 24방위의 12궁宮 각각을 하나의 궁으로 하여 운용한
다. 4대국의 파구는 진술축미辰戌丑未궁으로 이루어진다.

(1) 득파(水口수구)기준 4대국 수법

각각의 국局마다 득파 영역은 3궁씩 6개 방위의 90° 이내로 이루어진
다. 목국木局의 경우 위 표에서 보듯이 정미. 곤신. 경유궁으로 이루어지
고 화국은 신술, 건해, 임자궁으로 이루어진다.[315] 금국과 수국의 영역도
위 표와 같다. 예를 들어, 명당수가 정미방丁未方과 곤신방坤申方, 경유庚
酉(태兌)방의 90° 이내로 빠져나가면 목국木局이 된다. 목국은 미파구未破口

315) 이하 금국과 수국의 영역도 위 표
와 같다

125

이므로 목국의 기포는 신申에서 일어나므로 곤신坤申방이 포궁胞宮이 된다는 것이다. 따라서 목국에서의 12포태 방위는 곤신궁坤申宮 ➡ 포궁胞宮, 경유궁庚酉宮 ➡ 태궁胎宮, 신술궁辛戌宮 ➡ 양궁養宮, 건해궁乾亥宮 ➡ 생궁生宮, 임자궁壬子宮 ➡ 욕궁浴宮, 계축궁癸丑宮 ➡ 대궁帶宮, 간인궁艮寅宮 ➡ 관궁冠宮, 갑묘궁甲卯宮 ➡ 왕궁旺宮, 을진궁乙辰宮 ➡ 쇠궁衰宮, 손사궁巽巳宮 ➡ 병궁病宮, 병오궁丙午宮 ➡ 사궁死宮, 정미궁丁未宮 ➡ 묘궁墓宮으로 순행된다.

예컨대 간인득 신술파일 경우 4대국으로 화국에 해당한다. 화국은 건해궁에서 기포하고 임자궁은 태궁, 계축궁은 양궁, 간인궁은 생궁, 갑묘궁은 욕궁, 을진궁은 대궁, 손사궁은 관궁, 병오궁은 왕궁, 정미궁은 쇠궁, 곤신궁은 병궁, 경유궁은 사궁, 신술궁은 묘궁이다. 따라서 화국의 간인득수艮寅得水는 생득수궁生得水宮이며, 신술득파辛戌破는 묘득파궁墓得破宮으로 생방生方에서 물을 일고 징방葬方316)으로 물을 파破317) 하니 왕정부귀旺丁富貴의 길득길파吉得吉破로 좋다. 또 다른 예로 혈에서 측정한 수구의 방위가 갑묘이고, 득수방위가 곤신이라면 금국이다. 금국

316) 墓方묘방, 庫方고방, 藏方장방

317) 생득장파生得藏破

득파(水口수구)기준
4대국 수법 조견표 ▼

4대국	목국	화국	금국	수국	길흉화복		특기 (九星)
파구방위	정미 곤신 경유	신술 건해 임자	계축 간인 갑묘	을진 손사 병오	득수	득파	
포.절	곤신	건해	간인	손사	절손, 무정, 음란	충신	녹존
태	경유	임자	갑묘	병오			녹존
양	신술	계축	을진	정미	문장가, 자손부귀, 귀	청상과부, 단명, 자손소少	탐랑
장생. 생	건해	간인	손사	곤신			탐랑
목욕. 욕	임자	갑묘	병오	경유	도화살, 여인패, 악질, 관재, 패가家	음란자손	문곡
관대. 대	계축	을진	정미	신술	소년등과, 문장명필	자손요사, 소년사死	보필
임관. 관	간인	손사	곤신	건해	소년등과, 관운 유有	주主자손단명	무곡
제왕. 왕	갑묘	병오	경유	임자	최고관직, 거부	재산패	무곡
쇠	을진	정미	신술	계축	자손총명, 소년등과, 문장명성. 명필.	득수 득파, 만사형통	거문
병	손사	곤신	건해	간인	전상, 횡사, 백병, 이혼, 각종 재앙	득수 득파, 모두 재앙	염정
사	병오	경유	임자	갑묘			염정
묘.고.장	정미	신술	계축	을진	가산패	극길, 출장입상	파군

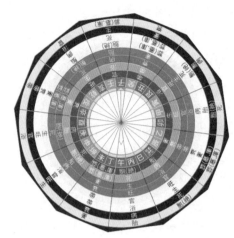

◀ 4대국 오행의 순역포태도

은 간인이 기포점이다. 여기부터 12포태를 순행하면 간인은 포, 갑묘는 태, 을진은 양, 손사는 생, 병오는 욕, 정미는 대, 곤신은 관에 해당한다.

득수는 길吉한 관궁에 해당하고, 파구는 흉凶한 태궁으로 이곳의 물은 길하다. 혈 주변에 연못이나 저수지 같은 물이 보이면[318] 그 방위를 측정하여 12포태법으로 어느 방위궁에 해당되는지를 따진다. 좋은 방위궁에 있어야 좋고 나쁜 방위궁에 있으면 좋지 않다.

(2) 향상작국 4대국 수법

수법은 사신형국 앞[319]으로 들어오고[320] 나가는 물[321]의 방위를 기준으로 하되 향向에 따라 4대국을 정한다는 풍수이론이다. 당연히 산을 기준으로 하는 풍수이론은 산법山法, 혹은 용법龍法이라 하며 좌坐를 기준으로 한다. 따라서 향을 기준으로 한다는 의미로 향상이라 부르며, 득파 기준의 4대국을 다시 향을 기준으로 4대국을 만들어 12포태를 붙여 좋고 나쁨을 가린다. 다시 말해 향상작국 4대수법도 물을 기준으로 하되 파구가 아닌 향을 기준으로 4대국을 정하는 이론이다. 이 법은 쌍산 삼합오행을 기준으로 국局을 정하기 때문에 반드시 쌍산 12궁의 삼합오행을 알아야 한다. 즉, 해묘미亥卯未 향은 삼합오행으로 목木이므로 향상목국向上木局이고, 인오술寅午戌 향은 삼합으로 화火이므로 향상화국이다. 사유축 향은 삼합오행으로 금金이므로 향상금국이 되며, 신자진申子辰 향

318) 득수得水

319) 조당朝堂

320) 득수得水

321) 득파得破

127

은 향상수국에 해당한다.

지지로 이루어진 지삼합支三合은 동궁을 이루는 천간의 짝과 함께 쌍산(동궁)으로 삼합오행은 모두 같다. 따라서 해묘미의 향상목국은 건해, 갑묘, 정미궁이다. 이 때 지지와 합合 하는 건갑정乾甲丁을 간삼합干三合이라고 부른다. 그러므로 간인, 병오, 신술 향은 향상화국이며 손사, 경유, 계축 향은 향상금국이다. 곤신, 임자, 을진향은 향상수국이다. 앞의 득파(水口수구)기준 4국법과 마찬가지로 각국의 기포점起胞點에서 포胞를 시작하여 12포태를 순행한다. 득수와 파구 등의 방위가 이 중 어느 방위궁에 해당하는지를 살핀다. 득수는 좋은 방위궁이어야 좋고, 파구는 나쁜 방위궁에 있어야 길하다. 예를 들어, 자좌오향子坐午向의 혈이 있을 때 득수방위가 간인艮寅이고 파구 방위가 정미丁未인 경우를 보면, 향을 기준하므로 오향은 향상화국이다. 화국의 물은 술파구로 기포점은 건해이다. 기포점을 중심으로 12포태를 순행322)하면 건해는 포궁, 임자는 태궁, 계축은 양궁, 간인은 생궁, 갑묘는 욕궁, 을진은 대궁, 손사는 관궁, 병오는 왕궁, 정미는 쇠궁에 해당된다. 따라서 간인득수에 정미득파丁未得

322) 順胞胎순포태

향상작국 4대국
수법 조견표 ▶

4대국	향상목국	향상화국	향상금국	향상수국	길흉화복	
향방위 쌍삼합	건해乾亥 갑묘甲卯 정미丁未	간인艮寅 병오丙午 신술辛戌	손사巽巳 경유庚酉 계축癸丑	곤신坤申 임자壬子 을진乙辰	득수 得水	득파 得破
포.절	곤신坤申	건해乾亥	간인艮寅	손사巽巳	흉	길
태	경유庚酉	임자壬子	갑묘甲卯	병오丙午	흉	길
양	신술辛戌	계축癸丑	을진乙辰	정미丁未	길	흉
장생. 생	건해乾亥	간인艮寅	손사巽巳	곤신坤申	길	흉
목욕. 욕	임자壬子	갑묘甲卯	병오丙午	경유庚酉	흉	길
관대. 대	계축癸丑	을진乙辰	정미丁未	신술辛戌	길	흉
임관. 관	간인艮寅	손사巽巳	곤신坤申	건해乾亥	길	흉
제왕. 왕	갑묘甲卯	병오丙午	경유庚酉	임자壬子	길	흉
쇠	을진乙辰	정미丁未	신술辛戌	계축癸丑	길	길
병	손사巽巳	곤신坤申	건해乾亥	간인艮寅	흉	길
사	병오丙午	경유庚酉	임자壬子	갑묘甲卯	흉	길
묘.고.장	정미丁未	신술辛戌	계축癸丑	을진乙辰	흉	길

破라 했으므로 향상간인向上艮寅 생生득수궁에 향상정미向上丁未 쇠衰득파 궁에 해당하므로 길吉하다.[323]

1.3 정음정양법

정음정양법은 24방위를 음양으로 나눈 것이다. 나누는 기준은 8방위가 갖는 8괘에서 가운데 중효를 빼고 초효와 3효가 음양이 서로 같으면 고요하고 사심이 없는 정양淨陽이 되고, 음양이 서로 다르면 또한 고요하고 사심이 없는 정음淨陰이 된다. 따라서 건곤감리괘는 가운데 효[324]를 빼면 아래 효[325]와 위의 효[326]가 서로 같아 정양이 된다. 간손태진괘는 가운데 효를 빼면 초효初爻와 상효上爻가 다르므로 정음이 된다. 풍수론에서 산의 좋고 나쁨을 보고자는 방위를 배정함에 있어 다양한 해석을 내릴 수 있지만, 정음정양법에서의 정음방위에는 주로 좋은 방위로 배정되는 경우가 많고, 정양방위에는 산의 해석상 주로 나쁜 방위로 배정된다. 예를 들면 3개방이 좋다는 진震[327]경해庚亥[328]와 빼어남이 좋다는 6개의 방위[329]인 간병신손정태艮丙辛巽丁兌[330] 모두 정음방위이며, 사문방위赦文方位인 손병정巽丙丁도 정음이고, 장수방위인 간병정태艮丙丁兌도 모두 정음이다. 정음정양법은 선천팔괘의 근원이며, 이 외는 문왕文王의 후천팔괘설에 기인한다.

정음정양법은 8괘의 배납원리를 활용한다. 정양국의 경우 건乾과 갑甲은 동궁同宮으로 건괘에 배납되고, 곤을坤乙은 동궁으로 곤괘, 자계신진子癸申辰은 동궁으로 감괘, 리임인술離壬寅戌은 동궁으로 리괘로 배납된다. 또한 정음국의 경우 간艮과 병丙은 동궁으로 간괘로 배납되고 손巽과 신辛은 동궁으로 손괘. 묘경해미卯[331]庚亥未는 동궁으로 진괘震卦, 유정사축酉[332]丁巳丑은 동궁으로 태괘兌卦로 배납된다.

정음정양법에 의한 좌향의 적용은 원칙이 있다. 그 원칙은 입수룡의 음양과 좌향의 음양이 맞아야 한다는 것이고, 다음으로는 득수방위와 득파방위도 음양이 서로 같아야 한다는 것이다. 즉, 양룡입수에는 정양좌

323) 좋은 방위는 양생대관왕쇠방 이고 나쁜 궁은 포태욕병사묘방이다.

324) 중효中爻
325) 초효初爻
326) 상효上爻

327) 진震은 묘卯이다.

328) 3길三吉

329) 6수六秀

330) 태兌은 유酉이다.

331) 묘卯는 진震이다.

332) 유酉는 태兌이다.

와 정양향을 하고, 음룡입수에는 정음좌와 정음향을 하여야 한다는 절대 원칙이다. 따라서 정음정양법을 적용하는 순서는 첫째, 입수룡을 30도 각도의 동궁同宮으로 격정格定한다. 둘째, 동궁으로 잰 입수룡을 다시 24산[333] 15도로 측정하여 그 결과가 음룡인지 양룡인지를 살핀다. 셋째, 용입수가 15도로 간룡看龍되었으면 득파 방위를 잰다. 넷째, 득파의 파구에 따라 4대국오행으로 어느 국에 해당하는 지를 본다. 다섯째, 입수룡과 좌坐를 기준으로 하는 향과 음양을 맞추는 것이므로 좌를 기준으로 포태는 역행한다. 여섯째, 좌포태[334]하여 생, 대, 관, 왕의 4개좌를 보고 음양을 따진다. 일곱째, 이 4개좌의 음양과 입수룡, 득수·득파의 음양을 본다. 마지막으로 음양의 조건에 따라 좌와 향의 음양을 선택한다.

예를 들어, 먼저 30° 이내의 동궁으로 입수한 용이 임감룡壬坎龍이라면 다시 15°의 영역을 갖는 24산인 임룡과 감룡坎龍[335] 중 어느 용으로 입수하였는지를 본다. 만약 임룡으로 입수하였다면 임은 정양에 해당하는 양룡입수이다. 이때 물이 빠져나가는 파구를 쟀더니 곤신坤申방으로 득파가 형성되고 득수가 을진乙辰방이었다. 곤신은 4대국 오행으로 목국에 해당한다. 목국은 미파구未破口이므로 역포태[336]하면 다음 표와 같이 12포태가 결정된다.[337]

목국에서의 12포태 ▶

4대국		목국에서의 12포태(역포태)											
		포胞	태胎	양養	생生	욕浴	대帶	관冠	왕旺	쇠衰	병病	사死	장葬
木未 파구	좌	병오丙午	손사巽巳	을진乙辰	갑묘甲卯	간인艮寅	계축癸丑	임자壬子	건해乾亥	신술辛戌	경태庚兌	곤신坤申	정미丁未
	향	임자壬子	건해乾亥	신술辛戌	경태庚兌	곤신坤申	정미丁未	병오丙午	손사巽巳	을진乙辰	갑묘甲卯	간인艮寅	계축癸丑

여기서 취할 수 있는 좌는 생대관왕에 해당하는 갑묘, 계축, 임자, 건해이다. 이 4개의 생대관왕좌가 향하는 4개의 향은 경태향 ⇔ 갑묘좌, 정미향 ⇔ 계축좌, 병오향 ⇔ 임감좌, 손사향 ⇔ 건해좌이다. 다음으로 입수룡이 24룡 중 정양룡인 임룡입수이므로 4개좌 중 취할 수 있는 양룡향은 자좌오향의 1개 좌다. 여기에서 갑좌경향, 계좌정향, 임자병향,

건좌손향은 음양이 일치하지 않으므로 좌향으로 설정할 수가 없다. 따라서 정음정양법에 따라 선택할 수 있는 좌향은 정양淨陽인 임룡입수에서 양의 좌향인 자좌오향의 1개 좌로만 택조宅造가 가능하다. 정양의 을진득수에 정양의 곤신득파 이므로 대길하다. 다른 또 하나의 사례로 만약 간인룡艮寅龍으로 입수한 24산에서 간룡艮龍입수하고 파구가 임감파에 정미득수라면, 간艮이 정음국이므로 좌와 향도 정음좌·향이 되어야 한다. 파구가 임감파이므로 4대국 오행으로 화국에 해당한다. 화국은 술 파구이므로 역좌포태하면 아래의 표와 같다. 따라서 생대관왕인 병오, 을진, 갑묘, 간인좌에서 병좌임향, 간좌곤향은 음양이 다르므로 좌향을 선택할 수 없고, 정음의 경우로 좌와 향이 모두 정음국인 묘좌태향卯坐兌向의 경우에만 정음좌향이 되어 택조 할 수 있다.[338] 그러나 정미득수는 정음의 득수라 좋지만 득파는 정양의 임감득파로 입수룡, 좌, 향, 득수와 맞지 않아 좋지 않다. 따라서 묘좌태향의 좌향을 선택할 경우 정음룡입수, 정음좌, 정음향, 정음득수로 대길하나 정양득파로 형성되어 당대에는 부富가 보전되나 이후에는 부를 지키지 못한다.

338) 이하 금. 수의 4대국도 이와 같이 적용한다.

화국에서의 12포태 ▶

4대국		12포태											
		포胞	태胎	양養	생生	욕浴	대帶	관冠	왕旺	쇠衰	병病	사死	장葬
火戌 파구	좌	경태庚兌	곤신坤申	정미丁未	병오丙午	손사巽巳	을진乙辰	갑묘甲卯	간인艮寅	계축癸丑	임자壬子	건해乾亥	신술辛戌
	향	갑묘甲卯	간인艮寅	계축癸丑	임자壬子	건해乾亥	신술辛戌	신술辛戌	곤신坤申	정미丁未	병오丙午	손사巽巳	을진乙辰

1.4 후천구성수법

구성법을 활용한 수법을 후천구성수법이라 한다. 12포태를 이용한 수법이 일반적으로 활용되는 4대국 수법이라면 구성법을 이용한 수법으로는 후천수법이 가장 많이 쓰인다. 따라서 후천구성수법, 또는 간략히 후천수법이라고 부른다. 구성이란 천체의 중심이자 우주의 중심인 북극성을 중심으로 운행하며 사람의 운명을 좌우한다는 북두칠성의 일곱 개 별과 두 개의 별을 합해서 구성이라고 한다. 구성은 제1성 탐랑, 제2성 거문, 제3성 녹존, 제4성 문곡, 제5성 염정, 제6성 무곡, 제7성 파군, 제8성 좌보, 제9성 우보성이다. 이중 탐랑, 거문, 무곡은 길성吉星이고 좌보와 우필은 대체로 길한 성星이다. 반면 녹존, 문곡, 염정, 파군은 흉성凶星이다. 득수는 5개의 성星에서 길하고 파구破口[339]는 4개의 성에서 이루어져야 한다.

후천구성수법은 입수룡이 아닌 좌와 득수, 득파와의 삼각관계의 길흉을 보는 이론이다. 후천구성수법을 활용하기 위해서는 먼저 24방위를 정확히 측정한 후 정음정양법에 의해 반드시 팔괘에 배납해야 한다. 그런 다음에 향이 아닌 좌를 기준으로 8번의 변화를 통해 기본 괘[340]를 만들어 득수와 득파와의 관계로서 좋고 나쁨을 본다. 24방위를 정음정양법에 의해 배납하면 간병艮丙은 간괘艮卦로 동궁同宮이고, 손신巽辛은 손괘巽卦로 동궁이다. 해묘미경亥卯未庚은 진괘震卦로 동궁이며, 유정사축酉丁巳丑은 태괘兌卦로 동궁이다. 건갑乾甲은 건괘乾卦로 동궁이며 곤을坤乙은 곤괘坤卦로 동궁이다. 자계신진子癸申辰은 감괘坎卦로 동궁이며 오임인술午壬寅戌은 리괘離卦로 동궁이다. 따라서 좌를 기준으로 8괘중 하나인 기본괘를 만들어 가는 순서를 외워야만 한다. 8번의 변화를 외우는

◀ 구성과 8괘 배납방과의 관계

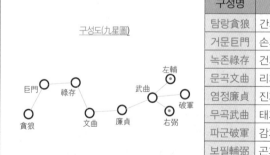

구성명	8괘 배납방
탐랑貪狼	간괘艮卦. 간병艮丙에 해당
거문巨門	손괘巽卦. 손신巽辛에 해당
녹존祿存	건괘乾卦. 건갑乾甲에 해당
문곡文曲	리괘離卦. 오임인술午壬寅戌에 해당
염정廉貞	진괘震卦. 묘경해미卯庚亥未에 해당
무곡武曲	태괘兌卦. 유정사축酉丁巳丑에 해당
파군破軍	감괘坎卦. 자계신진子癸申辰에 해당
보필輔弼	곤괘坤卦. 곤을坤乙에 해당

339) 득파得破

340) 작괘作卦

순서는 일상파군一上破軍, 이중녹존二中祿存, 삼하거문三下巨門, 사중탐랑四中貪狼, 오상문곡五上文曲, 육중염정六中廉貞, 칠하무곡七下武曲, 팔중보필八中輔弼[341]로 외우는데 생기복덕간법과 같은 원리이다.

후천수법의 예를 들면, 자좌오향의 경우에서 득수가 인寅, 파구가 경庚일 때 자좌子坐가 기본괘에 해당되어 감괘坎卦에 해당한다. 따라서 기본괘는 감괘가 되므로 감괘가 8번의 변화작용으로 괘의 변화를 가질 수 있다. 첫 번째 변화는 일상파군이므로 손괘, 두 번째 변화는 이중녹존이므로 간괘, 세 번째 변화는 삼하거문이므로 리괘, 네 번째 변화는 사중탐랑이므로 건괘, 다섯 번째 변화는 오상문곡이므로 태괘, 여섯 번째 변화는 육중염정이므로 진괘. 일곱 번째 변화는 칠하무곡이므로 곤괘, 여덟 번째 변화는 팔중보필이므로 감괘가 된다. 따라서 득수처인 인방위는 오임인술 가운데 하나이다. 오임인술은 동궁으로 모두 8괘 중 리괘離卦에 배납되므로 인득수는 리괘에 해당한다. 좌를 기준으로 한 8번의 변화과정에서 리괘는 삼하거문이라 했으므로 거문성에 방위에 해당하므로 매우 길한 물이다.[342] 파구인 경방위도 묘경해미 가운데 하나로 묘경해미는 동궁으로 진괘에 배납된다. 진괘 또한 8번의 변화과정에서 육중염정성에 해당하는 방위로 흉방위에 해당하여 길하다.[343]

아래의 표를 참고로 후천구성수법의 길흉관계는 일정한 특징이 있다. 즉, 기본괘가 적색의 정양이면 좋은 방위 궁은 모두 정양 궁위에 있고, 흉한 방위궁은 모두 정음 궁위에 있다. 반대로 기본괘가 정음이면 좋은 궁위는 모두 정음에 있고, 흉한 궁위는 모두 정양에 있음을 알 수 있다. 따라서 물의 득수처는 기본괘와 같은 정음정양이어야 하고 파구는 달라야 좋다. 만약 득수처의 방위가 좌향의 정음정양과 다르거나 파구처가 좌향의 정음정양과 같으면 좋지 않다. 이는 물은 좋은 방위 궁위에

341) 좌보성左輔星과 우필성右弼星

342) 앞에서 탐랑, 거문, 무곡, 보필성은 길성이고 녹존, 문곡, 염정, 파군은 흉성이라고 했다.

343) 4대국 수법에서도 득수는 길방, 득파는 흉방이라야 좋다고 했다.

후천수법의 구성과 생기복덕법의 기본괘 변환과 차이 ▼

변화순서 / 구분	일상 一上	이중 二中	삼하 三下	사중 四中	오상 五上	육중 六中	칠하 七下	팔중 八中
구성기본괘	파군破軍	녹존祿存	거문巨門	탐랑貪狼	문곡文曲	염정廉貞	무곡武曲	보필輔弼
생기복덕괘	생기生氣	오귀五鬼	연년延年	육살六殺	화해禍害	천복天福	절명絶命	귀혼歸魂

득수·득파 기본좌	乾卦 乾甲	坤卦 坤乙	坎卦 子癸申辰	離卦 午壬寅戌	艮卦 艮丙	震卦 卯庚亥未	巽卦 巽辛	兌卦 酉丁巳丑
건괘:건갑	보필輔弼	거문巨門	탐랑貪狼	무곡武曲	염정廉貞	녹존祿存	문곡文曲	파군破軍
곤괘:곤을	거문巨門	보필輔弼	무곡武曲	탐랑貪狼	파군破軍	문곡文曲	녹존祿存	염정廉貞
감괘:자계申진	탐랑貪狼	무곡武曲	보필輔弼	거문巨門	녹존祿存	염정廉貞	파군破軍	문곡文曲
리괘:오임인술	무곡武曲	탐랑貪狼	거문巨門	보필輔弼	문곡文曲	파군破軍	염정廉貞	녹존祿存
간괘:간병	염정廉貞	파군破軍	녹존祿存	문곡文曲	보필輔弼	탐랑貪狼	무곡武曲	거문巨門
진괘:묘경해미	녹존祿存	문곡文曲	염정廉貞	파군破軍	탐랑貪狼	보필輔弼	거문巨門	무곡武曲
손괘:손辛	문곡文曲	녹존祿存	파군破軍	염정廉貞	무곡武曲	거문巨門	보필輔弼	탐랑貪狼
태괘:유정사축	파군破軍	염정廉貞	문곡文曲	녹존祿存	거문巨門	무곡武曲	탐랑貪狼	보필輔弼

후천구성수법의 8괘 배납에 따른 기본좌와 득수·득파 조견표 ▲

서 득수해야 하고, 나쁜 궁위로 파구되어야 좋기 때문이다. 따라서 모든 구성법을 이용한 풍수이기법은 이와 마찬가지이다. 다시 말해 기본괘와 같으면 길한 방위궁에 속하고, 기본괘가 다르면 흉한 방위궁에 속한다.

2절 사람의 집 – 양택과 음택

풍수지리는 명당을 찾아 죽은 자를 매장하는 입지를 찾고자 하는 음택풍수陰宅風水와 산사람에게 의식주를 제공하는 주거지를 찾는 양택풍수陽宅風水 및 마을이나 시·군·도성·성곽의 입지를 찾는 양기풍수陽氣風水의 3가지로 구분되어 진다.

사람이 살기에 쾌적하고 안락한 삶의 터를 구하는 것이 양택풍수이고, 죽은 자를 위하여 좋은 매장 터를 찾는 것은 음택풍수로 구분되는데, 음·양택 모두 풍수적 조건은 동일하다. 다만 양택은 국면局面이 넓은 편片을 취해 천기 뿐만 아니라 지기까지 치중한다는 것이고, 음택은 짜임새가 특히 강조되는 국면에 선線을 취해 천기보다는 행룡行龍의 지기감응地氣感應을 중시한다는 차이가 있을 뿐이다. 특히 양택풍수 호칭에서 양기陽基와 양택陽宅이 혼용되고 있어 분명한 개념의 정의가 필요

하다.[344]

양기는 양택, 즉 사람의 거주지를 말한다. 따라서 집단거주지인 촌락, 도읍이 이에 속하는데 본질적으로 양기는 주거의 토지를 말하는 것이며, 건물을 말하는 것은 아니다.[345] 촌산지순村山智順은 양택이란 용어를 부정하고 양기陽基가 맞는 말이라고 주장하면서 음택의 경우는 죽은 자를 땅속에 매장하는 까닭에 택宅과 기基의 구별이 없어 음택이 맞다는 것이다. 그러나 생자生者의 주택, 즉 양택은 생기에 감응을 받아 현응적玄應的으로 나타나는 것으로 그 것은 건축물에 의해서가 아니라 그것을 지지하는 대지, 즉 땅에 의한 것으로써 양기라고 표현하는 것이 옳다고 보았다.[346]

이는 대지垈地가 중요한 것이지 그 위에 조성된 건축물이 문제되는 것이 아니라는 생각에서 양기를 주장한듯 하다. 양기를 찾는 풍수이론은 음택을 보는 이론과 다를 것이 없으며, 다만 규국規局이 취락이나 도읍을 수용할 만큼 크기가 되어야 하며, 그 크기에 따라 취락의 규모가 결정된다.[347] 양기풍수는 하나의 주택을 짓기 위한 것이 아니라 많은 가옥을 짓기 위한 다중多衆이 공존하는 일편의 터를 찾는 것이다. 양기지에 비해 양택지는 가족단위와 같은 적은 인원이 거주하는 주택의 택지이기 때문에 그 위치가 나쁘다고 판단되면 쉽게 이전이 가능하지만, 양기는 많은 인원이 거주하는 취락입지이기 때문에 한번 정해지고 나면 이전이 곤란하다. 이러한 양기풍수의 특성상 취락의 입지를 정할 때 땅의 형세를 잘 헤아려서 좋은 터를 찾는 것이 양기풍수의 목적이라고 할 수 있다. 일반적으로 주거에 적합한 입지는 산으로 둘러싸인 가운데 단단하고 평탄한 곳이 펼쳐져 있고 배수도 잘 되는 지역, 그러한 곳이 큰 바람을 피하고 홍수로부터 피해를 입지 않으며 주거와 경작에도 좋을 뿐 아니라 외부 흉살凶殺의 침입에도 자연적으로 보호를 받을 수 있는 곳으로 알려져 있다. 그러한 길지는 풍수적 명당의 조건을 갖춘 곳이다. 좋은 터를 찾고자 하는 원리는 현대 주거입지론이나 풍수론이나 크게 다를 바 없다. 자연에 순응하고 외부로 부터의 침입에 대처해야 했던 고대

344) 정해경, 전게서, p.52

345) 천인호, 부동산풍수론, 효민디엔피, 2007, p.50

346) 촌산지순 저 정현우 역, 「한국의 풍수」, 서울: 명문당, 1996,

347) 백의준, 한국전통취락입지의 지리학적 연구, 호남문화연구 제29집, 2001, p.285

에는 단지 자연으로부터의 안전성에 치중한 주거입지를 찾았고, 문명이 점차 발달함에 따라 정주생활과 농경사회 및 부족국가로 성장함에 따라 편리성과 쾌적성을 보장받을 수 있는 주거입지가 전통 풍수론으로 발달하였다고 볼 수 있다.[348]

양택풍수에 있어서는 기지基地선정 못지않게 건축물의 방위와 배치가 지대한 영향을 거주하는 사람에게 미친다는 것이 일반적인 풍수의 논리인데, 이는 앞서 고찰한 바와 같이 태양의 년주年週를 24절기로 나누고 태양의 위치에 따라 24방위의 음양오행기가 다르다는 것이다. 앞에서 살펴 본 바와 같이 여러 풍수지리서에 의하면 도읍 등 마을 취락 풍수에 있어서는 양기陽基를 사용했고, 개인의 주택에 있어서는 양택이란 용어를 사용하였는데, 지리양택대전地理陽宅大全과 양택삼요陽宅三要, 그리고 민택삼요民宅三要가 모두 대지가 아닌 건축물의 배치와 방위에 내용을 십중하고 있고, 『지리양택대전』제5권에는 별도로 양기론을 제시하여 취락의 기지基地를 잡는 방법을 제시하고 있다는 점 등에서 분명히 양택풍수는 주거 건축물, 양기풍수는 취락 입지를 지칭하는 용어라는 것을 알 수 있다.[349]

결론적으로 풍수는 도읍이나 군현郡縣, 혹은 마을 등 취락과 관련 된 풍수에 있어서는 양기풍수라는 용어를 쓰고, 개인의 주택에 있어서는 양택풍수라는 말을 쓰며, 산소의 자리잡기 등 묘지풍수에 있어서는 음택풍수라는 개념으로 설정할 수 있다. 그러나 양기·양택과 음택의 풍수 술법은 본질에 있어서는 같다. "설심부"에 '양택이 음택과 다른 점은 그 지세가 넓어야 한다는 점이다. 양택은 국면이 좁으면 안 된다.'는 구절이 있는데, 이의 해의解義에서 양기와 음택의 술법이 다르지 않음을 다음과 같이 분명히 밝히고 있다. 즉, "양택은 사람 사는 곳이고 음택은 분묘이다. 양택이든 음택이든 그 조산祖山·내룡來龍·과過·협峽·기起·정頂 청룡·백호·조산朝山·안산·나성羅城·수구水口 등이 두루 같은 것이지 다른 것은 거의 없다. 다만 다른 점은 양택의 경우는 그 혈장穴場이 넓어야 하고, 음택의 경우는 혈장이 꽉 짜이게 좁아야 한다는 것이다. 이

348) 최창조 한국의 자생풍수1, 민음사, 1997, p.520

349) 최창조,「한국의 풍수사상」, 서울: 민음사, 1989, p.p.251~252

350) 나라의 수도를 중심으로 하여 사방으로 뻗어 나간 가까운 행정 구역의 안을 말함.

351) 촌산지순, 조선의 풍수, 명문당, 2002, pp.527~529

352) 보천가步天歌, 관상완점觀象玩占, 천동상위고天東象緯考, 구수략九數略, 인자수지人子須知, 탁옥부琢玉斧, 나경정문침羅經頂門針, 원천강삼성삼명지남遠天綱三星三命指南, 협길통의協吉通義, 응천가應天歌, 범위수範圍數, 천기대요天機大要, 선택요략選擇要略이 대표적인 관상감본의 서적들이다.

353) 관평寬平

354) 대강大江

355) 풍수론에서 龍(山勢)의 勢를 3勢로 분류하는데 山龍勢, 平岡勢, 平地勢로 분류한다. 산용세는 九谷深山의 疊疊山中勢를 말하며, 平地勢는 평야지대의 勢이며, 평강세는 산용세와 평지세의 중간세를 말한다.

356) 수살水殺

것이 양기지陽基地는 면面이며, 양택지는 편片이고, 음지陰地는 선線이라는 뜻이다. 따라서 양기와 양택은 반드시 그 지세가 관평寬平하고 명당의 규국이 넓어야지, 그렇지 못하고 가깝게 붙고 좁아서 답답하면 뭇사람의 집을 포용하기 힘든 것이다. "따라서 양기나 양택을 보는 경우, 모든 것을 음택 보는 방법에 준하여 생각하면 될 것이고, 다만 규국이 중거衆居를 포용할 수 있을 정도로 넓은 지역이면 된다. 그러나 산수취합山水聚合의 규모가 대소여부에 따라서 양기陽基의 종류는 달라져야 하는데, "양택대전"은 '제일 넓은 곳에는 기전畿甸350)이나 성성省城이, 그 다음 규모에는 군군郡이, 그보다 작으면 주읍州邑이, 그리고 아주 작은 곳에는 시정市井이나 향촌鄕村이 들어선다.'고 보았다.351)

『탁옥부琢玉斧』도 그 용어만 다르게 표현하여 '용이 수천 리에 이르면 경도京都를, 수백 리면 성군省郡을, 백여 리면 주읍州邑을 이루는데, 시진市鎭과 향촌鄕村이라도 반드시 수십 리는 되어야 한다. 이것보다 짧으면 역량을 중重히 볼 것이 없다.'고 하였다. 인구 부양력이나 식수 및 생활용수의 공급, 그리고 대지의 확보라는 측면에서 이와 같은 양기풍수이론은 대단히 합리적이라 볼 수 있다. 탁옥부는 천문天文 · 지리地理 · 측후測候 · 각루刻漏 등의 일을 맡아 보던 관아인 관상감觀象監에서 간행한 책 가운데 하나이다. 이 관상감본은 월력月曆을 비롯한 천문天文과 술수術數에 관한 책이 위주이다.352) 또한『양택대전』이나 도선국사의『통맥정경』이나『옥룡자유산록』 '무감편無憾編'에서는 평야인 경우 득수得水가 중요하고, 산곡山谷인 경우 장풍藏風이 우선된다고 하였다.

평야에서의 양기지와 양택지는 넓고 평평한353) 욕구는 충족되지만, 대체로 큰 강354) 연변에 입지하는 관계로 수해水害든 한해旱害든 강의 피해에 대한 대책이 제일 먼저 마련되어야 하며, 그러기 위해서는 득수법得水法에 관한 풍수술風水術을 중시하지 않을 수 없다. 한편, 산룡세山龍勢355)의 경우는 물의 침범에 의한 수해水害356)가 크게 문제되지 않고 형국 내의 내당수內堂水도 여러 겹의 용호사龍虎砂로 환포環抱되어 있기 때문에 득수得水와 득파得破에 대한 술법術法을 우선시 할 필요는 크지 않다. 이때는 오히려 사신사의 공결함으로 인한 요곡풍凹谷風과 같은 풍해風害[357]의 두려움 등 국지 기후적인 영향력이 중요하기 때문에 얼마나 안온한가, 다시 말해서 주변 산세의 환포성環抱性을 염두에 두어 장풍법藏風法에 치중할 수 밖에 없다. 따라서 이중환李重煥은 양기ㆍ양택ㆍ음택에 있어 가거可居의 지리적 조건으로 여섯 가지 조건을 적용하여야 한다고 하였다.

음택에 있어서 시신이 직접 묻히게 될 광중壙中을 찾는 데에는 정혈定穴과 좌향坐向이 중시되는데, 이를 위하여 많은 풍수이론이 개발되어 있다. 조안朝案ㆍ분수합수分水合水ㆍ천심십도天心十道ㆍ태극 등의 정혈법, 이십사향二十四向ㆍ팔십팔향八十八向 등에 의한 방위결정법과 십오도수법十五度數法ㆍ향향발미법向向發微法, 좌ㆍ우선용법左右旋龍法 등의 산수방위의 길흉해석에 관한 방법 등이 그 예이다.

358) 이즈러지거나 넓게 탁 트인다는 의미이다.

359) 굳게 가두고 지킨다는 의미로 수구의 교결관쇄를 말한다.

360) 축축하고 더운 땅에서 생기는 독기(毒氣)이다.

361) 有情과 無情으로 표현된다.

가거可居의 지리적 조건 ▼

조건 항목	조건 내용
첫째	수구(水口)는 휴소(虧疎),[358] 공활(空闊)하지 않고 반드시 관진(關鎭)[359]이 있어, 안으로 평야가 전개되는 곳이 좋은데, 관진은 이것이 서로 겹칠수록 대길(大吉)의 지세라 하였다.
둘째	야세(野勢)는 무릇 사람이 양기(陽氣)를 받아야 하므로 천광(天光)을 많이 받을 수 있는 광야가 더욱 길지(吉地)라 상정하였다.
셋째	산형(山形)은 주위의 산이 너무 고압(高壓)하여, 해가 늦게 뜨고 일찍 빠지며 밤에는 이따금 북두성도 보이지 않는 곳을 가장 꺼리는데, 이런 곳은 음랭(陰冷)하여 안개와 장기(瘴氣),[360] 그리고 잡귀가 침입해서 사람을 병들게 하기 쉽기 때문이다. 그러나 큰 들판에 낮은 산이 둘러진 것은 산이라 하지 아니하고 모두 들이라 한다.
넷째	토색(土色)은 사토(砂土)로서 굳고 촘촘하면 우물이 맑고 차서 좋은 땅이 된다. 이런 곳은 음택으로 쓴다 하더라도 바로 그 위에만 시신을 모시지 않는다면 관계가 없다.
다섯째	수리(水理)는 산수(山水)가 상배(相配)하여야 조화(造化)의 묘(妙)를 다하는 것인 만큼 물이 없는 곳은 사람이 살 곳이 못 된다.
여섯째	조산(朝山)은 산이 멀면 청수(淸秀)하고, 가까우면 명정(明淨)하며, 일견 사람을 환희하게 하고 증오하는 모습이 없으면 길상(吉相)이다. 조수(朝水)는 소천(小川)ㆍ소계(小溪)에 있어서는 역조함이 길상이나, 대천(大川)[361]ㆍ대강(大江)에 있어서는 역으로 흘러드는 곳이 결코 좋지 못하다. 물이 흘러오면 반드시 용과 향합(向合)하여 그 음양을 합하고, 또 꾸불꾸불 흘러서 천천히 가야하며[362] 직사하듯 흐르는 곳[363]은 좋지 않다.

362) 之玄窮體字로 흐르는 물, 즉 복류수(復流水)를 말한다.

363) 直水沖殺을 의미한다.

특히 양택의 내부 공간배정에 있어서 3요三要를 중시하는데, 3요란 첫째 대문, 둘째 가주家主의 방, 셋째 부엌을 뜻한다. 유지로由之路ㆍ거지소居之所ㆍ식지방食之方, 즉 대문ㆍ안방ㆍ부엌은 현대적인 주택계획에 있어서도 가장 중요한 요소임을 생각할 때, 풍수에서 이 3요의 배치방식을 논한 것은 매우 타당한 일이다. 이 중에서도 특히 대문이 중시되는 것은, 대문이 기氣의 출입구이며 기구氣口는 사람에 있어서의 입과 같고 음택에서는 수구水口에 해당하기 때문이다. 대문大門은 내당內堂의 기氣가 외부로 유출되는 것을 막고 외흉기外凶氣가 국국局 내부[364]로 유입되는 것을 차단하며, 또한 인간의 동선動線과 관련하여 매우 중요한 역할과 사회적 권위를 상징하기 때문이다. 이상의 양택3요를 기반으로 하는 동·서4택론은 현실적으로 많은 문제점을 안고 있어 한국자생적 이론으로 1928년 손유헌孫瑜憲에 의해 동서4택론을 보완한 '역단회도조선민택삼요易斷繪圖朝鮮民宅三要'이론이 나왔다. 『민택3요』는 손유헌이 중국과 우리 나라의 풍수지리설이 크게 다른 점을 찾아 연구, 보완하여 만든 책으로 6권 6책으로 되어 있다. 연활자본으로 1928년 저자가 간행한 것으로 책 머리에 저자의 서문과 양택삼요론의 본문이 실려 있고 끝에 저자의 후서가 있다.[365] 이 책은 다른 풍수지리서와 같이 처음에 풍수지리설의 근본이라 할 수 있는 나경羅經과 태극·양의·사상·팔괘 등을 논하고 다음에 서사택과 동사택, 구성九星과의 관계, 유년과의 관계 등 '양택요결'에서 다룬 문제를 취급하고 있다. 민택의 3요인 문門과 주主와 조灶를 그림을 그려 보여 주고 중국과 우리 나라의 차이점과 서로 다른 부분을 지적하였으며, 그 이용하는 방법을 설명하고 있다. 이후 도선국사의 통맥정경에 의한 통맥이론에 의한 도학풍수론에 의한 좌·우선 6택론이 연구되었다.[366]

364) 주택 내

365) 권1에 나경제일층문羅經第一層門·태극양의사상太極兩儀四象 등 58편이 수록되어 있다. 권2~5는 서서택건곤간태십육문십육주십육조西四宅乾坤艮兌十六門十六主十六灶와 동사택감리진손東四宅坎離震巽십육문십육주십육조 각 1편, 이십사산방수법二十四山放水法 1편, 개문단결開門斷訣 1편, 권6은 천간십자도天干十字圖·지지십자도地支十字圖 등 그림 20편, 육십사조배육십사괘六十四灶配六十四卦 1편으로 구성되어 있다.

366) 좌·우선 6택론은 장정환에 의해 주도적으로 연구되었는데 그의 문하생인 정태열, 이승노, 김가임, 유영수, 변석기, 이광규, 김희성, 김여경 등 23명의 대학원 학위논문에서 다루고 있다.

3절 가장 중요한 메뉴, 산과 물 – 상징성과 신앙

3.1 산수의 상징성

산과 물은 지구상의 모든 생물이 유착하여 삶을 영위하는 지표상의 생활터전이다. 산과 물에서 대다수의 생명체들이 양분을 공급받고 먹이사슬을 형성하며 생식활동을 한다. 그들은 그들만의 종에 따른 유전정보를 다음세대에 남기면서 나서 죽고, 다시 생을 이어가는 윤회적 생명의 순환과정을 거친다. 그러므로 산과 물은 모든 생명체의 근원이자 에너지원으로 산과 물을 떠나서는 존재할 수 없다. 특히 인간은 만물의 영장靈長으로 지구상 유·무형의 물질계를 대표하며 영묘한 힘을 가진 으뜸으로 소우주적 존재로써의 무한 진화를 거듭해 왔다. 이는 동양의 3재才 사상에서 하늘367)과 땅368)의 매개자로 그 위상을 설명하고 있다.

천지인 3재사상 우주관 ▶

원시시대로부터 인간은 급속도로 뇌를 진화하여 왔다. 도구를 만들어 사용하고 불을 발명하였으며 언어와 회화를 사용한 구석기 시대부터 인간은 수렵과 채집이라는 생활방식을 통해 문화를 창조하고 사회적 관계를 형성해왔다. 그들의 발달된 뇌는 씨족과 부족의 공동체가 당면하는 생존의 문제에 직면하게 된다. 인구가 늘어남에 따라 자연에 의존적이었던 소극적 식량취득 방식에서 벗어나 의식주 해결과 추위로부터 자신

367) 천天: 소우주

368) 지地: 소우주

들을 보호할 수 있는 사회생활을 꿈꾸게 된다.

신석기 시대 그들은 불안한 이주생활移住生活에 종지부를 찍고 농업을 발전시키고 가축을 사육하면서 정주생활定住生活로 접어든다. 그들은 정착된 삶의 터전을 중심으로 각종 도구와 가축에 의한 노동력을 이용하고 농업도구를 활용하여 농업생산성을 향상시키면서 지상가옥을 건립하여 주거혁신을 꾀하였다. 뿐만 아니라 의복이 취약한 상태에서 그들에게 한겨울 북서계절풍[369]인 시베리아기단의 차가운 기온은 그들에게 생사生死를 가늠하는 중요한 문제였다. 추위로부터의 해방을 위해 포근하게 감싸주고[370] 있는 뒷산은 바람을 막아주고 난방을 위한 연료의 공급지로써 그 기능이 충분하였다.[371] 남사면南斜面의 구릉지에 주거지를 형성하고 산자락 아래 평포平鋪된 땅은 물이 모이거나 강물이 감싸 흐르는[372] 기름진 지역으로 철기농업에 의한 식량난을 해결하는 경작지로 활용되었다.[373] 그들은 남사면의 땅이야말로 태양의 고도차에 의해 겨울에 햇빛을 많이 받고 여름에는 남중고도로 시원하게 날 수 있는 자연적 조건임을 체득하였다.[374] 비로소 부족연맹내지는 부족국가체제를 유지하면서 개인과 개인, 부족과 부족, 개인과 부족 간의 소통을 위해 회화형식에서 벗어나 표준화된 회화의 필요성을 인식하게 됨으로써 원시문자라고 할 수 있는 상징적 그림인 괘상卦象을 하도와 낙서에서 찾아 만들어냄으로써 상형문자象形文字의 시발점이 된다.

위에서 보듯 산과 물[375]은 인류가 생존하기 위한 필수불가결必須不可缺한 자연조건임을 알 수 있다. 이는 산은 장풍과 배산을 의미하고 물은 득수와 임수라는 것으로 귀결된다. 따라서 풍수에서의 장풍득수藏風得水나 배산임수背山臨水는 추위와 굶주림으로부터 벗어날 수 있는 최적의 자연적 생활터전이란 의미와 같다. 자연취락지에 대한 이러한 입지조건을 음양론적으로 설명하면 산은 움직임이 미미한 음陰의 형질이고, 물은 움직임이 큰 양陽의 형질이다. 다시 말해 배산과 장풍은 음陰의 영역이며, 득수와 임수는 양陽의 영역임을 말한다. 따라서 인간의 전통적 주거

369) 건방풍乾方風

370) 장풍藏風

371) 배산背山

372) 득수得水

373) 임수臨水

374) 남향南向

375) 수水

지는 음과 양이 교호하는 교차지역의 중심부인 중위지역에 입지함으로써 3재에서의 양천陽天과 음지陰地를 매개하는 소우주적 중화자中和者라 했던 인재人才의 위상과 일치한다. 양천의 기氣는 야지野地에서의 득수와 임수를 만들고 관장하며, 음지의 기는 산지山地에서의 배산과 장풍의 지형을 만들고 관장한다. 우리나라는 약 70% 정도가 산지로 되어 있는 산악지형[376]에 속하고, 그 나머지 가운데 일부의 평야지는 대부분 큰 강을 끼고 형성되어 평야지형[377]을 이룬다. 산과 물에 내포된 이러한 의미는 풍수론에서 상징적 의미를 갖는다. 산악지형에서는 주식인 벼농사와는 무관하다. 대부분 밭[378]농사를 위주로 하며 토양은 척박하고 잡곡위주의 농업으로 농업수익률이 뒤떨어져 궁핍한 반면, 평야지는 기름진 땅으로 벼농사가 활발하며 농업수익률이 높아 산악지형보다 윤택한 삶을 보장받을 수 있다. 이러한 의미에서 산악지형에서는 인물이라도 나야 배고픔을 이길 수 있는 것으로 보아 산의 상징성을 인물로 하였다. 또한 평야지형에서는 큰 인물은 못되더라도 곡창지역의 잉여剩餘농신물에 의한 윤택한 삶을 누릴 수 있는 것으로 보아 물의 상징성을 재물財物[379]로 보았다.

풍수론에서 산과 물에 대한 의미성과 상징성 ▼

구분	이론	좌향	지형	상징	음양	음양기	영역성	생활조건과 혜택
山	배산, 장풍	좌	산지	인물	음	음지기	음영역	강추위, 난방연료
水	임수, 득수	향	평지	재물	양	양천기	양영역	굶주림, 농업용수

그밖에 풍수에서의 산과 물은 장풍藏風의 선악善惡과 득수得水의 길흉吉凶을 중심으로 인간의 삶을 천지산천에 택하여 영화를 누릴 수 있는 좋은 땅을 찾는 데 목적을 두었다. 즉, 자연의 길흉이 사람에게 영향을 줌으로 중화中和를 얻음으로써 주택의 길지를 얻고, 조상의 묘를 산의 명당자리에 씀으로써 자손의 발복發福과 번영을 이루자는데 그 목적이 있었다. 이것은 개인의 주택뿐만 아니라 크게는 한 나라 도읍의 결정에까지 작용하였다. 조선 태조가 왕도를 한양으로 정한 경위도 이러한 풍수도참설에 기인하였다는 기록은 잘 알려진 사실이다. 특히, 『산법전서山法全書』에서도 볼 수 있는 감여설堪輿說은 이러한 것을 구체화한 것이다.

376) 음의 지형

377) 양의 지형

378) 전田

379) 재화財貨, 즉 부富

이러한 자연관은 역시 그 근본은 산에 대한 외경과 숭악사상에서 비롯된 다고 하여도 틀림없다. 또, 우리나라에서 대찰과 사원은 명산에 자리잡 고 불자佛者의 좌선坐禪 터로 대찰이 있는 곳은 보통 명산을 끼고 있으며 입산入山이 불교에 귀의하는 뜻도 되었으니, 이 풍수설은 개인과 국사國事뿐만 아니라 종교에까지 영향을 끼쳤다.[380]

3.2 산과 관련된 풍수신앙

우리 민족뿐만 아니라 다른 나라에서도 산은 숭배의 대상으로 신성시 되어 왔다. 산악숭배의 숭산사상崇山思想은 산에는 반드시 신령神靈이 있 다고 믿는 일종의 원시신앙이었다.[381] 우리나라의 산에 대한 애니미즘적 (animism的)인 경향은 오늘날까지 전해지거나 우리 생활에 일부로 남아 있다. 그 중에도 삼국유사의 건국에 관한 단군신화는 한민족의 발상發祥과 건국이 산에서부터 비롯했음을 말해준다.[382] 바로 이 건국신화는 우 리 민족의 발상지가 산이었고 산에서 생활하였음을 나타낸 것이다. 숭 천숭산崇天崇山의 사상은 고대의 태양 숭배의 신관神觀과도 통하는 것으 로, 태양에 접근하기 위해 높은 산정에 제단을 마련하고 태양을 숭앙하 던 것이니, 산은 하늘에 이르는 신성한 것이 분명했다. 숭산사상은 산 에 대한 신앙으로 전해왔다. 백제 때는 선사신기급산곡지신先祀神祇及山谷之神으로 숭앙하였고, 신라 때부터는 삼신산三神山 · 오악五嶽에 제를 지 냈다. 삼신산은 중국 사기史記에도 나오는 해동삼신산海東三神山을 본떠 서 봉래산蓬萊山[383] · 방장산方丈山[384] · 영주산瀛洲山[385]으로 정하였고, 오 악은 동악에 토함산吐含山, 서악에 계룡산, 북악에 태백산太伯山, 중악 에 부악父岳, 남악에 지리산을 칭하였다. 고려 때는 사악신四嶽神으로 지 리산 · 삼각산[386] · 송악산松嶽山 · 비백산鼻白山을 정하여 제사를 지냈다. 또, 치악산雉岳山 · 죽령산竹嶺山 · 주흘산主吃山 · 금성산錦城山 · 한라산 · 오관산五冠山 · 마니산摩尼山 · 감악산紺岳山 · 백두산 등에 제단을 만들고

380) 한국민족문화대백과, 한국학중앙 연구원 자료.

381) 중국의 오악(五嶽), 티베트의 카일라스산, 네팔의 히말라야, 그리스의 올림포스산, 바빌로니아의 에크르산, 유대인의 시나이산에 대한 신앙이 모 두 이에 속한다.

382) 삼국유사에 의하면 환인의 아들 환웅이 3,000의 무리를 거느리고 하늘 에서 태백산 마루에 있는 신단수神壇樹 밑에 내려와 신시神市를 만들고, 후 에 단군왕검을 낳아 조선朝鮮을 건국 하여 다스리다가 뒤에 아사달阿斯達에 숨어서 산신山神이 되었다고 한다.

383) 금강산

384) 지리산

385) 한라산

386) 북한산

나라의 제祭를 지냈다.

조선 전기에 와서 오악은 동악이 금강산, 서악은 묘향산, 북악은 백두산, 남악은 지리산, 중악은 삼각산으로 삼았다. 또한, 오진五鎭을 설치해서 오대산을 동진東鎭, 속리산을 남진, 백악산을 중진, 구월산을 서진, 장백산長白山을 북진으로 해서 산신제를 지내고 국가의 안녕을 기원하였다. 이러한 삼신산과 오악에 대한 자연신제는 높은 곳, 즉 산에 제단을 마련하여 제사한 것만이 아니라 태양신에 접근하려고 한 것으로도 해석된다. 신화의 현신現神은 하늘 또는 태양의 신과 직접적인 연관을 가지고 산마루 제단을 통해 은혜에 감사하며 제액초복除厄招福[387]을 기원한 것이다. [388] 이 같은 신앙은 신라 중엽부터 팔관회八關會라는 이름으로 행해졌고, 고려 시대에 와서는 불교와 더불어 더욱 성행하여 국가적 제진祭典이 되었다. [389]

우리 나라의 대표적인 명산에 백白자가 붙어 있고 그 수봉主峰 이름이 부루와 같은 발음인 비로가 적용되어 비로봉으로 된 것도 여기에 연유한 것이라고 한다. 즉, 백두산의 백白 이외도 불함不咸·태백太白·장백長白·백산白山 등은 빛[390]·하늘[391]·밝음[392]과 같은 뜻의 이름이다. 비단 백두산뿐만 아니라 묘향산의 옛 이름인 태백산太白山의 주봉이 비로봉이라는 설도 있다. 이는 우리 나라의 산 이름 중 장백산·태백산·소백산·간백산間白山·백운산·백악산·백덕산白德山·백화산白華山 등에서도 볼 수 있다. 비로봉이라는 이름만 하더라도 금강산·속리산·용문산·오대산·치악산·소백산·팔공산 등의 주봉이 비로봉으로 되어 있음을 예로 들 수 있다. [393] 이 밖에도 구월산의 주봉이 사황봉思皇峰이고 계룡산의 연천봉連天峰, 지리산의 천왕봉天王峰 등이 모두 천·황·왕의 이름을 가지고 있는 것은 백白이라는 뜻의 비로와 같은 뜻이라 한다. 즉, 천신과 인간세계를 연결하는 매개체인 산과 봉은 밝은 뉘·밝안·박·발이 되고 또한 부루로 되었는데, 이것은 한문으로 백白과 같은 것이며 후세에 승려가 불교 경전 속에 있는 같은 발음의 문자를 빌려 쓴 것

387) 나쁜 액을 제하고 복을 불러 들인다는 뜻.

388) 최남선(崔南善)의 <불함문화론 不咸文化論>에서는 우리나라 고유 신앙의 하나로서 "밝은 뉘(光明世界)의 태양 숭배인 민족종교가 있어 후일에 가시는 '부루'라는 이름으로 불리게 되었고, 천도(天道)의 밝은 세상을 실현하는 고래(古來)의 민족교가 있다."고 하였다. 이 부루는 하느님께 대제례를 드리고 국가와 민족의 대사를 결정하기도 하였다.

389) 이 팔관회 때 오악·명산·대천(大川)에 큰 제사를 지낸 것으로 보아, 숭천·숭산사상이 고대인들의 신앙의 대상이었다는 증거가 되는 것이다. 최남선이 주장하는 밝은 뉘 또는 부루교는 화랑들의 정신 수련을 위해 명산·대천을 순례하는 바탕이 되었다.

390) 광光

391) 천天

392) 명明

393) 그런데 이 비로봉의 이름 유래가 부루교에서 나온 것인가, 불교와 연관된 것인가는 여러 의견이 있다.

이 비로이다. 이는 결국 옛날 신정시대神政時代에 있어서 신앙에 의하여 생겨난 이름이 그 산 모양에 따라 그대로 전해온 것이다. 제사와 관련하여 1393년[394] 이조吏曹에서 명산에 신을 받들어 제를 지내기로 하여 송악의 성황城隍을 호국공護國公으로 삼고, 이령利寧·안변安邊·완산完山의 성황은 계국백啓國伯으로 삼았으며, 삼각산·백악·암이暗異·무등산·금성·계룡산·치악산 등 모든 산은 호국백護國伯 또는 호국신護國神으로 삼았다. 중요 제단으로는 백두산의 흥국영응왕興國靈應王으로 장백산신長白山神의 묘단廟壇을 세운 것을 비롯하여, 지리산에 남악사南嶽祠, 덕유산에 산제당山祭堂, 서울북악北嶽에 백악사白嶽祠, 남산에 목멱신사木覓神祠 등이 있었다. 세종실록지리지에 의하면 명산에 사당이나 제단을 세워 사전祠典을 지내는 대사大祠·중사中祠·소사小祠를 두고 조정이나 고을 현감들이 나라 이름으로 제사를 올렸다.

우리 민족의 고대 신앙으로서 뿐만 아니고 하나의 국사國事로도 산은 숭앙의 대상이었다. 고려를 세운 왕건 자신이 "온 산천의 음우陰佑에 힘입어 대업을 이루었다"[395]고 한 것도 곧 산천이 도와 대업을 이루었다는 산의 초자연적 신력神力을 믿고 있음이다. 이 밖에도 전국 500여 고을에 주산主山이니 진산鎭山이니 해서 제를 지낸다든가 여러 가지 자연현상과 이에 따른 경제활동의 성쇠를 신의 조화로 믿고 명산대천단名山大川壇 등을 두어 제사한 것 등이 『동국여지승람』에 기록되어 있음을 볼 때, 우리 민족의 신앙은 자연신自然神을 믿고 국가의 운명과 국민의 복지에 이르기까지 이러한 신단에 기원한 것이다.[396] 삼국 시대의 삼산제의 유풍은 때마침 고려 시대를 풍미하던 풍수도참설風水圖讖說과 결합하여 삼산·삼소는 비단 숭산뿐만 아니고, 실질적으로 길지吉地와 가지佳地를 택해 조궁造宮·천도遷都하는 기본이 되기도 했다. 특히, 고려 신종 때 산천비보도감山川神補都監이라는 관청을 만들어 도참설을 근거로 토역의 기본을 삼기도 하였다. 이러한 숭산사상은 비단 원시신앙으로서만 아니라, 민간의 토착종교 내지는 민속적 신앙으로 깊은 뿌리를 박게 되었다.[397] 그리

394) 태조 2년

395) 朕賴三韓山川陰佑以成大業짐뢰삼한산천음우이성대업

396) 또한, 이병도(李丙燾)는 우리 나라 고대사회에는 삼산제(三山制)가 있었고, 이 삼산제는 고려 시대에 이르러 삼소제(三蘇制)로 발전되었으며, 삼소제는 신성한 산악이라는 뜻으로 국토의 진산이요, 수호신산(守護神山) 성지로 숭앙되었으며, 이것은 산악 숭배의 삼신사상에서 기원한 것이라 한다.

397) 그 유래는 단군신화로부터 시작되어 부루교·삼산·삼소제·팔관회·진산·신산神山 외에도 신라 때부터 현저하게 나타나는 오악의 숭산사상 등 결국 민간신앙으로 이어졌다.

하여 산신을 위함으로써 액을 제하고 복을 불러들인다[398]고 믿었고, 고을의 평화와 안녕도 산이 지키고 그 해의 농사도 주관한다고 믿었던 것이다. 즉, 산은 한국인에게 있어 애니미즘의 대상이었고 외경하였으며 산은 민속적 신앙으로 전승되었다.

그리하여 수호신으로서의 산신과 서낭을 위해 제사를 지내고 농작의 풍흉豊凶을 점치는 무속巫俗으로 산이 등장한다. 몽골의 사막 지방, 그리고 중국의 황하 유역과 같은 각박한 자연환경에서 오는 여러 현상을 극복하기 위해, 장풍득수藏風得水의 풍수사상은 고전적 경제지리 욕구에서 차차 신앙처럼 굳어져, 좋은 집터, 살기 좋은 곳, 그리고 사후의 명당자리를 믿는 풍수도참사상으로 변하였다. 이러한 것들은 한결 같이 산천을 산태극이니 수태극이니 하는 태극오행太極五行으로 이해하려 하였고,[399] 개인 생활에서부터 국사에 이르기까지 이에 지배를 받는 경우가 많았다.[400]

398) 제액초복을 말함.

399) 산태극은 산세를, 수태극은 수세를 중심으로 명당의 형국을 논 한다는 것이다. 태극의 형상이란 수세나 산세나 형국을 감싸 안는 형국을 말한다.

400) 민속적 전승에서 볼 수 있듯이 산은 길흉의 예언과 소원 성취의 근원으로 삼았다. 심마니들의 산삼(山蔘)의 신조(神助)나 산신과 호랑이의 전설적인 민간 토착신앙의 대상은 으레 산이었고, 민담과 민요 속에도 이와 유사한 것을 볼 수 있다.
출처: 한국민족문화대백과사전

401) 그 유래는 단군신화로부터 시작되어 부루교 · 삼산 · 삼소제 · 팔관회 · 진산 · 신산神山 외에도 신라 때부터 현저하게 나타나는 오악의 숭산 사상 등 결국 민간신앙으로 이어졌다.

3.3 물과 관련된 풍수신앙

천지개벽, 즉 천지창조적인 원수原水 관념은 후세의 각종 홍수전승 및 부인네들이 꾸는 물의 태몽들에 그 자취를 남겼고, 다시 강이나 바다를 죽음과 재생의 상징으로 형상화하는 시詩와 같은 작품들에게까지 영향을 미친다. 고구려 동명왕신화에서는 동명왕의 어머니 유화柳花가 웅심연이라는 물 출신으로 그려져 있다. 이것은 신라 박혁거세의 왕비인 알영閼英이 알영정이라는 물 출신인 것과 마찬가지이며, 고려 왕조의 여시조인 용녀 또한 개성대정開城大井과 맺어진 물의 여인으로 되어 있다. 유화 · 알영 · 용녀는 한결같이 '물의 왕비' 내지 '물의 여시조'라는 성격을 나누어 가지고 있다. 이처럼 물이 여성 시조와 맺어질 때 물의 원수성原水性은 매우 뚜렷해진다.[401] 따라서 생명수로써의 물은 곧 잉태의 산실인 여성을 상징한다.

물이 남성으로 표상되는 사례를 민속신앙에서 찾아보기는 거의 불가능한 일로, 산山의 성이 남성과 여성 사이를 넘나드는 것과는 매우 대조적이다. 여산신女山神의 경우는, 가령 가야의 정견모주正見母主나 신라의 선도산성모仙桃山聖母의 경우가 그렇듯이, 여산신이 나라의 시조모始祖母를 겸하고 있다.[402] 그러나 산모신山母神, 곧 산할미와 나라의 여시조가 겹쳐지는 사례를 좇아서, 알영·유화·용녀가 나라의 시조모이자 물할미였을 가능성은 생각해 볼 만한 것이다. 생명의 원리를 간직한 우물로서 신앙화된 사례는 후대의 전승에서 적지 않게 발견되고 있는데, 광명사정廣明寺井·달애정炟艾井·양릉정陽陵井 등을 그 예로 들 수 있다.[403]

물이 지닌 풍요와 생명력의 원리가 '물의 여시조', '물할미' 등의 관념을 낳을 수 있다면, 물은 성역聖域이 될 수밖에 없다. 실제로 고려의 물할미라고 볼 만한 용녀와 관계된 개성대정은 신정神井으로 일컬어져 정사井祠까지 갖추고 있었다. 강하江河나 천정泉井, 바다 등 물에 바치는 제례에 대한 기록은 적어도 삼국 시대에서부터 나타난다.

고구려·신라에서는 이미 하천제河川祭를 올리고 있었다는 것을 알게 되는데, 신라의 경우 동해·서해·남해·북해의 사해四海와 동독東瀆인 토지하土只河, 남독인 황산하黃山河, 서독인 웅천하熊川河, 북독인 한산하漢山河의 4독四瀆, 즉 4강江에 중사中祀를 올리고 오악과 같은 서열로 중요한 신앙의 대상으로 여겨 왔다. 이들에게 바치는 제례는 국가에서 주관하는 정기적 제례였다. 국가에서 드리는 부정기적인 제례로서 가뭄이 드는 따위의 비상시에 임시로 강하江河에 바치는 제례의 기우제祈雨祭가 있었는데, 왕이 직접 행하는 기우제는 강하뿐 아니라 연못 따위에서도 행해졌다.

이 밖에도 산과 강에 드리는 제례로는 메뚜기를 물리치기 위한 양황제禳蝗祭나 산천에 아들 낳기를 바라는[404] 제사가 있었다. 고려에서 행해

402) 물할미가 곧 나라의 시조로 관념화된 사례는 남아 있지 않다.

403) 한국민족문화대백과, 한국학중앙연구원

404) 애기빌이 곧 기자祈子를 위한 제사

지턴 대규모의 국가적 종교행사인 팔관회가 부분적으로는 하천과 용신에게 제사를 드리는 목적을 가지고 있었다. 한편, 도교의 초례醮禮를 위해서도 대궐 뜰에서 산과 함께 하천에도 제사를 드렸다.[405] 조선 시대에 이르러서는 산과 하천의 신에게 바치는 제사는 엄격하게 국가관리하에 두어서 대궐 안의 산천단에서 왕이 직접 제사를 주관하거나 소관 관료를 현지에 파견하여 제사를 권장하게 하였다. 더불어 백성들이 산천의 신에 제례를 올리는 것을 법으로 금하기까지 하였다. 그러나 물에 관한 민속신앙 전체가 금지된 것은 아니어서, 국가가 제례를 관리하는 바다나 하천에서도 개인적인 '용왕먹이기'까지는 실제로 금할 수가 없었다.

민속신앙에서 물은 매우 큰 구실을 하고 있다. 물은 생명력과 풍요의 원리, 정화력淨化力으로 섬겨지면서 독특한 종교적 기능을 발휘할 수 있었다. 물의 생명력이나 풍요의 원리는 용신 또는 용왕이라는 이름 아래서 용으로 표상되기도 했는데, 용신·용왕은 용으로 관념화된 수신水神이었다. 용신·용왕은 풍요의 원리를 관장하고 있었으므로 당연히 농경의 신으로 섬겨지기도 하였다.[406] 물할미란 이름의 약수는 물의 생명력에서 당연히 의술적인 치유력이 유추될 수 있었다. 약수터에서 용왕을 먹일 때는 말할 것도 없이 약수는 수신인 용왕의 물로 관념화되었다.[407] 한편, 물은 불과 함께 정화력을 가지고 있다고 믿어서 부정不淨물림이 되었다. 바가지에 담긴 찬물을 세 번 흩뿌리거나 심마니들이 산삼을 캐러 떠나기 전에 목욕재계하는 등의 행위는 대표적인 정화의 주술이었으며, 소반상에 받친 대접 속의 정화수도 모두 부정물림하는 물이었다. 특히 정화수는 맑음 그 자체로서 치성을 드리는 사람의 치성을 표상하는 것으로 생각되기도 했는데, 부엌신에게 바치는 조왕 주발은 그 본보기의 하나이다.

405) 이 초례는 기우·기설(눈밀이)·기양祈禳(재변을 물리침)·기곡祈穀·기복祈福 등을 위해서 올려진 만큼 하천은 빈번하게 국가적인 제례의 대상이 되었다.

406) 오늘날 농부들이 논두렁에서 '용왕먹이기'를 하고 있는 것은 수신에게 풍요를 빌기 위해서이다. 물할미의 물로 관념화된 약수도 역시 생명력과 풍요의 원리를 지닌 것으로 섬겨졌다.

407) 가령, 정월 대보름날 밤 우물에 떠 있는 달그림자를 용란龍卵이라고 믿고 그것을 떠서 먹는 여인은 포태를 하게 된다고 한 속신俗信에서는 물이 달과 어우러져서 생명력의 원천으로 여기는 것이다.

4절 앞선 여자 뒷선 남자 – 좌향

좌향은 방향의 개념과는 다른 것으로 한 지점이나 장소는 원주상圓柱上의 무수한 방향을 가질 수 있고, 다양한 이기론에 의한 선호성에 의하여 결정되는 좌향은 취용하는 이론에 따라 달리 설정될 수 있다. 하나의 건축환경이 특정한 좌향을 갖기까지 검토되는 향은 자침상磁針上의 절대향[408]과 사신사방四神四方적 상징적 상대향으로 구분될 수 있는데, 절대향은 인간생활에 직접 영향을 주는 천체, 특히 태양의 운행에 의하여 결정지어지고 시간성을 내포하며, 상대향은 지세地勢・시계視界・실존성・사회성을 지닌 공간성으로, 풍수지리의 좌향론은 두 가지의 복합적인 형태를 취한다. 실제로 간산看山하여 길지吉地를 파악하는 과정에서 눈으로 직접 길흉을 판별할 수 있는 유형분류의 필요성이 생긴다. 이때 산천의 형세를 인물금수人物禽獸라는 물형의 형상으로 의인화擬人化하여 판단함으로써 비교적 쉽게 지세와 길흉吉凶을 가늠하기도 한다.

물형의 형상이란 풍수지리에서 형국形局을 논할 때 혈穴을 중심으로 한 산수형국山水形局 내지 형세形勢를 사람이나 귀물貴物, 혹은 상서로운 날짐승이나 들짐승에 견주어 의인화시켜 형국을 해석하려는 사유思惟를 말한다. 상서로운 인물금수人物禽獸의 지형地形과 지세地勢는 그 형국이 품고 있는 상서로운 지기地氣를 발산함으로 그러한 곳이 명당이고 혈이 있는 곳이라는 논리이나 혈의 구성요건과 전혀 무관하게 주관적인 판단에 의한 것이므로 객관적 풍수논리라고 볼 수 없다. 그러나 물형국의 혈이라도 혈판의 요건을 갖추고 있으면 진혈眞穴이 있는 명당형국이 될 수 있다.

풍수론에서 철학적 관점으로 논리를 살펴보면, 좌향坐向을 정함에 있어 좌坐[409]를 기준으로 하는 산좌법山坐法[410]이 있고 향向[411]을 기준으로 하는 수향법水向法이 있다. 이것도 체용관계를 적용하면 산좌법은 체體이고, 수향법은 용用이 된다. 따라서 산좌山坐의 영역은 음의 영역으로 강

408) 실질향을 말함.

409) 음정陰靜

410) 용좌법龍坐法

411) 양동陽動

149

건한 남자의 성역이라면, 수향水向의 영역은 양의 영역으로 온유한 여성의 성역이다.

물형국의 예[412] ▶

장군대좌형국

옥녀산발형국

갈마음수형국

412) 정민호, 풍수물형론에 대한 형기
적 분석, 서경대학교, 석사논문, 2014.

제2편

풍수지리학으로의 진군

欲速不達 心誠求地 雖不中不遠矣.

욕심이 앞서 빨리 찾으려 하면 오히려 찾지 못하고,
정성을 다하여 열심히 땅을 구하면 비록 찾지는
못할지라도 머지않아 찾게 될 것이다.

1장 산 이야기 첫째마당 – 풍수에서의 산

1절 남장男裝을 한 산

1.1 산의 개념과 정의

산이란 보통 육지에서 주변 지면보다 수백m 이상 높고, 복잡한 구조를 가진 지형을 말한다. 산지가 평야에 대비되는 개념이라면 엄밀한 뜻의 산은 산지지형 중에서 구릉이나 재[1]를 제외한 정상부가 있는 돌출 지형을 지칭하며, 언덕(hill)[2]보다 높은 고도의 것을 산이라 하였다.[3] 과거에는 언덕과 산을 같은 개념으로 취급하기도 하였으나, 오늘날은 고도의 한계를 분명히 밝히고 있는 경향이다. 영국의 경우는 높이 약 700m 이상의 상대적相對的 기복起伏을 가진 지형을 산으로 하고, 그 이하의 낮은 돌출부를 구릉이라 하며, 지리학계에서는 300m 이상을 산으로 정의하기도 한다. 그러나 우리 나라는 그 구분이 애매하여 산의 침식 정도나 지형적 특성 등에 따라 높이와는 관계없이 '산'으로 칭하기도 하지만, 풍수지리학에서는 한 치만 높아도 산으로 규정한다.[4]

1) 영嶺, 치峙라고 함.
2) 구됴
3) 브리태니커 백과사전의 정의
4) 고일촌산야高一寸山也 저일촌산야低一寸山也

1.2 산의 구분

산이 넓은 지역에 걸쳐 모여 있는 지형을 산지라 부르며, 이때 산이 선상線狀 혹은 대상帶狀으로 연속되어 있는 경우를 산맥5), 또 몇 갈래의 산맥이나 산지가 복합되어 있는 거대한 지형을 산계山系(cordillera)6) 또는 용세라 한다. 높이에 따라 형식적인 산지 분류를 할 때 보통 3,000m 이상을 고산高山7), 1,000~2,000m를 중산中山8), 1,000m 정도를 저산低山9), 500m 내외를 구릉이라 한다. 다시 말해 산줄기가 연속된 경우 산맥이라 부르며, 불연속의 많은 산이 넓게 분포하면 산지山地라 부른다. 그러나 고산이라고 할 때는 이러한 높이 한계보다는 만년설萬年雪이 있어 설선雪線 이상의 높이가 있는 경우를 칭하기도 한다. 고산지대는 이러한 고산이 넓은 지역에 모여 있는 지대를 말한다. 또, 산지의 정상부가 평탄한 대지臺地의 형상일 때는 고원이라 부른다.

풍수지리에서는 정량적 고도에 의해 산과 산세山勢, 즉 용세의 고저를 따지지 않는다. 형태적으로 크던 작던 하나의 산을 고도10)상으로 3등분하여 제일 상부에 주어지는 산의 생활환경지11)를 천혈天穴이라 하고, 중간부를 인혈人穴이라 하며, 제일 하부의 생활환경지를 지혈地穴이라 부른다. 또한 산12)과 선상線狀13)으로 연속되는 고산 산악지형에서 주어지는 생활환경지의 산세에 대해 산용세山龍勢14)라 하고, 불연속의 많은 산이 넓게 분포한 산지山地 지형에서 주어지는 환경지의 형세에 대해 평강세平岡勢15)라고 하며, 마지막으로 평야지대에 낮은 구릉성 산지에 주어지는 생활환경지의 지형세를 평지세平地勢16)라고 부른다. 따라서 산용세에 주어지는 혈을 천혈, 평강세에 주어지는 혈을 인혈, 평지세에 주어지는 혈을 지혈이라고 부르기도 한다.

5) 용맥
6) 산세
7) 高山性山地고산성산지
8) 中山性山地중산성산지
9) 低山性山地저산성산지
10) 높이

11) 집터나 묘터
12) 용龍
13) 용맥상
14) 天龍勢천용세: 高山勢고산세
15) 人龍勢인용세:中山勢중산세
16) 地龍勢지룡세:底山勢저산세

1.3 산의 형성

지구상에 있는 수많은 산들은 어떻게 만들어 졌을까? 이에 대한 물음에 두 가지 측면으로 대답할 수 있다. 첫째는 지구 자체의 변화에너지에 의해 생기는 경우와 둘째는 하늘의 조화에너지에 의해 만들어 졌다고 할 수 있다. 지구 자체의 에너지를 지기에 의한 것(內因的내인적)이라면 하늘의 조화는 천기天氣의 작용(外因的외인적)에 의한 것이다. 산과 지기地氣가 음陰의 기氣에 의한 형질적形質的 대상이라면, 하늘의 천기는 양陽의 기氣에 의한 형상적形象的 대상이다.

따라서 산이 만들어진 요인에 있어 조륙운동造陸運動 · 조산운동造山運動 · 화산작용 및 암판(plate)의 이동작용 등은 모두 지기에 의한 내인적 작용에 해당하며, 풍화 · 침식 · 운반 · 퇴적 등은 모두 천기에 의한 외인적 작용의 결과이다. 생물이건 무생물이건 존재하는 모든 것들은 음과 양이 만나 혼돈의 과정을 거쳐야 탄생을 맞게 된다.[17] 그리고 그것들은 일정한 시간이 지나면 다시 사멸死滅되는 순환의 과정을 거친다. 모든 것들의 뒤에는 이러한 변화의 과정이 있기 마련이고 변화의 주체는 기氣다. 지기의 작용으로 오랜 지질시대를 거쳐 서서히 일어나는 지반의 융기로 지표는 상당한 고도를 가지게 되며, 이때 작용하는 횡압력으로 습곡이나 단층작용이 일어나 지표는 일차적인 기복起伏을 갖게 된다. 이 결과 생기는 산지는 습곡산지와 단층산지로 구별된다.

또한 지구 내부의 마그마가 분출되어 형성되는 산을 화산이라고 한다. 1차적으로 이렇게 만들어진 산(造山조산)은 반복되는 운동으로 복잡하게 되며, 2차적으로 천기에 의한 외인적 작용이 가해진다. 이는 음양배합의 과정을 거친다는 의미이고 비로소 우리 앞에 보이는 산의 면모를 갖춘다는 것을 말한다. 천기의 작용은 기후와 온도, 강수량과 같은 외인적 요인에 영향을 미치는 작용을 말한다. 그 결과 하천河川 · 빙하氷河 · 바람 · 파랑波浪 · 지하수 등에 의한 침식 · 운반 · 퇴적작용을 일으켜 1차

17) 음양상배陰陽相配

적으로 형성된 산지는 고도나 기복이 변형된 침식산지侵蝕山地로 된다. 침식산지는 결국 지기와 천기의 합작으로 형성된 3차적인 완전한 산의 모습으로 우리들이 바라 보고 있는 모든 산이 이에 해당한다.

한편, 오랜 침식과정에서 3차적으로 형성된 산지는 또 다시 지기와 천기에 의한 작용을 받게 된다. 그 결과 산의 모습을 완전히 잃어버린 저평화低平化 된 평지상平地上에 남아 있는 언덕 같은 잔존산지殘存山地를 잔구殘丘라 한다. 이 잔구는 풍수에서 말하는 평지세에서 은맥隱脈으로 주어지는 한 치 높은 구롱丘龍을 말한다. 풍수음양론의 이기론에 '음중에 양이 있고, 양중에 음이 있다'고 한다. 또한 '음이 극極에 이르면 양을 받고[18] 양이 극에 이르면 음을 받는다'[19]고 하는데, 이 말은 형기론적으로 침식의 과정이 음양생멸의 변화로 침식의 과정이 윤회한다는 것을 말한다. 지리학적으로 이러한 변화론을 침식윤회설이라고 한다. 침식윤회설은 지표의 다양한 지형을 지형변화의 순서에 따라 계통화시켜 그것을 하나의 순환계열로 볼 수 있다는 발생론적 또는 진화론적 지형학의 개념을 말한다. 침식윤회의 개념은 1899년 데이비스(W. M. Davis)에 의해 확립되었는데 그는 다윈의 생물 진화론의 영향을 받아 지형의 진화를 생물의 진화에 비유하여 지형의 변화과정을 설명한 이론이다. 지금은 침식윤회 또는 지형윤회내지는 지리적 윤회라는 말이 널리 쓰이고 있다. 데이비스에 의하면 지표의 기복은 일정한 방향을 따라 진화한다고 했다.[20] 지표의 기복은 이 세 가지 요인에 의하여 유년기, 장년기, 노년기 등을 거치면서 윤회한다는 것이 침식윤회의 기본골자로 풍수지리학에서 말하는 12포태와 같다. 윤회의 출발점이 되는 지형을 원지형原地形, 그것에 여러 가지 침식기구가 작용하여 차차 나타나는 지형을 일괄하여 차지형次地形, 침식의 최종 결과로 형성되는 준평원準平原을 종지형終地形이라 한다.

18) 陰來陽受음래양수
19) 陽來陰受양래음수

20) 기복의 진화방향을 결정하는 요인으로는 구조(structure), 영력(processes), 단계(stage, time)등을 지적하였다.

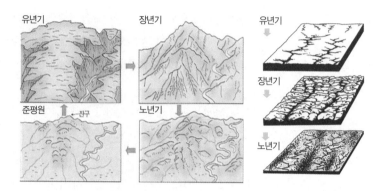

데이비스의 침식 윤회설 ▶

산지나 하천지형의 침식과정은 음양의 변화과정인 지기와 천기의 작용에 의한 결과이다. 따라서 산지는 산지로 영원할 수 없고, 바다는 영원히 바다일 수 없다. 과거의 해저지형은 미래의 산지이고 현재의 산지는 과거의 해저지형이기도 하다. 산은 곧 물이고 물은 곧 산이며 산에는 물이 있고 물에는 산이 있다. 그러므로 산[21]에는 육지에서의 산[22]과 바다 밑[23]의 산[24]이 있는데 산은 대체로 육지의 산을 가리키는 때가 많다. 해저의 산은 해산海山·해령海嶺·해저산맥 등과 같이 '해海'자를 붙여서 부른다. 풍수에서의 산은 일반적으로 육지에서의 산을 말하고 바다 밑의 산은 도수맥渡水脈에 의한 산으로 부른다.

조륙운동의 과정 ▼

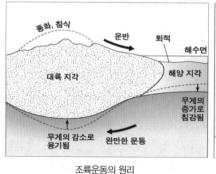

조륙운동의 원리

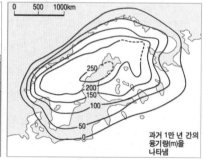

스칸디나비아 반도의 융기량

---

21) 음陰

22) 음중음陰中陰

23) 해저海底, 양陽에 해당한다.

24) 양중음陽中陰

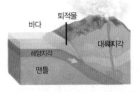
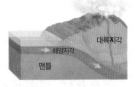
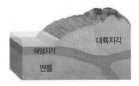

대륙주변의 바다에 퇴적물이 두껍게 쌓여 퇴적층을 이룬다.

퇴적층이 오랜 시간동안 수평방향으로 힘을 받아 심하게 습곡된다.

깊이 침강한 퇴적층이 위로 융기함으로써 높은 습곡산지가 된다.

조산운동의 과정 ▲

조륙이란 육지인 땅이 만들어 지고 형성되는 것을 뜻한다. 조륙운동造陸運動은 대규모의 습곡 및 단층 작용이 없이 넓은 지역에 걸쳐 일어나는 지각의 승강 운동을 말한다. 지각이라는 땅의 껍질은 평형을 유지하기 위하여 장기간의 오랜 지질 시대를 걸쳐 서서히 진행된다.[25] 또한 조산이란 조륙운동 결과 산이 조성되는 지각작용을 말한다. 조산운동造山運動은 대규모의 습곡산맥을 형성하는 지각변동을 말한다.

조륙운동은 융기나 침강의 수직 운동에 의해 큰 규모의 대륙 대지나 해양분지를 만들고 조산운동은 조륙운동과는 달리 수평운동에 의해 거대한 습곡 산맥을 만든다. 조륙운동은 대규모의 습곡이나 단층 지형을 동반하지 않는다. 반면에 조산운동은 거대한 산맥이 생기면서 습곡이나 단층이 생긴다. 따라서 조륙운동은 수직방향과 관련이 있고 조산운동은 수평방향의 운동과 관련이 있다. 이 두 가지 지기운동地氣運動은 어느 한 쪽이 포함되는 운동이 아닌 서로 다른 개념이다.

풍수에서는 산의 형성과 관련하여 천기와 지기에 대해 천지조응설天地照應說과 천조지설天造地設을 강조한다. 천지조응설은 천지인의 3재 일체론에서 말한 일체적 관점에서 하늘의 이치와 땅의 이치가 하나라는 것을 말한다. 즉 하늘의 천기가 지상으로 하림下臨(照조)하면 땅의 지기가 이에 응應한다는 것을 뜻하며, 천조지설은 하늘세계인 천상의 별들의 기운에 의해 지상에서의 지형인 산이 형성된다는 것을 말한다. 이는 천기와 지기의 음양조화에 의해 산지가 형성된다는 지리철학적 풍수관념론이라고 할 수 있다.

25) 과거 빙하에 덮여 있던 스칸디나비아 반도 지역은 빙하가 녹아 없어지면서 지각의 평형을 유지하기 위하여 지금도 서서히 융기하고 있다.

2절 산계와 하계 - 산수의 분합과 대·소팔자

산과 물이라는 음양질의 지표구성인자는 동·식물과 같이 살아 있는 생명체로써 생장生長과 소멸消滅을 반복한다. 이는 지각운동과 풍화와 침식에 의한 형질의 변화과정인 물리적이고 화학적인 변화를 말한다. 산은 오랜 세월이 지나면 평지로 되어 물의 터전이 되기도 하고, 하나의 산이 갈라지고 나뉘어 졌다 다시 하나의 지형체로 변모하는데 지리학에서는 앞서 말한 침식윤회설로 설명된다. 물 또한 큰 물줄기가 여러 개의 물줄기로 나뉘기도 하지만, 여러 작은 물줄기가 하나의 큰 물줄기로 통합되는 것이 일반적인 물의 특성이고 물이라는 양성陽性의 본연성이다.

음인 산은 양인 물과 하나로 결합될 수 없다는 상극성과 하나로 결합되어가는 상생성의 변화과정이 필연적이라는 양면성 내지는 이중성을 갖고 있다. 이는 음양논리에서 음양은 서로 상반된 성질로 배합될 수 없다는 이원二元논리와 서로 상반된 음양은 상호간에 하나로 배합되어 가고자 한다는 일원一元논리에 따른 풍수이론이 있는 것과 같다. 따라서 하나의 음인 산이 나뉘는[26] 곳에는 양의 물이 합습하고, 나뉘지 않는 음의 산[27]은 양의 물을 갈라놓는[28] 작용을 한다. 이는 산과 물의 관계에서 산과 물은 합하면 상생相生하는 것이며, 산과 물이 토극수土克水로 나뉘면 상극相剋의 변화작용을 하게 된다. 따라서 산이 머물러 있는 곳에서 물은 결코 산과 하나로 존재할 수가 없어 물을 털어내지만,[29] 산이 뻗어나가면[30] 물 또한 산을 따라 흘러나가면서 하나[31]가 되어 천리千里를 달려간다.

산은 양·음택지의 모든 입지에서 배후의 자연환경을 말한다. 산은 태조산으로부터 혈穴이라는 입지점까지 조종산祖宗山의 형세로 꿈틀거리듯 일어나고 엎드리고(起復기복), 좌우로 방향을 바꾸면서(屈節굴절) 아름답지 않는 형태가 아름다운 형태(美醜미추: 剝換박환)로 때로는 산과 산을 이어주는 능선의 고개(재: 過峽과협)를 형성하며 나아간다. 마치 용龍이 살아서 꿈틀거리며 승천하는 형태처럼 산 또한 하나의 생명체로 변화의 과정을

26) 분分
27) 獨山독산: 合合
28) 분分

29) 脫水作用탈수작용: 分水作用분수작용

30) 행진行進
31) 山水同體산수동체: 一體일체

거친다. 이러한 산, 즉 용을 살아있는 생룡生龍이라고 부른다. 따라서 이러한 생룡은 인체의 혈관과 같이 지기가 흐르는 지기선인 맥선脈線이 있는데, 용과 맥의 상인相因이라고 부른다. 용맥선은 산의 능선속에 형성되어 있으며 산의 척추와 같이 산의 중심을 이루면서 물[32]을 능선의 좌우로 털어내는 작용을 한다.[33]

분수계는 하천의 경계를 이루는 부분으로 주로 물길이 나누어지는 산지의 능선을 말한다. 빗물이 떨어지면 주로 봉오리를 이은 능선을 중심으로 서로 반대방향으로 갈라져 흘러내리는데, 이 분수계를 중심으로 각각의 하천이 유역을 형성하게 된다. 즉, 분수계란 좌우로 분리 된 물이 서로 다른 하천유역으로 흘러가는 경계이다. 대개 산지의 능선이 이어져 산맥을 이루고 있어 분수령分水嶺이라고 한다. 우리 나라의 백두대간은 가장 큰 분수계를 나타낸다고 할 수 있다. 그렇다고 분수계는 능선만 해당되고 평야나 고원은 분수계가 될 수 없다고 생각하는 것은 잘못된 판단으로 이 역시 분수계를 이루기도 한다. 평지에서의 분수계는 한 치 높은 능선으로 은맥隱脈 내지 초사맥草蛇脈으로 존재하기 때문이다.

산에 의한 물의 분합도 ▶

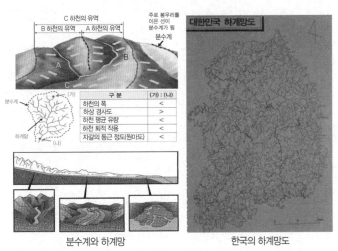

분수계와 하계망   한국의 하계망도

32) 건수乾水
33) 分水분수:八字팔자

하계망은 평지세의 하천유역 내에서 하나의 본류와 이에 합류하는 여러 지류들로 이루어진 하천의 전체적인 망을 의미하는 것으로 보통 하천의 유역이 큰 대 평지세[34]에서의 하천일수록 하계망이 복잡하고 넓게 나타난다. 따라서 풍수에서 말하는 팔자八字는 산능선에서 물이 좌우로 분리되는 형태를 의미한다. 이와 같은 산의 분수작용은 산[35] 형세의 크기에 따라 작은 팔자[36]와 큰 팔자[37]로 구분한다. 소팔자 형태의 분수처는 산의 형세가 비교적 작은 곳에서 나타난 반면, 대팔자 형태의 분수처는 산능선인 산맥을 중심으로 하는 산룡세에서 나타난다.

그러므로 풍수에서의 대팔자는 주로 과협을 끼고 있는 간룡幹龍에서 주어 지고 소팔자는 만두巒頭 뒤의 오목한 요곡능선[38]에서 분수되는 되는 형태인데 그 형상은 마치 인체에 있어 사람의 목과 같은 형태로 주어진다. 분수分水된 물은 곡지谷地를 흐르다 산줄기가 끝나는 지점에서 하나로 합쳐[39] 1차 하천을 형성하고, 또 다른 산능선에서 분수된 물과 다시 합쳐지면서 2, 3차 하천으로 차수를 높여나가 큰 강을 이룬다. 하계망河系網은 하천의 본류와 지류가 만나면서 얽혀있는 형태를 말한다.

곡류하천(감입곡류:영월) ▶

산계와 수계의 차이점 ▶

구분	본성	변화방향	변화운동(음양강도)
산계山系	음陰	양(지룡이 많아 짐)	1차수(강) ⇨ 2차수(중) ⇨ 3차수(약)
수계水系	양陽	음(하천이 적어 짐)	1차수(약) ⇨ 2차수(중) ⇨ 3차수(강)

하계망은 일반적으로 상류로 갈수록 지류가 많아 복잡하며 하류로 갈수록 지류들이 만나면서 큰 하천줄기를 형성하게 되면서 본류화本流化 되어 단순해진다. 하도는 하천이 흐르는 평면 상태에 따라 직류하도直

流河道·곡류하도曲流河道·망류하도網流河道로 나뉜다. 하도의 평면 형태는 하천의 단면, 하천이 운반하는 토사의 성분, 하류 방향의 하상구배, 전체 하계망 내에서의 위치 등 여러 요인들이 어떻게 결합되는가에 의해 결정된다.

하천의 형태에 따라 평야지대를 자유곡류하며 흐르던 하천의 지반이 융기를 받아 침식작용이 활발해질 때 생기는 하천으로 감입곡류嵌入曲流가 있다. 감입곡류하천은 마치 뱀이 기어 다니는 형태로서 감입사행하천嵌入蛇行河川이라고도 부르며 우리 나라 동부지역에서 흔히 볼 수 있는 하천이다. 특히, 강원도 영월지역에 가면 볼 수 있는 하천으로 산지나 고원지대를 흐르며 하천의 양안兩岸이 하방침식下方浸蝕을 받아 대칭적인 깊은 골짜기를 이루면서 곡류한다.

물에 의한 하천지형 ▶

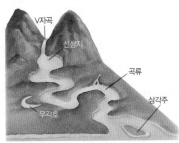 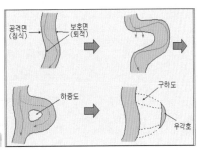

산과 물은 풍수지리에서 대표적인 음양의 형질체이다. 음인 산은 산계山系를 형성하고, 양인 물 또한 수계水系[40]를 형성한다. 산수의 음양이치에 따라 산과 물은 변화의 과정 또한 반대이다. 본성적으로 음인 산은 양의 변화운동을 취하고[41] 양인 물은 음의 변화운동을 취한다.[42] 따라서 산은 기복하고 물은 곡류운동을 하는 형세를 길吉 한 것으로 친다.

음의 산은 중심 능선이 되는 큰 산줄기[43]에서 갈라져 1차 줄기인 능선을 형성하고 다시 분화되어 줄기능선[44]에서 또 다시 갈라지기를 반복하면서 2, 3차 능선인 지룡으로 변화하여 평지룡을 거쳐 음기陰氣가 가장 약한 양陽의 평양지로 변화한다. 반면 양수인 물은 산의 음기가 가장 강하고 양기陽氣가 가장 약한 1차 산줄기의 물에서 출발하여 점진적으로 음

40) 하계河系
41) 음극양陰極陽
42) 양극음陽極陰
43) 간룡幹龍
44) 지룡支龍

기가 약해지는 2, 3차 산줄기의 물을 취합[45]하여 양기가 가장 강한 큰물로 변화한다. 따라서 산과 물의 변화운동은 음양의 원리에 따라 서로 역순의 형태로 변화하는 이치를 갖는다.

제3절 산의 성정과 영향

3.1 산의 형상과 형태의 본연성

인간의 눈에 비친 사물은 다양한 형상과 형태를 띤다. 풍수에서의 산 또한 자연물의 하나로 여러 가지 형상과 형태를 지닌다. 사물의 형상이란 사물의 생긴 모양이나 상태를 말한다. 형상에 대해 플라톤이 이데아 세계[46]와 감각에 의한 현존의 보편적이고 감성적 인식의 대상인 개물個物세계[47]를 분명하게 나누어, 세계를 이원화二元化한 것에 대하여 아리스토텔레스는 이데아(idea) 혹은 에이도스(eidos)[48]를 형상이라 하여, 형상과 이에 대한 질료(hyle), 이들 양자의 상호관계를 가지고 세계를 일원적一元的으로 이해하고자 하였다. 즉, 형상은 활동적이고 질료는 수동적이며 형상을 취하여 질료는 현실적인 것이 된다.[49]

산과 같은 사물의 형상은 반드시 오관五官에 의하여 직접적으로 지각되지 않더라도 뇌리에 생생하게 그려낼 수 있는 것이면 된다. 개념적 사고에 의하여 파악되는 것이 아니라 어디까지나 감각적·직관적인 존재로서 생생하게 감각화된 것을 가리킨다. 이에 반해 상징象徵은 단순한 수사보다 더 깊은 의의를 가지고 있는 표현방식이며, 어떤 감각적 대상으로 그 본래의 의미 뒤에 암시되어 있는 더 깊고 큰 내용을 구상화하는 점에서는 역시 일종의 형상이라고 말할 수 있다.[50]

또한 산의 형태는 존재하는 것의 외면적인 형식이지만, 그 형식[51]은 존재하는 것의 내면적인 고유성[52]에 의해서 규정되어 나타난다. 물질은 그 자신의 고유한 '개성', 요컨대 본성적 특성[53]을 지니며, 그에 의해 물

45) 합수合水
46) 형이상인 정신계
47) 형이하인 물질계

48) 형상을 인식론적 관점에서 표현하는 플라톤의 용어. 그는 한 사물의 확정된 모습은 다른 사물과 그것을 구별해 주는 일차적 기준이 된다고 하여 이 용어를 사용하였으며, 형상을 존재론적 관점에서 표현할 때는 이데아를 주로 사용하였다.

49) 철학사전, 2009, 중원문화
50) 두산백과사전
51) 기氣
52) 리理
53) 리理의 작용

질의 형태[54]가 규정된다. 가령 산의 오형체나 구성체라는 것도 그 특성에 의해 기질적 변화에 따라 고형의 것으로 형태가 변화한다. 따라서 형상이라는 '결정結晶(Kristall)'[55]은 외면적인 형태일 뿐 아니라 산의 내면적인 형태이기도 하다. 리理와 기氣에 의한 산의 결정체는 화학적 과정에 의해서 그 특성에 따라 합일合一되거나 분리되어 그 형태를 생사룡生死龍으로 변화시킨다.[56]

3.2 산을 느끼기 위한 심리적 미감

미美란 눈 따위의 감각 기관을 통하여 인간에게 좋은 느낌을 주는 아름다움이다. 인류는 자연에 존재하는 다양한 형태들의 의미를 이해하는 두뇌를 가짐으로서 생존 가능성을 높였다. 이러한 두뇌의 지능으로 어떤 형상에 대해 감성적으로 구분하고, 이러한 감성은 특정 형상에 대한 호감으로 나타난다. 자연은 대칭성의 질서를 따라 생성되고, 이를 인지하는 지능으로서 미의식美意識이 생성되었다. 인간의 미의식은, 특정 형상의 시각 정보에 대해 더 호감을 느낀다. 따라서 지형변화의 산물인 산은 긍정적 호감을 갖게 하는 산과 비호감의 산으로 구별되어 질 수 있다. 이때 호감이 가는 산은 심리적으로 우호적인 산으로 인식함으로써 좋은 산으로 받아들이게 된다. 그러나 비호감의 산은 적대적인 산으로 인식함으로서 나쁜 산으로 받아들인다.[57]

한국의 미는 '자연自然의 미'로써 한국인은 자신을 둘러싼 자연 환경에 대해 강한 정서적 반응을 보인다. 특히 산과 물이라는 자연 경관에 대한 이러한 선호에 대해 진화심리학자들의 말에 의하면 인간의 마음은 수백만 년 전 인간의 먼 조상들이 생존을 위한 문제를 잘 해결하게끔 자연 선택에 의해 설계된 심리적 적응의 집합이라고 한다. 이로부터 진화적 조상들의 적합도를 높였던 대상들에 대해서는 우리가 아름다움 같은 긍정적인 정서를, 적합도를 낮추었던 대상들에 대해서는 추醜함 같은 부

54) 기氣의 작용
55) 체體
56) 헤겔사전. 2009. 도서출판b

57) 혈과 사각, 혈과 주변환경과의 조응관계를 말한다. 즉 자연심리적 상태를 말한다.

정적인 정서를 느낌으로써 결국 생존과 번식에 도움이 되게끔 행동하게 되었으리라는 기본 전제가 도출된다.[58] 미美라고 하는 한자어는 그 구성상으로 볼 때, '양羊'자와 '대大'자가 합쳐진 것으로 설명된다. 이러한 설명에 따르자면, 미는 '큰 양'으로서, 양이 크면 살지고 맛이 좋다는 뜻을 함축하는 셈이 된다.

아름다움은 어원상 '자기 마음과 같다', '자기 마음에 어울린다'는 뜻이 되어, '자기의 미의식에 맞는다', '자기의 가치 기준에 부합한다'는 의미를 지니게 된다. '미'의 어원적 의미는 본래 육체적 생명의 보존과 연관되어 있다. 그러한 미는 차차 정신적 가치가 갈구되는 방향으로 발전해 오다 개성적 표현과도 맞닿게 된 것이다. 즉, 주변환경과 나와의 관계, 산과 강의 관계에서 미추美醜에 따른 심리적 길흉은 결국 인간과 자연과의 조응관계로 설정된다.

58) 경관에 대한 인간의 정서적 심리는 인간이 진화 역사의 대부분을 보낸 아프리카 사바나 초원의 이상적인 서식지에서 발견되는 여러 특질들에 이끌리게끔 진화하였다(사바나 가설). 또한 여러 곳을 두루 살피는 조망과 안전하게 숨을 피신처를 동시에 제공하는 곳도 선호하며(조망-피신 가설), 길을 잃어버리지 않으면서 유용한 정보를 탐색할 수 있을 만큼 적당히 복잡한 곳도 선호하게(길찾기 가설) 진화하였다. 전중환, 경희대학교 인문학연구소, 2011, 19권 pp.5-28

제2장 산 이야기 둘째 마당 - 풍수에서의 뿌리와 줄기

1절 남자의 신체구조 - 산맥(용맥)의 발원과 맥. 지기

1.1 산의 근원과 변화

59) 도선통맥풍수, p.45
60) 풍수에서의 용맥

61) 乾坎坤離兌건감곤리테의 五龍오
룡은 유럽과 러시아방향으로, 艮震
巽간진손 三龍삼용은 중국내로 방향으
로 나아가 大幹龍대간룡이 된다. 중국
의 3대 간룡은 五岳오악으로 일어나고(
東岳동악: 泰山태산, 南岳남악: 衡山형
산, 中岳중악: 嵩山숭산, 西岳서악: 華
山화산, 北岳북악: 恒山항산), 四瀆사
독(揚子江양자강, 黃河황하, 淮水회수,
濟水제수)을 흐르게 했다.

62) 간룡幹龍
63) 지룡支龍
64) 간幹
65) 지支

전통지리학에서는 지구상의 모든 산은 그 발원처가 중국의 곤륜산崑
崙山에서부터 기원한 것으로 하고 있다. 곤륜산에 대해 고문古文을 인용
하면59) '산의 정상은 모矩가 나고 아래는 둥글고 산의 둘레가 1만 2천
700리이며, 곤륜산에서 뻗어나간 산맥60)은 곤륜산을 중심으로 8방위61)
로 뻗어 나가는데 유럽이나 러시아 쪽으로 5개의 산맥이 나아가고 3개
의 산맥은 중국 내로 뻗어 나갔다. 8방위의 용맥은 지상의 중심을 이루
는 큰 줄기에 해당하는 산맥62)으로 모든 산줄기63)가 8개의 간룡에서 갈
라져 나갔다. 그러므로 줄기64)에서 가지65)가 되고, 가지는 또다시 더 작
은 가지로 갈라지기를 반복하면서 이어진다. 인체의 혈관과 같이 지상
의 산은 하나의 체계를 이루며 곤륜산에서 발원한다'고 되어 있다. 이는

아메리카나 오세아니아 대륙과 같은 해양 건너의 대륙은 과거 동양의 세계관에 존재하지 않았음을 말한다.

산은 음양론적으로 음지陰地에 해당한다. 음지는 큰 줄기가 가지가 되고, 그 가지는 또 갈라져서 규모가 더 작은 가지로 뻗어나간다. 이러한 과정은 정량적으로는 팽창과 분열의 과정이지만, 정성적으로는 수축과 수장활동이라는 음양논리로 해석된다. 음양론에 음이 극에 이르면 양이 되고[66] 양 또한 극에 이르면 음이 된다[67]고 하였을 뿐만 아니라, 음陰[68]이 분열되면 음양을 낳고[69] 양陽[70]이 분열되면 또한 음양[71]을 낳는다. 이 과정을 음양론에서는 음양이 분화되면 사상四象[72]이 되고, 그 사상은 또한 분열하여 8괘卦를 낳고 8괘는 다시 64괘로 분화되며 64괘는 4,096괘로의 무한분열 운동이라는 과정이 이어진다고 하고 있다. 이 같은 분열은 지상의 산 또한 괘의 분화와 같이 모두 다른 형태와 형상으로 산맥과 산이 다르게 변모한다는 것을 나타내며, 삼라만상의 모든 존재의 이치가 그러하다.

맥脈이란 혈관과 같은 산의 지기地氣가 흐르는 하나의 선[73]과 같은 관管이다. 모든 산은 독자적인 형태를 지닌다. 산줄기란 엄밀한 의미에서 산과 산이 이어지는 형태에 대한 시각적 표현이며 지리적 관점이고, 산을 생명체로 의인화 하여 인식하려는 자연존중 내지 생명존중 사고에서 비롯된 관념적 표현이다. 따라서 산맥체계에서 하나의 산이 자연적이든 인위적이든 훼손된다면 생명선의 순환고리 가운데 하나가 끊어진다는 것이고, 그러한 산맥체계는 생명력을 잃고 만다. 그러한 산은 혈맥내지 용맥의 단절을 의미하고 생태계의 교란을 의미한다.

생태계의 파손은 생물에게는 큰 재앙이며 무생물에게는 침식에 의한 자연지형의 급변화이고 그 결과는 기후환경에 지대한 영향을 미친다. 그러므로 모든 산은 살아 있는 자연물이며 산맥은 모든 산의 통합적 생명체이다. 산이란 생명체는 혈관血管과 같은 맥선脈線을 가지고 있고 피[74]와 같은 땅의 기[75]는 산을 존재하게 하는 에너지이며 지상에 유착하는 모

---

66) 陰極生陽음극생양
67) 陽極生陰양극생음
68) 二氣中陰이기중음
69) 太陰태음, 少陽소양
70) 二氣中陽이기중양

71) 太陽태양, 少陰소음
72) 태음, 소양, 태양, 소음
73) 일선一線
74) 혈血
75) 지기地氣

든 동·식물의 생존과 기질변화의 근간이 된다. 따라서 산맥에서의 맥은 지기맥地氣脈을 의미하고 산맥은 지기맥선地氣脈線을 가진 생명체이며, 모든 자연물은 그 지기에 의하지 않고는 존재할 수 없다.[76] 산줄기에 해당하는 용맥은 길고 짧은 것이 다르지만 모두 한 가지[77]이며 줄기가 되는 큰 용[78]은 긴 룡[79]이요, 작은 줄기용[80]은 작은 것이니 반드시 용의 길이나 거리[81]에 국한하여 좋고 나쁨이 있는 것은 아니다.

1.2 산 중의 산 – 곤륜산과 신화

곤륜산맥은 중국 티베트 고원의 북쪽 연변을 이루는 산맥에 위치한다. 최고봉인 무쯔타거산[82]의 높이는 7,723m이며 아시아에서 가장 긴 산맥 중 하나로 3000km 이상 뻗어있다. 주요 봉우리는 무쯔타거산, 쿤구르산으로 길이는 2,500km이다. 북쪽으로는 아얼진[83]산맥에 이어지는 치롄[84]산맥 이외에 코코실리산맥 등 여러 개의 지맥支脈으로 갈라진다. 동부 북쪽에 타림분지盆地, 서부 지맥 사이에 차이다무분지 등이 있다. 5000mrk 넘는 높은 봉우리가 많아 기후가 극도로 건조하며 추위가 심하여 서식하는 동·식물도 적다. 동부에서는 황하黃河·양자강揚子江이 발원한다. 중국의 주요 산맥은 대부분이 곤륜 산계山系에 포괄되어 있어 중국의 지형상 곤륜산맥이 지니는 의미는 매우 크다.[85]

중국의 신화나 전설에는 여러 가지 '낙원'들이 등장하는데, 그 중에서도 가장 영험이 강한 신선들의 땅이라 일컬어지는 곳이 곤륜산崑崙山이다. 이 산의 위치는 중국 북서쪽 끝에 있다. 곤륜이라는 단어는 원래 '혼륜渾淪=카오스[86]'을 뜻하는데, 모든 중국인들의 뿌리인 황하의 원류가 이 산에서 시작된다고 생각했다. 또한 이 산의 정상은 북극성과 마주보고 있으며 우주의 중심에 위치하고 있는 것으로 본다. 또 다른 해석으로 곤崑과 륜崙의 고문자를 분석해 보면 곤자에는 은하수의 모양이 그려져 있어 하늘의 운행을 뜻한다고 해석하기도 한다. 또한 하나라 우왕禹

76) 地氣感應지기감응
77) 一枝일지
78) 大幹龍대간룡
79) 長龍장룡
80) 小幹龍소간룡

81) 長短遠近장단원근
82) 木孜塔格山목자탑격산
83) 木孜塔格山목자탑격산
84) 祁連기련

85) 곤륜산은 현재의 곤륜산맥崑崙山脈(쿤룬산맥)에 있는 산봉우리 중에 가장 중심이 되는 산으로 케리야 현의 쿤룬 산은 해발고도가 7167m이다.

86) 혼돈이란 뜻이다.

王의 치적을 기록한 『우본기禹本紀』에 "황하의 물은 곤륜산에서 발원하고 2,500리에 달하는 높이와 해와 달이 곤륜산을 비껴가며 비춘다"고 기록하고 있고, 장건이 대하大夏에 사신으로 다녀와서 황하의 발원지를 발견했다고 전해진다. 실제 바옌카라 산맥은 곤륜 산맥의 남쪽 지맥으로 중국의 두 개의 큰 강인 황하와 장강 유역 사이의 분수계를 형성한다. 따라서 인체에 존재하는 경락經絡처럼 풍수에서도 대지를 종횡으로 흐르는 용맥의 원천, 즉 '기'의 원류 또한 이 곤륜산에서 나온다고 한다.

◀ 고문자로 본 곤륜의 의미

천문도 은하수 모양

은하수

곤자의 고문자

륜자의 고문자

중국 동진東晉[87]시대 학자인 갈홍葛洪이란 사람이 지은 『포박자抱朴子』[88]에 따르면, 곤륜산에는 440개의 문과 다섯 개의 성, 열두 개의 누각이 있다고 한다. 물론 이 산에 살 수 있는 것은 신들이나 신선들뿐이다. 그들의 지도자는 옥황상제라 불리는 도교의 최고신과 고대의 신화적인 황제黃帝, 그리고 후한後漢시대 이후로는 서왕모西王母라는 여신이 군림한다고 하여 그녀를 믿었다. 일반 사람들은 당연히 이 성스러운 영역에 입산할 수 없지만 수행을 쌓아 신선의 경지에 달하면 불가능한 일은 아니다. 회남자淮南子에 의하면 이 산을 높이 올라가는 자는 그 높이에 따라 불사不死 → 영靈 → 신神이 될 수가 있다고 했다. 또한 이 산의 모양은 위쪽이 넓고 아래쪽이 좁은 역삼각형이라고 한다. 그래서인지 정상에는 신기한 식물들이 자라나며 보통 사람들은 아예 올라갈 수조차 없는데, 만약 등산에 성공한 사람이 있으면 그는 정상에 있는 생명나무의 열매[89]를 먹어서 영원한 생명을 얻을 수 있게 된다. 이 산 주위에는 사물을 띄

87) 317~419년

88) 포박자는 도교에서 춘추전국시대 이후 전해 내려오는 신선에 관한 책이다. 이 책은 동한후한 때의 위백양이 220년에 저술한 '주역참동계에서 전개한 역의 이론에 신선도의 이론과 방법을 확립시킨 것이다.

89) 복숭아 또는 앵두로 추측된다.

울 힘인 부력浮力이 없는 '약수弱水'가 흐르고 있어서 보통 방법으로는 절대로 접근할 수 없다고 한다. 다만 천자인 황제만은 용에 올라타서 산꼭대기에 오를 수 있다고 한다.90)

곤륜산은 황하강의 발원지로 그동안 중국의 전설 속의 산으로만 보아왔다. 신선들이나 도인들이 사는 산의 대명사처럼 일종의 중국적 유토피아(Utopia)라고 할 수 있다. 그리스 로마 신화에서 올림포스산은 신들의 대표적 낙원이고, 히브리 성경 '창세기'에서의 '에덴'이 언급되는 것과 같다. 중국 신화에서 낙원 이야기는 크게 두 가지 계통이 있는데, 하나는 곤륜산崑崙山을 중심으로 한 산악의 낙원신화 계통이고 또 하나는 삼신산三神山을 중심으로 한 산의 낙원 신화 계통이다.

곤륜산은 땅의 중심으로 신神 중의 신인 황제黃帝와 여신女神 중의 으뜸인 서왕모西王母가 사는 곳으로 알려져 있다. 또 다른 기록에 의하면 곤륜산은 아무나 갈 수 있는 평범한 산이 아니며 사방이 8백리이고 높이가 만 길이라 하였다. 그리고 그 모습은 아홉 개의 성을 층층이 쌓아놓은 것 같았다고 한다. 곤륜산의 주위에는 약수弱水라는 강이 흐르고 있는데 이 강은 가벼운 새털조차도 가라앉을 정도여서 그 누구도 쉽게 건널 수 없었고 약수의 바깥은 다시 불꽃이 이글거리는 염화산炎火山이 둘

90) 신들의 주거지 곤륜산(崑崙山), 낙원, 2000. 도서출판 들녘.

러싸고 있었다. 이 염화산의 불길에는 무엇이든 닿기만 해도 타버렸다. 신기한 것은 이 모진 불길 속에 무게가 천근이나 나가는 큰 쥐가 살고 있었다는 점이다. 사람들은 이 쥐로부터 화완포火浣布라는 희한한 옷감을 얻었다. 이 쥐는 온몸이 붉고 명주실 같이 가늘고 긴 털이 나있는데 불 밖으로 나올 때 물을 뿌리면 곧 죽었다 한다. 사람들은 그 쥐의 털로 옷 감을 짜서 옷을 만들어 입었다. 그런데 그 옷은 더러워질 때 불에 태우 면 깨끗하게 빨아졌다고 한다. 염화산과 약수라는 장애물을 통과하여 곤 륜산 안으로 들어가면 마지막 관문이 기다리고 있다. 그것은 개명수開明 獸라는 무시무시한 문지기이다. 개명수의 몸체는 호랑이 같이 생겼는데 사람의 얼굴을 한 머리가 아홉 개나 달려있는 괴수이다. 이 괴수가 곤륜 산 정상에서 동쪽을 향해 버티고 서서 출입자를 감시하고 있었다. 곤륜 산에 입산하면 곤륜산의 아홉 방향마다 옥난간을 두른 우물과 문이 있 고 그 안쪽에 다섯 개의 성과 열두 개의 누각이 있었다. 이 장엄한 건물 들이 바로 신하들과 황제의 궁궐이었다. 신하들이 천상에서 내려올 때 머무르는 이 궁궐의 관리자는 육오陸吾라는 신이었다. 이 신은 사람의 얼 굴을 하였으나 호랑이의 몸에 아홉 개의 꼬리가 있는 괴이한 모습을 지 니고 있었다. 그는 본래 천상의 아홉 구역을 다스렸던 신으로 곤륜산에 서는 궁궐과 더불어 황제의 정원도 관리하였다. 그리고 붉은 봉황새 한 마리가 그를 도와 궁궐의 온갖 물건과 황제의 의복을 관리하였다. 곤륜 산에는 그러나 황제만이 살았던 것은 아니다. 황제처럼 천상과 곤륜산 을 왕래하는 신도 있었고, 속세와 곤륜산을 왕래하는 신도 있었으며 아 주 곤륜산에 자리 잡고 사는 신도 있었다. 그러나 그들은 궁궐이 아니라 여덟 방향의 바위굴에 살았다.

신성한 공간인 곤륜산에 존재하는 사물들 역시 범상치 않았다. 그곳 에는 목화木禾라고 하는 길이가 다섯 길, 크기가 다섯 아름이나 되는 거 대한 벼가 자랐다. 이 벼로 인해 곤륜산에서는 흉년을 몰랐다. 그리고 주 수珠樹, 옥수玉樹, 낭간수, 벽수碧樹 등 옥을 열매로 맺는 나무들이 무성하게 자라고 있었다. 특히 황제는 낭간수에서 열리는 옥을 가장 아껴서 그 곁의 복상수服常樹라는 나무에 이주離朱라는 눈 밝은 신하를 상주시켜 누가 훔쳐가지 못하도록 감시하게 하였다. 이주는 머리가 셋이어서 교대로 자고 일어나 낭간수를 잘 지켜냈다고 한다. 그는 마치 그리스 로마 신화에서의 백 개의 눈을 가진 아르고스와 흡사한 점이 있다. 곤륜산에는 또한 사람을 영원히 죽지 않게 하는 열매를 맺는 불사수不死樹라는 나무도 자라고 있었다. 그리고 사당목沙棠木이라는 나무는 열매를 먹으면 물에 빠져도 몸이 둥둥 떴다고 한다.

곤륜산은 사실 하나의 산봉우리가 아니라 부근의 여러 산을 한데 모아 부르는 이름이다. 곤륜산의 일부 지역인 옥산玉山은 글자 그대로 옥이 많이 나는 산으로 서왕모의 거처가 있는 곳이었다. 서왕모 역시 황제처럼 훌륭한 궁궐에 살았다. 궁궐 옆에는 요지瑤池라는 아름다운 연못이 있었는데 서왕모는 이곳에서 신들을 위한 잔치를 자주 베풀었다. 그리고 삼천년 만에 꽃을 피우고 다시 삼천년 만에 열매를 맺는 반도蟠桃 복숭아 밭도 서왕모의 소유였다. 역시 곤륜산의 일부 지역인 괴강산槐江山이라는 곳에는 황제의 꽃밭이자 옥이 지천으로 굴러다닌다는 현포玄圃가 있었다. 이곳에서 맑은 요수瑤水가 흘러나와 옥산의 요지로 흘러들었다. 이 지역을 관리하는 신의 이름을 영소英招라고 하는데 말의 몸에 사람의 얼굴을 하고 호랑이 무늬에 새의 날개를 한 기괴한 모습으로 사방을 돌아다녔다.

곤륜산과 같은 신들의 낙원만 있는 것이 아니었다. 서남쪽에 있는 흑수黑水라는 강 근처에는 도광야都廣野라는 들이 있는데, 이곳은 주왕조周王朝의 전설적 시조로 오곡의 신으로서 농업을 일으켰던 후직后稷이 묻힌 곳이었다. 아마 이 영웅의 신비한 위력 때문이었는지 이곳에는 특별히 맛이 좋은 콩, 벼, 기장 등의 품종이 산출되었고 온갖 곡식이 절로 자랐다.

곤륜산의 모습 ▶

　　그리고 기후가 온화하여 겨울과 여름을 가리지 않고 농사를 지을 수 있었으며 풀이 사철 내내 시들지 않았다. 그뿐만이 아니었다. 이곳에는 영수靈壽라고 하는 신기한 나무도 자랐는데 그 꽃과 열매를 먹으면 불로 장생할 수 있었다. 모든 것이 풍요로운 이곳에서는 짐승들도 싸우는 일 없이 평화롭게 어울렸다. 그러자 상서로움을 상징하는 난새와 봉황새가 날아와 제멋에 겨워 노래하고 춤을 추었다. 북쪽 바다 바깥의 평구平丘와 동쪽 바다 바깥의 차구嗟丘라는 곳도 낙원에 해당되는 지역이다. 이곳에서는 온갖 과일이 생산되며, 아무리 베어내 먹어도 고기가 줄지 않는다는 시육視肉이라는 소沼[91]가 있어 먹을 것 걱정을 하지 않아도 되었다. 남쪽의 먼 변방에 있는 질민국이라는 나라는 순舜 임금의 후손이 세운 나라인데 그곳 사람들은 길쌈도 않고 베를 짜지 않아도 옷을 해 입으며 파종도 않고 추수를 하지 않아도 밥을 먹었다. 이곳에도 난새와 봉황새가 날아와 제멋에 겨워 노래하고 춤을 추었다. 서쪽 바다 바깥의 제요야諸夭野라는 들판, 서쪽 먼 변방의 옥국沃國이라는 나라도 난새와 봉황새가 노니는 평화로운 곳인데 이들 지역의 사람들은 봉황의 알을 먹고 달콤한 이슬을 마시고 살며 그들이 원하기만 하면 모든 일들이 절로 이루어졌다 한다. 중국신화에는 다양한 낙원들이 등장하지만 곤륜산이 차지하

91) 연못

는 비중이 가장 크다. 곤륜산은 특정한 공간을 지니지 않은 신화적 산임에도 불구하고 고대 중국에서는 이 대표적 낙원이 서쪽 어딘가에 있다고 믿어졌다.[92] 곤륜산은 풍수의 대종산大宗山이자 대간룡 중의 중심산으로 지상낙원의 어머니 산으로 신화와 풍수의 산실이었다.

2절 줄기와 가지 - 간룡과 지룡

줄기에 해당하는 간룡은 사람의 가계도家系圖에서 종가宗家집과 같은 것이며 가지에 해당하는 지룡은 종가에서 분파 된 가계와 같다. 대부분 간룡은 화체형火體形[93]의 형태로 발원하는 것이 일반적이며, 산줄기로 뻗어나가면서 여러 가지 줄기를 분파分派시킨다. 줄기는 정상이 단정한 것이 많고 가지는 비스듬하고 비뚤어진 것이 많다. 줄기는 곧게 나아가려 하고 가지는 옆으로 성장하려는 것과 같다. 따라서 간룡은 여러 지룡을 좌우로 거느리고 지룡은 간룡을 보호하고 호위하며 따르고 또 다른 지룡을 만든다.

산세에 있어 모든 산[94]이 크면 작은 산을 중시하고, 모든 산이 작으면 큰 산을 높이 여겨야 한다. 산세가 급하고 험악[95]하면 단정한 산을 귀하게 여기고, 여러 산봉들에서는 4개의 정방위로 선을 그어 십자상의 중앙에 해당하는 산봉[96]을 높이 여긴다. 사신형국에 있어서 주산인 부모산[97]은 줄기인 간룡에 해당하고 부모산에서 양팔처럼 가지를 벌려 감싸주는 지룡은 청룡과 백호에 해당한다. 따라서 모든 용은 줄기와 가지로 이어지는 능선인 용맥을 가지고 있고, 산은 능선이 없는 하나의 봉오리인 단산單山이란 개념으로 사용되고, 용은 여러 개의 산으로 합쳐진 산세개념의 복합명사이다. 그러므로 산은 형形을 만들고 용은 산세山勢를 만든다.

92) 서방 낙원에 대한 이러한 열망은 후세의 한무제(漢武帝) 때에 장건(張騫)의 서역 탐색을 자극하여 비단길의 개척을 암암리에 조장하였다. 불교가 전입된 이후로는 서방 정토(淨土)의 설법과 결합하여 중국인들의 서방 낙원에 대한 관념이 더욱 강화되었고 마침내 '서유기(西遊記)'와 같은 환상문학의 걸작을 낳게 되었다.

93) 첨방尖方
94) 중산衆山
95) 醜惡峻嶒추악준증
96) 天心十道천심십도
97) 玄武현무

3절 좌회전과 우회전 - 좌선용과 우선용

3.1 좌회전과 우회전의 개념

운동에 대한 철학적 개념은 시간의 경과에 따른 물질 존재의 온갖 변화와 발전을 의미하며, 물리학적 개념으로는 물체가 시간의 경과에 따라 그 공간적 위치를 바꾸는 일로 정의하고 있다. 운동은 움직임의 크고 작음에 따라 동적운동과 정적운동으로 나누기도 하지만, 운동행태에 따라 직선운동과 회전운동으로 구분되어 진다. 우주공간상의 모든 물체는 동적이나 정적, 직선운동이나 곡선의 회전운동[98] 가운데 하나일 수밖에 없다. 천체상의 태양계를 이루는 모든 별 들은 자전이나 공전과 같은 회전운동을 한다.

산과 물이라는 지표상의 구성물질도 자연운동의 예외를 벗어날 수 없다. 산과 물의 운동과 관련하여 풍수지리학에서는 곡선의 회전운동에 대하여 매우 중요한 의미를 부여한다. 그것은 산과 물의 운동에 음양오행의 논리가 있기 때문이다. 동양철학에서 음이란 부정과 역행의 의미를 상정하고, 양에 대해서는 긍정과 순행의 의미로서 회전운동과 관련짓고 있다. 회전운동은 두 가지 운동으로 구별한다. 시계바늘과 같은 방향, 즉 오른쪽에서 왼쪽으로 회전하는 운동[99]을 순리에 따르는 양운동의 의미로 순행의 좌선운동이라고 한다. 반대로 시계바늘이 거꾸로 가듯이 왼쪽에서 오른쪽으로 회전하는 운동[100]을 순리를 따르지 않는[101] 음운동의 의미로서 역행의 우선운동이라고 한다.

자연의 이치란 항상 이치를 거스리지 않는 순행운동인 하늘의 기[102]에 본연함이 있다. 따라서 하늘의 기와 대립적이며 대응적인 상보적 관계인 땅의 기[103]는 역행의 회전운동을 지향한다. 그러므로 천체는 순행운동을 하고 지구는 역행운동을 한다. 우주운동에도 음양운동이 있다는 것을 말한다. 음양운동이란 만고불변의 운동법칙으로 우주만물의 운동법칙을 설명할 수 있는 동양철학의 골간骨幹이다. 이와 같이 형태적 회전

98) 각운동角運動
99) 좌선운동左旋運動
100) 우선운동右旋運動
101) 역행逆行
102) 양천기陽天氣
103) 음지기陰地氣

운동을 중심으로 용과 물의 회전운동을 보면 운동의 지향점이 오른 쪽인가 왼쪽인가를 알 수 있다.[104]

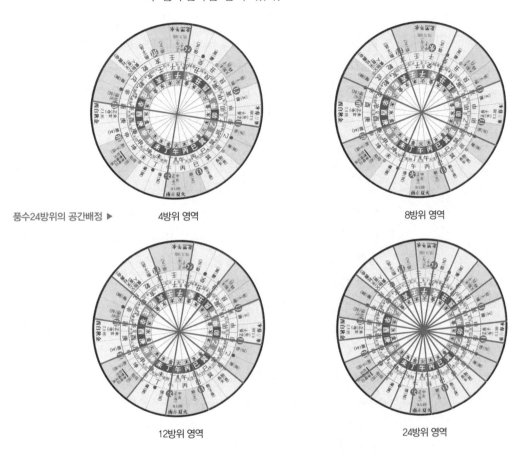

풍수24방위의 공간배정 ▶

4방위 영역

8방위 영역

12방위 영역

24방위 영역

또한 풍수론에서는 특정지어 진 한 점의 장소를 뜻하는 혈穴을 중심으로 원주상의 360°를 24, 12, 8, 4개의 크고 작은 영역으로 공간을 나누고 음양과 오행을 배정하여 각각의 방위마다 음의 방위와 양의 방위내지는 오행방위로 나누기도 한다. 이와 같이 공간상의 영역에 대해 배정한 음양을 중심으로 양의 좌선방위와 음의 우선방위로 산줄기[105]와 주택이 앉아 있는 좌향坐向에 대해 좌·우선을 적용할 수가 있다.[106]

104) 형기적形氣的 좌·우선左右旋
105) 용맥龍脈
106) 이기적理氣的 좌·우선左右旋

3.2 생긴대로 좌·우회전 – 형기적 좌·우선용

인간사회를 구성하고 있는 주체는 개인에서부터 출발하여 규모에 따라 가정, 공동조직인 사회단체, 국가로 확대되어 간다. 전통적으로 인간사회는 가정마다 독특한 문화를 가지게 되는데, 흔히들 가풍家風이라고 부른다. 가풍은 각각의 가정마다 독특한 사고, 관습, 가치 등에 의해 형성되는 문화적 성향을 의미한다. 때로는 개인이 속한 가풍의 범주를 벗어날 때 문화적 충돌을 일으키기도 하지만, 인간을 사회적 동물이라고 했듯이 인간은 문화적 충돌을 이겨낼 수 있고 수용할 수 있는 지혜를 선천적 본능으로 가지고 태어난다. 이 같은 인간사회에서 사회시스템이 작동되듯이 풍수지리에서도 지리적 사회시스템이 적용된다. 사신형국에서 형국 안과 형국 바깥을 비교해보면, 사신사가 감싸고[107] 있는 지리적 영역은 혈을 중심으로 형성된 최소 규모의 지리적 사회시스템으로 가정이란 틀과 같으며 혈과의 관계성은 가풍으로 설명될 수 있다. 그러므로 하나의 형국은 형국만이 갖는 독특한 문화적 성향을 공유한다는 관점에서 풍수론에서의 좌·우선에 대한 이론을 이해할 수 있다.

형기적 좌·우선이란 용의 경우 사신사四神砂가 혈을 감싸고 있는 형국形局에서 혈 앞에서 주산을 보았을 때 주산에서 뻗은 줄기인 우백호의 능선과 같이 좌측에서 우측[108]으로 혈을 감싸고 있는 경우를 우선룡 내지 우선형국이라 하며, 좌청룡과 같이 우측에서 좌측[109]으로 감싸고 있는 산줄기의 경우를 좌선룡 내지 좌선형국이라고 부른다. 물 또한 용의 좌·우선과 같이 회전운동의 방향을 보아 좌선수와 우선수로 구분한다. 좌선수左旋水는 형국내·외에서 청룡과 하나의 몸[110]을 이루며 흐르는 물[111]이며, 우선수는 백호와 함께 흐르는 형국내·외의 순수順水이다. 산, 즉 용은 그 본성이 음성陰性이고, 물은 양성陽性이다. 그러므로 형국내에서의 산과 물은 하나의 음양으로 내재된 형국의 순기純氣[112]를 생성시키지만, 형국외에서의 산과 물은 각각의 본성에 따른 이질적인 회전운동을

107) 호위護衛 또는 환포環抱
108) 청룡방향
109) 백호방향
110) 일체一體 또는 동체同體
111) 순수順水
112) 동성同性

취하게 된다. 이는 음성은 양성을 취하고 양성은 음성을 취한다는 역易의 생성원리에 따르는 것이다. 이 생성원리는 변화의 주체이고 본질이며 모든 생태계에 약동하는 힘의 근원이기도 하다. 성향이 다른 남성과 여성의 배합은 구체적 사례이다.

따라서 풍수론에서는 좌선룡左旋龍은 우선수右旋水를 만나야 하고, 우선룡은 좌선수를 만남으로서 성향이 전혀 다른 회전운동의 결과 혈이라는 생명체가 생성된다고 보는 것이다. 이 때 용의 입장에서 물의 진행방향은 용의 진행방향과 정면에서 배치되는 형세이므로 역수逆水라고 부른다. 그래서 풍수에서의 물은 형국의 용을 중심으로 반드시 역수의 물을 취해야 한다. 그래야만 만물의 음양적 생성조화라는 진화의 역사가 지속되는 것이다. 역수의 원리는 지리적으로 혈이 있는 형국안보다 형국외에서 풍화와 침식이라는 지리적 충돌현상이 심하다는 것을 의미한다. 그래서 혈은 보호받을 수 있고 외기外氣의 음양배합 작용결과에 의해 형성되는 존재이다.

3.3 마음 속의 좌·우회전 – 이기적 좌·우선용

좌·우선에 대해 풍수론에서는 두 가지 관점이 있다. 앞의 사례에서 보았듯이 회전운동의 진행방향에 따라 형태적으로 구별하는 것[113]과 공간상 영역을 방위에 따라 구분하여 배정한 음양을 중심[114]으로 구별하는 관점이 있다. 그렇다면 이기적 좌·우선의 용과 물은 구체적으로 어떤 것일까?

풍수론에서는 길흉논리를 따질 때 라경이라는 일종의 방위도구를 사용한다. 크게는 남북을 중심으로 동서를 구별하는 나침반 기능을 하지만, 단순히 방위만을 보는 것이 아니라 계절과 시간의 변화를 원반상에 나타낸 것이 라경이라고 할 수 있다. 시간과 계절의 변화는 결국 양 기운과 음 기운의 성쇠盛衰에 따른 기후변화인데 그 변화과정을 라경에 표기

113) 형기적形氣的 좌·우선左右旋
114) 이기적理氣的 좌·우선左右旋

하여 풍수에서는 활용한다. 지구는 1일씩 자전도 하지만 태양의 둘레를 1년에 한 번씩 공전한다. 태양과의 거리와 위치에 따라 크게 사계절로 구분되어지지만, 엄밀히 따지면 365일의 일기변화를 크게 구분한 것이 사계절이다. 현대인들은 1년 365일을 4계절로 구분하여 일상생활을 하지만, 풍수학에서는 24개의 절기로 세분하여 기후에 따라 음양을 배정하고 5행의 기질변화를 첨가하여 일상생활에 적용하여 왔다. 우측 그림은 24절기에 따른 방위마다 방위명을 붙인 라경과 24절기의 배정을 나타낸 것이다. 따라서 풍수지리에서의 이기적 좌·우선은 24방위에 대한 음양 구분에 따라 천상天上의 기후변화가 아닌 지상地上에서의 지정地靜 한 기질변화를 보는 것이므로 음양배정에 있어 천간天干이 아닌 지지地支를 중심으로 하였다. 그러므로 12개의 지지를 중심으로 24방위는 12개의 영역으로 확대되고, 확대된 영역은 궁宮이라는 이름으로 명명命名되는데, 예를 들어 임자壬子방위의 경우 임壬[115]이라는 공간영역 15°와 자子[116]라는 영역 15°가 서로 짝하여[117] 임자궁壬子宮으로 확대되면서 30°의 영역을 가지게 되지만, 주체는 지지의 자子이고 자의 성향이 양陽이므로 임자궁은 양의 성향을 지닌다.

이기적 좌·우선의 법칙은 생성적 탁음탁양濁陰濁陽을 추종하지 않고 기질적 순음순양純陰純陽을 추종하는 원리로써 산, 즉 용과 물 또한 음陰은 음끼리, 양陽은 양끼리 만나야 한다[118]는 것을 법칙으로 정한 것이다. 따라서 모든 산의 진행은 12개 영역[119] 내에서 산줄기가 이어지고 물의 오고[120] 빠져 나감[121]도 12개 영역[122] 내에서 이루어지므로 음양으로 구별될 수 있다. 결론적으로 이기적 좌·우선의 법칙성은 음의 성향은 양의 운동인 순행의 좌선운동을 취하고, 양의 성향은 음의 운동인 역행의 우선운동을 취하게 된다. 그러므로 이기적 좌·우선의 법칙은 순음순양純陰純陽을 추종하는 원리로써 좌선궁左旋宮은 좌선궁끼리 우선궁右旋宮은 우선궁끼리[123] 같은 기[124]를 공유한다. 따라서 좌선의 용은 좌선방위의 물을, 우선의 용은 우선방위의 물과 만나고[125] 헤어져야[126] 하는 것이 합법合法한 이치이다.

115) 천간으로써의 양陽
116) 지지로써의 음陰
117) 음양배합陰陽配合
118) 동류同類 또는 동기同氣
119) 궁宮

120) 득수得水
121) 득파得破
122) 궁宮
123) 동류同類
124) 동기同氣

125) 득수得水
126) 득파得破

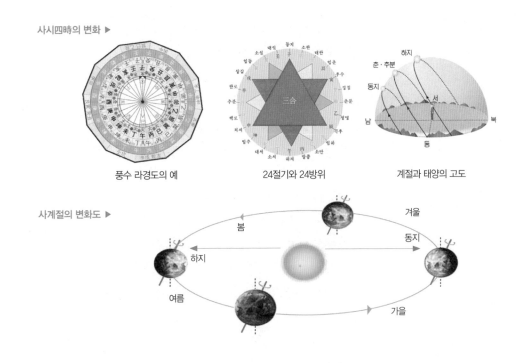

사시四時의 변화 ▶

풍수 라경도의 예

24절기와 24방위

계절과 태양의 고도

사계절의 변화도 ▶

봄

겨울

동지

하지

여름

가을

4절 파워풀한 남자와 고개 숙인 남자 - 생룡과 사룡

하나의 산이나 여러 산들이 모인 산줄기를 용이라고 했다. 산 즉, 용은 줄기인가 가지인가에 따라 구분되어 지는데 줄기에 해당하는 척추와 같은 용을 간룡幹龍이라 하고, 양 팔과 같이 간룡에서 뻗어 간룡을 지탱하고 보좌하는 용을 가지룡[127]이라고 말한다. 모든 용은 생명력을 지닌 형태로 무기력한 모습의 용은 변화의 의지가 없다. 변화용이란 시·지각적으로 그 형세가 강한 운동에너지를 머금은 형상이어야 함을 말한다. 산의 경우도 예외는 아니다.

용과 산은 본래 음의 기운이 만들어 낸[128] 딱딱하게 굳은 형체[129]로서 팽창이 아닌 수축활동을 본성本性으로 한다. 다시 말해 움직이지 않으려는 것을 본성으로 한다는 말이다. 전통지리학에서는 역易이라는 변화원

127) 지룡支龍, 또는 枝龍
128) 음형陰形
129) 고형체固形體

179

리를 취용하여 이론적 논리로 삼은 경우가 많다. 역에서의 변화원리는 엄밀한 의미에서 음양이란 기질의 변화현상을 음양부호인 괘卦를 활용한 괘상卦象의 변화로 원리를 표현한다. 따라서 용과 산의 형세와 형태에 있어서도 음정陰靜의 본성에 충실하고자 하는 용과 산은 변화를 통한 강한 의지가 없는 것으로 간주한다. 따라서 본성을 벗어나 역성逆性의 적극적 변화를 주도하는 강한 생명력의 형과 형세의 산과 용龍을 취용한다.

생룡生龍이란 이와 같이 강한 생명력을 가진 용을 말하고 사룡死龍이란 본성에 충실하여 변화를 거부하려는 형태의 용을 의미한다. 그러므로 생룡은 변화운동의 형태로서 일어났다[130] 엎드리고[131] 좌편으로 갔다 우편으로[132] 가면서 동적動的으로 움직이는 모습의 산을 말한다.[133] 사룡死龍은 기복굴절이 없는 용으로 지기가 약하거나 없으므로 맥 또한 없다. 생룡은 쉽게 주어지지 않는다. 그래서 생성하는 자연의 오묘한 이치로 '하늘이 조성하고 땅에서 설치되어 진다'[134]고 풍수에서는 말한다. 모든 것은 자연의 이치로 부응하게 되는 것이며 인위적 조화造化는 자연의 섭리에 반하는 것이다.

참된 용은 살아 꿈틀거리는 생룡을 말한다. 근본이 되는 산으로 인간에게 선천적인 영향을 주는 할아버지[135]의 산, 즉 조룡祖龍의 형세가 활동적이어야 한다. 조룡은 산의 봉우리가 수려하고 혈로써의 내가 있는 곳[136]까지 수십 수 백리를 이어지면서 형태의 변화도 있어야 한다. 높고 낮게 혹은 좌우로의 변화인 기복굴절과 과협을 이루면서[137] 추醜한 형태가 아름다운 형태로 급경사가 완경사로의 변신[138]이 있어야 한다.

이러한 용의 변신은 지기를 충만시키고 살기殺氣를 털어내는 작용의 과정이다.[139] 또한 생룡은 모든 동물이 그러하듯 머리와 꼬리가 있고 얼굴과 뒤통수가 있듯이 앞면[140]과 등[141]이 있다.[142] 따라서 용의 면面은 일조량이 많아 양명陽明하고 완경사를 이루며 활엽수가 많고 기류의 순환이 원활하여 눈이 쉽게 녹는 반면, 용의 배背는 음기陰氣가 많아 차고 음습陰濕[143]하며 급경사를 이루고 침엽수가 많다. 따라서 기류의 순환이 되

130) 기起
131) 복伏
132) 굴절屈節
133) 기복굴절起伏屈節
134) 천조지설天造地設

135) 선천적 조상
136) 혈穴
137) 굴곡분주屈曲奔走
138) 박환剝換

139) 탈살작용脫殺作用을 말함. 탈살작용은 開帳穿心개장천심하고 入首입수에 이르러 穴情혈정이 명백하여야 하며 下手하수가 有力유력하고 圓暈원훈이 뚜렷하며 前案전안과 四獸사수가 有情유정해야 한다. 水口수구는 關鎖관쇄이 捍門한문이 되어야 탈살이 가능하다.

140) 면面
141) 배背
142) 배면背面
143) 음영陰影

지 않아 겨울엔 눈이 오랫동안 쌓여 있다. 생룡의 배면背面이란 결국 자연의 음양 변화성을 의미하는 것으로 변화가 없는 자연은 결국 무의無意한 죽음과도 같음을 나타낸다.

5절 나의 백그라운드 - 조·종산과 주산 그리고 조·안산

세상을 살다보면 혼자의 힘만으로 역부족일 때가 있다. 특히 학연이나 지연, 권력의 여부에 따라 좀 더 편하고 유리한 입장에서 사회활동을 할 수 있기 때문이다. 보이지 않게 나를 뒤에서 도와주는 어떤 배경이 있다면 나의 활동자체가 탄력을 받는다. 자신감도 고조되고 두려울 게 없다. 흔히들 말하는 백(back)이다. 이 백은 한국사회에서 가장 심하다. 온통 세상이 백에 의해 움직이는 듯한 모순된 사회라고 해도 지나친 말이 아니다. 나는 백을 갖고 있는가?

풍수에서도 백이 있다. 그 백에 따라 혈이라는 나의 지위가 달라진다. 풍수에서 가장 강력한 백은 나를 존재케 한 뒷산이다. 그래서 부모산이라 한다. 역시 부모는 타고난 나의 운명에서 가장 강력한 백이다. 부모만이 긍정적인 백이 될 수 있다. 그것이 산의 이치다. 그러나 인간사회에서의 백은 선천적인 백만이 있는 것은 아니다. 사회적 관계에서 형성되는 후천적 백도 있다. 양성적인 긍정의 백도 있고 음성적인 부정의 백도 있다. 안타깝지만 현실적으로 우리 사회의 폐단은 음성적이고 부정적인 백이 지배적이다. 이 백은 선의의 경쟁을 무너뜨리는 불공정 독버섯이다. 산의 이치를 벗어난 이 모순된 독버섯은 진정한 혈을 만들 수 없다.

풍수는 산과 물을 중요시 한다. 음양의 이치를 중요시 한다는 말이다. 아마도 산세가 주를 이루는 한반도 지형적 특성상 산과 관련된 이론이 많을 수밖에 없다. 또한 풍수이론을 설명하는 내용에 가족관계로서 설명하는 경우가 많다. 이것 또한 가족중심의 사회였다는 반증이다. 분명 그렇다. 우리의 한국사회는 가족 중심의 사회, 가문 중심의 사회, 향촌 중심의 지역성이 강한 사회였다. 그래서 일까? 문화의 대부분도 공동체 문화를 중시하였다. 모든 민속놀이가 그렇고 산 얘기에 있어서도 예외 일수는 없다.

혈과 관련하여 특정지어진 중심을 구심점인 나[144]로 삼아 산이니 좌坐이니 하는 이론들이 무성하다. 골치 아픈 세상에 풍수란 학문은 꽤나 심난하다. 그렇다고 포기하자니 그렇고 공부를 하자니 한 숨부터 나온다. 그런데 어찌하랴 풍수라는 지리가 곧 내가 살고 있는 현실세계의 삶에 대한 이치를 터득하게 하는 것을 .... 그래서 내친 김에 풍수 책을 들춰보게 한다. 이것이 풍수의 매력이다. 우선 산맥[145]과 관련하여 살펴보자. 우리의 가족관계로 설명되고 있기 때문이다.

혈은 곧 나 자신이라고 했다. 그만큼 혈은 중요하다. 자신을 중요시하지 않는 사람은 없을 것이다. 자신을 사랑하지 않는 사람은 남을 사랑할 자격도 없고 받을 자격 또한 없다. 자신의 생명에서 소중한 존귀함을 느낄 수 없기 때문에 타인에 대한 존귀함도 갖을 수 없다는 이치와 같다. 이제 자신을 사랑해야 하는 이유가 분명하다면 나의 뒷산과 앞산에 대하여 살펴보자. 나의 뒤에서 나를 지켜주고 보호해 주는 가장 가까운 산을 부모산이라고 한다. 부모산은 나를 낳아주고 끊임없는 관심을 기울이는 산이다.

부모의 역할은 그만큼 중요하다. 어떤 부모 밑에서 태어났느냐는 나의 운명을 결정하는 중요한 요소 가운데 하나이다. 소위 말하는 선천적 백그라운드(background)[146] 이기 때문이다. 나의 의지대로 태어날 수 없듯이 부모산이 갖고 있는 역량에 따라 나의 운명이 어느 정도 예견되어 있다. 일반적으로 그렇다는 것이다. 집단생활을 하는 원숭이나 하이애나 같은 동물들의 사회에서도 그 부모의 계급에 따라 새끼들의 계급도 주어진다. 부모로부터 신체적으로 물려받은 생물학적 특징은 유전에 기인한다. 부모산은 무릇 나를 보호하고 지키기 위해 천지사방의 중심에 서서 사방을 호령한다. 그래서 주산主山 혹은 진산鎭山이라고도 불린다.

144) 아我

145) 용맥

146) 앞에 드러나지 아니한 채 뒤에서 돌보아 주는 힘으로 뒤 배경을 이르는 말.

풍수에서의 산맥[147]체계는 산줄기를 중심으로 가장 근본이 되는 줄기능선[148]과 그 능선에서 뻗어나간 가지능선[149]으로 구분된다. 부모산의 줄기는 중심이 되는 간룡의 주능선[150]을 따라 부모산을 있게 한 조종산祖宗山으로 연결된다.

조종산은 조산祖山과 종산宗山을 함께 아우르는 말이다. 부모를 있게 한 산이 할아버지 산인 조산祖山이다. 종산은 당연히 할아버지로 이어지는 종가宗家집의 종손쯤으로 이해하면 된다. 나의 윗대로 올라가는 계대繼代는 몇 백년, 몇 천년으로 거슬러 올라간다. 할아버지 위에 증조曾祖가 있고 증조위에 고조高祖가 있듯이 산맥체계도 그렇게 이어진다. 할아버지는 소조산小祖山으로 증조는 중조산中祖山, 고조는 태조산太祖山 쯤으로 이해하면 된다. 또는 조산祖山을 파시조派始祖쯤으로 해석하여도 무방하다.

고조 위의 산을 백두대간쯤으로 보면 산맥체계를 이해할 수 있다. 그래서 부모산 뒤의 모든 산에는 할아버지[151] 조祖라는 글자가 붙는다. 이것은 무슨 의미일까? 흔히들 우리들은 소망하는 것을 이루거나 행운이 겹쳤을 때 조상이 도왔다고 한다. 조상이 도와주는 것을 음우陰佑라고 한다면, 그 음우는 나의 운명에 선천적으로 영향을 미치는 요소다.

모든 조상은 후손에게 끊임없이 도움을 주려한다. 그것은 거역할 수 없는 순리이자 당연한 이치다. 나의 선천적인 운명에 대한 영향력은 바로 나의 뒷 배경이 되어준 부모산과 조산祖山[152]에 달려 있다. 부모산에서 혈까지 이어지는 산줄기는 수려하고 광채가 나며 날개를 편 듯한 여러 겹 산인 가지[153]들이 있어야 한다. 마치 군왕이 앉아 있는 뒤에 병풍을 친 듯[154] 혈 뒤의 산세가 그래야 한다는 것이다. 한쪽으로 기울어짐[155]이 없고 정직正直해야 한다. 지나치게 높아 외로우며 험 하거나[156] 깡마르고 여기저기 깨지거나[157] 부스럼이 난 것처럼 추악[158]하면 산의 품격이 낮은 것이므로 선천적으로 좋은 운명의 진정한 나[159]를 줄 수 없다.[160] 이러한 연유로 풍수에서의 부모산과 조종산은 사신사로서의 현무玄武에 해당하고 나의 선천적 운명을 좌우하는 산이 되고 할아버지 조祖라는 글자

147) 용맥
148) 간룡幹龍, 또는 주룡主龍
149) 지룡支龍, 또는 지룡枝龍
150) 주맥主脈
151) 조상

152) 조룡祖龍
153) 지룡支龍
154) 어병御屏
155) 의사欹斜
156) 고로준증孤露峻嶒

157) 수삭파쇄瘦削破碎
158) 옹종추악擁腫醜惡
159) 진혈眞穴
160) 허화虛花, 즉 가혈假穴

가 붙는 까닭이며 나의 진정한 백그라운드가 된다.

　그렇다면 풍수에서는 선천적인 영향에 대하여만 중요하게 생각할까? 다시 말해 나에게 선천적 운명만 있는 것일까에 대한 궁금증이 생긴다. 그렇지 않다. 후천적인 운명을 좌우하는 산에 대해서도 강조하고 있다. 이 말은 나에게 있어 선천적인 것도 중요하지만, 후천적인 요인도 나의 운명을 좌우하고 영향력을 가진다는 의미이다. 바로 그 산이 내 앞에서 화려한 춤을 추고 있는 주작朱雀이라는 새와 좌우에서 감싸주고 있는 청룡과 백호이다. 이 공작 같은 새를 풍수에서는 조朝·안산案山이라 부른다. 내가 군주161)라면 안산案山과 조산朝山은 왕의 어전御前에 있는 신하와 같다.

　조산의 조朝는 신하들이 나열하고 있는 조당朝堂162)을 의미한다. 혈의 전면에 있는 주작은 옥황상제가 있다는 북극성을 중심으로 4방의 수호별 28수宿163) 중 남쪽에 있는 칠수七宿, 즉 정井, 귀鬼 유柳, 성星, 상張, 익翼, 진軫의 7개 별164)이 있는 지역을 다스리던 신神으로서 주작은 남방의 수호신이 되었다. 주작朱雀은 주오朱鳥, 적오赤鳥로 불리기도 하는데, 붉은 새를 총칭하며 그 모습은 봉황과 유사하다.165)

161) 왕, 군왕
162) 조정朝廷
163) 별
164) 성좌星座

165) 주작의 유래에 대해서 『후한서』, 열전, 권18, 풍연전(馮衍傳)의 장회태자주(章懷太子注)에 "신작위봉야(神雀謂鳳也)"라 하였으며, 송(宋)의 육전(陸佃)이 편찬한 『비아(埤雅)』권8, 순(鶉), 봉조(鳳條)에도 "천문가(天文家)의 주오(朱鳥)는 그 형상을 봉황(일명 鶉)에서 취하는데, 남방을 주오로 한다."라고 한 것으로 보아 주작은 봉황에서 유래한 것임에 틀림없는 듯 보인다.

북현무

남주작

좌청룡

우백호

사신도 ▲

　후천적인 운명을 좌우하는 안산은 마치 공작이 긴 날개를 펴고 춤을 추는 듯해야 한다. 안산은 공작이 품고 있는 알과 같은 형태로 반듯해야 하며, 깊게 파이거나 물줄기가 흐르는 가는 계곡이 있으면 좋지 않다. 찢어지고 갈라진 형태의 안산은 결코 안산이 될 수 없다. 혈보다 지나치게 높거나 낮아서도 안 되며 한쪽으로 기울어서도 안 된다. 뒤의 조산朝山은 공작처럼 좌우로 날개를 펴서 안산을 품고 마치 혈을 향해 감싸는 형세여야 한다. 안산은 상징성이 후원자이다. 나에게 후천적 운명을 바꿔줄 조력자助力者로서 귀품이 있어야 한다. 안산의 형태에 따라 후원의 성격도 달리 한다. 나의 안산은 누구일까?

6절 사방에서 감싸는 산과 병풍 같은 뒷산 – 사방산(사신사)과 개장천심

풍수론에서의 형국론形局論은 명당明堂이라고 개념화 된 특정한 지형의 지점에 대하여 보국保局[166]을 이루고 있는 지형의 지세形勢 즉, 지형의 짜임새에 대한 길흉吉凶을 다루는 이론이다. 명당의 보국은 대체로 사신사四神砂라고 일컬어지는 좌청룡左靑龍, 우백호右白虎, 남주작南朱雀, 북현무北玄武에 의해 감싸져 있는 지형지세地形地勢의 짜임새를 말하는데, 사신사 뒤에는 주산主山이라는 부모산父母山 혹은 조산祖山[167]이 형국적으로 배산背山하고 있고, 형국 앞에는 임수臨水가 궁체형弓體形이나 지현자형之玄字形으로 흐르고 있다.[168]

사신사의 각 방위에서 사정방正四方인 자오묘유子午卯酉방위에는 사신사를 대표하는 주봉主峰들이 있어야 한다. 사신사의 역할을 풍수론에서는 형국외形局外의 충살沖殺을 방어하고 형국내形局內의 지기地氣가 누설漏泄되는 것을 막는 수호사守護砂로써의 역할을 부여한다. 자오묘유의 사정방은 지리의 주도적 지도방위로써 특히, 좌청룡과 우백호상에 있는 묘유방卯酉方은 활처럼 굽은 환포環抱의 형세形勢를 취하여야 하되 기복起伏과 굴절屈節의 변화룡變化龍[169]이어야 한다.

166) 보호국保護局
167) 진산鎭山이라고도 한다.

168) 풍수지리학에서는 이 같은 명당의 형국을 배산임수(背山臨水) 혹은 장풍득수(藏風得水) 된 형국이어야 한다고 보고 있다.

169) 산세山勢

명당의 형국에서 사신사와
해안 취락지의 수살에 의한
공격(침식)지점[170] ▶

조종산

중조산

입수(入首)
내백호
외백호
혈처(穴處)
안산

외청룡
내청룡
주작
조산

7절 사방산의 품격 - 사격론

네 방위에 있는 산을 4방산이라고 한다. 4방은 풍수에서 우주공간을 나누는 가장 기본적인 공간분할이다. 물론 내가 있는 곳을 기준으로 4개의 영역을 360° 원주상에서 나눈다는 얘기이므로 내가 있는 곳까지 포함하면 5공간으로 구별된다. 산줄기인 능선[171]을 중심으로 크게는 왼쪽의 산줄기[172]와 오른쪽의 산줄기[173]가 있고, 뒤에서 나를 있게 한 북쪽의 부모산[174]을 중심으로 병풍처럼 둘러 싸주고 있는 산줄기[175]와 앞에서 나를 바라보고 있는 산줄기[176]가 있다. 이러한 산줄기를 사신사라고 부르는데 이는 넓은 의미로 형국을 논할 때 지칭하는 것이며, 좁은 의미로의 사신사는 네 방위의 으뜸이 되는 개개의 산을 말하기도 한다. 따라서 사신사의 네 방위는 동서남북이라는 4정방 90°씩의 공간이라는 영역을 가진다. 이때의 방위는 당연히 나침반[177]상의 실제적 방위가 아닌 상징적 방위개념이 적용된다.

그러나 풍수론에서 일반적으로 산의 품격[178]을 얘기할 때의 산은 90° 4방위 영역에 포진하고 있는 산줄기들을 말함이 아니라, 360°를 좀 더 세분한 15°상 24방위에 있는 각각의 산에 대해 그 품격의 좋고 나쁨을 평가한다는 의미이다. 따라서 이때의 방위는 라경에 의한 자침상의 실

170) 출처: 장정환, 해안침식에 대한 사신사적 관점, 전게서, p.24

171) 용맥
172) 좌청룡
173) 우백호
174) 주산, 즉 현무를 말함.
175) 북현무

176) 남주작, 즉 조안산朝案山
177) 라경

178) 사격砂格이란 엄밀한 의미로는 사각성봉론이 맞다. 사격론은 일반적으로 조자손삼대법이나 산매권까지를 포함하여 산격을 살펴야 한다.

질적 방위로 어느 방위에 그 산이 속해 있는지를 보아야 한다. 물론 24 방위의 산을 동시에 평가하는 것이 아니라 4개의 방위씩 수평과 수직의 90° 교차선상에 있는 정4방의 산을 기준으로 한다. 라경을 기준으로 24 방위 교차선상의 4방위는 표와 같다.

사각砂角의 성정性情 ▼

4직각방	명칭	길격에 의한 현응적 결과	특기
건곤간손 乾坤艮巽	사태四胎 (사유四維)	수장首長. 승상지위丞相之位. 영웅英雄. 성현다출聖賢多出. 문천무만야文千武萬也. 왕자사부출王子師傅出.	천간 天干
감경병임 甲庚丙壬	사순四順 (사신四神)	문인출文人出. 보록지신補祿之臣. 공후대대불절公候代代不絕.	천간 天干
을신정계 乙辛丁癸	사강四强	무인출武人出. 외방지신外方之臣. 수령방백불절守令方伯不絕.	천간 天干
인신사해 寅申巳亥	사포四胞	자손번연子孫蕃衍. 직간지신直諫之臣. 왕자사부불절王子師傅 不絕.	지지 地支
자오묘유 子午卯酉	사정四正	영구지지永久之地. 사지寺地. 지로지신指路之臣. 천하명장불절天下名將不絕.	지지 地支
진술축미 진술축미	사장四藏 (사금四金)	부인출富人出. 제왕지위帝王之位. 부귀장상富貴將相. 국모다출國母多出.	지지 地支

네 방위에 있는 산의 품격 중에서 3개 방위의 산이 좋은 산[179]으로 비 춰주고 응하여도[180] 이에 영향을 받는 인물이 나오고, 또한 현재의 자 손들도 잠재력 있는 분야에서는 최관催官으로 더욱 성장하게 된다.[181] 4장藏[182]의 품격이면 부자가 나오고, 4포胞격이면 자손이 번창하므로 부富와 자손子孫은 모두 4포胞와 4장藏의 신령한 덕德[183]이다. 4순順은 문 인이 나고, 4강强은 무인이 나니 문무文武는 모두 순강順强의 정신이다. 다만, 4장만 있고 4포가 없으면 부富는 승勝하나 자손은 희귀하고, 포 국胞局만 있고 장藏이 없으면 자손은 왕성하나 부富가 희소하다. 이와 같 이 4방위 산의 품격은 사각성정론砂角性情論으로 그 격을 살핀다.

179) 길사吉砂
180) 조응照應

181) 2개방의 경우도 최관이 따른다.

182) 진술축미辰戌丑未

183) 胞藏之靈德포장지령덕

8절 산의 오형체와 구형체

한의학에서는 사람의 체질을 네 가지로 구분한다. 사상의학은 조선 말기의 한의학자 동무 이제마선생이 창시한 것으로 주역周易의 태극설에 의한 태양太陽 소양少陽 태음太陰 소음少陰의 사상四象을 인체에 적용하여 기질과 성격의 차이에 따라 사람의 체질을 4가지로 나누고 그에 적합한 치료방법을 제시한 것이다. 사상의학은 한방의학의 전통을 깨뜨리고 임상학적 치료방법을 제시한 점에 의의가 있다. 이제마는 또 병의 원인은 몸과 마음의 양면에 있으므로 외적인 요인만을 경계하여 약물에만 의존하는 치료는 옳지 않다고 보고 정신적 요인을 다스리는 치료를 중시했다.

그렇다면 풍수에서의 산도 체질에 따라 분류할 수 있을까? 풍수에서는 체질이 아닌 체형으로 분류한다. 분류의 기준은 사람의 경우는 사상으로 분류했지만, 풍수에서의 산은 오행론을 적용하여 다섯 가지 형체로 구분하였다. 이 오형체는 부모산의 형체, 청룡과 백호의 형체, 조·안산의 형체, 조산祖山의 형체 순서로 그 영향을 미친다. 먼저 곧은 직삼각형에 윗부분이 둥그런 모습의 목체형木體形을 들 수 있다. 이 산이 품고 있는 목기木氣는 지위가 높은 귀한 인물을 상징한다. 다음으로는 마치 장작불의 불꽃처럼 활활 타오르는 형상의 산이다. 이러한 산은 기운이 극에 달하여 억제하기 힘들 정도의 산으로 혁명가나 무인武人, [184] 운동선수 [185] 를 상징화 하고 화체형火體形 이라고 부른다. 세 번째로는 재력가를 상징하는 산이다. 산의 정상부가 일직선으로 평면을 이루는 형태이다. 일자형 산으로 문인을 상징하는 [186] 토체형土體形으로 재력가를 낳는다. 네 번째 산은 목체산과 토체산의 중간형태로 재물財物 [187] 과 유능한 인물 [188] 을 상징하는 부귀를 주는 산이다. 마치 추수가 끝난 다음의 노적가리 같은 산으로 금체형金體形이라고 한다.

마지막으로 잔잔한 물결이 출렁인 듯한 형태가 있다. 화체형과 같이 주로 혈에서부터 뒤로 멀리 있는 조산祖山의 형체에 많다. 예술인이나 창

184) 법조인도 포함된다.
185) 유능한 스포츠 맨이나 전문가.

186) 일자문성一字文星.
187) 부富
188) 귀貴

189) 도량度量

190) 김진성, 風水地理 形局論에 對한 定量化 硏究, 석사논문, 2012, p.35 일부인용.

191) 별의 한자

작인 문인이나 도인道人을 상징하며 섬세한 감각의 소유자를 낳는다. 종교적 성향의 사람도 여기에 포함된다. 사물을 너그럽게 용납하여 처리할 수 있는 넓은 마음과 깊은 생각[189]을 가진 사람을 상징한 이런 산을 수체형水體形이라고 한다.

노적가리(노적봉)의 형태 ▶
山의 五形體와 九星體[190] ▼

五形體	形相								
	砂格名	木星砂	火星砂	土星砂		金星砂體			水星砂
九星體와五形	形相								
	砂格名	貪狼星	廉貞星	巨門星	祿存星	武曲星	破軍星	左輔星	右弼星	文曲星
	五形配定	木星體	火星體	土星體		金星體			水星體

192) 수성水星을 이르는 말. 구궁(九宮)에서의 북쪽 방위, 곧 감방坎方을 이르며, 겨울철을 상징한다.

193) 구성九星의 하나인 토성土星을 이르는 말. 구궁九宮에서 그 근본 자리는 곤방坤方, 곧 서남쪽이다.

194) 구성九星의 하나. 목성을 이르는 말로 기본 자리는 동쪽이다.

195) 구성九星의 하나. 목성을 이른다.

196) 토성土星. 태양에서 여섯째로 가까운 행성

산의 또다른 형태로 구성체를 들 수 있다. 풍수에서 산의 형체로 길흉화복을 설명하듯 고대 인도에서는 별을 이용해 점을 쳤다. 9개의 별이 이용되었는데 일요성, 월요성, 화요성, 수요성, 목요성, 금요성, 토요성의 일곱별과 나후, 묘성의 두 별을 합친 9성星[191]이었다. 이것을 구요성九曜星이라고 불렀다. 또한 고대 중국에서도 사람의 운명을 판단하는 데 이용하던 아홉 개의 별이 있었다. 일백一白[192], 이흑二黑[193], 삼벽三碧[194], 사록四綠[195], 오황五黃[196], 육백六白[197], 칠적七赤[198], 팔백八白[199], 구자九紫[200]라는 9행성이었다. 이 9개의 별 자리는 모두 용마의 등에 그려져 있었다는 낙서의 구궁에 배치하여 방위의 개념이 가해져 구궁도九宮圖라는 것이 만들어 졌다. 풍수지리에서는 산山의 모양을 하늘 위의 구성九星에 비유

197) 구성九星의 하나인 금성金星을 이르는 말. 그 자리는 건방인 서북쪽이다.

198) 금성金星을 이르는 말. 구성九星의 하나로, 구궁九宮에 있어서의 서쪽 방위, 곧 태방兌方을 이른다.

199) 구궁의 하나인 토성土星을 이르는 말. 그 근본 자리는 간방艮方으로 동북쪽이다.

200) 음양가가 화성火星을 이르는 말로, 근본 자리는 남쪽을 중심으로 45도 이내의 방향이며, 팔문八門에서는 길한 문인 경문景門에 해당한다.

201) 두성斗星은 이십팔수의 여덟째 별자리. 같은 말로 남두육성(궁수자리에 있는 국자 모양의 여섯 개의 별) 다른 말로 북두칠성(큰곰자리에서 국자 모양을 이루며 가장 뚜렷하게 보이는 일곱 개의 별).

202) 제성帝星은 황제를 상징하는 별.
203) 별자리라는 뜻.
204) 半吉半凶반길반흉
205) 圓峰원봉
206) 重疊중첩

207) 大科대과
208) 小科소과
209) 羅星나성
210) 初吉초길
211) 後凶후흉
212) 凶星흉성
213) 吉星길성
214) 圓峰원봉
215) 重疊중첩
216) 文筆峰문필봉
217) 富부

하여 이르는 말로 북두칠성과 두성斗星[201] 옆의 존성尊星과 제성帝星[202]의 9개의 성좌星座[203]로 이론화 하였다. 이 과정에서 9개의 별이 갖는 방위를 역의 괘효에 배치하여 택일과 풍수의 길흉을 가늠하는 구성론으로 체계화 하였다. 7개의 별로 이루어진 북두칠성에서 여섯 번째에 해당하는 별의 좌우에 각각 1개씩의 별을 추가한 9개의 별인 구성九星을 탐랑성貪狼星, 거문성巨門星, 녹존성祿存星, 문곡성文曲星, 염정성廉貞星, 무곡성武曲星, 파군성破軍星, 좌보성左輔星, 우필성右弼星이라 부른다.

구성체는 오형체를 더 세밀하게 분류한 변격變格으로 9개의 형체마다 풍수적 상징성이 있다. 문곡성은 수체형의 산으로 좋은 것과 나쁜 것을 절반씩 가지고 있다.[204] 그 봉우리는 둥글고[205] 겹겹이 쌓여[206] 높고 크면 고시[207]에 합격하거나 높은 관직에 오르고 작으면 하위 공무원[208]이 난다. 비록 혈을 사방에서 감싸고 있는 토체나 화체의 산[209]이 있더라도 화살처럼 뾰족한 산이 혈을 향하면 처음은 좋으나[210] 나중에는 좋지 않다.[211] 녹존성은 토체형의 산으로 단정하지 못한 토체형에 속한다.[212] 거문성은 토체형의 변격으로 산봉우리가 존엄尊嚴하고 단정한 것으로 큰 덕이 있는 군자君子가 나는 좋은 체형이다.[213] 탐랑성은 목체형의 산으로 그 봉우리는 둥글고[214] 겹겹이 쌓여[215] 높고 크면 큰 부자가 나오고, 산의 형체가 특히 붓 같이 생겼으면[216] 부유함[217]으로 귀품[218]을 얻는다. 또한 추악한 바위가 뾰족하게[219] 넘보는 산[220]이라도 능히 그것을 이겨낼 수 있다.[221] 염정성은 화체형의 산으로 뾰족하고 살기가 있는 봉우리로 만사가 크게 불길하고 우환과 긴 투병[222]이 계속되어 나쁘다.[223] 파군성은 금체형의 변격으로 산이 깨진 형상이다. 둥근 산봉우리가 빛이 나고 바위가 있으면 자손이 갑자기 일찍 죽고[224] 모든 근심과 재앙災殃이 따르고[225] 형기살이 있으면 병들고 죽는 일이 예정되어 있듯이 계속된다. 산의 봉우리가 비뚤어져 있으면 목을 매는 화를 당하기도 하고, 호랑이 같은 형상의 바위가 있으면 반드시 출가한 자손[226]이 나오는 산이다.[227] 무곡성은 금체형의 한 형체로 산의 봉우리가 둥글고[228] 준수하고 위엄[229] 있게 특별한 형상으로 서 있으면[230] 군경과 사법부의 고위 관직자나 혹은 스포츠 맨과 같은 사람이 나와 명성을 떨친다.[231] 보필성은 좌보성과 우필성을 함께 이르는 말로 금체형의 산이다. 이로움과 해로움도 없다.[232] 그러나 혹 산이 귀함이 있고 물이 빠져나는 방위[233]가 좋으면 길吉하고 나쁘면 해롭다.[234]

구성도 ▶

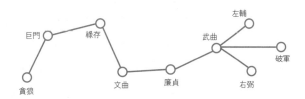

9절 다리가 되어줄까 노가 되어줄까? - 지각과 요도맥

218) 貴귀
219) 尖殺첨살
220) 窺峰규봉
221) 吉星길성
222) 長病장병

223) 凶星흉성
224) 急死급사
225) 患亂환란
226) 寡婦出과부출
227) 凶星흉성

228) 圓峰원봉
229) 峻嚴준엄
230) 特立특립
231) 出武大科출무대과

232) 無害無益무해무익
233) 得破득파
234) 半吉半凶반길반흉

오늘날 우리 인간의 생명은 100세 시대를 바라보고 있다. 사람은 일평생 살면서 여러 고비들을 겪으며 더욱 강건하고 발전된 모습으로 삶을 영위한다. 고비마다 좌절하는 사람의 미래는 보장받을 수 없다. 큰 꿈을 성취할 수도 없는 나약한 삶일 수밖에 없다. 우리가 살고 있는 자연의 생태계도 이와 같다. 변화하는 환경에 적응하는 생물종은 살아남고 그 지혜를 유전정보에 담아 후세에게 전가시킨다. 적극적으로 악조건을 극복하려는 생물들의 적응력은 우수한 종으로 거듭나며 다양한 형태로 진화한다.

인간 또한 한 평생을 살면서 극복해야 될 과제도 많을뿐더러 도와주고 보호해주는 사람과의 사회적 관계를 지속한다. 그 과정에서 어떠한 계기에 의해 전혀 새로운 방향으로 인생의 진로를 바꾸기도 한다. 그것은 마치 나룻배가 급류를 만나 방향을 선회旋回하고자 할 때 노가 필요하고 노를 어떻게 젓는가에 따라 방향이 바뀌기도 한다. 그러므로 진화란 생물이 생명의 기원 이후부터 점진적으로 변해 가는 현상으로 자연변화

현상에 대한 생물의 생명활동이라고 정의되듯이 풍수에서의 용이란 생물체도 자연지형이 생명력을 갖고 적극적으로 생양변화生養變化하는 진화과정의 일환으로 정의할 수 있다.

우리 인간의 삶과 같이 용이란 생명체도 천리를 행진함에 있어 자신을 보호하고 지탱해주는 곁가지를 필요로 한다.[235] 또한 방향을 선회하는 작용[236]에 있어서 원활히 방향을 선회할 수 있는 노와 같은 가지[237]가 있어야 한다. 이러한 것들이 따라주지 않는 용은 생룡이라고 할 수 없다. 죽은 용으로서 변화에 대한 소극적이고 미온적인 용으로 죽은 용[238]일 수밖에 없다. 우리의 삶 자체가 끊임 없이 변화하고 있는 세상에서 살고 있는 것과 같이 변화란 생명활동이다.

산의 길한 형태 ▶

산의 특징과 상징성
혈처좌우에 병풍처럼 둘러 있는 산 ⇨ 國母국모가 나는 御屏砂어병사
水口수구나 용호내에 계란처럼 귀하게 생긴 독봉(獨峰) ⇨ 인물이 나는 貴峰砂귀봉사
산봉우리가 一字일자로 된 산 ⇨ 군수나 귀인이 난다는 郡守砂군수사.一字文星일자문성
산이 노적봉처럼 두툼하게 생긴 산 ⇨ 부자가 난다는 富峰砂부봉사. 金體形금체형
두부같이 네모지게 생긴 산 ⇨ 富부와 學者학자가 난다는 文賢砂문현사. 土體形토체형
초승달 같이 생긴 산 ⇨ 미인과 국모가 난다는 蛾眉砂아미사. 아미산이 안산 뒤에 있고 안산 앞에는 호수나 물이 있으면 더욱 좋다.
산봉우리가 붓 같이 생긴 산 ⇨ 장원급제자나 서예가가 난다는 文筆砂문필사. 火體山화체산에 많다. 坤申方곤신방의 문필사는 형제간에 송사가 발생한다.
봉우리가 일자 모양의 산으로 양끝이 뿔처럼 살짝 솟구쳐 오른 산 ⇨ 영의정이 난다는 領相砂영상사. 誥軸砂고축사라고도 함. 안산이면 더욱 좋다.
봉우리가 일자모양의 산으로 한쪽 끝이 뿔처럼 살짝 솟구쳐 오른 산 ⇨ 판사, 도지사, 국회의원이 난다는 知事砂지사사. 길수록 좋다.
산이 하나는 높고 하나는 낮은 산이 말 잔등이와 같은 형상의 산 ⇨ 시장이나 군수가 나오고 재산과 명성을 빨리 받는다(速發富貴속발부귀)는 天馬砂천마사
높낮이가 균등한 쌍산이 물고기 모양으로 된 산 ⇨ 부귀가 오랫동안 지속된다는 魚袋砂어대사 (당나라시대 벼슬아치들의 신분)
案山안산 앞에 낮은 일자문성의 산 ⇨ 문장이 띠어난 고위 관직자나 종단의 宗師종사가 나온다는 玉帶砂옥대사
산봉우리가 둥근 금체형으로 특별히 높이 기봉하면 ⇨ 보물을 덮어둔다는 寶蓋砂보개사 산봉우리가 목체형으로 특별히 높이 기봉하면 ⇨ 하늘의 빛을 덮어둔다는 華蓋砂화개사 목체나 금체의 산 세 개가 나란하게 특별히 솟아오르면 ⇨ 3정승을 뜻하는 三台砂삼태사.[239] 文章문장을 靑史청사에 길이 남길 문인이 연속 登科등과하여 顯官현관이 난다.

235) 지룡枝龍

236) 굴절屈節, 또는 회두回頭

237) 橈棹枝角요도지각: 橈棹脈요도맥

238) 死龍사룡

239) 보개사는 불교 사류의 하나로 남방 보생불의 법륜을 이른다. 탑에서 보륜(寶輪) 위에 덮개 모양을 하고 있는 부분이다. 화개사는 고려시대 의장의 하나. 육각 모양의 양산 같은 데에 그림과 수를 놓아 꾸민다. 삼태사는 큰곰자리에 있는 자미성을 지키는 별에서 유래하여 고려시대의 삼공(三公) 태위(太尉)·사도(司徒)·사공(司空)의 벼슬을 말함. 조선시대의 3정승과 같다.

봉우리가 연속으로 이어지고 영상사처럼 양 끝산이 높이 솟아 마치 구름다리 같으면 ⇨ 신선이 건너는 다리라는 仙橋砂선교사
산이 북과 같은 금체형이거나 군기가 펄럭이는 목화체의 산이면 ⇨ 천하명장이 난다는 旗鼓砂기고사
목체형으로 우뚝 솟아 정상부가 특히 평평하거나 약간 둥근형이면 ⇨ 壯元及第장원급제하여 왕을 지근에서 모시는 신하가 난다는 柱笏砂주홀사
왕이 쓰던 네모난 옥새와 같은 토체형의 산 ⇨ 왕이 난다는 군왕지지의 玉璽砂옥새사
나지막한 산, 모나지 않는 바위가 널려 있으면 ⇨ 大將대장이 나온다는 屯軍砂둔군사
금체산 좌우에 목체형의 산이 있으면 ⇨ 임금이 앉는 의지와 같다는 御座砂어좌사

10절 남자는 생긴 대로 꼴값한다 - 길산吉山과 흉산凶山

10.1 미남은 마음도 곱다 - 길산吉山

좋은 산이란 인간에게 아름다움을 느끼게 하는 산이다. 심리적으로 평온하고 안정감을 불러들일 수 있는 형태로 상하좌우[240]로 생동감 있게 활동적이어야 하며,[241] 특정한 지역이나 지점[242]을 감싸안 듯이[243] 포근하고 유정[244]한 것이 어머니가 자식을 껴안은 형세라야 한다. 줄기능선은 가지능선을 좌우로 가르고 병풍[245]과 같이 날개를 벌려 개장開帳하여야 하며, 가지의 중심은 천심穿心하는 줄기능선으로 산의 형태는 웅장하면서도 위엄[246]을 갖추고 높이 솟아올라[247] 아름답고[248] 다정다감[249]해야 한다. 보기에 좋은 산은 우리의 마음을 평온하게 하여 심리적 안정과 위안을 갖게 한다. 미남이 인기가 있는 이유가 여기에 있다.

또한 형체는 풍만[250]하고 중후한 무게가 있어야 한다. 상서祥瑞로운 형태나 형상이어야 하고 청명해야 한다. 수목樹木이 잘 자라고 깨진 돌들이 없어야 하며, 바위는 색이 밝고 선명하며 지반地盤에서 노출된 것이라야 한다. 토질은 마사토磨砂土[251]이거나 점토와 섞여 있는 토질土質의 산이라야 좋다. 좋은 산은 상징적 의미 또한 좋은 형상과 형태의 산이어야 한다. 좋은 산의 예로 혈처 뒤의 능선을 보면, 산맥이 행진하여 오

240) 起伏屈節기복굴절
241) 生龍생용
242) 穴處혈처
243) 環抱환포
244) 有情유정

245) 御屛砂어병사
246) 莊嚴장엄
247) 高聳고용
248) 秀麗수려
249) 有情

250) 豊肥풍비
251) 風化土풍화토

면서 좌우로 뻗어나가는 가지산[252]이 왕자王字처럼 되어 있는 경우의 산줄기는 좋은 산이라고 할 수 있다.[253] 이밖에 좋은 산은 앞의 표와 같다.

10.2 못생긴 놈이 더 날뛴다 – 흉산凶山

나쁜 산은 산세가 매우 험하고 산이 갈라지거나 깨져 있고 경사가 급하며 단정하지 못하고 한쪽으로 기울어진 형태를 말한다. 또한 산줄기[255]로 이어져 있지 않고 평지에 홀로 우뚝 솟아 있는 산[256]이나 산줄기가 멈추지 않고 계속 뻗어나가는 중간의 산,[257] 자연재해와 지형의 변화로 무너지거나 산능선이 끊어진 산[258], 큰 바위산이거나 돌이 많이 박혀있고 널려져 있는 산,[259] 나무와 풀이 무성하게 자라지 않고 토질이 푸석푸석한 산,[260] 골짜기가 형성되고 산의 면이 갈라지고 일그러진 산,[261] 산의 옆면이 기울어져 바르지 못한 산[262]이거나 혹은 산줄기가 방향을 트는 작은 산줄기의 산[263]은 지기가 충만하지 않아 장사葬事를 치룰 수 없는 산이라고 하였다.[264] 토질의 경우도 점토질과 칠 흙같이 검은색의 토색을 띠거나 윤기가 없는 산 또한 좋지 않다. 산세의 경우는 산의 능선이 특정한 지역이나 지점[265]를 포근하게 감싸지 않고 무정無情하게 등을 돌려 달아나는 형세는 좋지 않은 산세[266]이다. 또한 산의 형태나 형상적으로 보아서 산이 원형으로 흩어져 파산破産하는 산산형散山形, 산줄기가 이어지지 않고 토막토막 끊겨져 있는 절산형絕山形,[267] 산줄기가 급히 달아나는 형세로 자손이 죄를 짓고 도망 다닌다는 도주형逃走形, 이밖에 여러 산이 한 방향으로 진행하는데 유독 한 산만이 다른 방향으로 뻗어나가며 봉우리가 위로 불거진 산으로 불효불충不孝不忠한 자손이 난다는 역리형逆理形 등이 있다. 그밖에 나쁜 산은 우측의 표와 같다.

252) 支龍지룡

253) 君王砂군왕사, 또는 왕자맥이라고도 한다.

254) 戌坐술좌는 개와 관련이 있고 子坐자좌는 성수오행으로 火화와 관련하여 도둑을 지키고 불을 훤히 밝혀 도둑을 지킨다는 의미이다.

255) 龍脈용맥

256) 獨山독산

257) 過山과산

258) 斷山단산

259) 石山석산

260) 童山동산

261) 逼山핍산

262) 側山측산

263) 橈棹枝脈요도지맥:側脈측맥

264) 七不葬칠부장이라고 한다.

265) 穴혈 또는 穴處혈처

266) 逆龍역룡

267) 絕嗣形절사형이라고도 하며 후속 상속자가 없이 끊어진다는 의미이다.

흉산의 설명과 명칭
산 능선의 중간 중간이 목처럼 좁아져서 창자처럼 꼬여 있는 산 ⇨ 목을 매는 자손이 나오는 結項形결항형
화체형으로 살기를 머금은 칼날같이 가늘고 길게 뻗어 있는 산 ⇨ 비명횡사하는 자손이 난다는 劍砂形검사형
지나치게 높아 억누르는 산 ⇨ 교통사고와 재해사고를 당한다는 壓死形압사형
용호너머로 엿보는 산 ⇨ 損財손재가 있다는 窺峰形규봉형. 술좌戌坐와 자좌의 규봉 흉길254)
주름진 바위(그루브,groove)가 있는 산 ⇨ 음탕한 자손이 나온다는 掀裙砂흔군사
산이 험준하고 바위가 험악하여 살기가 감도는 산 ⇨ 朝案山조안산이면 人財兩敗인재양패하고 不忠불충한 자손이 난다는 醜惡砂추악사
산이 깨지거나 무너지고, 골지고 왜소하게 뼈만 있는 듯한 산 ⇨ 破産貧窮파산빈궁에 多事多難다사다난 하다는 破碎瘦削砂파쇄수삭사
높은 급경사를 이루면서 기울거나 거꾸러진 산 ⇨ 家産가산이 速敗속패한다는 峻急傾倒砂준급경도사
감싸고 보호해야 할 산이 무정하게 달아나는 산 ⇨ 자손불충하고 파산하여 離鄕이향한다는 無情走砂무정주사
사신사에서 뻗은 지맥이 고압적으로 향해오거나, 창끝같이 뾰족한 사각이 돌진해 들어 오는 산 ⇨ 자손이 傷傷하고 災殃재앙이 끊이지 않는다는 衝尖砂충첨사
산줄기가 끊어진 산 ⇨ 主龍주룡이 끊기면 陰佑음우가 없거나 絶孫절손되고 용호가 끊기면 자손이 상한다는 斷砂단사
산이 불규칙하게 퍼져 있는 산 ⇨ 추락한 자손이 난다는 落砂形낙사형
원형의 낮은 토체산이 승려의 밥그릇 같은 형상의 산 ⇨ 종교인이 난다는 鉢盂砂발우사
죽은 사람이 殮襲염습한 형태의 산 ⇨ 客死객사하거나 자손이 상한다는 浮屍砂부시사

11절 보여주는 대로 배우는 동심 - 조응과 감응

풍수에서의 조응照應이란 좋든 싫든 비춰주고 응한다는 뜻이고 감응感應이란 느낌에 반응한다는 말이다. 다시 말해 비춘다는 것에 대한 의미는 마주하고 있는 쌍방의 대상관계에서 어느 일방이 비추면 다른 일방이 그에 상응한다는 것이고, 감응이란 어느 일방에 대한 행위와 관념을 수용한다는 의미로 해석될 수 있다. 풍수지리는 특정지어 진 혈이란 지점 내지 지역에 대한 주변 경관과의 상생적 조화성이다. 혈이란 주체와 객체라는 주변 경관은 끊임없는 상호작용을 한다. 그것은 자연환경이라는 범주안에 혈이라는 주체가 자리하고 있기 때문이다. 혈이라는 주체는 결국 주변의 자연환경이라는 객체없이 존재할 수 없다는 말과 같다. 그들의 상호관계는 좋든 싫든 늘 함께 할 수밖에 없는 필연적 관계를 숙명적으로 안고 형성된 것이다. 이러한 필연적이고 숙명적인 관계는 비단 풍수에서만 주어지는 것은 아니다. 우리 인간은 이보다 더 강한 필연적 관계로 상처를 주기도 하고 행복을 주기도 한다. 항상 고통과 아픔은 자신으로부터 발생되는 것이 아니고 주변의 객체로부터 다가온다. 가정과 사회에서 끊임없는 인간관계를 형성하는 나[268]라는 주체는 타인의 입장에서 보면 객체로서의 관계이다. 우리가 외출할 때 옷매무새를 가다듬고 화장을 하는 등의 행위나 성형을 하는 행위는 본인 자신이 주체이며 동시에 객체라는 사실을 인지하기 때문이다. 이런 사회적 관계는 비춰주고 응해주는 쌍방관계로 인간의 사회성에서 비롯된다.

그렇다면 거울에 비친 나의 형태는 타인에게 어떠한 형태의 조응관계를 형성하고 있는 것일까? 인간이 환경의 지배를 받는다는 것은 환경이라는 객체에 취약하다는 것을 말하고, 풍수에서 혈이 주변 사각砂角[269]의 영향을 받는다는 것은 주위 산들이 비춰주는 기의 느낌에 대하여 취약하다는 것을 말한다. 따라서 좋은 형태의 산과 물은 좋은 경관으로써 좋은 기운을 발산[270]하게 되는데 혈은 그 기운을 수렴[271]함으로써 받아들인다. 그 결과 혈은 감응을 일으키고 내면의 지기地氣와 화학적 작용을 통해 혈에 입지한 주택과 묘에 좋은 기운을 재생산하여 강인한 생명 에너지를 제공한다.

268) 이我
269) 산을 말함. 사신사를 지칭한다.
270) 풍수에서 말하는 조照
271) 풍수에서 말하는 응應

12절 남자의 허리와 만남, 그리고 이별 – 과협과 영송

풍수에서 산을 자세히 살펴보면 똑같은 산이 하나도 없다. 이는 인간의 모습이 똑같은 사람이 없는 경우와 같다. 제각각의 산과 제각각의 인물을 우리는 산이라 하고 사람이라 부른다. 자연은 산을 있게 한 원리가 있듯이 사람 또한 사람을 존재하게 하는 원리가 있다. 이 원리에 대한 설명에서 풍수는 사물을 존재하게 한 제 각각의 근원은 리理에 의한 것이고 근원을 벗어난 제 각각의 형체는 기氣에 의한 변화작용 때문이라고 본다. 이를 두고 풍수에서는 이기理氣의 원리라고 한다. 삼라만상의 모든 형질은 모두 기질이 다르기 때문이다. 생물학적으로 리理가 종種(species)과 속屬(genus)의 근원[272]이라면 기氣는 기질변화에 의한 종의 다양성이라고 할 수 있다.

풍수에서의 용은 제각각 다른 형태의 산을 하나의 선으로 이은 산줄기에 대한 형세적 표현이다. 산과 산으로 연결된 마디마다 산의 고개마루,[273] 또는 재라고 부르는 능선이 있다. 그 능선은 산세에서 오목하게 꺼져[274] 있는 산의 마디로 교통과 통신 및 정보를 공유하는 문화적 교류역할을 하였다. 풍수에서는 이것을 산이 행진하면서 만드는 협곡峽谷이란 뜻으로 과협過峽이라 부른다. 과협은 산과 산을 잇는 마디에 해당하고 뒷산에서 앞산으로 이어주는 역할을 한다. 과거와 현재, 선조와 후손을 연결해 주는 고리와 같다. 이곳은 바람과 물에 취약하고 사람의 상부와 하부를 연결하는 허리와 같다. 허리는 모든 신경이 지나가는 척추를 중심으로 사람에게 가장 중요하다. 사람이 허리가 약할 경우 허리보호대를 차듯이 산의 과협은 측면으로 공격하는 바람과 물의 위협을 이겨낼 수 있는 보호지형물이 있어야 한다. 측면에서 과협을 횡橫으로 보호하는 산[275]이나 양 측면에 있는 낮은 둔덕이나 바위 같은 것[276]과 얕은 독산獨山이나 지나가는 용[277]과 같은 것이 있어야 과협은 보호받을 수 있는 것이다.

모든 산은 나아감에 있어[278] 삼각형의 양변과 같이 한쪽 면은 과협을

272) 계(Kingdom): 동물계와 식물계의 두 가지로 나누는 큰 분류이다. 문(Phylum, Division): 동물의 배엽 형성이나 식물의 엽록소 내용, 핵의 독립성 등의 요소로 구별한 것으로 척추동물, 연체동물, 절지동물...식으로 구분된다. 강(Class): 위의 '문'보다 더 세세한 분류인데, 좀 여러가지로 분류가 들어간다. 목(Order): ~류라 불리는 식의 분류로, 영장목/고래목/식육목 등으로 나뉜다. 과(Family): 이 분류부터는 아주 닮은 형태로 나누기 시작한다. 개과, 고양이과 등. 속(Genus): 보통 우리가 알고 있는 생물의 이름을 말한다. 종(Species): 이것은 주로 같은 속의 생물을 특정 기준에 따라 분류/발견하여 붙이는 학명이다. 그래서 발견한 사람의 이름을 따는 경우가 많다.

273) 풍수에서는 영嶺.

274) 요함凹陷하다는 뜻.

275) 낙산樂山
276) 괴夾협
277) 과룡過龍
278) 행진行進

중심으로 윗산, 즉 태조산에서부터 행진하여 온 상부의 산은 내리막으로 달려오고[279] 과협의 아래쪽 산은 과협에서 응축된 기를 받아 속기하면서 오르막으로 달려[280] 나간다. 또한 하나의 산을 자세히 살펴보면 하단부의 경우 문어발처럼 여러 가지[281]의 지각枝角[282]으로 지지대와 같은 버팀목을 하고 있다. 이런 지각은 하나의 산이 온전하게 서기 위해서는 반드시 필요하다. 그러므로 과협을 사이에 둔 양쪽의 산도 마찬가지이다. 산이란 생명체는 흡사 인간의 모습과도 같다. 인간의 온전한 삶이란 만나고 헤어지는 인연의 연속이다. 산의 운명도 오는 기맥과 가는 기맥이 있다. 그러나 모든 산의 기맥은 산의 정점頂點을 거쳐 혈관과 같은 지맥地脈[283]을 타고 흐른다. 산은 오는 기맥은 맞이하고 가는 기맥은 보내준다. 우리는 나를 중심으로 수많은 인연들이 만나고 헤어지는 가운데 보낼 것을 알면서도 만남을 이어간다. 과협은 만나고 헤어지는 산의 운명이다.

279) 복복이라 한다.

280) 기기라고 한다.

281) 지枝를 말한다.

282) 지맥枝脈 또는 지맥支驀과 같은 말. 현침사榤針砂라고도 부른다.

283) 용맥龍脈을 말한다.

산의 배면과 영송 ▶

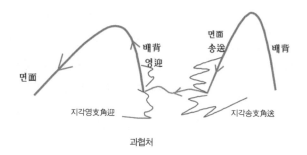

과협처

284) 과협過峽, 골짜기 능선을 말함.
285) 과협의 종류에는 장단협(長短峽), 곡협(曲峽), 직협(直峽), 봉요협(蜂腰峽), 학슬협(鶴膝峽), 왕자협(王字峽), 도수협(渡水峽), 꿰맨 구슬과 같은 관주협(貫珠峽) 등이 있다.

286) 탈살脫殺, 즉 살기를 벗는다는 뜻.

287) 풍수에서의 송送

288) 풍수에서의 영迎

289) 배배背, 좌좌坐 즉, 뒤를 말한다.

290) 면면面, 향향向 즉, 앞을 말한다.

사람의 인연도 고갯마루[284]에서 만나고 헤어짐을 갖는다. 헤어짐의 사유도 여러 가지 이듯이 과협의 형태도 다양[285]하다. 이별의 아픔을 털어내듯이 과협은 행룡行龍의 조악粗惡한 살기와 물을 털어주고[286] 강풍을 상쇄시킨다. 인간의 삶도 과협의 연속이다. 이렇듯 윗 산의 입장에서 보내는 것[287]과 아랫 산의 입장에서 맞이하는 것[288]은 동전의 양면과 같다. 산은 그렇게 이별의 애환을 안고서도 변함없는 자태를 드러내고 있다. 이렇듯 맞이하고 보낸다는 뜻의 영송迎送이란 산의 한쪽 면[289]과 다른 산의 한쪽 면[290]을 지칭하기도 하지만, 또 다른 측면으로 보내고 맞이하는 산을 지탱하는 지각끼리의 영송을 의미하기도 한다. 과협의 윗 산에 있는 지각은 송送이며, 아랫 산의 지각은 영迎이다. 이별은 곧 만남을 의미하고 만남은 곧 이별을 의미하듯 산의 영송迎送에 있어서도 영이 곧 송이 되며, 송이 곧 영이 된다. 그것이 산의 운명이고 산의 운명이 사람의 인연인 것이다.

제3장 산 이야기 셋째 마당 – 형국과 형, 그리고 혈

1절 어머니의 사랑

1.1 왼팔에 안긴 철수와 오른팔에 안긴 영희 – 좌선형국과 우선형국

자신의 존재에 대하여 생각해보자. 이 세상에 나라는 존재는 귀한 존재인가 아니면 귀하지 않은 존재인가? 아마도 자신이 귀하지 않다고 할 사람은 아무도 없을 것이다. 더 나아가 나라는 존재를 껴안고 있는 어머니의 경우 품안에 있는 나에 대한 모정母情은 어떨까? 흔히들 자식을 잃은 부모의 마음을 차마 땅에 묻을 수 없다는 의미로 가슴에 묻는다는 말을 듣는다. 이 말은 죽은 자식을 차마 떠나보내지 못하는 부모의 마음을 가장 잘 나타내는 말일 것이다. 풍수에서의 혈도 그런 의미를 갖는다. 혈에 대해 상징적으로 자식, 나, 주인, 군왕, 남편, 아버지 등으로 표현하지만, 이 같은 표현은 혈에 대한 의미를 설명하는 수식어에 불과하다. 좀 더 이해를 돕기 위해 혈이 있는 뒤의 주산을 부모산이라고 하자. 아니 어머니라고 하자. 어머니는 양팔로 자식인 나를 껴안고 있다고 생각해

보자. 풍수에서의 형국이 그려진다. 그러한 모양을 보국保局 내지 규국規局이라고도 한다. 어떻게 부르든 상관없다. 어머니의 두 팔은 왼손의 경우 좌청룡에 해당하고, 오른손의 경우 우백호에 해당한다. 사신사론에서 청룡과 백호의 상징성은 대표적으로 아들과 딸이었다. 왼손인 좌청룡이 아들을 뜻한다고 했고 오른손인 우백호가 딸을 상징한다고 했다.[291]

우리가 풍수라는 학문을 공부하다보면 자주 간산看山이라고 하는 현장체험 공부를 하게 된다. 멀리서 혈穴[292]을 바라보면 빗장을 걸어 잠그듯 좌청룡과 우백호가 비켜서[293] 감싸고 있는 내부에 혈이 있음을 보게 된다. 자세히 살펴보면 좌청룡이 백호를 감싸고 있거나, 혹은 우백호가 좌청룡을 감싸고 있는 형국 중 하나일 것이다. 물론 빗장을 채운 듯한 형태가 아닌 혈 앞에 일직선상으로 난 수구水口[294]가 아닐 경우이다. 이때 좌청룡이 밖에서 전체를 감싸고 있는 형국이면 좌선형국이라고 하고, 그 반대로 우백호가 전체를 감싸는 형국이면 우선형국이라고 부른다. 좌선형국은 청룡이 부모산에서 팔을 벌리듯 진행한다. 마치 시계바늘이 3시 방향인 오른쪽에서 9시 방향인 왼쪽으로 돌아가는 모습이다. 풍수에서는 이것을 순행順行한다고 한다. 마치 어머니가 아들인 철수를 왼팔로 껴안은 모습과 같다. 반대로 우선형국은 백호가 부모산에서 팔을 벌리듯 진행한다. 시계를 바라보면 바늘이 9시 방향인 왼쪽에서 3시 방향인 오른쪽으로 돌아가는 모습이다. 언젠가 히트상품으로 거꾸로 가는 시계가 인기를 끌기도 하였지만 말이다. 이런 경우를 풍수에서는 역행逆行한다고 부른다. 백호의 상징성이 딸이므로 우선형국 또한 어머니가 딸인 영희를 오른손으로 껴안은 모습과 같다. 그렇다면 우선형국과 좌선형국중 어느 것이 좋을까? 이에 대한 대답은 형국의 좋고 나쁨은 물이 결정한다는 것이다. 그러므로 좌·우선형국을 애써 구별하여 좋고 나쁨을 따질 필요가 없다. 명당의 조건을 산으로만 판단하기는 성급하다. 산 자체가 음陰이므로 양陽인 물의 배합配合에 따라 명당의 운명이 결정되기 때문이다.

291) 좌우용호의 상징성은 장자와 차자, 장녀와 차녀, 본가와 외가, 본처와 후처, 본손과 지손, 친손과 외손 등의 상징성을 갖는다.

292) 양택이든 음택이든 상관없다.

293) 교결관쇄交結關鎖. 수구水口

294) 양택에서의 대문과 같다. 혈과 일직선상의 수구를 당문파堂門破라고도 한다.

1.2 갑돌이와 갑순이의 물레방앗간 – 좌·우선형국과 순·역수

지금은 잘 불리어지지 않는 노래이지만 "갑돌이와 갑순이는 한 마을에 살았드래요~" 뭐 대충 이렇게 시작하는 노래가 있다. 그들은 서로 물레방앗간이란 곳을 만나 둘만의 사랑을 나눈다. 사랑의 장소성을 말하는 것이다. 지리적 개념으로 그들만의 장소는 남들의 눈을 피할 수 있는 입지성을 잘 알고 있었다는 얘기가 된다. 풍수에서의 혈도 마찬가지이다. 반드시 하늘의 기운이 조성되어 땅이 응應해서 설치되어 진다는[295] 혈도 남녀의 합작품이다. 남자라는 하늘과 여자라는 땅이 공조하여 혈을 만든다는 의미이다. 이는 큰 양과 큰 음이 만든 작품이다. 더 작게는 산이라는 남자와 물이라는 여자가 혈을 만든다는 얘기도 된다. 물이라는 작은 양과 산이라는 작은 음이 만나[296] 비로소 혈이라는 생명체가 탄생한다는 것이다. 갑돌이와 갑순이의 사랑이야기와 같은 의미이다.

그런데 갑돌이와 갑순이는 이미 선택된 그들만의 만남으로 확정적인 상태에서 맺은 그들만의 인연이다. 하나는 청년으로써 갑돌이었고 하나는 처녀로써 갑순이라는 대상이 한 마을에 있었기에 가능했다. 풍수에서의 산과 물도 그럴까? 풍수에서의 남녀인 음양은 불특정 미지정상태의 조건이다. 그래서 남자라는 산은 두 종류의 남자로 구분되고 여자라는 물도 두 종류의 여자로 나뉜다. 남자의 경우 좌선형국을 만들어준 좌선남左旋男과 우선형국을 만들어준 우선남右旋男이 있다. 반면 물인 여자의 경우도 좌선으로 흘러와 남자인 산을 감싸는 좌선녀左旋女와 우선으로 흘러와 남자인 산을 감싸는 우선녀右旋女가 있다. 이들의 만남은 갑돌이와 갑순이와는 다르다. 아직은 지정되지 않은 불특정한 상태에서 어떤 인연으로 만나서 사랑을 나누게 될지가 관건이다. 그래서 네 남녀는 원칙을 정했다. 음양의 원칙을 따르자는 것이다. 즉, 우선남은 좌선녀와 짝하고 좌선남은 우선녀와 짝을 맺는 방법을 선택한 것이다. 만약 좌선남이 좌선녀와 짝하면 그들은 영원히 한 몸이 되지 않고 산도 가고 물도 같이 가는 형국이기 때문이다. 그래서 좌선남은 반대방향에서 우선

295) 天造地設천조지설

296) 상배相配

녀가 달려와 둘이 만나 사랑을 나누게 되고 혈을 잉태하게 되는 것이다. 우선남도 그러한 이유로 좌선녀를 만나야 된다. 산과 물의 사랑은 그러한 음양의 이치에 따르는 것이 순리이다. 그런데 남자인 산[297]의 입장에서 보면 같은 성향, 즉 좌선남의 입장에서 좌선녀를 만나는 것은 산의 진행방향과 물의 진행방향이 같을 수밖에 없다. 물론 이 때의 물은 형국 밖의 외수外水를 말한다. 풍수에서는 이렇게 만들어진 형국을 가리켜 순수국順水局이라고 한다. 우선남과 우선녀의 경우도 순수국이다. 순수국은 음양의 배합이 되지 않은 것으로 혈을 탄생시킬 수 없다. 반대로 좌선남이 우선수를 만날 경우 그 물은 산의 역방향에서 진행해 오는 물이 된다. 이 같은 물을 역수逆水라고 부른다. 따라서 좌선남은 역수인 우선녀를 만나야 한다. 우선남은 좌선녀를 만나야 한다. 풍수 고전에 '용[298]은 역수를 취해야 한다'는 말은 이를 두고 한 말로서 역수국逆水局이라야 진정한 혈을 탄생시킬 수 있다는 의미이다. 주의할 점은 순수든 역수든 그 물은 집 밖의 여자라는 것이다. 친족[299]이 아닌 외부의 여자로 멀리서 사랑을 찾아와 주는 물이어야 한다. 그러므로 그 물은 형국 바깥의 물인 과객지수過客之水인 외수外水를 말한다. 진정한 사랑은 가족간에는 있을 수 없다. 형국안에 있는 물은 가족관계에 있는 물일뿐이며 순수국에서의 산수山水[300]는 동성동본同姓同本의 사랑일 뿐이다. 만약 여러분이라면 어떤 사랑을 택할 것인가?

2절 아이를 가진 어미의 자태

2.1 어미의 모습 - 용입수 삼형과 좌입수

세상의 아이를 가진 엄마의 모습은 각양각색이다. 엄마의 모습에 따라 아이의 생김새나 심성이 결정된다. 엄마의 걷는 모습과 서있는 모습뿐 아니라 잠잘 때의 모습도 다르다. 엄마의 건강과 생각에 따라 아이

297) 용龍
298) 산山

299) 형국 내에서의 물을 의미한다.

300) 남녀를 말한다.

의 천성이 결정된다. 그만큼 아기 가진 엄마의 모습과 행동은 아이에게 중요한 영향을 미친다. 하기야 임신상태에서 음주와 흡연까지도 서슴치 않는 사람도 있다고들 하지만, 전적으로 아이의 운명은 엄마에게 달려 있다. 풍수에서의 혈도 엄마인 부모산과 부모산으로부터 이어지는 탯줄 같은 용맥龍脈에 따라 그 역량이 달라진다. 풍수에서 입수入首란 말은 부모산으로부터 이어진 용맥이 아기라는 혈을 맺기 전에 최종적으로 남은 흉한 기운[301]마저 남김없이 털어내고 엄마의 목이나 혹은 탯줄에 해당하는 결인結咽을 지나 순수한 기가 응결된 형태[302]를 거쳐 혈로 이어지는 과정을 이르는 말이다. 다시 말해 외견상 나타나는 산줄기[303]가 어떤 형태로 이어져 결인과 만두를 지나 아기인 혈에 이르는 용맥의 변화 형태를 말한다. 이를 좀 더 세분하면 용입수龍入首와 좌입수坐入首로 나눠지는데, 용입수는 결인에서부터 순수한 기氣가 응축된 만두처까지의 과정을 말하고, 좌입수는 만두처에서 혈의 중심에 이르는 기맥선氣脈線의 과정을 뜻한다. 따라서 어미의 모습에 따라 용입수의 형태가 결정된다.

어미의 모습, 즉 용입수는 크게 3종류로 구별하되 반드시 어미 앞에 있는 산[304]을 기준으로 한다. 첫 번째는 어미의 자태가 반 듯[305]한 형태의 용입수에서의 앞산[306]은 어미의 뒷산[307]인 할아버지 산[308] 가운데 한 줄기의 가지에서 이어지지 않고 근원이 다른 지역의 외산, 즉 용맥이 달려 온 산[309]이 혈 앞의 조산朝山을 이룬다.[310] 두 번째로는 어미가 옆으로 누워 있는 형태[311]에서 주어지는 용입수로, 앞의 산[312]은 어미의 뒤의 산인 할아버지 산[313]의 본신기[314]에서 뻗어 나온 가지[315] 가운데 하나의 곁가지가 나와 앞산을 이룬[316] 경우이다.

마지막 형태는 앞으로 걸어가던[317] 어미가 뒷산인 할아버지 산을 돌아다보는 형태이다. 이는 조룡祖龍에서 어미로 이어지는 본줄기[318]의 산줄기에서 갈라진 가지도 아니고 외산外山도 아니다. 오직 할아버지 산에서 이어져 온 용맥이 진행하다 방향을 틀어 다시 할아버지 산[319]을 직접 바라봄으로써 뒷산[320] 자체가 앞산[321]이 되는 경우로 조조결형祖朝結穴 또는 회룡고조回龍顧祖라고 한다.

301) 살기殺氣
302) 만두巒頭
303) 용맥
304) 조산朝山
305) 직直

306) 조산朝山
307) 후룡後龍
308) 조룡祖龍
309) 외산外山
310) 外山作朝외산작조

311) 橫龍횡룡
312) 조산朝山
313) 후룡後龍, 즉 祖龍
314) 本身龍본신용, 즉 幹龍간룡
315) 支枝龍지지룡

316) 枝幹相朝지간상조
317) 뻗어 나간다는 행진行進의 뜻.
318) 本身龍본신용:幹龍간룡
319) 소조산小祖山
320) 조산祖山

321) 조산朝山

2.2 어미의 다섯 가지 품격 - 용입수 오격

　세상의 모든 사람은 각자의 품격이 있기 마련이다. 우리들의 어머니들도 어머니마다의 품격이 있으며, 그 자식들 또한 품격이 있다. 그렇기 때문에 자식에 해당하는 혈도 품격이 있기 마련이다. 그 품격은 어미로부터 아이로 이어지는 탯줄로 생명선이자 품격선이다. 이 생명선으로 인하여 어미의 영양분과 어미의 행동과 생각, 사고, 외모까지도 아기는 영향을 받는다. 언젠가 태교의 중요성에 대한 모방송 프로그램에서 실험한 결과가 방영된 바도 있고, 유사한 내용의 결과가 뉴스를 타고 전파되기도 하였다. 내용을 소개하면 그렇다. 임산부에게 육체적 통증을 주면 초음파상의 태중 아기도 함께 인상을 쓰며 고통스러워 하고 좋은 음악과 어미의 기분을 좋게 하면 아기가 편한 모습을 하고 있는 것이었다. 또한 임산부가 술을 마시거나 담배를 피우는 등 자극적으로 몸에 유해한 것을 취하면 아기가 고통스러워하는 모습이 영상을 통해 그대로 방영되기도 하였다. 풍수에서는 이런 어미의 모습을 다섯 가지의 품격으로 구분한다. 어미의 품격은 곧 탯줄을 통해 아기에게 전달된다. 순수한 기氣가 응축된 만두처까지의 과정을 용입수라고 한 바 있다. 이 과정에 대한 다섯 품격[322]에 대해 설명하고자 한다.

　먼저 곧바로 바른 품격을 들 수 있다. 주산主山인 부모산으로부터 곧게 이어진 주맥이 혈에 이르는 품격을 말한다. 이는 어미의 모습이 당당하듯 산세 또한 웅대하고 발복이 명쾌하다. 곧은 사람의 성품과 같다. 이러한 품격의 용입수를 직룡입수直龍入首라고 부른다. 두 번째로 가로[323]로 누워있는 어미의 품격에서 볼 수 있다. 다시 말해 곧[324]게 내려온 용맥이 주산에 이르러 곧은 맥[325]으로 혈을 주고 또 다시 어미의 가로 누운 몸체처럼 가로[326]로 또 하나의 가지를 벌려 행진하면서 혈을 주는 용입수의 품격을 말한다. 이러한 품격을 횡룡입수橫龍入首라고 부른다. 횡룡입수는 반드시 몇 가지의 조건이 따른다. 다시 말해 가로로 누운 어미의

322) 용입수 오격五格이라고 한다.

323) 횡격橫格

324) 직격直格

325) 직맥直脈

326) 횡橫

327) 直龍入首직룡입수

328) 樂山낙산으로 他山타산과 鬼귀까지도 포함한다는 말이다. 낙산은 본신룡에서 떨어져 나온 지룡이 만들어 준 산을 의미하며, 타산은 본신룡과는 무관하게 전혀다른 근원의 산이 행진해와 횡산의 뒤를 받쳐주는 산을 말한다. 귀는 산의 형체라기보다는 횡산 뒤편에 있는 지맥이나 암체, 토축과 같은 것을 말한다. 낮게 엎드려 강하게 받쳐주고 있는 귀는 혈판에서도 있다.

329) 過脈과맥
330) 成穴성혈
331) 물 찬 제비의 모습을 연상하면 된다.

332) 砂角사각
333) 재산:富부
334) 天穴천혈)
335) 人穴인혈
336) 地穴지혈

337) 穿田過峽천전과협
338) 馬跡마적
339) 草蛇回線초사회선
340) 一寸일촌
341) 高一寸고일촌

342) 分分:八字팔자
343) 低一寸저일촌
344) 合合:팔자

345) 고전에 '고일촌위산高一寸爲山 저일촌위수低一寸爲水'라고 하였다. 이 말은 1촌이라도 높으면 산이요 1촌이라도 낮으면 물이란 의미이다.

346) 부富

형태는 반듯한 어미의 모습[327]에서 요구되지 않은 특별한 조건을 필요로 한다. 그 특별한 필요조건이라는 것은 목과 같은 결인이라는 것을 통해 혈이 맺혀야 하고, 또한 혈 뒤에 있는 횡룡의 가로 능선이 배산背山 역할을 하기에는 역부족이므로 충분히 배산 역할을 하는 보조산[328]이 있어야 한다. 따라서 횡룡입수는 엄밀한 의미에서 주산에서 뻗은 용이 행진하는 과정[329]에서 하나의 분지分支된 지룡支龍에서 혈이 만들어진다.[330] 세 번째로는 어미의 모습이 날쌘돌이처럼 튀어 오르는 모습이다. 마치 여름날 더위를 식히려는 제비가 방죽에서 몸을 적시고 잽싸게 위로 솟구쳐 날아가는 모습[331]을 연상하면 이해가 쉽다. 이런 용입수는 당연히 결인에서 속기하는 입수맥이 길면서 높이 치솟는 형태의 입수맥이다. 지기가 응축된 만두정巓頭頂까지의 길이가 긴 것은 수십 미터에 이르거나 또는 높이가 높아 우러러 보인다. 따라서 주산을 포함한 주위의 산[332]은 만두처가 높은 만큼 비례하여 상대적으로 높아야 한다. 이러한 형태의 용입수를 용이 나는 입수라하여 비룡입수飛龍入首라고 부른다. 일반적으로 혈 앞의 여기는 재산과 관련이 있다고 해석한다. 비룡입수에서 여기餘氣가 없이 혈전이 가파르게 낮아지면 부유함[333]은 없으나 개혁성향의 인물이 배출된다. 네 번째는 아기를 가진 어미의 배가 나오지 않아서 임신을 했는지 안했는지 구별도 쉽지 않고 어미마저 있는 듯 없는 듯한 모습의 입수맥의 형태가 있다. 이런 형태의 용입수는 산줄기가 많은 산용세[334]나 평강세[335]에서는 찾아보기 힘들고 평지세[336]에서 용맥자체가 밭고랑을 지나는 듯[337]하거나 또는 말의 발자국[338]처럼 희미한 흔적이거나 풀숲을 지나간 뱀의 흔적[339]처럼 찾기 어려운 용입수맥龍入首脈을 말한다.

평지세는 낮은 곳에 주어지는 혈일지라도 단 3cm[340]정도의 높은 곳이 있어서 물을 높은 곳[341]에서 좌우로 나눠주고[342] 혈 아래[343]에서 합해지는 곳[344]에 결혈結穴되므로 혈이란 물의 침범을 유념해야 한다.[345] 이러한 용입수를 용이 은밀하게 땅속으로 잠수한다는 의미에서 잠룡입수潛龍入首라고 부른다. 잠룡입수는 물이 많은 평지세에서 주어지므로 재산[346]은 있어도 귀貴함은 없다. 마지막으로 앞으로 걸어가던 어미가 뒷산인 할아버지 산[347]을 돌아다보는 형태의 용세龍勢에서 볼 수 있는 용입수이다. 인체의 목과 같은 형태로 마지막 殺氣살기를 털어내고 혈처가 꺼리는 물을 털어주면서 지기地氣를 힘차게 모아 보내[348] 만두처에서 응축하도록 돕는 결인結咽의 방향이 할아버지의 산[349]을 향하는 용입수의 품격을 말한다. 이러한 용입수를 회룡입수回龍入首라고 부르고 재산[350]과 귀함[351]이 함께 주어진다고 한다. 혈 뒤의 조산祖山에서 뻗은 줄기의 산 하나가 혈 앞의 조산朝山과 안산案山을 만든다.

3절 사랑으로 잉태된 아이 – 혈

3.1 아이 같은 혈穴 – 혈을 논하다

1) 지리철학적 개념의 혈

모든 생명들을 존재하게 하는 근원적 기운을 기氣라고 한다. 기는 인식의 범주에 따라 통합적 개념으로 사용되기도 하고 분류된 개념으로도 사용된다. 개념상의 기는 천기天氣나 지기地氣 또는 물의 기(水氣수기) 같은 경우가 분류된 개념으로 사용되는 경우이다. 지리학에서의 기氣는 우리가 알고 있는 힘을 상징하는 에너지(energy)와는 다르다. 우리가 일반적으로 사용하는 에너지는 물리적인 일을 할 수 있는 능력으로 에너지의 크기는 물체가 할 수 있는 일의 양으로 나타낸다.

지리철학적 관점에서의 혈은 뼈의 신선함과 사람의 건강을 유지시켜 주는 혈이 갖는 역량이라는 것은 뼈가 묻히는 땅속이나 사람이 거주하는 공간상의 위치가 변화가 급변하는 곳이 아니라, 그것을 가능하게 하는 조건이 비교적 일정하게 항상성을 유지시켜 주는 장소성을 의미한다. 그러한 장소는 모든 산줄기인 용에서 무한적으로 주어질 수는 없다. 그래서 혈은 누구에게나 쉽게 주어지는 자연적 조건이 아니다. 혈이란 개념은 지리뿐만 아니라 한의학에서도 사용된다. 지리에서의 혈은 한의

347) 소조산이라 부른다.

348) 速氣속기
349) 祖山조산
350) 부富
351) 귀貴

학에서 다루는 인체의 경혈經穴에 해당한다. 경혈은 기혈이 순환하는 기본 통로352)에 속해 있는 혈穴을 이르는 말로써 생리적·병리적 반응이 현저하게 나타나는 곳이다. 353) 지리에서의 혈도 그와 같은 기능을 가진다.

지리철학적 관점에서 혈이 갖는 위상은 유학儒學에서 말하는 최고의 격格인 중용지덕中庸之德으로서 최상의 지덕地德이 숨 쉬는 곳을 말한다. 본래 혈穴이라는 글자는 중국 후한 때 허신許愼354)이라는 사람이 편찬한 『설문해자說文解字』355)에서 '혈'은 흙집이다. '집을 상징하는 글자356)로 구성었고 인식되어 있는 모든 구멍을 혈穴이라고 한다'라고 설명하고 있다. 혈에 대한 철학적 의미를 살펴보기 위해서는 도道를 공부하는 도학가357)와 유학가358)에서 말하는 태극론, 성리학적 이기철학의 주요내용에서 중中의 개념에 대한 이해가 전제되어야 한다. 특히 중中에 대해서는 중이 갖는 철학적 의미와 풍수에서의 오행상 토土로 혈穴이 갖는 중위적中位的 주재자로서 의미가 같기 때문이다. 359)

중中이라는 글자가 옛 문헌에 맨 처음 나타나는 것은 『상서尚書』라는 책의 '대우모大禹謨'편에 보이는데 중국 요堯 임금과 순舜 임금의 말로 기록360)되고 있어 중자中字의 내원來源은 4300년 이전으로 소급되는 것을 알 수 있다. 상형문자는 중국 고대문자의 시초始初로 하남성河南省의 은허殷墟에서 많이 발견된 거북이의 등껍질과 짐승의 뼈에 새긴 갑골문자甲骨文字이다. 이 갑골문의 복사卜辭에 보이는 중자中字로 인하여 상商나라361) 이전에 사용되었음이 고증考證되었다. 362)

상商나라는 중국 고대의 왕조(BC 1600~BC 1046)이다. 상商은 문헌에 따라 은殷이라는 명칭으로도 나타나 한때는 국가의 명칭을 은殷이라고 부르기도 했다. 하지만 은殷은 상왕조의 마지막 수도일 뿐이며, 은殷이라는 명칭은 상왕조가 멸망한 뒤 주周에서 상의 주민들을 낮게 호칭하던 것에서 비롯된 것이다. 따라서 정확한 명칭은 상商이다. 하夏·상商·주周 3대의 왕조가 잇달아 중국 본토를 지배하였다고 하나, 전승되는 중국 최초의 왕조인 하왕조는 그 존재 자체가 아직 고고학적으로 입증되지 못했다. 다행히 상왕조는 20세기에 들어서 그 수도에 해당하는 은허殷墟의

352) 經脈경맥

353) 주자(朱子)는 <산릉의장(山陵議狀)>에서 "이른바 정혈의 법이란 침구에 비유할 수 있는 것으로, 스스로 일정한 혈의 위치를 가지는 것이기 때문에 추호의 차이도 있어서는 안 된다."고 지적하였다.

354) 중국 후한의 학자(30~124). 자는 숙중(叔重). 고문학을 배우고 육서를 구명하였다. 저서에 ≪설문해자≫, ≪오경이의≫ 따위가 있다.

355) 중국 후한 때, 허신이 편찬한 자전. 문자학의 기본적인 고전의 하나로, 한자 9,353자를 수집하여 540부(部)로 분류하고 육서(六書)에 따라 글자의 모양을 분석·해설하였다. 15권.

356) 宀, 집면
357) 道家도가
358) 儒家유가

359) 따라서 토중土中간의 상호관련성을 모색해 보는 것은 혈논穴論에 대한 논리체계를 이해하는데 매우 중요한 의미를 지닌다고 사료된다.

360) "人心惟危 道心惟微 惟精惟一 允執厥中(인심유위 도심유미 유정유일 윤집궐중)"……

발굴이 진행됨에 따라 적어도 그 후기에는 당시의 문화세계였던 화북華北에 군림하였던 실재의 왕조였음이 판명되었다. 따라서 상은 고고학적 연대를 확인할 수 있는 중국의 가장 오랜 국가이다. 상나라 전기는 기원전 1600년부터 1300년까지이고, 도읍을 은으로 바꾼 상나라 후기는 1300년부터 1046년까지이다.

중中은 중심을 나타내며 중심은 부동不動을 의미한다.[363] 이러한 중은 집중執中한다는 것으로 지극한 표준을 잡는다는 뜻이다.[364] 풍수지리학에서의 중中은 이러한 논리체계를 수용한다.『서경書經』의 홍범사상洪範思想[365]에서는 중앙中央을 오토황극사상五土皇極思想[366]과 상통相通하는 것으로 해석되어 있다. 홍범사상에서 홍범구주洪範九疇中 황극皇極이 가운데 위치하는 것은 상하좌우上下左右를 총괄적으로 포용[367]하고 구주九疇 전체를 움직이는 중심이 되기 때문이다. 이렇듯 중中은 우주라는 원심圓心과 구심球心의 핵核으로 천지사방天地四方을 통제하고 순화純化시키는 조절자로서 시·공간상의 중개인과 같은 매개적媒介的 위상이라고 할 수 있다.

또한 공자가 말한 도道로서 특징지어진 '시중지도時中之道'를 시時와 중中으로 구분하여 시時를 상황성狀況性[368], 중中을 규범성規範性[369]으로 말할 때 중상中常은 체體로, 시변時變은 용用으로 볼 수 있다.[370] 공자는 체를 불변체不變體로서 표리表裏[371]를 이루어 주는 관계로 설명하고 있다. 즉, 체용體用의 관계에서 '중'을 변하지 않고 드러내 보이거나 접는다는 말발지중末發之中으로서 본체적 본원本源으로서 형이상학적 의미로 보았다. 이같은 중도中道는 풍수론에 있어서 혈穴의 중토적中土的 위상位相과 같다.

2) 풍수학적 개념의 혈

풍수지리에서 말하는 혈의 개념은 에너지 개념이 아닌 땅의 기운이 집중[372]되어 있는 곳을 말한다. 따라서 혈은 죽은 사람이나 산 사람이 땅의 기운[373]을 받아 뼈는 오랫동안 신선한 상태에서 보존되게 하고, 산 사람들에게는 생명활동을 할 수 있는 강한 기운을 불어넣어주는 약 반평半

366) 皇極에 대한 다양한 해석이 존재
한다. 極을 다해 변화하기 바로 직전의
中을 얻은 상태를 황극이라 한다. 김일
부는 正易에서 無極과 太極을 體用관
계, 황극을 무극과 태극의 中이라 표
현했다.

367) 攝包섭포
368) 變변
369) 常상

370) 배종호, 본체론과 인성론의 관계,
연세대학교출판부, 1988, p.11
중국철학에 있어 氣란 物心의 본원
을 가리키는 것으로 唯物論이나 唯心
論은 성립할 수 없는 것이다. 體用思
想에 있어서 體用은 불학(佛學)에서 도
입한 사상이다.

371) 물체의 겉과 속 또는 안과 밖을 통
틀어 이르는 말. 또는 겉으로 드러나는
언행과 속으로 가지는 생각을 통틀어
이르는 말로 철학용어로 많이 쓰인다.

372) 凝縮응축
373) 地氣지기
374) 生地氣생지기
375) 地氣感應지기감응
376) 환경

377) 사각砂角
378) 수水
379) 亡者망자
380) 內壙내광:穿壙천광
381) 용맥龍脈
382) 굴窟
383) 일편一片
384) 四神砂사신사
385) 環抱환포

坪의 땅[374]내지는 일편의 평포된 땅을 말한다. 풍수에서는 이러한 결과를 땅의 기운으로 인한 것으로 감응感應이라고 표현한다.[375] 또한 풍수지리에서의 혈은 지리공간상의 장소성으로 외적 자연조건[376]과의 관계에서도 조화로운 곳이다. 다시 말해 사신사를 포함한 주변의 모든 산[377]과 물,[378] 그리고 바위와 식물에 이르기까지 생물과 무생물을 가리지 않고 모든 자연물과의 상생적 관계를 설명하는 개념이다.

지금부터 풍수에서 말하는 혈을 좀 더 구체적으로 살펴보자. 음택陰宅에서의 혈은 죽은 자[379]가 묻히는 구덩이, 즉 관棺이 들어가는 구멍[380]을 일컫는 말로 용맥龍脈의 정기精氣가 모인 자리를 지칭하는 것이 일반적이지만, 본질적으로는 특정된 영역상의 중위점을 일컫는다. 혈은 특정한 형국의 중심에서 산능선[381]의 일선상一線上에서 주어지고 그러한 곳은 산수음양山水陰陽의 정기가 응결된 곳을 말한다. 양택陽宅에 있어서도 본래는 인간이 동굴에서 살았다는 의미로써 굴집[382]이 입지하는 산자락의 터를 지칭한다. 사람이 사는 주택은 본래 상고시대上古時代 토굴과 움막생활의 주거형태에서 지상가옥地上家屋으로 주택양식이 변화하면서 아무 불편 없이 편안한 평평한 한조각[383]의 터에 입지하게 된 것이었다. 따라서 혈은 시원始原적으로 양택의 개념으로 사용되어지다, 후에 음택陰宅의 개념으로도 사용된 용어라고 할 수 있다.

혈穴은 사방四方의 산[384]이 둥그렇게 감싸 안고[385] 있는 중심점에 위치한다. 이는 혈이 천지사방을 주재主宰하는 방위상 중앙中央을 의미한다. 주재자主宰者로써의 혈의 위치는 어떠한 경우라도 경선經線상의 자오선子午線에 있을 수밖에 없다. 따라서 혈을 군왕郡王, 아버지, 주인, 남편 등의 위계적 상징성으로 그 격格을 칭한다. 혈은 오행상五行上 중앙中央의 토土이자 4기四氣[386]의 조절자이며, 발산發散과 수축收縮[387]의 기운氣運인 음양동정陰陽動靜 운동을 중화中和시키는 중도中道로 사시四時[388]를 주재하고, 사방색四方色[389]과 오상五常[390]을 주재하는 등 사방위상四方位上의 중위中位에 배정된 다양한 의무를 주재한다. 사방색은 중화색中和色인 중앙

황색中央黃色을 제외한 동청東靑, 남적南赤, 서백西白, 북흑색北黑色을 말한다. 사방색의 주재색은 황색으로 배정하고 있다. 따라서 혈토색穴土色 또한 황색토黃色土로 일명 오색토五色土 이어야 한다. 하지만 이는 원론적 의미이며 주위 지형의 토질성분에 따라 그 색상은 천차만별이다.

음양이기陰陽二氣와 오행에 대한 철학적 의미는 곧 동양철학에서 골간骨幹을 이루는 태극사상과 리理와 기氣에 대한 원리적 해석을 통해서만이 이해될 수 있다. 풍수지리학에서 땅의 형상[391]에 대한 해석에 있어서 이기풍수론과 형기풍수론의 논리는 결국 이기철학理氣哲學에서의 이기분류체계와 같은 논리체계를 갖고자 한데서 기인한다. 그러므로 우주의 본체론本體論과 인간의 심성론心性論에서 궁극적 원리를 태극사상太極思想에서 찾고자 하였던 유가철학처럼 풍수지리학에서의 혈穴에 대한 논리적 체계 또한 태극론太極論과 이기론理氣論을 벗어나서는 규명되어질 수 없다.[392] 풍수지리학에서 음양설에 의한 조화는 음양과 오행에 의해서 이루어진다고 보았다. 음과 양의 이원적二元的인 상태가 수화토금목水火土金木의 오행상 기氣가 상승相勝, 상극相剋, 상생相生에 의해, 갈마들면서 조화되어 우주의 삼라만상森羅萬象이 화생化生한다는 것이었다. 자연의 발전은 언제나 법칙성을 가지고 있고, 자연속에서의 인류역사도 이 자연의 발전법칙에 순응해서만이 가능하다. 이와 같은 자연의 법칙적인 발전에 대하여 『사기史記』 '태사공자서太史公自序'에서 "우주변천은 3변천 즉, 소변小變, 중변中變, 대변大變이 있는데 이러한 전과정을 통해서 인류의 역사 발전도 수응한다는 것"이라고 되어있다.

풍수론의 요체要諦는 태극론과 이기철학의 다양한 철학사상을 수용하여 사시四時와 절기節氣라는 천기天氣의 변화와 음양오행의 철학적 사상을 지리학적 논리체계라는 그릇에 담아 구성되었다고 할 수 있다. 이에 대해 혈穴은 중용지덕中庸之德으로 지상地上에 유착癒着하는 만물생화萬物生化의 중재자仲裁者이며 주재자主宰者로써 오행기가 유행하는 기氣의 중심점이다.[393] 그 위상位相이 말해주듯 무궁無窮한 청정성淸淨性을 지닌 혈穴은 사시四時와 일시日時의 극변極變으로부터 보호받으면서 사신사四神

386) 목화금수(木火金水)의 4기(氣)를 말함.

387) 收藏수장

388) 봄, 여름, 가을, 겨울의 4계절을 말한다.

389) 中和色인 中央黃色을 제외한 東靑, 南赤, 西白, 北黑色을 말한다. 사방색의 주재색은 황색으로 배정하고 있다. 따라서 혈토색(穴土色) 또한 황색토(黃色土) 일명 오색토(五色土) 이어야 한다. 하지만 이는 원론적 의미이며 주위 지형의 토질성분에 따라 그 색상은 천차만별이다.

390) 사람이 갖추어야 할 다섯 가지 덕목인 인(仁), 의(義), 예(禮), 지(智), 신(信)을 말한다.

391) 지상地相

392) 황원구, 중국사상의 원류, 圓과 方의 우주관, 연세대학교출판부, 1988, p.50

393) 木火金水氣를 조절하는 土氣를 말한다. 한동석, 전게서, p.67~69

砂를 주재한다. 이는 오행상 토土의 역할로써 혈은 철학적 의미로 체體이며, 사신사는 용用이라는 체용관계로 설명될 수 있다. 즉, 풍수에서의 혈은 변화의 중심에서 비교적 안전한 점이지대漸移地帶 임을 의미한다. 이는 현대지리학에서의 점이지대에 대한 설명에서도 풍수론적 혈과 같은 의미로 해석한다. 즉, 서로 다른 지리적 특성을 가진 두 지역 사이에서 중간의 점이적인 현상을 나타내는 지역으로 산록 지역 따위가 이에 속한다고 설명한다.

풍수론을 자연생태지리학이라 하고 자연과의 상생相生과 순리順理를 따르는 지리학이라는 것은 결국 자연 스스로가 천지음양天地陰陽의 법칙에 따라 형성된 자연지형을 인위적으로 훼손하지 말라는 의미이다. 이는 자연이 스스로 조성한 형국적 지형지세를 보존하자는 것이며, 배산임수背山臨水의 기본 틀을 깨지 말라는 경고인 것이다. 즉 배산임수에 대한 영역적 공간의 음양개념을 보면 배산背山은 음陰의 영역적 공간으로 용龍·좌坐를 관장하며, 기후학적으로는 음기陰氣에 의한 냉기冷氣가 지배한다. 배산의 영역은 신성한 정신적 공간이며, 화석연료의 공급지일 뿐만 아니라 사람의 선천적 운運을 관장하는 공간으로 미래의 세계이다. 위계상으로는 상위의 영역으로 조상과 남성의 공간이다. 반면 임수臨水는 양陽의 영역적 공간으로 수水·향向을 관장한다. 기후학적으로는 양기陽氣에 의한 온기溫氣가 지배한다. 임수의 지역은 세속世俗의 생활공간이며, 농업소득과 생활용수의 공급지일 뿐만 아니라 사람의 후천적 운을 관장하는 공간으로 현실세계이다. 위계상으로는 하위의 영역이며 자손과 후원자를 나타내고 여성의 공간이다. 그러므로 배산임수의 기본 틀을 깨지 말라는 풍수에서의 경고는 산천山川[394]의 산山태극과 수水태극이라는 음양배합적陰陽配合的 상생相生의 자연지형을 인위적人爲的으로 깨뜨리는 비자연적 부조화에 대한 불인성不認性으로 이해할 수 있다.

394) 山水陰陽산수음양

3.2 아이가 덮을 이불 - 혈판의 개요와 개념

혈판穴坂이란 '혈'이라는 구덩이를 안고 있는 한 점의 땅이다. 아기를 감싸고 눕히는 작은 이불정도라고나 할까? 혈은 어미로부터 한시도 눈을 떼지 않는 아기와 같은 것이다. 오행방위적으로는 중심인 토土의 땅이다. 조금 크거나 작을 수도 있고 높거나 낮은 곳에 있을 수도 있다. 바람이 심한 곳에 있을 수도 있고 물이 많은 곳에 있을 수도 있다. 아이를 에워싸고 있는 혈판은 전체 면적에서 어느 한곳이 강하거나 약할 수도 있고 전체가 약하거나 강할 수도 있다. 예쁠 수도 있고 못생긴 것도 있다. 또한 어미의 가슴쪽으로 있는 것도 있고 어미로부터 멀리 떨어진 것도 있을 뿐만 아니라 두 팔 가운데 어느 한쪽팔로 치우칠 수도 있다. 아기의 살결과 같은 토질은 내부적으로 모래성분이 있는 사토질沙土質의 풍화토風化土 일수도 있고 점토질粘土質이나 암반巖盤이 주를 이루는 토질 일수도 있다. 색상은 황토색을 기본으로 하나 주변토양의 생성시나 조산활동 당시의 토질에 따라 지질적 특성에 따라 색상을 달리 할 수도 있다. 일반적으로 혈토穴土의 토색土色이 오색토五色土[395]라 함은 오행상 토는 목화금수木火金水의 색을 아우르는 중화의 색상이라 하여 오행논리로 토색을 설명하는 원론적인 얘기일 뿐 실상은 그렇지 않다. 혈토는 보통 두세 가지의 색을 띠는 경우가 많다. 이것은 태양빛의 산란과 토양을 이루는 기본물질의 성분구성에 따라 다르기 때문이다. 빛의 산란이란 태양 빛이 공기 중의 질소, 산소, 먼지 등과 같은 작은 입자들과 부딪칠 때 빛이 사방으로 재방출 되는 현상으로 물체의 색을 다르게 보일 수 있다. 따라서 새벽녘이나 해질 무렵에는 태양빛이 낮보다 상대적으로 두꺼운 대기를 통과하므로 파란빛은 대부분이 대기 속에서 산란되어 지표면에 도달하지 못하고 붉은빛이 지표면에 도달하여 하늘이 붉게 보이는 것과 같이 혈토의 토양색도 빛의 산란과 당일의 일기에 따라 그 영향에 의해 달리 보일 수 있다.

395) 五色土는 五方位에 배정된 색의 상징적 의미로 土色 또한 다섯 가지의 기본색을 바탕으로 나타낼 수 있다는 것을 말한다.

시간차에 의한 빛의 산란 ▶

밤 → 지구 ── 새벽녘이나 해질무렵
대기권 ── 낮

혈판이라는 아기[396]의 이불은 네 가지의 이불형태인 사상혈四象穴[397]로 분류하거나 음이 오면 양이 온다(陰來陽受음래양수)거나, 양이 오면 음이 온다(陽來陰受양래음수)는 역易의 태극음양론과 오행론을 취용하여 설명하기도 한다. 혈판은 형기풍수론에서 다루고 있는 거의 모든 이론에서 주요한 핵심 포인트로 형기론의 중심에 있다. 예를 들면, 또한 본성적인 측면에서 움직이지 않으려는[398] 산을 음陰, 움직임을 크게 하려는[399] 물을 양陽의 개념으로 보거나, 오형체五形體[400]로 구분하는 것들도 모두 그렇다. 살론殺論에 있어서도 형기적 용살龍殺과 수살水殺이 흉凶의 음개념陰槪念이라면 미사美砂와 굴곡수屈曲水는 길吉의 양개념陽槪念인 것이다.

용龍과 용을 이어주는 과협過峽과 용과 혈穴을 이어주는 결인結咽이 양陽이면 만두巒頭와 산정山頂의 용은 음陰이며, 박환剝換이란 것도 음양의 교호현상交互現象을 설명하는 것이고, 조산祖山이 선천적 운명을 좌우하는 음陰의 체體라면 용호龍虎와 주작朱雀 및 외산·외수外山·外水는 후천적 운명을 좌우하는 양陽의 용用이다. 심지어 형국形局의 사방사四方砂에도 오행패원五行覇元이나 사신사에 대한 오행의 상징성 적용, 혹은 4대국大局에 대한 오행의 적용 등 풍수론의 모든 영역에서 태극론太極論과 음양오행론까지도 혈판에 대한 이해를 돕고자 하는 논리라고 할 수 있다. 오행패원은 오형체의 길吉한 사격砂格이 정오행 방위에 맞게 각각 귀격貴格으로 있음을 형국으로 나타내거나, 조산祖山으로부터 부모산까지의 산이 오행의 상생형으로 진행해 와서 부모산을 이루는 형국을 나타낸 것이다. 또한 사신형국四神形局의 오방위五方位 사砂가 오형체로 갖춰져야 하고 내룡來龍도 오행의 상생순相生順으로 구비되어야 한다. 오행의 상생적 의미를 강조한 것으로 형국을 이루는 사砂의 오형체를 말한다.

396) 혈穴을 말한다.

397) 태극론 음양변전의 사상을 취용하여 혈형을 4가지 형으로 분류한 것을 말한다. 4가지 혈형을 와겸유돌(窩鉗乳突)이라 하는데 와형을 太陽, 겸형을 少陽, 유형을 少陰, 돌형을 太陰형으로 구분한다.

398) 정적靜的
399) 동적動的

400) 山形에 대한 형체도 五色土와 같이 5행을 적용하여 다섯 가지 기본적인 山形으로 분류한 것으로 정성적 분류방법에 의한 형체구분이다.

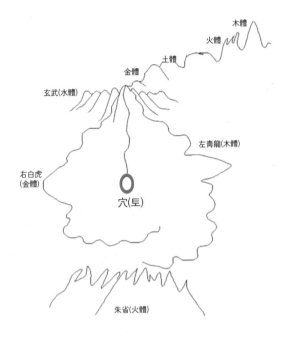

木體
火體
土體
金體
玄武(水體)
左靑龍(木體)
右白虎
(金體)
穴(토)
朱省(火體)

3.3 이불의 구성요건 – 혈판의 구성요건

1) 혈판穴坂이라는 원앙금침의 개념

인간의 생활공간에서 지표상에 주어지는 최적의 장소를 혈이라고 부른다. 그 장소는 건축물을 지을 수 있어야 하고, 묘나 여러 목적의 생활에 필요한 택지상의 다목적 공간활용을 위한 유·무형의 실효적 장소이어야 한다. 인간의 발길이 닿는 곳이면 인간의 관점에서 그 땅에 대한 용도적 가치에 대한 평가와 좋고 나쁨에 대한 기준이 있기 마련이다. 땅의 영험한 이치는 주택을 지을만한 땅과 묘를 조장할 수 있는 땅을 누구에게나 쉽사리 주지 않고, 선善을 행하고 덕德을 쌓는 자에게만 준다. 이는 세상살이에서 선덕善德을 쌓고 행하기가 그만큼 어렵다는 것을 말한다.

풍수에서의 혈은 순수하고 청정한 존재로서 형태적으로 주택지나 묘지에 맞는 합목적 특성을 시각적으로 나타내고 있다. 그러므로 혈은 산이나 인간의 모습처럼 다양한 형상을 가진다. 높거나 낮고, 작거나 크고, 길거나 짧은 형태로 마치 널빤지와 같은 모습이라고 보면 된다. 우리는 그 널빤지 같은 한 조각의 좁은 땅에는 주택이나 묘를 쓰고 좀 더 넓은 땅은 마을이나 향촌鄉村이 들어서며 넓은 대지大地에는 읍성邑城과 같은 대도시가 들어선다. 따라서 묘와 같이 죽은 사람이 자리하는 땅은 비교적 협소하고 용의 줄기인 산의 능선을 택한다. 반면, 주택이나 마을 향촌, 읍성과 같은 땅은 넓은 땅을 필요로 한다. 이러한 땅도 나름대로 기氣가 없는 땅401)이 아니라 잠룡으로 입수한 지기地氣가 응결凝結된 혈을 일편상一片上에서 갖고 있다. 혈이 내재된 특정特定지어진 땅, 한 조각 널빤지 같이 주택이나 묘지를 쓸 수 있는 땅, 지기가 응결된 지역의 땅을 혈판穴板이라고 한다. 풍수는 그러한 혈판을 찾는 방법에 대해 이론적으로 설명하는 지리학이다. 혈판은 최소한의 구성요건을 갖추어야 하고 그 형태 또한 다양하다.

2) 원앙금침의 요건 – 혈판의 요건

일반적으로 향촌과 읍성과 같은 대도시의 땅은 넓은 의미의 대지大地인 혈판을 갖는다. 주로 형세와 형국에 의해 결정된 양기지역으로 주산에 해당하는 진산鎭山이 있어야 한다. 진산이란 일정지역을 대표하는 산이며 그 지역을 보호하고 지켜주는 중추적인 산으로 배산背山의 주봉主峰을 의미한다. 즉, 진산이란 용어는 풍수지리風水地理에서 사용하는 용어라기보다 조선시대 지리지에 나타나는 용어로 사용되었으며, 풍수지리서에서는 진산보다 실제로 주산이나 부모산, 혹은 현무로 널리 사용되었다.

진산은 혈장穴場이 있는 명당明堂 뒤에 위치하기 때문에 후산後山이라고도 하며, 다수 공동체를 진호鎭護한다 하여 진산이라는 명칭이 나왔다. 중국이나 고려에서는 일부 군현에만 진산이 존재하였으나, 조선 시대에는 사람이 생활하는 대다수 군현에 진산鎭山이 선정되었다. 공간적 특징으로 조선 시대의 진산들의 다수가 풍수적 주산主山, 혹은 조산祖山을 중

401) 무기지無氣地

심으로 하는 읍邑이 자리 잡고 있는 땅402)의 배후산背後山이었다.

고려 시대 지방의 군현은 개경과 달리 치소治所가 산성 형태의 치소성에 위치하였기 때문에 풍수적 형국을 갖추지 못하였으므로, 읍기邑基 배후의 산을 진산으로 선정할 수 없었다. 하지만 여말선초麗末鮮初를 지나면서 치소治所를 산의 전면에 두면서 평지에 위치한 경우가 많아졌고 읍치邑治의 공간적 구조도 도성 즉, 한양을 모델로 변하게 되었다. 진산은 북현무北玄武에 해당된다. 진산과 주산을 구분하는 경우도 있는데, 개성은 송악산松嶽山이 진산이며 서울의 경우 삼각산三角山을 진산, 백악산白嶽山403)을 주산으로 보기도 한다.404) 또한 사신형국에 의해 보호받는 넓은 평양지로 형국내의 내당수內堂水가 격에 맞는 규모를 갖추어야 하고, 멀리서 흘러와서 감싸주는 외수外水 또한 산격山格에 합당한 수격水格을 갖추고 있어야 한다. 토질은 마사토405)와 같이 모래가 섞인 땅이어야 하고 사방산은 살기가 없는 수려함을 갖춰야 하며, 환경유해시설이 있어서는 안 된다.

주거지의 혈판 구성요건이 비교적 형세와 보국에 의한 짜임새를 중심으로 크게 보았다면, 묘가 들어서는 음택의 경우도 주거지의 혈판구성요건을 전제로 하되 음택론에서 비교적 소상히 다루고 있다. 땅에 대한 미시적 기준으로 인체의 목과 같은 음지형의 요곡지凹谷地406)가 있어야 태조산에서부터 이어진 지기地氣를 승계 받아 속기速氣할 수 있고 탈살脫殺과 탈수脫水작용에 의해 혈판을 보호할 수 있다. 또한 지기가 응축된 두툼하게 돌출된 형407)을 갖추고 그 곳에서 혈판의 좌우로 매미날개와 같이 보일 듯 말듯하게 살짝 도드라진 지형408)이어야 한다. 토질은 굵은 모래인 마사토磨砂土나 고운 모래409)이어야 하며 혈판을 나무뿌리410)나 벌레411)의 침입으로부터 보호하는 단단한 땅412)이 혈을 이루고 땅의 색413)은 다섯 가지의 색414)으로 이루어져야 한다. 또한 혈판의 테두리는 보름달이 물을 머금듯 희미하나 자세히 보면 뚜렷하게 보름달의 외형415)을 갖춘 토축土築 형태가 있어야 한다.

402) 邑基읍기
403) 北嶽山북악산

404) 조선 시대에는 동쪽의 금강산, 남쪽의 지리산, 서쪽의 묘향산, 북쪽의 백두산, 중심의 삼각산을 오악(五嶽)이라고 하여 주산으로 삼았다.

405) 풍화토라고도 한다.

406) 結咽결인
407) 巒頭만두
408) 蟬翼선익
409) 微粒細質土미립세질토

410) 木根목근, 목렴木簾
411) 蟲충, 충렴蟲簾
412) 印木인목
413) 토색土色
414) 오색토五色土

415) 둥근 쟁반 같은 형태. 圓暈원훈이라고 함.

3.4 원앙금침의 형태 – 혈판의 사상

주택지나 묘지나 혈판의 형태는 각양각색이다. 수많은 형태를 이론적으로 세세히 다룬다는 것은 불가능하다. 그래서 풍수학에서 선택한 논리가 태극론에서 음양의 1차 분화인 사상四象[416]을 취용하여 4가지로 구분하였다. 풍수학에서 땅을 4가지로 구분하여 형태를 논한다면 전통 한의학에서는 사람의 체형을 4가지로 분류하여 의학의 대상으로 삼았다. 체형에 따라 선호해야 할 것과 버려야 할 것이 있듯이 풍수에서의 혈판도 4종류에 따라 특징이 주어진다. 평지에서 주어지는 혈판형태는 크게 2가지로 움집을 지을 수 있는 오목한 형태로 마치 소의 뿔[417] 같은 좌우의 두툼한 형태의 지각枝角이 감싸고 있는 곳의 낮은 혈판[418]과 죄인의 목에 씌웠던 칼[419]이나 집게처럼 좁고 긴 형태로 낮게 형성된 혈판[420]이 있다. 다음으로 산지에서 주어지는 혈판형태 또한 크게 2가지인데, 마치 가마솥이나 종을 엎어놓은 것처럼 높은 형태 내지는처녀의 유방처럼 볼록하게 주어지는 혈판[421]과 아이에게 젖을 많이 물린 여인네의 가슴처럼 길쭉하게 늘어진 타원형의 혈판[422]이 있다.

평지의 혈판에서 주어지는 와혈과 겸혈은 물의 침범으로부터 안전한 형태를 갖추어야 하므로 자연은 우각이나 선익을 주어 혈판을 보호하고, 산지의 혈판에서 주어지는 돌혈과 유혈은 바람의 침범으로부터 안전한 형태를 갖추어야 하므로 크게는 장풍의 사신사와 작게는 선익을 주었다.

따라서 산지세에서 주어지는 혈형穴形은 와겸窩鉗이며 평지세의 혈형은 유돌乳突형이어야만 물과 바람으로부터 보호받을 수 있다. 물론 자연의 조건이란 그 반대로 주어지기도 한다.

416) 太陽태양, 少陰소음, 太陰태음, 少陽소양을 말한다.

417) 우각牛角

418) 窩穴와혈:太陽穴태양혈
419) 項鎖항쇄
420) 鉗穴겸혈:少陽穴소양혈
421) 突穴돌혈:太陰穴태음혈
422) 乳穴유혈:少陰穴소음혈

4절 숨겨진 아이를 찾는 법 – 혈을 찾는 법(穴尋法혈심법과 穴證法혈증법)

4.1 아이를 중심으로 찾아 나서기

풍수에서 혈을 찾는 법을 혈심법穴尋法 또는 혈증법穴證法이라고 부른다. 사상혈에서 양혈陽穴인 와혈窩穴은 황소의 뿔과 같은 우각사牛角砂가 있어야 하고, 겸혈鉗穴은 집게다리와 같은 혈형穴形으로 매미날개와 같이 미미微微한 맥[423]인 선익사蟬翼砂가 있어야 한다. 본래 양혈은 바람이 위협적인 산용세에서 주어지고 음혈은 물이 위협적인 평지세에서 작혈作穴된다. 따라서 양혈인 와혈과 겸혈은 형국적 사신사의 보호를 받고 혈처에서는 우각사의 보호를 받아야 한다. 그러나 그것은 원론적인 이치일 뿐 실제로는 평지세에서도 와겸혈은 주어진다. 모든 혈은 대부분 사신사에 크게 의존하고 우각사와 선익사에 작게 의존하는 경우가 대부분이다. 그러므로 음혈陰穴인 돌혈과 유혈의 경우도 형국적으로는 양혈과 같으며, 혈처에서는 특히 선익사에 의존하는 경우가 많다. 혈을 찾는다는 것은 먼저 혈판을 찾는데서부터 출발하여 살아 있는 기가 뭉쳐진 곳[424]을 찾아내는 것이다. 보국을 살피고 그 세勢와 산의 품격[425] 및 오고가는 물[426]을 관찰하여야 한다. 바라보는 방향[427]에는 안산案山이 아름답고 명당이 바르며 수세水勢가 모아진 곳으로 배산이 원칙이며, 횡룡입수의 경우 혈 뒤에는 낙산樂山과 귀성鬼星을 갖추고 있어야 한다. 모든 혈 앞에는 순전脣氈과 여기餘氣가 반듯하고 원훈이 충만해야 한다. 사방으로는 천심십도天心十道의 짜임새를 갖추고 물을 가르고[428] 합습 함[429]이 분명해야 한다. 이러한 곳을 찾는 방법으로 우선 멀리서 관망하여야 한다.[430] 조종산祖宗山과 간지룡幹枝龍을 보고 혈판과 안산의 위치와 형태, 그리고 사신사의 환포環抱상태와 주변 사각의 형세와 형태를 살펴야 한다. 멀리서 살핀 연후에는 혈판에 이르러 혈판의 구성요건을 구비하였는지를 살핀다. 주변 산에 대해서는 산의 성정을 살필 때 사용되는 성수오행星宿五

423) 음사陰砂
424) 生氣凝結處생기응결처
425) 砂格사격
426) 流水유수
427) 向향

428) 界水계수:分水분수
429) 合水합수
430) 遠望원망

명칭		해당방위	상징성
3길(吉)		亥卯庚해묘경	貴귀(인물)
6수(秀)		艮丙辛巽丁兌간병신손정태	富부. 貴귀(인물)
3화수(火秀)		丙午丁병오정	貴귀(인물)
4방사(方砂)	4胎太(4維유)	乾坤艮巽건곤간손	貴귀(인물). 首수
	4正정	子午卯酉자오묘유	종교인. 종교부지
	4强강	乙辛丁癸을신정계	武人무인
	4胞포	寅申巳亥인신사해	子孫자손
	4順순	甲庚丙壬갑경병임	文人문인
	4藏장(4金금)	辰戌丑未진술축미	富부(재물)
8將장		艮丙辛巽丁兌간병신손정태+卯庚묘경	富貴부귀

行을 활용한 3길吉과 6수秀 및 3화수火秀를 살피고, 도학풍수에서 말하는 4정正방의 사砂로써 사각의 품성을 살펴야 한다.

또한 혈판을 살핌에 있어 10가지 좋지 않는 경우가 있다.[431] 홍수를 겪었던 곳이나, 천둥과 벼락이 심한 곳은 좋지 않다. 주위 환경으로부터 주목받지 않는 곳이나, 사방팔방이 낮거나 보호하는 산이 없는 곳도 좋지 않다. 혈처에 구덩이가 파여 있거나, 땅이 낮아 더러운 물이 점점 스며드는 곳과 산줄기가 꼬여있고, 풀과 나무가 자라지 못한 곳도 좋지 않다. 혈판이 산란하게 퍼져 있거나 돌산의 땅은 좋은 혈판이라고 할 수 없다. 기타 흉한 모습의 산이나 자연지형은 살기를 품고 있는 형태로 좋지 않으므로 잘 살펴야 한다.[432]

4.2 지형도와 위성사진으로 찾아 나서기

지형도地形圖란 지표의 형태 및 지표에 분포하는 사물을 정확하고 상세하게 그린 지도를 말하며 지세도라고도 한다. 대표적인 일반도로써 등고선으로 땅의 높낮이를 나타내며 수계水界, 교통로, 취락, 토지 이용, 지명 등을 표시한다. 우리 나라에서는 5000분의 1, 2만 5000분의 1, 5만분의 1 따위의 축척으로 된 세 종류가 발행되고 있다. 풍수지리에서 지형

431) 간산십흉看山十凶
432) 흉상凶山

도는 명당의 조건에서 용맥[433]의 흐름에 대한 1차적 판단을 할 때 사용된다. 이미 과거의 지형은 일제 시대나 산업사회 이전 개발 전 단계의 지형도가 아니면 현재의 변화된 지형은 찾기 어려울 정도이다. 지형도를 자세히 보면 일정한 간격으로 가늘고 굵은 선으로 되어 있음을 알 수 있다.

지형도를 읽기 위한 사례 ▶

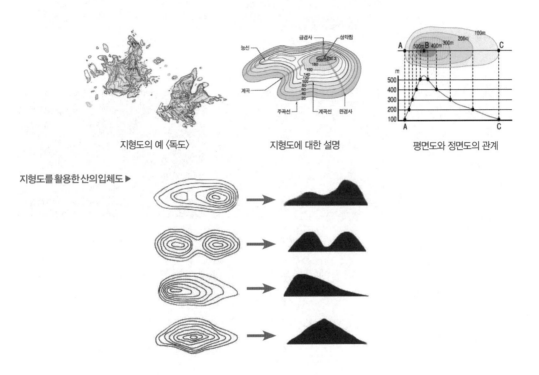

지형도의 예 〈독도〉 　　　　지형도에 대한 설명 　　　　평면도와 정면도의 관계

지형도를 활용한 산의 입체도 ▶

계곡선은 지도에서 가장 큰 선으로 1: 100,000 지도에서는 200m마다, 1: 50,000 지도에서는 100m마다, 1: 25,000 지도에서는 50m마다 하나씩 표시되며 주곡선은 지도에서 계곡선 사이에 들어가는 선으로써 1: 100,000에서는 40m마다, 1: 50,000에서는 20m마다, 1: 25,000에서는 10m마다 하나씩 표시된다. 따라서 계곡선은 굵고 주곡선은 얇은 선으로 선이 5개 들어갈 때마다 1개는 계곡선, 그 사이의 4개는 주곡선이다.

433) 산줄기

혈을 찾기 위한 위성사진
활용 예 ▶

3D 입체지형사진   위성사진(백두간맥)

혈을 찾기 위한 지형도와
위성사진 활용 예 ▶

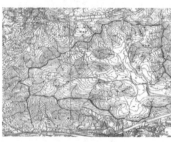 

풍수에서 지형도를 사용한   풍수에서 위성사진을
사례 −건원릉1   사용한 사례

　　다시 말해 주곡선 5개 중 하나에 들어가는 굵은 곡선이 계곡선이며
축척에 따라 표시되는 간격이 다르다. 계곡선과 계곡선 사이의 간격이
100m이고 주곡선이 4개가 있으면 축척은 1 : 50,000 지도가 되며 1 :
25,000 지도는 50m 차이가 난다.

혈을 찾기 위한 지형도
활용 예 ▶

 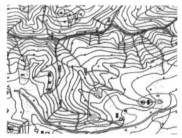

434) 동구릉의 하나인 문조=신정왕후   풍수에서 지형도를 사용한 사례 −건원릉2   풍수에서 지형도를 사용한 사례 −수릉[434]
의 릉이다.

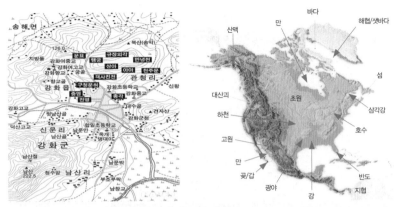

등고선 / 축척	1 : 50,000	1 : 25,000	표시선의 형태
계곡선	100m	50m	——————————
주곡선	20m	10m	——————————
간곡선	10m	5m	– – – – – – – – – –
조곡선	5m	2.5m	· · · · · · · · · · · · · · ·

축척에 따른 등고선의
종류와 간격 ▶

5절 열일곱 개 보자기로 찾아 나서기 – 형국과 형세로 찾는 법

5.1 안산이란 보자기

후천적으로 혈인 나에게 영향을 주는 제3의 후원자인 안산案山은 사신사 가운데 남주작에 해당하는 존재이다. 안산은 혈이 바라보는 향의 기준이 된다. 자연의 이치란 혈이 진실한 진혈眞穴이라면 안산이라는 조건은 필수적으로 주어진다. 안산이 없어도 되는 경우는 혈이 매우 강령하다는 특별한 조건이 수반되어야 가능하고 그렇지 않을 경우 안산은 반드시 향의 기준인 혈의 안내자로 있어야 한다. 그 안산은 혈을 받들어 모시는 객체여야 한다. 후원자는 후원자일 뿐 나란 존재 위에 군림하는 주체가 될 수 없다. 주체는 오직 혈인 나란 존재이어야만 한다. 이는 내가 우주의 중심이자 삼라만상의 조화에 중심이어야 하기 때문이다. 그 안산은 나를 향해 날개를 펴고 감싸 안은 형태로 주작이 춤

223

을 추면서 나를 감싸 안는 역할을 해야 한다. 그래서 모든 풍수지리서에는 안산과 혈과의 관계를 군왕과 신하, 주인과 손님,[435] 부모와 자식, 남편과 부인 등의 관계로 주체와 객체를 명확히 하고 있다.

안산은 네 가지로 구분된다. 하나는 자기안산自己案山[436]이다. 이는 주산에서 이어진 주용맥의 줄기가 혈을 만들고 여기餘氣가 넘쳐 혈 앞에서 2차로 뭉친 만두巒頭형태와 같은 사砂를 말한다. 이 경우 발복이 빠르고 최단시간에 확실한 후원자가 된다. 자기안의 형태에 따라 만두정이 목금木金체로 상부가 평평한 일자一字 형태의 책상형이면 귀貴[437]를 안겨주며, 밥상과 같은 토체土體의 일자문성과 같은 경우는 부富를 안겨준다. 두 번째로는 좌청룡과 우백호가 혈을 감싸 안은 형태에서 용호의 능선상에서 주어지는 단정한 산봉우리가 안산의 역할을 하는 경우이다. 이는 부모산에서 뻗은 용호의 산이 안산이 된 것이므로 본신안산本身案山이라고 한다. 특히 청룡의 사砂가 안산 일 경우 청룡안산이라 부르고, 백호 가운데 하나의 사가 안산일 경우는 백호안산이라고 한다. 또한 용호가운데 어떤 것이 안산이 되었는가에 따라 후원자의 성격도 달라진다. 주산을 포함한 조룡祖龍에서 갈라 진 한 줄기가 뻗어 와서 용호와 무관하게 안산을 만드는 경우도 본신本身안산에 포함된다. 세 번째로는 본신本身 내룡맥來龍脈[438]과는 무관하게 근원이 전혀 다른 외지의 산줄기가 혈을 향해 모여들다 그 줄기 중에 하나의 산이 형성되어 안산이 된 경우로 외산안산外山案山이라고 부른다. 일반적으로 일반 풍수서에서는 외산안산을 제1격으로 치지만 필자의 경험을 토대로 하면 꼭 그렇지만도 않다. 네 번째로는 주룡맥이 행진하다 다시 조산祖山을 바라보는 회룡고조세回龍顧祖勢에서 조산祖山이 안산이 되는 경우이다. 이 경우는 일반적 지리론으로 설명될 수 없는 하늘의 작품[439]으로 괴혈怪穴이라고 한다.

혈과 안산과의 관계에서 안산이 높으면 혈은 높은 곳에, 낮으면 낮은 곳에 혈이 주어진다. 또한 안산이 가까우면 혈은 높은 곳[440]에 주어지고 안산이 멀면 혈은 낮은 곳[441]에 주어진다. 혈 앞에 있는 산 가운데 주봉主峰이 반드시 안산이 되지는 않으며, 수려秀麗하고 유정有情한 산을 안산

435) 또는 종업원

436) 일반적으로 자기안自己案이라고 부른다.

437) 인물
438) 조룡祖龍
439) 천작天作
440) 천혈天穴
441) 지혈地穴

으로 한다. 그러므로 수려하고 유정한 봉우리가 좌측에 있으면 혈은 혈판의 좌측에 입지하려 하고, 수려한 봉우리가 우측에 있으면 혈도 우측에 있으려 한다. 안산의 중요성을 논하면, 멀리 있는 산이 아무리 아름답고 천만 개가 있더라도 가까이 있는 하나의 안산만 못하다. 따라서 앞에 있는 안산을 외면하고 외양만 번듯한 산을 탐하면 혈은 진정한 후원자를 잃게 된다. 이는 사람에 있어서도 마찬가지이다. 진정한 안산을 못본다는 건 사회생활에서 진정한 후원자를 잃게 된다는 의미와 같다. 또한 안산은 찢어진 계곡이 있거나 하얀 물줄기가 보이면 장병자長病者가나고 시각장애인이 나온다. 안산이 시신을 염습殮襲[442]해 놓은 형태와 같은 부시사浮屍砂일 경우는 특히 조심해야 한다. 부시사가 조照하는 터에양택이나 음택을 점지點地하면 바로 곡哭소리가 끊이지 않는다고 하였다. 이렇듯 안산으로 혈을 찾는 것을 안산증혈법案山證穴法이라고 한다.

5.2 명당이란 보자기

명당은 편의상 소 · 중 · 대명당으로 구분한다. 소명당은 음택의 경우절을 하는 곳을 말하고, 양택은 주택의 토방土房을 소명당이라고 한다. 토방이란 방에 들어가는 문 앞에 좀 높이 편평하게 다진 흙바닥으로 여기에 쪽마루를 놓기도 한다. 비슷한 말로는 토마루나 흙마루라고도 불린다. 즉, 마당과 마루 사이의 공간을 토방이라고 부른다. 중명당은 주산을 중심으로 용호가 감싸 안고 있는 형국안을 중명당이라고 부른다. 보통의경우 마을이나 향촌이 들어서 있는 평포된 소국小局을 말한다. 대명당은외용호外龍虎나 주산[443]의 영향력을 벗어난 조산祖山과 조산朝山의 영향권내에서 만들어지는 여러 개의 소국小局들로 이루어진 광역의 땅을 말한다. 군읍과 같은 넓은 거대 도시권을 대명당이라고 부른다. 일찍이 당나라 때의 국사國師인 양균송楊筠松은 '명당[444]은 기울어지고 넘어지거나[445]좁지 않고[446] 반듯해야 하며, 명당이 혈처를 보호하고 혈판穴坂[447]이 바르며 평평[448]하면 진혈眞穴이니, 음택의 경우 상하좌우를 살펴 혈을 찾아야

442) 시신을 씻긴 뒤 수의를 갈아입히고 염포로 묶는 일.

443) 현무인 부모산父母山
444) 소명당을 뜻한다.
445) 경도傾倒
446) 협착狹窄

447) 원훈내圓暈內를 말한다.
448) 평정平正

한다'고 했다.[449) 또한 옛 문헌에 '혈은 은쟁반[450)에다 잔盞을 올려놓는 것 같은 형태이며 명당이 반듯하면 혈은 중앙에 있고 좌편으로 치우쳐 있으면 혈은 좌편에 있고 우편에 치우쳐 있으면 혈은 우편에 있다'[451)고 하였다. 이렇듯 명당으로 혈을 찾는 법을 명당증혈법明堂證穴法이라고 한다.

5.3 물의 형세(水勢수세)라는 보자기

풍수 고어古語에 이르기를 '혈이 만들어지는 곳에는 물이 멀리 가지 않고 모이거나, 혹은 혈을 감싸 안거나,[452) 혈을 향해 직수直水가 아닌 형태로 들어오거나 한다.[453) 그러므로 물을 알지 못하면 혈을 찾을 수 없다. 산에 올라 혈을 잡을 때[454) 물의 형세[455)를 살펴 물이 왼편에 모이거나 큰 물[456)이 왼편을 활처럼 감싸 안으면 혈은 왼편에 있고, 오른편에 모이거나 잘 감싸고 돌면 오른편에 있을 것이며, 혈 앞의 중앙[457)으로 들어와 질펀하게 멈추거나[458) 둥글게 안으면 혈은 정중앙에 있다'고 했다. 또한 '수구水口가 십이겹[459)으로 혈을 보호하고 있으면 최상급이요, 오육겹[460)으로 막으면 상급이며, 삼사겹[461)은 차상급이고, 일이겹[462)도 길격吉格이다. 그러나 산세가 지배적인 산용세에서의 혈에 주어진 수구水口가 상격上格이상이라 할지라도 들판이 지배적인 평지세에서의 일이중만 못하다'라고 하였다.[463) 이렇듯 수구와 물의 형세로 혈을 찾는 법을 수세증혈법水勢證穴法 내지는 수구증혈법水口證穴法이라고 한다.

5.4 낙산과 귀성이라는 보자기

고아란 부모가 없거나 있더라도 부모의 보호로부터 벗어나 홀로 자라나는 아이들을 일컫는다. 비단 사람만이 아니라 풍수에서의 혈도 부모산인 주산이 있어도 주산이 뒤에서 받쳐주지 못하는 혈이 있다. 부모로부터 직접 보호를 받는 혈을 직룡입수혈直龍入首穴이라고 한다면 그렇지 못한 혈도 있다. 가로로 눕듯이 뻗은 용에서 만들어진 혈이란 의미로 횡

449) 천심십도穿心十道
450) 圓暈원훈

451) 명당론에 '......혈여반성배 당정혈거중 당좌혈거좌 당우혈거우 穴如盤盛盃 堂正穴居中 堂左穴居左 堂右穴居右......'

452) 抱擁포옹
453) 朝入조입
454) 點穴점혈
455) 水勢수세
456) 강물: 水城수성

457) 正中정중
458) 溶注용주
459) 十二重십이중
460) 五六重오육중
461) 三四重삼사중
462) 一二重일이중

463) 산용세의 경우 수구가 중첩되어 있고 수 겹의 산이 감싸고 있으므로 수구의 중요성은 떨어 진다. 그러나 평지세의 경우는 사신사가 약하므로 수구가 한 두겹이라도 있다는 것은 사신사가 있다는 것을 의미하므로 일이중 수구의 가치는 그만큼 산용세에 비하여 높을 수 밖에 없다.

룡입수혈橫龍入首穴이 이에 해당한다. 가로로 뻗은 용[464]은 주산主山의 주용맥主龍脈이 아닌 지룡支龍이나 주용맥이라도 한 가운데[465]로 뻗어나가지 못하고 가로로 뻗어나가는 과룡의 지맥에서 진혈을 만들 수 있다. 이 경우 반드시 몇 가지 조건이 있어야 한다.

첫째는 등받이 역할을 하는 산[466], 즉 주산을 대신할 산[467]이 있어야 한다. 둘째는 혈판 뒤와 횡룡의 뒤를 받쳐주는 보조지형[468]이 있어야 한다. 셋째는 횡룡에서 혈로 이어지는 용맥선龍脈線이 일어나고 엎드리고[469] 좌우로 꺾여서 진행[470]하는 살아 움직이는 생룡生龍이어야 하고, 사람의 목과 같은 지형[471]이 필수적으로 있어야 한다. 혈 뒤에 있는 낙산은 혈에서 보여야 좋으며 귀성은 보이지 않아야 좋다. 귀가 높으면 지기가 누설되고 낙산이 낮으면 배산에 의한 장풍의 역할을 못하기 때문이다. 낙산의 근원과 관련하여 조산祖山에서부터 이어지는 주룡의 여러줄기 가운데 하나의 용이 만들어 주는 낙산을 본신낙산本身樂山이라 하고 주룡과는 근원이 전혀 다른 산[472]이 달려와 만들어준 낙산을 외산낙산外山樂山이라고 부른다. 일반적인 풍수서에는 외산낙산이 주군主君인 혈을 향해 달려 온 용으로 더 좋은 낙산으로 평가되지만 필자의 경험으로 반드시 그렇지만도 않다.[473]

다시 말해 귀성의 형체는 두툼하게 뒤를 받혀준 지형으로 암반巖盤일 경우와 단단한 토축土築으로 형성된 것도 있고 또는 아주 짧은 맥이 뻗은 경우를 말한다. 낙산의 역할은 혈 뒤가 허약하므로 지기地氣의 누설漏泄과 외부의 흉살凶殺을 방어하고,[474] 귀성의 역할은 용과 혈[475]을 지탱해주고 힘을 밀어주는 역할을 한다. 따라서 귀성은 지나치게 높아 혈에서 보이거나 길고 생동하면 입수룡과 혈의 기氣가 분산되어 주객이 전도되는 형세로 좋지 않다.[476] 귀성은 재산[477]을 축적해 주며 갑부甲富를 의미한다.

관귀금요도 ▶

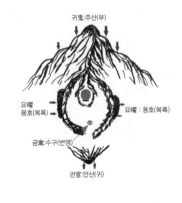

귀鬼:주산(부)

요曜
용호(복록)

요曜 : 용호(복록)

금禽:수구(번영)

관官:안산(귀)

464) 橫龍횡룡
465) 정중正中
466) 배산背山
467) 樂山낙산
468) 鬼귀 또는 鬼星귀성

469) 起伏기복
470) 屈節굴절
471) 結咽결인
472) 外山외산

473) 선천적 지기의 강약이란 측면에서 보면 본신낙산이 더 좋아야 한다.

474) 背山배산
475) 혈판

476) 고어에 횡룡의 혈에는 귀성이 필요하다. 귀성은 혈장 뒤에서 등에 지듯이 밀어 나온 것으로 낙산과 달리 직접 혈판 뒤에 붙어 있는 언덕(됴구)이며 주로 암석으로 형성되며 용과 혈처를 지탱해주고 힘을 받쳐주며 밀어주는 역할을 한다.

477) 富부

이러한 이유로 횡룡에서의 혈은 낙산과 귀성에 대한 의존도가 높아 낙산이 정중하거나 바르면 혈은 혈판의 정중에 있고, 배후의 낙산이 좌편으로 치우치면 혈은 좌편에 있으며, 우편에 치우쳐 있으면 혈은 우편에 있다. 또한 낙산은 혈에서 가깝고 적절하게 높아야 좋고[478] 너무 멀거나 낮아서 배산 역할을 못하면 좋지 않다.[479] 따라서 혈의 배후가 낮게 함몰되어 있으면[480] 사람과 재산상에 손해를 입는다. 낙산에 대한 등급에 있어 혈에 가까우면[481] 상급이고 이백보 내외이면 중급이며, 삼백보가 넘으면 하급이라고 하지만 결코 흉격凶格이란 의미는 아니다. 흉격이란 낙산 자체가 없는 경우나 혈에서 보이지 않는 것을 말한다. 귀는 하나일 경우와 두 대 이상일 경우로 나뉜다.[482] 이렇듯 낙산과 귀성으로 혈을 찾는 법을 낙산증혈법樂山證穴法이라고 한다.

5.5 청룡과 백호라는 보자기

사신사에서 좌청룡과 우백호는 혈을 좌우에서 보좌保佐하는 산줄기를 통칭하는 말이다. 당연히 줄기상에 있으면서 낮게 기복起伏하는 산봉우리들이 있기 마련이다. 고어古語에 '용호가 멈춘 형태로서 혈의 실속에 대한 품격의 유무[483]을 살피고, 혈을 감싸 안은 용호의 선후先後로 혈판에서 혈의 위치가 결정된다. 즉, 용호가운데 어떤 것이 안쪽 가까이서 먼저 혈을 감싸 안느냐에 따라 혈의 좌우 위치가 정해진다. 청룡이 먼저 혈을 감싸 안으면[484] 혈은 좌편의 청룡에 의지하려고 하기 때문에 혈판에서 좌편으로 혈심穴心[485]이 있고, 백호가 유력하면 혈은 백호편에 의존하여 혈판의 우편에 혈[486]이 있다.

그러나 용호의 선후가 대등하여 수구水口가 일직선상에 있는 당문파堂門破의 경우 혈은 혈판의 한 가운데[487]에 있다. 이는 사신형국 전체에 대한 천심십도天心十道 의함과 같다'고 하였다. 이 경우 수구막이를 할 수 있는 금성禽星을 필수조건으로 하고, 안산은 혈판의 정중正中에 있어야 한다. 또한 '용호가 낮으면 주맥선상에서 혈은 낮은 곳[488]에 있고, 높지도

478) 吉格길격
479) 凶格흉격
480) 低凹저요
481) 百步内백보내

482) 귀가 하나이면 단귀라 하고 두 개이면 쌍구라 부른다.

483) 虛實허실

484) 有力유력: 有情유정 = 右旋形局우선형국

485) 穴處혈처
486) 左旋形局좌선형국
487) 正中정중
488) 地穴지혈

낮지도 않으면 중간[489]에 있으며 용호가 높으면 혈은 높은 곳[490]에 있다'
하였다. 또한 용호가 멀고 가까우냐에 따라 용호가 혈에 끼치는 영향과
혈처의 상하위치가 결정되기도 한다. 용호가 혈에 가까울수록 큰 영향
을 받고 멀면 그 영향을 작게 받으며, 용호가 멀면 혈은 주맥선상에서 낮
은 곳에 있고 가까우면 혈은 높은 곳에 있다.[491] 이렇게 용호로 혈을 찾
는 방법을 용호증혈법龍虎證穴法이라고 한다.

5.6 수사라는 보자기

수사手砂란 손가락과 같은 작은 산줄기인 지맥을 말한다. 수사는 작
은 기복은 있을지라도 30도 각[492]이라는 영역을 벗어나지 않는 굴절이
없는 것이 일반적이다. 그러나 수사라 할지라도 형국에 따라 기복과 굴
절이 있을 수 있다. 다만, 용호에서 분지 된 지맥일 뿐이다. 용호라는 것
은 분명 기복과 굴절을 하는 변화의 생룡이다. 따라서 부모산으로부터
수구水口를 향해 행진하는 용호 또한 주산에서 분지 된 가지[493]에 해당하
는 좌우의 지맥支脈이나 지룡支龍을 거느린다. 수사라는 것은 혈을 중심
으로 용호의 안쪽에 있는 지맥을 일컫는다. 어머니인 주산이 마치 혈이
라는 아이를 두 팔로 감싸 안고 있는 형국에서 어머니의 손가락과 같은
지맥이 수사이다. 용호의 바깥에 있는 지맥이나 지룡은 용호를 지탱해
주는 역할을 하지만 안쪽에 있는 수사는 용호가 혈을 감싸 안도록 끌어
당기는 역할[494]을 한다. 그 뿐만이 아니다. 좌우 용호에 있는 수사맥들은
당국堂局내의 지기地氣가 외부로 유출되는 것을 막고 외부에서 유입되는
흉기凶氣로부터 혈을 보호한다.
또한 재산을 상징하는 명당수明堂水[495]가 곧게 빠져나가지 못하도록
지현궁체之玄弓體의 곡류曲流로 흐르게 하는 작용을 한다. 어머니의 손가
락이 여러 개 이듯이 좌우 용호에 있는 수사도 여러 개가 있다. 이중 수
구 가까이에 있는 수사를 하수사下手砂라 하고 혈에 가장 가까이 있는 수
사를 상수사上手砂라고 부른다. 수사 가운데 이 두 개의 수사는 매우 중

489) 人穴인혈
490) 天穴천혈

491) 용호가운데 가까운 것에 영향을
먼저 받고, 먼 것은 후에 영향을 받는
다.

492) 동궁내同宮內
493) 지 枝
494) 引張力인장력
495) 元辰水원진수: 骨肉水골육수

229

요한 의미를 가진다.

하수사는 형국내의 명당수와 좋은 기氣의 유출을 최종적으로 관리하고, 외부에서 유입되는 살풍殺風496)를 최일선에서 막아주고 골육수骨肉水가 직류로 방출되는 것을 최종적으로 막아준다. 하수사를 혈장 아래 용호에서 뻗은 팔뚝의 아래에 해당한다는 뜻으로 하비사下臂砂라고도 부르며, 다른 수사에 비해 길수록 용호에 버금가는 교결관쇄의 역할을 하기 때문에 좋다. 상수사는 혈을 가장 근접한 곳에서 감싸 안고 보호해주며 혈처의 좋은 기와 명당수가 유출되는 것을 최일선에서 관장하고 외부의 나쁜 기운을 최종적으로 갈무리한다. 따라서 혈은 상수사 내에 있으므로 상수사를 볼 줄 알아야 한다. 이렇듯 상수사와 하수사를 중심으로 혈을 찾는 방법을 수사증혈법手砂證穴法이라고 한다.

5.7 단제라는 보자기

혈이 있는 혈판의 형태를 크게 네 가지로 구분한다. 음양분화의 첫 단계인 사상四象의 단계로 혈을 구분하는 것을 말한다. 사상이란 태양太陽, 소양少陽, 태음太陰, 소음少陰을 말한다. 단제單提의 사전적 의미는 혼자 끌고 간다는 의미이다. 단제라는 것은 네 개의 사상혈형四象穴形 가운데 주로 양혈과 관련이 깊다. 사상혈형에서 태양혈太陽穴은 와혈窩穴, 소양혈少陽穴은 겸혈鉗穴, 태음혈太陰穴은 돌혈突穴, 소음혈少陰穴은 유혈乳穴에 해당한다. 그러므로 단제는 소양혈인 겸혈의 선익사와 관련이 있다는 말이 된다. 즉, 태양혈의 우각사는 소의 뿔과 같이 안으로 굽었으므로 단제는 주로 굽지 않는 선익사와 관련이 있다.

일찍이 중국에 서선술 서선계라는 쌍둥이 형제가 있었다. 그들은 부모가 돌아가시자 편안한 유택幽宅, 즉 부모님이 묻힐 묘소를 찾아드리기 위해 직접 풍수공부를 하였다. 당시의 풍수서적들을 모두 구해 장장 30년을 거쳐 풍수지리책을 하나의 책으로 정리하였다. 만약 한사람이 했다면 60년을 거쳐 만들었을 책이다. 지금도 풍수인들에게 백과사전처럼

496) 살기殺氣

필독서로 애용되고 있는 『인자수지人子須知』라는 책이 바로 두 형제가 평생토록 만든 역작이다. 그 인자수지에서 단제에 대해 언급하기를 겸혈의 변격變格이라 하였다. 다시 말해 단제란 마치 옥獄에 갇힌 죄인의 목에 씌워진 칼처럼 생긴 혈형穴形의 정상적인 겸혈이 아니라 칼의 한쪽이 짧은 변형된 겸혈을 말한다. 칼이란 춘향전에서 변사또의 수청을 들지 않는다 해서 춘향이의 목에 씌워진 형틀이 칼이다. 칼은 두껍고 긴 널빤지의 한끝에 구멍을 뚫어 죄인의 목을 끼우고 비녀장을 질렀는데 항쇄項鎖 또는 가枷라고도 부른다.[497]

『인자수지』에 겸혈의 선익사蟬翼砂 가운데 '왼쪽 다리가 굽어나가면(左單提좌단제) 혈은 좌편에 있고, 오른쪽 다리가 굽어나가면(右單提우단제) 혈은 오른 편에 있다'고 하였다. 선익사는 혈판에서 반드시 만두정饅頭頂을 중심으로 매미날개와 같이 희미하게 좌우로 날개를 펴듯이 혈장穴場을 감싸는 가느다란 줄기를 말한다. 이 말은 선익사인 칼의 좌우 형판形板을 사람의 양쪽 다리로 본다면 좌우 선익사가 있을 경우 왼쪽에서 혈장을 먼저 감싸고 있는 좌선익사에서는 혈이 왼편에 있고, 혈의 오른편에서 혈장을 감싸고 있는 우선익사에서는 혈이 오른편에 있다는 말과 같다. 두 개의 선익사 가운데 하나만 있다면 선익사가 있는 쪽에 혈은 의존한다는 의미이다.[498] 이렇듯 주로 겸혈에서 혈을 찾을 때 선익사에 해당하는 단제를 중심으로 혈을 찾는 방법을 단제증혈법單提證穴法이라고 한다.

497) 중국 대명률(大明律)의 규격을 그대로 따라 만들었는데, 길이 5자 5치, 너비 1자 5치, 무게는 사형수에게 씌우는 것은 25근, 도형(徒形)·유형(流刑)의 경우 20근, 장죄(杖罪)의 경우 15근으로 하였다. 각각의 길이와 무게를 형구에 새겨 놓았다. 정조 때의 흠휼전칙(欽恤典則)에는 길이 5자 5치, 너비 1자 2치, 무게는 22근, 18근, 14근으로 약간 줄어들었다.

498) 마치 용호증혈법과 같다.

죄인에게 씌웠던 겸혈모양의 형구와 집게 ▶

칼(항쇄)

겸혈모양의 집게

신돌석 장군 유적지의 족쇄

5.8 전호라는 보자기

전호纏護란 얽혀서 두르고 보호한다는 의미이다. 하인[499]이 그 주인을 호위하고, 신하가 군주를 호위하며 자식이 부모를 호위한다는 것을 말한다. 혈을 보호한다는 전호는 형국에서 어떤 산줄기로 혈을 보호한다는 것일까? 전호는 용호나 수사와 혼동해서는 안 된다. 전호는 다른 의미의 산줄기이다. 풍수를 공부하다보면 현장을 직접 답사하는 간산看山활동을 한다. 부동산에서 말하는 임장臨場활동을 말한다. 어떠한 부동산을 효율적으로 사용하거나, 분석하기 위해서는 탁상을 떠나서 대상 부동산 혹은 그 인근지역 · 유사지역에 나가서 조사 · 확인 등을 해야 한다. 부동산이란 지역성과 부동성을 가지고 있기 때문에 의사결정을 하기 위해서는 현장에서 직접 확인을 하는 임장활동이 꼭 필요하듯이 풍수에서의 간산활동도 반드시 필요하다.

간산시에 우리는 목적부동산인 혈이란 곳에서 사신사를 보게 된다. 주산과 안산, 용호와 그 밖의 모든 지식을 동원해 그 혈이란 부동산의 풍수적 가치를 평가한다. 그 때 우리가 접해보지 못한 산줄기를 보게 된다. 그 산줄기는 용호도 아닌 것이 그렇다고 수사도 아닌 것이 분명 산줄기의 능선임에 틀림없는 지맥을 접하게 된다. 바로 전호를 두고 하는 말이다. 그렇다면 전호라는 산줄기는 어디에 있는 것일까? 혈처에서 주산을 바라보면 주맥의 능선은 혈장으로 입수하고 부모산의 좌우로는 장막을 펼치듯이 용호가 뻗어나가는 것을 보게 된다. 전호는 부모산에 있다.

주용맥의 좌우를 보면 청룡과 백호와는 무관하게 주용맥의 좌우를 따라 부모산에서 뻗어 내려오는 지맥이 있다. 그것이 우리가 궁금해 하는 전호이다. 대부분의 전호는 주용맥보다 왜소하지만 간혹 주용맥처럼 우람한 것도 있다. 전호는 결인과 만두, 또는 원훈 같은 혈장의 요소를 갖추지 못하고 있다. 그저 주용맥을 보호하는 시중侍中[500]과 같이 부모산으로부터 이어져 내려올 뿐이다. 시중은 옆에 있으면서 여러 가지 심부름을 하는 일이 주업무이다. 전호를 간혹 수사手砂나 용호로 착각하는 경우

499) 노복奴僕

500) 고려 시대 광평성, 내사문하성, 중서문하성, 문하부의 으뜸 벼슬. 품계는 종일품으로, 뒤에 중찬(中贊), 정승(政丞) 따위로 이름을 고쳤다.

조선 초기 문하부의 으뜸 벼슬. 품계는 정일품으로, 태조 1년(1392)에 문하부의 좌 · 우 시중으로 고쳤다가 태종 1년(1401)에 의정부를 설치하면서 좌 · 우 정승으로 고쳤고, 뒤에 좌 · 우 의정이 되었다.

도 있고 심지어 주맥으로까지 보는 경우도 있다.

정몽주 선생의 묘소 옆에 있는 이석형 묘소는 전호맥에 있음에도 불구하고 주맥으로 잘못 보는 경우와 같다. 그것은 용맥의 진위를 보지 못하고 외형이라는 가룡假龍에 현혹되기 때문이다. 따라서 혈은 전호가 짧으면 혈은 전호의 길이보다 안쪽에 주어지고, 전호가 길면 혈은 부모산에서 좀더 멀리 떨어진 주용맥에 있다. 전호의 길이에 따라 주용맥선상에 주어지는 혈의 위치도 비례한다. 따라서 전호를 보고 혈처의 위치를 가늠할 줄 알아야 한다. 전호는 반드시 주산의 반대방향인 안산이나 조산朝山에 올라 전체 형국을 보면 정확히 알 수 있다. 전호는 주산에서 이어지는 주룡맥을 보호하는 하인과 같은 지룡이다. 이렇듯 전호를 중심으로 혈을 찾는 방법을 전호증혈법纏護證穴法이라고 한다.

5.9 변생변사라는 보자기

변邊이란 가장자리를 말한다. 우리가 흔히 쓰는 주변의 줄임말로 혈처의 가장자리라는 의미이다. 따라서 변생변사邊生邊死라는 것은 혈판의 가장자리가 살아 있는 주변과 죽어 있는 가장자리가 있다는 말이다. 그렇다면 혈판의 가장자리가 살아 있다는 것과 죽어 있다는 것은 어떤 것을 기준으로 어떻게 생긴 가장자리를 생사生死로 해석해야 하는 것일까? 여기에서 말하는 생사의 의미는 강하고 약하다는 뜻으로 이해하여야 한다.

음양론적으로 무엇이 강하고 무엇이 약한 것인가? 지리에서의 음양은 명리에서의 음양관과 다르다. 따라서 단단하고 강한 것, 급한 것은 음陰인 강성剛性을 나타내고, 온유하거나 완만한 것은 양陽인 유성柔性을 말한다. 따라서 변생邊生이란 강하고 급한 것으로 강성剛性의 가장자리를 말하며, 변사邊死란 온유하고 완만한 유성柔性의 가장자리를 말한다. 따라서 혈은 유약한 존재보다 강성의 존재에 대해 의존하려고 한다. 유성柔性이란 물과 친하다는 뜻이고, 망자亡者의 유해遺骸와는 상극관계라는 의미이기도 하다. 땅의 이치란 강한 것[501]은 양陽인 물을 멀리함이며,

501) 山山, 陰음

약한 것[502]은 물을 가까이 하는 것이다.

혈처란 물과 바람으로부터 안전한 지형을 말한다. 그러므로 혈판에 이르러 땅을 밟아보면 전체가 고르게 강하거나 약한 지반일 경우가 있는 반면, 어느 한쪽의 지반이 강하거나 약한 경우가 있다. 그뿐만이 아니라 혈판의 측면을 보면 완경사면이 있고 급경사면이 있다. 완경사면은 대부분 약한 토질로 물과 친숙하고, 급경사면은 대부분 강한 토질로 물과 상극관계를 이룬다. 물론 양성陽性의 지형구조이다. 따라서 혈은 강한 존재인 급경사쪽과 지반이 강한 음성陰性의 가장자리에 있기 마련이다. 변생을 찾아 혈이 주어진다는 의미이다. 이렇듯 혈판의 음양생사에 따라 혈처를 잡는 방법을 변생변사증혈법邊生邊死證穴法이라고 한다.

5.10 합수라는 보자기

혈의 주변을 보면 주용맥의 좌우로는 물이 흐르기 마련이다. 이미 산능선과 기복에 의해 물이 나누어 졌기 때문이다.[503] 이렇게 갈라진 물은 혈처의 좌우를 감싸고 흐르다 여기餘氣가 끝나고 용호가 만나는 곳에 이르면 하나의 지류支流로 합쳐지게 된다. 합쳐지는 물을 합수合水라 부르고 이곳을 합수처合水處라고 부른다. 결인과 만두로 이어지는 용입수맥에서 분수分水 된 좌우의 물은 혈판 아래에서 만나 혈처의 기氣를 가둬주는 역할을 한다. 생태환경적으로는 건조지형에 습기를 공급하는 역할을 함으로서 음과 양의 기가 상호 보완적으로 작용하여 생태계에 긍정적인 역할을 한다는 의미이다. 물론 우리가 말하는 혈처란 생태계에서의 구심점이다.

혈을 중심으로 하는 산지지형에서는 분수된 물이 평상시에 꾸준히 흐르는 물[504]도 있지만, 평상시에는 말랐다가 비가 오면 흐르는 물[505]도 있다. 물의 유무와 무관하게 지형적으로 물을 가르는 분수계가 있다면 모여드는 물이 하나로 합쳐지는 합수계 또한 있기 마련이다. 혈은 음양이 조화롭고 좋은 지기를 가둬주는 곳에 주어진다. 그러므로 혈은 물이 꾸

502) 坪평, 陽양, 물

503) 分水분수: 大小八字대소팔자

504) 挾水협수

505) 平陽無水者평양무수자

준히 흐르는 합수처 안에 맺혀진 혈[506]과 평상시 물이 흐르지 않는 합수처 안에 맺혀진 혈[507]이 있다. 혈은 반드시 합수처라는 곳의 안쪽에 주어진다. 혈을 찾을 때 합수처를 본다는 것은 매우 중요한 의미를 지닌다. 다시 말해 가시적으로 보이는 물의 유무와 무관하게 합수처를 보아야 한다는 말이다. 일반적으로 평양지에서의 합수는 1차에서부터 2, 3차 정도이지만 산룡세에는 9중 합수도 있다. 이렇듯 합수처를 중심으로 혈을 찾는 방법을 합수증혈법合水證穴法이라고 부른다.

5.11 은맥이라는 보자기

산지가 대부분인 산용세山龍勢나 산과 평야가 골고루 형성된 평강세平剛勢에서는 혈로 이어지는 주능선[508]을 찾기가 비교적 쉽다. 그러나 만약 평야의 대지로 평평한 지형의 평지세에서 주용맥을 찾기란 쉽지 않다. 풍수에서는 한치가 높아도 산[509]이라고 하였다. 따라서 평지세平地勢에서는 한줄기의 미미微微한 맥이 노출露出되어 있는 것을 찾아야 한다. 이 미미한 은맥隱脈은 숨어 비틀거리고 굴곡하면서 이어진다. 자세히 살피면 말이 지나가면서 남긴 희미한 발자국[510]이나 풀섶을 헤치고 지나간 뱀의 흔적[511]과 같은 고일촌高一寸의 맥이 있기 마련이다. 평지세의 맥은 마치 거미줄이나 연근의 진액처럼 가느다랗고 희미하게 끊어진 듯 이어져 있다. 이 맥의 등성이가 견실堅實하면 지기가 왕성하여 혈이 맺혀진다.[512] 따라서 평지세에서 혈은 고일촌에 의지함으로 세심한 관찰이 필요하다. 이렇듯 평지세에서 은맥隱脈을 찾아 혈처를 잡는 것을 평야증혈법平野證穴法이라고 부른다.

5.12 중산이라는 보자기

사람의 인상과 품성도 가지가지이다. 조직이란 것도 선의善意의 조직이 있고 악의惡意의 조직이 있다. 사람은 누구나 자기가 속한 집단의 성

506) 挾水而結者협수이결자

507) 無水而結者무수이결자
508) 주용맥선

509) 高一寸山고일촌산　低一寸水저일촌수

510) 馬跡마적
511) 草蛇脈초사맥
512) 平野結穴者평야결혈자

격에 따라 그 사람의 삶의 질도 달라진다. 땅도 마찬가지이다. 험악한 산이 있는가 하면 편안함을 주는 유정有情한 산도 있다. 인간도 많은 질병을 안고 살아 가듯이 자연이란 것도 많은 질병을 안고 산다. 자연은 스스로 치유할 능력이 있지만 인간은 스스로 치유할 능력이 자연에 미치지 못한다. 우리가 찾는 혈이란 자연과 인간이 하나로 연결되는 상생의 땅을 말한다. 상생이란 선善이 선을 생하는 상생이 있고, 악惡이 악을 생하는 악생惡生이 있다. 선을 행해지는 상생의 땅을 명당明堂이라고 한다면 악을 행하는 곳은 암당暗堂 내지는 흉당凶堂이다.

혈과 주변의 관계도 선을 위한 상생의 혈이 있고 악을 위한 상극적 관계의 혈도 있다. 우리가 찾는 혈이란 상생적 관계로 이루어진 명당이지만, 그것은 쉽게 주어지지 않는다. 선을 쌓고 덕을 쌓는 사람513)에게만 하늘은 조심스럽고 비밀스럽게 안겨 준다. 그러나 자연의 섭리는 적선적덕자라도 그 사람을 시험에 들게 한다. 본래 악행은 선행을 앞지른다. 그리고는 파멸하고야 만다. 그래서 우리의 선인先人들은 악행보다도 적선과 적덕을 강조했다. 길이 아니면 가지 말라는 옛 어른들의 얘기도 군자의 도道를 행行하라는 가르침 일 것이다. 주변의 자연적 조건을 자연환경이라고 부른다. 혈도 자연적 조건을 갖고 있다. 이를테면 주변의 자연경관에 모여 있는 여러 산들이 거칠고 험악한 환경이나 형체,514) 산세가 아름답지 못하면서 급하고 높으며 험악한 산들로 이루어진 곳515)에서는 산의 용모가 단정하고 귀품이 있는 단정端正한 산에서 혈을 찾아야 한다. 그곳은 하늘이 마련해준 땅516)으로 선이 행해지는 상생의 땅이기 때문이다. 이렇듯 주변의 모든 산이 험악한 곳에서는 단정한 산에서 혈처를 찾아야 한다. 우리는 이것을 중산증혈법衆山證穴法이라고 한다.

5.13 천심십도라는 보자기

사신사란 혈을 중심으로 사방에서 보호하는 산들을 말한다. 풍수에서 말하는 사방四方의 호위사란 8방, 12방, 24방위에서 보호하고 따르는 산

513) 積善積德者적선적덕자

514) 粗惡조악

515) 醜惡峻嶒추악준증

516) 天藏地秘천장지비

을 말한다. 그러나 혈을 배제排除한 상태에서 모여 있는 여러 산을 중심으로 특정한 산과 주변 산과의 관계성을 살펴볼 때는 사응산四應山이라고 부른다. 사신사와 사응산의 관계는 다음 표와 같다.

사신사와 사응산의 특징 ▶

방위方位	사신사四神砂	사응산四應山	공통적인 특징
북北. 후後	현무玄武	개산蓋山	온화하게 뒤를 감싸주며 좌坐의 기본이 되는 산
남南. 전前	주작朱雀	조산照山	향向의 기본이 되는 산
동東. 좌左	청룡靑龍	공협산拱夾山	왼쪽에서 보호하는 산
서西. 우右	백호白虎	공협산拱夾山	오른쪽에서 보호하는 산

천심십도天心十道란 전후좌우의 사응산四應山을 중심으로 공간상의 정중위점을 가리키는 말로 개산蓋山, 조산照山, 좌우左右 공협산拱夾山을 말한다. 여러 산들이 모여 있을 때 우리는 어떤 산에서 혈을 찾아야 할까? 이때 찾는 방법이 천심십도를 활용하는 법이다. 여러 산들을 선으로 이었을 때 열십자의 중앙에 있는 산을 혈이 있는 산으로 삼고 혈을 찾는다는 뜻이다. 혈은 항상 공간상의 중위점에 있기 때문이다. 다시 말해 자연적인 혈이란 그 산을 중심으로 사응산이 서로 마주하고 다정다감하게 서로의 좋은 기氣를 비춰주고 받는[517] 중앙의 산에 주어진다. 그러나 사응산 가운데 하나라도 그 격이 다를 경우 혈이 만들어지지 않는 경우가 있느니 신중을 기해야 한다. 이와 같이 사응산을 중심으로 혈이 있는 산을 찾는 방법을 천심십도증혈법天心十道證穴法이라고 한다.

5.14 소나무라는 보자기

우리 나라는 가히 소나무의 왕국이라고 할 만큼 소나무가 풍족하였다. 그러나 현재는 급격한 기후변화로 소나무가 위기를 맞고 있다. 기후변화의 대표적 이유는 지구온난화 현상에 있다. 지구온난화의 가장 큰 원인은 온실가스배출의 증가에 있으며, 주로 석탄과 같은 화석연료의 사용증가와 자동차 배출가스 등 이산화탄소와 메탄 등의 기체가 대표적인 온실가스의 주범이다.

517) 照應조응

지난 100년간 지구의 대기온도가 평균 0.7℃ 상승하였고, 극지방 특히 북극의 경우는 7℃ 가까이 상승했으며, 우리 나라는 약 1.7℃ 상승했다. 이는 세계평균 기온의 약 두 배 반 정도가 높다. 이유는 짧은 시간에 이룩한 경제성장과 에너지 집약적 산업의 비중이 높고 인구밀도 또한 높기 때문이며, 개발논리를 앞세워 산지지형과 자연습지를 과도하게 훼손하였기 때문이다. 기후가 아열대로 변하게 되면 가뭄이 심화되고 강우의 집중도가 심해져 홍수가 빈번하게 발생하게 된다. 홍수는 강우의 집중도에 있다. 연평균 강우량이 1,000mm일 경우 열 번에 나눠 비가내리는 경우와, 100번에 나눠 비가 내리는 차이 때문으로 이해하면 된다.

기후대 구분은 학자에 따라 다소 다른데 아열대기후亞熱帶氣候란 열대와 온대의 중간 정도의 기후열대 주변에서 나타나는 기후로, 월 평균기온이 섭씨 10℃ 이상인 달이 한 해 8개월 이상이고, 가장 추운 달 평균기온이 18℃ 이하인 기후를 말한다. 가장 추운 달 평균기온이 18℃를 넘으면 열대기후에 속한다. 강수량이 적은 지방도 많으나 연강수량 2,000mm 이상의 지방도 포함된다. 대개 위도 25~35°의 북회귀선과 남회귀선 일대에서 형성되어 있다. 열대지역이라도 고도가 높은 곳은 아열대 기후를 보이는데, 우기와 건기가 나타난다.

우리 나라도 과거와 달리 뚜렷한 4계절이 퇴색되어 가고 있음을 느낀다. 평균기온이 10℃가 넘는 달이 1년 중 8개월을 넘으면 아열대 기후로 정의하는 미국의 지리학자[518] 구분법을 적용해 보면, 이미 우리 나라 남해안의 경우 아열대 기후에 속한다. 최근까지 우리 나라는 온대기후에 속해 있었지만, 지구온난화가 가속되면서 내륙은 4월부터 10월까지 7개월의 평균기온이 10℃를 넘어 8개월 기준에서 한 달이 모자라지만, 제주·경남 통영·전남 목포 등은 11월 평균기온이 10℃를 넘어 아열대 기준을 충족한다. 이는 명당에서의 외기外氣인 천기의 영향이 과거와 다르게 변화되었다는 것과 같다. 특히 양택의 입지조건에서 천기변화에 의한 영향이 크게 작용할 수도 있는 경고일 수도 있다.

소나무는 겉씨식물 구과목 소나무과의 상록침엽 교목이다. 분포지역

518) 글렌 트레와다(Glenn Thomas Trewartha) 미국의 인문지리학자, 기후학자이다. 하버드 대학에서 석사, 위스콘신 대학에서 학사와 박사학위를 각각 받았다. 세계의 기후지(氣候誌)인 『지구의 기후문제(Earth's problem climates)』 등 많은 저술활동을 통해 20세기 중엽 세계 기후학의 발전에 크게 공헌하였다. H기후를 신설하였다.

은 한국, 중국 북동부, 우수리, 일본 등이다. 솔·솔나무·소오리나무라고
도 한다. 한자어로 송松·적송赤松·송목·송수·청송이라 한다. 한국의 북
부 고원지대를 제외한 전역에 자라며 수직적으로는 1600m 이하에 난
다. 소나무의 서식처는 자연적으로 산지 암각지岩殼地나 산지 계류 사력
지砂礫地 혹은 산지 비탈면 등에서 자란다. 습도는 약건弱乾에서 적습適
濕한 환경을 좋아하며 식생지리학적으로 소나무의 분포 중심지는 냉온
대 남부·저산지대이지만, 그 윗부분의 냉온대 중부·산지대와 아랫부분
의 난온대에 걸쳐서도 넓게 분포한다.

기온의 변화와
소나무의 식생환경 ▶

정상적인 기후에서의 소나무 군락지

기후 온난화의 영향으로 죽은 소나무

소나무의 꽃(송화松花)

소나무의 아름다움(단양 하리)

소나무는 침엽수임에도 불구하고 직사광선에 노출된 개방입지에서
발아하고, 일생동안 양지에서 살아가는 호광성好光性이다. 소나무는 산
불로 종자가 터져 나오면서 아주 건강하게 발아한다. 생태학에서 이런
번식전략이 있는 종을 만생종晩生種이라 한다. 불을 먹고 태어난다는 뜻
이다. 따라서 소나무는 화기火氣성 식물에 해당한다.

소나무만큼 우리와 인연이 깊은 식물은 없다. 인간이 필요로 하는 모
든 것을 제공하면서, 문화·역사·종교적으로 깊은 관계를 맺고 있다. 십

장생의 하나로 선비의 지조나 절개를 나타내기도 한다. 소나무란 이름
도 그런 면에서 유래한다. 소나무는 소와 나무의 합성어로 계통분류학
적으로 적송赤松을 두고 부르는 한 종으로, 우리는 소나무 종류들을 모
두 '솔'이라고 부른다. 한반도에는 자생적으로 소나무가 존재했으며, 청
동기 정착농경시대는 이미 소나무가 크게 번성했던 소위 소나무시대(age
of pine)였기 때문이다. 청동기 선사인은 아마도 '솔'에 가까운 소리로 불
렀을 것이다. 솔잎 사이를 스치는 바람소리를 솔솔 부는 바람으로 표현
한다. 연장이나 그릇을 닦는 것도 소나무 잎사귀처럼 생겨서인지, 붓이
라 하지 않고 솔이라 한다. 푸르고 힘차게 하늘로 치솟는 소나무 수형에
서 '솟다'의 의미로부터 솟, 솔, 솔로 이어져 왔을지도 모른다. 소나무의
솔 유래는 그런 것과 통하는 것이 틀림없다. 나무 중에 으뜸이라는 의미
의 '수리'에서 유래한다는 이야기도 있다.[519] 우리 민족과 함께해 온 소나
무는 그 강인한 생명만큼 화강암 지형에 대한 침식활동에 기여해 왔다.
그 어떤 생물도 버티기 어려운 바위의 절리節理마다 소나무는 뿌리를 박
고 강인한 생명력을 유지한다.[520]

일반적으로 토양의 지층구조는 다섯 개의 층으로 되어 있다. 이는 현
대지리학이나 전통지리학이나 마찬가지이다. 제 1층은 표토층表土層이라
고 하는데, 보통은 30cm 내외의 1년생 초목이 자라는 토층土層으로 사람
의 피부에 해당한다. 표토층은 풍수론적으로 동ㆍ식물의 생존과 식생에
관련되며 대기권大氣圈과의 긴밀한 관계를 유지하고 태양과 우주로부터
유입되는 천기天氣와 지구내부의 핵과 맨틀, 그리고 제 5층인 암반층巖
盤層이라 일컫는 뇌토층腦土層으로부터 발산되는 지기의 점이지대漸移地
帶를 이루는 지층구조의 최상층에 해당한다. 그 아래에 있는 제 2층은
점토층粘土層 또는 점질층粘質層이라고 하는 층으로 지질구조에 따라 차
이는 있지만 70cm에서 90cm 내외의 층으로 다년생 초목이 자라는 층
이다. 점토층은 사람의 살과 같은 것으로 표토층에 흐르는 대부분의 지
표수는 점토층에서 투과되지 못하도록 하는 층이다. 표피층과 점토층은
토양입자 사이의 공극孔隙이 작아 방수防水 작용을 함으로써 제 3층을 보

519) 한국식물생태보감 1, 2013, 자연
과생태

520) 쐐기작용이라고 한다.

호하는 역할을 한다. 공극이란 암석 또는 토양 중의 빈틈으로 간극間隙이라고도 한다. 토양이 지닌 물리적 성질 가운데 하나로서 입자의 크기가 클수록 입자 사이의 틈이 커서 공극이 커진다.[521] 공극량은 공기와 물의 유통성, 보수성 등에 관련되므로 작물생육에 큰 영향을 미치지만 풍수적으로 매우 중요한 층이다. 이 표토층은 혈토층穴土層을 보호하는 역할을 하며 지기地氣가 지표로 누출되는 것을 막는 역할을 하기 때문이다. 점질층은 풍수론적으로 혈토층으로 유입되는 지표수[522]를 막고 표토층을 지탱하며 지나친 지기누설을 조절 통제하는 역할을 한다. 또한 혈토층에 적당한 수분이 공급되도록 하는 역할을 한다.

다음으로 제 3층의 지층으로 마사층磨砂層[523]이 있다. 이층은 지리학적으로 지중풍화가 현격하게 진행되는 층으로 굵은 모래로 이루어져 있어 공극이 크다. 따라서 지층구조에서 가장 유연성이 크며 공극에 있는 공기로 인해 방한과 보습 및 보온효과가 커서 혈토층을 보호하는 역할을 한다. 이층은 혈토층의 여기餘氣를 흡수하여 최상인 표토층에 지기를 공급함으로서 생명력을 주고 혈토층의 제일선에서 피막작용을 한다. 마사층은 보통 20cm에서 30cm 내외이만 지질구조에 따라 100cm내외일 경우도 있다. 다음으로 제 4층은 고운 모래층[524]으로 혈토층이라고 부른다. 이 층은 뇌토층으로부터 상승되어 취합된 강력한 지기를 모아 순화 정제 시켜 용맥을 따라 흘러 혈에 이르도록 하는 층이다. 지기맥地氣脈이 흐르는 맥선층脈線層이라고 생각하면 된다. 태조산으로부터 발산되는 지기는 혈토층을 타고 흐른다. 혈은 혈토층이 최종적으로 응결된 곳으로 음택의 경우는 망자亡者가 묻히는 곳이며, 양택에서는 살아 있는 사람들에게 지기를 받게 함으로서 건강한 삶을 살게 하는 층이다. 혈토층은 마사층보다 더 견고하게 망자를 보호한다. 미사微砂의 간극에 의해 산소를 머금은 공기가 있어 땅이 숨을 쉬는 생토生土이다. 당연히 망자의 유골이 오랫 동안 신선하게 보존하는 역할을 한다. 마지막으로 제 5층은 암반층巖盤層으로 풍수에서는 뇌토층腦土層이라고 부른다. 뇌토층은 지구생성 당시 마그마가 굳어서 된 층으로 제 1층에서 제 4층까지가 오랜 세월

521) 토양의 전체 부피 중에서 공극이 차지하는 부피의 비를 백분율로 나타낸 것을 공극률이라고 하며, 입자의 크기가 고를수록 공극률이 커진다.

522) 乾水건수,비나 눈과 같이 하늘에서 내린 자연수를 말함.

523) 風化土層풍화토층

524) 微粒細質土層미립세질토층

풍화와 침식활동에 의해 만들어진 층이라면 가장 더디게 지중풍화地中風化가 진행되는 층이라고 볼 수 있다. 뇌토층은 지구 내부의 핵과 맨틀에서 생성된 결정질층結晶質層이다. 암반에는 각종 철분과 칼슘 등 미네랄이 함유되어 있는 보고寶庫로 풍부한 영양소의 공급원이자, 발산되는 지기를 상승시키고 생성시키는 층이다. 모든 생명체는 지기를 먹고 산다. 그래서 풍수에서는 바위와 암반을 지기의 표상表象이라고 본다.

풍수에서의 소나무는 혈을 안내하는 수목으로 평가 받는다. 그것은 토층구조에서 살펴본 바와 같이 식물들 가운데 유일하게 마사층까지 뿌리를 뻗기 때문이다. 다시 말해 소나무는 토층구조에서 1층부터 4층까지 뿌리를 뻗는 유일한 식물종으로 소나무가 있다는 것은 마사층이 있다는 것이므로 마사층 아래로는 혈토층이 있기 때문에 소나무가 혈을 안내한다고 보는 것이다. 따라서 소나무를 기준으로 혈을 찾는 방법을 송립증혈법松立證穴法이라고 한다.[525]

식물의 쇄기작용과
토양과 토질층 ▶

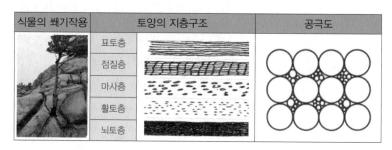

식물의 쐐기작용	토양의 지층구조		공극도
	표토층		
	점질층		
	마사층		
	활토층		
	뇌토층		

5.15 만두라는 보자기

산과 산세를 용이라고 부르는 데는 그럴만한 이유가 있다. 전설속의 용은 상상의 동물이지만 중국의 최초 지리서인『산해경』에는 용에 대해 상세히 묘사되어 있다. 우리가 알고 있는 용은 여의주를 물고 불을 내뿜으며 온갖 신묘한 재주를 부리는 변화의 상징적 동물이다. 산도 그렇다. 모든 산은 똑 같은 모습, 똑같은 산세가 없이 유일한 모습으로 항상 우리를 맞는다. 그 유일한 모습마저도 계절과 시각, 그리고 기상상태에 따

525) 고어에 '산진수회 필유음택 산곡진처 필유양택 송립명당 도아관혈 山盡水回 必有陰宅 山谷盡處 必有陽宅 松立明堂 導我觀穴' 이라고 했다.

라 달리 보이기도 한다.

　산은 분명 살아 있는 생명체임에 틀림없다. 앞면과 뒷면이 있고 측면도 있으며 뼈마디와 같은 굴절도 있고 허리와 목도 있으며 이마도 있다. 산은 항상 자애로운 어머니의 모습이다. 그러나 우리는 지금 산이란 어머니에 대해 존경심을 버린 지 오래이다. 어머니의 몸에 엄청난 상처를 남기고 병들게 하고 있다. 어머니인 산은 그런 우리들을 뿌리치지 않고 받아들인다. 세상의 모든 어머니처럼 인자한 모습으로 관용을 베푼다. 그리고는 또 온갖 질병으로 인해 아프다는 이유로 어머니의 품에 안기고자 산을 찾는다. 그래서 산은 많은 이야기를 가지고 있고 항상 그 품은 따뜻하다. 산의 허리를 풍수에서는 과협처라 한다. 과협은 산과 산을 이어주는 역할을 한다. 물론 태조산에서부터 이어지는 지기에서 살기를 털어내 주고[526] 물을 털어 주기도 한다.[527] 그리고 지기를 모아 힘차게 보내준다.[528] 과협처를 중심으로 진행하는 용맥과 뒤에서 이어지는 용맥을 영송迎送으로 표현한다. 이러한 이유로 옛 선현들은 과협을 보고 혈의 대소大小와 원근遠近을 알았다. 과협을 지나 용이 행진을 거듭하다 용의 목에 해당하는 곳을 만난다.

　풍수에서 말하는 결인結咽이라는 곳이다. 물론 넓은 의미로 결인을 과협의 범주에 포함시키기도 한다. 결인을 지나면 곧바로 산의 이마에 해당하는 곳에 이르게 되는데, 이마의 정수리 부분을 만두처巒頭處라고 부른다. 지기가 응결된 곳으로 최정상부에 산의 머리처럼 두툼하게 토축土築으로 형성된 작은 언덕[529]을 만두, 또는 승금乘金이라고 부른다. 만두는 지기가 응결된 곳으로 기가 너무 강해 혈처로 정하지 않는다.[530]

　음양론적으로는 결인[531]이 양이고 만두처[532]는 음이 된다. 음은 양을 취하고, 양은 음을 취하는 것이 역易에서 말하는 음양의 자연한 이치이다. 따라서 정수리부분[533] 아래로 오목한 미요처微凹處인 소양지처少陽地處가 혈이 된다. 따라서 과협이 있으면 반드시 결인과 만두에 이어 혈이 주어진다. 이렇듯 과협[534]과 만두를 중심으로 혈을 찾는 방법을 만두증혈법巒頭證穴法이라고 한다.

<hr />

526) 脫殺탈살
527) 分水분수

528) 速氣속기
529) 小丘소구

530) 突不葬頂돌불장정

531) 低저
532) 高고

533) 突頂돌정한 곳으로 음지형陰地形에 속한다.

534) 결인까지도 넓은 의미로 과협이라 부르기도 한다.

5.16 정구가절이라는 보자기

만두처에서 혈처로 이어지는 맥선脈線을 좌입수맥坐入首脈이라고 부른다. 만두가 반듯[535]하면 혈은 정면에서 찾고, 측면으로 기울어진 만두처에서는 기울어진 쪽에서 혈을 찾는다. 혈처가 높은 곳에서는 장풍藏風과 용호의 격, 다시 말해 감싸 안아 환포環抱가 된 정도를 감안하여 찾는다. 그러므로 혈처가 낮은 곳[536]에서 맥을 벗어나지는 않았는가를 살핀다. 이같은 방법으로 혈을 찾는 방법을 정구가절증혈법正求架折證穴法이라고 한다.

5.17 주산이라는 보자기

사신사에서 현무는 주산이면서 부모산이기도 하다. 하나의 지역을 대표하는 산으로 보호하고 지켜준다는 의미로 진산鎭山이라고도 부른다고 했다. 주산은 혈인 나에게 가장 큰 영향을 미치는 어머니와 같은 존재로 선천적 운명에 가장 큰 영향을 미친다. 따라서 주산의 형체가 오형체로서 어떠한 형태인지와 그 형세 또한 어떠한 형세인지에 따라 혈의 강령함과 혈의 위치, 그리고 나의 선천적 운명이 결정된다. 그러므로 혈을 찾는데 있어 주산을 세밀히 관찰하고 분석하는 것은 혈의 대소大小와 진가眞假를 구별하는 지름길[537]이다.

주산은 둥글고 높아야 하며[538] 단정端正[539]하고 수려秀麗하면서 광채光彩가 나야 한다. 또한 주산의 앞은 화창하게 밝으면서 열려 있어야 하고 정감이 있어야 한다.[540] 주산은 힘 있게 높이 치솟아 장엄莊嚴하고 주위의 온 산을 지배할 수 있는 위력威力과 위엄성이 있어야 한다. 대개 주산이 높으면 주용맥선상의 혈은 멀리 있고, 주산이 낮으면 혈은 주산 가까이에 있다. 주산의 한부분이 깨지고 부숴졌거나 깡마른 산[541]에는 혈이 주어지지 않는다. 그러므로 초목의 근본은 뿌리이며, 인간의 근본이 조상이듯이 혈의 근본은 현무인 주산이다. 이렇듯 주산에 대한 평가를 기준으로 혈을 찾는 방법을 주산증혈법主山證穴法이라고 한다.

535) 正面정면

536) 平地勢평지세

537) 捷徑첩경

538) 尖圓첨원

539) 方正방정

540) 開面有情개면유정

541) 破碎瘦削파쇄수삭

제4장 물 이야기 - 풍수에서의 물

1절 여장女裝을 한 물

인간을 비롯한 모든 생물은 물을 떠나서는 한시도 살 수 없다. 지구 상의 70% 이상은 물로써 채워져 있고 지구상에 존재하는 생명의 근원은 물인 바다에서부터 탄생했다. 물은 없어서는 안 될 자원이지만 때로는 엄청난 재해로 모든 생물과 무생물에 이르기까지 영향을 미친다. 고대 그리스의 철학자 탈레스(Thales)는 '물이 만물의 근원'이라 하여 일원설一元說을 주장하였고, 아리스토텔레스(Aristoteles)는 만물의 근원은 땅地·물水·공기空氣·불火이라고 하는 사원설四元說을 주장할 정도로 인류는 물의 존재를 매우 중요하게 여겨 왔다. 이와 같은 생각은 풍수의 상수학象數學에서 오행정수로 물인 수水를 1.6수로 북방北方에 배정한 것과 같다. 6각수의 물이 좋다는 것도 이에서 기인한다.

물은 화학적으로 산소와 수소의 결합물이며, 천연으로는 도처에 바닷물·강물·지하수·우물·빗물·온천수·수증기·눈·얼음 등으로 존재한다. 지구의 지각이 형성된 이래 물은 고체·액체·기체의 세 상태로 지구표면에서 매우 중요한 구실을 해왔다. 즉, 지구 표면적의 4분의 3을 바다·빙원氷原·호소湖沼·하천의 형태로 차지하고 있는데, 이 물을 모두 합하면 약 13억 3000만㎦에 달한다. 또 지구 내부의 흙이나 바위 속에 스며 있거나 지하수의 상태로 약 820만㎦가 존재하고 지중풍화에 기여하고 있다. 이러한 해수海水·육수陸水 등이 태양열을 흡수하여 약 1만 3000㎦에 달하는 수증기가 되어 대기 속에 확산하고, 그 수증기는 응축되고 모여서 구름이나 안개가 되며, 다시 비·눈·우박 등이 되어 지표면에 내린 다음 모여서 하천이 되어 해양·호소로 흘러간다. 이것을 물의 순환이라고 한다. 이렇게 물이 순환하는 사이에 저지低地나 호상湖床을 깎아내고, 강의 흐름을 바꾸고, 흙이나 바위를 멀리 운반하기도 한다. 또 큰 비나 강이 범람하여 산을 깎고, 깊은 골짜기를 만들고, 단단한 바위를 침식한다. 밀려오는 격랑激浪은 끊임 없이 해안선을 침식하여 섬이나 대륙의 형태를 변화시킨다. 물은 또한 지구상의 기후를 좌우하며, 모든 식물이 뿌리를 내리는 토양을 만드는 힘이 되고, 증기나 수력전기水力電氣가 되어 근대산업의 근원인 기계를 움직이게도 한다. 더욱이 물은 인류를 비롯한 모든 생물에게 물질 중에서 가장 중요한 것이며, 생체生體의 주요한 성분이 되고 있다.[542] 생물의 생명현상은 여러 가지 물질이 물에 녹은 수용액에 의해서 일어나는 화학변화가 복잡하게 얽힌 것이라고 말할 수 있다.

물의 순환은 근본적으로 태양으로부터의 열에 의해 이루어진다. 해양과 육상[543]으로부터 증발산 된 물이 대기 중에 머무르거나 바람에 의해 이동되기도 하는 와중에 응결되어 구름으로 변하였다가 비나 눈의 형태로 해양과 육지로 되돌아오며, 육지에 내린 강수는 지하수, 호수, 강 등을 구성하기도 하지만 또한 바다로 꾸준히 흘러들어간다. 일부 눈은 빙하로 성장하여 수십 년 또는 수천 년 갇혀있다. 결국에는 녹아서 증발하거나 바다로 되돌아간다. 이와 같은 순환 과정을 통해 물은 해양, 대륙, 대기에 분배됨으로써 수권은 태양열을 저장하고 분산시키는 역할을 한다. 물[544]은 또한 성질에 따라 냉수冷水[545] 온수溫水[546]로 해양수를 형성

542) 예를 들면, 인체는 약 70%, 어류는 약 80%, 그 밖에 물속의 미생물은 약 95%가 물로 구성되어 있다.

543) 숲, 호수, 강, 토양 등
544) 바닷물
545) 한류
546) 난류

하고 해류를 형성하여 냉·온에 따라 지역적 기후특성에 영향을 끼친다.

　생물체를 구성하고 있는 여러 물질 중에서도 물은 생물체 중량의 70~80%를 차지하며, 많은 경우에 95% 정도를 차지하는 것도 물이 생물체에 매우 중요한 성분임을 의미한다. 인간의 신체도 체중의 약 3분의 2가 물로 되어 있다. 인체 내에서의 물은 물질대사에서 생긴 노폐물을 용해시켜서 체외로 배출시키는 역할뿐 아니라, 체내의 갑작스런 온도변화를 막아 주는 등 여러 가지 기능을 해주고 있어 인간은 생리적으로 물을 필요로 하고 있다. 풍수에서 살아 있는 사람을 양인陽人이라고 하는 이유도 여기에 있다. 인류가 원시적인 농업기술과 산업기술을 바탕으로 정착생활을 하게 되었을 때 그 중요한 장소는 큰 하천 유역인 임수臨水지역이었다.

물의 순환과 형태변화 과정 ▶

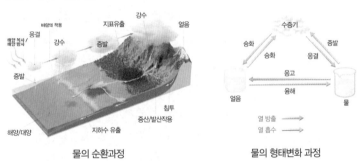

물의 순환과정　　　　　　　물의 형태변화 과정

　인류 문명이 큰 하천을 중심으로 발달하게 된 까닭은 인체가 생리적으로 물을 요구한다는 기본적인 필요성 외에도 농경과 산업활동에서 물이 필수불가결한 물질이기 때문이었다. 물은 바닷물·강물·지하수·빗물·온천수·눈·얼음·수증기·안개 등의 상태로 존재하며, 지각이 형성된 이래 지구표면에서 매우 중요한 역할을 해왔다. 물은 지구 표면의 육지나 섬의 형태를 끊임없이 변화시켜 왔으며, 천기의 작용은 지구상의 기후변화를 좌우해 왔다. 이렇듯 인류의 생활과 물은 매우 긴밀한 관계를 유지해 왔기 때문에, 물을 잘 이용하고자 하는 인류의 노력은 끊이지 않고 계속되어 왔다. 물과 관련된 풍수이론 및 민속신앙과 설화·신화가 많이 나온 것도 당연한 일이라고 할 수 있다.

2절 얻는 물과 잃는 물 - 득수와 득파

풍수에서 물을 얻는다는 의미의 득수得水는 생활과 농업을 위한 용수의 필요성에서 장풍득수藏風得水와 배산임수背山臨水의 초기 취락입지 선정에서 기인하였다. 이는 인간의 집단거주지에서 물은 필요조건으로 생존의 문제와 직결되어 매우 중요한 자원이었음은 두말할 필요가 없다. 풍수론적으로 물은 한 치 낮은 요곡지를 말한다. 평야지는 산지에 비해 낮은 지형이므로 물로 본다. 과거 전통취락지는 뒤의 산과 앞의 물을 중심으로 일상생활의 무대가 마련되었다.

산으로 감싸 안는 형국은 폐쇄형으로 같은 형국안에서 공동의 집단문화를 형성하였고, 그들만의 문화는 후손들에게 답습되고 전수되었다. 지역의 특성상 산 자들과 죽은 자들은 하나의 생활공간에서 머무를 수박에 없었다. 사람이 죽으면 바로 뒷산과 인접한 배후의 산에 의례를 갖춰 매장하고 종교적 행위로 죽은 자의 영혼을 위로하고자 부족과 마을마다 독특한 신앙과 종교가 발생하였다.

취락지에서의 물은 주거지와 농경지를 보호하는 물의 순기능이 가장 선호되는 물이었다. 주거지와 농경지를 수몰시키는 물의 역기능인 수살水殺을 두려워할 수밖에 없었다. 따라서 당시의 사람들은 순기능적인 물의 형태로 취락지와 농경지를 보호하고자 감싸 안고 흐르는 형태의 물을 길수吉水로 선호하였다. 이러한 형태의 곡류曲流는 물의 공격면이 항상 취락지를 중심으로 반대쪽을 향하기 때문에 물의 위협으로부터 안전성이 보장되기 때문이다. 따라서 길수吉水인 수세는 굴곡의 궁체弓體이거나 지현체之玄體이어야 했다.

이러한 이유로 물은 농경사회에서 재산과 재물의 상징성을 가지고 있다. 물은 생명의 원천으로 인류문명의 발생을 선도했다. 물을 잘 다스리려 천하를 얻기도 하고 물을 잘 다스리지 못하여 패망의 길을 걷기도 하였다. 하夏나라 우왕의 경우 치수治水에 성공하여 천하를 얻었다. 물과 관련된 신앙이 자연적으로 발생할 수밖에 없었고 문자가 발명되면서 기록문화가 가능해졌다. 농경생활로 인하여 계절의 변화와 때를 중요시하는 시간의 개념도 싹트면서 그들만의 경험을 토대로 학문과 자연의 변화현상에 대한 철학적 접근을 시도하였다.

또한 득수되어 양기지陽基地 맥脈을 감싸 안고 흐르는 물은 물산物産의 유통을 원활하게 하는 운송로써의 역할을 담당하고 있다. 이는 사람과 재화財貨가 모이게 한다는 것을 말한다.[547] 풍수에서 물을 잃는다는 의미의 득파는 유용성을 다한 끝물의 퇴수退水를 의미한다. 이러한 퇴수는 생기를 잃은 물이란 뜻과 부와 재산을 상징하는 물이 빠져나간다는 뜻이 결부되어 시야에서 보이지 않게 물줄기가 사라지는 형태의 물을 중요시하였다. 따라서 득수는 보여야 좋고 득파수는 보이지 않아야 했다. 풍수에서 물을 얻고 빠져나간다는 득수와 득파는 결국 취락지의 전면인 향방향으로 유입되는 외래수外來水를 의미한다. 자연발생적으로 물과 관련된 경험이 축적되어 학문적 이론으로 정리되었고, 그 중심에 풍수지리에서의 물이론[548]이 발생하였다. 수법론은 물의 형태와 형세에서부터 물이 들어오는 방향과 빠져나가는 방향까지도 음양오행론을 적용하여 기氣[549]의 철학논리로 체계화 된 이론이다.

547) 물길은 현대적 의미로 재화의 유통을 원활히 하는 도로로써 교통로를 말한다. 택리지에서 수리水理가 좋은 곳을 가거지可居地라고 하였다.

548) 水法論수법론

549) 천기天氣, 양기陽氣

수경론의좌득파 길흉 조견표 ▼

12파 (破)	좌방위(坐方位) 좌상순포태(좌 ⇨ 향 ⇨ 3합 ⇨ 4대국.胞)				평해(評解)
4정4순좌	임감좌	갑묘좌	병오좌	경태좌	祖子孫法 ⇨ 4順:天之子. 4正:地之子婦
포·절	건해	간인	손사	곤신	功名不利.人多有丁壽.無財
태	임감	갑묘	병오	경태	主落胎傷人.久則敗絶小房不利
양	계축	을진	정미	신술	敗産傷兒.乏嗣長房絶嗣
생	간인	손사	곤신	건해	小兒難養.富貴無.先敗長房
욕	갑묘	병오	경태	임감	富貴雙全.人丁興旺.地支犯則大凶
대	을진	정미	신술	계축	傷幼聰明之子.退敗産業.女人敗
관	손사	곤신	건해	간인	殺人必傷成才之子.官詞賣田産
왕	병오	경태	임감	갑묘	大富貴.人丁興旺.若非龍穴的敗絶
쇠	정미	신술	계축	을진	發富貴長壽.男聰女秀.大吉大利
병	곤신	건해	간인	손사	男壽短必出寡婦.五六人敗.狂人夭死眼盲
사	경태	임감	갑묘	병오	短命夭亡絶嗣.退敗産業.多出寡婦
장·묘	신술	계축	을진	정미	大富貴忠孝子.男女高壽.房房皆發福
4유4포좌	건해좌	간인좌	손사좌	곤신좌	祖子孫法 ⇨ 4維:天之祖. 4胞:地之祖母
胞·絶	간인	손사	곤신	건해	功名不利.貧而有壽
胎	갑묘	병오	경태	임감	初發財旺丁.久墮(타)胎乏嗣貧苦.有壽必窮
養	을진	정미	신술	계축	主富貴壽人丁旺.先發小房.龍眞穴的砂好先長房
生	손사	곤신	건해	간인	天干坐大富貴人丁旺.龍穴稍(초)差則敗
浴	병오	경태	임감	갑묘	主發富貴壽也
帶	정미	신술	계축	을진	必傷年幼聰明之子.貞婦之女
官	곤신	건해	간인	손사	成才之子傷.夭壽乏嗣窮苦大凶
旺	경태	임감	갑묘	병오	敗絶.夭壽.貧苦窮
衰	신술	계축	을진	정미	非敗卽絶
病	건해	간인	손사	곤신	主敗絶多病
死	임감	갑묘	병오	경태	短壽敗絶不吉
葬·墓	계축	을진	정미	신술	家業興旺.妻賢子孝.五福滿堂.壽門多發福
4강4장좌	계축좌	을진좌	정미좌	신술좌	祖子孫法 ⇨ 4强:天之孫. 4장:地之孫婦
포·태	곤신	건해	간인	손사	敗絶夭壽變喪. 或富貴壽雙全
절	경태	임감	갑묘	병오	初發富貴壽.或乏嗣半吉半凶
양	신술	계축	을진	정미	丁財不旺不發
생	건해	간인	손사	곤신	丁財衰甚(심).卽絶嗣
욕	임감	갑묘	병오	경태	大富貴福壽雙全
대	계축	을진	정미	신술	冠帶夭亡敗絶
관	간인	손사	곤신	건해	退材.小兒難養.男女夭亡.先敗長房
왕	갑묘	병오	경태	임감	發丁高壽.久則夭亡變喪.火災淫亂
쇠	을진	정미	신술	계축	初年稍(초)利發丁.不發亦(역)凶
병	손사	곤신	건해	간인	男女長壽房房皆發
사	병오	경태	임감	갑묘	沖殺小黃泉.夭亡.困窮.大凶
장·묘	정미	신술	계축	을진	天干坐大富貴大發.稍差卽絶

따라서 형국내로 유입되는 득수는 좋은 방향에서 유입되어야 하고 퇴수인 득파는 나쁜 의미의 방위로 빠져 나가야 한다. 그들은 더 나아가 주택의 좌향을 중심으로 물의 득수와 득파와의 관련성까지도 연구하였다. 그 관계성은 주택의 좌향과 득수, 득파와의 3각 관계에서 수법론에서의 생방生方과 왕방旺方, 오행의 상생과 상극, 음양의 상생과 상극 등을 중심으로 전개되었다. 물과 관련된 상생극의 오행방위론에 의하면 외래수의 경우 외득파수로 후천적 부富의 획득과 유실 같은 길흉방위를 가늠하고, 사신형국내 내당수內堂水의 득수와 득파는 내득파수로 구별하여 선천적으로 지닌 부富의 보존여부라는 길흉방위를 가늠하였다. 그러므로 내득파수 방위는 좌우용호의 말단 지점인 수구사水口砂를 중심으로 가렸다. 건축물과 묘의 좌향와 득파방위의 관계성을 4대국 12포태를 적용하여 길흉으로 분석한 득파론得破論550)의 사례는 좌측의 표와 같다.

3절 좋은 여자 나쁜 여자 – 내 · 외수와 조 · 안수

내수內水란 안에 있는 물을 의미한다. 풍수에서의 내수는 4방위를 수호해 주는 신神의 역할을 하는 산, 즉 4신사로 이루어진 형국내의 물을 의미한다. 이 내당수의 물은 산의 피와 같다고 보고 골육수骨肉水, 또는 원진수元辰水라고도 부른다. 취락입지에 있어서 사방四方면을 감싸고 있는 산줄기인 사신사四神砂내의 물은 형국내당수, 또는 내수라고 하여 중요한 의미로 해석하기 시작하였다. 모든 물은 감싸 안고 흐르는 형태이거나 곡류로 흘러가는 물을 중요시 하였다. 사신사로 감싸 안은 형국내의 물 또한 일직선551)으로 방류放流552)되면 가옥과 농경지에 재해를 입히게 되어 곡류로 흘러 나가길 바랬다.

수질의 경우도 내·외수를 막론하고 탁하거나 악취와 같은 냄새가 나는 오염수汚染水553)는 좋지 않다. 물은 의당히 흘러야 하지만 직류로 급히 흘러와서는 안 되며554), 흐느끼는 소리로 흘러서도 좋지 않다.555) 내수

550) 水經論수경론

551) 直去직거

552) 堂門破당문파

553) 臭穢水취예수

554) 直水衝殺직수충살

555) 喪哭상곡

는 취락지의 식음료로 활용되며 외수는 농업용수와 같은 목적으로 활용된다. 물은 취락지를 중심으로 건기 때는 적절한 습도를 제공하기도 하고 고온다습한 삼복더위의 열기를 식혀주기도 하며, 취락지 주변의 자연생태계가 원활히 유지되는 생물의 다양성을 제공하기도 한다. 이러한 의미에서 풍수학적 의미의 내·외수는 생태환경적으로 소중하게 다루어졌을 뿐 아니라 상징적 의미로 내수内水에 대해서는 선천적으로 주어진 재화로, 외수外水에 대해서는 후천적 재복財福의 상징성으로 보았다.

따라서 내수의 형태나 형세로서 선천적 재산의 득실을 가늠했고 외수로는 후천적으로 재산의 취득에 대한 유무를 헤아렸다. 내수가운데 집이나 묘지 앞에 자연적으로 괴어 있는 연못이나 웅덩이의 물을 지당수池塘水라 하고 집이나 묘지 앞이나 옆에 있는 샘물을 진응수真應水, 또는 옥천수玉泉水라 한다. 이 물은 약수藥水[556]나 단물[557]로 맛이 좋으며 부귀장수하고 진결대지真結大地의 중표로 대부귀현大富貴顯이 난다는 길수吉水에 해당한다. 내수의 경우 청룡에서 분수된 물은 청룡을 따라 같이 흐르고 백호에서 분수된 물은 백호를 따라 흐르지만,[558] 외수는 우백호가 전체형국을 감싸고 있는 경우에는 좌선수左旋水로 좌청룡이 전체형국을 감싸고 있는 경우에는 우선수右旋水로 유입되는 역수逆水의 수세水勢를 좋은 물로보았다. 물론 내수는 양기지의 자연식수원으로 활용되었다.

외수는 사신형국의 바깥에서 조산이나 안산 앞으로 특래特來하여 유입되는 물[559]을 말하는데, 외당수 또는 과객지수過客之水라고도 부르며, 묘지나 취락지(혈) 앞으로 직입直入하거나 직래直來하여 충하면 좋지 않다. 모든 물의 형태는 지현궁체之玄弓體로 흘러야 하고 혈 앞에서 합수되거나 형국바깥에서 기합수旣合水[560]되어 유입流入되어야 한다.[561] 반대로 유입된 물이나 합수되어진 물이 갈라지고 흩어진 물의 형태[562]로 유출되어서는 안 된다.

기타 좋은 외수로는 해안취락지에서 바닷물이 활의 등처럼 육지로 쑥 들어 가득 차 있는 물,[563] 강이나 큰 하천의 물로 사신형국을 궁체弓體로 감싸주는 형태로 지기가 새어나가는 것[564]을 막아주는 물,[565] 산골짜기

556) 嘉泉水가천수
557) 甘泉水감천수
558) 同行동행하는 순수順水
559) 朝水조수:朝案水조안수
560) 2, 3차 이상

561) 청오경에 白川同歸백천동귀라 했다.

562) 割脚水할각수
563) 海灣水해만수
564) 漏泄누설
565) 江河水강하수

의 물로 곡류曲流로 소리 없이 천천히 흐르는 물,[566] 백두산 천지와 같이 산 정상에 자연적으로 형성된 호수[567]의 물,[568] 사신사 밖에서 보이지 않게 형국을 감싸주고 있는 큰 물[569] 등이 있다. 나쁜 물로는 사신사내의 골짜기의 물을 뜻하는 계간수溪澗水로 직류로 빨리 흘러 혈과 충 하거나 소리가 나는 물, 용호의 한쪽 능선이 요함凹陷하여 그 사이로 물이 형국 내를 넘겨다보는 물,[570] 가축의 분뇨糞尿와 같이 탁하고 역겨운 냄새가 나는 물,[571] 빠르게 직래直來하여 혈과 직접 충하거나 용호의 요함凹陷한 산 능선방향으로 직래하는 형태의 물,[572] 유출되는 물의 흐름이 쏜 화살 같이 급하게 빠져 나가는 물,[573] 곧고 날카로운 물이 혈처를 찌르듯이 들어오는 물,[574] 호수가 말라 바닥이 거북등처럼 갈라져 증발된 물이나 바닥에 미량으로 있는 물[575] 등은 흉수凶水에 해당한다. 따라서 취락지나 농경지에 대한 침식을 유발하여 지형변화를 급변시키는 물의 형태는 대부분 흉수凶水에 해당한다.

4절 여자의 본색 – 물의 침식력

산룡세 지역의 무분별한 난개발을 통해 형성되는 주택의 대부분은 큰 계곡을 등지고 들어서는 것이 일반적이다. 이는 물의 공격적 수살水殺에 대한 무지無知의 결과이다. 물에 의한 수살의 위험성은 최근 정부주도의 4대강 유역에 대한 개발에서도 직류하천 조성을 위한 직강直江공사에서 여실히 보여주고 있다. 자연은 자신의 뜻에 따라 스스로 물길을 형성해 가고 수변환경水邊環境에 의한 생태계는 자연 스스로 결정한다.

4대강 개발은 자연 스스로 형성된 물길[576]이 아닌 인위적 힘에 의해 인간이 구획한 의도대로 진행됨으로써 생태계의 교란과 자연의 질서에 정면으로 대항하는 모양새이다. 육지에서 자연지형의 변화는 기온차, 바람과 물의 공격과 같은 다양한 요인에 의한 침식활동에 의해 형성된다. 우각호와 같은 경우가 육지의 하천에서 진행되는 물의 침식활동에 대한

566) 溪澗水계간수이다. 溪水有聲계수유성이면 必出聾啞필출농아이다. 즉, 산골짜기 물이 소리가 나면 필히 귀머거리와 벙어리가 난다.

567) 池湖水지호수

568) 天地水천지수라고 부르며 산 정상에 맺은 天巧穴천교혈 앞에 맑은 샘물이 사계절 마르지 않고 항상 일정한 수위를 유지하는 물이다. 이 물은 極貴極富극귀극부를 상징하는 존귀한 물로, 혈의 역량이 커서 怪穴괴혈로서 君王之地군왕지지나 將相之地장상지지가 된다.

569) 暗拱水암공수
570) 越見水월견수
571) 臭穢水취예수
572) 穿水천수
573) 箭水전수

574) 射水사수
575) 渴水갈수
576) 水路수로

단적인 예이다. 풍수에서는 본성에 충실하려는 직류수와 같은 물이 가장 강력한 침식의 주범이라고 본다. 물의 침식과 공격으로 자연제방이 무너지고 범람하는 과정도 결국은 수살작용에 의한 지형변화의 현상이다.

많은 사람들이 선호하는 해안주택지형의 경우 물에 의한 침식활동은 전 해안에 걸쳐 매우 심각하게 진행되고 있음을 볼 수 있다. 따라서 이에 대한 공학적 연구에 의한 방지대책 또한 다양하게 제시되고 있다. 침식 유형의 발생 메커니즘은 백사장, 사구포락, 토사포락, 호안의 붕괴 현상으로 구분되는데, 특히 백사장침식에 있어서 사빈의 쇠퇴와 사구의 포락에 의한 침식은 해안지역[577]을 중심으로 집중적으로 나타나고 있다. 그 만큼 해안지역의 주거환경이 열악한 조건으로 급변하고 있다는 것을 말한다.[578]

이에 대한 대책으로 하천과 해안 침식의 진행과 지형을 보호하기 위해 여러 공법에 의한 사업이 진행되고 있는데 풍수론의 사신사적 관점에서 보면 얼마만큼 효과가 있을지 의문시 된다고 보여 진다. 풍수론적으로 자연은 끊임없이 변화하며 변화의 중심에는 자연변화 요소간의 상생相生과 상충相沖이라는 힘의 역학관계力學關係, 즉 풍수론적으로 음양과 오행기五行氣간의 역학관계가 작용한다. 이는 지구온난화에 따른 이상기후 현상과 맞물려 예기치 못한 자연의 재앙이라는 상충적相沖的 침식활동浸蝕活動이 언제 어떻게 우리 앞에 거세게 불어 닥칠지 예단하기 힘들다. 보통의 해안지형에서 특히 사빈의 크기와 존재여부는 우측의 그림에서 보는 바와 같이 해안취락의 입지과정에서 필수적으로 고려되었던 자연환경이었다.[579]

우측 그림과 같은 해안지역의 취락입지는 전후좌우의 사신사와 함께 환포環抱된 형국에서 볼 수 있다. 즉, 좌우용호사左右龍虎砂 끝단인 헤드랜드의 외해外海 쪽 해수면은 끊임없이 해수海水와의 상충相沖으로 특히 강한 침식을 받으면서도 형국내形局內를 인간이 거주할 수 있는 취락입지 환경으로 만들고 있다는 의미이다. 따라서 해안취락지에서 용호龍虎의 말단末端은 매우 강한 침식을 받는 헤드랜드라고 할 수 있다.[580] 파랑은

577) 특히 서해안이 심하다.

578) 해안지형의 침식으로 인해 사회비용이 증가하고 연안을 중심으로 하는 경제활동의 위축은 많은 경제적 부담을 가중시키며, 특히 자원적 측면에서 자연경관에 대한 경제적 가치의 하락은 해안지역 주민과 지방정부의 직접적인 피해로 나타나고 사회문제화 되기도 한다.

579) 그림에서 좌편 사각 표시점은 취락입지 위치이며 삼각표시점이 배후 주산의 위치가 된다.

580) 헤드랜드는 내륙지형에서 수구사에 해당한다.

에너지를 갖고 있고 파도의 고저高低에 따라 파랑에 굴절현상이 나타나며 에너지에 변화가 일어나게 되어 균등하게 분포하던 에너지가 파랑의 굴절에 의해 헤드랜드에 집중되고 만灣에서는 분산된다.

　　파랑에너지에 의한 파식 등의 주영향으로 다량의 모래가 생산 공급되어 해류海流에 의해 만입灣入된 형국내形局內로 운반되어 모래사장과 같은 사빈沙濱을 형성하게 된다. 운반되어진 모래가 해외外海로 유출되는 것을 막는 역할을 하는 것이 용호사龍虎砂의 말단부위인 헤드랜드라고 할 수 있다. 바닷가의 모래는 아래 그림에서 보듯이 용호사의 침식에 의한 성인成因으로 공급된다. 해안취락지에서의 용호사는 모래의 공급원이면서 모래의 유출을 막는 이역성二役性의 지형이다.

형국론에서의 전형적인
해안지형 취락입지도 ▶

그림에서는 나타나지 않았지만 좌측의 삼각지점이 배후 주산지점이고 삼각꼭지점이 가리키는 방향(사각표시점)이 전통적으로 취락이 입지하는 위치임. / 굴업도.

　　해안에 인접한 전원주택이나 일반 주택지는 해안지형 취락입지도에서 보듯이 배산背山[581]이라는 북현무의 주산主山이 있음으로서 바람을 가둔다는 장풍藏風의 역할을 할 뿐만 아니라, 모래해변[582]의 폭이 감소하는 사빈침식이나 모래언덕[583]이 무너지거나[584] 사구가 육지 쪽으로 후퇴하는 것을 막아주는 역할을 한다.

581) 背後山地배후산지

582) 사빈이라 한다.

583) 사구沙丘라고 한다.

584) 포락浦落이라고 한다.

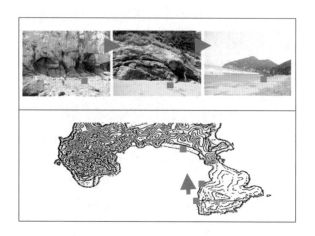

그러나 주산主山인 배후산지背後山地가 없거나 있더라도 배산背山의 역할을 못할 정도의 저산지성低山地性 구릉지丘陵地의 경우, 혹은 요곡지凹谷地로써 V자형 계곡으로 된 풍로風路의 형세形勢에서는 사빈과 사구후퇴라는 매우 급격한 침식현상을 초래하게 된다. 특히 이러한 경우에는 사빈이나 사구는 배후 주산의 역할과는 무관하게 사빈 폭이 좁아지는 침식현상이 단기간에 나타난다고 할 수 있다. 이는 과거 수 천만 년의 긴 시간동안 자연 스스로의 환경에 따라 조성되어진 자연의 질서로 형성된 사빈과 사구가 인위적 지형변화에 따라 사신사의 역할변화를 초래함으로써 급격한 지형변화가 수반된다는 것을 의미한다. [586]

또한 형국론에서는 물과 관련하여 득수得水와 득파得破에 대한 수법水法 이론이 있는데, 득수는 물이 들어오는 용호상龍虎上의 방위이고 득파는 물이 빠져나가는 용호상의 방위로써 수구사水口砂의 좌우, 즉 양변의 사각砂角[587]이 위위位하는 방위를 지칭한다.

수구사水口砂에서 물이 들어오고 나가는 좌청룡과 우백호의 끝단은 항상 대기大氣의 기류氣流인 바람이나 물이 상충相沖하게 되어 있다. 따라서 이곳은 대체로 급변하는 침식지형을 이루게 되는데 물[588]과 땅[589]은 풍수론적으로 음양관계陰陽關係[590]이며, 오행상五行上 상극관계相剋關係를 이룬다. 상극관계는 극剋을 가加하는 요소와 극을 당하는 요소로 구분된다. 극을 가하는 요소가 공격적이고 우월적이라는 의미가 아니라 오히려 극을 당하는 요소가 태과할 경우 훨씬 더 공격적이고 우월적이기 때문에 수세적이고 열등적인 존재가 극을 가하는 실질적 주체 요소가 되는 것이다.

형질적形質的 오행개념五行槪念에서 수水와 토土의 관계를 보면 토극수土剋水로써 토土가 수水의 흐름을 방해하고자 하는 극의 관계, 수는 가해요소加害要素인 토에 의해 배척당한다는 것을 의미한다. 이를 지형학적으로 보면 침해를 당하는 요소와 침해를 가하는 요소와의 충돌에 의해 지형변화현상으로 나타나는 것이라고 해석되어진다. 이때 침해를 당하는 요소는 적극적이고 능동적인 변화현상으로 대처하며 매우 강력한 살기殺氣를 품어 내는 발산작용發散作用을 한다. 따라서 하천과 해안지형에서 침식이라는 변화작용을 일으키게 하는 요소는 극을 당하는 해수海水로써 능동적인 살기殺氣를 발산한다. 반면 강한 살기를 받아 변화를 꾀하는 요소는 외형상 수동적인 해안지형 자체인 토土가 된다.

지상에서의 상극작용相剋作用은 환경변화요소로서 풍風과 수水라는 환경인자가 가장 핵심적인 변화요소이듯 풍風은 지형과 물인 수水의 변화성에 가장 많은 영향을 미치는 천기天氣의 대기운동大氣運動 결과로써 변화의 정도는 풍력風力에 비례하여 작용한다. 반면 물은 천기의 작용에 의한 지기의 결과물로써 변화의 정도는 곡류도에 반비례하고 유속에 비례한다. 그러므로 사신사는 명당이라는 특정한 지점을 침식이라는 자연적 상충작용相沖作用의 살기를 방어하고 형국내를 보호 방어하는 역할자[591]로서 그 임무와 의미가 부여된다. 일반적으로 전통적 취락지는 이러한 사신사가 환포하고 있는 배산임수의 형국에 입지한다. 용호의 말단末端은 끊임없이 풍수침식風水侵蝕[592]을 통해 형국의 최전방에서 가장

588) 水水

589) 地지: 土토

590) 풍수론에서 산은 운동성이 작으므로 음이고, 물과 바람 등은 양이다.

591) 保護砂보호사, 護衛砂호위사

592) 용호(龍虎)의 끝단은 수구(水口)로서 보통 물의 통로이고 기류(氣流)의 통로로서 風力과 水力이 가장 크게 맞닿는 곳이다.

많은 지형변화 현상을 보인다고 할 수 있다. 즉, 극剋을 가하는 요소에 대해 풍수론에서는 살기를 받고 있음으로 해서 외형상으로는 소극적인 극작용을 하게 되고, 극을 당하는 요소는 살기를 발산하는 실질적 주체 요소라고 본다.

자연현상에 있어서 상극관계인 토土와 수水라는 이 두 요소에 바람과 기온이 가세하여 서로 충沖하게 되면 극剋을 가하는 요소는 살기를 받게 됨으로써 실제 내면적으로는 소극적이고 수동적인 변화작용을 일으킨다. 즉, 극을 가하는 존재는 실질적으로 나약한 존재이기 때문에 강한 자를 극한다고 보면 된다. 따라서 그림처럼 풍수론에서 사신사의 역할은 결국 혈이 입지한 흙인 토土에 대해 풍風과 수水라는 자연변화 요소의 지나친 상극작용相剋作用을 상쇄[593]시키는 지형구성체地形構成體로써 환포環抱와 상하기복上下起伏 및 좌우굴절左右屈節의 형상을 취해야 하는 것을 의미한다. 흙인 토土는 진정한 음체陰體이고 풍風과 수水는 유동하는 양체陽體이기 때문에 지정地靜한 산은 양동陽動의 풍과 수의 위력을 상쇄시켜야만 한다.

형국론에 있어 사신사의 형국방위는 특정방위를 가리지 않고 배산임수의 원리에 따라 배산인 현무, 즉 내룡來龍[594]하여 오는 산, 용龍을 등지는 형국으로 사계절이 비교적 뚜렷하고[595] 삼면이 바다인 반도로써 끊임없이 수증기를 공급받을 수 있는 조건을 갖춘 한국 지형에서는 매우 합리적인 논리이다.[596] 이는 계절에 따른 기단氣團과 풍風, 강수降水[597]라는

593) 相殺상살
594) 行龍행룡

595) 한반도는 계절에 따른 기단의 영향을 비교적 뚜렷하게 받고 있는데 영향을 미치는 기단으로는 시베리아기단(cP), 오호츠크기단(mP), 북태평양기단(mT), 적도기단(mE)이 있다. 이는 기단의 성향상 풍수론에서의 四象, 즉 太陽, 少陽, 太陰, 少陰의 성향과 같은 大氣四象이다.

596) 형국론에서의 사신사는 내륙에 위치한 내륙형 형국이나 해안지형에 형성된 해안형 형국에서 동일한 조건의 기능을 가진다.

597) 누, 비

사신사의 기복굴절 모식도 ▶

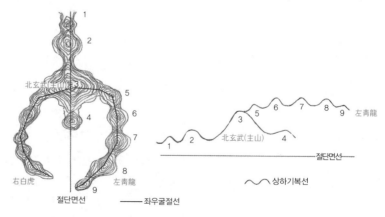

北玄武(主山)
右白虎
左青龍
절단면선
좌우굴절선
상하기복선

598) 상쇄相殺
599) 절단면선 부위

600) 청룡, 우백호의 돌출부 말단(헤드랜드) 부위의 산을 풍수론에서는 水口砂라고 부른다.

601) 氣口를 통해 流入되는 氣流는 형국내 대기를 순환시키는 역할을 한다.

602) 해안지형에서는 海水에 의한 침식이 가장 강하게 나타나는 헤드랜드 부위에 해당한다.

603) 風풍과 水수

604) 해안형 사신사 형국에서 비보풍수裨補風水로 인공적으로 조성되는 숲을 말하며 이러한 방풍림은 사구후퇴와 사빈폭 감소 등의 침식을 완화시키는 역할을 한다.

605) 풍수론에서의 案山은 외부의 凶殺을 방어하고 形局內의 吉氣가 局外로 유출(누설)되는 것을 막는 역할을 하는 것으로 설명하고 있는데 외부의 흉살이란 자연변화 요소인 풍과 수의 지나친 상충작용을 말한다.

606) 5, 8, 9의 지점도 동일하다.
607) 海水해수

608) 풍수론적으로 상쇄는 상충하는 자연변화에너지 모두를 거부하는 것이 아니라 일정량의 외부에너지는 적극적으로 받아들이고 수용함으로써 강력한 에너지를 약화시킨다는 의미로 해석된다.

609) 海水해수 포함

요소가 사방위 중 어느 방향에서 영향을 미치더라도 보국保局의 자연형상自然形相으로 상쇄[598]시킬 수 있기 때문이다.

따라서 혈을 환포環抱하는 사신사의 상쇄기능에 대하여 좌청룡의 경우를 먼저 살펴보면, 그림의 3번인 주산主山에서 9번의 좌청룡左靑龍 말단末端인 수구사水口砂까지 이어지는 곡선형曲線形의 지형체地形體임을 알 수 있다. 이 같은 곡선은 결국 좌우의 청룡과 백호의 곡선으로 환포형環抱形의 사신사 형국이 이루어진다. 내륙형內陸形 형국의 경우 용호龍虎가 교차하는 부분[599]을 수구水口[600]라고 한다. 이 부위는 형국내의 물이 배출되는 수구이면서 동시에 형국으로 유입되는 유일한 기구氣口[601]이기도 하다. 따라서 수구의 용호말단龍虎末端은 정면正面에서 진행에 오는 자연변화 요소인 풍風과 수水의 직접적인 상충相沖을 강하게 받는 지형으로 가장 많은 침식현상[602]이 일어나게 된다. 이러한 결과로써 형국내 취락지로 유입되는 극흉한 흉살凶殺[603]을 방어하고 형국을 보완하기 위한 것이 해안취락지에서의 방풍림防風林[604]내지 방수림防水林이며 자연지형으로는 주작인 안산案山[605]이다.

그림의 형국도에서 좌청룡의 굴절선屈節線과 기복선起伏線인 평단면도平斷面圖를 보면 6과 7의 돌출부위[606]의 경우 좌청룡의 왼쪽 방향에서 진행해 오는 풍風과 수水[607]의 상충작용을 가장 먼저 강하게 받는다. 이렇게 상충相沖되어 상쇄되어 약해진 풍風과 수水는 다시 2차적으로 6과 7의 사이인 요지부분凹地部分과의 상충으로 상쇄효과는 급격히 떨어지게 된다. 이 같은 상쇄작용은 풍수風水에너지가 고지高地와 돌출부突出部에서 1차적으로 상쇄되고 이어 2차적으로 저지低地와 요곡지凹谷地에서 충沖하여 상쇄됨으로써 지형지세가 갖게 되는 힘의 역학구조[608]에서 비롯된다고 볼 수 있다. 형질形質과 성향性向이 다른 두 요소간의 충沖을 앞서 논한바와 같이 풍수론에서는 상극작용이라고 하는데, 결국 수水[609]에 의한 땅인 지형地形의 침식작용 또한 형질形質과 성향性向이 다른 두 요소간의 충돌로써 풍수론적風水論的으로 토극수土剋水의 상극관계相剋關係라고 정의할 수 있다.

제5장 바라봄과 뒷 배경 이야기 - 좌향

610) 無規定무규정
611) 무한한 것

612) 동양 철학 태극론에서의 무극의 개념과 같다. 단, 무극은 물질계가 아닌 것으로 설명하는데 아낙시만드로스는 물질계로 보았다는 점에서 차이가 난다. 현대 물리학자들은 무(정신계)에서 유(물질계)가 생성되었다고 본다는 측면에서 태극론이 훨씬 현대학자들의 주장과 일치한다. 양의는 음(陰)과 양(陽)을 통틀어서 일컫기도 하고 때로는 천지(天地)를 가리키기도 한다. 풍수적 사고로는 純陰純陽순음순양(정신계)이 아닌 濁陰濁陽탁음탁양(물질계)를 의미한다.

613) 不死不滅불사불멸
614) 화火

615) 수水
616) 음양陰陽
617) 태극운동太極運動

태양계를 포함한 우주가 존재하는 한 낮과 밤이 주어지는 이치는 벗어날 수 없다. 밝고 어두운 대립적인 두 성향, 차갑고 뜨거운 것의 대립, 작용과 반작용의 대립 등 상반되고 배반적인 이 모든 것들은 빅뱅이라는 우연성을 통해 시·공간이 생김으로서 나타난 대립적對立的 음양관에서 연유한다. 그러므로 음양적으로 오행기질의 변화운동이 없었다면 지금과 같이 모든 생명체가 존재하는 지구는 처음부터 존재할 수 없었으므로 지구의 역사 또한 있을 수 없었다.

일찍이 고대 그리스 유물론의 철학자이자 탈레스의 제자 아낙시만드로스(Anaximandros)는 세계의 근원을 이루는 것은 어떠한 규정도 없는[610] 물질[611]이라 하고, 이를 아페이론(apeiron)[612]이라 불렀다. 이것은 죽거나 없어지지도 않으며[613] 영원히 운동하는 물질이고, 이것이 뜨거운 것[614]과 차가운 것[615]이라는 두 가지 대립물[616]을 낳으며, 이들의 투쟁에 의해 만물이 만들어지지만,[617] 만물萬物은 또 필연적 법칙에 따라 쇠퇴하여 없어져[618] 근원으로 되돌아간다고 주장했다. 그의 주장은 분열과 팽창의 과정을 거쳐 극極에 이르면 수축과 수장의 과정으로 돌아간다는 의미로, 모든 물질과 현상계는 음양의 순환과정이라는 윤회법칙에 의한다는 것과 같다는 동양적 우주관과 동일하다.

물질계의 음양 순환과정은 대립적인 것의 충돌을 통해 운동성향이 역전逆轉되는 현상을 말한다. 그렇다면 이러한 역전운동은 원활하게 이루어질 수 있는 것일까? 풍수에서는 순탄하게 이루어지지 않는다고 본다.[619] 성향이 다른 본성끼리는 서로 섞이지 않고 배척하려는 본성의 충돌과정이 있은 연후에라야 물질계의 생명활동은 비로소 변화성이라는 탄력을 받게 된다는 것이 풍수의 논리이다. 결국 하나의 생명활동이란 극한 투쟁의 결과이자 음양운동의 산물産物로 혈穴이라는 입지점은 비교적 안전한 중위지역에 있음을 말한다. 혈은 상반되고 대립적인 것을 거느리고 화해를 종용하는 매개자媒介者이다. 그러므로 혈을 중심으로 사방四方의 관계를 보면, 일직선상의 전후와 좌우의 대칭적 요소들은 끊임없이 서로 상반된 대립각을 세우게 된다. 비단 혈 뿐만이 그렇겠는가? 인간들의 사회현상도 다를 바 없다. 나[620]라는 혈을 중심으로 끊임없이 반목을 조성하고 때로는 혼탁한 화합을 통해 그 관계성이 유지된다. 풍수론에서는 매개자媒介者인 혈이 갖는 대립적인 두 가지 상반된 요소를 좌향坐向이라고 한다. 좌와 향은 대칭상의 상반된 개념이라는 말이다. 다시 말해 음양적 개념이라는 말로써 좌는 음인 산에서 연유하는 것이라면, 향은 양인 물과 관련이 있다는 것을 말한다. 좌가 산을 등진다는 상징성[621]을 갖는다면 향은 물을 안고 얻는다는 상징성[622]으로 공간상 180°일직선상에서 주어지는 대칭적 실체이다. 따라서 좌坐를 알면 향向을 알고 향을 알면 좌를 알 수 있을 뿐만 아니라, 좌는 산이론[623]과 관련성을 가지고 향은 물이론[624]과 관련성이 있다는 것까지도 알 수 있다.

결론적으로 좌향은 일반 지리학적 방향의 개념과는 다른 것으로 한 지점이나 장소는 무수한 방향을 가질 수 있고, 다양한 이론[625]에 의한 선호성에 의하여 결정되는 좌향은 주체자가 사용[626]하려는 이론에 따라 달

618) 衰滅쇠멸
619) 相衝상충
620) 아我

621) 背山배산
622) 臨水임수

623) 山法산법, 또는 龍法용법
624) 水法수법, 또는 向法향법

625) 理氣風水論이기풍수론
626) 取用취용

리 설정될 수 있다. 하나의 건축환경이나 묘지환경이 특정한 좌향을 갖기까지 검토되는 향은 자침상磁針上의 절대향인 실제적 방위와 사신방四神方적 방위개념인 상대향이라는 상징적 방위개념으로 구분될 수 있다. 절대향은 인간생활에 직접 영향을 주는 천체, 특히 태양의 운행에 의하여 결정지어지고 시간성을 내포하는 나침반상의 실제 방위적 향을 말하며, 상대향은 지세地勢·시계視界·실존성·사회성을 지닌 것으로 혈을 중심으로 전후좌우前後左右를 상징적 동서남북 방위개념으로 사신사에 배정한다는 측면에서 상징적 방위라고도 한다. 그러므로 풍수지리의 좌향론은 이 두 가지 개념의 복합적인 형태를 동시에 사용한다.

풍수에서 혈에 대한 위치성은 360° 원주상에서 24방위를 중심으로 남북 자오선축상의 일점一點이지만, 현대 지리학적 위치성은 좌표座標를 통해 경선과 위선의 교차점 중앙에 놓인다. 혈의 좌향을 현대 지리학적 표현에 의하면 경선經線상의 일점에 놓이게 됨으로써 풍수론에서의 경선은 15°간격으로 24개라는 것과 같다. 흔히 현대 지리학에서 말하는 좌표(grid)란 지도상에서 한 지점의 위치를 지시하고 그 지점을 찾기 위하여 종횡縱橫으로 그린 등간격의 가상선假想線으로 경선과 위선으로 구성되며, 세계 공통으로 60진법의 도度, 분, 초 등이 측정단위가 된다.

경선은 영국 그리니치 천문대를 지나는 경선을 0°로 하여 동과 서를 각각 180등분하여, 도합 360°로 분할한 것으로 경선의 경도를 0으로 하여 동쪽을 동경,[627] 서쪽을 서경[628]으로 나타낸다. 동경과 서경은 각각 180°까지 있으며, 동서 180°의 선은 일치한다. 위선은 적도를 중심으로 남과 북을 각각 90등분하여, 도합 180°로 분할한 것이다. 또한 경선經線(longitude)은 지구상에서 위치를 찾을 수 있는 기본좌표를 형성하는 선이며 위선과 직각으로 만나는 선으로, 지구 표면을 동서로 나눠 양극인 북극과 남극점을 최단 거리로 연결하는 지구 표면상의 세로 선을 뜻한다.

경선은 적도를 기준으로 한 위선緯線과 직각으로 만나며 지구의 양극을 지나는 세로의 남북선인 자북子北과 오남午南의 방향을 가리키고 있기 때문에 자오선子午線이라고도 한다. 경선은 위선과 달리 모양과 길이

627) 기호로는 X E라고 한다.

628) 기호로는 Y W라고 한다.

경도의 기준은 1884년 영국 그리니치 천문대를 통과하는 자오선으로 정하여 사용하고 있다. 경선은 세계 각국의 시차(時差)를 결정하는 기준이 된다. 국제 경·위도에서는 영국의 그리니치 전문대를 지나는 경선을 본초자오선이라 하고 그것을 기준경선으로 하여 동서를 각기 180°로 분할하고 있다.

북반구의 위상상 위치는 북위, 남반구의 위치는 남위로 나타낸다. 북위 23 7의 위선을 각각 북회귀선, 남회귀선이라 하며, 북회귀선에는 하지에, 남회귀선에는 동지에 태양이 바로 위를 지난다. 위도 66 33의 위선은 극권(極圈)이라 한다. 극권의 고위도 쪽에서는 겨울에는 하루 종일 해가 보이지 않는 날이, 여름에는 해가 지지 않는 날이 생긴다.

가 같고 양극에서 한 점에 모인다. 동경의 범위를 동반구, 서경의 범위를 서반구라고 한다. 같은 경선상의 지점은 같은 시간대에 속하며, 경도 15°로 1시간의 시차가 생긴다. 15°는 태양이 천구상을 1시간에 운행하는 각도629)라고 설명하고 있고, 위선緯線에 대해서는 지구 위의 위치를 나타내는 가상의 선이다. 즉, 지축에 직교하는 평면이 지표면을 가르는 선으로, 직도에 평행한 작은 원이 된다. 경선과 함께 지표의 위치를 정한다. 적도를 0°, 북극점과 남극점을 각각 90°로 정하고, 적도와 평행으로 지구 표면에서 같은 위도의 지점을 잇는 가로의 선이다. 그리고 적도의 북쪽을 북반구, 남쪽을 남반구라고 한다.630) 따라서 현대 지리학적 관점에서 위선(위도)은 기후와 관련이 있고, 경선(경도)은 시간과 관련이 있음으로 위선에 따라 기후가 차이가 나고 경선에 따라 시간이 차이가 난다. 반면, 풍수의 관점에서 혈을 중심으로 방위가 시·공간성을 갖는다는 의미는 좌향론에서 24방위 자체가 24개 경선을 의미한다. 그러므로 24개의 시간성을 갖으며 시간성은 곧 일기의 변화이자 기질氣質의 변화인 것이다. 혈 중심으로 좌우의 위선은 24개 경선상에 대한 공간성으로 입지점에 대한 위치성의 좌표라고 할 수 있다. 좌향은 결국 혈이라는 주택과 묘의 지리적 위치성으로 시·공간변화의 대립적 주재방위를 의미한다.

나경상 좌와 향의 대칭성의 예 ▶

乾北西 건북서	子北 자북	艮北東 간북동	癸계	寅인	乙을
酉西 유서	↖ ↑ ↗ ⇐ 穴 ⇒ ↙ ↓ ↗	卯東 묘동	亥해	↖ ↑ ↗ ⇐ 穴 ⇒ ↙ ↓ ↗	巳사
坤南西 곤남서	午南 오남	巽南東 손남동	辛신	申신	丁정

子坐午向 자좌오향	午坐子向 오좌자향	寅坐申向 인좌신향	申坐寅向 신좌인향
卯坐酉向 묘좌유향	酉坐卯向 유좌묘향	巳坐亥向 사좌해향	亥坐巳向 해좌사향
乾坐巽向 건좌손향	巽坐乾向 손좌건향	癸坐丁向 계좌정향	丁坐癸向 정좌계향
坤坐艮向 곤좌간향	艮坐坤向 간좌곤향	辛坐乙向 신좌을향	乙坐辛向 을좌신향

제6장 내 생명과 재산을 노리는 정체 - 살론

1절 위협이 되는 살의 정체

1.1 살의 개념

살殺이란 본래 의미는 죽인다는 한자어다. 풍수에서의 살은 인간과 관련하여 자연의 위협적 요소에 의한 자연재해와 음양오행의 상극적 관계로 사람이 다치거나 죽고 재산상 손실을 보는 해악害惡스러운 개념에 대한 통칭이다.

자연의 위협적 요소로 산山에 의한 용살龍殺과 물에 의한 수살水殺, 그리고 바람에 의한 풍살風殺이 있으며, 철학적 상극에 의한 위협요소는 주산에서 이어 진 용맥龍脈[630]이 터[631]로 들어오는[632]방위의 오행과 주택이나 묘지의 좌향이 정오행상 상극관계인 살[633]과 주택이나 묘지의 좌향을 중심으로한 오행과 상극방위에 물이 보임으로서 주는 살[634] 등이 있다. 또한 바람과 관련하여 상극방향의 산줄기가 요곡凹谷하여 바람이 침범함으로써 주는 살[635]이 있다. 용상팔살이란 의미는 용龍의 입수능선상에서

630) 산줄기의 입수맥
631) 집터와 묘터
632) 入首입수:龍入首용입수

633) 龍上八殺용상팔살
634) 八曜黃泉殺팔요황천살
635) 八曜風殺팔요풍살

주어지는 8개의 살이란 의미이고, 팔요황천살은 물水에 의해 주어지는 8
개의 살, 팔요풍살은 바람이 주는 8개의 살이란 의미로 모두 8괘 방위의
정오행과 관련이 있다. 8괘 방위는 땅의 이치[636]를 주도하는 방위 4개[637]
와 하늘의 이치[638]를 주도하는 방위 4개[639]를 말한다.

1.2 자연재해살

자연재해살自然災害殺[640]란 태풍, 홍수, 호우, 폭풍, 해일, 폭설, 가뭄,
지진 또는 기타 이에 준하는 자연현상으로 인하여 발생하는 피해를 말
한다. 또한 일반적으로 인간의 사회적 생활과 인명, 재산이 비정상적인
자연현상 등과 같은 외력外力에 의해 피해를 받았을 경우 이를 재해라고
하며, 재해를 유발시키는 원인을 재난이라고 한다. 다시 말하면 인간의
생존과 재산의 보존이 불가능할 정도로 생활 질서를 위협받는 상태를 초
래시키는 사고 또는 현상을 재난이라고 하며, 이로 인한 피해를 재해라
고 한다. 또한 천재지변天災地變이라고도 한다. 자연재해는 기상氣象 · 지
변地變 · 생물 등에 급격히 나타난 자연현상 때문에 입는 재난인데, 인간
들에 의해 일어나는 인재人災와 크게 구별된다. 재난의 결과인 재해는 불
의의 돌발적인 외부의 강력한 힘에 의해서 인명피해, 가축의 폐사, 그
리고 토지 및 건물 등 공작물이나 물품, 시설의 손괴와 망실 등의 피해
가 발생한 경우로써 재난과 재해는 원인과 결과의 관계라고 볼 수 있다.

이러한 재해살은 발생 원인에 따라 자연재해살과 인위재해살로 나뉜
다. 이 중 자연재해살은 자연현상에 기인한 것을 말하며, 그 원인과 결
과의 다양성으로 인하여 여러 가지로 나눌 수 있다. 자연재해를 크게 분
류하면 기상 요인에 의해 발생하는 기상재해와 지반의 운동으로 발생하
는 지진 및 화산 활동과 같은 지질재해로 나눌 수 있다. 지질재해는 직접
적인 피해를 발생시키기도 하면서 간접적으로 기상이변을 초래하여 기
상재해도 발생시킨다. 자연재해는 인위적으로 완전히 근절시킬 수 없는
불가항력적인 요소를 지닌다. 그러나 자연재해를 초래하는 외력을 어느

636) 地道지도
637) 子午卯酉자오묘유
638) 天道천도
639) 乾坤艮巽건곤간손

640) 참고문헌
『자연재해의 이해』 (이재수, 구미서관,
2008)
『재해백서』 (소방방재청, 2002)
『재해극복 30년사』 (중앙재해대책본
부, 1995)
『한국의 기후와 문화』 (김연옥, 이화여
자대학교출판부, 1985)
『한국지지 총론』 (건설부국립지리원,
1980)
『한국의 기후』 (김광식 외, 일지사,
1973)
한국민족문화대백과, 한국학중앙연구
원

정도 고려한 시설물의 설계 및 시공, 방어 시설물의 구축, 재해발생의 사전예측에 따른 예방조치, 재해발생시의 신속한 복구대책 수립 등으로 재해를 막거나 최소화 할 수 있다.

자연재해살의 또 다른 하나로 기상재해를 들 수 있다. 기상재해에는 풍해, 수해, 설해, 해일, 뇌해, 한해, 냉해, 상해, 병충해 등을 말한다. 한반도에서 발생하는 대부분의 자연재해는 이상 기상현상이 원인이 되어서 발생하는 기상재해에 해당한다. 동물재해는 병충해 · 전염병 · 풍토병이 주로 꼽히는데, 아프리카 · 중국 등 넓은 대륙에는 개미와 메뚜기떼가 광활한 농작지를 순식간에 휩쓸어 농작물을 남김없이 먹어치우는 피해도 있다. 재해방지 대책이라는 측면에서 인위재해는 근본적으로 발생자체를 줄이는 대책이 가능하지만, 자연재해는 발생자체를 줄이기에는 현재의 과학기술 수준으로도 어렵기 때문에 이로 인하여 발생하는 피해를 최대한 경감시키는 방향으로 대책이 마련되어야 한다. 산업혁명 이전에는 자연재해가 전체 재해의 거의 전부였으나, 산업혁명 이후로 인재의 비중이 커졌다.

자연재해살은 계절에 따라 다르게 나타난다. 계절의 차이는 곧 오행기의 차이이기 때문이다. 봄에서 화기火氣가 동動하는 초여름(4~6월) 사이에는 가뭄의 피해를 많이 입으며, 화기가 절정기인 여름철(6~9월)에는 집중 호우로 홍수의 피해가 크다. 금기金氣가 동하는 늦여름에서 초가을(8~10월)까지는 태풍과 호우가 많이 발생하며, 수기水氣가 작용하는 겨울철(12~2월)에는 폭설과 눈사태가 많이 발생한다. 또한 자연재해는 지역에 따라 다르게 나타나는데 산간지역의 경우 여름철에는 집중 호우로 산사태가 일어나고, 겨울철에는 폭설로 인한 눈사태가 일어난다. 강 하류 지역은 집중 호우로 강물이 넘쳐 농경지가 침수되거나 인명 피해가 발생하는 등의 홍수 피해를 입고, 해안지역에서는 태풍의 영향으로 해일 피해가 발생한다. 폭설에 따른 피해는 도시지역의 경우 눈이 녹지 않고 쌓이면서 빙판길을 만들어 교통 체증을 일으키고, 비행기의 이착륙을 어렵게 한다. 촌락지역은 눈의 무게를 이겨내지 못한 비닐하우스가 무너지고,

과수원의 나뭇가지가 부러지는 등의 피해가 발생한다. 이 모든 현상은 자연이 주는 재해살로 인명과 재산상의 손실을 초래한다.

자연 재해의 종류와 특징 ▶

종류	특징
태풍	강한 바람과 많은 양의 비를 동반하여 산사태와 홍수를 일으킴
호우	짧은 시간에 많은 양의 비가 내려 하천이 넘치거나 산사태를 일으킴
가뭄(한해)	오랫동안 비가 오지 않아 농작물이 말라 죽고 마실 물이 부족해짐
동해(우박)	얼음이나 얼음 덩어리가 내리는 현상으로 농작물에 큰 피해를 줌
폭설	갑자기 눈이 많이 내려 농작물에 피해를 주고 교통사고를 일으킴
지진	땅이 흔들리거나 갈라져 건물, 도로, 수도, 전기 시설 등이 파괴 됨
황사	누런 황토 먼지로 심폐 및 호흡기질환과 첨단산업에 악영향
산사태(붕괴)	가옥과 농경지가 매몰되고 도로와 같은 교통시설이 파괴됨
화산	가옥과 인명피해를 주고 기상이변을 초래함

1) 호우살豪雨殺 - 폭우살暴雨殺

우리 나라는 매년 여름철에 심한 호우로 인한 수위 상승으로 저지대가 범람하여 인명과 재산에 막대한 피해를 입고 있다. 이와 같은 수해는 거의 매년 지역적으로 발생하여 몇 년에 한 번은 극심한 홍수를 일으키는데 그 원인으로는 장마전선과 태풍 등이 있다. 실제로 우리 나라에서 수해水害[641]와 풍해風害[642]가 개별적으로 나타나는 경우는 드물고 보통 호우豪雨가 내릴 때 강한 바람을 동반하기 마련이다. 또한 강한 태풍은 폭풍해일 현상을 일으키기도 하고 심한 파도를 일으켜 조업 중이거나 항해 중인 선박의 파손 및 침몰시키는 등 육지뿐만 아니라 해상에도 막대한 피해를 일으킨다.

폭우살의 사례 ▶

641) 水殺수살
642) 風殺풍살

267

2) 가뭄살(旱害殺한해살)

가뭄으로 비가 오지 않아 심한 물 부족으로 일어나는 재해를 가뭄살 내지 한해살旱害殺이라고 한다. 수해水害와 함께 가장 두려운 재해 중의 하나라고 할 수 있다. 비가 오지 않게 되면 곡물을 심을 수가 없고, 따라서 식량공급에 차질을 빚게 된다.[643]

가뭄살과 관련하여 근대 관측이 시작되기 이전의 역사 시대부터 우리 나라 고문헌에는 가뭄에 대한 기록이 많다. 삼국사기에 의하면 빈번한 가뭄이 있어 330년(흘해왕 21)에 최초의 관개용 저수지인 벽골제碧骨堤가 축조되었다. 이와 더불어 제천의 의림지, 밀양의 수산제 등이 신라의 3대 저수지였다. 고려 및 조선 시대에는 가뭄에 대한 기록들을 더욱 자세히 알 수 있다. 고려 말의 가뭄은 상당히 심해서 공민왕 9년 해인 1360년에는 전라도에 한발이 들어 굶어죽은 사람이 절반에 이르렀으며, 길가에 버려진 아이가 헤아릴 수 없을 정도로 많았다고 전한다.

조선시대에도 한발旱魃이 매우 빈번하였다. 특히 1650년대인 효종대에는 매년 한발과 기근饑饉이 발생하여 기근으로 유랑流浪하는 기민饑民들을 구제하기 위한 구황식救荒食을 시혜施惠하는 진휼소賑恤所도 곳곳에 있었다. 관측 시대에 들어와 관개시설의 발달로 한해는 어느 정도 극복되었으나 오늘날에도 1년 농사의 풍흉豊凶을 결정짓는 중요한 원인이 된다. 우리 나라의 한해 상황을 보면 대부분이 기상조건에 의하여 일어났으며, 전국적인 발생은 비교적 드문 편이나 지역적인 규모로는 상당히 잦다. 한해가 많이 발생한 지역은 주로 내륙분지이다.

가뭄살의 사례 ▶

643) 예를 들어 1899~1901년 사이에 인도서부 지역에서는 주민의 15%가 가뭄으로 인한 기근으로 사망하였다.

가뭄은 장기간 즉, 보통 한 계절 또는 그 이상에 걸친 강우降雨의 부족으로부터 기인한다. 이러한 강우의 부족은 일부 사회활동, 생명체 또는 환경 분야에 있어 물의 결핍을 초래한다. 또한 가뭄은 시기 즉, 주요 발생계절, 강우철 시작의 지연, 주요 작물의 성장단계와 관련한 강우의 발생 등과 강우의 효율과 관계[644]가 있다. 우리 나라는 연강수량으로 보면 벼농사에 부족함이 없다. 그러나 시기별로 볼 때 농작물의 성장 시기인 봄에서 여름까지 해에 따라 많은 차이가 있다. 심한 가뭄 현상 같은 강우 불안정은 5, 6월의 이앙기移秧期와 7, 8월의 성장기의 작물에 심한 피해를 준다. 기상조건에 의한 한해 외에도 농업적인 면에서도 토양 수분의 결핍에 의한 한해가 있는데, 이 경우의 한해는 장기간에 걸치며 지역적으로도 피해 면적이 상당히 넓다.

땅이 타 들어가는 가뭄은 우리 나라에서 풍수해 다음으로 피해가 큰 자연재해살이다. 초여름에 높새바람이 불 때에 영서 지방에 고온 건조한 상태를 유발한다. 높새바람은 간방풍艮方風인 북동풍을 뜻하는 순우리말로 태백산맥을 넘어 동해안에서 영서 지방으로 부는 고온 건조한 바람으로 농작물에 피해를 준다.

3) 동해살凍害殺

천기의 비정상적인 작용으로 기온이 하강하면 수기水氣가 지배적인 겨울에는 동해凍害를 입고 여름에는 냉해冷害를 입는다. 또 서리가 너무 일찍 내리거나 봄철 늦게까지 내리는 경우에 농작물에 큰 피해를 입힌다. 때로는 우박이 쏟아져 농작물을 상하게 하기도 한다. 기록에는 우박의 크기가 계란만한 것도 있었고, 고려 시대에는 탄환만한 우박이 내려 피해를 주었다는 내용이 있다.

4) 붕괴살崩壞殺 - 사태살沙汰殺

붕괴란 산이나 건물이 자연적 요인에 의해 무너지는 현상을 말한다. 붕괴살의 가장 대표적인 사태살 가운데 산이 무너지는 재해를 산사태라

644) 강우강도, 강우의 횟수와 관계가 있다.

고 한다. 산사태는 중력이나 지진, 집중호우 등에 의하여 산사면의 토석층이 붕괴되는 현상으로 우리 나라의 경우 지진의 발생이 적으므로 주로 집중호우나 태풍 내습시의 폭우에 의하여 발생한다.

산사태를 유발하는 집중호우의 강수량은 최저 85㎜에서 최대 496㎜에 달한다. 우리 나라에 있어서 산사태에 의한 재해는 주로 화기火氣가 지배하는 여름에 집중된다. 우리 나라는 산사태의 총 발생 건수 중 약 46%가 도시 지역에서 일어나고 있으며, 산사태로 인한 인명 피해의 비율은 도시 지역이 67%를 차지한다. 이것은 대도시의 인구 과밀화로 산사태 가능성이 높은 산지 급사면에 난개발에 의한 밀집 주택지가 형성되었기 때문이다. 2011년 서울 강남의 우면산 산사태를 예로 들 수 있다.

5) 화산살火山殺

현재 화산운동이 진행 중인 활화산지대에서는 화산 분출로 인한 피해를 입는다. 1883년 크라카토아섬의 화산 폭발로 섬 면적의 3분의 2 이상이 날아가 버리고 높이 15m의 해일이 엄습하여 3만 6,000여 명의 사망자가 발생하였다. 한반도는 비교적 안정된 지괴로서 현재 활화산은 없고 역사시대에 활동한 기록을 가지는 휴화산만 있어 현재 직접적인 화산 재해는 없다. 그러나 세계 다른 지역에서 발생한 화산 분출의 영향을 받을 때가 있다. 예를 들면, 1980년 세인트헬렌즈화산 분출시 화산재는 16일 만에 우리 나라와 중국, 일본 상공에 도달하여 그 해 우리 나라는 여름이 없는 해가 되었다. 현재 백두산의 화산폭발 위험성이 고조되고 있으며 국제간의 관심이 증폭되고 있다. 화산살의 영향은 천기의 활동에 영

화산폭발의 사례 ▶

향을 끼쳐 지상생명체의 존립과도 깊은 관련을 갖는다.

6) 지진살地震殺과 해일살海溢殺

지진은 갑자기 발생하여 막대한 피해를 줄 수 있는 재해이다. 대규모의 인명 및 재산피해를 가져올 강한 지진이 발생할 확률은 크지 않지만 이에 대한 준비가 철저하지 못할 경우 엄청난 피해를 입을 수 있다. 우리 나라는 주변국에 비해 지진활동이 상대적으로 활발하지는 않으며 연평균 17회 정도의 미진微震[645]이 발생하는 정도이다. 하지만 경제성장 및 산업발달로 도시가 대형화되고 이에 따라 구조물도 대형화 및 고층화하여 지진이 대도시에 발생하게 되면 엄청난 비극을 초래할 수 있다. 특히 원자력발전소, 대단위 아파트 단지, 대규모 공업단지, 큰 저수지 등과 같은 구조물이 대형인 경우 지진에 대해 특별한 고려를 해야 한다.

지진살과 해일살의 사례 ▶

645) 진도 1의 약한 지진. 조용한 곳에 있는 사람이나 지진에 민감한 사람만이 느낄 수 있는 정도이다.

646) 해저海底
647) 융기隆起
648) 침강沈降
649) Seismic sea wave, Tsunami

지진에 의해 바다 밑[646]이 치솟거나[647] 가라앉아[648] 바닷물의 높이에 변화가 생기면 큰 물결이 발생하여 사방으로 퍼지게 되고 해안에 높은 물결로 도달하는 것을 지진해일[649]이라고 한다. 화산분출이나 지진에 동반하는 해안의 암석붕괴에 의해서 해일이 발생하는 경우도 있으며, 태풍이나 큰 바람에 의해 발생하는 큰 물결을 폭풍해일이라 부른다.[650] 우리 나라에서 발생하는 해일은 주로 폭풍해일이지만 드물게 지진해일이 나타나기도 하며 향후 더 증가할 것으로 보인다.

7) 황사살黃砂殺

하늘을 뒤덮는 황사는 봄철 중국 내륙의 황투 고원, 고비 사막 등에서 발생한 먼지가 편서풍[651]을 타고 우리 나라로 날아오는 현상으로 태양의 빛이 가려져 심하면 황갈색으로 보이고, 사방에 흙먼지가 내려 쌓이기도 한다. 사람들에게 호흡기질환과 안구질환을 일으키며, 농작물의 성장을 방해하고, 항공기 이착륙에 지장을 주기도 하고 반도체와 정밀 기계의 고장을 유발하기도 하지만, 산성토를 중화시키고, 바다에 사는 플랑크톤에게 먹이를 공급한다는 긍정적인 영향도 있다.

8) 태풍살颱風殺

태풍의 이름을 붙이기 시작한 것은 1953년부터였다. 1999년까지 미국 태풍 합동경보센터에서 정한 이름을 사용했으나 2000년부터는 아시아태풍위원회에서 태풍 이름을 서양식에서 아시아 지역 14개국의 고유한 이름으로 변경하여 사용하고 있다. 우리 나라에서는 개미, 나리, 장미, 미리내 등의 태풍 이름을 제출 했고, 북한에서도 기러기 등의 이름을 제출하여 한글 이름이 붙은 태풍이 생겨났다.

태풍은 매우 강력한 저기압이기 때문에 빠르게 상승기류를 발생시키며, 주변으로부터 수증기를 잔뜩 머금은 공기들이 태풍의 중심부를 향해 몰려든다. 따라서 태풍이 통과하는 지역은 거센 바람과 폭우를 동반한다. 태풍이 불 때 바닷가에서는 강한 바람으로 선박이나 항구 시설이 파손되며, 해일로 인해 물에 잠기기도 한다. 농촌 지역에서는 농경지가 물에 잠기고, 도시에서는 교통과 통신 시설이 끊기며 가로수가 넘어지는 등 다양한 피해가 발생한다. 태풍은 물 자원의 공급원으로 긍정적

650) 1958년 알래스카 리트야만에서 산사태로 높이 251m의 해일이 발생한 적이 있으며, 1963년 이탈리아의 베인 댐에서 대규모 산사태가 발생해 댐의 마루위로 100m 이상 높이의 파도가 생겨 약 3,000여 명이 사망하기도 하였다. 1986년 6월에는 일본 해구에서 발생한 해일이 혼슈우의 동쪽 해변을 강타하여 해안에서의 파도는 해수면 위 25~35m에 달했으며, 2만 6,000여 명이 사망하기도 하였다. 2011년 3월 일본 미야기현 앞바다에서 발생한 지진으로 발생한 해일은 약 10만 명의 피난민, 1만 5,000여 명의 사망자와 함께 막대한 재산 손실을 가져왔다.

651) 중위도 지역에 일 년 내내 서쪽에서 동쪽으로 부는 바람을 말한다.

인 측면도 있지만 인적·물적 피해를 주는 부정적인 측면이 강한 천기살 중의 하나이다.

황사살과 태풍살(사라호)의 사례 ▶

9) 자연재해살 현황

우리 나라의 자연재해는 유사 이래로 끊임없이 발생하고 있으며, 이로 인한 피해의 발생도 오늘날까지 되풀이되고 있다. 삼국 시대부터 재난이 계속되어 이에 대처한 노력의 기록을 후세에 남기고 있는데, 유사이래의 재난을 살펴보면 인위적 재난에 대한 기록보다 자연재해에 대한 기록이 비교적 상세하게 기록[652]되고 있다.

근래에 와서는 국지적인 집중호우, 태풍, 해일 등 이상기후 현상에 의한 자연재해가 대종을 이루고 있는 것은 과거와 마찬가지이나 해가 갈수록 그 양상이 다양화되고 있다. 또한 급격한 도시팽창 및 각종 산업시설의 단지화와 유수지 등의 상대적 감소는 유출량의 증가를 가져와 피해가 점차 대형화되어 가는 추세에 있다. 우리 조상들은 자연 재해를 극복하기 위해 하늘과 산, 강에 제사를 지내면서 자연재해를 극복하려고 하였으며, 저수지 등의 수리 시설을 만들어 홍수와 가뭄에 대비하였다. 조선 시대에는 재난 없이 농사가 잘 되기를 기원하며 사직단社稷壇에서 왕이 직접 풍년을 기원하는 제사를 지내기도 하였다.

사직은 한국과 중국에서 백성의 복을 위해 제사하는 국토의 신神인 사社와 곡식의 신인 직稷을 아울러 이르는 말로써 고려사에 '사직단의 사社는 동편에 있고 직稷은 서편에 있다. 단의 너비는 각기 5장丈, 높이는 3척 6촌이고, 사방으로 나가는 계단이 있고, 오색의 흙으로 쌓는다.

652) 삼국사기에 따르면 삼국시대 자연재해의 대표적인 재해 원인은 한해, 수해, 풍해, 냉해, 지진, 낙뢰, 우박, 상해霜害, 설해 등이 기록되고 있다. 삼국시대의 자연재해를 기상재해와 지진재해 및 동물재해 등으로 원인별 재해 빈도를 살펴보면, 한해, 수해, 풍해, 낙뢰, 우박, 상해, 설해 등의 기상재해가 전체 재해의 47%를 차지하며, 지진재해가 17%, 동물재해가 10% 등이다. 따라서 삼국시대의 재해 가운데 자연재해로 인한 재난이 전체 재해의 74%를 차지하고 있어 우리나라에서 발생하는 자연재해의 비중을 짐작케 한다.

예감瘞坎은 둘인데, 각기 두 단의 북쪽 계단인 자폐子陛의 북편에 있으며, 남쪽으로 나오는 계단이 있고, 사방의 너비와 깊이는 물건을 넣을 수 있도록 한다'고 되어 있다. '사'는 본래 중국에서 일정한 지역의 혈족집단이 지낸 중심 제사의 대상인 것으로 보이나, 혈연사회가 붕괴하면서 토지신·농업신으로서 받들고, 여기에 곡물신인 '직'을 합하여 사직이라 하였다. 특히 민간신앙의 대상이 되기도 한 '사'는 서민 집단의 한 단위로서도 존재하여, 함경도 지방에 특히 많았던 '사'는 현縣의 아래 행정구역으로서, 본래는 제례집단의 단위인 것으로 보인다. 중국 전국시대戰國時代 이후 천天·지地·인人 3재사상이 생기면서 사와 직은 하나로 합하여 토지·곡물을 관장하는 지신地神으로 받들어 이로부터 천자天子가 주재하는 국가적 제사가 되었다.

자연재해 중에서 인명 손실과 재산 손실을 많이 가져오게 하는 재해는 지진·화산폭발·풍수해 등이다. 화산폭발은 그 용암으로 인하여 도시나 그 인접지역이 순식간에 몇 만, 몇 십만의 인명피해를 내고, 도시와 자연이 돌이킬 수 없이 황폐화한다. 지진·풍수해 역시 그 피해는 막대하다. 인간의 지혜는 기상학과 지질학 등을 발전시켜 기상예보·지진예보로써 이들 자연재해를 예보하고 경계하고 있지만, 이러한 재해를 극복하는데는 부족함이 있다. 고작 댐을 축조하여 물을 가두고, 제방을 쌓아 홍수 피해를 어느 정도 감소하게 하는 정도이다.

사직단 ▶

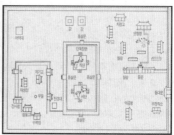

산업 및 기계문명이 발달하지 못한 산업혁명 이전에는 자연재해가 전체 재해의 거의 전부를 차지하였으나, 산업혁명 이후 특히 20세기에 들

어와서는 대량생산체제의 산업화가 진척되면서 인재人災가 전체 재해에서 차지하는 비중이 커졌다. 그 이전의 인재란 전쟁으로 인한 재해가 거의 유일한 것이었다. 그것이 20세기에 들어와서는 대화재大火災·대기오염·수질오염·방사능오염·토양오염 등 간접적으로 인간의 삶을 위협하는 재해와 항공기·열차·선박 등의 사고, 대규모 시설물의 관리 소홀에서 오는 붕괴 등의 사고가 끊임 없이 인명을 위협하고 있다.

자연 재해를 극복하고 피해를 줄이기 위한 시설 ▼

예방시설	예방내용
저수지	가뭄과 홍수에 대비하여 많은 양의 물을 저장해 둠
사방 공사	비가 많이 올 때 산사태에 대비하여 비탈진 곳에 뿌리 깊은 나무를 심거나 돌쌓기 공사를 함
하구둑	바닷물이 거슬러 올라와 강 유역 평야에서 자라는 식물에 피해를 주는 것을 막기 위해 강 입구에 둑을 쌓음
방파제	태풍이나 해일로 인한 높은 파도를 막을 수 있도록 둑을 쌓아 배들이 안전하게 정박할 수 있게 해줌
다목적 댐	물을 저장하여 홍수와 가뭄에 대비하고, 전기와 생활에 필요한 물을 얻음
기상 레이더	첨단 장비를 이용하여 정확한 기상 정보를 전달해 줌

2절 풍수지리에서의 재해살

2.1 산과 방위에 의한 살 – 산과 8룡이 주는 상극살

산山의 형태나 형체가 시각적, 상징적, 의미적으로 아름답지 않는 모든 산[653]은 살기殺氣를 품는다. 지나치게 산이 높아 주택이나 묘지를 겁박하듯 위압적으로 높은 산도 압살壓殺의 기氣를 갖고 있어 흉산이다. 또한 순리를 거스르는 역룡逆龍세나 무정하게 배반하는 용, 찌르거나 칼로 베는 듯한 산의 형태, 칙칙하고 끊어지고 찢어지는 산, 사신형국의 바깥에서 용호를 향해 고압적으로 진행하여 오는 산,[654] 용호에서 가지를 벌린 손가락과 같은 산[655]이 마치 모체母體인 용호龍虎를 비웃기라도 하듯이 드세게 뻗어 혈을 위협적으로 직래直來한 산줄기[656]들은 모두 흉한 산이거나 산세山勢이다. 이러한 형기적인 산의 중요성은 주변 환경과 인간과의 관계에서 조화성調和性과 조응에 대한 자연심리적 결과라고 이해해야 한다.

다음으로 주산의 주능선인 맥이 내려와 주택이나 묘지의 중심으로 들어가는 방위[657]가 8괘의 방위라면, 정오행으로 자수子水, 오화午火, 묘목卯木, 유금酉金, 건금乾金, 곤토坤土, 간토艮土, 손목巽木에 해당한다. 자수子水의 상극방은 진토辰土이다. 따라서 자수룡子水龍[658]으로 입수한 주택이나 묘지의 향向이 진辰방위를 향하면 토극수土剋水이므로 진향택辰向宅, 즉 술좌戌坐의 택좌宅坐는 용상팔살에 해당하여 자손이 끊어지므로 삼가야 한다.

그리고 건금乾金의 상극방은 오화午火이다. 따라서 건금룡으로 입수한 맥 아래의 주택과 묘지는 향이 오午방위를 향하면 화극금火剋金이 되므로 오향택午向宅, 즉 자좌子坐의 택좌宅坐는 입수룡상에서 8개의 상극살[659]을 받는다. 이하 오화午火, 묘목卯木, 유금酉金용과 곤토坤土, 간토艮土, 손목巽木룡의 6개 용입수에 따른 택의 향과 좌도 똑같이 해석한다. 이 용상팔살법의 5행 적용에 있어서 주의할 점은 음택의 경우 용입수는 12궁

653) 凶山흉산
654) 龍衝殺용충살
655) 手砂수사
656) 龍衝殺용충살:龍沖殺용충살
657) 入首方位입수방위
658) 壬坎龍임감용
659) 龍上八殺용상팔살

룡, 좌향은 모두 24방위 정오행을 따른다. 양택의 경우 동·서사택론은 천지도天地道의 주재자인 오행이 적용되어 24방위 가운데 3방위를 8괘 방위에 배납하여 크게 한방위씩 모두 8방위로 좌향을 결정한다. 그러나 좌·우선육택론은 8방위 정오행을 따르지 않고 12궁宮 음양과 정삼합오행을 따르므로 용상팔살의 적용을 받지 않는다. 라경활용은 일반라경의 경우 1선에 기록되어 있다.

용입수 정오행과 8괘방의
용상팔살 ▶

용입수(오행)	상극방위	오행상극	상극향(좌)	특기(좌우선육택)
자수용(子水)	진토방(辰土方)	토극수	辰向진향(戌坐술좌)	右旋龍右旋坐 右三合向
오화용(午火)	해수방(亥水方)	수극화	亥向해향(巳坐사좌)	右旋龍 左旋坐 左旋向
묘목용(卯木)	신금방(申金向)	금극목	申向신향(寅坐인좌)	左旋龍 右旋坐 右旋向
유금용(酉金)	사화방(巳火方)	화극금	巳向사향(亥坐해좌)	左旋龍左旋坐 左三合向
건금용(乾金)	오화방(午火方)	화극금	午向오향(子坐자좌)	左旋龍 右旋坐 右旋向
곤토용(坤土)	묘목방(卯木方)	목극토	卯向묘향(酉坐유좌)	右旋龍 左旋坐 左旋向
간토용(艮土)	인목방(寅木方)	목극토	寅向인향(申坐신좌)	右旋龍右旋坐 右向逆葬
손목용(巽木)	유금방(酉金方)	금극목	酉向유향(卯坐묘좌)	左旋龍左旋坐 左三合向

2.2 물과 방위에 의한 살

1) 풍수에서의 수살

물은 재산과 부富를 상징하며 운동성으로 양陽에 해당한다. 이는 내륙지역의 물이나 해안지역의 물이든 풍수에서는 양으로 상징한다. 내륙지역의 물과 관련된 해로운 형기적 수세를 살펴보면, 비교적 큰 강줄기의 물이 급류急流로 혈 앞으로 직래直來하여 공격면을 혈로 향하는 직수충살直水衝殺과 용호의 요곡지로 직충하여 직래하는 물[660]은 살기를 품는다. 또한 혈 앞에서 직급直急하게 일선상으로 뻗어나가는 화살 같은 물[661]과 비교적 작은 물줄기의 수세로 날카롭게 혈처를 찌르듯이 들어오는 물[662]도 살기를 품을 뿐만 아니라 거북등처럼 갈라지는 호수[663] 등과 같은 수세는 모두 살기가 있다. 수구水口가 혈전에서 너무 넓은 경우를 포함하여 혈의 향과 일직선을 이룰 경우 당문파堂門破라 하여 재산을 지켜

660) 穿水천수
661) 箭水전수

662) 射水사수
663) 渴水갈수

주지 못하고 형국내의 지기가 쉽게 노출됨으로써 선천적 부富를 보존하는데 좋지 않다. 더욱이 당문파는 외부에서 유입되는 살기에 쉽게 노출됨으로 흉하다. 반면 해안가의 경우 활의 등처럼 육지로 쑥 들어온 경우의 당문파는 흉기가 없이 오히려 거부巨富가 된다.

또한 물의 형태가 살기를 품은 형태로써 계곡의 물이 용과 혈을 충사衝射하면 사람이 다치는[664] 계곡의 물,[665] 혈전의 인공적인 물과 자연적으로 생긴 웅덩이나 호수의 물로 오염된 물[666]도 흉수凶水이다. 단, 오염되지 않는 물은 길수吉水이다. 소나 돼지의 분뇨糞尿와 같이 탁하고 냄새가 나는 물[667]도 흉수이다. 용호의 요함凹陷한 너머로 보이는 물[668]과 물이 혈전에서 합수合水하지 않고 사방으로 분산되어 흩어지는 물줄기[669]도 흉수凶水이다.

▶ 팔방위 상극수相剋水(팔요황천살)의 음양오행 관계

좌(오행)	상극방위	오행상극	상극향(좌)	특기(좌향의 음양오행)
자수좌(子水)	진토방(辰土方)	토극수	辰向진향(戌坐술쇄)	子陽辰陽. 坎水辰土
오화좌(午火)	해수방(亥水方)	수극화	亥向해향(巳坐사좌)	午陰亥陰. 離火亥水
묘목좌(卯木)	신금방(申金向)	금극목	申向신향(寅坐인좌)	卯陽申陽. 震木申金
유금좌(酉金)	사화방(巳火方)	화극금	巳向사향(亥坐해좌)	酉陰巳陰. 兌金巳火
건금좌(乾金)	오화방(午火方)	화극금	午向오향(子坐자좌)	乾陽午陽. 乾金午火
곤토좌(坤土)	묘목방(卯木方)	목극토	卯向묘향(酉坐유좌)	坤陰卯陰. 坤土卯木
간토좌(艮土)	인목방(寅木方)	목극토	寅向인향(申坐신좌)	艮陽寅陽. 艮土寅木
손목좌(巽木)	유금방(酉金方)	금극목	酉向유향(卯坐묘좌)	巽陰酉陰. 巽木酉金

664) 傷人상인
665) 溪澗水계간수

666) 池塘水지당수
667) 臭穢水취예수

668) 越見水월견수
669) 割脚水할각수

670) 八曜黃泉殺팔요황천살
671) 背배
672)주택과 묘

이기적理氣的 수살水殺로는 8개방위에 있는 물과 관련한 수살[670]을 팔요황천살이라고 하는데, 용상팔살처럼 입수룡이 아닌 좌坐[671]를 기준으로 8괘방의 택좌宅坐[672]에서 8개 상극방향에서 물이 입수入水되거나 8개방이 요함하여 물이 보여 사람이 죽거나 다치는 해악을 끼치는 수살을 말한다. 음양배합도 되지 않고 양은 양, 음은 음의 불배합으로 되어 있음을 알 수 있다. 팔요풍살八曜風殺의 경우도 양·음택의 오행과 용호상의 오행상극방이 요함凹陷하여 외풍外風이 유입됨으로써 택宅이 받는 바람의 살기를 말한다. 팔요황천살과 팔요풍도 라경의 1층을 활용하며 주의할 점은 용상팔살이 입수룡에 따른 택좌宅坐에서 택좌가 가리키는 향방위의 정오행이 입수룡과 상극관계를 형성하는 용살龍殺이라면, 황천팔살673)은 택좌의 오행과 상극방위의 물이 상극관계를 형성한다는 수살水殺을 의미한다. 팔요풍살도 황천팔살의 경우처럼 택좌에 따른 상극방위의 살풍殺風 관계임을 혼동해서는 안 된다.

2) 해수와 관련된 수살

수증기水蒸氣는 물의 기체상氣體相이다. 지구에서 수증기는 수권水圈674) 내부의 물이 순환하는 상태 가운데 하나이다. 수증기는 액체 상태의 물이 증발하거나,675) 고체 상태인 얼음이 승화하는 것을 통해 만들어진다. 일반적인 대기 상태에서, 수증기는 끊임없이 기화와 액화를 반복한다. 일반적으로 수증기는 맨 눈으로는 관찰하기 어렵다. 지구 대기권에는 수증기가 조금 존재하긴 하지만, 환경에서는 매우 커다란 역할을 수행한다. 대부분의 수증기는 대류권에 존재한다. 지구 자체의 온실 효과에 많은 영향을 주는 것 이외에도 수증기는 구름을 형성하며, 구름은 경우에 따라 지표면을 따뜻하게 하기도 하고 차갑게 하기도 한다.

보통 대기 중의 수증기는 날씨에 의해 크게 영향을 받고, 또한 반대로 날씨에도 크게 영향을 주는데, 이러한 날씨는 기후에 크게 영향을 받는다. 안개나 구름의 형성은 응결핵 주위로 응결이 일어나서 생성된다. 응결핵이 없다면, 훨씬 더 낮은 온도가 되어야만 응결이 발생한다. 지속적으로 응결이 일어날 경우, 구름내에 물방울이나 눈결정이 형성되며 어느 정도의 질량에 이르면 강수 현상이 일어난다. 대류권에서 물 분자가 평균적으로 체류하는 시간은 일주일 가량이다. 강수 현상에 의해 물은 대기로부터 사라지며, 바다, 호수, 강, 식물의 증산 작용 등에서 일어나는 증발로 인해 대기로 보충된다.

해안지역과 호수 주변의 주택과 묘에 영향을 주는 수살은 주로 파랑波浪(ocean wave)에 의해서이다. 파랑은 풍파風波676)라고도 하는데 바람이나 기압변화 등에 의해 발생 · 발달한다. 풍파는 직접 수면 위를 부는 바람

---

673) 八曜水팔요수

674) 지구 표면에 물이 차지하는 부분. 지구 표면의 약 74%가 물이나 얼음으로 덮여 있으며, 그중 바다가 약 70%를 차지하고 있다.

675) 기화작용
676) 해풍海風을 말한다.

에 의해 발생하며, 바람이 처음 불기 시작하는 곳에서는 파랑이 적게 일고 먼 거리를 불어감에 따라 파랑이 커진다. 따라서 바람이 처음 불기 시작하는 곳에서는 파랑이 적게 일고 먼 거리를 불어감에 따라 파랑이 커지면서 파도가 심해진다. 바람이 먼 거리를 장기간 불면 파랑은 결국 주어진 풍속이 허용하는 최대 규모로 성장한다. 풍파가 바람의 에너지를 흡수하면서 계속 성장할 때 파도의 높이[677]는 점점 높아지고 파장은 상대적으로 짧아져 파랑의 경사가 급해져 바다가 거칠어진다. 일반적으로 우리가 보고 있는 바다의 물결은 대부분이 파랑이다. [678]

우리 선조들은 과거에는 파랑의 직접적인 수해를 입는 지역에서는 주택이나 묘지를 꺼려 왔다. 섬일지라도 섬의 내륙에 택지를 마련하였으나 최근에는 큰 강과 호수는 물론이고 바닷가에 인접하여 택지를 마련하고 있다. 물에 인접한 지역을 수변지역水邊地域[679]이라고 한다. 이러한 수변지역, 특히 바다의 경우와 같은 해안지역에서 육지와 바다와의 관계를 음양론적으로 보면, 육지는 음성기陰性氣가 지배적이며 바다는 양성기陽性氣가 지배적이다.

이러한 수변지역은 양의 기와 음의 기가 서로 영향을 미치는 띠 모양의 좁은 지대, 즉 해안선에 인접한 육지와 바다가 모두 음양기의 지배를 받는 지역에 포함된다. 그러므로 일출과 일몰 때, 강풍과 태풍이 불 때, 파랑이 크게 일 때, 바닷물이 높고 낮은 때,[680] 밀물과 썰물의 강도에 따라 해안지형은 급속한 변화를 겪는다. 이러한 해안지역에서의 자연변화는 결국 기氣적으로는 음양기의 상충에 의한 결과이며, 오행五行적으로는 육지[681]와 바다[682]의 상극화 작용 때문이다. 따라서 풍수에서 말하는 도수협渡水峽의 하안과 해안으로는 끊임없이 토극수土剋水작용으로 파랑波浪(wave)과 같은 풍파가 밀려와 부서지며, 그것은 수변지형의 침식활동을 주도한다. 하천과 바다에서의 파랑과 같은 공격적인 물의 형태는 거의 전부 바람에 의해 발생하며, 바람은 8괘에 부여한 자연현상에서 살펴본 바[683]와 같이 천기天氣에 의한 양陽의 기氣로 구분되고 풍파風波는 그러한 바람의 영향권 내에서 형성된다.

677) 파도의 높이. 파고라 한다.

678) 풍파가 바람의 영향권을 벗어나면 형태가 매우 불규칙하던 풍파는 차차 낮고 둥글고 대칭성이 더욱 크며 주기와 파고가 비교적 일정한 규칙적인 파랑으로 변한다. 이러한 파랑은 대체로 사인곡선(sine curve)을 그리면서 전진하는데 이것을 스웰이라 한다.

679) 해안지역 내지 강변지역이라고도 한다.

680) 조수간만의 차이
681) 땅. 토土
682) 물. 수水
683) 팔상론을 말함.

풍파 즉, 파랑은 에너지를 갖고 있으며, 파고가 높으면 에너지가 많고, 파고가 낮으면 에너지가 적다. 그런데 파랑에 굴절현상이 일어나면 파정선을 따라 균등하게 분포하던 에너지에 변화가 일어나게 되는데, 이 점은 해안지형의 발달을 이해하는 데 매우 중요하다. 뒤 그림의 좌도左圖에서 심해의 파정선에 직각으로 등간격의 선을 긋고, 그 선을 해안쪽으로 각 파정선에 직각이 되도록 연장하면, 용호에 해당하는 돌출부위 즉, 곶에 해당하는 헤드랜드로는 선이 모이게 된다. 이것은 수살의 공격적인 위협이 크다는 것을 말한다. 반면 취락지나 모래사장이 있는 만에서 크게 벌어지는 것은 수살의 공격력이 약하다는 것을 의미한다. 따라서 각 선의 간격은 곧 동일한 양의 에너지 분포와 일치한다. 파랑의 파정선이 결국 음지형陰地形인 곶과 양지형陽地形인 만灣에서 집중[684]과 분산[685]의 운동에 따라 깊은 바다에서는 균등하게 분포하던 에너지가 파랑의 굴절에 의해 헤드랜드에는 집중되고 만에서는 분산된다. 이로 인해 파고가 높은 곳[686]에는 바다절벽[687]이 형성되고, 수면이 잔잔한 만에는 모래가 집적되어 모래사장인 해빈海濱이 발달한다. 그러나 이 과정에는 만입부 뒤의 배후산인 해풍받이쪽의 지형 즉, 풍수론의 사신형국세四神形局勢와 배산背山의 정도 및 V자곡의 유무 등에 따라 해풍의 영향력이 달라지고 모래사장[688]의 발달도 달리함으로써 택지의 좋고 나쁨이 결정된다.

땅의 기복과 같이 지형이나 지판이 움직이는 에너지인 음력陰力은 융기와 침강이라는 지형변화 운동을 주도한다. 지반이 가라앉아 형성된 침강해안沈降海岸(submerged coast)은 일반적으로 서해안처럼 해안선의 출입이 심한[689] 반면에 지반이 융기하여 해저가 육지로 드러나는 양력해안陽力海岸, 즉 융기해안隆起海岸(emerged coast)은 동해안처럼 단조로운 것이 특색이다.[690] 융기와 침강은 음양론적으로 음양기의 강약에 따른 지판의 진퇴進退운동 결과이며 진進이 있으면 퇴退가 있고, 퇴가 있으면 진이 있다. 따라서 지형의 진퇴운동도 자연의 음양변화운동 중 하나이다. 바닷물의 수면[691]은 약 18,000년 전 전기 구석기 시대[692]부터 해빙기를 맞아 급격히 상승하기 시작하여 약 4,000년 전에 지금의 수준에 거의

684) 陰藏음장
685) 陽長양장
686) 헤드랜드
687) 해식애
688) 沙濱사빈

689) 우리나라 서해안이나 남해안과 같이 해안선의 출입이 특히 심한 해안을 리아스식해안(ria coast)이라고 한다. 전라남도의 해안을 중심한 다도해(多島海)는 리아스식해안의 세계적인 예로 꼽힌다.

690) 따라서 침강해안도 수변지역의 경도가 완만한 양의 지형인 반면, 융기해안은 경도가 급한 것이 일반적이다.

691) 해면海面
692) 플리이스토세 후기

다달았다.

만灣에 의한 파랑의 굴절[693]
과 곶(헤드랜드: 서해 굴업도) ▶

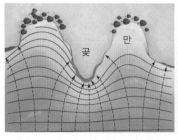

해안지형의 경우 토극수土剋水 작용이 하안지형보다 월등히 커서 육지
가 파도의 공격[694]을 받아 후퇴할 때는 해안에 절벽[695]이 형성된다. 절벽
의 아랫부분이 파도의 공격으로 침식[696]이 가해지면 절벽이 불안정해지
고, 동굴이 형성되며[697] 절벽에서는 암설이 떨어져내려 급경사의 사면이
유지된다. 따라서 이러한 곳의 지형은 위험할 수밖에 없다. 따라서 해안
지역의 취락지나 전원주택의 경우 파도가 심하게 부딪히는 지형의 택지
는 흉지凶地일 수 밖에 없다. 서해안은 조차가 커서 주로 대조大潮, 즉 사
리 때만 해안절벽[698]의 아랫부분인 기저부에 파도에 의한 침식인 파식이
가해진다. 그러나 조차가 작으면서 파식이 지속적으로 가해지는데도 불
구하고 안정성을 띠는 동해안의 해식애와는 달리 서해안의 해식애 중에
는 활발히 후퇴하는 것들이 많아 주목된다. 이는 동해안보다 서해안 지
역이 풍수적으로 천기작용에 의한 토극수작용이 복합적으로 크게 영향
을 끼친다는 것을 말한다.

대규모의 사빈은 하천으로부터 모래가 많이 유입하는 해안에 발달
하는데, 동해안의 해수욕장 중에서 사빈의 규모가 큰 것들은 모두 하
천으로부터 모래를 풍부하게 공급받는다. 이는 서해안의 경우 돌출지
형을 뜻하는 곶의 파식에 의해 주로 모래가 공급되는 것과는 차이가 있
다. 급경사의 동해사면을 흘러내리는 하천들은 여름철의 홍수시에 다량
의 토사를 바다로 운반하면서 모래를 공급하는 반면, 서해안은 하천으
로부터의 모래공급이 거의 없는 완경사지형으로 모래의 공급은 주로 헤

693) 가로선은 파정선이고, 세로의 점
선은 에너지의 분포를 보여준다. 파정
선의 각 구간에는 동일한 양의 에너지
가 분포한다. 에너지가 모여 파고가 높
게 형성되는 곶 또는 헤드랜드에는 해
식애, 에너지가 분산되어 파고가 낮게
형성되는 만에는 사빈이 발달한다.(사
진은 서해 굴업도, 2009, 장정환)

694) 波蝕파식
695) 海蝕崖해식애
696) 파식波蝕
697) 海蝕洞해식동
698) 해식애

699) 해수욕장에서는 시멘트 구조물로 된 방호벽(sea wall)을 설치하여 이의 보호에 힘쓰고 있다.

700) 현대지리학분야에서는 이에 대한 구분없이 사용하고 있으나 고려와 조선시대 및 근·현대로 와서 개간된 농토에 대한 문헌과 고증을 통해 확인할 수 있다.

701) 우리말의 조석은 아주 적절한 의미를 함축하고 있다. 우리나라에서는 밀물과 썰물이 하루에 두 번씩 반복되는데, 潮는 아침의 밀물, 汐는 저녁의 밀물을 가리키는 것이라고 생각된다.

702) 지구의 표면이 전부 바다로 덮여 있다고 가정하면, 달에 가까운 쪽과 그 반대쪽에서 해면이 부풀어 오르는 조석의 중심부는 24시간 50분 동안 동쪽에서 서쪽으로 두 번씩 통과하게 된다.

703) 조석현상에 의해 해수면이 하루 중에서 가장 낮아졌을 때. 저조(低潮)라고도 한다. 만조(滿潮) 직후부터 조수(潮水)가 빠지기 시작하여 해수면이 가장 낮아진 상태를 가리킨다. 일반적으로 하루에 2회 발생하지만, 해역에 따라서는 1회밖에 발생하지 않는 곳도 있다.

704) 즉 오늘 낮 12시에 만조가 있었다면, 내일 낮의 만조는 대략 오후 1시경에 나타난다는 것이다.

드랜드에 의해 공급된다. 근래 급격한 기후변화에 의해 사빈과 해안사구는 보호지형인 곳이 급격하게 침식을 받음으로써 후퇴하고 있는 것이 보통이다.[699]

또한 서해안은 조차가 심해서 썰물 때는 사빈이 수백 미터씩 넓게 노출되기도 한다. 서해안에서와 같이 모래공급이 부족한 해안에서는 해안사구가 침식을 받아 후퇴하고, 사빈의 후퇴는 사구의 침식으로 이어진다. 서해안의 사구는 사빈과 더불어 건방풍乾方風인 북서계절풍을 정면으로 받아들이는 해안에 넓게 발달되어 있는 것이 특색이다. 우리 나라의 해안사구는 대부분 소나무 숲으로 덮여 있는데, 사구의 소나무 숲은 사초沙草의 단계를 지나 자연식생으로 정착하기도 하지만 인공적으로 가꾼 것이 대부분으로 방풍防風과 방수防水를 주목적으로 조성되었다. 방풍은 주로 취락의 바람막이를 목적으로 하였으며, 방수는 주로 해안지역의 농토로 침수하는 해수海水를 막기 위해 둑을 쌓고 조림造林한 것으로 조성 목적이 다르다.[700]

우리 나라 서해안과 남해안에서는 밀물과 썰물이 하루에 두 번씩 반복된다. 달과 태양에 의해 일어나는 바닷물의 이러한 운동을 조석潮汐(tide)이라고 한다.[701] 태양이 지구에 작용하는 인력引力에 의해서 조석이나 조류운동을 일으키는 힘을 기조력起潮力이라고 하는데, 태양은 대단히 크지만 멀리 떨어져 있어서 기조력이 달의 약 45%에 불과하고 달은 24시간 50분에 한 번씩 지구 주위를 돈다.[702] 조석의 중심부가 통과할 때 해면이 최고로 올라오면 그것을 고조高潮(high tide) 또는 만조滿潮(flood tide), 고조 후에 해면이 최저로 내려가면 그것을 저조低潮(low tide) 또는 간조干潮(ebb tide)[703]라고 한다. 그리고 만조의 출현시간은 하루를 단위로 50분씩 늦어지며,[704] 고조와 저조간의 수위차를 조차潮差(tidal range)라고 한다. 지구와 달과 태양이 일직선상에 놓이는 보름(望: 망)과 그믐(朔: 삭) 기간에는 달과 태양의 기조력이 지구에 대해 같은 방향으로 작용하기 때문에 조차가 최고에 달하며, 이를 대조大潮(spring tide) 또는 '사리'라고 한다. 그리고 달과 태양이 지구에 대해 직각으로 놓이는 반월半月

283

중심의 기간에는 조차가 가장 작아지며, 이를 소조小潮(neap tide) 또는 '조금'이라고 한다.

지구표면이 전부 바다로 덮이지 않았기 때문에 조차와 조석潮汐[705]의 주기는 해안선·바람·기압·해저지형 등의 영향을 어느 정도 받느냐에 따라 지역적으로 상당히 다양하게 나타날 수 있다. 일반적으로 조차는 수심이 얕은 나팔 모양의 만灣에서 특히 증가하는데, 우리 나라 서해안의 조차는 세계적이다.[706] 어찌보면 황해는 중국동안과 한국서안 사이에 있는 태평양과 연결된 거대한 만과 유사한 바다로서 수심이 가장 깊은 곳도 80m 정도에 불과하고, 평균대조차는 아산만이 8.5m로 가장 크며, 이곳에서 북쪽과 남쪽으로 갈수록 점차 감소한다.[707]

조석이 오르내릴 때는 조류潮流(tidal current)가 발생하고, 일반적으로 좁은 만이나 하구에서는 왕복성 조류가 흐르는데, 들어오는 물을 '밀물' 또는 창조류漲潮流(flood current), 나가는 물을 '썰물' 또는 낙조류落潮流(ebb current)[708]라고 한다. 이와 같이 조석의 영향을 많이 받는 육지의 하천을 감조하천感潮河川이라고 한다.[709] 따라서 감조하천 주변에 인접해 있는 택지는 사람이 살기에 부적합한 반면 수산자원은 풍부해서 수산물의 집산지가 형성된다. 이러한 곳은 주거용보다 상업용지로 적합하며 주거지는 감조하천을 관망하는 곳이어야 한다.

◀ 대조(사리:좌)와 소조(조금:우)에 따른 태양과 달의 관계도)

호수에서도 그렇지만 바다의 파랑波浪(wave)은 대부분 바람의 운동에너지를 바닷물이 흡수함으로써 생기는 것이다. 따라서 파랑이 일지 않는다면 해안지형은 더욱 큰 풍살을 받게 된다. 폭풍이나 강한 바람의 영향권 내에서 발달, 성장하고 있는 파랑을 풍파風波(wind wave)라고 하는

데, 강한 바람이 부는 바다의 풍파는 대단히 거칠며, 이렇게 형성되는 풍파는 형태가 불규칙하지만, 풍파도 바람의 운동에너지를 흡수하면서 성장하는 과정에서 일정한 규칙성을 보인다. 호수나 좁은 바다에서는 아무리 강한 바람이 오래 불어도 큰 파랑이 형성[710]되기보다는 작은 파랑에 의한 물의 침식력이 비교적 약하므로 큰 바다에 노출되어 있는 택지보다 안전하다.

감조하천 ▶

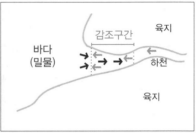

2.3 바람과 방위에 의한 살

1) 풍살의 개요

바람이란 지표면에 대하여 공기가 움직이는 현상을 말한다. 바람은 두 지점간의 기압차가 생길 때, 그 차이에 의한 힘으로 공기가 움직여서 생긴다. 기압차가 생기는 원인은 몇 가지가 있으나, 일반적으로 소규모의 기압차는 지역적으로 열을 받는 양[711]의 차이에 의하여 생기는 것이고, 고기압·저기압에 수반되는 대규모의 기압차는 위도에 따른 기온차가 원인이 되거나 지구자전에 의한 전향력이 공기에 작용되기 때문이다. 이는 양천기의 하늘과 음지기인 땅의 운동결과이다.

지구를 둘러싸고 있는 대기의 순환은 매우 큰 규모의 대기이동[712]으로 풍수에서는 하늘의 천기작용이라고 부르지만, 우리 주위에서 일어나는 작은 규모의 대기순환으로서는 육풍과 해풍, 산바람과 골바람 및 한국 특유의 국지바람인 양간지풍襄杆之風 등이 있다.[713] 또한 영동지방의 봄철기후로 다른 지방과 달리 바람이 매우 강한 양강지풍도 있는데 양양

710) 취송거리(fetch)가 짧기 때문이다.

711) 受熱量수열량

712) 편동풍(무역풍·극풍)·편서풍· 제트류 등이다.

713) 양간지풍은 봄철 영동지방에서 자주 나타나는 특이한 기상현상으로서 양양襄陽과 간성杆城의 첫머리 글자를 딴 그 지방 특유의 국지바람을 일컫는 말이다.

과 강릉의 첫 글자를 딴 것으로 두 지역간의 국지바람을 말한다. 이렇듯 미래의 주거지 선정시에는 그 지역만이 갖고 있는 특별한 기후조건에 대해 무엇인지 확인 할 필요가 있다.

우리 나라에서 4계절에 따라 부는 계절풍을 조사해 보면 11~3월 사이에는 북서계절풍이 불고, 5~9월 사이에는 남동계절풍이 불며, 오행상 토기에 해당하는 환절기[714]인 4월과 10월경에는 특히 뚜렷하게 탁월한 방향의 바람이 없다. 음기가 지배적인 겨울계절풍은 풍력이 강하고 한랭건조한 데 비하여 양기가 지배적인 여름계절풍은 풍력이 약하고 고온다습하여, 겨울에는 몹시 춥고 여름에는 몹시 무더운 날씨를 나타낸다. 이는 천기의 음양변화가 매우 심하게 교차함을 말한다.

한국은 위도가 비교적 낮고 삼면이 바다로 둘러싸인 반도임에도 불구하고 같은 위도상에 있어서 대륙 내부를 제외하면 세계적인 저온지역을 형성하고 있다. 뿐만 아니라 여름에는 현저한 고온현상을 나타내는 관계로 연교차가 대단히 커서 완연한 대륙성 기후를 형성하고 있다. 또한 강수량도 계절풍대 강우형에 속해 있어서 여름철에 연강수량의 60% 가량이 내리게 되어 우기雨期와 건기乾期가 명확히 구별되는 특색을 나타내므로 전원주택이나 팬션의 택지 선정시에도 유념해야 한다. 또 육풍陸風과 해풍海風은 여름철에 두드러지게 볼 수 있는 현상으로서 바람이 약한 여름철에 육지와 바다가 받아들이는 열의 양[715]의 차이, 즉 온도차에 의해 해안지방의 경우 낮에는 바다에서 육지로 해풍이 불고 밤에는 육지에서 바다로 육풍이 불게 된다.

바람과 골바람도 산꼭대기와 골짜기의 수열량 차이 때문에 생기는 바람이기도 하지만 태양의 복사열에 의한 대기순환과정에서 비롯된다. 따라서 양기가 동動하는 낮에는 산허리를 따라 골짜기로부터 산꼭대기로 골바람이 불어 올라가고, 음기가 동하는 밤에는 이와 반대로 산바람이 산허리를 불어 내리며, 겨울철에 잘 발달한다. 육풍과 해풍, 산바람과 골바람은 다 같이 밤낮으로 바람 방향이 바뀌어지므로 바람이 변동을 일으켰을 때에는 날씨변화의 징조가 된다. 따라서 최근 해안경관을 중요시

714) 풍수에서의 환절기는 음력 3, 6, 9, 12월이 해당한다.

715) 受熱量수열량

716) 남태평양 서부의 중국, 대만, 남서지역의 섬들에 의해 둘러 쌓인 바다를 말한다. 거의 60~200m 대륙붕의 얕은 바다로써 평균 높이 188m이다.

717) 1959년 9월 17일에 한국 남동해안지방을 강타한 태풍 사라(Sarah)는 사망 및 실종 849명, 부상 2,533명, 이재민 37만여 명이라는 큰 피해를 냄으로써 한국을 통과한 태풍 중 가장 규모가 큰 A급 태풍으로 기록되어 있다.

718) 단순한 풍으로 기록되어 있는 것은 단 한 번 있고(300년), 대풍은 여름에 가장 많아 10회, 봄이 다음으로 8회, 가을이 3회, 겨울이 2회의 순으로 총 23회가 기록되어 있다.

하여 형성되는 해안주택지의 경우 배산이 되지 않는 V자 계곡의 택지는 주거용으로 풍살과 수살에 노출된 택지로 흉지凶地에 속한다.

4월 중 강풍현상이 나타났을 때의 기압배치를 살펴보면, 주로 남고 북저형 기압배치로서 만주지방에 발달한 저기압이 위치해 있고, 동지나 해東支那海[716]상이나 우리 나라 남부지방에 이동성 고기압이 있을 때임을 알 수 있다. 이때 우리 나라 남부지방에 있는 이동성 고기압으로부터 불어오는 남서풍이 태백산맥을 넘을 때 산악효과에 의하여 강풍으로 돌변하게 된다. 그러나 기후적으로 볼 때 영동 중북부지방에서는 어느 곳에서나 주로 봄철인 4월경에 강한 남서풍이 자주 분다.

한편, 태양의 화기火氣가 극極에 이르러 금기金氣가 태동하는 여름에서 가을로 접어드는 7~9월 경에 한국에 영향을 주는 태풍은 북태평양 서쪽해상에서 발생된 열대성 저기압 중 중심 부근의 최대풍속이 17m/sec 이상 되는 것으로서, 연간 28개 정도가 발생된다. 그 중 한국에 직접 영향을 끼치는 것은 평균 1~2개 정도이다. 태풍은 심한 폭풍우를 동반하므로 엄청난 풍수해를 일으킨다.[717] 태풍은 막대한 인명피해와 재산피해를 가져올 수도 있지만, 한편으로는 수자원 확보에는 도움이 되는 이중성을 지니고 있다.

바람은 우리 생활에 필요한 기상요소이지만, 정도 이상의 강한 바람은 무서운 재난을 가져오기 때문에 예로부터 바람에 대한 관측이 시행되어왔다. 『삼국사기』에 나타난 바람에 대한 기록을 보면, 바람은 풍風·대풍大風·폭풍暴風으로 구분[718]되어 있고, 『고려사』에서는 종류가 많이 늘어나 구풍颶風·질풍疾風·열풍烈風 등으로 분류하고 있다. 여름에 대풍의 빈도가 큰 것이 특색이며 폭풍은 봄과 여름에 나타나고 있다.[719]

눈에 보이지 않으나 기상 가운데 가장 크게 우리 생활에 영향을 미치는 것이 바람이다. 그리하여 우리의 민속이나 문학에는 여러 가지로 바람이 나타나 있다. 단군신화에서 환웅桓雄이 하늘에서 지상의 인간을 다스리러 내려올 때 우사雨師·운사雲師와 함께 풍백風伯을 거느렸다고 "삼국유사"에 기술되어 있다. 이때 가장 먼저 거론되는 것이 풍백이다.

718) 바람의 강도는 나무가 부러졌다거나 혹은 나무가 뽑혔다, 기와가 날았다, 건물이 무너졌다는 등 바람에 의한 피해상황을 묘사 기록하고 있다. 그 중 가장 극심한 피해가 있었던 것은 《삼국사기》 신라본기 제8에 "성덕왕 15년(716) 3월 큰바람이 불어서 나무가 뽑히고 기와가 날았으며 숭례전(崇禮殿)이 훼손되었다."는 것과 제10에 "소성왕 20년(800) 4월 폭풍이 불어서 나무가 꺾이고 기와가 날았으며 임해(臨海)와 인화(仁化) 두 문이 무너지고 서란전(瑞蘭殿)의 발[簾]이 날아간 곳을 알지 못하였다."라는 등의 기록이다. 그 밖에 바람과 비가 겹친 풍우(風雨)가 600년에, 눈이 겹친 풍설(風雪)이 671년에, 안개가 겹친 풍무(風霧)가 814년에 각각 1회씩 기록되어 있다. 이와 같이, 바람에 관한 많은기록에서 바람방향에 대한 기록은 극히 드물며 남풍(96년)·동풍(122년)이 불었다는 기록이 각각 한번씩 있을 뿐이다. 고려시대는 바람의 종류가 풍·대풍·폭풍외 바람의 특성 및 바람방향에 따라 여러 가지로 구분되어 있다. 《삼국사기》의 기록에서는 다만 풍·대풍·폭풍의 세 가지로 분류되었던 것이 《고려사》에서는 종류가 많이 늘어나 있다. 바람의 등급에 따른 구분은 대풍·폭풍이 대부분이나 구풍(颶風)·질풍(疾風)·열풍(烈風) 등이 1~2회 정도 기록되어 있다.

8괘풍	현대방위풍	팔방풍명(성호사설)	기타(민속풍명)
감坎(子자)	정북정북	고(高), 후(後)	높(高)바람 또는 뒷(後)바람
리離(午오)	정남정남	마(麻)	마(麻)파람
진震(卯묘)	정동정동	사(沙)	샛(沙)바람
태兌(酉유)	정서정서	한의(寒意)	하늬(寒意)바람
건乾	북서북서	긴한의(緊寒意)	
곤坤	남서남서	완한의(緩寒意), 완마(緩麻)	
간艮	북동북동	고사(高沙)	
손巽	남동남동	긴마(緊麻)	

720) 그리고 풍은 다시 풍류·풍경·
풍물·풍치 등 다른 한자와 결합되
어 새로운 어휘를 만든다. 그러나 이
때는 이미 물리적인 바람이란 의미와
는 거리가 먼 것으로 그 의미가 확산
되어 있다.

이것은 바람이 우리 생활에 그만큼 크게 영향을 미치는 자연환경 인
자라는 의미이다. 그 뿐만이 아니라 바람과 관련한 바람이 우리 문학과
가요에서 나타날 때는 한자漢字인 풍風과 병행하여 나타난다.[720] 바람은
곧 님과 나를 막는 큰 장애이거나, 아니면 나와 함께 있는 님을 떠나가
지 못하게 하는 방어의 구실로 읊어져 있다. 이와 같이, 삶의 여러 애환
이 바람과 관련되어 있으며 그것은 우리의 실질적 생활 등과 아울러 정
서에도 큰 영향을 미치고 있다.

2) 풍살의 내용

풍수에서의 바람은 천기에 의한 기질운동이다. 인간의 삶과 생태계에
활력소를 불어 넣어주는 대기순환운동의 주체이기도 하다. 바람은 천기

계절풍의 종류에 따른
특징과 인류역사의 구분 ▶

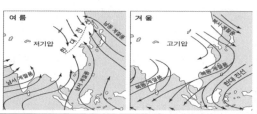

	인류 역사의 구분
홀로세	역사 시대
	철기 시대
	청동기 시대
	동기 시대
	신석기 시대
	중석기 시대
플라이스토세	후기 구석기
	중기 구석기
	전기 구석기
	구석기 시대
	석기 시대

특징	계절풍에 따라서 풍향이 현저하게 부는 바람
	대륙과 해양의 비열 차이로 발생
여름	해양에서 남서 남동풍 유입—북태평양 기단 영향으로 고온다습(남북고저 기압배치)
	벼의 생육에 영향. 무더위
가을	대륙에서 북서풍 유입—시베리아기단 영향으로 한랭건조(서고동저 기압배치)
	가옥 구조, 배산임수, 취락 분포, 동서 방향의 밭이랑, 한파(寒波)

가 윤전輪轉되는 과정에서 여러 원인에 의해 발생되어 긍정적인 측면도 있지만, 때로는 원인 제공자로서 엄청난 피해를 주기도 한다.

바람은 어디서나 불기 때문에 지형을 형성하는데 있어서 매우 보편적인 기구機構임에 틀림없으며, 바람에 의한 각종 지형은 땅이 메마르고 식생이 결핍된 건조지역에서 가장 뚜렷하게 나타난다. 바람이 암석의 표면 위를 불어갈 때는 침식력을 그리 발휘하지 못하지만, 모래나 점토粘土와 같은 퇴적물이 지표에 노출되어 있으면 바람은 그것을 쉽게 흡취·제거할 수 있다. 바람에 의한 이러한 형식의 침식을 취식吹蝕(deflation)이라고 한다.

풍수에서 건조한 땅으로 비가 오면 진창이 되는 토질은 나쁜 토질로 호흡기 계통의 질병을 유발한다. 이는 바람에 의한 취식작용을 염두에 둔 말이다. 취식은 건조한 날씨가 계속될 때는 어디서나 일어나며 바람의 침식물질 중에서 점토나 실트처럼 미세한 물질은 공기에 떠서 운반되는데 이것을 먼지(dust)라고 한다. 취식은 강수량이 적고 건조한 지형에서 가장 활발히 일어나며, 일반적으로 지표면의 물질이 얇게 제거되므로 특징적인 지형이 잘 형성되지 않는다. 그러나 사막의 선상지[721]와 같은 곳에서는 모래가 제거되고 난 후 바람이 운반하기에 너무 큰 자갈만 남아 독특한 지형인 사막포도砂漠鋪道(desert pavement) 지형이 형성된다.

지표면에 남아 있는 잔류 자갈층은 자갈로 포장한 도로에서처럼 그 밑의 미립물질을 덮어 이를 취식으로부터 보호하며 사막포도의 두께는 대개 자갈을 두 세 개 포개 놓은 정도로써 바람도 마식磨蝕[722]을 한다. 바람에 의한 마식은 바람에 운반되는 모래알이 지표면 위로 돌출한 암석에 부딪칠 때 일어난다. 모래는 높이 뜨지 않기 때문에 바람에 낮게 날아다니는 모래는 지면地面 위로 기둥처럼 돌출해 있는 바위의 밑부분을 깎아내 마치 버섯 모양의 이암栮岩(mushroom rock 또는 pedestal rock)[723]을 만들어 놓기도 한다.

마식은 취식에 비해 비교적 중요하지 않지만 삼릉석三稜石(dreikanter 또는 ventifact)[724]을 깎아 놓아 주목을 끌기도 한다.[725] 건조한 평원이나 대

721) 산간계곡을 흐르던 하천이 산록의 평지로 나올 때 운반력의 약화로 사력물질이 쌓여 이루어진 일종의 퇴적지형이다. 지형상의 현저한 특징은 등고선이 동심원상(同心圓狀)이면서 평면적으로는 부채를 펼친형태이고 입체적으로는 밑부분이 넓고 높이가 낮은 원뿔 모양이다.

722) 크고 거친 것을 갈아서 자고 매끄럽게 되도록 하는 침식작용을 말한다. 바람과 물에 의한 마식이 있다. 몽돌해수욕장의 자갈이 대표적이다.

723) 栮: 목이버섯 이.

724) 풍력석이라고도 함.

725) 삼릉석은 마식을 받은 세 개의 면을 가진 자갈을 가리킨다. 탁월풍을 향한 쪽에 하나의 평평한 면이 깎인 다음 이를 떠받치고 있는 미립물질이 제거되면 불안정해진 자갈은 굴러서 바람받이쪽에 새로운 면이 또 깎인다.

지 위를 부는 강풍은 대단히 많은 양의 먼지를 흡취함으로써 먼지바람 (dust storm)을 일으킬 수 있다. 우리 나라의 토양은 지역에 따라 찰흙 성분의 점토질을 이룬 지역이 많다.[726] 먼지 중에서 입자가 작은 것은 수 킬로미터의 상공으로 분산되며, 수천 킬로미터씩 날려갈 수도 있다. 한대전선이 통과할 때 밀려오는 검은 먼지구름은 대개 한대전선의 최전면과 일치하는데, 이러한 구름이 덮치면 앞을 볼 수 있는 거리(視程시정)가 수 미터로 줄어들고 호흡조차 어려워진다. 이와 같은 먼지바람은 매년 여러 차례 수백 년에 걸쳐 반복되는 경우 퇴적물의 운반수단으로서 큰 의미를 가질 수 있고[727] 식생환경에 긍정적 영향을 끼치기도 한다.

건조지역의 선상지에서 먼지가 바람에 의해 제거되면 모래와 자갈이 남게 되고 모래는 바람에 의해 지표면을 따라 이동하면서 점차 자갈로부터 분리된다. 이로써 모래언덕의 산이란 뜻의 사구사沙丘砂라 불리는 독특한 퇴적물의 집단이 생겨난다. 바람이 사구사로 덮인 지표면 위를 볼 때 처음에는 모래알이 구르거나 미끄러지면서 천천히 움직이지만 풍속이 증가하면, 바람에 날린 모래는 지표면에거 10cm 내외의 높이로 길게 뛰면서 빨리 이동하게 된다.

3) 계절풍季節風

계절에 따라 방향이 바뀌는 바람을 계절풍이라고 한다. 계절풍은 겨울과 여름의 풍향이 거의 반대가 되고 '몬순(monsoon)'이라고도 한다.[728] 계절풍이 부는 이유는 음지陰地형인 땅[729]과 양수陽水인 물[730]의 음양성이라는 특성 때문이다. 바다는 천천히 데워지고 천천히 식는 반면, 대륙은 빨리 데워지고 빨리 식어서 열차이에 의한 공기의 움직임에 변화가 생겨 계절풍이 일게 된다. 다시 말해 흙과 물의 이러한 특성, 즉 비열比熱 차이 때문에 겨울에는 바다보다 대륙이 더 냉각되어 고기압이 형성되기 때문에 대륙에서 바다로, 여름에는 반대로 대륙이 더 가열되어 저기압이 형성되기 때문에 상대적으로 시원한 바다에서 대륙으로 바람이 분다.[731] 계절풍은 세계 곳곳에 나타나지만 아시아는 세계 최대의 계절풍

726) 풍수에서 양택지의 토질로 점토질을 기피하는 것도 여기에 있다. 모두 호흡기질환이나 폐질환과 관련이 있기 때문이다.

727) 사하라사막의 먼지는 유럽의 지중해 연안은 물론 멀리 영국까지도 날려간다. 봄철에 두세 차례 우리나라를 덮치는 황사(黃砂)는 기원지가 고비사막이며 타클라마칸사막에서도 불려온다.

728) 몬순이란 아라비아 어의 계절을 뜻하는 마우짐(mausim)에서 유래되었다. 아라비아인들은 일찍이 인도양에서 대략 6개월을 주기로 부는 겨울의 북동풍과 여름의 남서풍을 이용하여 항해를 하였다.

729) 습지를 말함.

730) 바다. 하천

731) 그러나 계절풍의 성인(成因)은 열의 차이로만 설명할 만큼 간단하지 않다. 오늘날에는 상층 대기의 흐름(편서풍), 특히 제트 기류의 계절적인 변화와 지형적인 원인 등이 복합적으로 작용하여 계절풍이 발생하는 것으로 알려지고 있다.

지역이다. 아시아 계절풍의 특징은 여름에는 남풍계의 바람이, 겨울에는 북풍계의 바람이 불지만 지역의 위치와 지형에 따라 계절풍의 방향은 약간의 차이가 있다. 동부 아시아에서는 여름에는 남동풍, 겨울에는 북서풍이 불어 우리 생활과 밀접한 관련을 가진다.

우리 나라 각 지점의 풍향을 보면 음기가 지배하는 겨울(12~2월)에는 서북서·북서·북북서 등 북서풍계의 비율이, 양기가 지배하는 여름(6~8월)에는 남서·남동 등 남풍계의 비율이 높다. 이와 같이 계절에 따라 탁월풍卓越風의 방향이 바뀌는 것이다. 지역에 따라 계절풍이 시작되는 시기와 빈도에 차이가 있으나 대체로 우리 나라는 여름에는 남서·남동풍, 겨울에는 북서풍이 분다. 음양기에 의해 형성되는 이 두 계절풍이 발달할 때 우리 나라 주변의 기압배치는 여름에는 남고북저형, 겨울에는 서고동저형이 전형적이다. 겨울 계절풍은 기압경도가 크기 때문에 풍속이 강하고, 여름 계절풍은 겨울 계절풍에 비하면 기압경도가 작아서 풍속이 약하다. 그리고 바람의 물리적 성질도 겨울 계절풍은 차고 건조한 데 비하여 여름 계절풍은 무덥고 습기가 많다. 이와 같은 계절풍의 특성은 우리 나라의 여름과 겨울의 기후적 특징을 결정짓는 중요한 요인이 되므로 택지선정과 주거지를 결정함에 있어서 지역과 지형에 따라 여러 사항들을 고려하여 선택해야 한다. 계절풍에 따른 기후 현상은 양의 화기가 지배하는 우계雨季와 음의 수기가 지배하는 건계乾季의 뚜렷한 구분이다. 우리 나라는 여름 계절풍이 불 때는 우계가 되고, 겨울 계절풍이 불 때는 건계가 된다. 우리 나라의 여름 강수량은 연강수량의 약 50~60%를 차지한다. 해안 지방은 약 50%, 내륙 지방은 약 60%이고, 남부의 다우지多雨地에서는 65% 정도를 차지한다. 이와 같이 여름에 집중적으로 내리는 비는 여름 계절풍의 시기와 일치하여 많은 비가 계절풍에 의한 것이라고 생각하기 쉽다. 그러나 여름철 대륙 내부의 저기압은 현저하지 않아 많은 비를 가져오기 어렵다. 또한 지금까지 같은 것으로 알고 있었던 온대 계절풍[732]과 열대계절풍[733]은 여러 점에서 차이가 있는데, 가장 현저한 차이로 온대계절풍은 겨울 계절풍이 강하고, 열대계절

732) 음풍陰風

733) 양풍陽風

풍은 여름 계절풍이 강하다는 것이다. 양기가 왕성한 열대 해양성 기단인 북태평양 기단에서 비롯되는 여름 계절풍은 무덥고 습기가 많지만 매우 안정된 대기로서 교란되지 않으면 비는 내리지 않는다. 우리 나라에 정체하고 있는 장마전선대에 이 다습하고 안정된 대기가 유입하여 교란이 일어나면 여러 가지 복합적인 요인에 의하여 집중 호우가 내리기도 한다. 장마전선이 북으로 이동한 후, 북태평양 기단의 확장으로 여름 계절풍이 부는 한여름에는 무더위를 동반한 짧은 건계가 나타나 최고 기온이 30℃를 넘기도 한다. 확장된 양기에 의해 북쪽으로 올라갔던 장마전선이 극極에 이르면 태동하는 음기의 영향으로 양기가 쇠퇴함으로써 장마전선은 남하하여 우리 나라에 머물게 되는데 이때 가을장마가 시작된다. 비로소 음의 세력인 금기金氣가 성성盛하기 시작한다. 양풍陽風인 여름 계절풍에 의한 비는 농업용수·수력용수 등으로 매우 유용하며, 인간생활에 큰 영향을 준다. 우리 나라에서 벼농사가 발달한 것도 이와 같은 계

우리나라 주변의 기단 ▶

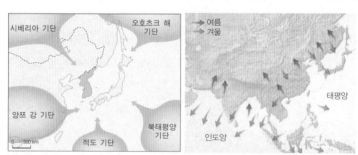

기단명	영향과 현상
시베리아	한랭 건조한 대륙성 기단으로 겨울철에 많은 영향을 미친다. 이와 관련이 있는 기후 현상으로는 3한 4온, 북서 계절풍, 꽃샘추위 등이 있다.
오호츠크해	한랭 습윤한 해양기단으로서 봄철에 영향을 미친다. 우리나라의 북동쪽으로부터 영향을 미치는 관계로, 태백산맥을 넘어오면서 푄현상을 일으킨다. 이 바람을 영서 지방에서는 높새바람이라 하는데 이는 북동풍을 지칭하는 것이며, 고온 건조하여 모내기 시기의 벼농사에 많은 피해를 끼친다.
북태평양	고온다습한 해양성 기단으로서 우리나라 한여름의 무더위 현상을 일으킨다. 이 기단은 또한 한랭 습윤한 기단인 오호츠크해 기단과 만나면서 장마전선을 형성한다. 북태평양 기단의 영향을 강력하게 받는 동안에는 무더위가 지속되어 생활에 많은 불편을 주지만, 벼와 같이 생활에 필수적인 농작물의 재배에는 반드시 필요한 기후 조건을 제공하여 준다.
양쯔강	봄과 가을에 우리나라에 영향을 주는 기단으로서 중국에서 우리나라 쪽으로 편서풍을 따라서 이동한다. 봄철의 황사현상은 중국의 황토고원지대의 토양이 이 기단을 따라 우리나라에 불어 들어오는 것을 말한다. 최근에는 중국의 벼멸구와 같은 해충은 물론, 오염물질이 함께 우리나라로 유입되어 많은 우려를 낳고 있다.
적도	우리가 태풍이라 부르는 열대성 저기압으로 강한 바람과 비를 동반하여 많은 피해를 주고 있다.

절풍의 영향이라 할 수 있다. 음풍陰風인 겨울 계절풍은 여름 계절풍보다 강하게 발달한다. 겨울이 되면 건방위乾方位의 차가운 시베리아 기단이 우리 나라에 영향을 미치는데, 시베리아 기단은 차고 건조한 대륙성 고기압으로 세계에서 가장 강력한 고기압이다. 시베리아 기단이 발달하면 우리 나라에는 건방풍乾方風인 북서풍이 분다. 한번 차가운 대기가 빠져 나가면 새로운 대기가 축적되는데 보통 3~4일 걸리며, 그동안 북서풍은 약화된다. 그 틈을 타서 양기를 지닌 양쯔강 부근이나 동중국해의 온대 저기압이 동쪽으로 이동해 와서 상대적으로 따뜻한 날씨가 된다.

우리 나라에서는 북서풍이 부는 시기에 날씨가 추워져 삼한三寒이 되고, 북서풍이 약화된 시기에 날씨가 따뜻해져 사온四溫이 되는, 이른바 '삼한사온' 현상이 나타난다. 삼한사온은 반드시 3일은 춥고 4일은 따뜻한 것이 아니라 시베리아 기단의 성장과 쇠퇴에 의한 상대적인 한기寒氣와 난기煖氣라는 음양기의 반복을 의미하는 것이다. 취락의 입지는 건방위의 음풍인 북서풍에 의한 추위로 차가운 바람의 영향을 직접 받지 않고 햇볕을 최대로 받을 수 있는 남향이 지배적이다. 이는 배산이 필요한 절대적 이유이기도 하다. 또 가옥 구조도 추위를 막기 위하여 난방 시설인 온돌을 설치하고, 지붕을 낮게 하며 방은 좁게 한다. 이와 함께 벽은 두껍게 하고, 창과 문의 크기와 수를 적게 하는 것이 우리 나라 가옥의 일반적 특징이다. 우리 나라에 매서운 추위인 혹한酷寒이 오는 원인은 상층 대기의 흐름과 밀접한 관계가 있다. 북반구 상층 대기의 상태를 보면, 극을 중심으로 서쪽에서 동쪽으로 환류還流하는 편서풍의 흐름이 있다. 우리 나라의 겨울 추위는 지상의 북서풍뿐만 아니라 상층 대기 순환의 영향도 받는다. 최근에 심화되고 있는 지구 온난화는 계절풍에도 영향을 미치는 것으로 알려지고 있다. 또한 우리 나라는 중위도의 대륙 동안에 자리하고 있기 때문에 각 계절마다 서로 다른 성격의 기단의 영향을 강력하게 받는다. 그야말로 태양과 소음, 태음과 소양의 4상기四象氣가 뚜렷한 4계절을 지닌 대표적인 나라이다.

4) 높새바람

높새바람은 일종의 푄 현상으로, 늦봄에서 초여름에 걸쳐 동해안에서 태백산맥을 넘어 서쪽 사면으로 부는 북동 계열의 바람이다. 강원도·경북지방에서는 샛바람이라고도 한다. 높새바람은 화기火氣가 절정을 이루는 열기성 바람으로 매우 건조하여, 농작물과 풀잎의 끝을 마르게 하는데, 심한 경우에는 말라 죽게 되는 수도 있다. 높새바람은 한반도 북동쪽의 오호츠크 해에서 발달한 오호츠크해 기단이 한반도까지 세력을 미칠 때 나타나게 된다.

높새바람의 원인과 피해를 보면, 바람받이 사면[734] 쪽에서 서쪽으로 공기가 불어올라갈 때에 수증기가 응결되어 비나 눈을 내리면서 상승하게 된다. 이때 고도가 높아지면서 기온은 대략 고도 100m당 약 0.5℃ 정도가 내려간다. 그러나 바람받이 쪽의 산에서 비를 내리게 한 뒤 건조해진 공기가 태백산맥의 서쪽인 영서 지방 쪽으로 불어내리는 공기는 비열[735]이 높은 수증기를 거의 비로 내린 상태이므로 비열이 낮아져서 100m당 약 1℃ 정도로 기온이 상승한다. 태백산맥의 동쪽 사면인 영동 지방과 서쪽 사면인 영서 지방에서의 비열차에 의하여 산을 넘기 전부터 수증기가 포화된 공기의 경우 산을 넘기 전보다 기온이 상승하게 된다.[736] 결국 영서지방 및 그 서쪽 지역에는 온도가 높고 건조한 바람이 불게 되고, 이 때문에 이상 고온 현상과 함께 비가 적게 내리게 되어 가뭄과 땅이 갈라지는 건열乾裂 등이 발생한다. 따라서 이러한 지역을 대상으로 노후에 정착하거나 과수 및 특용작물을 목적으로 거주할 때는 고도, 기온, 높새바람과 같은 지역적 기후 특성을 반드시 고려해야 한다.

2.4 기타 위협적인 살

1) 몽무살霧霧殺 ―안개살, 무중살

안개란 대기 중의 수증기가 응결하여 지표 가까이에 아주 작은 다수의 물방울들이 대기 중에 떠 있는 현상으로, 사물이 눈에 보이는 거리(수

---

734) 태백산맥의 동쪽, 영동지방을 말함.

735) 비열은 단위 질량의 물질 온도를 1도 높이는 데 드는 열에너지를 말한다.

736) 1000m의 산을 넘을 때가 약 5℃, 2000m이면 약 10℃, 3,000m이면 약 15℃ 정도

평시정)가 1km 이하일 때를 말한다. 구름과 안개의 차이는 그 밑 부분이 지면과 접하고 있는가 또는 떨어져 있는가에 따라 결정한다. 밑부분이 지면과 접하여 있으면 안개(fog), 떨어져 있으면 구름(cloud)이라고 한다. 안개 속에서의 대기는 습하고 차갑게 느껴지며, 상대습도는 100%에 가깝다. 대체로 백색이지만, 공업지대에서는 연기와 먼지로 인해 회색이나 황색을 띠게 된다. 공업지대 등에서 안개와 연기가 섞인 것을 스모그(smog)라고 한다.[737] 안개에는 크게 두 가지 종류가 있다. 한 가지는 냉각에 의한 것이고, 다른 한 가지는 수증기의 공급에 의한 것이다.

안개는 아름답지만은 않다. 안개가 끼치는 악영향을 안개살 또는 무중살霧中殺이라고 한다. 건강이나 경제에도 많은 영향을 주는데, 특히 도로의 자동차나 바다의 선박, 공항의 항공기의 안전에 엄청난 영향을 준다. 2001년 2월 20일 발생한 경기도 자유로 35중 충돌사고와 2006년 10월 3일 발생하여 엄청난 인명피해 및 재산피해를 가져온 서해대교 29중 추돌사고나 2015년 영종도 103중 추돌사고가 대표적이다. 따라서 안개가 짙게 끼는 경우 정지거리를 확보할 수 없으므로 연쇄추돌이 발생하는 것이다. 안개로 인한 선박 사고의 경우에는 자연환경에 대한 치명적인 영향 가능성이 높으며, 항공기의 경우 항공기 사고로도 엄청난 피해를 입는다. 매년 항공기 지연으로 인한 피해만도 1,000억 원 이상일 정도로 안개는 자연재해 중 높은 사고 빈도를 보이는 기상현상이다. 특히 도로에서의 추돌사고의 경우 다른 기상현상에 비해 가장 높은 치사율을 보이는 것이 안개살이다.

자유로, 서해 · 영종교
사고 현장 ▶

대기 중의 물체는 서서히 냉각되어 극極[738]에 이르면 그 둘레의 공기 온도도 내려가 공기 속의 수증기가 물방울로 변하게[739] 된다. 이때 물체

737) 안개가 낮고 연직방향으로 엷어서, 하늘이 들여다보이는 것을 낮은안개(shallow fog)라고 하고, 눈높이의 수평시정은 1km 이상이 되지만, 지면부근에 낮게 깔린 안개를 땅안개(ground fog)라고 부른다.

738) 포화상태, 극極에 이른 상태

739) 응결凝結

295

의 표면과 주위에 생기는 물방울을 이슬이라 하고, 이슬이 생길 때의 온도를 이슬점이라고 한다. 안개는 대기 중의 수증기가 응결하여 생성된 것이므로, 응결이 일어나려면 대기 중에 수증기가 다량으로 함유되어 있어야 하고, 공기가 이슬점온도 이하로 냉각되어야 한다. 또한 대기 중에 응결을 촉진시키는 흡습성의 미립자, 즉 응결핵[740]이 많이 떠 있어야 하며 대기 중으로 외부에서 많은 수증기가 공급되어야 한다.

몽무(안개)의 구분 ▶

안개 종류	현상적 특징
땅안개 (ground fog)	먼저 공기의 냉각으로 발생하는 안개가 있다. 복사안개의 종류로 가장 대표적이며 내륙지방에 아침에 자주 끼는 안개이다. 지표면의 야간 복사냉각으로 만들어지는데 상대습도가 높고, 야간에 맑으며 대기가 안정할 때 끼는 안개로 주로 가을이나 봄에 자주 끼는 안개다.
이류안개 (advection fog)	공기가 이동하여 와서 생기는 안개로 대표적인 것이 바다안개(sea fog)로 차가운 바다 위를 따뜻한 공기가 이동해 와 냉각되면서 만들어지는 안개로 바다와 공기의 기온차가 클수록 많이 발생한다. 우리나라 해상에서는 6월부터 7월 사이에 서해상에서 자주 발생한다.
연안안개 (coastal fog)	이류안개의 일종으로 연안지방에 발생하는 안개를 말한다. 수면 위의 습하고 따뜻한 공기가 연안의 찬 지면 위로 흘러갈 경우나, 지면 위의 따뜻한 공기가 찬 수면 위로 흘러갈 경우 또는 찬 해면 위에 발생한 바다안개가 침입할 경우 등에 나타나는 이류안개와 차고 안정된 공기가 비교적 따뜻한 수면 위로 이동했을 때, 수면의 증발에 의하여 수증기의 공급을 받아서 발생하는 증발안개 두 가지로 나눈다. 연안안개의 발생이나 소산, 이동은 해륙풍과 밀접한 관계가 있다.
이류복사안개 (advection – radiation fog)	해상에서 해안에 인접한 육상에 이동해온 온난습윤한 공기가 야간에 복사냉각 되어 만들어진다. 고기압 가장자리에서 바람이 약할 때, 해상의 수증기가 연안으로 침투한 후 복사냉각에 의해 안개가 일어난다.
활승안개 (upslope fog)	습윤하고 안정한 공기가 경사진 지형을 상승할 때, 건조단열적으로 냉각되어 형성된다. 경사면을 따라 상승하는 바람이 멎으면 활승안개는 소산된다. 복사안개와 달리 흐린 날씨에서도 형성되고, 매우 짙으며 높은 고도까지 발생한다. 일본의 후지산에 낮에 자주 발생하는 안개의 형태로 우리나라에서는 비가 내리다가 그칠 경우 산중턱에서 산을 향해 올라가는 안개
김안개 (steam fog)	수증기의 증발로 발생하는 안개로 한랭한 공기가 상대적으로 높은 온도의 수면상을 이류할 때, 수면으로부터의 수증기 증발로 포화되면 발생한다. 겨울철 서해상에서 추운 공기가 내려올 때 서해 바다와의 온도 차이로 발생하는 안개의 형태가 대표적이다.
얼음안개 (Ice fog)	대기 중에 무수히 많은 미세한 빙정들이 떠다니는 현상으로 수평시정이 1km 미만일 때를 말한다. 얼음안개는 대단히 저온이고, 바람이 없을 때 발생한다. 겨울에 북부산악지대에서 관측될 때가 있으며, 태양을 향한 방향의 시정이 대단히 나쁘다.

740) 응결핵으로는 해면에서 대기 중으로 날아온 염분을 띤 작은 결정이나, 굴뚝에서 나오는 연기의 입자 등 흡습성의 미립자가 가장 좋은 응결핵이다. 이 밖에도 풍향·풍속이나 기온의 역전도 중요하다. 특별한 경우를 제외하면, 바람이 약하고 상공에 기온의 역전이 있으면 안개발생에 유리하다. 그러나 상공에 기온의 역전이 있어도 바람이 강하면, 상하의 혼합으로 지표면 부근은 안개가 생기지 않고 낮은 구름만 만든다. 짙은 안개는 습도·온도·바람 및 응결핵의 종류나 양 등에 의하여 결정된다. 공장지대는 응결핵이 많으므로 습도가 80% 정도만 되어도 안개가 발생하지만, 일반적으로는 97% 이상의 습도에서 발생한다.

대기 중에 수증기가 다량으로 함유되어 있다 하더라도, 공기의 온도가 이슬점온도 이하로 내려가지 않으면 응결이 일어나지 않아 안개가 형성되지 않는다. 그러나 온도는 내려가지 않아도 외부로부터 계속 수증기가 공급되면, 포화에 달하여 응결이 일어나며 기압이 점점 내려가도 응결현상에 의해 안개는 형성된다.

또한 현재 함유되어 있는 수증기량을 증가시킬 수 있을 만큼 외부로부터 수증기의 공급이 없다고 해도, 기온이 이슬점 온도 이하로 냉각되면 포화에 달하여 응결이 일어나지만, 많은 양의 수증기가 함유되어 있지 않으면 큰 안개는 발생하지 않는다. 그리고 다량의 수증기를 함유하고 이슬점온도 이하로 공기가 냉각된다고 해도, 응결을 촉진하는 응결핵이 없으면 응결은 일어나기 어렵다. 이와 같이 대기 중의 수증기는 미세한 입자를 중심핵으로 하여 그 표면에 응결을 하며 안개는 자연스럽게 형성된다.

안개는 지표면이 따뜻해져서, 지표 부근의 온도차에 의해 바뀌고 나면 사라진다. 지표 부근의 바람이 강하게 불면, 난류에 의한 연직방향의 혼합이 증가되어 역전이 해소되므로 안개는 걷힌다. 또 경사면을 따라서 하강하면 공기덩이의 온도는 단열적으로 상승하므로 안개입자들은 증발하여 소산消散, 즉 흩어져 사라진다. 차고 밀도가 큰 공기가 안개가 낀 구역으로 들어오면, 안개는 상공으로 올라가거나 증발하여 흩어져 없어진다.

안개의 사례 ▶

태양의 고도가 높아질수록 이 안개는 서서히 걷히고 점심 때에 이르면 언제 그랬냐는 듯 맑은 하늘이 나타난다. 안개가 발생하기 전 대기 중의 수증기량이 많을수록 복사 안개는 더 강하게 나타난다. 그래서 주변이 강이나 호수, 바다가 있는 곳에 복사 안개가 더 진하고 자주 발생하게 된다. 그러므로 안개는 많은 대기오염물질을 포집하고 있다. 최근 산업화와 도시개발로 인한 대기오염, 특히 중국의 급속한 산업화로 중금속을 함유한 발암물질이 바람을 타고 서해를 거쳐 우리 나라에 유입되고 안개는 그러한 물질을 포집하여 인체에 나쁜 영향을 끼치고 있다. 안개가 자주 끼는 북한강을 비롯한 수변지역의 전원주택은 안개지역으로 사람이 살기에 부적합하다. 그러므로 길지吉地는 수변지역을 관망하는 위치에 입지해 안개로부터 벗어난 지형의 택지라야 좋다.

2) 박무살薄霧殺

안개라 부르지는 않지만 안개의 성질을 가지고 있는 것이 있다. 바로 박무와 연무다. 안개, 박무, 연무는 시정을 악화시킨다는 점에서 공통점을 지닌다. 수평시정이 1km 미만이면 '안개', 그 이상이면 '박무'와 '연무'로 구분한다. 주로 어떤 입자로 인해 기상 현상이 나타나는가에 따라 나누기도 한다. 안개와 박무는 물 현상, 연무는 먼지 현상이라는 점에서 차이가 있다.[741] 그러므로 박무와 연무가 많이 끼는 지역도 기피해야 할 주거지역이다.

박무와 연무 ▶

박무

연무(먼지안개)

741) 상대습도 75% 이상, 시정 1km 미만이면 안개로 정의 내리며 박무는 안개와 상대습도 기준은 같지만 시정이 1km 이상 10km 미만일 때를 가리킨다. 이에 반해 연무는 상대습도 75% 미만으로 습기나 먼지 등으로 시야가 확보되지 않는 기상 현상이며 시정은 1~10km로 박무와 같다.

742) Smoke(연기)와 Fog(안개)가 합성된 복합명사.

3) 탁무살濁霧殺 −스모그살:Smog살[742]

탁무살은 자연에 의한 것도 있지만, 현대 산업사회에 접어 들면서 급격히 나타나는 대기오염의 하나로 주거환경에 큰 피해를 주고 있는

743) 산성비, 산성안개를 포함한다.

744) 런던형 스모그는 주로 환원형으로 황산화물과 공기중을 떠다니는 부유먼지에 의해 발생하며 1952년 런던에서 발생한 스모그가 대표적이다. 반면 LA스모그는 자동차 배기가스 속에 함유된 올레핀계 탄화수소와 질소산화물의 혼합물에 태양광선이 작용하여 생기는 광화학반응 산물에 의한 것으로 광화학스모그라고도 한다.

살殺이다. 탁무살의 일반적인 현상은 어떤 지역에 공장과 자동차 등에서 배출된 오염물질이 대기중에 확산되지 않고 일정한 지역에 퍼져있어 대기가 뿌옇게 덮여 있는 스모그 현상을 말한다. 발생원인은 산불이나 화산폭발과 같은 자연적인 원인과 화석연료 연소공장, 발전소, 자동차 등에서 배출되는 매연과 먼지에 의한 인위적 원인에 의해 인체에 해로운 황산화물, 질소산화물, 일산화탄소, 미세먼지, 탄화수소 등에 의해 발생된다. 이러한 물질들이 대기중에서 수증기와 반응하거나 오염물질들 간에 상호반응을 통해 오염물질들이 흩어지지 않고 한곳에 머물러 있게 함으로서 스모그가 발생하게 된다.[743] 스모그가 일정지역에서 오랫동안 머물러 있는 것은 공기가 상하로 움직이지 못하게 하는 오염물질 자체에 기인하는 것도 있지만, 바람이 약하거나 지표면부근에서 기온역전에 의한 기상조건 때문에 머물러 있기도 하다. 이러한 기상조건은 그 지역이 이동성고기압에 감싸 있을 경우에 자주 일어난다. 따라서 탁무가 자주끼고 장시간 머무르는 지역도 사람이 살만한 곳이 못되므로 택지선정 시 고려의 대상이 된다.

인위적 스모그는 생성원인에 따라 후진국형인 런던형과 선진국형인 LA형으로 구분한다.[744] 런던형은 주로 화석연료가 연소할 때 발생된 황화합물이 안개와 섞여 장기간 지속되어 1952년 약 4천 명이 생명을 잃었다. 현재는 석탄, 석유같은 탄화수소 화합물이 연소되어 안개와 결합하여 생기는 스모그를 일컫는다. 주로 공장이나 빌딩, 일반가정의 난방시설 등에서 배출되는 아황산가스나 매연과 같이 직접 굴뚝에서 나오는 오염물질에 의해 발생되는 스모그이다. 스모그에 의한 질병은 런던형의 경우 주로 호흡기 자극, 만성기관지염, 폐렴, 심장질환과 과거에 경험한

탁무(스모그)의 종류 ▶

런던형 스모그 : 후진국형　　　LA형 스모그 : 선진국형　　　서울의 스모그 : 복합형

질병을 뜻하는 기왕증既往症 등으로 심각한 사망률 증가가 나타났고, LA형은 눈, 코, 기도의 점막자극 등의 질병이 나타났다. 이러한 이유로 산업단지 주변의 주택지는 사람이 살기에 부적합하고, 심폐질환, 호흡기계통의 환자가 많이 발생하여 주거지로 피해야 할 곳 중 하나이다.

LA형은 1943년 경부터 맑은 날씨에 새로운 안개인 스모그 현상이 나타나기 시작하였다. 이 스모그에 의해서 눈의 자극, 식물의 낙엽 현상, 악취, 고무물질의 균열 등의 피해가 발생했다. 현재는 자동차 내부 엔진 같은 내연기관에서 발생한다. 주로 자동차 배기가스에서 많이 나오는 질소산화물, 탄화수소 등이 햇빛(자외선)과 작용하여 오존 알데이드와 같은 여러 산화성 물질을 생성하여 맑은 날에도 안개가 낀 것과 같다.

스모그현상 악화에 따른 대비책 ▶

- 공장의 굴뚝을 매우 높게 설치한다.
- 분지나 골짜기의 차 밭에서 바람개비를 돌린다.
- 농작물이 있는 경작지에서 난로를 피운다.
- 도시 쓰레기 소각장 가동은 오후에 하도록 권장한다.
- 아침보다는 오후에 운동하는 것이 건강에 유리하다.

4) 역전살逆轉殺

기온역전氣溫逆轉 현상이란 주로 분지 지역에서 나타나는 현상으로 상공으로 갈수록 기온이 내려가는 것이 원칙이나 반대로 상공으로 올라 갈수록 기온이 올라가는 현상을 기온의 역전 현상이라 한다. 기온 역전현상이 발생하면 대기오염 물질의 확산이 이루어지지 못하게 되므로 스모그의 영향으로 대기가 상하로 움직이지 않기 때문에 대기 오염의 피해를 가중시키게 된다. 특히 내륙 지방에서는 일교차가 큰 봄·가을이나 춥고 긴 겨울밤에는 지표가 급속히 냉각되어 하층의 온도가 상층보다 낮아지게 되는 데서 자주 나타나게 된다. 이 때 지표 가까운 대기층의 수증기가 응결하여 안개가 되는데 이를 지면의 복사 냉각에 의한 복사 안개라 한다. 기온의 역전 현상은 안개를 발생시킬 뿐만 아니라, 대류 작용을 약화시켜 오염된 대기 유출을 막기도 하며, 냉해冷害·상해霜害 등을 일으키기도 한다. 따라서 기온역전 지역의 주택지, 기타 농업이나 토용 작물이 목적일 경우 기온역전이 자주 발생하는 지역인지에 대한 사전 대비를 하여야 한다.

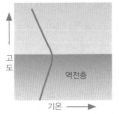

기온 역전에 따른 대기오염도와 스모그관련 기사 ▶

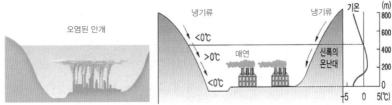

기온역전에 따른 대기오염[755]

기온 역전 현상으로 인해 생기는 복사무輻射霧 현상은 일교차가 큰 지역에서 야간에 지표면이 급속히 냉각되면 하층부는 기온이 낮고 상층부는 기온이 높아지는 현상이 나타난다. 이때 상층에 있는 따뜻한 공기가 새벽에 하강하면서 하층에 급속히 냉각된 지면과 접촉하면서 안개가 발생하게 되는데 이를 복사 안개라 한다. 다시 말해 복사무는 야간에 열이 뺏긴 지면에 상층부의 따뜻한 대기가 서서히 가라 앉으면서 공기가 냉각되어 발생하는 안개를 말한다. 안개 중에서 가장 보편적인 것이다. 복사무는 바람이 없이 맑게 갠 날 밤에 잘 생긴다. 바로 전날에 비가 오거나 구름이 끼어 공기가 습하면 이상적이고, 안개의 상승을 막아주는 기온역전도 필요하다. 골짜기나 분지로 모여들어 두꺼워지는 것이 보통인데, 이러한 곳은 차고 무거운 공기가 집적되는 곳이기도 하다. 한편 복사무

755) 이승호, 한국의 기후 문화산책

는 밤에 성장하며, 일출 후에는 기온의 역전층이 파괴되고 물방울이 증발함에 따라 없어지는 것이 특색이다. [756]

모든 물질은 공기 중의 습기를 빨아들이는 흡습성吸濕性 성질을 갖고 있는데 대기중의 오염물질도 그와 같은 성질을 가진다. 따라서 오염물질은 방출되는 흡습성吸濕性 응결핵으로써 복사무의 주범이 된다. 대도시의 안개, 즉 도시무都市霧(city fog)도 복사무에 속한다. 기온 역전 현상이 생기면 공기의 순환이 한동안 느려지거나 멈춰지며, 특히 도시 지역에서는 대기 오염 물질의 확산이 어려워져 도시형 스모그가 악화되는 현상이 자주 나타난다.

5) 분진살粉塵殺

분진이란 어떠한 물질을 가공하는 과정에서 발생하는 가루먼지란 의미이다. 연마, 분쇄, 절삭, 천공 등의 작업공정에서 고체물질이 파쇄되어 생긴 미세한 고체입자로 크기가 통상 150㎛ 이하인 것을 말한다. 산업화에 따라 2차산업이 발달하는 개발도상국형 대기오염의 또 다른 주범이다. 분진은 제조업, 건설업, 광업을 비롯하여 거의 모든 업종에서 문제가 되지만, 작업환경관리상 특히 문제가 되는 것으로 주물제조업, 요업, 광업, 금속정련업 등에서 습식을 제외한 거의 전공정, 일반제조업에서도 원료의 분쇄, 혼합, 분류, 연마, 연삭, 분체주입 등 광범위하다. 분진 중 유리규산을 함유하는 토석·암석·광물·석면의 분진이 폐포肺胞에 침착하여 진폐塵肺의 원인이 되고, 금속화합물의 분진에는 진폐를 일으키는 분진 외에 중독을 일으키는 분진도 함유되어 있다. 일반적으로 분진粉塵은 공중에 부유浮遊하며, 바람에 의해 운반되어 지표면에 쌓이게 된다. 공장·가정에서 나는 연기에서 생기는 것은 탄소와 그 밖의 물질로 되어 있다. 사막 등에서는 진토塵土가 바람에 날려 올라가고, 화산진火山塵은 분화에 의해서 공중에 살포된다. 먼지에는 퓸(fume)[757]·미스트(mist)[758]·연기 등이 있다. 퓸이란 가스 상태에서 응축하여 생긴 것이며, 미스트란 액체가 증발하고 난 후 응축하여 생긴 것이고, 연기는

756) 기온이 0℃보다 훨씬 낮을 때는 융해 잠열이 공기의 냉각을 지연시켜 복사무가 형성되지 않는다.

757) 일반적으로는 취기성의 연기를 말하지만, 바르게 말하면 승화, 증류, 화학반응 등에 의해 발생하는 연기로, 주로 고체의 미립자로 되어 있다. 입자 지름 1μ 이하의 고체 입자를 말함.

758) 기체(氣體) 속에 함유되는 미립자를 말하며, 공기 중에 부유(浮遊)하는 대단히 작은 액체입자로 구성되어 있으며 0.1~100μ의 입자를 말한다.

태워지는 과정, 즉 연소과정에서 생긴 탄화물이다. 따라서 분진을 배출하는 지역도 주거지로 부적합하므로 공장이 입지한 곳이나 대로변의 주택은 좋지 않다. 특히 대로변의 주거목적 건축은 폐질환과 관련이 깊다.

6) 연무살煙霧殺

연무는 대개 습도가 낮으면서 대기 중 연기·먼지 등 건조하고 미세한 입자가 떠 있어 육안으로 보이지 않는 경우가 많다. 화산의 분출물이나 바람에 날린 먼지·황사 등 천연 먼지가 공기와 섞이면서 발생하기도 한다. 도시나 공업 지대 등에서는 공장이나 주택 등으로부터 나오는 연기나 자동차의 배기가스 등 인간 활동에 따라 발생하는 인공 오염 물질을 포함하는 경우가 많다. 특히 연무를 구성하는 입자들은 1㎛[759] 이하로 최대 18㎛인 황사보다 훨씬 작아 폐의 가장 깊은 곳까지 침투해 건강에 더욱 위험한 살殺이다. 연무는 일 년 내내 일어날 수 있다. 따라서 수증기로 인해 봄, 가을, 일교차가 심할 때 나타나는 안개로 착각하면 안 된다. 연무를 일부 풍수술사들은 기氣의 증표라고 하면서 연무가 끼는 땅을 길지吉地라고 하는 경우가 있는데 이는 매우 흉한 것으로 주택입지로는 부적합하다.

7) 세분살細坌殺 −미세먼지 살

'조용한 살인자'로 불리는 미세먼지[760]는 여러 가지 복합 성분을 가진 대기 중 부유 물질이다. 대부분 자동차의 배기가스, 도로 주행과정에서 발생하는 먼지에서 발생한다. 입자의 크기와 화학적 조성이 건강에 영향을 끼치고 결정한다. 미세먼지의 노출은 호흡기 및 심혈관계질환의 발생과 관련이 있으며 사망률도 증가시키는 것으로 보고 되고 있다. 특히, 크기가 10마이크로미터 이하의 작은 먼지 입자들은 폐와 혈중으로 유입될 수 있기 때문에 큰 위협이 된다. 지름이 10마이크로미터보다 작고, 2.5마이크로미터보다 큰 입자를 미세먼지라고 부르며 주로 도로변이나 산업단지 등에서 발생한다. 지름이 2.5마이크로미터 이하의 입자는 초미

759) 마이크로미터=m의 백만분의 1의 크기이다. 공기 속에 입자상물질(고체나 액체상태)이 부유하고 있는 상태를 일반적으로 에어로졸(Aerosol)이라 한다. 통상적으로 먼지라 말하고 있다.

760) 미세먼지에 대한 분류는 다음과 같다. PM-10 (Particulate Matter Less than 10㎛): 입자의 크기가 10㎛ 이하인 먼지를 말한다. 국가에서 환경기준으로 연평균 50㎍/㎥, 24시간 평균 100㎍/㎥를 기준으로 하고 있다. 인체의 폐포까지 침투하여 각종 호흡기 질환의 직접적인 원인이 되며, 인체의 면역 기능을 악화시킨다. PM-2.5 (Particulate Matter Less than 2.5㎛): 입자의 크기가 2.5㎛ 이하인 먼지를 말한다. 이것을 초미세먼지라고 한다. 입자의 크기가 작을수록 건강에 미치는 영향이 크다는 결과에 따라 선진국에서 미세입자에 대한 기준을 90년대 후반부터 도입하기 시작했다.

세먼지라고 하며 담배 연기나 연료의 연소 시에 생성된다. 입자의 성분이 인체의 독성에 중요한 역할을 하는데, 주로 연소 입자인 탄소, 유기 탄화수소, 질산염, 황산염, 유해금속 성분 등으로 구성되어 있다. 이들은 크기가 매우 작아서 코와 기도를 거쳐 기도 깊숙한 폐포에 도달할 수 있으며, 크기가 작을수록 폐포를 직접 통과해서 혈액을 통해 전신全身적인 순환을 할 수 있다.

미세먼지로 인한 몸의 증상은 급성 노출 시에는 기도의 자극으로 인한 기침과 호흡 곤란이 발생하며, 천식이 악화되고 부정맥이 발생한다. 만성 노출 시에는 폐기능이 감소하고 만성기관지염이 증가하며 사망률을 높일 수 있다. 특히, 심장이나 폐질환자, 노약자, 임산부는 미세먼지 노출에 의한 영향이 더 크며, 심지어 건강한 성인도 높은 농도에 노출되면 일시적으로 이런 증상들을 경험하게 된다. 이러한 증상들은 주로 미세먼지에 의해 기관지에 염증 반응이 유발됨으로써 발생한다. 또한 기도와 폐에서 박테리아를 불활성화하거나 제거하는 인체의 방어 작용을 방해함으로써 호흡기계 감염을 초래하게 한다.

미국의 일리노이 지역 거주 노인을 대상으로 한 연구에서 미세먼지 농도가 $10ug/m^2$ 증가할 때 심근경색이 있었던 사람은 2.7배, 당뇨병을 가진 사람은 2.0배 사망률이 증가하는 것으로 조사되었고, 우리 나라 연구에서는 심부전환자의 사망위험이 약 2.5배 높았다. 또한 미세먼지에 노출된 어린이의 경우 호흡기계 질환으로 인한 사망률이 증가하였으며, 폐기능이 발달하는 시기에 호흡기가 이런 위험물질에 노출되면 성인이 되어서도 폐 기능에 영향을 주게 된다. 캘리포니아 지역의 학생을 추적 관찰한 결과 이런 오염 물질에 장기간 노출된 어린이는 성인이 되었을 때 폐기능이 낮을 가능성이 4.9배나 높았다. 대기오염이 기준치 이하로 유지되어도 민감한 어린이에게는 더 심각한 영향을 줄 수 있다. 이와 같은 연구 결과에 따라 풍수에서 말하는 친환경적 청정지역의 중요성이 크게 주목받고 있다. 또한 가임기 여성에게 미세먼지의 노출은 재태기간在胎期間[761]에 비해 작은 체중아의 출산과 관련성이 보고 되었고, 2.5마이

761) 임상적으로 최종월경의 제1일째를 임신0일로 해서 아이의 만출에 이르기 까지의 자궁내환경에서 발달하는 기간을 이르며 아래와 같이 분류한다. 임신24주미만에 아이가 만출되는 경우를 유산이라 하는데, 임신12주가지는 많은 경우 염색체이상에 기인한 유전적인 태아사망의 상태이며, 임신의 생물학적 소모라는 의미에서 논의할 경우, 12주에서 24주미만인 경우가 많다. 임신24주에서 36주 6일에 아이만출에 이르는 경우를 조산, 임신37주에서 41주 6일까지를 정상(만)기간이라 한다. 임신42주이후에서는 태반의 퇴행변성이 두드러지는 시기로 태아의 생활환경 악화가 엿보인다.

크로미터보다 작은 초미세먼지의 노출은 저출생 체중아, 조산아早產兒, 재태기간에 비해 작은 체중아를 출산하는 것과 관련이 있다. 미세먼지와 황사와의 다른 점을 보면, 황사나 스모그는 미세먼지 농도에 영향을 끼쳐, 고농도 발생 시 시정(visibility)을 악화시켜 대기가 뿌옇게 보이고, 호흡기에 악영향을 끼치는 것으로 알려져 있다. 하지만 황사가 중국 몽골의 건조지대에서 강한 바람에 의해 높은 대기로 불어 올라간 흙먼지가 바람을 타고 이동해 지상으로 떨어지는 자연 현상인 반면, 고농도의 미세먼지 발생은 자동차·공장·가정 등에서 사용하는 화석연료 사용으로 배출된 인위적 오염물질이 주요 원인이 된다. 특히 중국은 석탄 의존도가 70% 가량[762]으로, 그 사용이 증가하는 겨울철에 안개와 미세먼지·황산화물·질소산화물 등의 대기오염물질이 혼합되어 안개 낀 것처럼 뿌옇

762) 중국통계연보, 2011

763) 한국환경정책평가연구원 조승헌 박사팀의 연구결과에 따르면, 미세먼지를 10~30% 감축하면 수도권의 관련 질환 사망자 수가 해마다 40~120명 줄어들고 심장 및 호흡기질환 건수는 연간 2800~8300건 줄일 수 있는 것으로 전망했다. 또 심장 및 호흡기계통 질환과 관련된 의료비용 등을 토대로 미세먼지 감축으로 인한 이익을 계산한 결과 연간 80억~1200억원에 이르는 것으로 풀이했다.

세분실細殺로 인한 질병과 내용 ▶

질병과 내용		
질병	천식	사람의 폐포까지 깊숙히 침투해 기관지와 폐에 쌓인 미세먼지는 각종 호흡기질환의 원인이 되며 몸의 면역 기능을 떨어뜨린다. 천식과 호흡곤란을 일으키고 장거리 이동으로 비 또는 눈 속의 중금속 농도를 증가시키기도 한다. 또한 대기 중에 부유하면서 빛을 흡수, 산란시키기 때문에 시야를 악화시키기도 한다. 식물의 잎 표면에 쌓여 광합성 동화작용, 호흡작용과 증산작용 등을 저해하여 식물 성장에도 나쁜 영향을 미친다.[763]
	두통	무연탄을 태울 때 나오는 신경계 독성물질인 납이나 비소, 아연 등 유해 중금속 농도가 높은 미세먼지를 마시면 멀쩡하던 사람도 기침하게 되고 목이 아프고, 피부 트러블을 일으키기도 한다. 호흡곤란이나 두통도 생긴다.
	혈관	대부분의 미세먼지가 치명적이지만 그중에서도 황산이온이나 질산이온 등은 황사 속 먼지와 흡착되면서 산화물로 변해 호흡과 함께 폐로 들어가게 된다. 이 물질이 폐로 들어가면 염증을 일으키는데, 기관지염이나 천식, 만성폐쇄성폐질환(COPD)이 대표적이다. 이런 물질들은 백혈구를 자극해 혈관벽에도 염증을 일으킬 수 있다. 이렇게 되면 전형적인 혈관질환인 동맥경화, 뇌경색, 심근경색 등을 유발할 수 있다.
	아토피	모공보다 더 작은 초미세먼지는 모공으로 침투해 아토피 등 피부염의 원인이 되기 때문에 여드름이 있거나 아토피가 있는 사람들 역시 황사가 온다는 예보에는 야외활동을 자제하는 것이 좋다.
	인슐린 저항성	대기오염 미세먼지의 주성분인 다환방향족탄화수소(PAH)가 노인층, 특히 과체중 노년여성의 인슐린 저항성을 높인다는 연구 결과가 나왔다. 인슐린 저항성(IR)은 혈당을 낮추는 인슐린의 기능이 떨어져 세포가 포도당을 효과적으로 연소하지 못하는 것으로 인슐린 저항성이 높으면 인체는 혈당을 효과적으로 사용하지 못해 대사증후군은 물론 심장병·당뇨병 등까지 초래할 수 있다.

게 되는 스모그 현상을 초래하고 이는 서풍 또는 북서풍을 타고 날아와 우리 나라에서 배출된 오염물질과 함께 혼합·축적되어 미세먼지 농도가 높아지는 현상을 유발한다.[764]

태아와 미세먼지에 관한 연구 결과 미세먼지 농도가 $10\mu g/m^3$ 올라가면 저체중아 출산 위험이 5.2%에서 7.4%까지 높아지고, 임신 4~9개월 사이의 사산 위험도 8.0~13.8%까지 올라가는 것으로 조사됐다.[765] 또다른 연구에서 미세먼지(PM10, 직경이 $10\mu m$ 이하의 먼지) 농도가 저체중아 출산 및 사산, 기형아 발생과 밀접한 관계가 있는 것으로 조사됐다.[766] 미국의 한 대학병원이 아동 1천 7백 명을 조사한 연구를 보면, 미세먼지 농도가 짙은 지역에서 태어난 아이들은 그렇지 않은 지역에서 태어난 아이들보다 폐활량이 정상의 80%에 못 미치는 '폐 기능장애'를 겪을 가능성이 커지는 것으로 조사됐다. 미세먼지와 아동과의 관련성도 먼지 퇴적률이 아주 높고 살충제의 오염도가 심한 지역의 경우 어린이들의 폐활량 등 폐기능이 현저히 낮다.[767]

세분살에 대한 대책으로 미세먼지 농도가 높을 때에는 호흡기나 심혈관 질환자, 아이와 노인, 임산부는 외출을 자제해야 한다. 흡입되는 미세먼지는 활동의 강도와 기간에 비례하기 때문에 건강한 성인은 과격한 실외 활동을 최소화 하는 것이 좋으며, 대개 도로변이 미세먼지 농도가 더 높기 때문에 도로변에서 운동하지 않도록 한다. 또한 실외 활동 시에 황사마스크를 착용하고, 불가피한 외출 후에는 코와 손을 잘 씻는 것이 좋으며, 창문을 열어 두면 외부에서 유입된 미세먼지로 실내의 미세먼지 농도가 증가하기 때문에 창문을 닫아야 한다. 에어필터나 공기청정기가 도움이 될 수 있으나 실내에서 흡연, 촛불을 켜는 것은 미세먼지 농도를 높이는 것이므로 피해야 한다.

8) 소음살騷音殺

일반적으로 소음이란 시끄러워서 불쾌함을 느끼게 만드는 소리를 말한다. 인간은 각자의 신체·정신·심리적인 현재의 상태라든가 주위 환경

764) 미세먼지와 노인과의 관련성을 보면, 2009년 국립환경과학원과 인하대 연구팀의 미세먼지와 사망률 연구 결과, 서울에서 미세먼지(PM10) 농도가 ㎥당 10㎍(100만분의 1g) 증가할 때마다 65살 이상 노인 등 대기오염에 민감한 집단의 사망률은 0.4%씩 증가하는 것으로 파악했다. 초미세먼지(PM2.5)의 영향은 더 커서 10㎍/㎥ 증가할 때마다 민감집단의 사망률은 1.1% 늘어나는 것으로 추정했다.

765) 이화여대 의대 하은희 교수팀의 연구.

766) 2009년 양산부산대병원 산업의학 전문의, 대기과학 및 지리정보시스템 전문가들이 공동으로 연구를 진행한 결과.

767) 국경없는의사회(MSF)의 1998년 투르크멘의 아랄해 인접지역 조사 결과와 2000~2001년 카라칼파크 지역의 먼지와 호흡기질환의 상관관계 조사.

에 따라서 어떠한 소리든 소음으로 받아들일 수 있다. 이는 개인의 주관적인 감각에 의한 것으로서 어떤 사람에게는 좋은 소리로 들리더라도 다른 사람에게는 소음이 될 수 있다. 이와 같이 소음은 주관적인 요인을 많이 가지고 있다. 일반적으로 커다란 소리, 불협화음, 높은 주파수의 음音 등이 소음으로 분류될 수 있지만 구체적으로 어떤 것을 소음으로 느끼느냐 하는 것은 개인의 심리 상태에 따라서 다르다. 소음의 발생 원인은 주로 자동차, 철도, 비행기와 같은 교통수단의 이동에서 나오는 소음이나 공장에서 나는 기계음 등이 있다. 최근에는 아파트 생활이 늘어남에 따라 가정에서 사용하는 TV, 오디오, 피아노, 세탁기, 층간소음 등이 유발하는 생활소음과 유흥업소의 심야상업 소음, 종교단체나 공공기관의 행사소음 등이 큰 문제가 되고 있다.

물리적인 소음의 성질을 살펴보면, 소음도 일종의 소리이기 때문에 공기의 진동을 통하여 전달되는 파동이 귀에 있는 고막을 자극하는 방식으로 인간은 소음을 느끼게 된다. 이러한 파동은 공기 압력이 변화됨으로써 고막을 울린다.[768] 인간이 느끼는 소리에 대한 감각 수준 단위는 데시벨(dB)이다. 또한, 인간은 그 청각 구조의 특성상 주파수가 1,000Hz 정도인 음을 가장 큰 소리로 느끼고 100Hz 정도인 저음을 가장 작은 소리로 듣게 된다. 인간이 음을 듣는 데는 이러한 특징이 있기 때문에, 인간이 불쾌함을 느끼는 소음을 측정할 때 단순히 dB 단위를 사용해서는 정확히 그 크기를 반영할 수 없다. 때문에 소음을 측정할 때는 인간이 주로 들을 수 있는 주파수 특성을 보완한 단위인 dB(A)를 사용한다. 일반적으로 50dB(A) 정도를 전후로 해서 그 이상의 음이 발생하면 소음으로 간주한다. 하지만 낮과 밤의 차이, 주거지역과 상업지역 같은 지역 차이에 의해 소음 기준은 달라지며 개인의 심리 상태에 따라서도 더욱 달라질 수 있다.

건강에 미치는 영향과 대책에서 소음이 가장 큰 영향을 미치는 부분은 바로 청각에 대한 영향이다. 기본적으로 오랜 시간 동안 큰 소리에 노출되면 청각은 계속 나빠져서, 심할 경우에는 듣는 능력에 장애가 올

768) 일반적으로 인간이 느낄 수 있는 가장 작은 압력은 0.00002N/㎡이다.

수 있다. 특히 70dB(A) 이상 정도 되는 급작스런 소음의 경우에는 심장 질환을 유발할 수도 있다. 심장이 좋지 않은 사람은 특히 주의해야 하는 부분이다. 이러한 직접적인 영향 이외에도 사람에게 정신적인 스트레스를 지속적으로 주는 부분이 현재 큰 문제로 떠오르고 있다. 하지만 이러한 간접적인 영향에 대해서는 아직 연구가 많이 진행되어 있지 않다. 그래서 현재는 대부분 국가에서 소음 규제에 대한 법률을 마련하여 소음을 규제하고 있지만, 객관적으로 판정하기 어렵다는 이유로 많은 경우 이러한 법률이 유효하게 작용하지 않는다. 그래서 아직까지는 개인이 귀마개를 하는 등 개별적인 대책이 더 빈번하게 사용되고 있으나 그 효과는 미지수다.

소음은 단기적 또는 장기적으로 신체적, 심리적 장애를 일으키며 생활환경을 악화시킨다. 신체적으로는 심장 박동수가 점차 감소하거나 말초 혈관이 수축된다. 호흡 속도가 감소하면서 호흡이 느려진다. 동맥 장애와 스트레스를 받는 등의 영향이 있다. 심리적 영향으로는 회화 장애 ·수면 장애 및 단순한 짜증과 불쾌감 등을 유발하고, 정서 불안과 스트레스 증가는 생리적 장애로 발전하기 쉬우며, 동일한 소음이라도 연속적인 소음보다는 단속적인 충격음이 더 큰 피해를 준다. 아울러 작업 능률을 저하시키는 한편, 건물이나 가구 등을 손상시키기도 한다.

일반적으로 나누는 대화는 약 60dB, 지하철 안이나 시끄러운 공장 내에서는 80~90dB정도이다. 보통 85dB을 넘어가면 불쾌감이 생기기 시작하고 130dB이상이 되면 귀에 통증이 오며 심하면 고막이 파열되기도 한다.

소음은 일시적인 대책으로 어느 정도까지는 줄일 수 있지만 근원적으로 해결하기 위해서는 소음 배출 시설을 주거 외곽 지역으로 이전하고, 새로 건설하는 도로에는 충분한 소음 대비 시설을 하여야 한다. 아울러 소음이 생활에 여러 가지 면에서 나쁜 영향을 미치므로 정부에서는 이러한 소음을 규제하기 위하여 소음 환경 기준을 정하여 시행하고 있다. 이

기준에 따라 공장·자동차의 소음이 규제되고, 소음을 발생시키는 곳에는 소음 방지 시설을 갖추도록 하고 있다. 소음을 줄이기 위해서는 일반 주택에서는 이중창과 커튼을 설치하여 소음을 줄일 수 있는 비보적 방법을 모색해야 한다. 대형 건물의 콘크리트 바닥에는 카펫을 깔아 걷는 사람의 발자국 소리를 줄이고 있다. 또한 차량 통행이 심한 도로나 철로 주변에서는 방음벽을 설치하여 소음을 줄인다. 그리고 주거 밀집 지역에서는 차의 속도를 제한하고 공장에서는 기계를 적절히 배치하는 등의 방법을 이용하고 있다. 건물안에서 문제되는 소음을 컨트롤하는 방법으로 크게 4가지가 있다. 첫째는 건물의 계획計劃에 관한 것으로서 배치계획配置計劃이나 평면계획平面計劃에 의한 방법, 둘째는 소음의 발생원發生源을 컨트롤(control)하는 것, 셋째는 차음遮音을 실시하는 것, 넷째가 흡음吸音하는 방법이다.

소음공해는 비록 단기간에 삶을 위협하거나 생태계를 파괴하는 환경 문제는 아니지만 사람의 정서나 심리에 작용하여 집중력을 잃거나 짜증나게 하는 원인이 되기도 한다. 특히 심각해지는 교통문제와 더불어 주민들에게는 자동차나 항공기 소음이 큰 문제가 되며, 가정용 기계의 소음도 상당한 불편을 주기 때문에 삶의 질을 해치고 있다. 특히 학교 주변의 소음은 수업에 매우 큰 영향을 미치기에 제한되어야 한다. 건물은 다른 어떤 생산물보다 외부공해에 더 책임이 있다. 선진국에서 매년 에너지 사용으로 인하여 유발되는 온실효과의 약 절반이 건물과 연관되어 있으며 다른 환경문제에도 직접적인 관련이 있다. 산성비를 내리게 하고 오존층의 감소를 가져오는 직접적인 원인이 건물에 있는 것이다. 지역 환경에도 건물이 끼치는 영향은 부정적이다. 건물은 서식지를 파괴하고 공해를 배출하고 토양을 오염시키고 경관을 손상시킨다. 그러므로 건물을 디자인하는 방법은 매우 중요하다. 건물을 개축할 것인지, 신축할 것인지와 관계없이 건축가와 디자이너들은 계획의 초기 단계에서부터 참여하여 그 건물이 환경에 미치는 영향을 직접 통제하는 것이 바람직하다. 이것은 매우 중요한 문제로, 환경기준은 빨리 세울수록 좋다.

건축가나 디자이너는 건물의 에너지 효율을 높이고 인간의 건강에도 좋은 영향을 줄 수 있도록 주거환경 개선에 결정적인 역할을 한다.[769] 주택은 인간과 마찬가지로 일정한 통제와 규제 기능을 가진 살아있는 유기체에 비유된다. 즉 편안하고 안락하게 살아갈 수 있도록 조화롭고 균형잡힌, 자체 통제력이 가능한 주거 · 업무환경을 창조하는 것이 목표이다.

층간소음層間騷音이란 다세대주택이나 아파트 등의 한 층에서 발생한 소리가 다른 층 가구에 전달되는 소음을 말한다.[770] 과거 단독주택 위주의 생활에서 아파트 등 공동주택으로 주거 환경이 일반화되면서 문제가 나타나기 시작했다.[771] 최근 층간소음으로 인한 살인사건 등이 발생하면서 이웃 간 분쟁을 완화시키고 피해를 줄이기 위해 관련 기관에서도 노력을 하고 있다.

환경부 '중앙환경분쟁조정위원회'는 층간소음 피해 기준을 '낮 55데시벨(dB), 밤 45dB 이상'에서 '낮 40dB, 밤 30dB 이상'으로 조정했고, '주택건설기준 등에 관한 규정'이 개정돼 2014년 5월 7일부터 공공주택의 바닥구조 기준과 바닥 충격음 차단성능 기준이 강화되었다. 층간소음의 문제는 아파트 자체의 구조적 결함이나 방음시설 미비 등으로도 발생할 수 있다. 이에 주택법령에서는 아파트를 건설하는 사업 주체가 지켜야 할 바닥충격음 기준 등을 정하고 있다. 층간소음의 피해를 당한 입주자는 환경분쟁조정위원회에 알선·조정·재정을 신청하거나 법원에 소송을 제기해 아파트 시공자의 과실이 드러나면 일정한 보상을 받을 수 있다.

소음공해는 대기오염이나 수질오염과는 달리 감각적 공해라는 것이 특징이다. 공장에 설치되는 시설은 한번 설치되면 반영구적으로 사용하게 되므로 공장소음은 인근지역에 지속적으로 피해를 줄 수 있다. 교통소음은 그 배출원이 자동차, 기차 등으로서 발생 소음도가 매우 클 뿐 아니라 그 피해지역도 광범위하다. 특히 자동차는 차량보유 대수가 급격히 증가하는데 반해 도로여건은 부족하고 운전자의 소양도 부족해서 더욱 심각해지고 있어 대도시 소음원으로서 가장 중요한 위치를 차지하고

769) 1970년대 중반 독일에서 비롯된 운동인 바우비올로기(baubiologie)는 직역하면 '건물 생물학'이라는 의미로서 건축의 신개념으로 알려졌다. 안톤 슈나이더(Anton Schneiderd) 교수에 의하여 제창된 바우비올로기는 환경에 최소한으로 영향을 미치는 재료를 사용하여 육체적으로나 정신적으로 도움이 될 만한 건강한 환경을 가진 건물을 디자인하겠다는 목적을 갖는다.

770) 주택법 제44조 제1항 및 주택법 시행령 제57조 제1항 제21호에서는 아파트의 층간소음을 아이들이 뛰는 소리, 문을 닫는 소리, 애완견이 짖는 소리, 늦은 시간이나 이른 시간에 세탁기 · 청소기 · 운동기구 등을 사용하는 소리, 화장실과 부엌에서 물을 내리는 소리 등으로 정의하고 있다.

771) 입주자 사이에 층간소음에 관한 분쟁이 발생한 경우에는 아파트 경비실에 신고하거나, 공동주택관리규약에 따른 조처를 할 수 있으며, 관할 경찰서에 인근 소란 등의 죄로 신고할 수도 있다.

있다. 최근 인구증가와 더불어 도시화, 산업화 등에 따라 생활소음 배출원 수는 급격히 증가하고 있다.

　자동차 소음의 특성은 대책에 의한 소음 저하가 어렵고 생활에 밀착된 소음이다. 통상 측정된 소음의 정도를 살펴보면 주 간선도로변에서는 80dB 내외이다. 철도소음은 간헐적이고 열차 통과 중의 소음 레벨은 대개 일정하다. 항공기소음 피해는 항공기의 운항항로 신설 및 운항회수의 급격한 증가에 따라 사회적인 문제로 대두되고 있다. 항공소음 대책지역772)은 장래의 항공수요를 감안한 예상 소음영향도를 기준으로 제1종 구역, 제2종 구역 및 제3종 구역으로 구분하여 지정·고시하고, 제3종 구역은 예상 소음영향도에 따라 다시 세분할 수 있다.773) 소음대책지역에서는 공항소음피해 확산을 방지하기 위하여 구역별로 시설물의 설치 및 용도를 제한하고 있으며, 방음시설 설치 등 일정한 조건을 충족하는 경우에는 시설물의 설치가 허용된다.

9) 황사살黃砂殺

　황사현상이란 것은 우리 나라의 4계절 중에서 봄철에 자주 일어나는 특이한 기상현상으로 강한 흙먼지가 며칠 동안 상층 바람을 타고 공기 중에 누런 먼지나 모래로 떠다니는 것을 말한다. 이러한 황사현상은 멀리는 몽고에서, 가까이는 중국의 건조한 황토지역에서 발생한 먼지가 건조한 계절적인 영향으로 바람을 타고 우리 나라에까지 온다. 황사에는 마그네슘·규소·알루미늄·철·칼륨·칼슘 같은 산화물이 포함되어 있다. 황사가 발생하면 미세먼지 농도는 $100 \sim 500$ ㎍/㎥으로 증가한다.774) 황사는 우토雨土 또는 토우土雨라 불리며 발원지는 중국과 몽골의 경계에 걸친 드넓은 건조 지역과 그 주변에 있는 반 건조 지역이다. 갈수록 이 보다 훨씬 동쪽에 위치한 내몽골 고원 부근에서 황사가 발원하고 있을 뿐 아니라, 중국의 급격한 산업 발전 이면에 도사리고 있는 광범위한 사막화로 인해 향후 더욱 심하고 오래 지속되는 황사가 발생하여 우리 나라에 영향을 끼칠 것이다.775)

772) 공항소음피해가 있는 지역으로서 공항소음대책사업과 주민지원사업 등을 추진하기 위하여 국토해양부장관이 「공항소음 방지 및 소음대책지역 지원에 관한 법률」에 따라 지정·고시한 지역을 말한다.

773) ① 제1종 구역 : 소음영향도(WECPNL) 95 이상 ② 제2종 구역 : 소음영향도(WECPNL) 90 이상 95 미만 ③ 제3종 구역 : 소음영향도(WECPNL) 75 이상 90 미만. ·가 지구 : 소음영향도(WECPNL) 85 이상 90 미만 ·나 지구 : 소음영향도(WECPNL) 80 이상 85 미만 ·다 지구 : 소음영향도(WECPNL) 75 이상 80 미만

774) 평상시 먼지농도는 10~50 ㎍/㎥이다.

775) 실제로 기상청에서 발표한 연도별 황사 관측 일수를 보면, 1990-1999년까지 70일이었던 것에 반해, 2000-2009년까지 118일을 기록하였다.

776) 우리나라와 중국, 일본 등은 황사 문제에 대처하기 위해 공동으로 노력하고 있으며, 우리나라의 NGO에서는 황사 발생 지역에 나무심기 등의 활동을 하고 있다. 중국의 황토 지대에서는 황사를 막기 위한 노력이 꾸준히 이어지고 있다.

777) 1998년과 1999년의 황사 발생 횟수는 3회였고 그 이전에도 1년에 3~4회에 불과했으나, 2000년에는 6회(10일)로 늘어난 데 이어 2001년에는 7회(27일)나 나타났다. 2002년 3월 21일에는 시정이 1~3㎞ 정도의 재해성에 가까운 황사 때문에 큰 혼란을 겪기도 했다. 이 황사로 항공기가 결항하고, 유치원과 초·중·고교가 휴교를 하고, 사람들이 호흡기 계통의 질병을 호소하는 등 심각한 후유증을 앓았다. 1971년 이후 20년간 서울의 황사 발생 건수는 총 169일(8.4회/년)이었으나, 1991~2001년에는 105일(9.5회/년)로 증가하였고 결국 황사가 매년 늘어나는 추세이다.

778) 타클라마칸, 바다인자단, 텐겔, 오르도스, 고비지역, 만주 지역

779) 이런 중국의 서북 건조지역은 연강수량이 400㎜ 이하(우리나라의 연강수량은 약 1100~1700㎜)이고 사막이 대부분이어서 모래먼지가 많이 발생한다. 발원지에서 배출되는 먼지 중 보통 30%가 발원지에 다시 가라앉고, 20%는 주변지역으로 수송되며, 50%는 장거리까지 수송돼 한국, 일본, 태평양 등에 침전된다.

780) 1998년 4월

우리 나라에 누런 먼지를 날려 보내는 고비 사막은 알타이 산맥 동단에서 싱안링 산맥 서쪽 기슭에 걸친 동서 1,600㎞, 남북 500~1,000㎞의 범위로 알려져 있다. '고비'란 몽골어로 '풀이 잘 자라지 않는 거친 땅'으로 이 지역의 암석에 모래가 섞여 있음을 알 수 있다. 최근 우리 나라에 나타나는 황사의 강도가 점점 더 세지고 있다. 이는 지구 온난화와도 관련이 있어 황사의 강도는 더 세질 수 있다.776) 삼국 시대에도 '흙 비' 또는 '붉은색 비'가 내렸다는 기록이 나타나는 것으로 보아 황사의 역사는 꽤 오래된 듯하다.777) 황사는 저기압이 강한 봄철에 자주 발생하는데, 토사가 저기압에 의하여 지상으로부터 4~5㎞ 상공까지 상승한 후 강한 고층 기류에 의해 먼 지역까지 확산되는 현상으로, 편서풍에 의해 아시아 대륙으로부터 수송되어 우리 나라에서는 3월부터 5월까지의 기간 중에 관측되고 있다. 우리 나라에 영향을 미치는 황사의 주요 발원지는 중국과 몽골의 사막지대778)와 황하중류의 황토지대이다.779)

황사는 특히 한랭전선이 통과하고 난 후 더욱 뚜렷하게 나타난다. 이때 태양은 빛을 잃어 뿌옇게 보이고, 시정이 1~2㎞로 악화되며, 노출된 지면이나 농작물에 흙먼지가 쌓이기도 한다. 여름이나 가을에는 비와 식물의 뿌리가 모래를 붙잡고 있는 역할을 한다. 하지만 봄에는 겨울 내내 얼어있던 건조한 토양이 녹으면서 잘게 부서져 크기 20㎛ 이하의 작은 모래먼지가 발생한다. 이렇게 발생한 모래먼지 위에 저기압이 지나가면 강한 상승기류에 의해 3천~5천m의 높은 상공으로 올라간 뒤 초속 30m 정도의 편서풍과 제트기류를 타고 이동을 한다. 이후 풍속이 느려지는 한국과 일본에서는 하강하고, 간혹 미국780)까지도 이동하기도 한다. 발원지에서 한반도까지 오는 데 걸리는 시간은 2~3일 정도이다.

황사현상은 계절적으로 공기가 매우 건조하고 일교차가 심하기 때문에 우리 몸이 외부의 변화에 적절히 대항할 만큼 저항력을 갖지 못하여 감기 등 호흡기질환이 발생할 위험성이 높다. 또한 봄철에는 꽃가루 등이 많이 날리기 때문에 알레르기 질환이 발생할 위험성도 역시 높고, 이러한 계절적인 영향으로 미세먼지나 혹은 자동차 매연에 의한 대기오염

781) 기관지는 우리가 호흡을 할 때 흡입된 공기를 전달하는 나뭇가지 모양으로 되어 있는 기관이다. 기관지중에서 말초부위에 있는 세기관지는 허파꽈리라고 하는 폐포와 함께 산소를 받아들이고, 탄산가스를 배출하는 가스교환 기능을 한다. 그런데 이러한 기관지에 바이러스 혹은 여러 가지 원인에 의해서 급성 염증이 발생하여 상당 기간 기침, 가래, 그리고 심한 경우에는 호흡곤란을 일으키는 질병을 기관지염이라고 한다. 따라서 객담을 동반하는 기침이 1년에 3개월 이상 2년 연속적으로 나타날 때 이러한 임상증상을 기준으로 만성기관지염이라고 진단한다.

782) 안과질환, 코와 인두에 염증, 기관지염, 기관지천식, 해소천식(만성폐쇄성폐질환)

783) 한국환경정책평가연구원의 2005년 발표

의 악화와 함께 호흡기질환을 일으킬 가능성이 많다.

황사는 많은 흙먼지와 유해물질을 포함하고 있는데, 이중에서 입자가 굵은 흙먼지는 우선 눈에 들어가서 안과질환을 일으키고, 또한 코와 인두에 염증을 일으키기도 하며, 입자가 작은 흙먼지는 기관지로 들어가서 기관지염[781]을 일으킨다. 따라서 이러한 황사현상은 우리 나라의 대기오염과 황사현상이 발생하는 환절기의 대기상태 등과 연관되어서 호흡기질환을 일으키거나 혹은 악화시킬 수 있으므로 주거환경과 관련하여 황사 또한 중요한 환경요소 가운데 하나이다.[782]

그 이유는 일교차에 의해서 밤에 기온이 내려가는 것 때문에 기관지가 차가워져서 기관지의 예민도가 증가되고, 수면 중에는 가래의 배출이 잘되지 않으며, 위胃의 내용물이 수면 중에 기도氣道로 흡인이 되기도 하고, 누운 상태에서는 기관지의 굵기가 좁아지는 것 등이 그 원인으로 알려져 있다.

황사의 범위와 발원지 ▶

질병에 따른 피해와 대처방안 ▼

인적 피해와 대처방안	질병	안과질환(특히 결막염), 코와 인두에 염증, 기관지염, 기관지천식, 해소천식 (만성폐쇄성폐질환), 알레르기성 비염이나 피부염 및 결막염
	사망	한해 180만 명 남짓의 인구가 황사로 인해 병원 치료를 받고 있고, 이중 165명이 사망. 화폐 단위로 환산할 경우 최대 7조원에 이른다.[783]
	대처 방안	외출삼가, 황사와의 접촉최소화, 황사 주택내 유입차단, 남동쪽 문과 창을 통한 환기, 녹색 식물조성, 정화기나 음이온 발생기, 공기정화, 실내 적정 습도를 유지, 외출 시 긴 소매 옷 착용, 마스크를 착용, 외출 후 몸과 얼굴 세정, 충분한 영양 섭취, 적절한 수면과 운동, 몸과 마음의 안정 등이다.[784]
물적 피해		시정을 단축, 의복과 건물, 농작물이나 활엽수의 기공을 막는 생육장애, 항공교통, 지상교통, 반도체, 반도체와 같은 정밀전자산업, 도로를 사용하는 조선 산업, 정밀기계에 피해를 준다.[785]
유익		산림의 송충이 피해와 적조(赤潮)현상 감소, 병원, 약국, 공기청정기 업체, 홈쇼핑 업체, 안경 달린 모자, 커버가 부착된 유모차, 삼겹살 전문점 호황, 미량의 탄산칼슘에 의한 토양의 생성

10) 조습살燥濕殺

조습살이란 태양에 의한 열로 뜨거운 대기에 의해 지형이 건조乾燥하므로써 발생되는살殺을 의미한다. 조습에서의 조燥는 건조하다는 의미로 지형과 인간에게 미치는 나쁜 영향[786]과, 반대로 습기에 의한 땅이 음습陰濕함으로써 인간에게 질병과 재산의 손실을 안겨주는[787] 악조건의 자연환경을 말한다. 그러므로 조습살이란 건기살과 습기살을 아우르는 개념이다.

건조지대란 내리는 물[788]보다 증발하는 물이 많아 땅이 메마르고 식물이 자라기 어려운 지대를 말하며, 사막·스텝[789] 등의 건조기후를 이루고 있다. 풍수지리지 『청오경』에서 말하는 7부장不葬 중 동산童山과 같은 지형을 말한다. 중위도 고압대가 발달하는 대륙의 서쪽, 중앙아시아와 같은 대륙의 내륙부, 파타고니아 등 대산맥의 풍하지역風下地域에 분포하여 바다로부터의 습한 바람이 거의 미치지 못하는 지대이며, 세계적으로 보면 남북 양반구의 중위도를 대상帶狀으로 둘러싸고 있다.[790] 건조지역에서는 강우가 적기 때문에 영구하천은 거의 없는 상태이며, 특히 사막에서는 일시적인 강우에 의해서 생기는 하천인 와디(wadi)라고 불리는 건천乾川에 물이 흐르더라도 중간에 메말라버려 하천을 이루지 못하는 무미천無尾川을 이루어 해안까지 이르지 못하고, 광대한 내부유역이 형성된다. 또 물에 의한 침식작용이 적기 때문에 크고 작은 내륙분지가 발달하기 쉬운 것이 지형상의 특징이기도 하다. 따라서 건조지형에서 흔히 볼 수 있는 것은 바르칸(Barchan)이라고 불리는 말굽형의 사구군砂丘群이며, 사막도 모래사막·자갈사막·암석사막 등으로 분류된다. 건조지역의 생활은 농업과 유목에 의존했으나, 고대부터 중세 말까지 오아시스와 오아시스를 연결했던 대상로隊商路나 실크로드는 육로의 중심지가 되어 세계 문명을 용이하게 받아들였으며, 그리스도교나 이슬람교 등 세계 종교도 이와 같은 악조건의 자연환경 지역에서 발상發祥하였다.

건조지역의 농업은 오아시스나 외래하천外來河川에 의하여 관개가 가능한 지역에 한정되었으나, 일사량이 충분하여 물만 있으면 경작은 용

784) 황사와 황사 속 중금속 피해를 줄이는 요령으로 삼겹살 먹기, 봄나물 요리 등이 추천되고 있지만, 이에 대한 과학적 근거는 없다.

785) 건설현장마다 인부들의 결근율이 30%에 달했다 반도체 원료인 실리콘 웨이퍼를 생산하는 사업체는 생산 공장의 공기정화기를 100% 가동하였음에도 불구하고 불량품이 증대하였다. 자동차를 생산하는 업체는 표면에 먼지가 섞일 우려가 커짐에 따라 1시간 동안 도장작업을 중단했다. 전자 제품을 생산하는 한 업체는 오염물질을 제거하는 '에어샤워' 시간을 평소보다 10 ~20% 늘렸다. 황사는 항공기안전에도 영향을 주었다.

786) 乾氣殺건기살

787) 濕氣殺습기살, 특히 기관지 천식

788) 강수량

789) 초원

790) 이 가운데에는 아시아의 고비·타클라마칸·타르·이란·아라비아, 아프리카의 사하라·리비아·칼라하리, 북아메리카의 소노라·모하비, 남아메리카의 아타카마·파타고니아, 오스트레일리아의 빅토리아·그레이트 샌디 등의 사막이 포함되고, 그 주변지역에는 초원이 분포하고 있다. 면적도 넓어 전 육지의 약 30%를 차지한다.

이하였다. 특히 메소포타미아 지방과 이집트 등의 비옥한 충적평야는 삼림이 무성한 온대나 열대지역 보다도 초기의 정착생활에 유리한 조건을 구비하고 있어 고대문명의 발상을 촉진시킨 원인이 되었다고도 볼 수 있다. 한편 유목민은 가축과 함께 물과 풀을 찾아 이동생활을 계속하였으나 그들의 행로는 부족마다 정해져 있었고, 비가 적어 물과 풀을 용이하게 얻을 수 없는 경우에는 투쟁과 약탈이 거듭되었다. 그러나 최근에는 각국에서 유목민의 정착화 정책이 강화되었고, 또 인공관개시설에 의한 사막의 녹화작업과 건조농업에 의한 스텝의 개발, 그리고 지하자원의 개발 등으로 근대화 작업이 진행되고 있다.

(1) 건기살乾氣殺 −건조살

건기살은 양의 열기에 의한 오행상 화기火氣가 지배하는 건조한 지대나 지역, 또는 건조기후에서 나타나는 건조대기에 의한 살을 말한다. 건조지대는 다른 지역에 비해 수분이 특히 적기 때문에 물이나 공기에 의한 풍화작용보다는 바람이나 기온변화에 의한 풍화작용을 더 많이 받는다. 이 때문에 건조지대에는 사막·사구砂丘·암석(岩石床암석상) 등의 지형이 발달하며 이러한 지형을 건조지형이라 부른다. 건조지대에서는 수분이 적기 때문에, 물이나 공기 등이 매체가 되어 일어나는 화학적 풍화작용보다 바람이나 기온변화에 의한 물리적(기계적) 풍화작용이 심하여 붕괴된 암석이 모래·자갈 등으로 변화한다. 건조지형은 식생植生이 적기 때문에 호우 때 빗물이 경사면 전역에 걸쳐 엷은 층을 이루어 흐름으로써 일어나는 침식작용인 포상침식布狀浸蝕이나 바람에 의한 침식·운반이 활발하여 건조지역 특유의 지형이 형성된다. 증발이 심하여 주위의 산지에서 흘러 들어온 하천이 도중에서 소실되어 무미천無尾川을 형성하기도 하고, 강우 때만 흐르는 간헐하천이나 강우의 영향으로 지하수면이 상승하고 있을 동안만 흐르는 일시하천 등이 있어서 내륙유역을 형성한다. 분지 바닥에 있는 호수는 염호鹽湖791)를 이루고, 호수가 없어질 경우에는 호저湖底792)의 점토나 염류가 호층互層793)을 이룬 플라야를 형성한

791) 소금기, 염분을 함유 한 호수

792) 호수바닥

793) 서로 번갈아 가며 나타나는 층

다. 건조지형은 세계 면적의 1/10을 차지하며, 습윤기후지역에 비하여 침식속도가 느리므로 지반운동의 영향을 받은 지형이 오래 보존된다. [794]

사막지형 ▶

건조기후란 수분이 부족해서 수목樹木이 자라기 힘든 기후를 말한다. 주로 중위도 고압대의 회귀선 부근에 분포하며 증발에 의한 기온의 일교차와 연교차가 크다. 기후의 건습乾濕은 강수량과 가능증발산량可能蒸發散量의 차이에 따라 결정된다. [795] 건조지형에서는 일반적으로 기온의 일교차와 연교차가 커서 여름철의 낮기온이 뚜렷하게 높은데, 이는 증발에 의한 기온조절이 이루어지지 않기 때문이다. 강우 형태는 대류성 호우가 많고 불규칙하며, 연강수량의 변화도 습윤기후보다 훨씬 크다. 또 저위도 쪽에서는 여름, 고위도 쪽에서는 겨울에 강수량이 많다.

건조공기를 건조대기乾燥大氣라고도 하며, 일반적으로는 습도가 낮은 공기를 건조공기로 다룬다. 또 기상청에서는 이상적으로 장기적인 건조공기를 경고하기 위해 이를 이상건조異常乾燥라고 표현한다. 건조공기는 건조기후가 상습적으로 나타나는 건조기후 지역에서는 문제시하지 않지만, 건조공기와 습윤공기가 번갈아 나타나는 우리 나라와 같은 기후대에서는 그 정도가 심하면 자연발화 · 호흡기 질환 · 식물고사 등의 피해 때문에 이를 경계한다. 우리 나라와 같은 기후대에서의 정상적인 공기 습도는 낮에는 50~60%, 밤부터 아침 일찍까지는 80~90%이다. 그러나 건조공기가 되면 습도 20~10% 이하가 되어 이를 이상건조라 하며, 기상청에서는 기상 특보를 발령하여 주의를 환기시킨다. 즉 기상청에서는 실효습도가 50% 이하이고 당일의 최소 습도가 30% 이하이며, 하루 최대 풍속이 7m/sec 이상의 상태가 2일 이상 계속 될 것으로 예상될 때는

794) 표면적으로 침식력이 작용되기 때문에 암석의 침식에 대한 저항력의 차가 뚜렷하게 나타나서 조직지형을 명료하게 인정할 수가 있다.

795) 가능증발산량이란 물이 충분하게 공급되는 경우의 증발산량으로, 강수량이 이 수치보다 적으면 물의 부족현상이 생긴다. 수분 부족 기간이 오래 계속되는 토지에서는 삼림이 충분히 발달하지 못하여 초원(스텝)이나 사막이 생길 수밖에 없다.

건조주의보를 발령한다. 또 실효습도가 40% 이하이고 당일의 최대 습도가 20% 이하이며 하루 최대 풍속이 10m/sec 이상의 상태가 2일 이상 계속될 것이 예상될 때는 건조경보를 발령한다.

우리 나라의 경우 탁월한 서고동저의 기압배치에서는 영동, 영남지방에 이상건조가 나타나고, 봄과 가을에 동서고압대에 들었을 때에는 전국적으로 나타난다. 비가 오지 않고 이상건조가 약 20일 이상 계속되면 한발旱魃이 된다. 이상건조로 인하여 화재발생의 위험성이 클 때도 기상청에서 건조주의보[796]와 건조경보[797]를 발표한다.

결론적으로 풍수에서의 조습살 가운데 태양에 의한 살을 건기살乾氣殺이라 하는데 일정 기간이 지나도 비가 오지 않는 이상건조 현상으로 인해 일어나는 모든 재해로 건조환경에서 농작물이 받는 피해나 산불, 혹은 사람에게 일어나는 기상질병과 관련한 것을 말한다. 다시 말해 일정 기간이 지나도 비가 오지 않아 이상건조 현상이 계속될 경우, 사람은 물론이고 가축이나 식물 등에도 여러 가지 피해가 발생하는데, 이렇듯 이상건조 현상으로 인해 일어나는 모든 재해를 가리켜 건조살이라고 한다.

공기가 건조하면 기관지에 통증이 생기기 쉽고, 건조상태가 한기寒氣와 겹치게 되면 쉽게 감기에 걸리므로 인플루엔자가 유행하는 원인이 되기도 한다. 또 적당한 습기를 필요로 하는 여러 가지 산업도 타격을 받는 일이 많다. 엄밀한 의미에서 건조해라고는 하지 않으나, 이상건조하에서는 산불이 많이 일어나 대규모 산림 파괴로 이어지기도 한다. 우리 나라에서는 주로 봄·가을에 많이 발생하는데, 늦봄에서 초여름에 걸쳐 태백산맥에서 불어오는 높새바람 역시 고온 건조한 바람으로, 농작물에 적지 않은 타격을 주고, 사람들에게는 각종 기상관련 질병을 유발시킨다. 또 겨울철에 공기가 건조해지면 화분의 꽃봉오리가 마르거나 극단적인 경우에는 생육이 정지되기 때문에 습도를 잘 조절해 주어야 한다.

796) 일 최대풍속이 7m/s 이상

797) 일 최대풍속이 10m/s 이상

자가면역질환의
종류와 증상 ▶

질 병	증 상
건조 증후군[798]	각막 염증, 건성각결막염(乾性角結膜炎), 구강건조증
	자가면역성 결합조직(結合組織) 질환(류마티스관절염, 전신홍반루푸스, 피부근육염), 발진(얼굴, 팔, 노출된 신체), 발열과 신경계 증상
피부	피부의 땀샘과 피지선의 분비가 감소하여 피부가 마르고 건조하게 됨. 피부에 혈관염이 발생하여 피부의 발진과 자반증이 생기는 경우도 있음.
혈액의 이상증상	백혈구 감소, 류마티스 인자나 항핵 항체와 같은 이상 단백질이 나타남
소화기	구강 건조증으로 음식섭취 곤란, 식도운동 감소(음식역류, 속쓰림, 위와 췌장에서의 위산과 소화액 분비도 감소되어 소화 장애, 간염이나 간경화
호흡기	비강과 기관지의 분비물 감소로 농도 진해져 여러 가지 호흡기 증상 발생. 늑막염, 기관지염, 간질성 폐렴 등으로 인해 기침, 진한 가래, 호흡곤란 발생.
구강	침 생산량이 감소, 음식 조각 잇몸과 인후에 붙어 치아 충치 및 잇몸의 염증발생. 구강통증으로 아구창이나 구강 궤양이 동반된 경우 입 속이 아프고, 침의 분비가 적어 오랫동안 대화 곤란.
눈	눈물샘 위축으로 눈물생성 감소, 이물감 느낌, 눈이 따갑고 가려우며 눈물이 안 나오고,충혈 되어 쉽게 피로느낌, 각결막염으로 진행될 수 있음.
비뇨 생식기	소변에 단백질이 섞어 나올 수 있고 신세관산증에 의한 신장 결석이 생기는 경우도 있음. 여성의 경우 질 분비물이 감소되어 질 염이나 성고통이 생길 수 있음.
기타	당뇨병, 갑상샘저하증, 악성빈혈, 림프선 종양 등이 생길 가능성이 정상인에 비해 높음.

798) "쇠그렌증후군"이란 명칭은 1933
년에 눈과 입이 마르는 증상과 류마티
스관절염이 동반되어 나타난 환자를
처음으로 보고한 스웨덴 안과의사 쇠
그렌의 이름에서 유래되었다.

799) 자가면역질환이란 자기 몸의 기
관이나 조직을 외부인자라고 인식하
여 스스로를 공격하여 생기는 질환으
로, 건조증후군은 다른 자가면역질환
인 류마티스관절염 또는 루푸스 등과
관련이 있다. 다른 결합조직질환의 동
반여부에 따라 크게 일차성 건조증후
군과 이차성 건조증후군으로 분류된다.

800) 건조증후군 환자에게서 유전적
소인(HLA-DR3, B8, DR52)이 종종 발
견된다. 유전적 소인이란 사람이 질병
유전자를 가지고 있으나 그것이 환경
의 자극을 받지 않는 한 외부로 증상
이 나타나지 않는 것을 말한다. 이차
성 건조증후군은 주로 류마티스관절염
환자나 피부의 홍반루푸스, 그리고 다
른 결합조직질환을 가진 환자에게 많
이 나타난다.

현대적 의미의 건조해는 기후의 이상 건조에 의해 발생하는 재해로
건조살의 결과이다. 건조는 인간에게 질병을 안겨 줄 뿐만 아니라 열악
한 주거환경을 제공한다. 구체적 질병으로는 점액 분비샘에 변화가 나
타나는 자가면역질환[799]으로 특히 눈물샘과 입의 침샘이 영향을 받는다.
남성보다 여성에게서 9배 정도 더 많이 나타나고 특히 여성 환자의 약
90%정도는 중년 여성이다. 유전적인 요인과 환경적인 요인이 복합적으
로 작용하여 발생한다.[800]

(2) 습기살濕氣殺

습기살은 건기살을 포함한 조습살의 하나이다. 양기陽氣에 의한 건조지에 반대되는 개념으로 음기陰氣가 지배적인 음습陰濕한 땅을 일반적으로 습지라고 부른다. 습지는 생태학적인 측면과 인간의 생활환경 측면에서 긍정과 부정적인 양면성을 가지고 있다. 습지는 음습한 기운인 습기濕氣를 머금고 있다. 습지는 지형적으로 습지가 갖고 있는 기본적인 기운이지만 기후와 일기조건에 따라 강도의 차이가 있다. 습기살이 반드시 습지에만 있는 것은 아니다. 우리가 살고 있는 생활환경의 어디에나 습하고 냉한 음陰의 환경은 존재한다. 이렇듯 습냉한 환경과 자연습지와 인공습지와 같이 늪지의 수기水氣를 머금은 음습한 기운으로 해악害惡을 주는 살을 습기살이라고 한다. 모든 세균은 음습한 기운에 의해 번성하기 때문에 음습한 주택이나 택지는 흉가凶家이거나 흉지凶地에 해당한다.

습지는 양기에 의한 메마른 땅, 즉 건조지乾燥地의 반대개념으로 음기가 지배적인 음습한 땅으로 지구 표면의 약 6%를 차지하지만, 생태학적으로 지구상의 생물 중 약 2%가 생존해 있고 해양생물의 약 60%가 산란하거나 서식한다. 육지도 호수도 아닌 중간 지대인 습지는 쓸모없는 땅으로 여겨 크게 주목받지 못하였다. 그러나 람사르 협약[801]을 통해 습지가 생물종 다양성의 유지와 인간의 복지에 매우 유용한 자연 공간이라는 인식이 확산되면서 이를 범지구적 차원에서 보존하려는 움직임이 일고 있다. 습지는 지구상에서 가장 다양한 생명체의 서식지로서, 습지에 사는 많은 식물들은 물에 포함된 질소·인 등 여러 가지 영양물질을 흡수하고 화학적으로 변화·순환시키는 과정을 통해 자연적으로 물을 정화시키는 '자연의 콩팥' 역할을 담당한다. 또한 하천과 지하수의 물 공급원인 동시에, 홍수 때 물을 저장하고 물의 흐름을 지연시켜 유량을 조절하는 녹색 댐의 기능을 한다. 아울러 온도를 낮추어 주는 기후조절 기능과 함께 산소를 발생시키는 역할을 한다.

습지는 식물유체가 완전히 분해되지 않은 상태에서 계속 쌓이면서 퇴

801) 물새서식지로서 중요한 습지보호에 관한 협약으로 1971년 이란의 람사르에서 채택되어 1975년에 발효된 람사르협은 국경을 초월해 이동하는 물새를 국제자원으로 규정하여 가입국의 습지를 보전하는 정책을 이행할 것을 의무화하고 있으며, 습지를 바닷물 또는 민물의 간조 시 수심이 6m를 초과하지 않는 늪과 못 등의 소택지와 갯벌로 정의하고 있다. 우리나라는 1997년 7월 28일 국내에서 람사르협약이 발효되면서 세계에서 101번째로 람사르협약에 가입하였다.

적해 생긴 토탄土炭층이나 이탄泥炭[802]층 위에 발달하며, 한랭하고 강수량이 많은 고위도지방이나 고원 등에 널리 분포한다. 따라서 대부분 시간 동안 무기질 토양 위나 그 인근에 지하수면을 가지고 있으며, 수생식물을 지지하는 젖은 토양이 발달한 지역이다. 크게 늪·호소湖沼·하구河口와 같은 내륙 습지와 갯벌·바위해안·모래해안의 연안 습지로 구분된다. 한국의 서·남해안 갯벌[803]은 세계 5대[804] 연안 습지로 꼽힌다. 습지가 되기 위해서는 첫째 일시적 혹은 연중 물이 고일 수 있는 와지窪地가 발달할 것, 둘째 배수가 불량한 함수토양含水土壤[805]이 발달하며, 셋째 육지와 수괴水塊[806]의 점이지대에 적절한 생태계가 형성되어야 한다. 우리나라에서 늪, 소택지, 습원, 간석지 등의 이름으로 불리는 습지는 이 모든 내용을 포괄하는 함축적 용어이다. 따라서 습지는 육상과 수중생물계의 성격과 두 계의 상호작용에 의한 점이적 완충지대로서의 성격을 모두 가지고 있어 생물종의 다양성 측면에서 매우 중요한 역할을 하고 있다. 습지는 내륙성 습지와 해안성 습지로 분류할 수 있다. 내륙성 습지는 지형적인 원인에 의해 우기雨氣에 침수되어 형성되거나, 강 유역의 범람원에 만들어지는 것과 화산 폭발, 빙하, 조산운동의 결과로 형성되는 것들이 있다. 해안성 습지는 세계 대부분의 습지를 차지하는 것으로 강하구 지역, 삼각주 지역이나 해안 갯벌이 대표적이다.

습지의 주요 역할은 첫째, 먹이사슬을 통한 다양한 서식 환경을 제공하는 것이다. 둘째, 생산력의 보고이다. 셋째, 토양 속의 수분 조절과 토양 침식 방지, 홍수 조절 등 수문학적 기능을 가지고 있다. 넷째, 대기 중으로 탄소의 유입을 차단하면서 지구온난화의 주범인 이산화탄소의 양을 조절해 주며, 국지적 기후 조절기능을 가진다. 다섯째, 수질 오염물질 제거 기능을 한다. 여섯째, 높은 경제적 가치와 경관적 가치가 있다. 늪, 수렁, 뻘 등과 같이 습지와 관련된 우리말은 고통의 늪, 침체의 수렁 등과 같이 빠져나오기 힘든 상태나 상황을 비유하는 부정적인 말로 많이 이용하고 있다. 이런 곳은 땅바닥이 우묵하게 뭉텅 빠지고 축축하게 물이 괴어 있어서, 우리 조상들은 습지를 살기 좋은 명당자리가

802) 진흙으로 된 뻘층을 말한다.

803) 순천만 습지나 우포습지가 대표적이다.

804) 북해 연안, 캐나다 동부 해안, 미국 동부 조지아 해안, 남아메리카의 아마존 하구 등이다.

805) 배수가 안 되 물을 잔뜩 머금고 있는 토양을 말함.

806) 해양에서의 물리적·화학적 성질이 거의 같은 해수의 모임. 성질에는 수온, 염분, 영양 염류, 수색, 투명도, 플랑크톤 따위가 포함된다.

아니라고 여겼다. 심지어 물에 잠겨 있는 논도 지하수위가 높거나 샘물이 솟아 물 빠짐이 좋지 않은 논은 가치를 낮게 매겼다. 마지막으로 양택과 양기에서 건기 때 습기를 방출하여 대류현상에 의해 열기를 식혀주는 역할을 한다.

인간은 습지에 의존하며 살아왔다. 습지의 어두운 인상에도 불구하고 우리는 역사적으로 습지에 기대여 살아왔다. 현재 도시에 살고 있는 우리는 과거에 습지이었던 곳에 많이 살고 있다. 예를 들면, 고층빌딩이 즐비한 서울 강남은 과거 홍수 때 한강물이 넘쳐흘러 들어가는 진창의 하천 홍수터를 매립 혹은 배수하여 조성한 곳이 대부분이다. 인공적이기는 하지만 일종의 습지인 논에서 매일 먹는 쌀을 생산하고 있다. 또한 산업사회를 움직이는 주요 에너지원인 석유나 석탄도 석탄기石炭紀[807]에 습한 환경에서 생성되어 매몰된 것이다.

점차 자연환경이 심각하게 훼손되고 쾌적한 삶에 대한 요구가 높아지면서 습지를 더 이상 부정적인 생태계로 생각하기보다는 오히려 지키거나 되살려야 할 가치가 높은 곳으로 여기게 되었다. 습지는 생리적으로는 매우 가혹한 환경이라고 할 수 있다. 즉 무산소 조건, 잦은 수위변동, 그리고 때로는 소금기가 생물에게 스트레스를 주기 때문에 습지 생물은 이 스트레스에 적응하여야만 했다. 습지는 육상이나 수중생물과는 다른 환경에서 진화한 독특한 생물이 생육하므로 생물다양성 측면에서 매우 중요한 생태계이다. 그러나 인간의 토지이용에 의하여 습지 면적이 축소되고 인간 활동에 의하여 습지에 여러 교란이 가해지면서 다양한 습지 생물이 사라질 위험에 처해 있다.[808]

우리 나라의 습지는 매우 제한적으로 잔존하고 있다. 특히 내륙습지는 과도한 토지이용에 의하여 남아 있는 곳이 매우 적다. 그러나 서해안의 간석지 연안습지인 갯벌은 세계적으로 손꼽히는 습지로 남아 있다. 우리 나라의 지형과 기후 특성상 산지에 위치한 고층습원은 많지 않으나 하천변에 발달한 저층습원은 흔하다. 이중 낙동강의 배후습지인 우포는

807) 고생대 데본기와 페름기의 중간에 있었던 지질 시대의 하나. 거대한 양치식물이 많았고 파충류와 곤충류가 나타났다.

808) 실제로 우리나라에서는 습지에 사는 수달(Lutra lutra), 넓적부리도요(Eurynorhynchus pygmeus), 금개구리(Rana plancyi choseni), 꼬마잠자리(Nannophya pygmaea), 귀이빨대칭이(Cristaria plicata), 가시연꽃(Euryale ferox) 등의 많은 생물이 환경부의 멸종위기 야생동식물로 지정되어 있다.

장대한 규모를 자랑한다. 또한 경작지인 논을 인공적인 습지로 간주한 다면 우리 나라에서 가장 넓은 면적의 습지는 논이다. 실제로 논생태계 는 친자연적인 영농법에 의하여 다양한 생물이 사는 생육지로서 유지할 수 있다. 역사적으로 우리 나라에서는 주거지, 경작지 등의 조성을 위하 여 자연 습지를 훼손하여 왔지만, 그나마 논이라는 넓은 면적의 인공적 인 습지[809]를 유지하고 있다고 할 수 있다.

내륙 습지는 육지 안의 습지를 말하는 것으로, 강의 언저리나 냇가 등 담수가 흐르는 곳에 위치하고 지형적인 원인에 의해 우기雨氣에 침수되 어 형성되거나 강 유역의 범람하는 토양이 침적沈積되어 만들어진다. 강 바닥이 주위보다 높아 강우량이 적을 때 바깥으로 드러나고, 화산 폭발, 빙산의 이동 등 조산운동의 결과로 고지대에 형성되기도 한다. 우리 나 라는 화산이나 습곡, 단층의 활동이 적고 빙하가 덮였던 지역이 적으므 로 내륙습지의 발달이 적다.

연안 습지란 만조시와 간조시 수위와 지면이 접하는 경계사이의 지 역으로 하천과 바다가 만나는 곳에 형성된다. 연안습지는 세계 대부분 의 대규모 습지를 차지하며 강에 의해 실려 온 토양 침전물이 유속이 느 려짐에 따라 강 하류나 큰 강의 어귀 또는 하구역에 넓게 침적되어 이루 어지거나 해수에 의해 육지가 침식되어 이루어진 것들로 삼각주 지역이 나 해안 갯벌이 대표적인 연안 습지이다.[810] 풍수론적으로 주거지의 앞 에 자연적인 명당수나 인공적으로 조성된 호수는 인공 습지에 해당하고 이러한 습지는 양택환경에 건습도를 조절하는 기능을 한다. 또한 주택 의 뒷부분의 경우 용맥상의 택지가 아닌 경우나 곡지谷地에는 소규모의 습지가 형성된다. 습지는 기본적으로 음냉陰冷한 기류가 형성된다. 인간 은 양동陽動의 생물체이므로 음냉陰冷한 기류가 강할 경우 많은 질병을 초 래한다. 모든 미생물과 박테리아는 음습한 조건에서 활동적으로 번식한 다. 따라서 주거지는 음습陰濕하고 음냉陰冷한 지형이 아닌 양명陽明한 지 형이어야 하고, 주택에서 마루라는 공간은 뒷 마당의 냉기와 앞 마당의 온기인 음양기를 통행시키는 역할을 한다. 풍수에서 배산임수지형 또한

809) 대표적 인공습지로 시화호 인공 습지를 들 수 있다. 국내 최대 규모인 시화호 인공습지는, 반월천·동화천· 삼화천의 수질 개선을 위하여 공유수 면에 모두 270여 원을 들여 갈대 등 수 생 식물을 이용한 자연정화 처리식 하 수처리 시설물을 갖추고 하수 정화와 자연학습장 기능을 수행하고 있다. 시 화호 인공습지는 총면적 1,024,798㎡, 습지 면적 816,532.6㎡로 갈대 습지가 정상적으로 운영될 경우 하루 72,000 ㎡의 하천수가 BOD 기준으로 약 80% 제거 효과를 거두어 수질 정화에 크게 도움이 된다.

810) 연안습지를 서식지로 이용하는 조류로는 민물도요, 마도요, 흰물떼새, 습새 등 170여 종이 있으며 관찰할 수 있는 식물은 염분에 내성을 가진 염생 식물이 분포하고 있다.

배산의 음기와 임수의 양기가 상존하고 대류현상에 의해 쾌적한 환경을 제공한다. 습도란 대기 중에 포함되어 있는 수증기량의 정도를 말하는데 습도와 가장 밀접한 관계에 있는 물리량은 수증기압이다.

습기가 지배적인
우포 늪(습지) ▶

혼합기체에서 한 성분만이 전체 부피를 차지했다고 가정했을 때의 압력을 부분압력이라 하며, 공기 중 수증기의 부분압력을 수증기압이라 한다. 일정 부피의 공기에 포함하는 최대 수증기량은 같은 온도에서는 항상 같다. 이렇게 주어진 온도에서 일정 부피의 공기에 포함될 수 있는 최대 수증기량을 포화수증기량이라 한다. 포화수증기량은 온도가 올라갈수록 높아진다.

공기의 건습정도를 나타내는 것으로 공기 속에 포함되어 있는 수증기를 그 질량으로 나타낸 것이 절대습도이고, 포화수증기량에 대한 현재 수증기량의 비율을 백분율로 나타낸 것을 상대습도[811]라고 한다. 습도는 상대습도와 비습, 혼합비 등 필요에 따라서 다양한 방법으로 표현되며 상대습도는 공기의 습윤 정도를 나타내는 것으로서 간단히 습도라고도 한다. 실제 공기 중에서 수증기가 응결하는 경우의 대부분은 기온하강으로 포화상태에 이른 것으로 습도가 100%에 이르면 응결하여 구름이나 안개, 이슬, 서리 등이 형성된다. 상대습도는 기온이나 수증기량 변화에 의해서 바뀌지만, 온도변화가 상대습도 변화에 더 효과적이다. 상대습도의 일 변화를 보면 하루 중에 거의 규칙적으로 변화한다. 최저기온이 나타나는 시간에 최대가 되고, 최고기온이 나타나는 시간에 최소가 되어 기온의 일 변화와 반대의 관계로 변한다. 우리 나라의 연평균 상대습도는 지역 차이가 그리 크지 않다.[812] 연평균 상대습도는 대체로 서해안에서 높고 동해안으로 가면서 낮아지는 경향이다.

811) 상대습도는 주어진 온도에서 최대의 수증기분압인 포화수증기압에 대한 실제 수증기분압의 비율로 표현되며 단위는 퍼센트(%)이다. 즉, 상대습도(%)=현재(실제)의 수증기압/포화수증기압×100(%)으로 구할 수 있다.

812) 연평균 상대습도가 가장 높은 곳은 제주도의 고산으로 76.5%이며, 가장 낮은 곳은 강릉으로 63.4%이다.

질병	예방 대책	예방 방법
알레르기질환 (천식, 아토피)	적정 실내 습도 유지	높은 습도는 알레르기 유발 물질인 곰팡이와 집먼지진드기가 활동하기 좋은 환경이기 때문에 질환을 앓고 있던 사람들의 증상이 악화될 수 있다. 실내의 적정 습도를 유지하여 곰팡이와 집먼지 진드기가 활동억제. 적정 실내 습도는 40~50%인 것에 반해 장마철에는 습도가 80% 이상까지 상승. 선풍기나 에어컨으로 습기제거. 보일러를 가동. 습기가 많은 욕실과 가구 안은 문을 열어 습기를 배출. 가구 및 가전제품이 벽에 딱 붙어 있을 경우 벽과 떨어뜨려 배치(통풍원활)
심혈관계질환 (뇌출혈, 뇌경색 뇌졸중)	저염식, 저지방식 등 건강한 식이 유지	장마철 평소보다 기온이 갑자기 내려가면서 오히려 혈압 상승경향. 평소에 고혈압이 있었던 사람주의[813]. 장마로 인한 기온과 습도의 변화는 뇌졸중 발생의 위험을 높이기 때문에 기존에 심혈관계 질환을 가지고 있던 환자의 경우 각별한 주의가 필요. 카디건 등의 여벌을 챙겨 다니는 것이 좋으며 콜레스테롤과 지방이 높은 식이를 자제하고 저염식과 저지방 식이를 유지해야 함.
우울증	잠자기 전 스트레칭	흐린 날씨로 인해 일조량이 부족해지면 호르몬의 불균형이 생겨 불면증이 나타남. 뇌는 비가 계속 내리는 날에는 눈으로 들어오는 빛의 양이 줄어들어 멜라토닌을 평소보다 많이 분비됨으로서 신체리듬이 깨지게 되어 불면증 증상이 나타날 수 있다. 불면증은 우울한 기분으로 이어지는 경우가 많다.[814]
불면증		장마철 일조량 부족으로 인한 수면부족을 완화하기 위해서는 오후에 활발히 활동을 하거나 잠자기 2~3시간 전에 30분 정도 규칙적인 운동을 하는 것이 좋다. 잠자기 전에 하는 스트레칭은 근육의 피로를 회복시키고 근육을 이완시켜 숙면을 취하는데 도움이 된다.
습병(濕病)		습사(濕邪)로 생긴 병증. 내습(內濕)과 외습(外濕)으로 나눈다. 내습은 비(脾)의 운화기능장애, 소화불량으로 수습이 퍼지지 않고 한 곳에 머물러 생김. 외습은 기후가 습하거나, 습한 곳에 오래 있어 습사가 피부로 침입해 생기고 상습(傷濕)이라고도 한다. 외습은 기부(肌膚)에서 장부(臟腑)로, 내습은 경락(經絡)으로 전해진다.

813) 3년간 뇌졸중 발생으로 응급실을 내원한 약 1900명의 환자를 대상으로 습도의 변화와 뇌졸중의 관련성을 살펴본 외국 연구에 따르면 습도와 뇌졸중 발생 간에는 중간 정도 양의 상관관계가 있었다.

814) 60세 이상 노인 약 1800명을 대상으로 우울증의 위험요인을 분석한 연구 결과, 지속적인 불면증을 경험하는 사람이 그렇지 않은 사람에 비해서 우울증 위험이 1.8~3.5배 높았다.

봄철의 상대습도는 제주도와 서해안 지역에서 70% 이상으로 높고, 영남 내륙지역에서 60% 정도로 낮다. 여름철의 경우 제주도를 비롯한 해안지역에서 80% 이상으로 높고 영남 내륙지역에서 낮게 나타난다. 가을철은 대관령과 내륙지역에서 75% 정도로 높고 남해안에서 70%이하로 낮으며 겨울철은 서해안에서 70% 이상으로 높게 나타나고, 동해안에서 60% 미만으로 낮게 나타난다. 습기濕氣는 물기가 많아 젖은 듯한 기운으로 육기六氣의 하나로서 습濕이 많은 장마철의 기후를 말한다. 일반적으로 천연건조에서 건조가 거의 되지 않을 정도로 상대습도가 높은 공기를 말하며, 습기를 빨아들이는 꽃과 식물은 지표내·외에 있는 수분을 흡수한다.

습기살을 상쇄시키는 꽃 ▶

누운주름잎	애기바위솔	전호	조밥나물
모데미풀	개비자나무	쇠별꽃	무릇
처녀치마	황매화(黃梅花)	방울꽃	현호색(玄胡索)
협죽도(夾竹桃)	박하(薄荷)	쇠무릎	진퍼리고사리
쑥부쟁이	머위	산오이풀	가락지나물
애기금매화	청나래고사리	벋은씀바귀	샐러리
참꽃마리	가는금불초	냉초(冷草)	십자고사리

장마철 습기로 인한 건강문제는 매우 심각하다. 습도가 높은 장마철에 주의해야 하는 건강문제는 수인성 전염병, 식중독만이 아니다. 고온 다습한 환경, 일교차 등으로 인해 평소에 가지고 있던 만성질환이 악화되거나 정신건강상의 문제가 악화될 수 있기 때문이다. 또한 장마철에

는 습기와 곰팡이로 인한 여러 피해가 발생하는데 고온다습한 환경은 곰팡이가 자라기 좋은 환경이다.

습기살에 의한 곰팡이로 인한 피부질환 ▶

병명	증상	기타(민간치료)
무좀	무좀은 곰팡이균이 자라 염증을 일으키는 전염성 피부병으로 4번째 발가락과 5번째 발가락 사이 혹은 3번째와 4번째 발가락 사이에 가장 많이 생긴다.	식초는 곰팡이균 공격과 함께 정상피부도 함께 손상. 소금물은 진무름과 가려움증이 일시적으로 개선되지만 곰팡이균 치료에 효과 없음. 마늘즙은 휘발 성분이 있어 마늘즙을 바른 부위 화학화상으로 세균에 의한 2차 감염.
농가진	학령기 이전의 소아에게서 잘 발생하는 질환. 초기 작은 반점 또는 잔물집으로 시작 고름집 또는 물집으로 변한다. 고름집 혹은 물집이 터질 경우 맑은 분비물이 나오며 마르면 황갈색 딱지를 형성. 농가진은 주로 접촉을 통해 주변 소아에게 전염.	아토피성 피부염과 같은 것으로 백강홍연고를 바르거나 충분한 수면을 취한다. 열독에 의해 피부가 건조해지고 뜨거워지기 때문에 생기는 것이므로 열을 내리고 몸을 촉촉하게 해준다. 음식으로는 창포, 국화, 대추, 살구씨 등이 치료에 효험이 있다.
완선	습기와 땀으로 인해 곰팡이가 증식하기 쉬운 사타구니 등 피부가 겹치는 부위에 주로 발생. 대부분 성인 남자에서 발생. 여름에 악화되고 겨울에 호전. 완선이 생긴 부위는 주로 붉은색의 바퀴모양 혹은 홍갈색의 반달 모양을 띠며 가려움증을 동반하는 경우가 흔함.	사타구니의 습진과 같은 것으로 유황균이나 곰팡이균을 죽일 수 있는 항생제를 사용한다. 습하고 더운 여름에 심해지며 몸 속 내부의 장기들이 원활하게 움직이고 기초대사량을 늘려 주며, 해독작용을 해주는 한방치료가 비교적 효험이 있다.

곰팡이는 빛이 들어오지 않는 축축한 환경에서 활동하는 미생물로, 실내 식물·벽·바닥 등의 표면뿐만 아니라 사람의 몸에서도 자란다. 곰팡이는 코 막힘, 눈 가려움, 호흡곤란, 피부자극 등의 증상을 유발할 수 있으며 면역체계가 약해진 사람 혹은 만성 폐질환을 갖고 있는 사람에게는 폐 속에 곰팡이 감염을 유발하기도 한다. 곰팡이가 우리의 몸 이곳저곳에서 여러 건강문제를 유발할 수 있지만 일반적으로 흔히 겪는 건강문제는 피부질환일 것으로 생각된다. 음기가 강한 주택은 이 모든 질병을 안겨주는 최악의 주택으로 흉가凶家에 속한다.

습기살에 의한 곰팡이로 인한
피부질환 예방법 ▶

주요 질환내용	예방과 치료내용
발, 사타구니 등 피부를 깨끗이 씻고 잘 말린다.	곰팡이가 서식하기 좋은 환경은 습한 곳이기 때문에 하루 1회 이상 깨끗이 씻고 물기가 남아있지 않도록 잘 말려야 한다.
의복장에 습기가 남아있지 않도록 한다.	무좀을 예방하기 위해서는 발가락을 조이는 신발보다는 발가락이 나오는 샌들이나 통풍이 잘 되는 신발이 좋다. 또한 옷에 있는 습기로 인한 곰팡이 균이 피부에 닿는 것을 막기위해 눅눅해진 옷은 말린 뒤 입어야 한다.
가족 중 곰팡이 피부질환자가 있으면 옷과 수건 등을 따로 사용한다.	곰팡이 피부질환자가 사용한 옷과 수건에 곰팡이균이 남아있을 수 있어 신발, 수건, 옷 등을 같이 사용하는 것을 피해야한다.
생활 속 곰팡이를 제거한다.	화장실, 주방, 에어컨, 세탁기, 옷장 속 의류는 집안에서 곰팡이가 쉽게 서식할 수 있는 장소이다. 환경부에서는 이러한 장소에서 서식하고 있는 곰팡이 제거 방법을 자세히 설명하고 있다.
무좀을 치료한다.	항 진균제 연고를 잘 바르고 발을 건조하게 유지하여야 한다. 무좀에 걸렸을 때 발가락 양말을 신는 것은 발가락과 발가락 사이에 땀이 차는 것을 막아주는 효과가 있어 곰팡이균의 번식을 막을 수 있다. 하지만 발가락 양말을 신는 것만으로는 무좀이 완벽하게 낫지 않기 때문에약물치료와 병행해야 한다.

제7장 보이는 것과 보이지 않는 것 - 형기론과 이기론

815) 하늘의 천기(天氣)에 의한 상(象
=天理)이 땅의 지기(地氣)에 의한 형(
形:相=地理)을 만들어 낸다는 천양지
음(天陽地陰) 배합설(配合說)을 말함.
象=天氣=理氣 이며 形=地氣=形氣로
서 地上의 構成體는 理氣와 形氣의 應
待와 配合에 의해 그 形象이 주어진다
는 것을 알 수 있다. 그러므로 理氣 없
는 形氣가 없고 形氣 없는 理氣가 없다
는 의미로 萬物의 形象을 鑑決하는 風
水論에서는 兩氣論의 중요성을 강조한
다. 따라서 兩氣論中 어느 하나를 取捨
選擇하여 地理를 본다는 것은 偏向된
시각으로 地理學의 正道가 아니다.

일반적으로 풍수지리학에서 말하는 양대이론兩大理論이란 이기풍수론
理氣風水論과 형기풍수론形氣風水論을 말한다. 이기풍수론은 지형에 대하
여 자연철학적 관점에서 지표地表의 구성성분 가운데 산과 물을 방위
와 관련지어 동양철학사상의 음양오행론陰陽五行論으로 해석하여 오행
의 상생극相生剋을 인간과의 길흉관계吉凶關係로 규명하려는 자연철학지
리론自然哲學地理論이라고 할 수 있다. 이에 반해 형기풍수론形氣風水論은
자연지리적 관점에서 특정지역이나 지점에 대한 지형을 관찰하고 분석
하되, 지표의 구성성분인 산과 물의 형상形狀(形相형상)을 천조지설天造地
設[815]에 의한 자연적 형상形象으로 보고 그러한 지형들은 자연의 변화와
원리에 따라 이치가 존재함으로 풍風과 수水와 같은 환경변화인자 상호
간의 작용으로 제각각 독특한 지형을 만들어 내는 것으로 보았다. 그러
므로 특정의 지형이 갖는 형상은 그 형상形相이 갖는 독특한 기氣가 존재
하며 지형의 형상에는 풍風과 수水라는 변화인자가 영향을 미치므로 지

형의 형상과 자연환경요소 그리고 인간과의 삼각관계에서 우리 인간이 지형지세地形地勢의 형상적形相的 이치理致를 깨닫고 자연에 대한 순응順應과 역행逆行에 따른 길흉관계를 규명하려하는 자연과학적 지리이론으로 볼 수 있다.

1절 눈에 보이는 것을 말하다 - 형기풍수론

형기풍수론은 지형의 외부적 형상과 지형변화의 요소인 풍수風水의 변화작용에 의한 결과물로서 지표地表의 주형성체主形成體인 산과 물에 대한 연구와 분석 및 활용에 있어 그 형形과 세勢, 형국形局에 대한 자연과학적 접근을 통한 구명究明의 논리로써 설명하고자 할 때 단지 음양오행론陰陽五行論을 활용할 뿐이며, 이기풍수론처럼 자연형상과 풍風과 수水라는 환경인자環境因子 및 방위인자方位因子가 전적으로 음양오행운동의 동기動氣에 의한 상호작용, 즉 상생相生과 상극相剋의 역학적力學的 상관관계로 형성되고 작용한다고 보지 않는다는 점에서 차이점이 있다. 때문에 형기풍수론에서는 산과 물의 형세形勢를 우선적으로 매우 중요시하며 지형환경 변화인자로써의 풍수風水와 지형구성체地形構成體로써의 산과 물의 형세形勢를 먼저 구분한 연후에, 차후 음양오행론의 상생상극관계를 적용하여 종합적으로 자연지형을 해석하고, 명당의 대소와 취용여부取用與否를 결정짓는 생활과학적 자연지리이론이라고 정의할 수 있다.

지형의 형상을 주로 다루는 형기풍수론은 후천팔괘상 경도經度의 중심선상인 자오축子午軸에 의한 변화의 주체인 화火와 수水라는 변화인자가 영향을 미치므로 지형의 형상과 자연환경요소, 그리고 인간과의 삼각관계에서 우리 인간이 지형지세의 형상적 이치를 깨닫고 자연에 대한 순응順應과 역행逆行에 따른 길흉관계를 규명하려하는 이론으로 볼 수 있다. 물론 여기서 화火는 개념상으로 대기의 현상과 유동에 대한 영향을 미치는 광의적 요소이므로 풍風의 개념을 포함하고 있다.

2절 보이지 않는 것을 말하다 – 이기풍수론

　　이기풍수론이라 함은 자연지형에 대하여 지리철학적 관점에서 지표地表의 구성 성분인 산과 물을 영역적 공간방위와 관련지어 동양철학사상의 음양론과 오행론으로 해석하여 인간과의 길흉관계를 규명하려는 자연지리이론自然地理理論이라고 할 수 있다. 이기풍수론은 산과 물에 있어서 형形과 세勢라는 외부형태에 주안점을 두기 보다는 어떤 방위에 산과 물의 형체形體가 위치하는 형국形局이냐에 따라 각기 다른 음陰과 양陽, 오행五行의 상생상극相生相剋의 기운氣運이 작용하고 지형의 환경요소로서의 풍風과 수水 또한 음양오행운동에 의한 작용으로 인간에게 순역順逆의 상생상극에 따른 길흉吉凶의 영향을 미친다는 것을 철학적 관점에서 이론화한 것이라고 할 수 있다.

오행의 합충조합合沖組合에
따른 형질적 의미 ▶

組合		1차 形質的 意味	2차 形質的 意味
相合 (相生)	木生火	초목(草木)은 불(熱氣)을 生成시킨다.	물(습기)에서 나서 흙(토양)으로 돌아간다.
	火生土	불(열기)은 흙(토양)을 생성시킨다.	초목에서 나서 금속으로 돌아간다.
	土生金	흙(토양)은 금속(쇠붙이)을 생성시킨다.	불(열기)에서 나서 물(습기)로 돌아간다.
	金生水	금속(쇠붙이)은 물(습기)을 생성시킨다.	흙(토양)에서 나서 초목으로 돌아간다.
	水生木	물(습기)은 초목을 생성시킨다.	금속에서 나서 불(열기)로 돌아간다.
相沖 (相剋)	木剋土	초목은 흙(토양)을 침식 쇠퇴시킨다.	불(열기)이 매개(媒介)역할을 한다.
	土剋水	흙(토양)은 물(습기)의 진행과 생성을 억제한다.	금속(쇠붙이)이 매개역할을 한다.
	水剋火	물(습기)은 불(열기)의 火力을 약화시킨다.	초목이 매개역할을 한다.
	火剋金	불(열기)은 금속을 녹여 固結을 막는다.	흙(토양)이 매개역할을 한다.
	金剋木	금속은 나무의 성장에 도움이 안 되고 害를 끼친다.	물(습기)이 매개역할을 한다.

816) 木火土金水氣의 다섯 가지 기가 갖는 本性氣를 말한다.

817) 풍수지리학적으로 엄밀히 말하자면 우주=천(天)=천기(天氣)의 기권을 말한다.

818) 강영환, 한국주거문화의 역사, 기문당, p129.

819) 고대의 천원지방설(天圓地方說)에서 말하는 천원(天圓)으로 특히 동양사회에서 심했으며, 중국의 "여씨춘추(呂氏春秋)"에서 처음 나온다.

820) 24방위는 천간(天干)과 지지(地支)의 합(合)으로 나타내는데 간지(干支)는 우주자연현상의 순환주기를 나타낸다. 다만 10천간(甲乙丙丁戊己庚辛壬癸)에서 무기(戊己)는 음양오행의 방위론에서 토(土)로서 중(中:中央)을 상징하므로 24방위에서 빼고 대신 4유(四維)라는 건곤간손(乾坤艮巽)을 합하여 8천간 4유로서 12천간을 이루어 12지지와의 음양배합(天干은 陽, 地支는 陰)으로 동궁(同宮)으로서 24방위(24宮)를 만들어 우주방위를 설명하고 있다.

821) 풍수에서의 1각은 15도의 공간영역을 말한다.

이는 존재하는 모든 물질과 형태는 음성陰性과 양성陽性 또는 오성五性816)의 기氣에 의하지 않는 것이 없으며, 현재의 지형점에 대한 땅의 형상과 자연환경 변화 요소인 풍수風水 또한 우주 변화 에너지인 기권氣圈817)의 영향아래 있는 것으로 보았다. 이기풍수론의 요체要諦가 되는 음양오행사상陰陽五行思想은 자연계의 변화와 순환의 이치를 음기陰氣와 양기陽氣의 상호작용과 오행의 상생상극相生相剋 작용으로 설명하려는 일종의 자연관自然觀이며 우주관宇宙觀이라고 이해될 수 있다.818)

그러므로 하늘(宇宙우주)은 둥글다는 천원사상天圓思想819)에서의 천원天圓은 방위적 표현으로 시·공간적 사방의 360° 원圓 또는 원구圓球를 의미하며 15°씩 24방위820)로 구분하여 15° 1방위를 각角821)이나 궁宮822)으로 명명命名하고, 24방위를 24궁宮·각角으로 하여 우주의 기氣를 각각 배속시켜 철학적 이론의 체계화를 이루었다. 따라서 이기풍수론에서는 우주의 모든 방위에 대해 현재의 지형점을 중심으로 크게 24방위라는 방위인자方位因子를 규정하고 배정하여, 각각의 방위는 음양오행에 의한 고유한 형이상하形而上下의 기운을 갖고 있음으로 기氣의 상생상극관계로서 인간과의 길흉여부의 상관관계를 갖는다는 것으로서 자연환경 변화요소로서의 풍風과 수水에 방위인자方位因子라는 새로운 철학적 요소를 가미하여 용혈사수좌龍穴砂水坐823)에 음양오행을 적용하는 자연철학적 지리이론이라고 정의할 수 있다.

또한 이기론理氣論의 주요 내용인 용상팔살龍上八殺, 팔요수八曜水, 팔요풍八曜風 등은 주역周易의 후천팔괘後天八卦 및 오행五行의 상생상극相生相剋의 원리原理를 취용한 것으로 음양오행상 서로 극剋하는 쪽이나 흉凶의 의미가 있는 방위로 향向을 놓지 않아야 한다. 이기수법의 대표적 포태법은 삼백육십도의 원을 이십사방위로 나누고 90°씩 4등분하여, 목木, 화火, 금金, 수水로 4대국오행四大局五行을 정하고 각 국에서 수水의 득得·파구破口를 기준으로 물水를 얻고 최종적으로 빠져나가는 지점, 즉 득得·파破의 방위를 측정하여 좌와 향을 결정하는 방법으로,824) 이는 득수得水는 좋은 방위에서 얻어야 하며, 파구破口는 나쁜 방위로 나가야 한다

는 것을 말하고 있다. 그밖에 한국의 자생풍수인 통맥풍수, 즉 도학풍
수지리에서는 형기론적으로 좌·우선형국에 역수逆水를 취하고, 이기론
적으로는 좌·우선용하에 동선同旋의 좌坐로 입지해야 함을 강조하고 있
는데 이는 논리적 측면에서 정음정양법淨陰淨陽法과 같은 음양기질 논리
를 취하고 있다.

822) 자의(字意)로는 사람이 사는 집,
담, 두르다, 왕비나 첩, 오음계(五音階)
의 제일음, 궁형(宮刑), 마음, 절, 널 등
을 의미하며 진한(秦漢) 때 까지는 일
반백성이 사는 집의 뜻으로 사용되다
이후로는 임금이 거쳐하는 집, 즉 궁궐
의 의미 혹은 왕손의 집, 종묘, 사당, 신
선의 주거지라는 뜻으로 사용되었다.
그러나 풍수지리에서는 천신(天干)과
지신(地支)이 다스리는 공간적 영역개
념인 방위적 의미로 명명되어 활용되
었다.

823) 용(龍)은 특정지역에서 줄기로 이
어지는 산의 형세적 산맥 개념이며, 혈(
穴)은 지형적으로 길(吉)한 특정지점을,
새(砂)는 특정방위에 있는 산봉(山峰)
이나 산의 형세를, 수(水)는 특정지역
에서의 물의 형세나 혹은 특정방위에
저수(貯水)된 저수지의 물 또는 유수(
流水)를 나타내거나 유입(得水)과 유출
(得破)되는 방각(方角)을 말하며, 향(向)
은 지형적으로 길(吉)한 특정지점인 혈(
穴)이 가리키는 정면의 방향을 함께 이
르는 말이다.

824) 십이포태(十二胞胎) 중 생(生), 왕
(旺), 관(官)은 대길(大吉)로, 양(養), 대(
帶), 쇠(衰)는 소길(小吉), 포(胞), 태(胎),
욕(浴)은 소흉(小凶), 병(病), 사(死), 묘(
墓)는 대흉(大凶)으로 본다.

제8장 어딜 가나 남녀노소 – 방위와 음양오행

1절 풍수방위의 개념

방위란 공간의 어떤 점이나 방향이 한 기준의 지점(穴혈)에 대하여 나타내는 어떠한 쪽의 위치 즉, 인간이 지니고 있는 공간의식의 한 형태를 말한다. 흔히들 방위를 본다거나 방위를 맞춘다거나 방위감각이 무디다라고 할 때는 반드시 특정한 지표상의 지점을 두고 하는 말이다.

방위와 관련된 내용은 문학작품에서도 많이 등장한다. 예를 들면 박경리의 토지에 '부엌과 안방, 널찍한 대청과 작은방으로 안배된 위채는 방위가 남향이었고….' 한무숙의 만남에서는 '넓고 반듯한 반석을 중심으로 황, 청, 홍, 흑, 백의 오색번五色幡이 각기 그 빛깔이 상징하는 방위에 따라 세워지고, 반석 위에는 숯을 두껍고 편편하게 깔았다.'는 내용이나 한승원의 해일에서 '자세히 보니 봉화대 가장자리로 어깨를 추연하게 늘어뜨린 깃발들이 있었다. 여덟 방위에 각기 다른 색깔의 기旗들이 서 있었다'처럼 방위의 개념은 우리 생활과 밀접한 관련을 갖고 있다. 우리 인간은 움직이는 그 자체가 방위에 따른 행동으로 방위를 모르고는 길을 찾기조차 힘들다.

또한 민속학적으로나 풍수지리적으로 방위는 음양陰陽, 오행五行, 간지干支, 팔괘八卦 따위를 배치하여 사람의 길흉화복과 결부시킨 방향을 나타낼 때 활용된다. 이와 관련된 문학작품의 경우에서도 방위는 어김없이 등장한다. 서기원의 마록열전에서는 '여차여차한 사정이라 반드시 작은 마누라를 얻어야겠는데 방위方位는 어떠하며 무슨 성을 피해야 좋은지 교시해 주십사고 했다'라는 내용과 송기숙의 녹두장군에서 '특히 이 묏자리를 봐 준 사람들은 그 은혜를 두고두고 잊지 못했다. 부모를 묻으면서 방위도 못 보고 묻는다면 이만저만 가슴 맺힐 일이 아니라……' 라는 내용이 등장하는 것만 보더라도 방위를 모르면 일상적 삶을 누리는데 불편함이 많을 수밖에 없다. 방위는 곧 사람들의 삶을 지배하는 시간적이고 공간적 개념이었다.

2절 방위의 배정

방위는 보통 방향과 같은 의미로 쓰인다. 고대 중국에서는 방위를 12지支로 표시하여 자子와 오午로 이어지는 선을 자오선이라 하고, 자오선의 양끝인 자子와 오午를 각각 북과 남으로 했다. 또한 자오선과 직각으로 교차하는 선의 양끝인 묘卯와 유酉를 각각 동東과 서西라 했다. 그리고 이 두 선이 교차하여 생기는 각 90°를 2등분하여 각각 북동에 간艮, 남서에 곤坤, 북서에 건乾, 남동에 손巽의 방위를 정하고, 이를 8방위라 했다. 12지支는 북의 자子로부터 시작해서 동東을 향하여 북북동의 축丑, 동북동의 인寅, 동東의 묘卯, 동남동의 진辰, 남남동의 사巳, 남南의 오午, 남남서의 미未, 서남서의 신申, 서西의 유酉, 서북서의 술戌, 북북서의 해亥로 배치하였다.[825] 그 사이사이 북동에 간艮, 남동에 손巽, 남서에 곤坤, 북서에 건乾을 배치하여 12지支 8간干 4유維로써 24방위를 정한다.

우리 민족은 이들 방위에 특별한 기운이 있다는 믿음이 오랫동안 풍

825) 음의 12지에 양의 10간을 배정하였다. 10간인 갑을병정무기경신임계 가능제 무기토는 중앙으로 자리 하므로 나머지 8간에 4유괘인 건곤간손을 도입하여 12천간을 구축하여 12지지와 상배시켰다.

수적으로 민간에 전해져 왔다. 즉 인간의 길흉은 사람이 살고 있는 집의 방위나 앞으로 가야 할 방위에 따라서 결정된다는 믿음이 그것이다. 따라서 집을 새로 짓고, 이사하거나 여행길에 나설 때 방위에 대한 길흉을 확인하기도 한다. 방위의 길흉은 북동방의 간방艮方에 해당하는 귀문鬼門과 같이 고정적인 것과 한 해 가운데 유덕有德한 곳에 있다는 세덕歲德의 방위와 같이 매년 변하는 것이 있다.

3절 방위의 시·공간성

인간은 자기가 처한 공간에 대해 무분별한 지각만을 가지고 있지 않다. 모든 대상 인식이 그렇듯 공간도 인간의 경험 속에 수용되기 위해서는 그 나름의 인지 범주를 전제한다. 방위는 그러한 계기에서 비롯해 설정되는 인식 양태이며, 결과적으로 그러한 양태에 의해 공간은 실제적 경험 내용으로 수용된다. 방위를 전제하면서, 동시에 방위에 의해 인식되는 공간 경험이 시작된 것은 역사·생물학적으로 직립원인直立猿人의 출현과 때를 같이한다고 주장되고 있다. 인간의 수직적인 모습은 앞[826]을 고정하게 했고, 따라서 뒤[827]를 앞과의 상대적인 음양적 관점의 좌향坐向으로 인지하게 했으며, 나아가 이로부터 비롯한 양 옆, 곧 좌우를 지각하게 함으로써 공간이라는 인식된 방위를 범주로 하여 정리하기 시작한 것이다.

그런데 이러한 사실은 비단 전후좌우의 방위만이 아니라, 전후좌우를 인식하는 자리, 곧 중심을 지각하게 되었다는 것은 풍수적으로 매우 중요한 의미를 갖는다. 그러므로 방위의 지각 혹은 방위의 설정은 중심의 지각을 가능케 하였을 뿐만 아니라 중심의 승인이 없이는 불가능한 것이기도 하다. 방위는 특정한 점을 기점으로 설정할 때 만이 측정가능한 것이다. 이러한 공간지각은 또한 위의 상上과 아래의 하下에 대한 지각도 가능하게 한다. 그러므로 방위는 근본적으로 전·후·좌·우·상·

826) 前전, 向향

827) 後후, 坐좌

하 및 중심을 축으로 하는 입체적으로 구성된다. 이와 같은 사실을 근거로 방위는 임의의 중심인 풍수에서의 혈로부터 주위의 공간을 두루 살피면서 그 공간 자체를 일정한 방향으로 분할하고 구분해 얻어진 공간 인식의 한 형태라고 할 수 있다.

따라서 방위는 일반적인 공간인 실제적 나침반[828]에서의 지각과는 다른 특성을 지닌 것으로 구분될 수 있다. 일반적인 실제적 공간 경험은 산이라든가 바다라든가 하는 유기적 공간, 또는 넓다든가 좁다든가 하는 지각적 공간으로 인지되는 데 반해, 방위로서 경험되는 공간은 상징적 공간[829]이라고 할 수 있다. 따라서 방위는 보다 세분한다면, 한편으로는 지구의 자력磁力에 의해 결정되는 자연과학적 방위, 곧 기하학적 공간인 자침상의 실질적 방위와 연결되며, 또 한편으로는 비등질적 방위로써 음양과 오행론을 적용한 풍수적지리적 방위 곧 상징적 방위 공간과 연결된다. 그러므로 비록 전·후·좌·우·상·하·중심 혹은 동·서·남·북·상·하·중심 등으로 동일하게 방위가 표현된다 할지라도 기하학적인 실질적 방위와 상징적 방위는 공간 인식의 형태인 풍수적 방위 안에서 극히 대조적이고 상이한 존재의미를 갖는다. 실질적 방위가 실용적 효용성을 추구하는 데 반해, 상징적 방위는 실질적 방위를 실제로 수용하면서 존재론적 의미를 부여한 상징적 방위로써 풍수공간의 질서화를 추구했다.

4절 방위의 우주관

방위의 문화사적 의미는 우주의 구조화 기능을 수행한다는 사실에 있다고 할 수 있다. 인간은 무한하고, 미지로 가득 찬 위협적인 확장 안에서 공간을 경험한다. 그러한 경험은 맹목적이고 무의미 하게 주어지는 공간세계를 실증하면서 삶을 혼란스럽게 한다. 그런데 방위는 이러한 혼돈을 의미 있는 질서로 구조화한다. 방위로 인해 인간은 자기 자리, 곧

828) 실질적 방위

829) 상징적 방위

중심인 혈으로의 회귀를 유지할 수 있으며, 혈인 자기로부터 비롯하는 자기의 확장을 수행할 수 있다. 보다 구체적으로 이 같은 방위는 문화적 필요, 역사적 환경, 생태학적 가능성 등과 연결해 인간의 삶을 정황 지으려는 근원적 과정을 시현한다. 방향 설정은 공간 안에서 인간의 실존이 지닐 적합성을 규정하는 의도적 행위이기도 하다. 그러므로 공간 분할의 기본적인 축인 전·후·좌·우·중심·상·하, 혹은 동·서·남·북·중심·상·하 등은 다시 방위를 결정하는 구체적 정황 속에서는 기후의 춥고[830] 더움[831]과 연결되는 생태적 조건이라든지 사회 구조와 공간 표상이 대응되는 사회적 조건에 의해 현실화한다.

　따라서 문화나 민족에 따라 무엇을 정면인 향으로 대하고, 후면을 좌로 삼느냐가 다르게 결정되면서 방위는 스스로 결정 조건을 달리하게 된다. 결국 방위를 이해한다는 것은 그것이 자연과 문화를 일체화시키는 근원적인 세계인식의 일부를 이루고 있기 때문에 인류의 문화와 그 문화적 특성을 기술할 수 있는 중요한 지표가 된다. 공간을 방향 지음으로써의 방위는 질서 지워진 세계 안에서 살려는 인간의 욕구, 주변사물, 더 구체적으로는 공간으로 표징表徵되는 환경과의 의미 있는 관계를 유지하려고 한다. 이러한 의지는 인간이 처해 있는 총체적 정황 안에서 자기 자리 및 자신에 대한 인식을 음양오행과 시간, 그리고 일기日氣에 대한 표상을 상징하고 있기 때문이다. 방위는 그것이 인간의 존재론적 근거를 인식하기 위한 현실적 경험이라는 이유 때문에 삶 자체의 의미화 또는 질서화라고 할 수 있는 역易의 변화원리와 기氣의 작용에 의한 풍수적 지리관과 불가분리의 관계를 지닌다. 방위는 동양적 세계관을 위한 현실적이고 구체적 상징으로 기능하고 있는 것이다.

　방위는 공간 분할뿐만 아니라, 그렇게 분할된 공간에의 일정한 방향적 지향은 개인이나 공동체, 그리고 우주를 위한 근원적인 존재론적 경향성을 시사하는 것이다. 그러므로 특정한 방위를 지향하는 것은 나와 자연환경과의 조화성, 그리고 음양과 오행기의 상극이 아닌 상생성을 향한 신성지향神性志向이라고 할 수 있으므로 공간의 성화聖化이기도 하고,

830) 陰氣음기: 金水氣금수기

831) 陽氣양기: 木火氣목화기

공간을 통한 신성현현神聖玄玄에 대한 반응이기도 하다. 이러한 사실 때문에 방위와 인간, 자연환경과의 관계 속에서 혈이라는 특정한 지점을 통해 나와 각 방위가 자연과 상생하는지의 여부는 풍수적 우주관이다.

이러한 사실은 동양적 지리관 속에서 두 가지 다른 모습으로 나타나고 있다. 첫째는 공간 전체 또는 경험되는 지리적 환경을 신성한 초월적 원칙에 의하여 질서 지워진 것으로 인식하고 수용하는 신성지리神聖地理(sacred geography)적 지각양태이다. 그것은 지리와 생태학적 공간을 지탱해 '의미의 지도地圖'를 그리게 해줌으로써 풍수적 우주관을 가능하게 한다. 풍수적 우주관은 가옥·마을·도시 등이 질서지워진 소우주小宇宙라고 하는 세계관이나 그러한 지상의 현실을 천상天上의 원형(celestial archetype)을 모방한 것, 또는 재현한 것이라고 하는 천지일체사상天地一體思想 속에서 구체화되고 있다. 둘째는 방위신앙이라고 할 수 있을 방위 자체에 대한 독특한 철학적 이기理氣 규범의 요청과 그에 대한 봉헌의 자세이다. 방위의 설정과 그로부터 비롯하는 공간의 구조화는 방위에 의해 규제되는 실존적 태도를 유발하고, 그러한 태도는 풍수방위론으로 구체화되면서 방위에 의한 규범적 행위를 실제적인 삶 속에서 수행하도록 하는 것이다. 따라서 방위의 원칙에 의한 풍수방위론은 의례적 행위의 정당성을 시사하는 중요한 근거, 곧 의례 행위를 설명할 수 있는 가능성의 근거가 된다.

이상의 두 경우에서 중심은 방위 개념의 가장 중요한 위치인 혈을 점하고 있다. 혈은 수직적 경도 방위와 수평적 방위인 위도의 교차가 이루어지는 방위의 원점이 되면서 중심은 전후좌우라는 각 방위를 그 종개념縱概念으로 거느리게 되고, 그렇게 설정된 방위에 의해 중심인 혈은 방위 설정의 근거가 되면서 중심의 상징은 우주공간상의 중심적 상징으로 기능한다. 혈이라는 중심의 상징은 신성神聖을 지향하려는 인간의 종교적 필요를 보여주는 것이면서 그 종교적 요청의 충족을 드러내는 것이기 때문이다. 결국 혈에 근거한 방위의 설정은 혈의 중심을 확인하기 위한 것이고, 다시 확인된 혈로부터 비롯하는 새로운 공간, 곧 360° 상의 공간은 우주의 확보이다. 따라서 중심은 공간의 원점임과 아울러 4계절과 24절기의 기점이기도 하고, 공간상의 기점이며 방위의 시간적 표상마저도 가능하게 한다. 그러나 그 중심인 혈은 정태적靜態的인 것이 아니다. 그것은 일정한 방향을 지향하는 동태적動態的 움직임의 기점이다. 동시에 역설적으로 그것은 그렇게 지향된 방위가 귀결하는 또 하나의 방위이기도 하다. 그러므로 중심을 포함한 각 방위는 각기 상생의 대상으로 구체화된다. 예를 들면 삶의 현실성, 곧 길흉화복吉凶禍福은 방위와의 관련을 통하여 체계화되는 풍수사상 속에서 마침내 우주론적 해답의 상징체계를 구축한다. 방위는 풍수사상에서 땅의 이치인 지리地理와 한국인의 지리철학을 존재하게 하는 불가결한 요소가 되고 있는 것이다.

5절 방위의 종교성

고고학적 발굴에 의하면, 구석기인들의 시체는 동쪽을 향해 매장되고 있는 것으로 지적되고 있다. 특정한 방위를 향한 이 같은 매장 의례는 그들의 삶이 지닌 종교문화와 무관하지 않으리라는 추측을 가능하게 한다. 동쪽이 태양의 운행과 맺고 있는 상징성으로 인식할 때 그러한 매장의례는 죽음 이후의 생명에 대한 신앙의 공간적 표상, 곧 방위신앙에 의한 영생희구의 구체화로 해석될 수가 있는 것이다. 이슬람의 전통에 의하면, 지상에서 가장 높은 곳은 카아바(Ka'aba)신전이다. 그런데 이 신전은 북극성을 마주 향하고 있어 신성한 곳으로 여겨진다. 그래서 그곳은 정상頂上이고 중심이며 방향 지워진 자리이고, 그렇기 때문에 기도할 때 향해야 할 곳이기도 하다. 기도의 방향이 카아바를 향함으로써 삶은 분명한 방위를 지향하게 되고, 그 북향北向의 상징은 삶과 세계의 질서화를 구현한다. 유대 그리스도교적 전승에서는 해 돋는 쪽, 즉 동방이 언제나 정면이다. 따라서 해가 지는 곳인 서방은 언제나 후면이다. 그러므로 동방향(orientation)은 세계 안에서의 자기 자리의 정립을 상징한다. 로마에서는 땅(mundus)을 언제나 동서남북의 넷으로 나누었다. 그것은 동양의 지방地方사상과 일치한다. 그러나 그 땅은 동시에 하늘과 땅 아래를 잇는 곳이기도 하였다. 따라서 로마문화가 수용하고 있는 방위도 중심을 포함한 동·서·남·북·상·하로 정리할 수 있다. 힌두교 전승이 지니고 있는 방위 개념은 만다라(mandala)의 도상圖像을 통해 구체화되고 있다. 역사적으로 변천해 간 다양한 전개 과정에도 불구하고 중심을 비롯한 동서남북의 다섯 방위와 그 사방四方이 다시 세분되는 팔방八方 등은 기본적인 공간 분할 형식으로 지속되고 있다.[832]

불교에서도 이와 비슷한 방위 개념과 방위신앙이 나타나고 있다. 동서남북, 동남·서남·서북·동북, 그리고 상하의 십방十方은 불교에 나타난 공간 분할의 기본 구조이다. 사천왕四天王은 세계의 중심에 위치하고 있다고 생각되는 수미산須彌山의 중턱에 있는 사왕천四王天의 주신主神인 네 명의 외호신으로 불법佛法에 귀의하는 사람들을 수호하는 호법신이다.

사왕천은 동쪽의 지국천왕持國天王, 서쪽의 광목천왕廣目天王, 남쪽의 증장천왕增長天王, 북쪽의 다문천왕多聞天王[833]을 말한다. 사천왕이 지니고 있는 물건은 일정하지 않으나 지국천왕은 보검寶劍을, 증장천왕은 용·여의주 또는 새끼줄(絹索견삭)을, 광목천왕은 보탑寶塔을, 다문천왕은 비파琵琶를 받쳐 든 모습이 보편적이다. 경상남도 양산시 통도사通度寺의 목조 사천왕상, 경상북도 경주시 석굴암의 석조 사천왕상이 유명하다. 한국의 사찰에서는 일주문一柱門과 본당 사이에 천왕문을 세워, 그림으로 또는 나무로 깎아 만든 사천왕의 조상彫像을 모시는 것이 일반적이다. 불교에서 이상향의 공간 개념은 서방으로 나타나고 있다. 비록 천상天上·천락天樂 등의 수직이 없는 것은 아니지만, 상하의 수직적인 공간 분할 개념과는 다른 평면적 분할로서의 서방이 극락의 위치로 서술되고 있다.[834]

풍수에서의 현무玄武 또는 주산이나 부모산이 위치한 북방이 신성한 공간으로 여겨지는 사례는 도가道家에서도 구체화되고 있다. 도가의 초

832) 예를 들면 금강계(金剛界) 만다라에서는 중앙의 대일여래(大日如來), 동방의 아축불(阿閦佛), 남방의 보생불(寶生佛), 서방의 아미타불(阿彌陀佛), 북방의 불공성취불(不空成就佛) 등이다.

833) 毘沙門天王비사문천왕이라고도 한다.

834) 《아미타경 阿彌陀經》에서 이야기되는 도솔정토(兜率淨土)라든가 미타정토(彌陀淨土)는 방위상 서방이어서 서방정토로 이해되고 있다. 이 같은 사실은 같은 문화권에 속한 힌두교 전승 신화, 즉 마하바라타(mahabharata)에서 나타나고 있는 낙원인 울단월(鬱單越, Httra—kuru)이 북방에 있는 것으로 묘사한 《대루탄경 大樓炭經》의 주장과는 상당한 다름을 노정하고 있어 흥미롭다.

835) 보다 정교한 분할은 황상천제(皇上天帝) · 삼극대군(三極大君) · 팔방제신(八方諸神) · 좌동왕부(左東王父) · 우서왕모(右西王母) · 오방오제(五方五帝) 등으로 묘사된다.

제청사醮祭靑詞에서는 북방이 북두칠성으로 상징되고 있다. 그런데 북두청사北斗靑詞에 의하면, 북두는 옥황상제가 있다는 중천中天을 돌며 만물을 지상인 하계下界에 안정하게 하는 것으로 설명되고 있다. 따라서 북두는 북北의 방위이면서 우주의 중심이 되고 있어 근원적인 방위, 곧 중심 방위의 기능을 수행하고 있는 것이다.835)

북두성 경배는 도가의 중요한 실천적 의례의 하나였고, 그 신전이라 일컬을 수 있는 소격서昭格署의 위치도 언제나 북방에 위치하게 하였다. 우리 나라의 경우 소격서가 서울의 북쪽인 삼청동三淸洞에 있었던 것이 그 하나의 예이기도 하다. 중국문화는 방위에 대한 종교적 상징성을 가장 풍부하게 지니고 있는 문화의 전형이라 할 수 있다. 복사卜辭에 보면, 상제上帝는 방신方神을 거느리고 다시 그 방신은 신의 뜻을 전달하는 방향 지향적인 풍신風神을 거느린다. 여기에서 이른 바 사방풍신사상이 대두된다. 그런데 중요한 것은 이렇게 상징화된 사방풍신四方風神사상을 통해 방신方神에 대한 제사뿐만 아니라, 왕권의 강화라든가 치세治世의 원리가 형성된다고 하는 사실이다. 방위는 공간 분할의 수단만이 아니라, 우주의 질서화를 위한 근원적인 기능을 수행하고 있음을 드러내주고 있는 것이다.

사왕천도 ▶

지국천왕   광목천왕   증장천왕   다문천왕

6절 방위의 상징성과 풍수

회남자淮南子[836]의 천문훈天文訓에서 언급되는 오행과 방위를 보면, 방위는 동·서·남·북·중앙의 오방으로 배정하고, 그 각각의 방위에는 오행의 본질, 신神, 동물, 소리, 형상 등으로 상징적 의미를 부여하고 있다. 방위와 관련하여 또 한사람인 한漢의 위상魏尙은 방위신을 기능적으로 분별하였다. 동방의 神신 태호太昊는 진震을 타고 규規를 잡아 봄(春춘)을 맡았고, 남방의 신 염제炎帝는 이離를 타고 형衡을 잡아 여름(夏하)을 맡았으며, 서방의 신 소호少昊는 태兌를 타고 구矩를 잡아 가을(秋추)을 맡았다. 북방의 신 전욱顓頊은 감坎을 타고 권權을 잡아 겨울(冬동)을 맡았으며, 중앙의 신인 황제黃帝는 곤간坤艮을 타고 승繩을 잡아 땅(土토)을 맡았다고 설명하고 있다. 그러나 중국문화에서 방위에 대한 상징적 해석의 기본 토대는 역易의 방위 해석이다. 근원적으로 하도河圖와 낙서洛書에 근거한 복희伏羲의 선천팔괘방위도先天八卦方位圖와 문왕文王의 후천팔괘방위도後天八卦方位圖로 각기 나누어져 불러지는데 선천팔괘방위도는 우주창조의 상생원리이며 후천팔괘도는 창조이후 만물의 변화에 대한 상극원리에 대한 논리체계라고 할 수 있다.

이러한 역易의 방위에 대한 이해는 단순한 공간 분할의 상징체계일 뿐만 아니라 그것이 그렇게 분할될 수 있다는 사실의 형이상학적 기초를 주장함으로써 방위에 의한 대대법對待法·배합법配合法·수상론數象論 등 동양철학의 진수를 담고 있기도 하다. 태극太極·양의兩儀로부터 사상팔괘四象八卦가 생성했음을 주장하는 논리가 바로 그것이다.

각 방위에 대한 음양오행의 배분은 일정하지가 않다. 방위에 따라 일률적으로 음양을 결정짓는 방법이 정해져 있는 것은 아니다. 그러나 전방위全方位를 24등분해 일양시생처一陽始生處인 정방위正方位를 자방子方으로 한다. 이로부터 오른편으로 돌아 계방癸方·축방丑方·간방艮方·인방寅方·갑방甲方·묘방卯方(正東정동)·을방乙方·진방辰方·손방巽方·사방巳方·병방丙方·오방午方(正南정남)·정방丁方·미방未方·곤방坤方·

836) 중국, 전한의 종실의 한 명인 회남왕, 류안(劉安, 기원전 179~기원전 122)을 말한다. 류안은 막하에 많은 문인·학자를 거느렸다. 그의 저서는 회남자 전21편. 본서는 도가의 〈도(道)〉의 사상을 중핵으로서, 그들이 보유하는 해박한 지식을 널리 결집해서 편찬한 것. 원래는 단순히 〈내서(内書)〉라고 하고, 〈홍렬(鴻烈)〉이라고도 불렸다. 그 내용은 「노자」의 〈도〉와「장자」의 〈진(眞)〉의 사상을 의거로서, 현실세계의 근원을 논하는 〈원도(原道)〉·〈숙진〉의 2편으로 시작되며, 이어서 그 근원에서 현실세계가 형성되어 변화하는 과정을 천인상관설(天人相關說)과 음양오행설의 이론에 의거하여 논하는 〈천문〉, 〈지형〉, 〈시칙〉 3편을 배치하고, 이하현실세계의 양상을 정치론, 인생론부터 전략론 등에 걸쳐서 무위·정정과 외계에 대한 인혼(因婚)을 취지로 하는 도가사상을 기조로, 유가·법가를 비롯한 제자백가의 사상을 인용하고, 다양하게 중복을 마다하지 않는 논증에 의해서 범론하는 것이다.

신방申方 · 경방庚方 · 유방酉方(正西정서) · 신방辛方 · 술방戌方 · 건방乾方 · 해방亥方 · 임방壬方 · 자방子方(正北정북)으로 되돌아오는 각각의 방위영역 15° 24개의 공간 분할의 이해는 그것이 지닌 상징적 방위 개념과 더불어 실제적인 방위 개념으로 사용되고 있다. 따라서 이십사 방위에는 음양 · 오행 · 팔괘중 4유維[837] · 십간十干중 8간干[838] · 무기戊己 · 십이지十二支 등 이 모두 들어 있다. 중요한 것은 이 때 방위는 태양의 움직임과 관련을 맺고 있어 시간과 계절이 방위와 대응관계를 맺고 있음을 보여주고 있어 공간 분할의 존재론적 근거를 확인하게 한다는 사실이다.

7절 방위와 무속신앙

우리 나라의 전통적인 종교 의례의 하나인 무속신앙에서도 방위는 중요한 상징체계로 기능하고 있다. 무속신앙의 방위 개념은 근본적으로 수직적 공간구조로 이루어져 있어 천상天上 · 지상地上 · 지하地下로 나누어진다. 언제나 지상이 중심이 되어 있고, 그 중심은 무당이 닫혀져 있는 우주를 뚫어 위아래를 오갈 수 있는 출구가 된다. 그러나 무속의 현실적 공간경험은 역시 수평적이다. 풍수문화로부터 취용되었으리라고 이해되는 방위신에 대한 제의가 굿의 연행演行과정에서는 보다 구체적으로 나타나고 있다. 이 방위신은 오방신장五方神將 또는 오방장군五方將軍이라 불리어지기도 하고 단순히 오방신五方神으로 호칭되기도 한다. 방위가 신격으로 구체화되어 섬김의 대상이 되고 있는 것이다. 또한 오방기五方旗는 동 · 서 · 남 · 북 · 중앙의 방위신을 각기 색깔로 표현하는 깃발인데 방위에 따라 청靑 · 홍紅 · 백白 · 흑黑 · 황黃색으로 나타낸다. 그러나 오방신장은 엄격한 의미에서 방위신 자체는 아니다. 동 · 서 · 남 · 북 · 중앙의 다섯 방위를 모두 지키는 공간 자체의 수호신이라고 할 때만이 기능을 갖는다. 따라서 굿의 신장거리에서 모셔지는 오방신장은 방위를 지키는 단일한 신격으로 모셔진다.

837) 乾坤艮巽건곤간손

838) 戊己무기는 土토로 중앙을 상징하므로 방위배정에서는 제외되었다.

무신도巫神圖에 나타나는 오방신장은 언제나 붉은 복장을 하고 있고 손에는 청룡언월도靑龍偃月刀를 들고 있는 장군의 모습으로 그려지고 있다. 질서 있게 된 공간은 삶의 의미가 근원적으로 승인되고 긍정되는 존재의 전제이기 때문이다. 그렇게 질서 지워진 채 유지되기를 희구하는 염원에서 질서 있게 된 공간의 수호신을 힘이 극대화된 신격, 곧 장군신으로 구체화된다. 그러한 신격에 대한 제사의례(祭儀제의)가 물음을 해답으로 전이轉移하려는 굿 전체 과정에서 중요한 하나의 제차祭次, 즉 행위로 집전되고 있는 것이다. 굿에서 시행되는 방위신앙의 또 다른 예로는 정화淨化의례를 들 수 있다. 사방四方에 물을 뿌리는 이 의례는 사방이 질서 있는 공간임을 확인하거나 공간 자체의 질서화를 위한 제의祭儀이기도 하다. 사방은 곧 공간의 총체적 상징으로서 우주인 것이다. 조선후기의 실학자인 이익李瀷의 『성호사설』에 의하면, 각 방위를 관장하는 신으로 오방신을 일컫고 있는데, 이는 근본적으로 중국문화의 방위신을 수용하고 있는 것이다.[839] 즉, 오방신의 명칭은 동·서·남·북·중앙에 따라 각기 태호·소호·염제·전욱·황제黃帝이고, 오방의 정사政事를 맡은 제왕으로는 복희伏羲·금천金天·신농神農·고양高陽·헌원軒轅을 들고 있다.

8절 방위와 신神

중국문화의 전래와 아울러 지속되고 있는 또 다른 방위신으로는 십이지신十二支神을 들 수 있다. 중심을 제외한 사방의 보다 세분된 방위로서의 십이지는 자子·축丑·인寅·묘卯·진辰·사巳·오午·미未·신申·유酉·술戌·해亥로, 각기 쥐·소·호랑이·토끼·용·뱀·말·양·원숭이·닭·개·돼지 등의 동물로 상징화되고 있다. 이 동물들은 각 방위의 수호신적인 기능을 가지고 있다. 예를 들면, 신라의 성덕왕릉聖德王陵, 그리고 문성왕릉文聖王陵으로 전하는 괘릉掛陵, 김유신 장군 묘와 조선

839) 한라라 위상魏尙이 기능적으로 구분한 방위신을 그대로 수용하였다.

왕릉 등의 판석板石에는 십이지신상을 조각해 각 방위를 맞추어 돌아가며 장식을 하고 있거나 글자를 새겨 넣었다. 이는 일정한 공간을 점유하고 있는 능을 12궁 30°씩 수호하는 총체적 방어, 곧 능의 수호신적 기능을 각 방위신이 담당하고 있음을 보여준다. 그리고 이 때 능은 그 방위를 통한 공간 분할에 의해 중심의 상징으로 부상된다.

사방신이나 오방신 이외에 육방六方에 대한 사상도 우리의 민속 속에 담겨 있음을 확인할 수 있다. 허난설헌許蘭雪軒의 광한전백옥루廣寒殿白玉樓의 상량문上樑文에 보면, 그녀는 동·서·남·북·상·하의 육방에 대한 이른바 선상仙想의 지극한 아름다움[840]을 칭송하고 있다. 이는 방위 개념이 수평적이지만은 않았다는 사실을 실증하는 것이다. 이러한 수직적 방위의 첨가는 장승의 경우에 더 뚜렷하게 나타난다. 일반적으로 장승은 마을을 향해 오른편에 천하대장군天下大將軍, 왼편에 지하대장군地下大將軍을 세운다. 그러나 장승제의 경우, 남우男偶는 동쪽에 세우고 천상천하축귀대장군지위天上天下逐鬼大將軍之位라고 일컬으며, 여우女偶는 서쪽에 세우고 동서남북축귀대장군지위東西南北逐鬼大將軍之位라고 일컫는다. 수직적인 공간 분할과 수평적인 공간 분할이 아울러 이루어짐으로써 귀鬼로 상징되는 혼돈의 세계가 질서 있게 되는 것이다.

그러나 일반적으로 방신方神이라 할 때에는 특정한 방위신을 지칭하기보다는 지극地極에 있으면서 바람인 풍風을 출입시키는 신에 대한 일반적인 호칭을 의미한다. 영동할머니[841]는 그러한 방신方神이 구체화된 한 예이다. 신라에서는 방위에 대한 제祭와 제장祭場이 분명하게 되어 있었다.[842] 여러 신에 대한 제사를 드리는 곳[843]인 큰 산山[844], 바다[845], 강[846] 등도 방위에 의해 동·서·남·북·중앙의 다섯 곳이 언제나 선택되었다. 또한 명산대천名山大川도 각 방위에 따라 선택되었던 것이 전통적인 사실이었다.

방위에 대한 속신俗信은 삶의 통과의례通過儀禮적인 계기에서도 언제나 전면에 대두된다. 출산할 때 대체로 아기의 머리는 남향하게 하고, 산모의 머리는 북향하게 한다. 그러나 지역에 따라서는 아기를 낳는 날,

840) 極美극미

841) 이월 초하루 영동할머니가 내려오는 날을 달리 부르는 말. 영동날이라고도 한다. 영동할머니가 딸을 데리고 오면 바람이 불고, 며느리를 데리고 내려오면 비가 온다. 진안에서는 고운 할머니가 내려오면 비도 곱게 오고 바람도 곱게 불지만, 시끄러운 할머니가 내려오면 바람이나 비가 세게 불고 요란스럽다고 한다. 전북에서는 2월 초하룻날에 비가 오면 '비영등드린다'라고 하며, 바람이 불면 '바람영등드린다'라고 하여 밥을 하고 보리뿌리를 캐다가 볼 구덩이해서 정지(부엌)에다 놓고, 색색의 헝겊조각을 대나무에 꽂아놓고 지낸다.

842) 제명(祭名)은 사진제(四鎭祭)라 했고, 제장으로는 동의 온매근(溫沫懃), 남의 해치야리(海恥也里), 서의 가야산갑악(伽倻山甲岳), 북의 웅곡악(熊谷岳)이었다.

843) 致祭處치제처
844) 악嶽
845) 해海
846) 독瀆

곧 시간과 아기의 머리 방향의 공간을 아울러서 직조織造[847]하게 함으로써 그 출생에 따르는 행복의 기원을 상징화하기도 한다. 그래서 낳은 날이 자오묘유일子午卯酉日일 경우에는 아기의 머리를 서남향하게 하고, 진술축미일辰戌丑未日일 경우에는 동남향하게 하며, 인신사해일寅申巳亥日일 경우에는 서북향하게 하여 대길大吉할 것을 기대한다.

9절 방위와 관혼상제

847) 기계나 베틀 따위로 피륙을 짜는 일.

848) 관례(冠禮)의 삼가례(三加禮) 가운데 첫째 절차. 갓을 쓰고 단령(團領)을 입고 허리에 조아(條兒)를 띠었다.

849) 관례(冠禮)를 치른 남자. 또는 정년(丁年)에 이른 남자.

850) 관례 때에 세 번 관을 갈아 씌우던 의식. 또는 관례(冠禮)의 삼가례(三加禮) 가운데 셋째 절차. 복두를 쓰고 공복을 입었다.

851) 관례(冠禮)에서, 마지막으로 행하는 의식. 복건을 쓰고 난삼을 입고 신을 신는 의식인 삼가(三加)가 끝난 뒤에 행하는 축하연을 이른다.

852) 장례 전 영좌(靈座) 앞에 간단한 술과 과일을 차려 놓는 예식.

853) 합사祫祀의 뜻. 즉 둘 이상의 혼령을 한곳에 모아 제사지내거나 합장하다의 뜻.

관혼상제冠婚喪祭에서의 방위는 그 의례의 완벽한 집전執典을 위해 엄격하고 분명하게 규정되는 것이 상례이다. 공간의 질서화를 통해 삶의 계기들이 완성될 수 있도록 하는 것이다. 관례를 행하는 경우 초가初加[848]에서 관자冠者[849]는 반드시 남향하여 앉는다. 삼가三加[850]가 끝나고 초초醮[851]에 이르면, 관자는 자리를 옮기는데 잠시 서西로 하였다가 다시 남향한다. 빈賓은 관자에게 읍揖하며 자리 오른쪽으로 나아가 남향해 취주取酒하고, 관자 앞으로 가서 북향하여 축사를 한다. 그러면 관자는 재배再拜하고 자리에 올라 남향하여 잔을 받는다. 빈이 자리에 가서 동향東向하여 답배하면 관자는 남향하여 재배한다. 혼례의 대례大禮 때에도 일반적인 정위正位는 동남서녀東男西女 혹은 서동부서婿東婦西이다. 그렇지 않은 경우에는 서북부남婿北婦南으로 하여 신랑이 북에서 남을 향하고 신부가 남에서 북을 향한다. 모두 음양이론에 의한 것이다. 상례의 경우, 시수屍首는 남쪽으로 둔다. 전奠[852]은 시체의 동쪽에 둔다. 신주를 사당에 모시는 부祔[853]의 경우, 증조고비曾祖考妣의 위位는 북쪽에서 남향해 설設하고 사자死者의 위는 동쪽에서 서향해 배설한다. 사당의 위치는 정침正寢의 동쪽으로 하고, 사당의 향배向背는 어디로 하든지 앞은 남, 뒤는 북으로 삼는다. 신주는 서쪽에서부터 고조고비高祖考妣를 모셔 차례로 한다. 모든 제례에서 신위神位는 북쪽에서 남향하며, 고서비동考西妣東으로 한다.

10절 방위와 풍수사상

전통 문화 가운데 한국인의 속신俗信을 지배한 가장 대표적인 방위신앙은 풍수사상風水思想에서 꽃을 피운다. 풍수지리라든가 풍수도참風水圖讖이라고 불리어지는 이 사상은 지형이나 방위를 통해 인간의 길흉을 판단하고자 하는 것으로 그 기본적인 것은 산·물·방위·사람이다. 방위와 연관된 것은 풍수사상 중에서도 좌향론坐向論으로 체계화되어 있다. 그러나 좌향은 등진 방위(坐좌)에서 바라보이는(向향) 방향을 뜻하는 것이기 때문에 단순한 실질적 방위개념일 수는 없다. 그것은 자연과학적인 천체 운행에 의한 기하학적 방위인 절대 향과 지형상 시계視界가 열리는 향, 구심적인 향, 대립적인 향, 향천적向天的인 향 등 이른바 상대향을 포함하는 복합적인 상징적 방위 개념인 것이다.

풍수지리에서 사용하는 근본적인 방위는 나경羅經 혹은 패철佩鐵이라 일컫는 나침반에 의해 결정된다. 이 나침반은 풍수이론의 적용범위에 따라 여러 층으로 구성되며 3반盤 즉, 천반天盤·지반地盤·인반人盤을 중심으로 일반적인 9층 라경이 흔히 사용된다.[854] 라경의 방위 명칭은 양기陽氣를 상징하는 천간과 음기陰氣를 상징하는 지기를 상호 배합하여 이루어지고 있다.

풍수 좌향론에서는 각 방위체가 길흉을 담당하고 있는 것은 아니다. 경우에 따라 방위별로 원칙적인 길흉이 없는 것은 아니지만, 사례에 따라 방위상 길흉이 변전變轉한다. 그것이 고정되어 있는 것을 정방좌향靜方坐向이라 하고, 출입出入 행지行止와 연결된 것은 동방방위動方位라 하여 구분하기도 한다. 특히 좌향길흉 해석은 사람과 산과 물과 방위가 음양오행적 사고에 의해 조화·균형·상생相生의 관계에 있을 때 좋고, 상극적 관계에 있을 때 나쁘다는 음양오행론이 기본 원리를 이루고 있다. 또한 풍수에서는 혈穴의 사위四衛에 있는 사방의 산을 사신사四神砂라 하는데, 후방의 산을 현무玄武, 전방을 주작朱雀, 왼쪽을 청룡靑龍, 오른쪽을 백호白虎라 하였고, 이 때 혈은 언제나 북좌남향北坐南向으로 중앙을

854) 다시 방위에 따른 음양과 오행·육십사효(六十四爻)·육십갑자(六十甲子)를 붙이고, 이십팔수(二十八宿)를 배열해 천도수(天度數)를 거기에 배당시킴으로써 복잡한 분도(分度)를 마련한 것이다.

상징한다.

민속신앙에는 바람이 불어오는 방향에 따라 점세占歲하던 풍습이 있다. 정월 초하루에 남풍이 불면 가을장마가 들고, 곤방풍坤方風이 불면 그 해에 풍년이 들고, 동풍이 불면 흉년이 들며, 동지에 서풍이 불면 가을장마가 들고, 곤방풍坤方風이 불면 여름 가뭄이 든다고 믿어온 것이 그러한 예이다. 치성致誠을 드리는 경우에는 반드시 집안 어느 곳 중에서 '방위가 좋은 곳'을 택해야 했고, 가구나 집 혹은 집안의 나무의 위치가 동서남북의 방향 중 그 방향이 '잘못되어' 있으면, 그 탓으로 재앙이 있게 된다고 믿기도 하였다.[855] 방위에 대한 민속신앙, 그리고 방위가 공간 분할을 통한 우주의 총체적 정리임을 드러내는 상징적 연희演戲는 춤사위를 통해서 나타나기도 한다.[856] 이와 동일한 의식意識을 나타내는 것으로는 방울을 들 수 있다. 특히 팔두령八頭鈴 또는 팔두령동구八頭鈴銅具로 불리는 여덟모 방울은 팔통팔달八通八達을 상징하는 것으로, 천지팔방天地八方 · 우주팔방宇宙八方으로의 도달을 상징하는 것이다. 즉, 여덟모 방울을 흔듦으로써 무한한 우주, 삶의 총체적 공간을 향한 정연한 확장과 그 총체적 공간의 중심은 방울에 귀결되어 복합幅合을 확인하는 것이다.

도교적인 영향과 더불어 민속신앙에서 북방은 특이한 의미를 담고 있다. 북을 상징하는 북두칠성을 향해 칠월칠석에 아이들이 잘 자라고 집안이 평안할 것을 빈 것은 그러한 방위신앙의 단편적인 모습이다. 유장원柳長源[857]은 '상변통고常變通攷'에서 "남두성南斗星은 인간의 생生을 맡고 있고, 북두성北斗星은 인간의 사死를 맡고 있다"고 언급함으로써 방위에 대한 신앙, 혹은 방위에 대한 이념적 의미를 부여하고 있다.[858]

특히 동방은 중국인 고래古來의 낙토樂土사상과 연결해 한국인의 민속신앙과도 밀접한 관련을 가지고 있다. 동토낙원신앙東土樂園信仰이 한 예이다. 이러한 사실과 관련된 동방에 관한 독특한 태도는 유두流頭 풍속에서도 드러난다. 유월 보름날 동쪽으로 흐르는 물에 가서 머리를 감으면 불상不祥한 것을 씻는다고 믿고 있었다. 특별히 여인이 동쪽을 보고 오줌을 누는 것은 금기시 되었고, 밤에도 요강은 동쪽에 두지 않았다. 동쪽으

---

855) '동국세시기東國歲時記'에 의하면, 충청도 홍주의 합덕지合德池에는 겨울에 용이 내려와 땅을 가는데 그 용경龍耕이 남에서 북으로 이루어지면 풍년이 들고, 서에서 동으로 가면 흉년이 들며, 동서남북종횡으로 갈면 평년작이 된다고 믿고 있다.

856) 대표적인 예를 양주별산대楊州別山臺 거드름식 춤의 사방치기 춤사위를 들 수 있다. 이 춤은 춤꾼이 도포자락 또는 장삼자락을 머리위에 펴서 두 손으로 잡고 주춤거리며 돌아가는 춤인데, 동남서북 또는 북서남동으로 한 방향씩 돌며 재배한다.

857) 조선 영조 · 정조 때의 학자(?~?). 자는 숙원叔遠. 호는 동암東巖. 사마시에 합격하였으며 나중에 이상정李象靖에게 학문의 정통을 터득하였다.

858) 이황李滉도 동의 하였다.

로 뻗어 자란 복숭아 나뭇가지는 악귀를 쫓아낸다고 믿고 있었으며, 해 뜨기 전 동쪽으로 뻗은 복숭아가지를 꺾어 둥글게 해서 개 목에 걸어주면 더위를 타지 않는다고 믿었다.

방위는 공간 인식의 한 형태이면서도 상징적 의미를 부여받으면서 하나의 세계관을 이루는 기본적인 축軸으로 기능하고 있다. 따라서 방위는 일상적인 삶을 규제하는 구체적인 규범으로 현존하고 있으며, 그것은 삶의 질서화, 삶의 의미화를 가능하게 한다. 그러나 방위는 그 자연적 혹은 자연과학적 개념의 실제성을 포함하면서도 그것을 초월하는 새로운 방위의 발견, 방위에 대한 상상적 도식화, 방위 상징의 문화적 다양성에 대한 공존할 수 없는 해석의 자의성恣意性, 이러한 사실로부터 비롯하는 방위 수용에 대한 기준의 상실 등으로 인해 방위 자체에 대한 총체적인 논리적 구조화를 불가능하게 한다. 그럼에도 불구하고 여전히 방위가 공간 분할의 수단으로부터 비롯해 우주의 구조화에 이르러 마침내 삶의 지향을 가능하게 한다는 사실은 불변하다. 방위는 존재 자체에 대한 존재론적 자아 인식의 형이상학을 실천적 현상이게 하는 가장 직접적이고 구체적인 풍수적 삶의 경험내용이 되고 있는 것이다. 그러므로 방위는 그것이 가지는 상징적 차원에서 언제나 '분명한 것'이라기보다는 '분명한 것으로 승인된' 경험적 실재의 현상이자 현실적 삶의 실제라고 할 수 있다.

제9장 음양과 오행

1절 개설

우리 인간은 오행 속에 생활하고 있다. 오행이란 물질계의 대표적 질료로 설명되기도 한다. 목木인 나무와 금金인 쇠로 기둥과 문을 만들고 물인 수水로 흙인 토土를 비벼 벽과 지붕을 만들어 덮으며 불인 화火를 지펴서 생활하고 있다. 5라고 하는 숫자는 태극론에서의 무극이 1, 음양이 2, 천지인이 3, 동서남북의 4방이 4, 오행이 5로 규정되고 이 5에다 하나를 더하면 6갑甲이고, 5에다 둘을 더하면 7요曜이며, 5에다 셋을 더하면 8괘卦이고, 넷을 더하면 9성星이며, 5를 더하면 10이 된다. 10은 동서남북 사방팔방을 의미한다. 이와 같이 5를 근본으로 하는 사상은 오행뿐 아니라 오색五色, 오미五味, 오음五音, 오장五臟, 오복五福, 오곡五穀, 오상五常, 오지五指 등 적용대상은 다양하다.

인간의 신체에도 오장五臟이 있고 다섯 손가락과 다섯 발가락이 있는 것을 보면 인간은 소우주임에 틀림없다. 얼굴에도 오강五腔이 있으니 귓구멍 2개, 눈구멍 2개, 입구멍 1개가 있어 신비하기만 하다. 물과 흙이 만나면 생물이 발생한다. 여름철 비가 오면 땅에는 잡초가 자라난다. 이는 빗물과 땅이 화합하여 생기는 부산물이다. 빗물은 양의 성분이며 땅은 음의 성분이기 때문에 음양이 화합하여 생물인 잡초를 생육시키는 것이다. 모든 잡초가 다른 것은 오행의 기질이 다르기 때문이다. 사람이 제각각 다르고 그것이 유전되는 생물학적인 특징도 오행의 기질 때문이며 그러한 기질은 또한 유전된다.

하늘의 천기 작용으로 기질을 이룬 빗물과 태양이 동動하면 땅의 지기 작용은 모든 생물의 배아胚芽를 틔워내듯이 지상에서의 모든 생물은 음양의 상배로 형성된 소산임에 틀림없다. 음중에 음이 있고 양중에 양이 있듯이 큰 양이라는 천기 속에는 작은 음양기가 존재하고, 큰 음이라는 지기 속에도 더 작은 음양기가 존재한다. 바람과 비가 천기 중의 작은 양이라면 눈과 서리는 작은 음이 되고, 지표에서의 물이 작은 양이라면 지하수는 작은 음기에 의한 물질이다. 또한 산이 더 작은 음이라면 하천수와 계곡수를 비롯한 호소湖沼의 물 등은 더 작은 양陽이다.

모든 생물은 음양이 화합하여 작용하고 오행기에 의한 기질을 얻으며 봄에는 탄생[859]하고 여름에는 성장[860]한다. 가을에는 성숙되어 결실[861]을 얻고 겨울에는 다음 생生을 준비한다.[862] 이러한 기질변화의 전 과정을 원형이정元亨利貞이라고도 부른다. 다시 말해서 원형이정이란 하늘이 갖추고 있는 덕이나 사물의 근본 원리를 말한다. 이 말은 주역周易의 건괘乾卦에서 유래되었다. 건괘에 "건은 원형이정이다"라고 하였다. 공자가 지은 것으로 알려진 『십익十翼』 가운데 하나인 '문언전文言傳'에는 "원元은 착함이 자라는 것이요, 형亨은 아름다움이 모인 것이요, 이利는 의로움이 조화를 이룬 것이요, 정貞은 사물의 근간이다. 군자는 인仁을 체득하여 사람을 자라게 할 수 있고, 아름다움을 모아 예禮에 합치시킬 수 있으며, 사물을 이롭게 하여 의義로움과 조화를 이루게 할 수 있고, 곧음을 굳건히 하여 지智혜로운 사물의 근간이 되게 할 수 있다. 그러므로 군자는 이 4가지 덕을 행하는 고故로 건은 원형이정이라고 하는 것이다"[863]라고 설명하고 있다. 결론적으로 원형이정은 보통 만물이 처음 생

859) 生生
860) 長장
861) 收수
862) 藏장

863) 元者, 善之長也. 亨者, 嘉之會也, 利者, 義之和也. 貞者, 事之幹也. 君子體仁足以長人, 嘉會足以合禮, 利物足以和義, 貞固足以幹事. 君子行此四德, 故曰, 乾, 元亨利貞.

겨나서 자라고 삶을 이루고 완성되는, 사물의 근본 원리를 말한다. 여기서 원은 만물이 시작되는 봄春에, 형은 만물이 성장하는 여름夏에, 이는 만물이 이루어지는 가을秋에, 정은 만물이 완성되는 겨울冬에 해당된다. 따라서 원형이정은 각각 인仁·의義·예禮·지智의 사덕四德을 뜻하기도 한다.

오행이란 존재하는 모든 물질과 정신계의 기질변화를 다섯 가지로 구분한 것이다. 목화토금수木火土金水라는 기질변화는 삼라만상森羅萬象[864]의 모든 생로병사生老病死의 운행질서이다. 동양학의 모든 학문이 그렇듯 음양론과 오행론은 모든 학문의 논리적 기반이 되고 있다. 심지어 대다수 많은 종교의 교리도 음양오행의 원리가 활용되었음을 알 수 있다. 포괄적 개념의 음양오행론은 동양학 내에서도 운영의 묘리가 다르게 차용되어 적용되고 있다. 특히 명리학의 경우는 사람의 운명을 천운天運이 관장하고 있어 천명天命이라 한다. 천명을 다루는 학문에서는 일반적인 음양오행론을 적용한다.

원형이정의 배치와 활용 ▶

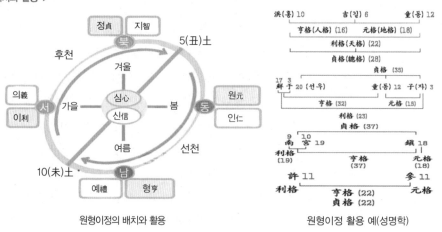

원형이정의 배치와 활용   원형이정 활용 예(성명학)

864) 우주에 있는 온갖 사물과 현상.
이미 설명한 바 있다.

그러나 풍수지리는 지상地上에 유착하고 있는 모든 자연물에 대한 기질의 운행질서에 초점이 맞춰져 있으므로 명리학의 음양배정과는 정반대로 운영되고 있다. 일찍이 당나라 때의 풍수인 양균송은 "지리에 있어 모든 음양오행논리는 지도地道에 있으므로 천도天道와 다르게 적용해야 한다"고 했다. 천지의 도道가 음양에서 출발하니 천의 음양은 성수星宿에 있고 지리의 음양은 천도의 음양과 다르게 적용해야 한다. 대개 천도의 영허소장盈虛消長[865]을 알고자하면 성수星宿의 지위를 궁구窮究해야 하고, 지리의 도道인 지도地道로 길흉화복을 알자면 산천山川의 동정動靜을 자세하게 살펴[866] 한다. 동자動者는 양이고 정자靜者는 음이 됨으로 산체山體가 치립峙立하면 음에 속하고 수세水勢가 사류斜流하여 동動하면 양에 속하니 산山에는 산의 음양오행이 있고 물에는 물의 음양오행이 있다.[867] 이는 양균송이 말한 바와 같아 명리命理의 천도음양오행과 지리의 지도 음양오행 논리가 다른 연유이다. 모든 사물에 있어 생성이란 필연적 운행법칙이다. 생生이란 지정한 근본이며 성成이란 양동陽動의 변화성이다.

복희 때에 용마龍馬가 등에 선천도先天圖를 지고 하수河水에 나타남으로써 천일天一이 임수壬水를 생生하여 북에 자리[868]하여 계수癸水와 이루어지고[869] 천삼天三이 갑목甲木을 생生하여 동東에 자리하여 지팔地八의 을목乙木을 성成하였다. 천오天五가 무토戊土를 생하여 가운데[870] 자리하여 지십기토地十己土를 성하고 천칠天七이 병화丙火를 생하여 남南에 자리하여 지이地二의 정화丁火와 성하였다. 또한 천구天九가 경금庚金을 생하여 서西에 거居하여 지사신금地四辛金과 성成하게 됨으로써 천간이 나타나 천수이십오天數二十五와 지수삼십地數三十의 합슴 오십오수五十五數로 생성하였다. 운행의 묘妙로 좌선순행左旋順行하여 무궁한 변화로 대업을 정하였다. 이에 복희씨가 이 용마도를 발견하고 팔괘를 황제가 전수받아 활용하여 60갑자甲子를 만들고 이후 성현들이 체體로 삼아 창조의 순행에 대한 오행논리를 정하였다.

하夏나라 우禹 때 신구神龜가 나타나 등에 『후천서後天書』를 짊어지고 낙수洛水에 나타났다. 낙서洛書에는 이화구離火九는 머리 위[871]에 감수일坎水一은 발 아래[872]에 있고, 왼쪽은 진목삼震木三이고 오른쪽은 태금칠兌金七이었다. 곤토이坤土二와 손목사巽木四는 양 어깨[873] 부위에 그려져 있고 건금육乾金六과 간토팔艮土八은 다리[874] 부위에, 토오土五는 중中에 있었

865) 차고 비고, 사라지고 길게 이어진다는 뜻.

866) 極察극찰

867) 김영소, 음택요결전서, 명문당, 1979, p22

868) 居거
869) 成성
870) 中중
871) 戴대

872) 履리
873) 肩견
874) 足족

다. 이는 천양天陽의 수수數는 4정四正에 자리 잡고 지음地陰의 수수數는 4유四維에 거居875)하였다. 그 의義로움으로 일백一白은 자子, 이흑二黑은 미신未申, 삼벽三碧은 묘卯, 사록四綠은 진사辰巳, 오황五黃은 중中, 육백六白은 축인丑寅, 구자九紫는 오午에 재在하여 구성九星에 머물러876)입문入門이 정해지면 양은 순順으로 나아가고,877) 음은 역逆으로 나아가니778) 이를 하후씨夏后氏879)가 인용하여 수토水土를 평정平定하고 기자箕子가 법칙화 하여 구궁九宮을 만들었다. 이는 낙서로 용用을 삼아 변화의 법칙을 역행의 오행논리로 정하였음을 말한다.

1.1 오행의 종류와 용도

풍수지리에 있어 오행의 종류가 많은 것은 이론에 따라 적용하는 법이 다르기 때문이다. 고어에 "사경四經이 맥脈을 찾는데는 삼합三合을 따라야 하며, 사생四生880)의 삼합이 있는 바 이것이 천기天氣요 쌍산오행雙山五行이 온전한 비결이라"고 하였다. 오행의 이치가 하나이지만 사생삼합四生三合과 사경쌍산四經雙山과 원공향상元空向上의 오행으로 나누는 것은 각각 쓰이는 법이 다르므로 그 이름도 다르게 붙인 것이다. 사경오행이 삼합오행과 같은 것은 사경 가운데 합이 됨으로써 붙였다. 즉 인오술寅午戌이 합하여 화국火局이 되고, 사유축巳酉丑이 합하여 금국金局이 되고, 신자진申子辰이 합하여 수국水局이 되고, 해묘미亥卯未가 합하여 목국木局이 되는데, 생生881)과 왕旺882)과 묘墓883)가 상·중·하로 구성되어 삼합오행이라 하고, 또는 네 모서리에 인신사해寅申巳亥의 사장생四長生이 있으므로 사생오행四生五行이라 한다. 쌍산이란 간지干支 두 글자를 한데 묶어 같이 삼합궁三合宮에 포함시킨다 해서 붙여진 명칭이다. 쌍산을 풍수에서는 동궁同宮, 혹은 궁궁宮宮이라고 부른다.

오행은 풍수를 적용하는 사안事案에 따라 어떤 오행논리를 적용할 것인지 결정한다. 풍수가 어려운 이유 중에 하나이다. 24방위 배정에 있어서 음陰인 12지지884)와 양陽인 10천간885)을 사용하게 되는데 음양배합을

875) 자리
876) 寓우
877) 陽遁順양둔순
878) 陰遁逆음둔역
879) 禹우

880) 포태수법의4대국에서 인신사래寅申巳亥의 생을 말함. 3합의 생

881) 寅申巳亥인신사해
882) 子午卯酉자오묘유
883) 辰戌丑未진술축미

884) 子丑寅卯辰巳午未申酉戌亥자축인묘진사오미신유술해

885) 甲乙丙丁戊己庚辛壬癸갑을병정무기경신임계

이루기 위해서는 천간이 두 개 모자라 음양배합을 이룰 수가 없다. 24방
위를 배정하기 위해서는 12지지에서 2개를 빼서 10천간에 짝을 맞출 수
는 없다. 20방위 밖에 배정할 수 없기 때문이다. 그래서 10천간에는 2

오행의 개념에 배정된
다양한 의미 ▶

五行과 屬性		목木	화火	토土	금金	수水
속성屬性		목木	화火	토土	금金	수水
오상五常		인仁	예禮	신信	의義	지智
방위方位		동東	남南	중앙中央	서西	북北
오거五居		좌左	전前(앞)	중앙中央	우右	후後(뒤)
계절季節		춘春봄	하夏여름	환절기換節期	추秋가을	동冬겨울
육수六獸 사신四神		청룡靑龍	주작朱雀	구진句陳 886) 등사螣蛇 887)	백호白虎	현무玄武
오정五情		怒노:분노	笑소:웃음	思사:생각	憂우:근심	恐공:두려움
10천간十天干	양陽	갑甲	병丙	무戊	경庚	임壬
	음陰	을乙	정丁	기己	신辛	계癸
12지지十二支地	양陽	인寅	오午	진술辰戌	신申	자子
	음陰	묘卯	사巳	축미丑未	유酉	해亥
생수·성수 生數·成數		3,8	2,7	5,10	4,9	1,6
오색五色		청靑	적赤	황黃	백白	흑黑
오미五味		신酸:신맛	고苦:쓴맛	감甘:단맛	신辛:매운맛	함鹹:짠맛
오기五氣		풍風	열熱	습濕	조燥	한寒
오각五覺		촉觸:촉각	시視:시각	미味:미각	후각(臭,嗅)	청聽:청각
팔괘八卦		진震, 손巽	리離	간艮, 곤坤	건乾, 태兌	감坎
성수星宿		건곤간손 乾坤艮巽	갑경병임 甲庚丙壬 자오묘유 子午卯酉	을신정계 乙辛丁癸	진술축미 辰戌丑未	인신사해 寅申巳亥
사대국 四大局		정미丁未 곤신坤申 경유庚酉	신술辛戌 건해乾亥 임자壬子	해당없음	계축癸丑 간인艮寅 갑묘甲卯	을진乙震 손사巽巳 병오丙午
쌍산삼합 雙山三合		건해乾亥 갑묘甲卯 정미丁未	간인艮寅 병오丙午 신술辛戌	해당없음	손사巽巳 경유庚酉 계축癸丑	곤신坤申 임자壬子 을진乙震
홍범洪範		간묘사 艮卯巳	임을병오 壬乙丙午	계축미곤경 癸丑未坤庚	정유건해 丁酉乾亥	자인갑진 子寅甲辰 손신신술 巽辛申戌
정오행 正五行		인寅 갑묘甲卯 을손乙巽	사巳 병오丙午 정丁	간곤艮坤 진술辰戌 축미丑未	신申 경유庚酉 신건辛乾	해亥 임자계 壬子癸

886) 동·서·남·북·중앙의 다섯 방
향을 지킨다는 육신(六神)의 하나. 등사
(螣蛇)와 함께 방위의 중앙을 맡아 지
킨다고 한다.

887) 육신(六神)의 하나. 구진과 함께
중앙(中央)을 맡아 지킨다 함.

개의 천간이 더 필요하다. 즉, 2개의 천간을 보충하기 위해 선택한 방법
으로 방위상에서 토는 항상 중앙을 나타내기 때문에 10천간의 토土인 무
기戊己가 중앙으로 배정되면 8개의 천간 밖에 남지 않는다. 결국 4개의
천간이 부족하다는 것은 남자인 양(천간)이 여자인 음(지지)보다 4명이 부
족하다는 의미와 같다.

간지풍속도 ▶

오행의 상생 · 상극과 육친
관계 ▶

오행의 상생 · 극의 육친관계	상생 · 극의 해석	명칭
나를 생해주는 자 부모父母	생아자生我者	편인偏印. 정인正印(印綬인수)
내가 생해주는 자 자손子孫	아생자我生者	식신食神. 상관傷官).
나를 극하는 자 관귀官鬼(殺살)	극아자剋我者	편관偏官. 정관正官(官鬼관귀)
내가 극하는 자 처재妻財	아극자我剋者	편재偏財. 정재正財(妻財처재)
나와 같은 자 형제兄弟	비화자比和者	비견比肩. 겁재劫災(兄弟형제)

　　짝이 맞지 않는 남녀는 각자의 가정을 이룰 수가 없다. 한 천간인 남자
가 2명의 지지인 여자와 가정을 이룰 수가 없다는 것과 같다. 남녀가 한
쌍씩 만나 하나의 가정을 이루는 집을 풍수방위론에서 궁宮이라고 부른
다. 풍수에서 12궁 24방위의 남녀들은 선천과 후천팔괘도라는 설계도면
을 중심으로 그들 각자가 꿈꾸는 보금자리를 만들어 간다. 그러기 위해
서 부족한 남자는 차용하기로 한다. 즉 건곤간손乾坤艮巽이라는 양의 남
자를 활용하게 됨으로써 12남자와 12여자들의 짝은 완전한 형태로 맺어
진다. 건곤간손이라는 4명의 남자는 4유四維 혹은 4태四胎라고도 부른다.

1) 정오행

정오행은 동양학에서 특히 널리 활용하는 오행의 대표적 오행이다. 풍수지리에서도 정오행의 활용도는 높다. 정오행은 일반라경의 4층에 표시되어 있고 가장 기본이 되며 삼합풍수와 포태법胞胎法과 구성론九星論에서 활용하기도 하며, 팔살八殺[888]론에서 사용된다.[889]

천간과 지지의 정오행과 음양배정 ▶

정오행正五行	목木		화火		토土		금金		수水	
음양陰陽	양陽	음陰	양陽	음陰	양陽	음陰	양陽	음陰	양陽	음陰
천간天干	갑甲	을乙	병丙	정丁	무戊	기己	경庚	신辛	임壬	계癸
지지地支	인寅	묘卯	사巳	오午	진술辰戌	축미丑未	신申	유酉	해亥	자子

오행의 방위와 오정색 ▶

五行	木	火	土	金	水
오정색五正色	푸른색[靑]	붉은색[赤]	노란색[黃]	흰색[白]	검정[黑]

2) 삼합오행

삼합오행은 24방위라는 남녀 가운데 여자들만의 12지지에서 4번째에 해당하는 지지支地 여자들끼리의 모임으로 정삼각형의 꼭지점에서 만난다. 이들은 한 마음이 되기 위해 뜻을 같이 한다. 같은 기氣를 나눈 동기同氣들의 여성모임인 셈이다. 네 살 차이의 남녀는 궁합을 맞춰보지 않더라도 좋다는 얘기는 여기에서 나왔다. 12집, 궁宮에 있는 천간의 남자들도 부인인 여자와 같은 기氣를 나눈다. 항상 많은 여자들이 있으면 중심이 되는 여자들이 있다. 삼합오행에서 주동이 되는 여자, 12명의 여자 가운데 주동자는 자오묘유子午卯酉라는 4명의 여자들이다.

이 여자들은 정오행의 기氣로 치장된 여자들이다. 자子라는 여자는 수기水氣로, 오午라는 여자는 화기火氣로, 묘卯라는 여자는 목기木氣로, 유酉라는 여자는 금기金氣로 채워진 여자들이다. 이 4명의 여자들이 12궁(집)의 모든 남녀들의 기질을 정오행기로 장악해 버린다. 그녀들은 사

888) 용, 풍, 수의 八曜殺.

889) 단, 천간의 戊己무기는 24방위에서 土로써 중앙으로 자리 잡는다.

357

이좋게 각자가 2개의 가정(宮궁)씩을 각각의 기질로 만들어 동화同化시키기로 한다. 삼합오행의 기氣는 이렇게 만들어진 기의 오행으로 12지지로 4번째에 해당하는 지지들끼리의 모임으로 정삼각형의 꼭지점에서 만난다. 이 네 명의 여자가 중심이 되어 동화시킨 가정(宮궁)과 그 짝들을 보면 임자壬子는 을진乙辰궁과 곤신坤申궁을 수水의 기질로 동화同化시켜버리고, 갑묘甲卯는 정미丁未궁과 건해乾亥궁을 목木의 기질로, 병오丙午는 신술辛戌궁과 간인艮寅궁을 화火의 기질로, 경유庚酉는 계축癸丑궁과 손사巽巳궁을 금金의 기질로 동화시켜버린다. 따라서 자오묘유가 중심이 된 궁宮(집)과 삼합을 이루는 짝들은 모두 같은 기를 나눈다. 여자들끼리의 삼합을 지삼합,支三合890) 남자들끼리의 삼합을 간삼합干三合891)이라고 부른다. 삼합오행은 포태법과 도학풍수의 양택이론인 좌ㆍ우선6택론에서 활용된다. 삼합의 꼭지점은 모두 포태법의 경우 중앙의 토土가 빠진 목화금수木火金水 4국四局의 생왕묘生旺墓에 배속된 3개의 오행이며, 좌ㆍ우선6택론에서는 대문(門문), 안방(主주), 부엌(灶조)의 방위로 배정된 지점이다. 일반 9층 라경에서는 3층에서 활용된다.

24방위에서 삼합오행의 배정 ▶

三合五行	목木	화火	토土	금金	수水
지삼합支三合	해묘미亥卯未	인오술寅午戌		사유축巳酉丑	신자진申子辰
간삼합干三合	건갑정乾甲丁	간병신艮丙辛		손경계巽庚癸	곤임을坤壬乙
궁삼합宮三合	건해.갑묘.정미 乾亥.甲卯.丁未	간인.병오.신술 艮寅.丙午.辛戌		손사.경유.계축 巽巳.庚酉.癸丑	곤신.임자.을진 坤申.壬子.乙辰

3) 4대국오행

4대국오행은 24방위를 큰 대국大局으로 나누어 오행으로 나눈 것을 말한다. 24방위 각각마다 오행을 붙이지 않고 대국大局으로 나누어 오행을 배정하는 것이다. 방위란 중앙의 특정된 지점으로 중심점에 해당하는 풍수의 혈점穴點을 기준으로 360° 원주상의 공간을 의미한다. 따라서 24방위가 갖는 영역은 1방위 당 15°의 공간에 해당하고 12궁宮은 1궁 당 30°의 공간이라는 영역을 가진다. 그러므로 24방위 360°의 영역에서 4

890) 地支三合지지삼합

891) 天干三合천간삼합

대국으로 분할되므로 1대국이 갖는 영역은 90°에 해당한다. 삼합오행의
경우 자오묘유子午卯酉라는 4명의 여자들이 주도했다면 4대국 오행은 진
술축미辰戌丑未라는 4명의 여자들이 주도한다. 이 네 명의 여자들은 수확
했던 모든 것을 거둬드리고 창고에 저장하는 여자들이면서 정오행상 지
극히 중화적이고 공평한 토土의 기질을 갖고 있다. 이 공평무사한 진술
축미라는 4명의 여자들은 회의를 갖는다. 24방위 12궁을 어떻게 나눌
것인지를 고민한다. 그리고 진술축미라는 여자들은 그녀들의 왕국을 갖
기로 하고 남자들을 중심으로 음양오행의 상생을 따져 4대국이라는 나
라를 세워 한 여자씩 다스리기로 한다. 그리고는 천天의 남자들인 천간天
干의 음양오행天干五行을 활용하기로 한다. 남자 중의 남자를 양천간陽天
干이라 하는데, 갑경병임甲庚丙壬이 여기에 속하고 상징성은 물인 수水이
다. 반면 여자 같은 남자를 음천간陰天干이라 하는데 을신정계乙辛丁癸가
여기에 속하고 상징성은 산인 용龍이다. 양천간이든 음천간이든 이들 남
자들은 각자가 갖고 있는 오행의 기질을 가지고 있다. 갑을甲乙은 목木,
병정丙丁은 화火, 경신庚辛은 금金, 임계壬癸는 수水의 기질을 갖는다. 무기
토戊己土는 방위상 중앙으로 배정되었다.

4대국 음양오행
상생·상극도 ▶

목화금수 4행 상생·상극도

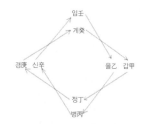

천간 음양오행 상생·상극도

　이제 진술축미라는 여자들은 남자들의 오행기질을 취용하여 4대 기
질국氣質局으로 나누는 것만 남았다. 즉, 진술축미라는 여자들은 24방위
표를 보고 외견상 남자들의 4개 기질인 목화금수木火金水로 나누어 구분
하기로 하고 4대국이라고 이름을 붙인다. 구분하는 기준은 당연히 남자
들의 오행기질을 따르되 남자 중의 남자인 4명의 양천간, 즉 갑경병임

24방위에서 4대국 오행배정 ▶

4대국五行	목木(局국)	화火(局국)	토土	금金(局국)	수水(局국)
득파방위 得破方位	정미丁未 곤신坤申 경유庚酉	신술辛戌 건해乾亥 임자壬子	중앙	계축癸丑 간인艮寅 갑묘甲卯	을진乙辰 손사巽巳 병오丙午
파구명 破口名	미파구未破口	술파구戌破口	중앙	축파구丑破口	진파구辰破口

892) 斗牛納丁庚之氣두우납정경지기.
두우斗牛에 대해 살펴보면, 이십팔수二十八宿는 고대 중국에서 하늘의 적도를 따라 그 주변 별들을 28개의 구역으로 구분하여 부른 이름이다. 각 구역에는 여러 개의 별자리들이 있는데, 그 중 대표적인 것을 수(宿)로 정했다. '수'는 '머무르다'는 뜻으로 '집'이라는 뜻의 사(舍)를 붙여 '28사'라고도 한다. 이십팔수의 수는 머무르며 묵는다는 의미로 달이 지구를 도는 공전주기가 27일, 32일인데, 매일 달이 이 궤도를 지나면서 어느 별 위치에 머무는지를 정해놓은 별자리.
옛날 중국·인도·페르시아 등에서 해와 달과 여러 혹성 등의 소재를 밝히기 위해 황도(黃道)에 따라서 하늘을 스물여덟으로 구분한 것이다. 중국 천문학에서는 천구를 하늘의 적도대에 따라 동방, 북방, 서방, 남방의 네 구역으로 나누어 각각 사신을 대응시켰고, 이를 동방청룡, 북방현무, 서방백호, 남방주작이라 한다. 이는 이십팔수를 7수씩 정리, 그 별자리를 조합한 형태를 용·새·호랑이·거북의 네 동물 모습으로 비유하였기 때문이다. 가령 동방청룡에서 각(角)은 용의 뿔, 항(亢)은 용의 목, 저방(氐房)은 용의 몸, 미(尾)는 용 꼬리를 상징한다. 동방에 각(角)·항(亢)·저(氐)·방(房)·심(心)·미(尾)·기(箕), 서방의 규(奎)·누(婁)·위(胃)·묘(昴)·필(畢)·자(觜)·삼(參), 남방의 정(井)·귀(鬼)·유(柳)·성(星)·장(張)·익(翼)·진(軫), 북방의 두(斗)·우(牛)·여(女)·허(虛)·위(危)·실(室)·벽(壁) 등이다.

893) 乙丙交而趨戌을병교이추술
894) 金羊收癸甲之靈금양수계갑지령
895) 辛壬會而聚辰신임회이취진

을 기준으로 3개궁 90°의 영역으로 나누었지만, 사실은 진술축미라는 그들 자신의 창고를 중심으로 4대국을 건설하였다. 여자 같은 남자인 을신정계의 양천간은 오행의 상생원리에 맞게 남자다운 남자에 종속되도록 하였다.

이렇게 해서 24방위표에서 계癸(陰水음수)는 갑甲(양목陽木)을 따르게 하고, 을乙(陰木음목)은 병丙(陽火양화)을, 정丁(陰火음화)은 경庚(陽金양금)을, 신辛(陰金음금)은 임壬(陽水양수)를 따르게 하였다. 그리고는 계癸에서 갑甲까지의 영역인 3개의 궁(계축, 간인, 갑묘)에 갑甲(양목陽木)을 우뚝 세우고 갑목甲木의 기질을 반대편의 상극 쪽에 목국木局을 세워 미未라는 여자가 목기木氣를 거두어들이도록 하였다.[892] 또한 을乙에서 병丙까지의 영역인 3개궁(을진, 손사, 병오)에 병丙(陽火양화)을 우뚝 세우고 병화丙火의 기질을 반대편의 상극 쪽에 화국火局을 세워 술戌이라는 여자가 화기火氣를 거두어들이도록 하였다.[893] 다음으로 정丁에서 경庚까지의 영역인 3개궁(정미, 곤신, 경유)에는 경庚(陽金양금)을 우뚝 세우고 경금庚金의 기질을 반대편의 상극 쪽에 금국金局을 세워 축丑이란 여자가 금기金氣를 거두어들이도록 하였다.[894] 흡사 거둬들이기의 품앗이와 같다.

마지막으로 신辛에서 임壬까지의 영역인 3개궁(신술, 건해, 임자)에 임壬(陽水양수)을 우뚝 세우고 임수壬水의 기질을 반대편의 상극 쪽에 수국水局을 세워 진辰이라는 여자가 수기水氣를 거두어들이도록 하였다.[895] 이렇게 하여 4대국 오행은 물(水수)을 기준으로 하는 수법水法에 활용하고자 4명의 물을 상징하는 갑경병임甲庚丙壬(양천간)을 중심으로 4명의 산山을 상징하는 을신정계乙辛丁癸(음천간)가 따르도록 하면서 4대국을 형성하고 토기土氣인 4명의 여자들인 진술축미辰戌丑未가 4남자의 기를 거두어들이도록 만들어 진 것이다. 대국大局의 공간에 대한 배정에 있어 4대국오행의 활용은 포태법의 경우 물이 나가는 방위를 나타내는 파구破口 방위에 의해 좌향坐向이 결정되는 좌향법에서 활용된다.

4) 홍범오행

홍범오행弘範五行은 음택이나 양택에서 산의 운運을 보는데 사용되는 오행으로 납음오행納音五行을 적용하여 좌坐에 활용하는 오행이다. 또한 이장시에 묘의 좌가 연운年運의 극을 받는지의 여부에 따라 이장에 좋은 해인지 나쁜 해 인지를 볼 때도 사용된다. 예를 들어 계유癸酉년에 건좌 손향乾坐巽向의 묘를 이장할 때, 건좌는 납음오행으로 금金에 해당한다. 연운으로 납음오행 속견표를 보면 계유년의 계癸는 5이고, 유酉년은 2 이다. 5+2=7이고 5제어수하면 2가 남으므로 납음오행으로 금金에 해당한다. 따라서 좌(건좌)의 금과 연운(계유)의 금은 형제와 같은 금金으로 비화比和에 해당하여 장사를 지내도 무방하다. 따라서 당해의 연운이 좌를 생生해 주거나 오행이 같아(비화)야 한다. 그러나 만약 산운山運이 극剋을 받을 때는 죽은 사람(亡命망명)의 본명本命이나 당일當日의 일진日辰을 납음오행納音五行으로 보아 산운山運, 즉 좌운坐運을 극하는 연운年運을 다시 극하면 이에 구애받지 않는다.

간지에 배정된 홍범오행 ▶

홍범오행	목木	화火	토土	금金	수水
지지地支	묘사卯巳	오午	축미丑未	유해酉亥	자인진신술자寅辰申戌
천간天干	간艮	임병을壬丙乙	곤경계坤庚癸	건정乾丁	갑손신甲巽辛

예를 들어, 연운이 금金이고 좌운(산운)이 목木이라면 연운이 금극목金剋木하여 좌운을 극한다고 할 때, 죽은 사람의 본명이 병신생丙申生이었다면 납음오행으로 화火이다.[896] 따라서 병신생의 4화火가 좌의 목木을 극한다. 또한 죽은 사람의 일진도 납음오행으로 화火에 해당한다면 연운인 금金과는 화극금火剋金이 되어 본명[897]과 일진(화火)이 연운年運(계유)인 금金을 다시 제극制剋하였으므로 장사葬事에 지장이 없다. 반대로 연운

896) 丙2+申2=4火이다.
897) 병신화丙申火

이 수水이고 산운이 목木이면 수생목水生木으로 연운이 산운山運을 생조生助해주니 장사葬事에 좋고, 연운이 또한 목木이면 목木+목木으로 비화比和에 해당하여 장사에 좋다. 천간과 지지의 오행, 24방위와 오행논리는 풍수방위론에서 상생과 상극관계에 따라 이기풍수론적으로 매우 중요한 의미를 가진다. 또한 천간과 지지, 24방위의 오행과 함께 음양관계를 더하여 심층적으로 활용되기도 한다. 24방위를 이루는 천간과 지지는 크게 음양으로 구분되지만 각자가 가지고 있는 더 작은 음양과 오행의 기질氣質이 또한 있다. 따라서 더 작은 음양과 오행의 기질로 상생관계인지 상극관계인지를 알아보는 방법은 포태법에서도 매우 중요하다. 천간과 지지가 각자가 가지고 있는 더 분열된 음양과 오행에 대한 설명은 다음 표와 같다. 이 표는 오행의 상생·상극과 육친관계에서 명칭에 있는 내용을 말한다. 만약 내가 천간天干의 갑甲이라면 나는 음양적으로는 양陽이고 오행의 기질로는 목木에 해당한다. 즉, 4는 갑양목甲陽木인

간지납음오행속견 ▶

납음오행		목木	금金	수水	화火	토土	특기
속견수		1	2	3	4	6	간干과 지支의 수數를 합해 5제어수 한다.
간지 干支	천간天干	갑을甲乙	병정丙丁	무기戊己	경신庚申	임계壬癸	
	지지地支	자축子丑 오미午未	인묘寅卯 신유申酉	진사辰巳 술해戌亥	해당 없음		

**오행과 음양과의
상생·상극 관계 ▶**

나(아我)	천간의 음양오행	결과(나와의 음양오행관계)	명칭
갑양목甲陽木	+ 갑양목甲陽木	음양이 같고 오행도 같다	비견比肩
갑양목甲陽木	+ 을음목乙陰木	음양이 다르고 오행이 같다.	겁재劫災
갑양목甲陽木	+ 병양화丙陽火	음양이 같고 내가(木) 생生 해준다(火).	식신食神
갑양목甲陽木	+ 정음화丁陰火	음양이 다르고 내가(木) 생生 해준다(火).	상관傷官
갑양목甲陽木	+ 무양토戊陽土	음양이 같고 내가(木) 극剋을 당한다(土).	편재偏財
갑양목甲陽木	+ 기음토己陰土	음양이 다르고 내가(木) 극剋을 당한다(土).	정재正財
갑양목甲陽木	+ 경양금庚陽金	음양이 같고 나를(木) 극剋 한다(金).	편관偏官
갑양목甲陽木	+ 신음금辛陰金	음양이 다르고 나를(木) 극剋 한다(金).	정관正官
갑양목甲陽木	+ 임양수壬陽水	음양이 같고 나를(목) 생生 해준다(水).	편인偏印
갑양목甲陽木	+ 계음수癸陰水	음양이 다르고 나를(목) 생生 해준다(水).	정인正印

셈이다. 그런 내가 음양과 오행으로 배정된 10천간과 만나면 어떤 관계가 형성될까? 내가 만나야 할 10천간은 누구일까?

5) 성수오행

성수오행星宿五行은 혈을 중심으로 24방위에 있는 산봉우리를 성수오행으로 배정하고 좌坐의 오행과의 상생과 상극관계를 육친관계[898]로 보는 오행을 말한다. 또한 사신사四神砂 너머로 보이는 산을 뜻하는 규봉窺峰을 24방위로 보아 좌의 오행과의 상생과 상극관계를 볼 때도 적용한다. 풍수에서 물의 상징성이 재산과 부富라면 산은 인물을 관장한다. 인물이란 평범한 사람을 말하는 것이 아니고 명예와 신분이 높은 사람으로 역사에 긍정적으로 평가되는 큰 사람을 뜻한다. 그래서 풍수에서는 귀貴로 표현한다. 그러므로 성수오행은 산의 상징인 인물의 귀貴함을 볼 때 활용되고 라경으로는 6층의 인반중침人盤中針으로 측정한다. 규봉은 엿보는 산을 뜻하며 엿 본다는 것은 인명과 재산에 위해危害를 가하려고 호시탐탐 기회를 엿보는 도적의 상징성으로, 다른 하나는 나를 흠모의 대상으로 보는 규봉으로 구분된다. 성수오행은 혈과 주위 사격과의 조응관계를 상생과 상극적 관계로 길흉을 규명하는데 활용되는 오행론이라고 정의할 수 있다.

24방위에 배정된 성수오행 ▶

성수오행	목木	화火	토土	금金	수水
지지地支		자오묘유 子午卯酉		진술축미 辰戌丑未	인신사해 寅申巳亥
천간天干	건곤간손 乾坤艮巽	갑경병임 甲庚丙壬	을신정계 乙辛丁癸		

따라서 규봉을 나쁜 의미로만 해석하는 경우가 많으나 이는 규봉에 대한 잘못된 해석이다. 혈을 중심으로 24방위에 있는 모든 산들은 성수오행의 적용을 받는다. 사신사의 능선에 있는 산봉우리와 규봉 모두 혈주위의 사각砂角(山산)으로 격정格定의 대상이 된다. 다시 말해 24방위에서 좌의 오행을 상생시키는 방위의 규봉은 도적의 마음이 아니라 혈을

[898] 가족관계를 말함.

흠모하여 바라보는 규봉으로 좋은 산[899]에 해당한다. 이렇게 라경羅經을 이용하여 오행과의 관계로 좋고 나쁨을 평가하는 것은 이기론적 규봉론이다. 그러나 형기론적 규봉론에서는 그 형태와 형세에 초점을 맞추고 있다. 만약 규봉의 형태가 예리한 칼끝이나 창끝같이 살기殺氣를 띠고 있는 규봉이라면 이는 나쁜 산(凶砂흉사)에 해당하고, 나방의 애벌레와 같은 형태의 산으로 미인의 눈썹과 같은 형태의 고운 산봉우리가 넘겨다보는 규봉이라면 좋은 길사吉砂에 해당하여 재산이 쌓이고 국모國母와 같이 능력 있는 여인이 난다고 평가한다.

6) 납음오행

납음오행이란 육십갑자 음률오행을 배합한 것을 말한다. 즉, 음양가들이 60갑자를 5음률에 분배한 것을 말한다. 『몽계필담夢溪筆談』에 "육십갑자에는 납음納音이 있는데 일률一律에 5음五音씩 합하여 12율에 60음을 들인다"라고 하였고, 『명의고名義考』에는 "귀곡자鬼谷子는 납음을 지었는데, 납納이란 받아들이는 것이고 음音이란 사물에 감感하여 소리(聲성)를 돕는 것이다. 수水의 음은 1·6이고, 화火의 음은 2·7, 목木의 음은 3·8, 금金의 음은 4·9, 토土의 음은 5·10인데, 이것이 생生하고 성成하는 수數이다"라고 하고 있다. 청淸나라 학자 강영江永[900]은 그의 저서 『하낙정온河洛精蘊』에서 "천간과 지지를 배합하면 60이 되고, 12율을 오성조五聲調로써 배합하면 역시 60이 된다. 성율수聲律數로써 납음을 일으키면 일지一支에 오행이 있다. 12율로써 균조均調를 일으키면 1율에 5조調가 있다. 납음의 오행은 본래 양간지兩干支로써 자子를 따라서 모母가 거슬러 올라 5성聲의 순서와 더불어 서로 도와 합하며 60갑자는 60성조聲調와 배합된다. 그 근원을 찾으면 모두 하도河圖에서 나왔다"라고 하였다.

'납음오행모자관계의 수리도식'은 강영江永의 『하낙정온河洛精蘊』과 서한西漢시대 양웅揚雄[901]이 지은 『태현경太玄經』에 근거를 두고 있는데, 지지地支에서 자오子午의 수數는 9이고, 축미丑未는 8이며, 인신寅申은 7이

899) 吉砂길사
900) 1681-1762
901) B.C.53~A.D.18

고, 묘유卯酉는 6, 진술辰戌은 5, 사해巳亥는 4이다. 지지의 율律은 42이고 여呂는 36이다. 천간天干에서는 갑기甲己의 수數는 9이고, 을경乙庚은 8, 병신丙辛은 7, 정임丁壬은 6, 무계戊癸는 5이다. 성聲은 일日에서 나오고, 율律은 진辰에서 나온다. 천간은 합을 가지고, 지지는 충을 가지고 합하였다. 천간의 합은 음양이 서로 화합을 이루니 다정하다. 천간의 음과 양이 6번째 것끼리 합하여 다른 오행이 된다. 오합五合, 음양합陰陽合이라고도 부르며, 부부와 같이 다정多情하다는 의미에서 간합干合을 덕합德合이라고도 부른다. 지지의 충이란 같은 지지 음양끼리 부딪히면 화禍가 더욱 심하다는 지충支沖을 말한다. 지충은 뿌리가 흔들려 상할 정도의 강한 충돌이다. 그러므로 그 화가 더욱 심하다.

60갑자 납음오행표와
납음오행모자수도 ▶

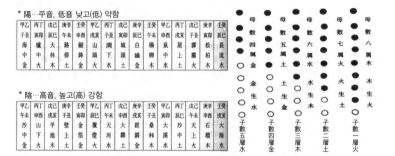

5음을 결부시킨 납음오행은 두 개의 천간과 두 개의 지지를 합하여 '태현수太玄數'에 따라 서로 더한 것에서 10과 5로 모두 제어수制御數 하고 난 나머지를 보고서 오행을 정한다. 나머지 1은 화火에 속하고 나머지 2는 토土, 나머지 3은 목木, 나머지 4는 금金, 나머지 5는 수水에 속한다. 예를 들어, 갑자 · 을축에서 갑9, 을8, 자9, 축8이므로 모두 합하면 34가 되어 10으로 제어수 하면 4가 되므로 금金에 속한다. 만약 병인 · 정묘의 경우는 병7, 정6, 인7, 묘6이 되고 모두 합하면 26이다. 10제어수 하면 6이 남고 6을 다시 5제어수 하면 1이 되므로 화火에 속한다. 이는 어머니가 자식을 낳는 이치를 밝힌 것이다.

그림에서 각각 9개의 동그라미를 배열해 놓았는데, 흑黑은 어머니가 되고, 백白은 자식이 된다. 가령 어머니 수數가 8이면 목木에 속하고, 목은 화火를 생하므로 그 자식의 수數는 9에서 8을 뺀 1이 되고, 화火에 속하게 된다. 반대로 자식의 수數가 1이면 화火가 되고, 어머니 수水 8은 곧 목木이 된다. 이것을 오음五音으로 돌리면 자식이 화치火緻이면 어머니는 목각木角이 되고, 자식이 토궁土宮이면 어머니는 화치火緻가 되며, 자식이 목각木角이면 어머니는 수우水羽가 되고, 자식이 금상金商이면 어머니는 토궁土宮이 된다. 자식이 또한 수우水羽이면 어머니는 금상金商이 된다. 모두 하도의 수數를 서로 합하여 변화시킨 데서 나온 것이다.

납음오행 활용표 ▶

木목	金금	水수	火화	土토
1	2	3	4	5
갑을甲乙 자축子丑 오미午未	병정丙丁 인묘寅卯 신유申酉	무기戊己 진사辰巳 술해戌亥	경신庚辛	임계壬癸

　납음오행은 풍수지리에서 다양하게 활용되고 있다. 라경에서는 7층 투지 60룡과 분금 120칸에서 활용되며, 망명亡命과 산운山運의 관계에서 오행의 상생상극 관계를 따져 길흉화복을 논하는데 유용하게 사용된다. 납음오행에서는 오행의 크기를 주목해야 한다. 예를 들어, 상생에 있어 수생목水生木의 경우 큰 물을 의미하는 대해수大海水가 석류목石榴木과 같은 작은 나무를 생生해주면 오히려 나무를 죽이는 결과를 초래한다. 반면 상극의 경우 작은 쇠인 금박금金箔金과 큰 나무인 대림목大林木의 관계인 금극목金剋木은 작은 쇠가 큰 나무를 자를 수 없으므로 오히려 쇠가 나무에 의해 부러지고 마는 꼴이 된다. 따라서 납음오행의 상생상극관계는 오행의 크기에 따라 다르게 해석됨에 유의할 필요가 있다.

7) 주마육임오행

　본래 육임六壬이란 점占을 보는 법法중의 하나이다. 육임술은 하도와 낙서의 오행을 중시하는데 오행에서는 물인 수水를 머리로 삼는다. 임壬이 양수陽水이고 계癸가 음수陰水에 해당하므로 임壬에는 음陰을 포함하고 양陽을 취한다는 의미가 들어 있다. 60갑자중 임壬에 관계되는 것으로 모두 6가지인 임신壬申, 임오壬午, 임진壬辰, 임인壬寅, 임자壬子, 임술壬戌 등이 있다. 육임오행론에 의하면, 오행은 수水에서 비롯되기 때문에 임壬이라 하며, 천일天一은 수水를 생生하고 지육地六은 이것을 성成하기 때문에 육六이라 한다. 즉, 육임六壬은 지수6의 수水에 관한 후천적 기질변화에 의한 인사人事의 법칙을 설명하는 것이다. 육임법은 역易에 본원을 두고 64과課를 가진다. 천문天文에서의 12개 별자리를 뜻하는 천상십이진天上十二辰 분야를 천반天盤이라 하고, 지상십이진地上十二辰 방위를 지반地盤이라고 한다. 천반은 수시로 전운轉運하나 지반은 일정하여 바뀌지 않으므로 길흉吉凶을 점占치는데 있어서 하늘의 뜻과 삼라만상의 모든 변화에 대한 이치를 알 수 있어 대단한 증험이 있다. 당서예문지唐書藝文志와 수서경적지隋書經籍志 및 송사예문지宋史藝文志에 모두 육임서六壬書가 기재되어 있다. 현재의 육임점법은 모두 육임대전六壬大全에 의거하고 있다. 육임대전은 지은이가 밝혀지지 않았으며 명대明代 곽재래郭載騋가 편집했다. 육임의 전래는 아주 오래되어 황제黃帝에서 비롯되는데, 구천현녀九天玄女가 전수한 것을 받았다고 한다.

육임오행을 활용하여 시간과 방위의 길흉을 계산하는 특수반식特殊盤式을 육임반六壬盤이라고 한다. 육임반은 감여풍수堪輿風水에서 특수한 의의가 있다. 풍수에서의 라경羅經은 육임반에서 연유한 것으로 보인다. 풍수에서는 육임오행을 취용하여 육임점법과는 전혀 다른 주마육임走馬六壬이론을 활용한다. 주마육임은 집을 짓거나 묘墓를 쓰기위해 연월일시年月日時를 가리는데 있어 좌坐를 기준으로 한다. 통천규通天窺[902]와 이 주마육임만 맞추면 일체의 흉살凶殺을 꺼리지 않는다는 것이다. 국국을 정하는데 있어 가장 쉬운 것은 양산陽山에 양년월일시인 자인진오신술子寅辰午申戌을 쓰고, 음산陰山에는 음년월일시인 축묘사미유해丑卯巳未酉亥를 쓰면 주마육임법에 맞는다. 여기서 양산과 음산에서의 산山은 입수룡入首龍과 좌坐를 의미한다.

양산은 임자壬子, 간인艮寅, 을진乙辰, 병오丙午, 곤신坤申, 신술辛戌 방위의 입수룡과 좌를 말하고, 음산은 계축癸丑, 갑묘甲卯, 손사巽巳, 정미丁

902) 통천규는 申년이나 子년이나 辰년에는 艮寅坐면 大吉이고 甲卯坐면 進田인 길신이어서 해당되는 년에 해당 좌가 되는 것을 通天窺라 하고 길하기 때문에 삼살방이라도 무방하다는 뜻.

未, 경유庚酉, 건해乾亥방위의 입수룡과 좌를 일컫는다.[903] 주마육임오행에 대해『음택요결전서陰宅要訣全書』에서 설명하기를 "우리 나라와 중국의 산서山書에서 오행에 대해 무극無極에서 태극太極으로, 태극에서 사상四象이 있으므로 금목수화토金木水火土의 오기五氣가 유행되는데 널리 쓰이는 것이 정오행, 홍범오행, 주마오행, 쌍산오행, 삼합오행, 성수오행, 사대국오행, 정음정양, 사상오행四象五行인 와겸유돌窩鉗乳突 등이다. 이상의 것들을 보면 오행으로 24방위를 표시한 것도 있고 전혀 없는 것도 있다. 다양한 오행론이 나온 연유는 태극론에 대하여 선현들이 각각 시기에 따라 각자의 이치를 깨달아 설명하였기 때문이다"고 하고 있다. 또한 '20종류작룡편二十種類作龍篇'에서도 언급하기를 "음룡陰龍은 건해乾亥, 갑묘甲卯, 계축癸丑, 손사巽巳, 경유庚酉이며, 양룡陽龍은 임자壬子, 간인艮寅, 을진乙辰, 병오丙午, 곤신坤申, 신술辛戌"이라고 하였다.

또한 정오행에 대하여, "태초의 땅은 정오행의 이치에 따라 형성되었으므로 모든 지리서가 이 이치를 표준으로 하였다. 정오행은 해임자계수亥壬子癸水, 인갑묘을손목寅甲卯乙巽木, 사병오정화巳丙午丁火, 진술축미간곤토辰戌丑未艮坤土, 신경유신건금申庚酉辛乾金이니 수목화토금水木火土金의 상생순相生順이다. 반면 주마육임走馬六壬은 건계갑손정경금乾癸甲巽丁庚金, 간을병곤신임목艮乙丙坤辛壬木, 축묘사미유해수丑卯巳未酉亥水, 자인진오신술화子寅辰午申戌火이다"라고 설명하고 있다. 또한 음양의 성질에 대해서도, "양陽은 음陰을 떼어 놓지 못하고 음도 양을 떼어 놓지 못하니 음이 변하여 양과 합하고, 양이 변하여 음과 짝으로서 상배相配를 하지만, 반대로 상생相生 뒤의 극克인 상생극相生克이 있고 상극相克의 뒤에 생生인 상극생相克生도 있으므로 음양의 상충적相沖的 변화가 있어야 그 후의 충화沖和가 생生하여 음양이 상교相交함으로 만물萬物의 소장消長이 있다"고 하였다. 이 같은 음양관은 만물의 생성론에 기반을 둔 음양관이라고 할 수 있다. 하늘의 해는 태양太陽이고 별(宿수)은 소음少陰이며, 땅의 전체는 태음太陰이고 물(水수)은 소양少陽이다. 주마육임은 건해임자乾亥壬子의 순서로 4자식字式으로 이어 나가니(計계) 금수목화金水木火로 결결決한

903) 음산과 양산의 구별은 12지지의 음양에 따른 것이다.

다. 이는 오행기의 기질론에 기반을 둔 기질관이다.

　건해궁乾亥宮의 해亥와 관련하여 '해위석亥位釋'에 "해亥는 근본이 수水에 속하고 북서간北西間에 있어 건乾을 보좌補佐하니 별[904]로써는 실화室火이며, 사물로는 돼지[905]이고 임금[906]의 본궁本宮이니 그 근본[907]은 건乾이다. 천하의 땅[908]이 해亥로 머리[909]를 하고 사巳로 다리[910]를 삼으니 중국의 사음궁양택四陰宮陽宅이 모두 해좌亥坐이다. 지地의 형形은 해좌亥坐이니 해좌는 음지陰支여서 변동함이 없고 스스로 안정安靜의 리理가 있어 건乾[911]에서 헤어진[912] 후에라야 음陰이 연이어 와서 사이사이에 축丑이 있고 또한 간艮도 있어 신辛으로써 환절換節하고 해亥로써 회두回頭하면 극길極吉한 것"이라고 하였다.

　천지의 도道가 음양에서 출발하니 하늘의 음양은 성수星宿에 있고 땅의 음양은 산천山川에 있음으로 지리의 음양은 천도天道의 음양과 다르다. 대개大蓋 천도의 영허소장盈虛消長을 알려면 성수星宿가 있는 천상의 기氣를 궁구窮究하고 지리의 길흉화복吉凶禍福을 알자면 산천山川의 동정動靜을 세밀하게 잘 살펴야 한다. 동자動者는 양이고 정자靜者는 음이 되므로 산체山體가 높이 치솟으면[913] 음에 속하고, 수세水勢가 사류射流하여 동動하면 양에 속한다. 산수山水는 사람에게 있어 부부夫婦와 같아야 상승하면 잉육생성孕育生成의 이치가 있는 것이지만, 서로 갈라서면 어찌 잉생孕生의 리理가 있겠는가? 따라서 자연한 산과 물이 서로 갈라서면 기맥氣脈의 결정체는 이루어지지 않는 것이다. 그러므로 산에는 산의 음양이 있고, 물에는 물의 음양이 또한 있는 것이다.

　주마육임과 관련한 또 다른 문헌을 보면, 당唐나라 국사國師였던 일행선사一行禪師의 『일행전도통서一行禪師傳道統序』에 "지지좌地支坐로 말하면 스스로 안정安靜한 리理가 있는 고故로 양좌陽坐에는 양래陽來하고 음좌陰坐에는 음래陰來해도 역시 해害가 없고 대부분 길吉하다. 양좌는 자오인신진술子午寅申辰戌이고, 음좌는 묘유축미사해卯酉丑未巳亥이다"라고 하였다. 또한 고려의 국사國師인 도선道詵의 『국사옥룡자적國師玉龍子跡』에 "장경葬經은 한漢나라 시대 청오靑鳥로부터 시작하였다. 기氣의 청자淸者는 천天이

904) 宿수
905) 猪저
906) 帝제
907) 祖조
908) 地지
909) 首수
910) 足족
911) 祖조
912) 離리
913) 峙立치립

고 기氣의 탁자濁者는 지地이며 천지중天地中 올바른 기자氣者는 사람이다. 천天은 자子에서 시작하여 오午에서 형形하고 술戌에서 성成하며, 지地는 축丑에서 시작하여 미未에서 형形하고 해亥에서 성成한다. 사람은 인寅에서 시작하고 신申에서 성成하며 그 중정中正의 리理를 얻음으로써 선천과 후천의 위치를 결정하고 불변不變한다. 지지地支에는 지정地靜의 리理를 따르므로 양좌陽坐에는 양陽으로 입수入首하고, 음좌陰坐에는 음陰으로 입수해야 박잡剝雜의 해害가 없는 것이다"라고 하였다. 이는 도학풍수의 절대명제인 좌선룡左旋龍[914]에 좌선좌左旋坐[915], 우선룡右旋龍[916]에 우선좌右旋坐[917]의 논리적 근거가 된다.

24방위의 주마육임오행과 좌·우선(음양) 관계 ▶

24 방위	임 壬	자 子	계 癸	축 丑	간 艮	인 寅	갑 甲	묘 卯	을 乙	진 辰	손 巽	사 巳	병 丙	오 午	정 丁	미 未	곤 坤	신 申	경 庚	유 酉	신 辛	술 戌	건 乾	해 亥
주마 육임	목 木	화 火	금 金	수 水	목 木	화 火	금 金	수 水	목 木	화 火	금 金	수 水	목 木	화 火	금 金	수 水	목 木	화 火	금 金	수 水	목 木	화 火	금 金	수 水
음양	양궁 陽宮		음궁 陰宮		양궁 陽宮		음궁 陰宮		양궁 陽宮		음궁 陰宮		양궁 陽宮		음궁 陰宮		양궁 陽宮		음궁 陰宮		양궁 陽宮		음궁 陰宮	
좌우선	우선 右旋	좌선 左旋	우선 右旋	좌선 左旋	우선 右旋	좌선 左旋	우선 右旋	좌선 左旋	우선 右旋	좌선 左旋	우선 右旋	좌선 左旋	우선 右旋	좌선 左旋	우선 右旋	좌선 左旋	우선 右旋	좌선 左旋	우선 右旋	좌선 左旋	우선 右旋	좌선 左旋	우선 右旋	좌선 左旋

1.2 십간·십이지지의 음양오행

음양과 오행은 물질과 비물질, 정신계와 물질계를 포함하여 우주공간에서 이루어지고 있는 모든 운동과 작용에 이르기까지 적용되지 않는 것이 없다. 고대 동양인은 하늘에 열 개의 태양이 있다고 믿었다. 매일 10개의 태양은 차례대로 순행하며 세상을 비추었다. 마치 일련번호를 매긴 것처럼 말이다. 첫 번째 태양은 열한 번째가 되어 다시 떠오르게 된다. 이 열흘의 기간을 순旬이라 했다. 흔히 한 달을 기준으로 처음 열흘을 초순, 다음 열흘을 중순, 마지막 열흘을 하순이라고 할 때의 순을 말한다. 고대인들은 이 열 개의 태양에 이름을 붙이기 시작하였다. 갑甲을乙병丙정丁무戊기己경庚신辛임壬계癸라는 이름이 그것이다. 이것을

914) 陰龍음룡
915) 陰坐음좌

916) 陽龍양룡
917) 陽坐양좌

10간干이라 하고 음양오행론이 생기면서 음양과 오행으로 배정하였다. 배정에 대하여는 이미 앞에서 살펴보았으므로 생략하기로 한다.

다음으로 우리는 매년 새해가 되면 올해가 무슨 띠고 무슨 년年 인지 궁금해 한다. 이것은 60갑자에 의해 배열된다. 10개의 천간과 합해지는 12개의 그것, 우리는 그것을 12지지地支라고 한다. 12개의 지지는 자子축丑인寅묘卯진辰사巳오午미未신申유酉술戌해亥라고 불려진다. 그리고 지지는 열 두 동물을 붙여 사람의 띠로 붙여 사용하기도 한다. 띠의 음양은 당연히 열 두 동물의 발가락으로 음양을 상징했다. 60갑자甲子는 10개의 천간과 12개의 지지가 순차적으로 짝을 맺어 만들어진 것이다. 10천간은 하늘의 태양과 관계가 있다. 하늘은 천기天氣를 품은 양陽이므로 10천간은 큰 양에 해당하고 하늘의 운運을 좌우한다. 반면 지지地支는 지상에서의 기氣의 작용이고 지상의 동물로 이루어진 큰 음陰으로 배정된다. 모든 운동은 음양이 짝하여야 만물을 생육生育시킨다.[918] 그래서 남녀가 만나듯 짝을 이루어야 한다. 음은 양을 취해야 하고, 양은 음을 취해야 한다. 천간과 지지에 대해 음양오행을 적용한 결과는 좌측의 표에서 보는 바와 같다.

모든 음양은 배합을 원칙으로 한다. 이미 배합된 두 기운은 삼라만상森羅萬象[919]의 모든 물질계를 주도하는 기운이다. 그러한 이유로 혼탁한 음양이라는 의미로 탁음탁양濁陰濁陽이라 한다. 그러나 혼탁한 음양 이전의 음양이 있다. 워낙 순수한 음양이다. 맑고 깨끗하여 더럽거나 속된 데가 없다는 청정무구淸淨無垢한 음양으로 정신계를 대표한다. 그래서 순음순양純陰純陽이라고 한다. 우리 인간도 마찬가지이다. 물질에 지나치게 얽매여 있는 사람이 있는 반면 정신에 얽매인 사람이 있다. 물질을 탐하는 건 이미 혼탁해진 사람이다. 세상의 이속에 얽매어 있다는 말이 된다. 반면 정신적인 삶을 사는 사람 또한 반드시 옳다고는 볼 수 없다. 이상세계를 추구하는 삶으로 언제나 현실세계와의 충돌로 상처를 받기 십상十常이다. 가장 이상적인 인간의 삶은 내면의 자아自我와 외면의 타자他者와의 사이에서 융합融合하는 삶이어야 한다. 여기서 말하는 외면의

918) 우리는 이러한 음양관을 생성론적 음양관이라고 한다.

919) 법구경法句經에서 우주 안에 있는 온갖 것의 일체를 말함. 삼라森羅는 넓게 퍼져 있는 숲처럼 늘어선 모양을 가리킨다. 우주에 있는 온갖 사물과 현상. 우주에 형형색색으로 나열되어 있는 온갖 현상. 해·달·별·비·바람·안개·눈, 또는 봄·여름·가을·겨울 등의 우주의 모든 현상과, 강·산·돌·나무·풀·짐승·사람 등 땅위의 온갖 만물을 총칭하는 말이다. 원불교에서는 허공법계와 삼라만상을 연속하여 사용하면서 무형의 존재를 허공법계 유형의 존재와 현상을 삼라만상으로 표현한다. 원불교에서 삼라만상은 천지만물로도 표현되며, 이는 진리의 응화신불로 여겨지기도 한다.

타자란 2, 3인칭의 타인他人을 가리키는 것은 물론 1인칭인 나의 외적모 습까지도 포함한다. 우리는 이미 사회라는 조직 속에 표출된 나의 외면 은 인간관계를 위한 것이므로 진정한 의미의 내면적 자아로부터 떨어져 나왔기 때문이다. 현대사회에서 불신이 팽배하는 것은 당연한 것일지도 모른다. 각자들 자기의 내면은 감춰두고 외적 타자들로 형성된 사회이기 때문이다. 그래서 내면의 순수한 자아와 외면의 타자가 되어버린 자아와 의 갈등 속에서 모든 현대인들의 삶은 외롭고 힘들다.

풍수에서의 음양도 그렇다. 역易의 변화성은 이미 혼탁해진 현상계의 물질적 변화현상을 원리적으로 이해하는데 있다. 풍수의 음양논리도 탁 음탁양이라는 음양배합으로 지리현상을 이해하려는 이론이 있고 순음 순양의 음양관계로 지리현상에 대해 원리적으로 이해하려는 이론이 있 다. 뿐만 아니라 오행기五行氣로도 성향이 같은 기[920]의 배합으로 모든 물 질계의 기질변화를 이해하려는 오행이론도 있다. 순음순양의 원리를 적 용하는 이론의 대표적인 경우가 정음정양론淨陰淨陽論이나 도학풍수론道 學風水論이 해당하고 오행의 순수한 동기를 추구하는 삼합오행기론三合五 行氣論[921]이 있다. 우리는 이것을 기질론적 오행론이라고 부른다. 이상의 모든 음양오행의 적용은 10천간과 12지지의 배합에 의해 방위적 공간으 로 배정된 24방위에서 적용된다. 반드시 24방위에 배정된 음양과 오행 을 이해하여야 한다.

손유헌[922]이 중국과 우리 나라의 풍수지리설이 크게 다른 점을 찾아 연구, 보완하여 만든 책으로 6권 6책으로 되어 있는 『민택요결』이라는 책이 있다. 이 책의 공식 이름은 『역단회도조선민택삼요易斷繪圖朝鮮民宅三 要』이며 연활자본[923]으로 1928년 저자가 간행한 것이다. 책 머리에 저자 의 서문과 양택삼요론의 본문이 실려 있고 끝에 저자의 후서가 있다. 권1 에 나경제일층문羅經繪第一層門 · 태극양의사상太極兩儀四象 등 58편이 수록 되어 있다. 권2~5는 서사택건곤간태십육문십육주십육조西四宅乾坤艮兌 十六門十六主十六灶와 동사택감리진손東四宅坎离震巽십육문십육주십육조 각

920) 同氣동기

921) 雙山三合論쌍산삼합론

922) 이승노, 풍수론적 관점에서 본 주 거환경 평가에 관한 연구, 상명대학교 박사논문, 2014

923) 납鉛을 재료로 하여 연활자로 판 을 짜고 먹을 칠해 찍어내는 방식

1편, 이십사산방수법二十四山放水法 1편, 개문단결開門斷訣 1편, 권6은 천간십자도天干十字圖·지지십자도地支十字圖 등 그림 20편, 육십사조배육십사괘六十四竈配六十四卦 1편으로 구성되어 있다. 이 책은 다른 풍수지리서와 같이 처음에 풍수지리설의 근본이라 할 수 있는 나경羅經과 태극·양의·사상·팔괘 등을 논하고 다음에 서사택과 동사택, 구성九星과의 관계, 유년과의 관계 등 '양택요결'에서 다룬 문제를 취급하고 있다. 민택의 삼요三要인 문門과 주主와 조竈를 그림을 그려 보여 주고 중국과 우리 나라의 차이점과 서로 다른 부분을 지적하였으며, 그 이용하는 방법을 설명하고 있다.

924) 暘谷漫錄(양곡만록)이라는 수필에 기록되어 있음.

925) 이 설은 남송시대 朱熹(주희)가 제기한 것이다.

12지지地支와 연원에 대하여 확실한 것은 알 수 없지만 12지지 동물 가운데 용과 호랑이가 우두머리가 되지 못하고 왜 쥐가 우두머리가 된 것에 대한 몇 가지의 주장이 있다. 첫째는 음양설陰陽說에 의해 동물의 발굽과 발의 홀짝의 수로 정했다923)는 주장이다. 쥐는 앞 발가락 수가 4개 뒷발가락朝鮮수가 5개로 앞발은 짝수, 뒷발은 홀수로 음양을 모두 갖춘 유일한 동물로 특수하다고 해서 맨 먼저 자리를 잡았고 그 뒤로 소(4), 호랑이(5), 토끼(4), 용(5), 뱀(0), 말(7), 양(4), 원숭이(5), 닭(4), 개(5), 돼지(4)의 순이다. 발가락의 숫자가 홀수와 짝수로 서로 교차하여 배열되었음을 알 수 있다. 두 번째로는 시서설時序說에 의해 해당 동물과 가장 관련 있는 시간에 따라 서열을 배열한 것925)이라는 주장이다. 쥐는 한 밤 자시에 나와서 활동한다. 소는 축시에 되새김질을 하고, 호랑이는 인시에 가장 사납다. 토끼는 묘시에 적극적으로 활동하고, 용은 진시에 비가 내리는 것을 좋아한다. 뱀은 사시에는 행인을 상하게 하지 않는다.

십이지신의 상 ▶

하루의 시작과 끝은 한밤 중인 자시子時로 구분한다. 그래서 쥐가 하루 12지의 우두머리가 되었다. 세 번째는 쟁선설爭先說에 의한 것인데, 헌원軒轅 황제가 12지지 동물을 당번으로 배열했다[926]는 것이다. 누가 먼저고, 누가 나중인지 달리기 시합으로 결정 내렸다. 소는 열심히 달려서 선두에 서게 되었다. 쥐는 속으로 한 가지 꾀를 생각해냈다. 막 결승전에 도달하려고 할 때 쥐는 소뿔위로 올라가서 머리를 앞으로 내밀어, 1등을 하게 되었다. 네 번째로는 28성수설星宿說에 근거한 것으로 최근에 제기된 설로, 하늘의 28수의 서열에 근거를 두고 있다.[927]

甲子(갑자)	1924	1984	2044	甲申(갑신)	1884	1944	2004	甲辰(갑진)	1904	1964	2024
乙丑(을축)	1925	1985	2045	乙酉(을유)	1885	1945	2005	乙巳(을사)	1905	1965	2025
丙寅(병인)	1926	1986	2046	丙戌(병술)	1886	1946	2006	丙午(병오)	1906	1966	2026
丁卯(정묘)	1927	1987	2047	丁亥(정해)	1887	1947	2007	丁未(정미)	1907	1967	2027
戊辰(무진)	1928	1988	2048	戊子(무자)	1888	1948	2008	戊申(무신)	1908	1968	2028
己巳(기사)	1929	1989	2049	己丑(기축)	1889	1949	2009	己酉(기유)	1909	1969	2029
庚午(경오)	1930	1990	2050	庚寅(경인)	1890	1950	2010	庚戌(경술)	1910	1970	2030
辛未(신미)	1931	1991	2051	辛卯(신묘)	1891	1951	2011	辛亥(신해)	1911	1971	2031
壬申(임신)	1932	1992	2052	壬辰(임진)	1892	1952	2012	壬子(임자)	1912	1972	2032
癸酉(계유)	1933	1993	2053	癸巳(계사)	1893	1953	2013	癸丑(계축)	1913	1973	2033
甲戌(갑술)	1934	1994	2054	甲午(갑오)	1894	1954	2014	甲寅(갑인)	1914	1974	2034
乙亥(을해)	1935	1995	2055	乙未(을미)	1895	1955	2015	乙卯(을묘)	1915	1975	2035
丙子(병자)	1936	1996	2056	丙申(병신)	1896	1956	2016	丙辰(병진)	1916	1976	2036
丁丑(정축)	1937	1997	2057	丁酉(정유)	1897	1957	2017	丁巳(정사)	1917	1977	2037
戊寅(무인)	1938	1998	2058	戊戌(무술)	1898	1958	2018	戊午(무오)	1918	1978	2038
己卯(기묘)	1939	1999	2059	己亥(기해)	1899	1959	2019	己未(기미)	1919	1979	2039
庚辰(경진)	1940	2000	2060	庚子(경자)	1900	1960	2020	庚申(경신)	1920	1980	2040
辛巳(신사)	1941	2001	2061	辛丑(신축)	1901	1961	2021	辛酉(신유)	1921	1981	2041
壬午(임오)	1942	2002	2062	壬寅(임인)	1902	1962	2022	壬戌(임술)	1922	1982	2042
癸未(계미)	1943	2003	2063	癸卯(계묘)	1903	1963	2023	癸亥(계해)	1923	1983	2043

926) 당시 학자 왕응린은 주희의 시서설에 대하여 그것은 억지로 끌어다 붙인 것이라며 배척했다.

927) 12지지와 28수, 양쪽이 도대체 누가 먼저고 뒤인지 하는 문제가 발생했다.

928) 풍수의 사신사는 본래 천상의 28성수를 동서남북으로 나누어 7성수씩 다스리는 4개의 신神에서 유래한다.

929) 아파박사(阿婆縛紗), 행림초(行林抄)의 기록에 따르면, 인도의 12지지는 원래 12천신지기(神祇) 아래의 12神獸(신수)이다.

하늘의 별은 각기 상징하는 동물이 있기 때문이다. 28수란 달의 공전 주기 27.82일이라는 것에 착안해서 적도대를 28의 구역으로 나눈 것으로 현재 별의 위치를 찾을 때 이용하는 적경의 구실을 하는 것이다.[928] 다섯 번째로 신기설神祇說에 의한 주장인데 중국의 12지지는 인도의 12지지에 근원을 두고 있다는 관점이다.[929] 초두라 신장招杜羅 神將은 쥐를 끌고, 비갈라毗羯羅 신장은 소를 끌고, 궁비라宮毗羅 신장은 사자를 끌고,

벌석라伐析羅 신장은 토끼를 끌고, 미기라迷企羅 신장은 용을 끌고, 안저라安底羅 신장은 뱀을 끌고. 안미라安彌羅 신장은 말을 끌며, 산저라珊底羅 신장은 양을 끌고, 인달라因達羅 신장은 원숭이를 끌고, 파이라婆夷羅 신장은 금시작(닭)을 끌고, 마호라摩虎羅 신장은 개를 끌고, 진달라眞達羅 신장은 돼지를 끎으로, 이에 따라 12지지 중에 쥐가 천신지기를 섬김으로서, 쥐가 십이지지 신장의 우두머리가 되었다.

1.3 음양오행의 상생과 상극

풍수를 공부하다 보면 죽으나 사나 부딪혀야 하는 것이 음양오행론이다. 그러나 알고 보면 너무나 간단한 논리다. 사람의 키가 큰 가 작은가, 추운가 더운가, 낮인가 밤인가, 여자인가 남자인가와 같이 상대적이고 대칭적 관계가 우리가 알고 있는 음양관계다. 풍수의 음양관계도 이런 맥락에서 보면 간단하다. 누구나 이름을 갖고 있듯이 시·공간적 의미의 24방위에도 이름이 필요하다. 그래서 이름을 붙인다면 어떻게 붙일 것인가? 이미 살펴 본 바와 같이 풍수에서는 천간 열 개와 지지 열두 개를 조합하여 이름을 만들었다. 당연히 남자이며 양陽인 천간이 두개가 부족하다. 그렇다고 여자이며 음인지지 두 개를 뺄 수는 없다. 그러면 어찌 할 것인가? 모자라는 남자 두 명으로 인하여 짝짓기 싸움이라도 해야 하나? 그래서 하늘이라는 공간적 기운인 천기天氣인 10천간에 남자인 양을 추가로 데려오기로 한 것이다. 그 네 남자를 4유維라고 불렀는데 각각의 이름이 건곤간손乾坤艮巽이다.

우리가 방위라고 할 때는 어떠한 지점을 중심에 놓고 어떤 방위를 가린다. 만약 중심이라는 특정된 지점地點 없이 방위는 있을 수 없다. 간지干支로 이루어진 24명의 남녀는 방위를 위해 존재하는 남녀들이다. 누군가는 그 중심에 있어 주어야 한다. 과연 누가 그 중심에 있을 것인가? 물론 24명의 남녀 모두 그들만의 기질이 있다. 다섯 가지로 분류되는 오행기질五行氣質이라는 그것이다. 그 기질들은 좋은 관계일 때는 서로 밀어주고(相生상생) 나쁜 관계일 때는 누군가를 밀어내야 한다(相剋상극). 그래서 기질에 따라 협력하고 쟁투하기에 목숨을 건다. 다섯 가지의 기질을 음양 4상론적으로 자세히 살펴보면 목화木火는 양陽의 본성本性을 가진 기질氣質이고, 금수金水는 음陰의 본성을 가진 기질이다. 그러나 유독 토土만은 본성이 중성中性으로 대치하는 음양陰陽을 조화調和시키고 목화금수木火金水의 4기氣의 쟁투를 조절하는 성향을 표방한다. 다시 방위 얘기로 가자. 방위의 중심에 누가 설 것인가가 문제였다. 이때 남자인 천간 중에 무戊라는 남자와 기己라는 남자가 중앙으로 떠났다.[930]

그들의 기질은 중성인 토土의 기질이었다. 이제 남자는 10명 가운데 2명이 빠져 8명밖에 남지 않았다. 이때 하늘에서 빌려온 4명의 남자 4유維라는 건곤간손乾坤艮巽이 합류함으로써 12명의 남자가 되었다. 이제는 모자라는 남자를 두고 서로 싸울 필요가 없어졌다. 그들은 자연스럽게 남녀가 짝을 맺게 된다. 비로소 합궁合宮[931]을 하게 되고 그들만의 집(12宮궁)을 짓고, 그들만의 가정을 갖게 된 것이다. 풍수라경에서의 24방위와 12궁은 그렇게 정해졌다. 모두 음양배합의 이치에 따른 것이다.

이제 기질氣質이 다른 오행에 대해 살펴보자. 협력하고 쟁투하는 관계를 살펴보자는 의미이다. 협력관계를 상생相生관계라고 부른다. 오행기의 특징은 서로 좋은 감정일 때는 자신을 희생시키더라도 상대방을 존경한다. 그러나 나쁜 감정인 상극相剋관계일 때는 처절하게 상대방을 거부하고 무너뜨린다. 이러한 관계를 어떻게 설명할까? 나라면 어떻게 상생과 상극관계를 설명할까? 이에 대해 과거 우리의 선조들은 자연환경에서 찾았다. 다시 말해 주변의 자연환경에서 물질을 이루는 대표적 다섯 가지 질료質料에서 찾았다. 지금이야 과학문명이 발달하여 새로운 원소와 그들을 이용한 신소재들이 끊임없이 탄생되지만, 당시는 자연상태의 물질 뿐이었다. 나무, 불(열기), 흙(땅), 금속(쇠), 물(냉기) 그리고 무엇이 있을까? 인간의 눈에 보이는 모든 물체는 질료적으로 이 다섯 가지로 귀속된다. 그래서 이 다섯 가지의 5원질五原質로서 상생과 상극을 표현하기 시작하였다.

930) 무戊는 양간陽干이고, 기己는 음간으로 5행기질로 모두 토土의 기질을 가지고 있다.

931) 남녀가 성교함. 또는 그런 일. 특히 부부 사이의 성교를 이른다.

풍수에서는 이와 같은 질료적 상생과 상극관계를 형질적形質的 내지는 형이하形而下의 관계라고 부르고, 반대로 음양오기陰陽五氣의 기질론적 상생과 상극관계를 형상적形象的 내지는 형이상形而上의 관계라고 부른다. 그러므로 24방위가 갖는 기질의 상생과 상극관계는 의당 형상적 기질론으로 형이상의 개념이다. 특히 풍수사격론에서 다루는 혈과 주변 산(砂角사각)과의 기질적 관계[932]는 성수오행星宿五行이라는 오행논리로 산이 혈에 대해 우호적 상생인가 배타적 상극인가를 본다.

오행의 상생과 상극도 ▶

오행상생도 　　　　　 오행상극도 　　　　　 오행상생상극도

오행의 상생과 상극에
대한 형질적 해석 ▶

구분	명칭	형질적 해석
상생 相生	수생목水生木	목은 수를 필요로 한다. 수는 목의 성장에 도움을 주기 때문이다. 그러나 수가 지나치게 많으면 목이 썩는다.
	목생화木生火	화는 목을 필요로 한다. 목은 자신을 태워 불을 계속 타게 하기 때문이다. 그러나 목이 지나치게 많으면 오히려 불은 꺼져버린다.
	화생토火生土	토는 화를 필요로 한다. 화는 모든 것을 태워 토로 돌아가게 하기 때문이다. 그러나 화가 지나치게 많으면 흙마저 태워버리기 때문이다.
	토생금土生金	금은 토를 필요로 한다. 토는 금을 가지고 있기 때문이다. 그러나 토가 지나치게 많으면 금이 쉽게 얻어지지 않기 때문이다.
	금생수金生水	수는 금을 필요로 한다. 금은 차가우므로 수를 맺히게 하기 때문이다. 그러나 금이 지나치게 많으면 수는 얼어붙어 움직이지 못하기 때문이다.
상극 相剋	수극화水剋火	화는 물을 꺼린다. 수에 의해 불은 제압당하기 때문이다.
	화극금火剋金	금은 불을 꺼린다. 화에 의해 금은 녹아 버리기 때문이다.
	금극목金剋木	목은 금을 꺼린다. 금이 강하면 목은 베어지기 때문이다.
	목극토木剋土	토는 목을 꺼린다. 목이 강하면 토는 갈라지기 때문이다.
	토극수土剋水	수는 토를 꺼린다. 토가 강하면 수는 움직이지 못하게 때문이다.

932) 라경론에서 다룬다.

933) 是故易有太極 是生兩儀 兩儀生四象 四象生八卦 八卦定吉凶(시고역유태극 시생양의 양의생사상 사상생팔괘 팔괘정길흉)

934) 太陰태음이라고도 한다.
935) 太陽태양이라고도 한다.
936) 易有四象 所以示也역유사상 소이시야.

937) 대연수의 개념은 주역 계사상전에 대연의 수가 50이니, 그 쓰임은 49라는 구절에서 유래한다. 즉, 하늘이 생긴 수를 3, 땅이 생긴 수를 2로 잡아 그 합한 수인 5를 각각 10까지 늘려 만들어지는 수인 50을 말한다.
대연이라는 어휘에서 〈衍:연〉字는 갑골문에서 물(水)이 최종 목적지인 바다를 향해 흘러간(行)다는 뜻으로, 물이 바다에 모이면 넓어지듯이 〈대연지수오십〉은 수의 이치를 오십으로 크게 넓힌다는 뜻이 되는 것이다. 그리하여 어렴풋하나마 12세기 이전의 선유들이 〈대연지수오십〉에 대한 해설을 우주자연의 이치와 천문역수와 관련지어 해설한 내용을 이해할 수 있는 계기가 되어가고 있는 것으로, 〈대연지수오십〉은 서수(筮數)이기 전에 천지자연(天地自然)의 이치를 인간에게 이해시켜주는 교량 역할을 해주는 어휘라고 해야 할 것이다. 그 이유로는 중국 고대수학서(古代數學書) 〈주비산경:周髀算經〉에서 뿐 아니라 〈九章算衍:구장산술〉에서도 수지법(數之法)의 출발을 이 50수를 기초 삼아, 주천역도(周天曆度)를 세우고 인간생활의 과학화에 활용해 왔기 때문이다.

『주역』의 계사전繫辭傳에 보면, "역易에는 태극太極이 있다. 태극에서 음양陰陽이 생기고, 음양은 사상四象을 낳고, 사상은 팔괘八卦를 생하고, 팔괘는 길흉을 정한다."[933] 라는 구절이 있는데, 이는 역에는 태극이 있어 이것이 분화되어 만물의 근원이 된다고 본 것이다. 역易에서의 음양은 2진법으로 분화하고 오행五行은 5진법五進法, 10간干은 10진법을 12지支는 12진법이라는 수리數理를 의미한다. 또한 8괘의 수리적 여러 이론들 중 풍수론에서 사용하는 8제어수八除御數는 8진법의 수리로도 활용하고 있음을 알 수 있다. 음양에서 사상四象으로의 분열은 표에서처럼 체體의 음양에 용用의 음양을 더하여 분화됨을 알 수 있다. 즉, 음양의 괘卦가 더해짐으로써 4개의 분열하는 상象으로 나타내는데 노음老陰[934], 소양少陽, 노양老陽[935], 소음少陰을 말한다.

음양오행의 체용에 따른 분화 ▼

음양의 분화			오행의 분화					
體체	陰	陽	體체	木	火	土	金	水
陰	陰陰	陰陽	木	木木	木火	木土	木金	木水
			火	火木	火火	火土	火金	火水
			土	土木	土火	土土	土金	土水
陽	陽陰	陽陽	金	金木	金火	金土	金金	金水
			水	水木	水火	水土	水金	水水

음양분화라는 이 네 가지의 사상에 대해서 정의하면, 『주역』의 복희팔괘伏羲八卦와 64괘가 형성되는 과정처럼 음(--)과 양(─)이 처음 중첩되어 이루어지는 네 가지 분열형상, 또는 이 네 가지 형상이 상징하는 자연의 네 가지 원소와 그 변화 상태를 말한다. 그리고 "역에 사상이 있음은, 보이고자 하는 것"[936]이라고 하여 사상이 구체적이고 가시적인 자연현상을 상징함을 언명하였다. 이 두 가지 의미, 즉 팔괘 형성의 한 단계로서의 사상과 자연 현상의 상징으로서의 사상의 의미를 보다 구체적인 표현은 "대연의 수[937]는 오십인데 사십구만을 쓴다. 사십구를 둘로 나눔

은 둘(兩양)을 상징함이고, 하나를 걸음은 셋을 상징함이고, 넷으로 나눔은 사시四時를 상징함이다." 라는 말이 있다.

이는 설시揲蓍[938]하여 괘를 구하는 과정에 대한 설명으로서, 쉰 개의 시초蓍草[939] 중에서 하나를 제외한 마흔아홉 개를 임의로 둘로 나누고, 이것을 각각 넷으로 나눈다는 뜻이다. 일반적으로 이 과정에서 처음부터 쓰이지 않는 하나의 시초를 태극, 마흔아홉 개를 둘로 나눔을 양의, 그리고 그것을 각각 넷으로 나눔을 사상이라고 한다. 여기서 "넷으로 나눔은 사시四時를 상징한다"는 말은 사상의 과정이 곧 자연 현상에 있어서의 사계절의 변화를 상징한다는 뜻이다.

이상을 종합해 보면 사상은 본래 점서占筮에 있어서 시초에 의한 점법에 나타나는 과정의 하나인데, 여기에 태극·양의·사상이라는 일종의 철학적 개념, 즉 존재의 근원과 자연 현상에 대비하는 사상思想으로 발전된 개념임을 알 수 있다. 사상四象의 개념은 시대의 변천과 각 시대의 주도적 사상思想에 의해 변화·발전되어 풍수지리에서는 혈형穴形을 음양적 관점인 4개의 혈, 즉 사상혈四象穴[940]로 구분하기도 한다.

우번虞翻의 사상과 오행에 따른 사시구분 ▶

四象과 五行 四時	四象	五行	特記
봄	少陽	木	오행에서 土는 중화지기로 사계절 혹은 환절기를 의미한다.
여름	太陽	火	
가을	少陰	金	
겨울	太陰	水	

중국 한대의 상수학자象數學者들은 월령月令[941]과 납갑법納甲法[942], 오행설五行說 등에 의해 일종의 과학적, 자연 철학적인 해석을 했다. 예컨대, 우번虞翻이 "사상은 사시四時이다. 양의兩儀는 건곤乾坤이다. 건괘의 이효二爻와 오효五爻가 곤괘坤卦로 가서 감坎·이離·진震·태兌를 이룬다. 진震(卯묘)은 봄(春춘:青청), 태兌(酉유)는 가을(秋추:白백), 감坎(子자)은 겨울(冬동:黑흑), 이離(午오)는 여름(夏하:赤적)이며, 그래서 양의가 사상을 낳는다고 한다."라고 말한 것이나, 맹희孟喜와 경방京房이 괘기설卦氣說에 의

해 사상을 사시로 보고 여기에 십간십이지十干十二支, 오행 등을 배합한 것, 건착도乾鑿度의 팔괘방위설八卦方位說 등이 그것이다.

당나라의 공영달이 사상을 금金 · 목木 · 수水 · 화火라고 한 것은 오행설에 입각한 것이었다. 전국시대 이래의 오행설에서 탈피하여 사상에 대한 독창적인 자연 철학을 수립한 인물은 송대宋代의 소옹邵雍[943]이다. 소옹은 철저히 주역의 계사전을 계승, 발전시켰다. 계사전의 음양 · 동정動靜 · 강유剛柔 · 천지天地의 개념과 그 철학에 입각하여, "천天은 동動, 지地는 정靜에서 생겨났고, 동과 정이 교차하여 천지의 변화가 이루어진다."고 전제하고, "동動이 시작되어 양동陽動이 극極하면 음이 발생하며 정靜이 시작되어 유정柔靜이 극하면 강剛이 발생한다."고 하여, 동動에서 천天의 음양 운동이 발생하고 정靜에서 지의 강유剛柔 변화가 발생한다고 하였다. 그리고 "동動이 큰 것은 태양太陽, 동이 작은 것은 소양少陽, 정靜이 큰 것은 태음太陰, 정이 작은 것은 소음少陰이라 한다."고 하여 물질 운동의 상반된 양면인 동動과 정靜, 그리고 운동의 정도를 태太 · 소少로 구별하였다. 일반적으로 사상四象을 태양 · 소양 · 태음 · 소음이라고 하는 것은 여기에 연유한다.

소옹邵雍은 천지의 사상을 태강太强 · 소강少强 · 태유太柔 · 소유少柔라하여, 천지의 변화를 각각 네 가지로 구별하고 여기에 구체적인 자연 현상을 분속시켰다. 즉, 태양太陽(▅)은 해(日일) · 더위(暑서), 소양少陽(▅▅)은 별(星성) · 낮, 태음太陰(▆▆)은 달(月월) · 추위(寒한), 소음少陰(▅▅)은 별(辰신) · 밤이라고 하고, 태강太强은 불(火화) · 바람, 소강少强은 돌(石석) · 우뢰(雷뢰), 태유太柔는 물(水수) · 비(雨우), 소유少柔는 흙(土토) · 이슬(露로)이라고 하였다. 천天의 해 · 달 · 별[944]이 작용하여 더위 · 추위 · 밤 · 낮의 변화가 발생하고, 지地의 물 · 불 · 돌 · 흙이 작용하여 비 · 바람 · 우뢰 · 이슬의 자연 현상이 있게 된다는 것이다. 소옹은 사상에 의한 자연 현상의 분류를 하도河圖 · 낙서洛書의 선천 · 후천 도수圖數에 배합하기도 하였다.

943) 중국 송(宋)나라의 학자 · 시인. 도가사상의 영향을 받고 유교의 역철학(易哲學)을 발전시켜 특이한 수리철학(數理哲學)을 만들었다. 그는 음(陰) · 양(陽) · 강(剛) · 유(柔)의 4원(四元)을 근본으로 하고, 4의 배수(倍數)로서 모든 것을 설명하였다.

944) 星성과 辰신

천지변화와 현상		천지사상天地四象			
天地變化와 現象		태강(太强): 태양(太陽)	소강(少强): 소양(少陽)	태유(太柔): 태음(太陰)	소유(少柔): 소음(少陰)
天의 작용과 현상	변화작용	해(日)	별(星)	달(月)	별(辰)
	자연현상	더위(暑)	낮(晝)	추위(寒)	밤(夜)
地의 작용과 현상	변화작용	불(火)	돌(石)	물(水)	흙(土)
	자연현상	바람(風)	우뢰(雷)	비(雨)	이슬(露)

주희는 『역학계몽易學啓蒙』에서 소옹의 선천·후천 도수圖數와 오행설을 결합하여 태양은 9, 소음은 8, 소양은 7, 태음은 6이라고 하였고, 각각 수·화·목·금에 배합하였다. 이와 같이 사상四象은 중국 철학사에 있어서 오행설과 역학의 상수론象數論에 의해 해석되어, 자연과 인간을 철학적·과학적으로 이해하는 데 바탕이 되었다. 주역에 대한 연구가 심화된 조선조에서도 사상에 대한 연구가 보인다. 서경덕徐敬德은 소옹의 학설을 계승하여 "천에는 사신四辰인 일월성신日月星辰이 있어 천天에서 상象을 이루고 수화토석水火土石은 지地에서 질質을 이룬다."라고 하였다. 그의 온천변溫泉辨·성음해聲音解에는 사상론에 입각한 철학적·과학적 사유가 잘 나타나 있다. 이황李滉은 『계몽전의啓蒙傳疑』에서 주희의 역학계몽에 보이는 사상에 관해 더욱 심도 있는 설명을 하여 황제내경의 운기론運氣論과 황극경세서의 이론 등을 자세히 분석하였다. 특히, 납갑納甲·비복飛伏·점서占筮 등에 대한 제가諸家의 이론을 도상화圖象化하여 분석한 점이 특징이다. 즉, 사상을 오행·월령·간지·점서·방위·하도·낙서 등에 배열하여 전국시대 이래의 모든 자연 철학을 총괄했는데, 이러한 연구는 장현광張顯光[945]에 이르러 더욱 심화되었다.

장현광의 문집인 『여헌선생문집旅軒先生文集』의 성리설과 역학도설易學圖說은 이전의 모든 역설易說을 총망라하여 세밀하게 분석하였다. 그밖에 주역의 상수학적 관심에서 일단 벗어나 고전의 본래적 의미로 이해할 것을 주장하는 고증적 방법으로 사상을 연구한 학자로서 정약용丁若鏞을 들 수 있다. 그는 『주역사전周易四箋』에서 "사상四象이란 사시四時의 상象이

945) 자는 덕회(德晦), 호는 여헌(旅軒), 시호는 문강(文康)이다. 생몰은 1554년~1637년이며 본관은 인동(仁同)이다. 조선 중기의 학자로 경상북도 인동 출신. 아버지는 증이조판서열(烈)이며, 어머니는 경산 이씨(京山李氏)로 제릉참봉(齊陵參奉) 팽석(彭錫)의 딸이다.

다. 천天이 밖에서 지地를 감싸고 일월日月이 운행하고, 천지수화天·地·水·火의 기氣가 그 사이에서 항상 운동한다.""사시四時는 십이벽괘十二辟卦이다.""사상四象의 사四는 천지수화天·地·水·火가 체질이 각각 나뉘고 위차位次에 차등이 있음이다. 천天과 화火가 함께하여 뇌雷와 풍風이 생겨나고, 지地와 수水가 어울려 산山과 택澤이 이루어진다."라고 하여, 사상을 사계절의 변화와 팔괘를 생성하는 네 가지의 기氣로 해석하였다. 그리고 우번과 정현鄭玄이 사상을 남녀장소男女長少, 수·화·목·금으로 해석한 것을 비판하였다. 조선 말기의 의학자인 이제마李濟馬의『동의수세보원東醫壽世保元』은 사람의 체질體質을 사상으로 분류하여 치료한 독창적인 의서로써 사상의학은 사상에 인간의 체질을 4종류로 대분류 한 의학적 연구 성과라고 할 수 있다.

팔괘八卦는 사상에 음양의 괘卦 하나씩을 추가한 분열상分裂象으로 사상이 둘로 세분화됨을 의미하는 8개의 괘를 말한다. 즉, 건乾(☰), 곤坤(☷), 간艮(☶), 손巽(☴), 감坎(☵), 리離(☲), 진震(☳), 태兌(☱)의 8상象을 의미하며, 팔괘에 다시 자연현상을 표현하고 있는데, 이 8가지의 자연현상은 현대지리학적인 측면에서도 매우 중요한 의미를 가진다. 8괘에 대한 자연현상의 이러한 해석은 한역漢易에서부터 시작하여, 송대宋代 이후까지 이어지는 '역유태극易有太極'에 대한 해석상의 논쟁을 불러일으키기도 하지만, 중요한 사실은 팔괘의 괘상卦象에 자연현상을 가미했다는 것이다.『역위건착도易緯乾鑿度』에서 보듯이 태역太易으로써 무無를 삼고, 태극은 원기元氣인 혼동미분混沌未分의 상태로 실체를 부여함으로써 태극을 우주의 근본으로 해석하는 철학사상이 정립되었고, 후대의 역학易學 및 철학의 발전에 커다란 영향을 주었다. 8괘는 어떤 상象을 말하는데, 상이란 본받는 것이다. '계사전'에서 "성인은 세상의 이치를 살펴서 그 모양을 본떴고 사물의 마땅함을 본떴으니 이 때문에 상象이라고 한다." 라는 말이 있다.

뒤쪽 표에서 보듯이 상수역象數易에서 팔괘는 고유한 상象과 수數가 있다. 양陽에서 근원根源한 것으로 건乾, 태兌, 리離, 진震의 4괘가 있다. 건괘乾卦는 천天, 즉 하늘이라고 하는데, '☰'는 원래 '▬'에서 나머지 괘 상卦象과 짝을 맞추기 위하여 겹쳐서 양의兩儀에 음양의 괘卦를 더하여 3획으로 만든 분열상이다. 건乾은 원래 우주만물을 움직이는 큰 작용을 의미하는 것인데, 이는 그 작용의 결과는 해와 달이 떠오르며,946) 초목이 번창하고 사람과 동물이 생장하는 등의 현상을 나타낸다. 이것이 하늘을 향하여 전진하는 모양이기 때문에 '☰'로 하늘을 상징했다.

태괘兌卦는 자연현상으로 연못을 말한다. 연못은 물이 땅 표면에 드러난 것으로서, 하늘에 있는 여러 형상들이 물속에 비치기 때문에 연못가에 서서 물속을 들여다보면 구름, 하늘, 달 등의 그림자가 보인다. '☱'는 상효上爻가 '▬▬'으로 정적靜的인 운동을 나타낸 것이다. 초효와 중효의 태양太陽 위에서 움직이므로 상징성은 연못이지만, 구름과 같은 습기濕氣까지 포함하는 형상을 의미한다. 이괘離卦는 밝게 빛나는 해와 달을 상징한다. '계사전'에 밝게 빛나는 것은 해와 달보다 더한 것은 없다고 하였듯이 '☲'의 초효와 상효의 '▬'은 하늘을 의미하는 리허중離虛中으로 가운데 음(▬▬)은 움직이는 상이다. 해와 달은 하늘에서 움직이므로 이것으로 불火을 상징하였다. 이괘離卦는 불이 꺼지지 않도록 애를 쓰듯 무엇을 가두는 형상을 말하며, 빛나는 것과 화려한 것을 의미한다.947) 진괘震卦(☳)는 자연현상으로 우뢰(雷뢰)를 상징하는데, 우뢰가 치면 겨울잠을 자던 동물이 땅속에서 일어나므로 2월의 경칩驚蟄이라는 말도 여기에서 나온 것이다. 또한 비가오고 천둥이 치면 폭우가 쏟아지는데 이를 관찰해보면 '☳'가 같은 형상으로 산위나 높은 곳에서(▬) 폭우가 쏟아지며 천둥을 치는 형상이 진괘이다. 진괘는 천둥이 치므로 놀라 움직이는 동動을 의미한다.

다음으로 음陰에서 근원한 괘로 손巽, 감坎, 간艮, 곤坤의 4괘이다. 손괘巽卦(☴)의 형상은 자연현상으로 바람인데, 바람은 흔적 없이 불어와 구름과 안개를 이동시키고 나뭇잎을 흔들며 그 자취를 드러낸다. 중효와 상효 '☰'은 건괘의 하늘을 상징하며, 초효의 '▬▬'은 움직이는 것으로

946) 여기서의 乾天은 日月을 動하게 하는 本源的 意味의 역할을 의미한다. 즉 해는 陽이고 달은 陰이라는 의미를 上迴하는 天역할을 말한다.

947) 高懷民, 先秦易學史, 光明照耀在天空爲日月 繫辭傳"縣象著明 莫大乎日月" 離卦 彖傳 "日月離乎天" "☲"卦 上下 "▬" 爲 '☰' 天之省, 中 '▬' 爲動象 日月動轉天中 故以之象火(고회민, 선진역학사, 광명조요재천공위일월 계사전 "현상저명 막대호일월" 리괘 단전 "일월리호천" "☲"괘 상하 '▬' 위 '천지성, 중 '▬'위동상 일월동전천중 고이지상화)

바람을 상징한다. 감괘坎卦(☵)는 수水를 의미하며, 물은 땅속으로 흐른
다. 감괘의 초효와 상효 '☵'는 중효가 움직이는 상으로 땅속에서 움직
이는 물을 상징하는데, 『설문해자說文解字』[948]에도 "감坎은 함陷, 즉 빠지
는 것"이라고 되어 있어 빠지는 것을 의미한다.[949]

팔괘도와 음양분화 및 팔괘에 따른 괘명·괘상·자연현상 ▼

八卦圖		陰陽根源	四象	陰陽加味	分裂卦名	卦象	自然現象	象數	通稱
(팔괘도 그림)		陽	太陽	陽	乾卦	☰	天	1	一乾天
				陰	兌卦	☱	澤	2	二兌澤
			少陰	陽	離卦	☲	火	3	三離火
				陰	震卦	☳	雷	4	四震雷
		陰	少陽	陽	巽卦	☴	風	5	五巽風
				陰	坎卦	☵	水	6	六坎水
			太陰	陽	艮卦	☶	山	7	七艮山
				陰	坤卦	☷	地	8	八坤地

8괘의 자연현상에 대한 지리학적 의미 ▼

근원	8괘명	자연현상	풍수지리학적 의미	현대 지리학적 의미
陽	乾: ☰	天.日	하늘, 천기, 양기	대기, 기압, 온도
	兌: ☱	澤	연못, 담수	호수, 습지
	離: ☲	火	불	태양에너지
	震: ☳	雷	뇌우	구름, 강수(비)
陰	巽: ☴	風	바람	바람
	坎: ☵	水	물	하천, 강, 바다, 강수(눈), 우박, 안개, 이슬
	艮: ☶	山	산	산지
	坤: ☷	地.月	땅, 지기, 음기	지형, 지질

948) 중국 후한 때, 허신이 편찬한 자
전, 문자학의 고전. 한자 9,353자를 수
집하여 540부(部)로 분류하고 육서(六
書)에 따라 글자의 모양을 분석·해설
하였다. 15권.

간괘艮卦(☶)는 자연형상으로 산山이며, 산은 지면보다 높고 우뚝우
뚝 솟은 봉우리들은 서로 높음을 드러낸다. 초효와 중효의 '☶'는 낮은
일이나 물이 흐르는 사람이 사는 땅을 의미하고, 상효 '▬'는 들(野야)
보다 높은 산으로 간괘는 정지停止하는 것을 의미한다. 곤괘坤卦(☷)는

건괘乾卦와 정반관계正反關係로 자연현상적으로 작용의 결과는 해와 달이 높이 떠올랐다가 지기 시작하는 것과 같이 동·식물이 성장하고 번성하여 시들고 늙기 시작하는 것을 나타내며, 땅을 향하여 내려가고 물러서는 모양이다. 곤괘는 날이 저무는 정적인 상으로 유순柔順을 의미한다. 이상 8괘의 분열상에 부여된 자연현상에 대한 지리학적 의미는 위의 표와 같다.

3절 풍수방위의 공간배분과 활용

풍수에서 라경은 산줄기[950]가 방향을 선회旋回할 때 어느 방향으로 꺾여서 진행하는 지를 측정할 때 사용한다. 산도 하나의 생명체로 자연의 이법理法에 따라 탄생되었으므로 큰 음으로 된 형성된 딱딱한 물체[951]이지만 그 자체에 또한 더 작은 음양이 있고, 방위 또한 음양이 합하여 하나의 공간을 이루므로 음과 양이 만나 하나의 형체와 시간을 갖춘 공간을 만들어내는 것이야 말로 진정한 음양의 조화라고 할 수 있다. 따라서 24방위는 음의 방위 12개와 양의 방위 12개가 각각 15°의 영역을 대표하고 있다. 그러나 음양이 다른 12개의 방위는 단독으로는 그 어떤 생명체나 물질을 탄생시킬 수 없다. 그래서 그들은 서로 짝을 이루어 만물을 탄생시키고 변화라는 조화를 이끌어 간다.

산줄기인 용맥도 이러한 이치를 벗어날 수 없고 방위라는 시·공간도 음양이 배합된 하나의 생명체로써의 개념이다. 우리가 흔히 간산看山을 가서 용맥龍脈의 흐름을 방위적으로 측정할 때 예외적으로 24산의 방위로 측정할 때도 있지만 기본적으로 음양배합궁인 12궁宮으로 용맥을 잰다. 12궁의 용맥을 측정할 때는 궁宮 대신 용龍이라고 부른다. 예를 들면 임자궁壬子宮의 30° 이내의 영역으로 진행하고 있는 산줄기[952]는 임자룡壬子龍[953]이라고 부른다. 풍수에서 용맥을 측정할 때 사용하는 용은 12룡으로 임자壬子, 계축癸丑, 간인艮寅, 갑묘甲卯, 을진乙辰, 손사巽巳, 병오丙

---

949) 高懷民 上揭書, 水流地中, 伏羲氏的生活活動地區是淮河平原, 河流均陷入地面下甚深 '☵' 卦 上下 "☰" 爲 '☷' 地之省, 中 '一' 爲 動象 動於地之中, 故以之象水(수류지중, 복희씨적생활활동지구시회하평원, 하류균함입지면하심심 '☵'괘 상하 "☰" 위 '☷' '지지성, 중 '一'위 동상 동어지지중, 고이지상수)

950) 龍용, 山산

951) 固形體고형체

952) 산 능선의 중심

953) 壬坎龍임감용

385

午, 정미丁未, 곤신坤申, 경유庚酉, 신술辛戌, 건해乾亥용이다. 이 12룡은 음양이 배합되어 만들어 낸 방위상의 용이다. 따라서 용을 측정할 때는 12룡으로 측정하는 것을 원칙으로 한다. 우리는 이것을 같은 궁내宮內의 음양이므로 동궁同宮이라 하고, 동궁으로 흘러가는 용맥을 동행룡同行龍이라고 하여 합성어로 동궁동행룡同宮同行龍이라고 부른다. 결국 동궁동행룡은 간지정배합룡干支正配合龍이라고 할 수 있고 음양이 배합된 용이라 해서 살아 있는 용954)이다.

그러나 자연의 대상물은 모든 것이 순리順理에 따라 완전하게 형성된 대상물도 있지만 순리에 따르지 않는 음양불배합陰陽不配合의 미완성 대상물도 있다. 이 같은 미완성의 형질은 비단 용맥만이 그런 것은 아니다. 모든 자연계에는 완성된 대상물과 미완성의 대상물들이 병존竝存하고 있다. 인간도 마찬가지이다. 순리에 따르지 않는 인간들도 많다. 자연계의 혼란은 이러한 미완성 된 역리적 현상 때문에 발생한다. 그래서 세상은 피곤한 것이다. 우리가 보아 아름답게 보이는 산도 그렇다. 동궁동행룡으로 용맥이 흐르는 것이 아니라 음양불배합의 다른 궁의 남녀가 짝을 이루는 경우이다.

예를 들면, 임자궁壬子宮의 자子라는 여자955)가 동궁내의 임壬과 짝하지 아니하고 옆 궁인 계축궁癸丑宮의 계癸라는 남자956)와 짝을 맺는 경우이다. 궁이 다른 것을 이궁離宮이라고 부른다. 이궁 또한 동궁과 마찬가지로 30°라는 방위상의 공간영역을 갖는다. 비록 옆집 사이의 다른 궁의 남녀가 함께하는 것과 같이 산능선인 용맥이 진행하는 것도 동행同行에 해당한다. 그래서 이러한 경우를 이궁동행룡離宮同行龍이라고 한다. 음양불배합룡, 다른 말로 간지불배합룡은 순리를 거스르는 용으로 미완성의 용이다. 이런 용은 죽은 용이라 하여 사룡死龍이라고 부른다. 따라서 360° 공간상에는 생룡 12룡과 사룡 12룡이 있다. 죽은 사람이 잠들어 있는 음택은 많은 택지를 필요로 하지 않는다. 움직이지 못하는 사람957)으로 땅 속에 있음으로 천기天氣보다는 땅의 지기地氣를 절대적으로 받는다. 따라서 하나의 선線처럼 흘러가는 용맥의 중심에 정확히 묻혀야 한

954) 生龍생룡
955) 地支지지

956) 天干천간
957) 陰人음인

다. 이러한 이유로 음택은 용맥의 가느다란 하나의 선[958] 위에 주어진다. 그래서 음택의 혈은 잡기 또한 어렵다.

양택의 경우는 음택의 조건과는 다르다. 양택은 살아서 움직이는 사람들이 거주하는 공간이다. 음택보다 넓은 택지[959]를 필요로 한다. 그리고 산지보다 평지라야 생활하기에 편리하다. 땅의 지기보다도 천기에 더 노출되어 있으므로 천기는 직접적이고 지기는 간접적일 수밖에 없다. 그렇다고 지기가 영향이 없다는 것은 아니다. 양택은 우선권이 천기에 있다는 의미이고 음택은 지기에 우선권이 있다는 것을 말한다. 천기라는 것은 하늘의 기氣로써 태양에 의한 사시四時[960]와 각종 기후조건과 기상조건이 이에 해당한다. 바람, 비, 우박, 서리, 눈, 일조량, 구름, 기압 등과 같은 것을 천기의 작용으로 볼 수 있다. 살아 움직이는 사람[961]은 천기의 자연적 조건을 죽은 사람보다 훨씬 자유롭게 대처할 수 있다. 사람의 집은 가족이라는 다수의 구성원이 함께 머무르는 공간으로 일선一線의 협소한 택지보다 일편一片의 넓게 펼쳐진[962] 대지大地에 있어야 한다. 따라서 전통적으로 양택이 입지하는 방위상의 영역은 음양배합에 의한 30°의 영역권이 아니라 8괘방을 중심으로 하는 45° 영역을 좌향의 영역으로 설정하여 모든 양택이론에 적용하여 왔다. 특히 동서사택론이나 민택3요론과 같은 이론에서는 여지없이 24방위를 8괘방으로 배납하여 양택의 영역으로 활용하였다. 8괘방이란 하늘의 도道로써 천기를 주재하는 건곤간손방乾坤艮巽方[963]과 땅의 도道로써 지기를 주재하는 자오묘유방子午卯酉方[964]을 말한다고 하였다.

간지 8괘혼합정배납방과
8방위불배합방 ▶

8방구분	자子방	간艮방	묘卯방	손巽방	오午방	곤坤방	유酉방	건乾방
8괘 혼합 정배납방	임자계 壬子癸	축간인 丑艮寅	갑묘을 甲卯乙	진손사 辰巽巳	병오정 丙午丁	미곤신 未坤辛	경유신 庚酉辛	술건해 戌乾亥
8방위 불배합방		해임자亥壬子. 계축간癸丑艮. 인갑묘寅甲卯. 을진손乙辰巽. 사병오巳丙午. 정미곤丁未坤. 신경유申庚酉. 신술건辛戌乾. 자계축子癸丑. 간인갑艮寅甲. 묘을진卯乙辰. 손사병巽巳丙. 오정미午丁未. 곤신경坤申庚. 유신술酉辛戌. 건해임乾亥壬.

8괘방의 특성을 보면 양陽의 4유방은 좌우로 음陰의 지지방위를 거느리고, 음의 4정방은 좌우로 양의 천간방위를 거느리고 있어 간지혼합3

배합干支混合三配合으로 이루어 졌다. 그러나 8괘방의 배납은 12궁 30도의 영역에 비해 훨씬 넓은 방위공간으로 8괘를 활용했다는 것 외에 세밀함이 뒤떨어진다는 단점을 한계로 하고 있다. 이에 반해 도학풍수의 좌·우선 6택론은 30° 12궁이 갖는 방위영역을 좌향설정의 공간으로 삼는다. 이는 음양정배합 방위로 좌향을 설정하고 더욱 세밀한 방위 영역을 갖는다는 것만으로도 8괘를 활용한 기존의 양택이론보다 이치와 논리성 면에서 훨씬 강한 장점을 가지고 있다.

제10장 동그라미 속에 숨어 있는 진리 - 라경론

1절 라경의 개념과 구성

1.1 라경의 개념

라경羅經이란 풍수지리학에서 우주공간상의 특정한 점인 혈穴을 중심으로 놓고 360° 원주상 공간에 대한 영역과 시간을 측정할 때 사용하는 기구를 말한다. 음택지와 양택지를 찾고 좌향을 정하거나 측정할 때 주로 사용되는 라경은 용이 진행하는 방위는 물론 용맥이 양택과 음택내로 진입[965]하는 방위를 측정할 때 사용한다. 또한 혈을 중심으로 산과 물의 위치와 형태 입수入水와 거수去水의 방위[966]는 물론 24개의 영역에 배정된 음양과 오행의 상관관계로 좋고 나쁨을 평가할 때도 사용된다. 따라서 다용도의 라경은 그 용도에 따라 여러 개의 층으로 구성되어 있다. 나침반羅針盤, 패철佩鐵, 윤도輪圖, 쇠라고도 불리며 라경羅經이란 명칭은 우주의 삼라만상森羅萬象을 포함한다는 포라만상包羅萬象의 라羅와 하늘과

965) 入首입수

966) 입수와 거수는 형국내로 들어오는 득수와 형국외로 빠져나가는 득파를 가리킨다.

땅의 이치理致를 다스린다는 뜻의 경륜천지經綸天地에서의 경經을 취해서 붙여진 이름이라고 전해진다. 라경에는 우주만물에 존재하는 모든 이치가 라경 안에 다 들어있다는 뜻이며, 직역하면 우주 속에 있는 모든 삼라만상의 이치를 다스린다는 뜻이다.

패철佩鐵이란 명칭은 감여가는 항상 옆에 차고 다니면서 천문과 지리를 공부하는 지남철이라는 의미에서 붙여진 것이다.[967] 윤도輪圖는 수레바퀴와 같이 생긴 둥근 원판에 층층으로 원을 그려 넣은 다음, 그 안에 자연의 원리를 판단할 수 있는 문자와 숫자數字를 기입해 놓고, 중앙에는 자성磁性을 띤 침을 올려놓아 지구 자기성에 의해 침이 자연스럽게 남북을 가리키도록 만든 기구로 우주는 둥글다는 천원사상天圓思想을 담았다는 의미에서 붙여진 이름이다. 풍수에서 사용되는 현재와 같은 나침반은 대체로 당唐나라 일행선사一行禪師와 양균송에 의해 만들어져 송宋 이후에 보편화 되었다고 보고 있다.

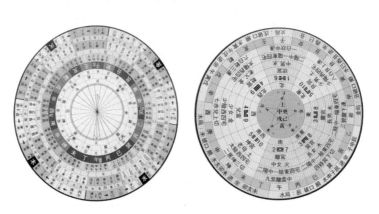

일반 9층라경 전면과 후면도 ▶

일행선사[968]의 시호는 대혜선사大慧禪師이고 본명은 장수張遂이며 당나라 시대의 대표적인 밀교 승려로 알려져 있으며 천문학자로도 유명하다. 지금의 하남성河南省인 위주魏州의 창락昌樂에서 태어났다. 어려서부터 총명하여 경사經史와 역상歷象, 음양오행의 학문에 정통하였다. 출가하여 숭산嵩山의 보적선사普寂禪師에게 선요禪要를 배웠고, 지금의 호북성湖北省인 형주荊州 상양산常陽山의 오진悟眞에게서 율장律藏을 배웠다. 그 뒤 천

967) 지남철은 사람들에게 길을 안내하는 생명의 도구이자 사방을 안내하는 역할을 한다.

968) 683~727년

태산天台山에 올라가 천태종天台宗의 진리를 터득하였으며 717년 현종玄宗의 부름을 받고 장안長安에 갔는데, 현종은 그로부터 많은 영향을 받고 밀교에 귀의하였다.

721년 이순풍李淳風이 만든 인덕력麟德曆에 의한 일식의 예보가 자주 틀리게 나오자 현종은 일행에게 신력新曆을 편찬하도록 명하였다. 일행은 먼저 양연찬梁令瓚과 협력하여 황도유의黃道遊儀를 만들어 태양·달·5행성의 운행 및 항성의 위치를 측정하였다. 또, 수력水力으로 움직이는 천구의天球儀를 제작하였다. 723년부터는 남궁설南宮說과 더불어 대규모의 자오선 측정을 실시하여 1°가 당나라의 척도로 351리 80보[969]에 해당한다는 결과를 얻었다. 일행은 일대의 영재로서 존경을 받았으나 45세의 젊은 나이에 죽자 현종이 직접 탑록塔錄을 썼다고 한다. 일행은 밀교사상에 위대한 업적을 남긴 사람이지만, 현대 중국에서는 오히려 천문역법의 과학자로서 높이 평가되고 있으며, 그의 지리법은 신라의 도선국사에게 많은 영향을 주었다.

1.2 라경의 구성

라경에는 태극을 비롯해 8괘, 간지와 육갑, 음양과 오행, 24방위, 별자리 28수, 24절기까지 모두 담겨 있다. 하늘의 별과 땅의 시간까지 모두 담고 있으니 이를 이해하는 것이 결코 쉽지 않다. 특히 천산穿山과 투지透地 층의 내룡來龍인 입수룡入首龍의 용맥[970]과 땅의 기운을 측정하는 것은 풍수의 대미라고 할 수 있다. 또한 장사葬事시 관을 묻을 때 위치를 정확히 정하는 분금分金은 단순히 방위를 안다는 것이 아니라 기맥氣脈을 정확히 측정해내는 것으로 라경이 나타내는 세계는 저 우주 공간부터 땅속까지 시·공간을 총망라한 것이라고 할 수 있다. 이처럼 라경은 단순한 방위측정 도구를 넘어 우주와 산천을 이해하고, 그 사이에 사는 인간이 자연에 맞춰 조화를 도모하는 지혜를 담고 있다. 그 지혜는 역易과 천문학, 점성술, 지리학을 토대로 한 것이어서 조선 시대에는 관상감에서

969) 123.7㎢

970) 산줄기의 흐름

윤도輪圖를 제작했다.

　　라경은 태극에 해당하는 한가운데 나침반을 중심으로 바퀴살처럼 동심원으로 퍼져나가는 모양을 하고 있다. 작은 것은 3층짜리도 있고 큰 것으로는 24층까지 만들기도 한다. 중국 라경을 설명한 책에는 36층을 기준으로 하고 있다. 각 층은 특별한 정보를 담고 있으며, 정보 내용에 따라 층의 이름을 달리 붙인다. 라경에 표기된 24방위는 천간天干과 지지地支로 이루어진다.

도학풍수용 라경의 예 ▶

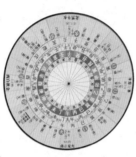

971) 김가임, 상가부동산의 풍수지리
에관한 연구, 나경3층 팔로사로황천
살방에 따른 배납향의 각도범위와 오
행 관계.

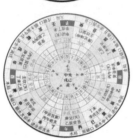

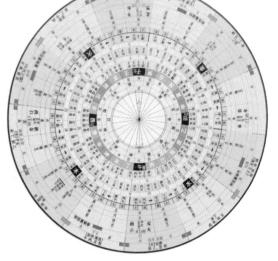

라경에서의 방위적
공간배분과 배납향의 각도
범위와 오행관계[971] ▶

八路四路配納向	壬	癸	艮	甲	乙	巽	丙	丁	坤	庚	辛	乾
雙山同宮方	壬子	癸丑	艮寅	甲卯	乙辰	巽巳	丙午	丁未	坤申	庚酉	辛戌	乾亥
方位角度	337.5 ～ 7.5도	7.5 ～ 37.5도	37.5 ～ 67.5도	67.5 ～ 97.5도	97.5 ～ 127.5	127.5 ～ 157.5	157.5 ～ 187.5	187.5 ～ 217.5	217.5 ～ 247.5	247.5 ～ 277.5	277.5 ～ 307.5	307.5 ～ 337.5
八路四路方의五行相剋方	乾 丙➡壬	艮 丁➡癸	癸甲 坤➡艮	艮 庚➡甲	巽 辛➡乙	丙乙 乾➡巽	巽 壬➡丙	坤 癸➡丁	庚丁 艮➡坤	坤 甲➡庚	乾 乙➡辛	壬辛 巽➡乾

일반 9층라경의 경우 제1선의 층層은 용상팔살龍上八殺과 팔요황천살八曜黃泉殺[972]층이며, 제2선은 황천살黃泉殺과 팔요풍법八曜風法층이다. 제3선은 삼합오행三合五行층이고 제4선은 지반정침地盤正針층이다. 제5선은 천산72룡穿山七十二龍층이고 제6선은 인반중침人盤中針층이다. 제7선은 투지60룡透地六十龍층, 제8선은 천반봉침天盤縫針층이고 제9선은 분금120룡分金百二十龍층으로 구성되어 있다. 10천간 중 무戊와 기己는 오행으로 토土에 해당하여 가운데 위치[973]한다. 8개의 천간에 사유四維인 건乾, 손巽, 간艮, 곤坤을 더하여 12개가 되었고 이것을 음인 12지지 앞에 양인 천간 자字를 하나씩 배정하여 음양배합으로 짝을 만들어 24방위로 배열하였다.

2절 라경의 층별 사용법

2.1 용상팔살과 팔요황천살(팔요수법)의 1층

용상龍上이란 용龍, 즉 산山에서 주어진다는 말로 용상팔살은 산에서 주어진 8개의 살殺이란 의미이다. 라경의 제1선을 보면 8괘방위인 자오묘유건곤간손子午卯酉乾坤艮巽칸의 각각에 오진인신유해묘사午辰寅申酉亥卯巳라는 8개의 글자가 있다. 예를 들면 1층라경에 자子 방위를 보면 진辰이라는 글자가 써져 있다. 이와 같이 선을 따라 8개 방위마다 각각 8개의 글자가 새겨져 있다. 황천黃泉이란 말의 황黃은 지성地性으로 지중地中에서 운행되는 기운으로 음陰의 지기를 말함이고, 천泉은 천성天性의 샘(물)으로 공간기운인 양陽의 천기를 의미한다. 황黃은 황하지역의 모든 땅이 황토로 이루어져 있어 황하문명을 이루던 당시의 사람들에게는 땅으로 해석되는데서 유래한 것이다. 따라서 황천이란 말의 의미를 풍수적으로 정리하여 보면, 고대인에 의하여 지하에 있다고 상상되던 세계로 죽은 사람[974]들이 산다는 암흑의 다른 세계[975]이다. 구천九泉 · 황토黃土 ·

972) 팔요수법八曜水法
973) 中位중위

974) 死者사자
975) 他界타계

393

976) 향向이 아님
977) 水殺수살
978) 得水득수
979) 過客水과객수

980) 8룡八龍 건곤간손감리진태乾坤
艮巽坎離震兌 용龍(진辰=술戌) 토兎
(묘卯=유酉) 후猴(신申=인寅) 계鷄(
유酉=묘卯) 마馬(오午=자子) 사蛇(
사巳=해亥) 호虎(인寅=신申) 저猪(
해亥=사巳) 향향. 감룡곤토진산후坎
龍坤兎震山猴 손계건마태사두巽鷄乾
馬兌巳頭 간호이저위살요艮虎離猪爲
殺曜 총택봉지일단휴塚宅逢之一旦休
참조: 586p

명도冥途 · 저승이라고도 한다. 황천이라 함은 중국 오행五行에서 땅 빛을 노란색으로 규정한 데서 나온 말이다. 즉, '지하에 있는 샘'으로서 횡혈식고분橫穴式古墳의 구조에서 연상했거나, 아니면 고대의 매장의식埋葬儀式에서 유래된 것으로 풍수적 용어로 살殺에 해당하는 말이다. 팔요란 8방위에 비춘다내지는 영향을 미치거나 끼친다는 의미이며, 팔요황천살八曜黃泉殺이란 8개의 방위에 죽음을 상징하는 황천이 작용하는 살殺을 말한다고 할 수 있다.

라경 1층의 팔요황천살의 경우 8괘방위의 좌坐976)에 8개 상극방위의 물이 비추어서 좌에 나쁜 영향977)을 끼친다는 것을 말한다. 즉, 24방위 정오행상 8괘좌에 상극방향의 물이 위협을 가한다는 것이다. 물론 물은 풍수에서 부富를 상징하지만, 그 물은 어디까지나 상생적 관계일 때 좋은 영향을 미치지 상극관계일 경우는 오히려 해악을 끼친다. 이 상극방향의 물은 혈에서 보았을 때 입수入水하는 물978)일수도 있고 사신사의 줄기 중 8개의 상극방위가 요함凹陷하여 지나가는 물979)이 보이는 경우까지도 포함한다.

8요황천살방980)과 8괘방의 음양오행관계표 ▶

8괘배납 좌坐	음양	팔요수방	음양	오행	관계
건乾:술건해戌乾亥	양陽	오午	양陽	건금좌乾金坐 오화수午火水	화극금火剋金
감坎:임자계壬子癸	양陽	진辰	양陽	감수좌坎水坐 진토수辰土水	토극수土剋水
간艮:축간인丑艮寅	양陽	인寅	양陽	간토좌艮土坐 인목수寅木水	목극토木剋土
진震:갑묘을甲卯乙	양陽	신申	양陽	진목좌震木坐 신금수申金水	금극목金剋木
손巽:진손사辰巽巳	음陰	유酉	음陰	손목좌巽木坐 유금수酉金水	금극목金剋木
리離:병오정丙午丁	음陰	해亥	음陰	리화좌離火坐 해수수亥水水	수극화水剋火
곤坤:미곤신未坤申	음陰	묘卯	음陰	곤토좌坤土坐 묘목수卯木水	목극토木剋土
태兌:경유신庚酉辛	음陰	사巳	음陰	태금좌兌金坐 사화수巳火水	화극금火剋金

용상팔살표 ▶

8괘배납 용 입수	상극좌	상극향	오행	관계
건용乾龍:건해용乾亥龍	자좌子坐	오향午向	건금 오화 乾金 午火	화극금 火剋金
감용坎龍:임자용壬子龍	술좌戌坐	진향辰向	감수 진토 坎水 辰土	토극수 土剋水
간용艮龍:간인용艮寅龍	신좌申坐	인향寅向	간토 인목 艮土 寅木	목극토 木剋土
진용震龍:갑묘용甲卯龍	인좌寅坐	신향申向	진목 신금 震木 申金	금극목 金剋木
손용巽龍:손사용巽巳龍	묘좌卯坐	유향酉向	손목 유금 巽木 酉金	금극목 金剋木
리용離龍:병오용午丁龍	사좌巳坐	해향亥向	리화 해수 離火 亥水	수극화 水剋火
곤용坤龍:곤신용坤申龍	유좌酉坐	묘향卯向	곤토 묘목 坤土 卯木	목극토 木剋土
태용兌龍:경유용庚酉龍	해좌亥坐	사향巳向	태금 사화 兌金 巳火	화극금 火剋金

다음으로 용상팔살龍上八殺의 경우는 8괘방의 입수룡에서 정오행상 상극의 8개 향으로[981] 음택이나 양택 모두 바라보지 않게 하라는 의미이다. 모두 입수룡의 오행과 바라보는 향방위의 오행이 상극관계이므로 8개 향방위의 물이 입수룡을 극剋하기 때문에 8개 향[982]은 물의 위협적인 수살방향이라는 것을 말한다.

2.2 황천살黃泉殺과 팔요풍법八曜風法의 2층

일반라경 2층에서 우선 임자궁壬子宮을 보면 임壬방위에 건乾이란 글자가 있다. 임자궁을 중심으로 오른쪽으로 계축궁癸丑宮의 계癸에 간艮, 간인궁艮寅宮의 간艮에 갑계甲癸, 갑묘궁甲卯宮의 갑甲에 간艮, 을진궁乙辰宮의 을乙에 손巽, 손사궁巽巳宮의 손巽에 을병乙丙, 병오궁丙午宮의 병丙에 손巽, 정미궁丁未宮의 정丁에 곤坤, 곤신궁坤申宮의 곤坤에 경정庚丁, 경유궁庚酉宮의 경庚에 곤坤, 신술궁辛戌宮의 신辛에 건乾, 건해궁乾亥宮의 건乾에 임신壬辛이라고 씌여 있다. 모두 12궁에 모두 16자의 글자가 있다.

한 글자씩 있는 방위도 있고 두 글자가 있는 경우도 있다. 또한 한결같이 지지地支 방위가 아닌 천간天干 방위에만 글자가 있다. 이는 물과 바람이라는 양陽의 향살向殺로 양의 천간방위의 향向에만 표기된 것이다. 1

981) 좌가 아님.

982) 향의 반대인 상대방위의 8개좌도 같은 의미이다.

395

층의 황천살이 지지방위에만 8개 있는 것과는 대조적임을 알 수 있다. 물론 향向의 반대인 좌坐도 일직선상에서 천간으로만 되어 있다. 즉, 갑경병임과 을신정계의 8개 천간과 건곤간손의 4유維 천간에만 있다. 8개의 천간방위에는 각각 한 개의 방위가 적혀 있고, 4개의 4유방에는 각각 2개 방위씩 표시되어 있다. 따라서 라경 2층을 8천간과 4유천간으로 되어 있다고 해서 팔로사로황천살八路四路黃泉殺을 보는 층이라고도 부르기도 한다. 물과 바람은 천기의 작용을 받고 양기의 지배를 받는다. 혹자는 2층을 설명함에 있어 지지도 천간과 배합되어 있으므로 동궁同宮의 지지도 같은 영향을 받는다고 하지만, 이는 양택에 적용되는 말이지 음택에는 적용되지 않는다. 음택의 좌향은 반드시 일선一線의 24좌향으로 설정되기 때문이고 양택은 45° 영역[983]의 세 방위나 30° 영역[984]의 두 방위로 좌향이 설정되기 때문이다.

2층의 황천살에 대한 고어를 정리해보자. 우선 라경4층의 간艮방위를 보면, 2선에는 갑계甲癸라고 되어 있다. 이에 대해 '간류갑계艮流甲癸는 목황천木黃泉이요 갑계향중우견간甲癸向中又見艮하라. 즉, 갑계향甲癸向에는 간방수艮方水를 살피고 간향艮向에는 갑계수甲癸水를 살피라'라고 하였다. 이 말을 해석하면 간향을 하고 있는 택[985]에서는 갑甲방위와 계癸방위의 물[986]을 살피고, 또한 갑향甲向과 계향癸向의 택[987]에서는 간艮방위의 물을 살피라는 의미이다. 즉, 라경 4층의 간艮과 라경 2층의 간방위에 있는 계갑癸甲은 서로 쌍방간에 어느 한 쪽이 향을 이루면 다른 한쪽 방위의 물은 황천살에 해당한다는 의미이다.

983) 동서4택론

984) 좌·우선6택론

985) 음택

986) 황천살

987) 음택

향(좌)	물과 바람의 황천살방에 대한 해석	4대국
계향癸向(丁坐정좌)	간방위艮方位의 황천살黃泉殺을 살핀다.	사로 금국
간향艮向(坤坐곤좌)	갑甲방위와 계癸방위의 황천살黃泉殺을 살핀다.	팔로 금국
갑향甲向(庚坐경좌)	간방위艮方位의 황천살黃泉殺을 살핀다.	사로 금국
을향乙向(辛坐신좌)	손방위巽方位의 황천살黃泉殺을 살핀다.	사로 수국
손향巽向(乾坐건좌)	을乙방위와 병丙방위의 황천살黃泉殺을 살핀다.	팔로 수국
병향丙向(壬坐임좌)	손방위巽方位의 황천살黃泉殺을 살핀다.	사로 수국
정향丁向(癸坐계좌)	곤방위坤方位의 황천살黃泉殺을 살핀다.	사로 목국
곤향坤向(艮坐간좌)	정丁방위와 경庚방위의 황천살黃泉殺을 살핀다.	팔로 목국
경향庚向(甲坐갑좌)	곤방위坤方位의 황천살黃泉殺을 살핀다.	사로 목국
신향辛向(乙坐을좌)	건방위乾方位의 황천살黃泉殺을 살핀다.	사로 화국
건향乾向(巽坐손좌)	신辛방위나 임壬방위의 황천살黃泉殺을 살핀다.	팔로 화국
壬向(丙坐병좌)	건방위乾方位의 황천살黃泉殺을 살핀다.	사로 화국

따라서 2선에 있는 글자를 순행순서로 보면 간艮, 손巽, 을병乙丙, 손巽, 곤坤, 정경丁庚, 곤坤, 건乾, 임신壬辛, 건乾, 간艮의 순서로 씌여 있다. 이에 대한 고어古語를 정리하면 '손류을병화황천巽流乙丙火黃泉이요 을병수방손수선乙丙須防巽水先하고 을병향乙丙向에는 손방수巽方水를 살피고 손향巽向에는 을병수乙丙水를 살피라. 곤류정경금황천坤流丁庚金黃泉이요 정경곤상시황천丁庚坤上是黃泉이니 정경향丁庚向에는 곤방수坤方水를 살피고 곤향坤向에는 정경수丁庚水를 살피라. 건류신임수황천乾流辛壬水黃泉이요 신임수로백당건辛壬水路伯當乾이니 신임향辛壬向에 건방수乾方水를 살피고 건향乾向에는 신임수辛壬水를 살피라' 하였다.

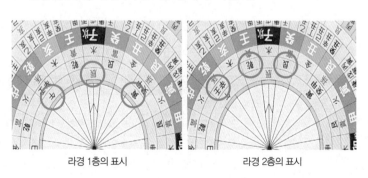

라경 1층의 표시   라경 2층의 표시

2.3 삼합오행의 3층

일반라경의 4층 24방위에서 바로 위의 3선을 보면, 12궁 각각의 지지방위에 목화금수의 4기氣가 적혀 있다. 자방子方에 수水를 시작으로 축금丑金, 인화寅火, 묘목卯木, 진수辰水, 사금巳金, 오화午火, 미목未木, 갑수甲水, 유금酉金, 술화戌火, 해목亥木으로 되어 있다. 삼합오행은 자오묘유子午卯酉라는 여자들이 중심이 되어 그들의 짝[988]인 갑경병임甲庚丙壬이라는 남편마저 자기들의 오행기에 동화되도록 해버린다. 그리고는 각자 사이 좋게 60° 내각을 이루는 정삼각형의 꼭지점에 해당하는 두 개의 집인 궁宮 마저도 여자들이 각자 가지고 있는 오행기로 흡수하여 같은 기[989]로 만들어 버린다. 지금의 현대 사회가 남성중심에서 이미 여자중심의 사회로 바뀌었듯이 4명의 여자들 천하로 24방위를 만들어 버린다.

그렇다면 이 삼합오행은 어디에 사용되는 것일까? 여자들의 천하가 어떤 방향으로 갈지 궁금하다. 그런데 그 여인들은 매우 영특하다. 알고 보니 그녀들은 그녀들의 세상을 유지하기 위해 정삼각형이 아닌 다각형의 꼭지점도 있을 텐데 부득불 정삼각형의 꼭지점에 해당하는 집[990]들만 골라 각자가 2궁씩 지배하는 이유가 숨어 있었다. 일명 4대국 수법에서 활용되는 12포태를 활용하여 통치하고자 하는 엄청난 계획이 숨겨져 있었던 것이다. 그녀들은 12포태에서 생방生方에 해당하는 궁과 왕방旺方에 해당하는 궁을 각자가 차지하고 남은 생왕방과 보물창고를 지키고 있는 진술축미辰戌丑未중의 하나씩을 골라 정삼합을 이루고자 한 것이다. 치밀하고 무서운 여자들이다. 그리고는 자신들의 오행기로 4대국을 운영한다.

삼합오행 발복 추산법 ▶

해 당 좌	발복추산	음우
해묘미亥卯未 좌坐	3년, 8년 혹은 3대나 8대	亥卯未生자손 해묘미년 발복
인오술寅午戌 좌坐	2년, 7년 혹은 2대나 7대	寅午戌生자손 인오술년 발복
사유축巳酉丑 좌坐	4년, 9년 혹은 4대나 9대	巳酉丑生자손 사유축년 발복
신자진申子辰 좌坐	1년, 6년 혹은 1대나 6대	申子辰生자손 신자진년 발복

988) 同宮동궁
989) 同質동질의 氣기
990) 宮궁

자수子水의 여왕은 남편인 임壬과 함께 을진乙辰, 곤신坤申궁을 그녀의 기질인 수기水氣를 빌어 수국水局의 법통을 이어 받는다. 묘목卯木이라는 여왕은 정미丁未, 건해乾亥궁을 그녀의 기질인 목기木氣를 빌어 목국木局의 법통을 이어 받고, 오화午火라는 여왕은 신술辛戌, 간인艮寅궁을 그녀의 기질인 화기火氣를 빌어 화국火局의 법통을 이어 받는다.

마지막 유금酉金이라는 여왕은 계축癸丑, 손사巽巳궁을 그녀의 기질인 금기金氣를 빌어 금국金局의 법통을 이어 받으면서 여인국을 다스려 나간다. 그녀들은 드디어 왕국을 건설한다. 그리고 좌향을 정하고 재산과 재물을 상징하는 물이 들어오는 입수入水[991] 방위와 궁궐인 명당내에서 모든 재운財運이 융성하도록 해주고 나쁜 것[992]들을 다 안고 사라지는 물[993]의 방위를 정삼각에 배치하여 생왕生旺의 기氣로 그녀들의 왕국을 이끌어 나간다. 예를 들면 입수룡入首龍의 경우 자룡子龍[994]으로 입수 했거나 왕궁王宮이나 왕릉王陵의 좌향을 자좌子坐로 했을 경우 신자진申子辰 정삼합은 수국水局이므로 수국의 파구인 을진乙辰방을 기점으로 12포태를 돌리면 곤신坤申방이 생방生方이 되고 자룡子龍이나 자좌子坐는 왕룡旺龍이나 왕좌旺坐가 되고, 을진乙辰방은 묘고墓庫가 되어 정삼합을 이루므로 크게 좋다.[995] 결론적으로 삼합오행은 좌坐를 기준[996]으로 오행을 가려 그 오행으로 4대국을 찾아 각각의 파구破口를 중심으로 12포태하여 생왕묘의 정삼각형의 꼭지에 해당하는 방위가 좌, 득수, 득파가 되도록 할 때 사용하는 오행이다.

991) 得水득수
992) 凶氣흉기
993) 得破득파
994) 임자룡壬子龍
995) 大吉대길
996) 향이 아님

본명궁과 삼합오행 좌의 길흉대조표 ▶

본명궁	좌향	길흉	본명궁	좌향	길흉
신자진申子辰 인오술寅午戌 생生	건갑정 손경계 좌 乾甲丁 巽庚癸 坐	대길 大吉	사유축巳酉丑 해묘미亥卯未 생生	곤임을 간병신 좌 坤壬乙 艮丙辛 坐	대길 大吉
	인오술 신자진 좌 寅午戌 申子辰 坐	평길 平吉		사유축 해묘미 좌 巳酉丑 亥卯未 坐	평길 平吉
	사유축 해묘미 좌 巳酉丑 亥卯未 坐	평흉 平凶		인오술 신자진 좌 寅午戌 申子辰 坐	평흉 平凶
	곤임을 간병신 좌 坤壬乙 艮丙辛 坐	대흉 大凶		건갑정 손경계 좌 乾甲丁 巽庚癸 坐	대흉 大凶

2.4 지반정침의 4층

라경4선을 보면 24방위가 표시되어 있다. 모두 천간과 지지로 조합된 것으로 지반정침地盤正針, 혹은 내반정침內盤正針이라고도 부른다. 풍수적 개념의 지반이란 의미는 북반구에서 12지에 의한 지표 방위 및 그 표시이다. 지반오궁地盤午宮은 만물이 태양을 향해서 선다는 뜻에서 남南으로 정하고, 지반자궁地盤子宮은 음이고 양지陽地에 등을 돌린 방위이므로 북北으로 한 것이다. 지반묘궁地盤卯宮은 일출하는 방각이라 하여 동東으로 정하고 지반유궁地盤酉宮은 저녁에 일몰할 때 새들이 집을 찾아든다[997]고 하여 서西로 정하였다. 인신사해寅申巳亥는 각기 계절의 장생長生에 해당하는 것을 그 궁宮으로 정하고 진술축미辰戌丑未는 각 계절의 말기 곧 토용土用을 관장함과 함께 지구는 반석처럼 부동한 것이라는 뜻에서 중앙에 위치하는 것으로 하여 지반 표가 작성된 것이다. 지리적 개념으로 지반은 지각의 최표부, 즉 지표에서 100m 정도까지의 범위로 지각地殼 중 지층地層의 상부를 말한다. 따라서 풍수에서 라경을 이용하여 용맥을 잰다는 의미는 풍수적 의미의 방위를 기준으로 지리적 개념의 능선이 되는 산줄기의 진행방위를 측정한다는 의미이다.

라경의 층별 표시(3층-4층) ▶

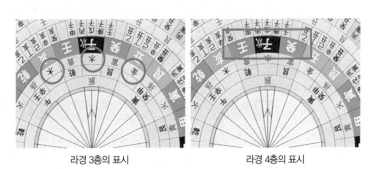

라경 3층의 표시   라경 4층의 표시

일반적으로 자오선子午線이라는 것은 12지의 자북子北의 방각方角과 오남午南의 방각을 잇는 선이라는 뜻이다. 지구의 남북 양극을 통과하는 대원大圓을 이루는 선이다. 자오선을 따르는 선들은 경도가 같기 때문에

997) 歸巢귀소

경선이라고도 부른다. 이 자오선은 방위를 측정하는데 가장 기본이 되는 선이다. 라경의 침을 자오子午에 맞추는 것을 기준으로 24방위를 보기 때문이다. 과거 자침은 화살표와 원형으로 만들어 화살표의 방향을 북에 두었다. 자침의 색도 흑적黑赤이나 흑백黑白의 선을 사용했지만 근래에는 자적子赤 오백午白색의 라경이 주류를 이룬다. 그러나 자침은 북쪽의 경우 음의 색, 남쪽은 양의 색으로 하는 것이 오방색의 상징적 의미로 합당하다.

4층의 활용은 24방위의 산 또는 12동궁의 산山,[998] 이궁동행의 산맥,[999] 8괘 배납방의 3자궁字宮[1000]을 볼 때 사용한다. 또한 라경 1, 2, 3층의 활용에 있어 기준이 되고 시간과 절기와 같은 기후조건을 볼 때도 사용된다. 그러나 지반정침의 주활용은 입수룡맥[1001]을 재고 물의 오고[1002] 나가는 것[1003]을 보거나 택宅의 좌향을 보는데 사용된다. 물론 4대국오행이나 각종 5행의 배정시에도 지반정침이 중심이 된다.

2.5 천산72룡의 5층

라경 5층을 일컫는 천산이란 본래 천원天元으로 선천괘先天卦가 주관하니 체體가 되며 천상天上의 충만充滿함과 공허空虛함[1004]을 측정한다는 의미지만, 풍수에서의 천산穿山은 부모산인 주산主山으로부터 행진해 온 용맥의 정기精氣가 천심穿心으로 내맥來脈하여 탈살탈수脫殺脫水작용과 속기작용速氣作用을 하는 결인結咽처에서 순한 정기만 모아 응결된 만두정巒頭頂까지의 용입수를 30° 각도로 이루어진 동궁룡同宮龍내에서 다시 5도 각도로 6등분하여 들어오는 정출맥正出脈을 말한다. 또한 천산에서의 천穿은 세밀하게 뚫고 관통한다는 의미이고, 산山은 입수룡맥을 말함이니 천산이란 정밀하게 입수룡맥을 측정한다는 말이 된다. 따라서 24방위는 모두 72칸으로 나뉘어져 있다.[1005] 천간방위는 모두 가운데가 비어있고 지지방위는 모두 꽉 차있다. 예를 들어 입수룡을 4층의 지반정침으로 측정한 결과가 임자룡壬子龍으로 입수하였다면 임자 용입수라고 부른

998) 용龍
999) 龍脈용맥

1000) 예를 들어 壬子癸임자계
1001) 용입수와 좌입수
1002) 得水득수
1003) 得破득파
1004) 盈虛영허

1005) 12방위×6등분=72칸. 5도×6등분 = 30도

다. 임자룡에서 천간룡인 임룡 아래에는 가운데가 비어 있고 좌우로 계해癸亥, 갑자甲子라고 씌여 있음을 알 수 있다. 4층 자룡子龍 아래 5층을 보면 병자丙子[1006], 무자戊子[1007], 경자庚子[1008]로 3등분 되어 있다. 즉, 4층의 임자룡으로 들어온 중심맥이 자룡 아래 5층의 세칸 중 어디로 중심맥이 뚫고 입수했느냐[1009]에 따라 길흉화복을 격정格定한다.

천산72룡도 ▶

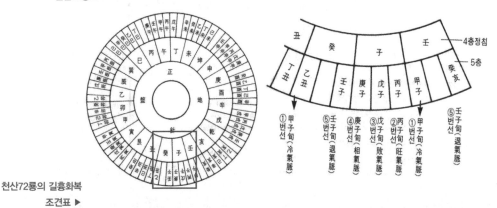

천산72룡의 길흉화복
조견표 ▶

지지地支 穿山旬		자 子	축 丑	인 寅	묘 卯	진 辰	사 巳	오 午	미 未	신 申	유 酉	술 戌	해 亥	화복 禍福
甲子旬	冷氣脈	甲子	乙丑	丙寅	丁卯	戊辰	己巳	庚午	辛未	壬申	癸酉	甲戌	乙亥	小吉多凶
丙子旬	旺氣脈	丙子	丁丑	戊寅	己卯	庚辰	辛巳	壬午	癸未	甲申	乙酉	丙戌	丁亥	吉格
戊子旬	敗氣脈	戊子	己丑	庚寅	辛卯	壬辰	癸巳	甲午	乙未	丙申	丁酉	戊戌	己亥	大凶
庚子旬	相氣脈	庚子	辛丑	壬寅	癸卯	甲辰	乙巳	丙午	丁未	戊申	己酉	庚戌	辛亥	吉格
壬子旬	退氣脈	壬子	癸丑	甲寅	乙卯	丙辰	丁巳	戊午	己未	庚申	辛酉	壬戌	癸亥	小吉多凶
大空亡	空亡脈													大凶

천산 72칸은 중심맥이 60갑자 중 병자순丙子旬[1010]이나 경자순庚子旬[1011]으로 들어오면 왕상맥旺相脈으로 매우 길한 천산이 되며, 갑자순甲子旬[1012]과 임자순壬子旬[1013]은 고허맥孤虛脈으로 소길다흉小吉多凶한 천산이다. 무자순戊子旬[1014]은 패기맥敗氣脈으로 매우 흉凶하고 빈 공칸은 공망백空亡脈으로 더욱 흉하다.

따라서 5층의 천산 72룡을 라경에서 쉽게 찾는 방법은, 지지자地支子의 3칸중 양변의 천산만 활용하고 가운데 용맥은 패기맥敗氣脈[1015]으로

1010) 2번선
1011) 4번선
1012) 1번선
1013) 5번순
1014) 3번선
1015) 戊子旬무자순

취용이 불가능하고, 천간룡의 3칸 중 양변은 선별사용하고 가운데 빈 용맥은 고허맥孤虛脈이므로 사용할 수 없다. 병자순[1016]과 경자순[1017]의 모든 용맥은 왕상맥旺相脈으로 길격이며 갑자순과 임자순은 대체로 흉격[1018]에 속하고 무자순과 대공망은 사용이 불가능한 용입수龍入首[1019]맥이다. 라경의 5층인 천산 72룡은 결인속기하여 만두를 형성하는 용입수에 대한 이기론적 간별층으로 혈장의 구성요건이 형성되었더라도 맞지 않는 경우가 많다. 따라서 천산 72룡을 적용할 것인지에 대한 깊은 생각을 해야 한다.

1016) 2번선
1017) 4번선
1018) 吉凶相半길흉상반
1019) 천산穿山

오자순에 따른 천산맥의 분류 ▶

오자순 五子旬	갑자순 甲子旬	병자순 丙子旬	무자순 戊子旬	경자순 庚子旬	임자순 壬子旬	공망 空亡
맥의 분류	고허맥 孤虛脈 (冷氣脈)	왕상맥 旺相脈 (旺氣脈)	패기맥 敗氣脈 (敗氣脈)	왕상맥 旺相脈 (相氣脈)	고허맥 孤虛脈 (退氣脈)	공망맥 空亡脈 (空亡脈)

2.6 인반중침의 6층

풍수에서 인물은 귀貴로 표현된다. 인물이란 일정한 상황에서 어떤 역할을 하는 큰 사람이나 특수한 분야에서 몹시 뛰어난 사람을 일컫는다. 아마도 관계나 재계, 혹은 학술이나 문화부문 등 다양한 부문에서 탁월한 인물로 수장급首長級의 탑리더(Top Leader)정도라고 할 수 있다. 우리는 그러한 사람을 보면 '인물이다' 또는 '인물이 났다'라고 표현한다. 특히 산세가 좋은 곳에 가서 주변 경치를 보면서도 '인물이 날 만한 곳이네'라고 한다. 산은 땅이 가지고 있는 지기가 형상화 했다고 보는 것이 풍수적 사고이다. 그렇다면 땅의 형상화 된 지기는 어떻게 형성되는가? 물론 음陰에 해당하는 땅이 가지고 있는 본체로써의 음지기陰地氣도 있지만 그것이 움직이게 하는 근원은 양陽의 하늘인 천天이 있기 때문이라는 것이 풍수적 음양관이다. 모든 물상物像은 음양배합이라는 조화에 의해 탄생한 것이다. 하늘도 땅이 있어야 존재하는 것이고 땅도 하늘 없이 스스로 존재할 수 없다. 이 둘의 관계는 천지가 창조됨과 동시에 필연적으로 맺어진 관계이다. 이것을 천지조응天地照應 또는 천지일체天地一體라고 하는데 동양의 3재才 사상에서 연유한다.

3재사상은 천지인天地人이 각자 별개면서 동시에 그 이치가 하나로 통하기 때문에 결국 하나라는 우주관을 말한다. 3재는 각각의 소우주로써의 위상을 가지고 있고 대우주는 천지인으로 구성되어 있다는 의미와 같다. 따라서 '하늘아래 사람 없고 사람아래 땅이 없다'라는 표현은 천지인이라는 3재는 동등한 소우주로 사람이 곧 하늘이라는 '인내천人乃天' 사상과 같다. 세상을 널리 이롭게 한다는 '홍익인간弘益人間'이란 의미도 모든 자연계를 인간이 지배한다는 것이 아니라 모든 자연계와 상생적 관계를 갖는다는 것이고, 모든 자연계는 각자의 소우주로써 동등한 지위를 갖는다는 의미이다. 따라서 홍익인간의 개념적 이치, 즉 인리人理는 천리天理로 사람의 마음인 임심人心이 곧 하늘의 마음인 천심天心이고 하늘이 곧 인간이란 의미이다. 우리들이 살고 있는 사회도 남녀노소, 지위고하를 막론하고 존엄한 가치를 가진다. 직장과 학교로 대표되는 사회와 가정에서는 물론이고 모든 인간관계에서 사람은 평등해야 될 권리를 가지면서 동시에 인간으로써 지켜야 할 덕목德目과 도리道理를 수반하는 의무도 지게 된다. 따라서 우주만물은 하나의 큰 시스템으로 작동하는 생명체로 유기적 관계가 형성되고 그 지위는 모두가 동등하다. 그리고 대상에 대한 도리와 덕목을 지켜야 한다. 그것이 상생相生의 진정한 의미이다.

라경의 6층은 이러한 사고를 바탕으로 사람이 살거나 묻혀 있는 땅의 택宅을 중심으로 주변의 자연환경 요소 가운데 인물을 상징하는 주위 산들과의 관계를 보는 층이다. 6층을 인반중침人盤中針이라고 할 때 인반은 사람을 본위로 산과의 관계를 본다는 뜻을 가지고 있다. 산은 천지조응天地照應에 의해 형성된 지상地上의 조형체造形體이다. 조응이란 서로 상대가 가지고 있는 기氣를 비춰주고 받는다는 뜻으로 하늘의 기운이 땅에 비추어[1020] 땅이 응應한다는 말이 된다. 하늘의 기는 태양, 달, 별과 같은

1020) 照조

일곱가지[1021]의 구성요소와 기상과 기후조건을 말한다. 물론 지상에서의 산은 28개의 별[1022]들과 관련이 있지만, 특히 7요曜를 이루는 5성星과 관련이 있다. 천상의 하늘에서 별은 지상인 땅으로 내려와[1023]서 여러 기능으로 작용하지만, 그 중에 사신사를 만들고 혈 주변의 24방위마다 산을 만든다. 강하거나 약하고, 만들기도 하고 만들지 않기도 하며, 아름답게도 만들기도 하고 추하게도 만든다. 그것은 혈이라고 하는 특정된 땅이 위치해 있는 근원에 따라 별의 기氣[1024]에 얼마만큼 받아들이는 역량을 갖추었느냐[1025]에 따라 산의 형태가 다양하게 형성되기 때문이다.

혈과 24방위 산과의 관계, 다시 말해 그들의 관계가 상생적인가 상극적인가를 보는 것은 형기적으로는 산의 미추美醜와 선악善惡에 따르고, 이기적으로는 성수오행星宿五行을 활용하여 상생·극을 가린다. 성수오행이란 명칭에서 보여지듯이 별과 관련된 오행을 말한다. 그러므로 24산은 별의 오행기를 받아 형상화 된 것이므로 반드시 혈의 좌坐와의 상생과 상극을 본다.

7요와 24성수의 관계 ▶

7요曜	목성木星	금성金星	토성土星	일성日星	월성月星	화성火星	수성水星
동방7수	각角	항亢	저氐	방房	심心	미尾	기箕
북방7수	두斗	우牛	여女	허虛	위危	실室	벽壁
서방7수	규奎	루婁	위胃	앙昴	필畢	자觜	삼參
남방7수	정井	귀鬼	류柳	성星	장張	익翼	진軫

이제 인반중침에 대해 자세히 살펴보자. 우선 라경 4층의 자방子方을 중심으로 아래로 6층을 보면 4층 자자子字의 중심 0°에서 좌측인 우선右旋으로 정확히 절반[1026]이 돌아가 있음을 볼 수 있다.[1027] 이유는 이렇다. 4층은 천지음양의 중심으로 천기와 지기를 동시에 나타내는 층으로 모든 방위의 중심이란 것을 말한다. 천지인에서 천天은 양陽을, 지地는 음陰을, 인人은 중성中性으로 사람만이 음과 양의 기질을 가지고 있다. 따라서 음지陰地의 산은 음이므로 역행하고, 양천陽天의 물은 양으로써 순행順行하는 원리에 따라 4층 자방子方을 중심으로 6층의 자방은 역순으로

1021) 7曜요
1022) 星성
1023) 下臨하림
1024) 照조
1025) 應응

1026) 7.5도
1027) 逆行역행

7.5도 기울게 나타낸 것이다. 라경 6층의 24방위는 모두 역행되어 배정되어 있음을 볼 수 있다. 라경 6층을 사용함에 있어서 오행의 상생과 상극관계는 육친六親관계로 이해하는 것이 도움이 된다.

라경 6층을 적용함에 있어 두 가지의 견해가 있다. 먼저 대다수 풍수서나 풍수인들이 적용하는 사례를 보자. 만약 6층 인반정침[1028]으로 혈의 좌향을 측정하였더니 자좌오향子坐午向이었고, 6층 인반중침으로 측정한 진辰방향에 수려하고 단정한 산이 있다면 진방향의 사격을 길격吉格으로 해석한다. 왜냐하면 성수오행으로 자좌子坐는 화火에 해당하고, 진辰방위는 금金에 해당한다. 좌를 기준으로 하기 때문에 오행의 상생상극을 살피면 화극금火剋金에 해당한다. 즉, 좌의 화火가 금金을 극하므로 육친에서 아극자我剋者는 좋은 관계로 본다. 그러나 이는 명리적 해석으로 풍수적으로는 좋지 않다. 이유는 모든 산은 오직 혈을 위해 호위하는 보호산으로 혈을 보좌하는 호종사護從砂여야 한다. 이는 군왕인 혈이 신하와 같은 산을 수용한다는 의미로 만약 군왕이 극剋하는 아극자我剋者인 산은 이미 신하가 아니기 때문에 무용지물無用之物의 산 일 뿐이다. 따라서 육친관계에서 아극자我剋者는 풍수적으로 흉격凶格에 포함시키되 나머지 육친관계는 동일하게 해석한다. 더욱이 이기적으로 나쁜 관계의 산이 형기적으로도 흉한 모양의 흉사凶砂이면 더욱 흉한 관계에 해당한다. 또한 라경의 방위를 적용하는데 있어 다른 견해이다. 4층 지반정침의 각도는 15°이다. 자방子方의 중심점을 0°로 한다면, °도를 중심으로 +7.5°와 −7.5°의 영역이 자방 15°의 영역이 된다. 6층 인반중침의 자방子方 영역 15°는 4층 자방으로부터 −7.5° 역행되어 있으므로 부족한 +7.5°는 부득이 4층 임방壬方의 +7.5°에 해당한다. 성수오행은 좌의 오행과 주위 사각의 오행관계만을 보기 위한 것이다. 그런데 4층으로 측정한 자좌子坐의 중심이 반드시 6층 자방의 0°나 −7.5°의 영역에 있으리라는 법은 없다. 만약 4층 자방子方의 중심점 0°에서 우측의 +7.5° 내에 좌향의 중심점이 있다면 어찌할 것인가?

1028) 일부 지사들은 경우 성수오행 적용시 4층 지반정침좌의 오행을 적용하는 경우가 있으나 이는 오행론에 대한 이해부족과 성수오행에 대한 이해부족 때문이다.

육친에 대한 명리적 해석과 풍수적 해석의 차이점 ▶

육친六親	해석	명리적 흉凶	풍수적 흉凶
생아자生我者	인수印綬로 사격砂格이 혈을 돕는다.	좋다	매우 좋다
아생자我生者	상관傷官되어 혈의 기가 설기泄氣된다.	나쁘다	매우 나쁘다
아극자我剋者	처재妻財되어 혈이 사격을 지배한다.	좋다	나쁘다
극아자剋我者	칠살七殺되어 사격이 혈을 극剋한다.	나쁘다	매우 나쁘다
비화자比和者	형제되어 혈과 사격이 동등하여 돕는다.	좋다	좋다(보통)

성수오행에 배정된 28성수와 형상 ▶

성수오행 星宿五行	목木				화火							토土				금金				수水			
12방위	건乾	곤坤	간艮	손巽	갑甲	경庚	병丙	임壬	자子	오午	묘卯	유酉	을乙	신辛	정丁	계癸	진辰	술戌	축丑	미未	인寅	신申	사巳	해亥
28성수	규奎	정井	두斗	각角	미尾	자觜	익翼	실室	허虛위危	성星장張	방房심心	앙昴필畢	저氐	위胃	류柳	여女	항亢	루婁	우牛	귀鬼	기箕	삼參	진軫	벽壁
형상 形象	랑狼 / 이리	한扞 / 들개	해蟹 / 게	교蛟 / 교룡	호虎 / 범	후猴 / 원숭이	사蛇 / 뱀	저猪 / 돼지	서鼠연燕 / 쥐·제비	마馬록鹿 / 말·사슴	토兎호狐 / 토끼·여우	계鷄오烏 / 닭·까마귀	학貉 / 담비	치雉 / 꿩	장獐 / 노루	복蝠 / 박쥐	용龍 / 용	구狗 / 개	우牛 / 소	양羊 / 양	표豹 / 표범	원猿 / 원숭이	인蚓 / 지렁이	유貐 / 설유

우리가 좌坐의 오행을 측정할 때는 오직 4층의 영역인 불변의 15°를 말하는 것이다. 따라서 정오행이 아닌 성수오행을 적용할 때는 6층으로 좌의 오행을 결정한 후에 주위 사각의 오행을 측정하여야만 정확히 좌의 영역 15°가 확보되고 24방산의 오행관계가 형성된다. 이는 8층 천반봉 침에서도 같은 논리로 적용된다. 의당히 풍수에서 성수오행을 적용할 때의 좌향은 4층이 아닌 6층 24방위로 좌향을 맞추어야 한다. 측정시 라경은 만두정巒頭頂에 올려놓고 결인結咽 지점까지를 일선一線으로 측정한다.

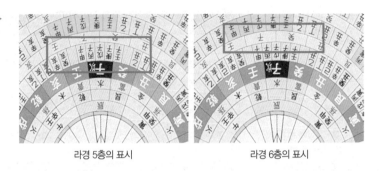

라경 5층의 표시   라경 6층의 표시

2.7 투지60룡의 7층

혈장으로 들어오는 기맥은 모두 주산인 현무봉에서 흘러와 결인 속기처의 용입수를 거쳐 만두정에서 취합된다.[1029] 이 기氣는 다시 만두정에서 혈처로 입수하게 되는데 이것을 좌입수坐入首라고 한다. 투지透地 60룡이란 좌입수맥의 순잡純雜을 최종적으로 가리는 것으로, 투透는 드러나게 나타내준다는 뜻[1030]이며, 지地는 땅의 오행기가 주행하여 만물의 기질을 형성한다는 뜻이 담겨 있다. 따라서 투지는 순수한 기로 만물을 생장시키는 오행기로 24방위 360°를 6°씩 세분하여 60칸으로 나눈 것을 말한다. 다시 말하면 12궁 쌍산 30°를 5등분하여 6도씩 나눈 기맥을 말한다. 라경의 올바른 측정 방법은 혈처인 내광 상부의 중심점에 라경을 놓고 만두정까지의 일선을 측정하여 그 기맥선이 라경 7층의 5등분 된 어느 방위로 입수하였는지를 본다.

투지 60룡의 사례를 보자. 먼저 4층 지반정침의 임자壬子방을 기준으로 보면 7층에 갑자甲子를 시작으로 오른 쪽으로 병자丙子, 무자戊子, 경자庚子, 임자壬子라고 씌여 있다. 이 5개의 좌입수맥에서 냉기맥冷氣脈과 패기맥敗氣脈, 그리고 퇴기맥退氣脈을 화갱살요공망맥火坑殺曜空亡脈이라 하여 이것을 피해 주보왕기맥珠寶旺氣脈과 주보상기맥珠寶相氣脈으로 입수된 맥만을 취해 광중의 재혈裁穴을 올바르게 하는데 있다. 재혈이란 시신

1029) 聚氣취기
1030) 顯透현투

이 묻히는 광중을 정확히 중심을 잡아 시신을 안장하는 과정을 말한다. 화갱살火坑殺이란 지옥의 불구덩이를 의미하는 것으로 화갱살요공망맥은 죽음을 상징하는 살殺 쯤으로 이해하면 된다. 투지 60룡의 오자순五子旬에서는 천광의 위치를 결정할 때 주보왕상맥과 주보상기맥을 좌입수맥으로 잡아 선택하여 재혈하면 된다. 좀 더 구체적으로 설명하면 7층의 5칸에 해당하는 좌입수맥은 본래 60갑자에 부여된 납음오행을 활용하여 상생룡을 찾는 것이 투지룡을 찾는 것이다. 상생룡은 2번선의 병자순과 4번순의 경자순 가운데 하나가 되는데, 병자순은 4층의 임壬 아래에 있고 경자순은 자子 아래에 있다. 따라서 택의 좌향은 24좌향이므로 임좌壬坐 아니면 자좌子坐여야 한다. 따라서 납음오행으로 상생하는 투지입수맥이 주보왕기맥이라면 임좌壬坐, 주보상기맥이라면 자좌子坐로 택의 좌향을 결정한다.

라경의 층별 표시(7층) ▶

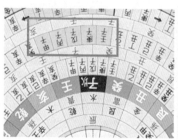 

라경 7층의 표시(임자룡壬子龍)　　　　라경 7층의 표시(건해룡乾亥龍)

예를 들어, 지반4층으로 용입수를 쟀다. 건해乾亥 용입수라면 그 중심맥을 잰다. 중심맥이 5층의 천산 72룡 가운데 두 번째 병자순丙子旬인 정해맥으로 천산穿山 입수되었다. 정해맥은 4층으로는 건해궁에서 해방亥方에 속한다. 이때 정해맥의 납음오행을 본다.[1031] 5층의 정해맥은 6층 인반중침의 해방亥方을 지난다.

1031) 丁정은 2, 亥해는 3이므로 합이 5로 토土이다.

오자순에 따른 투지맥의 분류 ▶

오자순 五子旬	갑자순 甲子旬	병자순 丙子旬	무자순 戊子旬	경자순 庚子旬	임자순 壬子旬
맥의 분류	냉기맥 冷氣脈	주보왕기맥 珠寶旺氣脈	패기맥 敗氣脈	주보상기맥 珠寶相氣脈	퇴기맥 退氣脈

동궁同宮 五子旬	임자 壬子	계축 癸丑	간인 艮寅	갑묘 甲卯	을진 乙辰	손사 巽巳	병오 丙午	정미 丁未	곤신 坤申	경유 庚酉	신술 辛戌	건해 乾亥	길흉 吉凶
갑자순 甲子旬	냉기맥 冷氣脈	갑자 甲子	을축 乙丑	병인 丙寅	정묘 丁卯	무진 戊辰	기사 己巳	경오 庚午	신미 辛未	임신 壬申	계유 癸酉	갑술 甲戌	을해 乙亥	불설 不成
병자순 丙子旬	주보왕기맥 珠寶旺氣脈	병자 丙子	정축 丁丑	무인 戊寅	기묘 己卯	경진 庚辰	신사 辛巳	임오 壬午	계미 癸未	갑신 甲申	을유 乙酉	병술 丙戌	정해 丁亥	부귀 富貴
무자순 戊子旬	패기맥 敗氣脈	무자 戊子	기축 己丑	경인 庚寅	신묘 辛卯	임진 壬辰	계사 癸巳	갑오 甲午	을미 乙未	병신 丙申	정유 丁酉	무술 戊戌	기해 己亥	인재망 人財亡
경자순 庚子旬	주보상기맥 珠寶相氣脈	경자 庚子	신축 辛丑	임인 壬寅	계묘 癸卯	갑진 甲辰	을사 乙巳	병오 丙午	정미 丁未	무신 戊申	기유 己酉	경술 庚戌	신해 辛亥	부귀 富貴
임자순 壬子旬	퇴기맥 退氣脈	임자 壬子	계축 癸丑	갑인 甲寅	을묘 乙卯	병진 丙辰	정사 丁巳	무오 戊午	기미 己未	경신 庚申	신유 辛酉	임술 壬戌	계해 癸亥	불성 不成

투지60룡 오자순에 따른 길흉조견표 ▲

이제 7층의 좌입수맥을 본다. 7층의 좌입수맥은 2번선인 병자순의 주보왕기맥珠寶旺氣脈과 4번순인 경자순庚子旬의 주보상기맥珠寶相氣脈 가운데 선택할 수 있다.[1032] 선택의 기준은 납음오행상 상생하는 좌입수룡을 선택한다. 만약 7층에서 주보왕기맥인 병자순을 선택한다면 정해맥이고, 주보생기맥인 경자순을 선택한다면 신해辛亥맥이다. 정해맥은 납음오행으로 2+3=5토土이며, 신해맥은 납음오행으로 4+3=7(5제어수)=2로 금金이다. 따라서 5층의 정해 5토는 7층의 비화인 정해5토보다 상생하는 신해2금金을 선택한다. 7층의 신해2금은 8층을 지나 9층 분금의 신해2금으로 엮으면[1033] 완벽한 재혈이 된다. 그러므로 납음오행을 반드시 기억하고 활용해야 한다.[1034] 특히 투지 60룡에서 입수내룡이 직래직향直來直向[1035]하는 것은 기가 충沖하여 만두의 기가 흩어져[1036] 버리는 큰 과오[1037]를 범하기 쉬우니 조심해야 한다.

1032) 5층의 천산72룡은 선택할 수 없다.

1033) 串中관중

1034) 납음오행의 계산은 甲子乙丑午未는 1목一木이요, 丙寅丁卯申酉는 2금二金이며, 戊辰己巳戌亥는 3수三水이다. 또한 庚辛은 4화四火이고 壬癸는 5토五土이다. 또한 납음오행은 망자의 출생년 본명과 좌와의 관계에서 하관시에 투지분금 등을 활용하기도 한다.

1035) 壬壬 입수에 壬坐壬좌

1036) 氣沖腦散기충뇌산

1037) 大過대과

건해룡乾亥龍(5. 7. 9층)

건해룡 천산용입수와 투지좌입수

투지 60룡에서 건해용입수와 좌입수의 설정 사례 ▶

2.8 천반봉침의 8층

일반라경의 8층을 천반봉침天盤縫針이라고 부른다. 천반이란 하늘의 성좌를 그대로 본 떠 소반小盤 위에 올려놓았다는 의미이다. 소반은 그릇을 올려놓을 수 있는 널빤지[1038]와 네 다리[1039]를 가진 작고 나지막한 가구로 치수는 일정하지 않다. 반의 옛 말은 '반槃'이며 상床·상狀·궤櫃·안案·탁卓 등이 동의어로 쓰이는데, 때로는 조俎[1040]가 같은 뜻으로 쓰이기도 한다. 소반은 다리가 하나 또는 셋으로 된 것도 있으나 대부분 4개이고, 다리 위의 판에는 선을 둘렀으며, 여러 가지 조각으로 기교를 보인다. 모양은 여러 가지가 있는데 직사각형의 '책상반册床盤'[1041]이 가장 많이 쓰인다. 풍수에서의 천반은 당나라 양균송楊筠松이 부동의 북극성을 위주로 혈장 주변에 있는 하늘의 천기 생성물生成物인 물인 수水의 이치를 밝혀내 측정하고자 지남침指南針을 이용하여 라반羅盤에 올려 만든 것으로 전해진다. 양균송은 감여가堪輿家가 쉽게 활용할 수 있도록 휴대용 라반羅盤인 라경에다 그 이치를 그려 넣어 사용하였는데, 그것이 계기가 되어 현재의 라경 8층이 되었다. 따라서 우리가 사용한 라경상의 천반은 천지운행의 이치에 따라 4층 정침보다 7.5° 순행하여 반위 앞에 있음으로 천반은 천기를, 지반은 지기를 각각 주관하는 것이다. 천기의 조화물인 양기의 물은 양동陽動하고 지기의 조화물인 산은 음정陰靜하므로 천반은 수세水勢를 다루고 지반은 지세地勢[1042]를 다룬다. 따라서 용과 혈은 지반에 의한 생왕룡生旺龍을 취하고, 물의 오고[1043] 가는[1044] 것은 천반에 의해 생왕生旺의 득수와 묘고장墓庫葬의 득파를 취한다.

풍수에서 양수陽水의 중요성은 용혈과 함께 명당의 구성요건으로 물의 유무有無, 다소多少, 원근遠近, 유무정有無情에 따라 혈의 진가眞假와 길흉화복이 달라진다. 이러한 이유로 풍수의 수법水法이론은 다양하고 매우 복잡한 논리체계를 가진다. 천반봉침에서 봉침縫針이란 4층 지기地氣 경선축인 임자壬子와 병오丙午를 천기 경선축인 자오子午를 형성하기 위해 봉縫하였다 하여 붙여진 이름이다.

1038) 盤반
1039) 四脚사각
1040) 도마
1041) 統營盤통영반

1042) 龍勢용세
1043) 得水득수
1044) 得破득파

411

천반봉침에 대하여 구체적으로 살펴보자. 4층 지반정침의 임자궁壬子 宮 아래로 8층을 보면 6층의 인반중침 층과는 정반대로 우측으로 좌선되어 배치되어 있음을 볼 수 있다. 즉, 4층 자방의 정 중심점을 0°로 했을 때 8층의 자방 중심점은 우측으로 7.5° 선회되었음을 볼 수 있다. 이는 음은 역행의 우선운동을 하고 양은 순행의 좌선운동을 하는 바 물은 양이므로 순행의 좌선운동을 하기 때문이다. 천반 봉침의 24방위는 이렇게 전체가 4층보다 좌선으로 7.5° 돌아가 있다. 천반의 용도는 물의 득수와 득파는 물론 물이 저장되어 있는 지호수池湖水의 방위를 측정 할 때도 사용된다. 뿐만 아니라 물의 덕德[1045]을 중요시하는 수법水法론자 들의 좌향을 결정하는 층이기도 하다. 따라서 4층 지반정침으로 좌향을 따르지 않고 8층의 24방위를 중심으로 좌향을 잡는다. 이 경우 4층을 중심으로 좌향을 잡는 것과는 7.5°의 편차가 발생한다. 그러나 지상에서 주어진 음택이나 양택은 결국 용을 중심으로 하는 지기의 지덕地德을 근본으로 하고 동궁룡 자체가 작은 지기[1046]와 천기[1047]의 배합을 나타내는 음양배합룡이기 때문에 택의 좌향은 4층 지반정침으로 격정格定하는 것이 논리적으로 더 타당하다. 만약 택宅의 중심에서 라경을 놓고 측정하였더니 택의 배후인 좌입수가 자방子方에서 입수하여 정반대방향인 오방午方을 향하고 있다면 이 택은 자좌오향子坐午向을 하고 있다고 부른다. 그런데 혈의 중심에서 보아 물이 처음 보이는 방향,[1048] 다시 말해 득수방향을 보았더니 좌청룡 쪽의 을진乙辰 방위에서부터 물이 보이기 시작하여 혈 앞을 감싸고돌아 나간다면 을진득수乙辰得水라고 하고, 이 물이 백호방향인 곤신坤申방위부터 보이지 않고 시야에서 사라졌다면 곤신득파坤申得破라고 부른다. 득수와 관련하여 풍수를 하는 사람들이 오해하는 것 가운데 시견처와 순·역수 및 좌·우선룡수, 그리고 득수·득파이다.

아직도 대다수 대풍수라고 자처하는 사람들까지 혼동하는 경우를 자주 접한다. 먼저 시견처란 혈에서 고개를 좌우로 돌려 보이는 물이다. 형국이란 자체가 하나의 용세로 이루어진 음의 형국이다. 이는 천리를 달려온 용이 양인 물을 만나 멈추는 곳이다. 음양이 배합한다는 말이다. 천

1045) 水德수덕
1046) 地支陰지지음
1047) 天干陽천간양
1048) 視見處시견처

리내룡千里來龍에 한자리[1049]가 겨우 용호내인 형국내의 물을 만나 멈추는 것은 아니다. 국국과 격격을 이루는 외수外水가 일석지지인 혈을 향해 오는 물이어야 한다. 내당수內堂水의 물은 겨우 골육수骨肉水[1050]에 불과하므로 크게 오는 외수라야 용격龍格과 수격水格이 균형과 조화調和에 맞다. 따라서 시견처란 외수가 유입되어 처음보이는 방위를 시견처라고 한다.

다음으로 혼동하기 쉬운 부분이 순順·역수逆水이다. 예를 들면 태조 이성계 묘가 있는 동구릉이 명당이 아니라고 주장하는 풍수객들 중 일부의 논리를 보면 '동구릉은 백호가 감싸고 있는 우선형국인데, 명당 내의 물이 우선수라 용과 물이 배합하지 않고 역수를 취하지 않은 순수順水로 이루어진 순수국順水局이므로 명당이 아니다'라는 논리를 펴는 사람들이 있다. 이런 부류도 시견처에 대한 오해를 하는 경우와 마찬가지이다.

형국내의 물은 당연히 용호를 따라 흐르므로 순수順水일 수밖에 없다. 따라서 역수逆水를 취해야 명당이란 말은 외수外水가 역수逆水여야 한다는 것을 말한다. 그러므로 동구릉은 백호가 크게 감싸고 있는 우선형국에 한강의 물이 동에서 서로 흐르므로 역수에 해당하여 명당에 속한다. 결론적으로 순수와 역수의 기준은 형국내의 내당수의 순역을 말함이 아니라 외수外水를 대상으로 하는 말이다. 세 번째로 좌·우선용수에 대해 설명하면 좌선과 우선에 대한 해석이다. 좌선이란 왼쪽으로 돈다는 말이다. 어디서부터 왼쪽으로 돈다는 말인가? 당연히 안산에서 혈처를 바라보았을 때 오른쪽에서부터 왼쪽으로 돌아간다는 말이 된다. 좌선이란 시계바늘이 돌아가는 정상적인 운동으로 순행한다고 부르고, 우선이란 시계바늘이 정반대로 돌아가는 비정상적인 운동으로 역행한다고 부른다. 따라서 용이나 물이 감싸고 돌아가는 운동도 좌선과 우선, 순행과 역행 운동의 관점으로 바라보아야 정확한 해석이지 사신사의 내룡맥來龍脈을 등지고 좌우를 보는 경우와는 다르다.

마지막으로 득수와 득파에 대한 문제점이다. 우리가 간산看山을 가거나 위성으로 지형을 살펴보면 명당을 감싸고 있는 하천이 형성되어 있

1049) 一席之地일석지지
1050) 眞應水진응수=玉泉水옥천수, 明堂水명당수, 池塘水지당수

는 경우도 있고 실개천과 같이 작은 개천이 흐르는 경우도 있다. 풍수에서 한 치가 높으면 산이요 한 치라도 낮으면 물이라는 말이 있다. 여기서 물이란 개념은 물질적 개념의 물의 의미도 있지만 한 치 낮은 평지도 물이라는 의미를 가지고 있다. 그러므로 하천을 형성하여 큰물이 혈에서 보아 보일 경우는 하천의 물이 보이고 사라지는 지점을 득수와 득파방위로 본다.

이 경우는 반드시 좌선형국이나 우선형국에서 수구사水口砂가 빗장을 걸어 자물쇠를 잠그듯이 교결관쇄형交結關鎖形일 경우에 용호가운데 비교적 낮은 부분너머로 보이는 물일 경우에 해당한다. 그러나 그러한 큰 하천이 없이 작은 개천이나 하천이 형성되지 않아 물이 보이지 않는 평지의 경우나, 혹은 수구水口가 혈전에서 일직선으로 벌어진 당문파堂門破의 경우는 좌청룡 말단末端과 백호룡의 말단이 득수와 득파지점 된다. 이러한 풍수의 의미를 모르는 경우 혼선이 빚어지기 십상이다. 그래서 풍수는 어렵다고나 할까?

천반봉침과 순역(좌우선) 및
득수득파의 예 ▶

8층 천반봉침

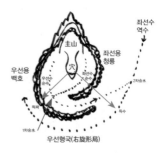

순역(좌 · 우선) 및 득수 · 득파

2.9 분금120칸의 9층

일반라경의 마지막 제9선은 분금120룡分金百二十龍층으로 하관시 망인을 어느 방위로 최종적으로 안치할 것인지를 결정하는 층이다. 24방위

360°를 120칸으로 나누었으니 1칸의 각은 3°에 해당한다. 즉, 혈심의 중심점에 망인을 모시고 난 다음, 망인의 중심선인 미간과 코, 그리고 배꼽과 두 개의 엄지발가락 사이를 잇는 선을 3도 각도에 맞추어 체백의 안녕安寧을 도모하는 층이라고 할 수 있다. 이 분금에 맞추는 방법은 납음오행이 적용된다. 7층의 투지60룡으로부터 납음오행으로 생生해주는 분금방위에 맞추어 망인을 정밀하게 안치한다는 것이다. 그러므로 체백體魄을 분금에 맞춰 안장하는 것은 혈판의 음양배합 된 산천정기와 하늘의 기氣가 섬세하게 망인亡人에게 고루 받도록 하고 자연의 순환섭리를 좁혀서 기氣가 새지 못하도록[1051] 한다는 의미도 가진다. 라경을 일명 '쇠'라고 부르는데 쇠를 나눈다는 의미로 분금이란 명칭을 사용한다. 그러므로 분금이란 라경을 세분하여 1년 360일을 기준으로 나눈다는 의미이다. 360이란 숫자는 천도의 운행 숫자이므로 분금은 천도의 1년 운행에 맞게 정밀하게 쪼개고 나눈다는 말로 이해하면 된다.

망자亡者를 생生해주는 납음오행의 적용순서는 먼저 4층을 기준으로 동궁[1052]중 어느 좌향인지를 보고 5층 천산 72룡을 본다. 다음으로 5층의 천산맥을 납음오행으로 확인한다. 5층의 납음오행은 7층의 투지맥 가운데 오행으로 생生해주는 투지맥을 찾는다. 다음으로 7층의 투지맥에서 확인된 오행은 9층 분금의 오행을 생 해주어야 한다. 마지막으로 9층 분금의 오행은 망인의 생년인 본명의 납음오행을 생 해주는 분금좌를 선택한다. 특히 9층의 분금좌오행과 망명의 납음오행으로 상생극을 따져 취용할 때 상극에 있어 9층 분금좌[1053]가 망명을 극剋하면 극흉剋凶이며 망명이 좌운坐運인 9층 분금좌를 극하면 대길하다는 점을 잊어서는 안 된다.

예를 들어, 임좌병향壬坐丙向의 혈에 기사己巳 본명을 가진 사람을 장사葬事하려고 한다면 4층 지반정침의 임자壬子방 아래 9층을 본다. 9층 분금은 정해丁亥와 신해辛亥 그리고 빈 공간이 있다. 기사己巳생인 망명의 납음오행은 목木에 해당한다. 9층의 정해丁亥는 납음오행으로 토土이며, 신해辛亥는 금金이다. 정해분금은 목극토木剋土로 망명이 9층의 좌운

1051) 漏泄누설
1052) 쌍산

1053) 坐運좌운 혹은 山運산운이라고도 부른다.

인 정해분금을 극하므로 대길하다. 그러나 신해분금이 금金이므로 금극목金剋木하여 좌운의 분금이 기사목己巳木이 망명을 극하므로 흉하다. 따라서 망명이 좌운을 극하는 것은 괜찮지만 좌운이 망명을 극하는 것은 흉하므로 임좌병향壬坐丙向으로 내광內廣 안에서 머리 쪽 9층 분금좌는 정해丁亥로 하고, 아래쪽 9층 분금향은 정해丁亥와 대칭인 정사향丁巳向으로 일직선을 맞추면 된다.

또 다른 예로 갑자생甲子生을 경좌갑향庚坐甲向으로 장사할 때 정침분금을 보면, 병신좌丙申坐는 경좌분금庚坐分金이고 병인향丙寅向은 갑향분금甲向分金을 취하면 갑자생은 갑甲1+자子1=2로 금金에 해당하고 병신丙申분금좌는 병丙2+신申2=4로 화火[1054]에 해당하여 화극금火剋金이 되어 좌분금이 망명을 극剋하므로 흉하다. 그러므로 경신庚申 분금좌를 취하면 경庚4+신申2=6=1로 목木에 해당[1055]하기 때문에 망명 갑자甲子생[1056]은 금金으로 망명의 금金이 좌분금인 경신庚申생[1057]의 목木을 금극목金剋木하므로 대길하다. 따라서 납음오행을 적용함에 있어 생아자生我者나 비화比和, 아극자我剋者는 길吉하므로 취용하고 극아자剋我者나 아생자我生者는 흉凶하므로 취용하지 않는다.

1054) 丙寅병인분금향도 병丙2+인寅 2=4로 화火이다.

1055) 경인庚寅분금향도 경庚4+인寅 2=6=1로 화火이다.

1056) 갑甲1+자子1=금金
1057) 경庚4+신申2=6=1목木

9층 분금활용의 사례 ▶

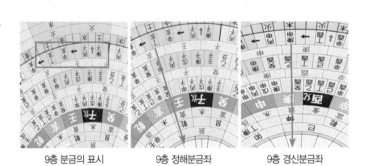

9층 분금의 표시   9층 정해분금좌   9층 경신분금좌

제11장 쉼터를 얻기 위한 테크닉 – 양택의 택지론

1절 쉼터에 대한 개요

1.1 건축의 미

한국의 건축은 내부 공간과 외부 공간의 사이가 깊은 추녀, 디딤돌, 기단, 마루의 높이 등에 의해 밀도 있게 이루어지고 있다. 세종로에서 경복궁을 볼 때도 삼각산이 축을 살짝 비껴 여백을 메꾸어 주고 있음은 우연의 결과가 아니라 세밀한 풍수에 의한 입지 설정이라고 할 수 있다. 전통 주택은 허虛한 방房을 두고 마당을 두어 무無 또는 여백의 미美를 주었고, 거주자의 의지에 의해 건축의 본질이 이루어지도록 한 것이다. 여기에서 허虛는 실實을 유도하는 공간으로, 서양 주택의 빈 공간과는 달리 기氣가 있는 공간이다. 즉, 전통 주택의 미는 건축물 자체에도 있지만 주택과 자연과의 사이, 건축물과 거주자와의 사이의 설정에 더 큰 비중을 두었으며, 자연과 인간에게 개방되고 상생적인 조화와 균형의 시스템을 지향한다. 따라서 전통 주택은 특수성과 아름다움이 건물 그 자체에 도 있지만, 보다 큰 아름다움은 건축물과 환경과의 관계가 배타적 부조화가 아닌 비춰주고 응應하는 일체적 조응관계에 있는 것이다.

전통 주택에서 독창적이라고 하는 것이 가끔 남과 다른 것, 특이한 것을 의미하는 것이라면, 다른 건축과의 차별성을 구현하는 것은 풍수적으로 혈의 위상을 가질 때만이 가능하다. 풍수에서의 혈은 공간적 개체성을 구현하는 것에 의의가 있고, 또 우리는 본능적으로 차별성을 강조하고 있다. 다시 말해 자기만의 독자성을 나타내고자 시도한다. 주택이란 기능과 환경 및 의미도 중요하지만, 인간의 실존적 불안을 해결하는 심리적 안정감과 상징성이 있어야 한다. 특히 그 형태가 거주자의 정신문화적 본질이나 개성 구현이라는 깊은 욕구와 연결되어질 때 그 주택은 생명력을 가진 사람의 주택이라고 할 수 있다.

한국의 미술과 건축은 독창성을 강조하되 자연의 도道와 기氣 같은 철학적 개념을 승화시켰다. 따라서 건축은 명당을 파악하고 위치, 형태, 재료, 경험 면에서 자연과의 보완적 연결을 통해 그 미美와 특이성을 추구했다. 자연은 거의 대부분 아름답고 특이하기 때문이다. 따라서 인공미에 의한 건축적 발명에 소극적일 수밖에 없었고, 자연의 가능성과 암시의 발견, 자연과의 공생적 어울림에 관심을 둔 것이다. 더 나아가 한국은 인간의 실존적 안정을 부富·권력의 과시에 의존하지 않고 자기의 존재를 그대로 인지認知해서 받아들이고 자연과의 일체를 이루는 데 두었다. 이는 인간의 개체적 자아自我에서의 해방을 의미하는 것이다. 따라서 동양에서의 독창성은 남과의 차이에 있는 것이 아니고 자연의 뿌리, 본질, 근원에 접함으로써 존재로서의 자존감에 의해 이루어지는 것이다. 달리 말해, 한국의 창조와 미는 인간이 만드는 것이 아니라 자연 속에 이미 존재하는 것을 발견하고, 돋보이게 하는 것이다. 따라서 창작을 하기 위해서는 마음을 비우고 마음의 상태를 '자연스럽게'하여 자기와 자연의 일체 또는 선禪의 경지에 도달하는 것이 필요하였다. 전통 주택에서의 통일성은 형태의 통일성을 의미하기보다 상황·환경과의 통일성을 의미하

는 포괄적 혈의 위상을 가진다.[1058]

1.2 택지의 입지조건

풍수론의 양택론에서는 택지를 선정하는 택지론과, 선정된 택지에 건물을 지었을 경우 그 건물의 방향이나 모양을 보는 가상론家相論으로 나누는데, 택지론을 체體로 삼고 가상론家相論은 용用으로 삼는다. 택지는 불변하여 음陰이라면 가상은 유동적이므로 양陽이다. 따라서 택지와 가상은 모두 음양배합이라는 상호 보완작용을 하게 된다. 그러므로 택지론에서는 라경 24방위를 사용하고 가상론에서는 팔괘방 내지는 12궁 방위를 사용한다. 양기와 양택에 대한 이기풍수론과 형기풍수론에서의 공통적 입지요건을 보면, 첫 번째 요건으로 형국론形局論을 강조하고 있다. 이는 형국론적으로 안정적이어야 하는데 배산임수背山臨水나 장풍득수지藏風得水地를 강조하고 있다.[1059] 사신사四神砂가 뚜렷이 환포環抱하고 주룡主龍인 북현무北玄武 뒤로는 후룡後龍의 조산祖山이 힘차게 내룡來龍하고 있는 형국에 입지해야 한다는 것이다.

두 번째 요건으로는 사정방四正方인 자오묘유방방子午卯酉方, 즉 동서남북방위에 수려秀麗한 미봉美峰이 토금목체土金木體[1060]로 있어야 한다고 하고 있다. 그러나 4방위가 모두 산봉우리[1061]가 있어야 된다는 것은 사격론砂格論에서의 일반론이며, 최소 3개 방위에서 감싸주고 있으면 사격四格을 갖춘 것으로 보고 있다. 이는 이중환의 택리지 복거총론卜居總論에서 말한 여섯 개의 요구조건[1062]이나 격암유록의 10승지를 포함하는 것으로 입지론의 전형적인 형국론에 있어서의 양택이론에 해당된다.

세 번째 요건으로 풍수지리에서는 명당지의 토질土質과 토색土色에 대하여도 정의되고 있는데, 토색은 오색토五色土[1063]로써 황색이 주색主色이어야 하며 토질은 비석비토非石非土[1064]해야 한다고 정의하고 있다. 여기에서 오색토는 이기론적 정의이며 비석비토는 형기론적 정의로서, 토색은 주위 지반地盤의 모질토색母質土色에 따라 명당토색明堂土色이 다른 것

1058) http://www.seelotus.com/go-jeon/bi-munhak/reading/book/koju.htm

1059) 절터. 寺刹地사찰지도 마찬가지이다.

1060) 토금목체라 함은 음양오행설의 오행을 산(山)의 생김새(形相: 山形)에 따라 다섯가지의 형체로 구분한 것인데, 화체(火體)는 주로 고산(高山)으로 산봉우리가 뾰족하거나 암석이 풍화에 의해 깨지거나 찢어진 형태를 말하며, 수체(水體) 또한 주로 고산으로 능선의 기복(起伏)이 아주 약해 잔잔한 물결모양을 이룬 능선에서 이루어진 봉우리를 말한다. 반면 목금토체는 산봉우리가 두툼하거나 산정(山頂)이 평평한 형체를 이룬 산형을 말하는 것으로서 인물과 부를 상징하므로 사찰의 경우 유명한 고승이 배출되거나 신도가 늘어나 교세가 확장되어 재물이 늘어난다는 의미를 갖고 있다.

1061) 사砂, 산

1062) 수구(水口), 야세(野勢), 산형(山形), 토색(土色), 수리(水理), 조산조수(朝山朝水)를 말한다.

1063) 음양오행설의 오행에서 방위에 따라 오행색상을 배정하고 있는데 北黑, 東靑, 南赤, 西白, 中央黃色으로 명당지의 형국에 있어 명당은 사방위(四方位)의 중심으로써 토색은 사방색을 띠되 중심색은 황색토이어야 한다는 사상을 말한다.

1064) 돌 같은데 돌도 아니며 흙 같은데 흙도 아니란 뜻이다.

이지 반드시 오색을 띠는 것은 아니다. 비석비토는 지리학에서의 말하는 모래(Sand) 입경인 2mm이하에서 미사微砂(Silt)입경인 0.2mm이상의 사이에 해당하는 사질砂質을 말한다.

네 번째 요건으로는 산곡山谷의 양기陽基는 산중평지山中平地로서 사면四面[1065]이 공위拱衛하며 공결요함空缺凹陷한데가 없고, 수구水口가 교고交固하고 형국形局 내는 개창開暢해야 한다. 즉 산곡에 있을지라도 평양平洋과 같이 지형이 관평寬平한 곳이 아름다운 곳이니, 협착狹窄하여 사산四山이 양택을 고압高壓하거나 음陰하고 질색窒塞한 곳은 천옥天獄으로 흉지凶地이며, 협곡처峽谷處를 등지고 계곡수溪谷水가 상충相沖하는 양기, 양택지는 수살水殺로 인하여 흉지凶地이다. 다섯 번째 요건으로는 자연적 전저후고지前低後高地나 전착후관지前窄後寬地 형세이며, 접근성이 좋되 경계가 분명하고 오물매립지汚物埋立地 혹은 충적지沖積地나 퇴적지堆積地 등은 좋지 못하다.

이러한 풍수지리학적 입지와는 달리 역사문화지리에서 간과할 수 없는 건축가운데 사찰건축의 주된 입지요인으로 교통입지를 두기도 한다. 이는 정치, 군사, 사회적 목적에 따라 교통로의 발달여부가 입지를 좌우한다는 것을 말한다. 이는 삼국 사찰의 창건신화나 전래과정 또는 고대국가의 확립과 사상적 통일, 즉 불국토사상佛國土思想이나 황룡사가 오악사상五岳思想에 의해 신라의 중심부에 위치하게 된 상징성 등으로 알 수 있다. 또한 사찰의 배치에 있어서도 초기 고대 사찰의 배치 형식이 금당金堂과 중문中門과의 관계를 주로 보고 있는 반면에 이후의 사찰배치는 진입과정에서부터 배치 전체를 대상으로 하고 있으며, 주불전主佛殿을 중심으로 한 공간은 비교적 초기의 배치원리가 적용되고 있다. 한국건축문화 측면에서 강조되고 있는 8가지 양택에 대한 특성[1066]은 첫째, 좌우대칭균형배치左右對稱均衡配置와 비좌우대칭균형배치非左右對稱均衡配置의 공존체계共存體系 둘째, 선적구성線的構成과 유연성柔軟性 셋째, 채[1067]와 칸間의 공간분화空間分化 넷째, 개방성開放性과 폐쇄성閉鎖性의 공

1065) 四神方사신방

1066) 주남철, 한국의 건축, 고려대학교출판부, 2007, pp.3~20

1067) 棟동을 말한다.

존共存 다섯째, 인간적 척도人間的尺度(Human Scale)와 단아端雅함 여섯째, 다양성多樣性(Variety)과 통일성統一性(Unity) 일곱째, 사상성思想性[1068] 여덟째, 자연自然과의 융합성融合性을 들고 있다.

풍수지리학의 형기풍수론에서 다루고 있는 양기 양택론의 주요내용을 살펴보면 양기·양택의 길지吉地는 산진수회山盡水回[1069]하고 환포장풍環抱藏風으로 형성된 형국形局, 즉 산이 다하고 물이 궁체弓體로 휘감아 주고 청룡과 백호 등 사신사가 둘러 안고 있어서 지기地氣의 누설을 방지하고 외부의 흉살凶殺을 방어하여 국내局內에서 이루어지는 일편의 땅을 말한다. 다만 양기지陽基地는 장룡長龍으로 산진처山盡處에 혈처穴處가 넓고 물이 합취合聚하거나 만곡彎曲하며 사각砂角도 크게 교결交結하고 조공照拱하며, 국세局勢가 넓고 관활寬闊하여 평화로워야 한다고 하고 있다. 즉, 양기陽基는 일편一片의 평지平地로 평포平鋪된 곳에 물이 있고 국세局勢가 관활하여 평화로운 곳이니 양기는 일편으로 형성된 관평寬平한 땅을 말한다. 그러므로 양기지는 음택지陰宅地보다 역량力量이 크므로 국세局勢가 넓을수록 결작結作이 커서 상격上格은 수도首都나 대도시가 되고, 그 다음은 군읍郡邑 정도가 되며, 작은 것은 향촌鄕村이 되는 땅을 말한다.[1070] 이를 다시 요약하면 공공다중公共多衆이 기거起居하는 넓은 택지, 즉 향촌이상의 넓고 평평한 택지를 양기지陽基地라 하고 개인의 주택을 지을 수 있는 택지를 양택지陽宅地라 하며, 양택陽宅은 건축물을 지칭하는 개념으로 정립하고 있다고 할 수 있다.[1071]

또 다른 측면의 개념에서 풍수가 좋은 땅을 구해서 지기地氣의 힘을 받아 인생의 복락福樂을 추구하는 방법이었다면, 양택 또한 좋은 집을 지어 그 힘으로 인생의 복락을 추구하려는 것이다. 양택陽宅이란 산사람이 거처하는 건물을 의미하는 것으로서 죽은 사람의 거처인 음택陰宅과 구별된다. 양택은 풍수적 방법과 함께 그 근원적 관념인 음양오행론, 그리고 경험에 근거한 자연과학적 지식, 심지어는 속신적인 민간신앙이 종합적으로 결합되어 주택건축의 규범으로 정립된 것으로서 양택에 대한 개념

1068) 風水地理풍수지리, 圖識思想도참사상, 道家思想도가사상, 陰陽五行論음양오행론, 儒敎유교.

1069) 직역하면 산이 다하고 물이 돈다는 뜻으로서 풍수지리학에서는 정적(靜的)인 산을 음(陰)으로 동적(動的)인 물은 양(陽)으로 규정하는데 산이 다했다함은 쭉 이어지던 산의 형체가 끝나는 곳에 물이 돌아 흐른다는 것으로 지리학적으로 산고수저(山高水低)의 지표상에서 당연한 이치이나 풍수지리는 이 같은 이치를 산음(山陰)과 수양(水陽)이 상호 음양배합(陰陽配合)하는 이치에 의해 지표형상(形相)이나 자연현상(現象)이 이루어지는 것으로 보았다.

1070) 윤갑원, 도선통맥풍수지리, 지선당, 2008, p.286

1071) 상게서, p.287

을 제시하기도 한다.[1072]

그런가 하면 양기陽基라는 것은 산 사람의 주거지란 의미로써 생자生者가 사는 곳, 즉 개인의 가정 또는 생인生人의 집단인 부락이나, 도읍의 땅을 양택陽宅 또는 양기陽基라고 이름붙인 것이며, 처음부터 택宅과 기基는 똑같은 사람의 주거에 사용된 문자이지만, 그 용어의 관습상 택宅은 사람이 들어가 사는 것, 기基는 이 택을 둘 수 있는 토지를 의미하는 것으로 되어 있다. 생인生人의 주거지인 토지, 즉 "양기에는 대체로 2개의 종류가 있는데, 하나는 국國, 도都, 주州, 읍邑과 같이 다중의 생활장소이고 다른 하나는 가옥家屋이 입지하는 택지를 말한다."[1073]라고 개념에 대해 논하기도 한다.

또한 이중환李重煥은 『택리지』의 '복거총론卜居總論 제1편 지리地理'에서 양기풍수에 대해서 구체적이고 통괄적으로 언급하였는데 수구水口, 야세野勢, 산형山形, 토색土色, 수리水理, 조산朝山, 조수朝水의 일곱 가지의 항목으로 요지를 설명하면서 "장차 집을 지어 자손만대로 전하려면 지리에 능통해야 한다"고 하고 있다.[1074] 이중환이 주장하고 있는 일곱 가지의 항목들을 분석하여 보면 풍수지리의 명당론에 있어서의 형국形局, 즉 지형의 형상形相[1075]적 조건인 땅에 대하여 말한다고 볼 수 있다. 다시 말해 이중환은 살 터를 잡을 때는 지리가 좋고 생리生利가 좋으며 인심이 좋은 곳이어야 하고 그 중 하나라도 모자라면 살기 좋은 곳이 못된다는 것이다.

1072) 강영환, 전게서, pp.197~198

1073) 村山智順, 朝鮮의 風水, pp525~527.

1074) 이중환, 택리지, 신명출판사, 2000, pp.68~69
何以論地理 先看水口, 次看野勢, 次看山形, 次看土色, 次看水理, 次看朝山朝水.

1075) 形勢형세

자연	가거지 조건	주거환경적 해석
수구 (水口)	· 수구가 꼭 닫히고 그 안에 들이 펼쳐진 곳 · 역수(逆水)가 판국을 가로 막은 곳	· 안과 밖을 구분하는 공간감 형성 수단 · 환경위생학적 고려
야세 (野勢)	· 들이 넓고 하늘이 확 트인 곳 · 큰 들판에 낮은 산이 둘린 곳 · 높은 산중에 들이 펼쳐진 곳	· 평야의 크기, 공간규모, 일조량 · 마을의 입지선정 기준 · 일조와 미기후에 의한 건강
산형 (山形)	· 수려, 단정, 청명, 아담 · 산맥이 골짜기를 감싸는 형태	· 시각적 특징 표현(미적표현) · 지형재해에 대한 안정성 고려
토색 (土色)	· 사토가 굳고 촘촘한 곳	· 식수의 구득과 관련
수리 (水理)	· 유출입이 지리에 합당 · 산중의 시냇물과 골물이 모이는 곳 (지류와 본류의 합류지점)	· 취락지역의 유수의 관계 · 취락주변의 물 흐름의 균형성을 강조, 침식방지
조산 (朝山)	· 멀리서는 맑게 빼어나 보이는 산 · 가까이서는 맑고 깨끗한 산	· 전망요소 · 환경심리학적 요소
조수 (朝水)	· 흘러드는 물이 산맥바위와 조화를 이룬 곳 · 곡류의 정도가 큰 하천	· 집중호우시 산사태와 급류에 의한 침식 및 침수 가능성 고려

이중환이 말한 지리는 위의 표에서 다룬 7가지이며, 생리는 농·축·수·공산품의 생산과 유통이 활발하게 이루어질 수 있는 교통입지와 자연적인 여건이 잘 이루어져서 사람들이 살아가는데 경제적으로 윤택할 수 있는 곳을 말한다. 또한 인심이란 사람들의 문화적 환경을 의미하는 것으로 공동의 가치관과 도덕성이 잘 지켜지는 문화적 공간성을 말한다. 이러한 지역적 공간성으로 천지 대개벽이 일어날 때 재앙災殃을 피하여 살 수 있는 곳으로 풍수환경을 두루 갖춘 10승지가 선호되었다.

십승지지十勝之地[1077]는 조선 시대에 사회의 난리를 피하여 몸을 보전할 수 있고 거주 환경이 좋은 10여 곳의 장소를 말한다. 한국인에게 있어 풍수적으로 전통적 이상향의 장소이다. 정감록鄭鑑錄에 근거한 지역들은 역사적으로 조선 영조시대의 실록에 처음으로 언급된다. 십승지지는 『정감록』 중에 감결鑑訣, 징비록懲毖錄, 유산록遊山錄, 운기귀책運奇龜策, 삼한산림비기三韓山林秘記, 남사고비결南師古秘訣, 도선비결道詵秘訣, 토정가장결土亭家藏訣 등에서 나타난다. 대체적으로 공통된 장소는 영월의 정동正東쪽 상류, 풍기의 금계촌金鷄村, 합천 가야산의 만수동萬壽洞 동북쪽, 부안 호암壺巖 아래, 보은 속리산 아래의 증항甑項 근처, 남원 운봉 지리

1076) 박의준, 한국 전통 취락 입지의
지리학적 연구, 호남문화연구 제29집.
2001. p.298

1077) 한국민족문화대백과사전

산 아래의 동점촌銅店村, 안동의 화곡華谷, 단양의 영춘, 무주의 무풍 북동쪽 등으로 주로 한강 이남의 남한지역 내륙 깊숙한 곳에 분포한다. 이는 아마도 해상세력에 의한 전란보다 육상세력에 의한 전란이 주류를 이루었기 때문으로 보인다.

십승지지는 조선 후기의 이상향에 관한 민간인들의 사회적 담론으로 민간계층에 깊숙이 전파되어 거주지의 선택 및 인구이동, 그리고 공간인식에 큰 영향력을 주었는데, 이는 조선후기의 정치 · 사회적 혼란과 민중들의 경제적 파탄이라는 역사적 배경에서 생겨났다. 십승지의 입지조건은 자연환경이 좋고, 외침이나 정치적인 침해가 없으며, 자족적인 경제생활이 충족되는 공간이란 공통점을 안고 있다. 사람은 이상적인 장소를 희구하며 살고자 한다. 이상향에 대한 관념은 동 · 서양이 다르고 역사와 시대에 따라 달랐으며 문화속성과 지역에 따라 차이가 난다. 사후死後 아니면 관념적인 이상 세계로 불교의 극락과 정토, 기독교의 천국과 에덴동산, 도교의 무릉도원, 삼신산, 청학동 등을 꼽지만 현실에 대한 이상향을 풍수지리에서는 길지吉地, 낙토樂土, 복지福地, 명당明堂, 가거지可居地, 승지勝地 등의 용어들이 사용되었다. 특히 10승지와 같은 승지라는 말은 사전적 의미로 자연 경관과 거주 환경이 뛰어난 장소를 말하지만, 역사적으로 조선 중 · 후기의 사회적 혼란과 경제적 피폐로 말미암아, 개인의 안위를 보전하며 생활을 영위할 수 있는 피난지를 뜻하였다.

십승지지는 『정감록』이라는 도참서의 핵심용어로 등장한 이래, 조선시대 민간인들의 지리인식에 지대한 영향력을 끼쳤다. 그러나 십승지지는 『정감록』의 문헌에 따라 위치와 장소가 조금씩 달리 나타나며 추가되기도 하였다.[1078] 한편 『정감록』의 '서계이선생가장결'에는 "황간 영동 사이에는 가히 만萬 가호家戶가 살아갈 수 있고, 청주 남쪽과 문의 북쪽 역시 모습을 숨길 수 있다."고 다시 몇 군데가 추가되었다. 십승지는 모두 지리적으로 내륙의 산간 오지奧地에 위치하며, 한양이나 고을로 이어지는 큰길에 인접하지 않은 것도 환란을 피하기 위한 것으로 이해할 수 있다. 이 같은 보신처에서 "남편은 밭을 갈고 아내는 베를 짜되 벼슬자리

1078) 예를 들면 "남격암 산수 십승 보길지지"의 경우에는 감결에서 말한 열 곳 외에도 여러 장소가 더해졌다. 그 지역은 모두 태백산과 소백산의 남쪽으로서, 풍기와 영주, 서쪽으로 단양과 영춘, 동쪽으로 봉화와 안동이 보신처라고 하였고, 내포의 비인과 남포, 금오산, 덕유산, 두류산, 조계산, 가야산, 조령, 변산, 월출산, 내장산, 계룡산, 수산, 보미산, 오대산, 상원산, 팔령산, 유량산, 온산 등도 해당 장소로 들었다.

에 오르지 말고 농사짓는데 부지런히 힘씀으로써 스스로 살 길을 버리지 않도록 하라."는 말의 표현으로 보아도 조선 시대에 십승지라는 이상향의 담론이 형성된 사회적 배경은 조선 후기 내·외의 전란 및 정치적 혼란 때문이었음을 알 수 있다.

동양에서의 이상향은 무릉도원이나 청학동과 같이 자연경관이 심미적으로 뛰어나고 주거환경이 풍요로운 곳이라는 조건이 충족되어야 했다. 십승지 이상향 역시 모두 산과 하천으로 둘러싸인 분지 지형의 자연환경을 갖추고 있는 풍수적 명당이었다. 승지의 장소성을 이루는 기본적 요소는 취락을 이루어 농경할 수 있는 지리적 조건으로서, 토지의 규모, 토양의 비옥도 및 생산성, 수자원 이용의 충족성, 온화한 기후 조건이 갖춰진 곳이었다. 십승지는 산이 높고 계곡이 깊어 수원水源이 충분하며, 오랫동안 농경을 통한 자급자족이 가능한 경제적 환경조건인 배산임수 지형이었다.

십승지 입지경관과 지역적 공간성의 규정에 대체로 풍수가 좋은 배산임수의 자연 입지조건을 지니고 있는 데서 짐작할 수 있듯이 조선 후기에 십승지 관념은 청학동 이상향 관념과도 결합하였다.[1079] 『두류산유록頭流山遊錄』에서는 "세상에서 이르기를 지리산 중에는 청학동이 있는데 십승지의 하나라고 한다."라고 했고 "청학동은 세상 사람들이 신선神仙의 고향으로 십승지지에 해당하니 널리 전하던 바이라."[1080]는 표현이 당시의 사회적 인식을 잘 말해준다.[1081]

10승지는 풍수지리에서 말하는 이상향의 길지이지만 육상입지론적으로 도로와 교통 조건에서 큰 길과 떨어져 있어 지리적 오지에 위치하고 있으나, 해상입지론적으로는 큰 하천을 끼고 있고 산으로 둘러싸인 넓은 분지 지형을 갖추고 있다. 주거지의 위치와 모습에 대한 이상향은 시대에 따라 변화하고 사회적으로 재구성된다. 오늘날 자본주의적 가치의 지배로 생태환경의 위기와 거주의 진정성이 위협받는 사회 현실에서, 풍수지리에서 말하는 길지吉地나 승지勝地에 대한 현대적 의미를 되새겨 볼 이유는 분명하다. 결론적으로 10승지에는 공통적인 특성이 있

1079) 『정감록』에서 십승지로 지점된 위치에서 지리산 청학동은 원래 포함되지 않았음에도 불구하고, 조선 후기와 근대에 이르러 청학동과 십승지의 장소이미지가 상호 결합하여 '십승지 청학동'이라는 장소성을 이루게 되었다.

1080) 개벽, 제34호, 1923년, 4월

1081) 1959년 기준의 조사연구에 의하면, 풍기로 전입한 주민들의 이주동기 중에 8%가 정감록의 영향 때문이었다고 한다. 이주한 주민들은 대부분이 평안도와 황해도 출신이었다. 그들은 풍기읍 중심지에서 정착하여 인삼과 과수를 재배하거나 소백산 기슭에서 밭농사를 하며 은둔하는 부류들이 있었다. 풍기에는 근래까지만 해도 후손들이 살았는데, 그 중 풍기의 십승지를 필사한 그림지도를 소장하고 있기도 하였다.

는데 "삼재불입지지三災不入之地"라고 하여 '전쟁, 흉년, 전염병 등 세 가지 악재惡災가 들어올 수 없는 땅을 십승지라 한다'고 하고 있는데, 결국 깊은 산중으로 정치, 경제, 사회, 군사적으로 중요하지 않는 땅으로서 산지사방山地四方을 병풍처럼 둘러 싸고[1082] 있는, 즉 안쪽에는 넓은 들판이 있으며, 항상 물이 마르지 않고 수량水量이 풍부하며[1083] 외부와의 접촉이 쉽지 않는 폐쇄적인 자연지형적 조건을 갖춘 형국形局을 의미한다고 할 수 있다.[1084]

1082) 背山배산, 藏風장풍.

1083) 臨水임수, 得水득수

1084) 정경연, 양택풍수, 평단출판사, pp.76~79

이상의 개념을 바탕으로 풍수지리에서 다루고 있는 양기지陽基地에 대한 형국을 보면 첫째, 강물이 휘감고 돌아 보국保局을 이루는 강촌마을. 둘째, 해안선이 만灣으로 굽고 작은 하천이라도 통해서 살기 좋은 어촌마을. 셋째, 경작이 용이하여 큰 부富를 이룰 수 있는 평촌마을. 넷째, 평

정감록과 보은 증항을 비롯한 10승지의 사례 ▶

시平時나 난세亂世 모두 오래 살기에 알맞은 산촌지. 다섯째, 배산임수背山臨水로 작은 보국을 이루는 마을. 여섯째, 산맥과 강이 어우러져 큰 보

1085) 상게서, pp.47~89

1086) 고려사, 권122, 열전 제35, 김위제, 권28, 충렬왕3년7월, 권130, 열전제43, 김준. 등(다수문헌)

1087) 창우倡優라고 함.

1088) 양가: 良家라고 함.

1089) 주남철, 한국주택건축, 일지사, 2000, pp40~42.

1090) 좌청룡, 우백호, 남주작, 북현무를 말한다.

1091) 윤갑원, 전게서, pp.294~299

1092) 도교의 감여서(堪輿書). 간단히 택경(宅經)이라고 하며, 지은이는 3황5제시대의 한사람인 황제(黃帝)라고 하나 알 수 없으며 2권이 전한다. 송사(宋史)의 "예문지(藝文志)"에 상택경(相宅經) 1권이 있으나 이 책인지는 정확하지 않으나 상택법(相宅法)을 24로(路)로 나누어 설명하고 있다. 『사고전서』 『도장』 『도장집요』에 들어 있다.

1093) 虛허
1094) 實실
1095) 大宅少人대택소인
1096) 小宅大門소택대문
1097) 牆垣不完장원불완
1098) 樹木茂盛수목무성
1099) 宅地多屋小택지다옥소

국보국國保局을 이루는 도읍지 등을 들고 있다.[1085] 또한 양택陽宅에 대한 풍수지리 고증考證[1086] 가운데 『고려도경高麗圖經』 권3 민거조民居條에 "왕성王城은 크고 화려하지만 지세地勢가 평탄치 못하고 자갈과 산두둑이 많기 때문에 백성들의 집들은 마치 개미굴이나 벌집모양으로 보이고 지붕은 띠로 덮었는데 띠의 길이는 두 서까래 사이를 넘지 못하였다. 이에 비하여 부잣집들은 기와로 지붕을 덮었는데 열 집에 한두 집들이 기와집이었다. 전하여 듣기는 '광대[1087]집에는 긴 장대를 세워 여염집[1088]과 구별한다' 하였으나 지금 들으니 그렇지 않다. 대개 그 풍속이 귀신을 받들고 기양祈禳하는 기구器具들을 보다 좋게 하는 것 뿐이었다."[1089]라는 기록이 있다. 일반 백성들의 주택에 대한 기록에서 알 수 있는 바와 같이 양택선정에 있어 지형지세地形地勢를 중요시 하였다고 볼 수 있다.

1.3 양택의 조건

양택에 있어서의 3대 요소로 배산임수背山臨水, 전저후고前低後高, 전착후관前窄後寬의 기본적 요소를 갖추어야 하고 입지조건으로는 따뜻해야 한다. 교통이 편리하고 주위환경이 좋아야 하며, 대소 빌딩사이와 도로 및 철도주변은 피해야 한다. 택지宅地의 토질土質은 생토生土이며 습기가 적당하고, 오물汚物매립지가 아니며, 사수四宿[1090]가 뚜렷해야 하고[1091] 도로보다 낮은 양택도 흉택凶宅으로 피해야 함을 강조하고 있다.

그밖에 양택풍수론으로 가장 오래 된 『황제택경黃帝宅經』[1092]에서 실속이 없는 주택[1093]과 실속이 있는 주택[1094]에 대하여 각각 다섯 개씩 제시하고 있다. 오허五虛의 경우 첫째, 큰집에 사람이 작게 사는 경우에는 허虛하여 불길하다.[1095] 둘째, 작은집에 대문만 클 경우 당기堂氣가 쉽게 누설되고 흉액凶厄이 침범하기 쉬워 불길하다.[1096] 셋째, 담장이 튼튼하지 못할 경우 외부 흉살이 집안으로 침범한다.[1097] 넷째, 큰 나무가 무성할 경우 지기地氣가 누설되고 음습陰濕하다.[1098] 다섯째, 넓은 택지에 지나치게 작은 집은 허虛하여 불길하다.[1099]

오실五實의 경우는 첫째, 작은 집에 사람이 많이 살 경우는 실實함이 있어 길吉하다.[1100] 둘째, 큰집에 대문이 작을 경우 당기가 누설되지 않고 흉액을 막는다.[1101] 셋째, 담장이 튼튼하면 외부 흉살凶殺을 거뜬히 이겨낸다.[1102] 넷째, 작은집에 가축이 많으면 재물財物이 쌓여 길吉하다.[1103] 다섯째, 남향집에 동대문東大門은 겨울에 따뜻하고 여름에 시원하며 사시 사철 생기生氣가 들어 가화家和로 만사형통萬事亨通한다.[1104]

그 밖에 유암流巖 홍만선洪萬選의 『산림경제山林經濟』 '복거조卜居條'에서 강조되고 있는 양택풍수의 입지는 첫째, 동쪽이 높고 서쪽이 낮아야 한다. 둘째, 집터주위 사면이 높고 가운데가 낮으면 가난해진다. 셋째, 집의 동으로 흐르는 물이 강이나 바다로 가면 길하다. 넷째, 북쪽에 큰 길을 두면 나쁘고 남쪽에 큰 길이 있으면 좋다. 다섯째, 주거지 땅은 윤기가 있고 트여있어야 한다. 여섯째, 탑, 무덤, 절, 사당, 대장간, 군영이 옆에 있는 주거지는 불길하다. 일곱째, 산등성이가 흘러내린 곳, 흐르는 물과 맞닿은 곳, 물이 모여서 나가는 곳, 초목이 잘 자라지 않는 땅은 불길하다. 여덟째, 막다른 골목길, 매립지, 파산한 집, 마당에 연못이 있는 집은 불길하다. 아홉째, 무덤 위의 집, 대문에서 안방이나 부엌이 보이면 좋지 못하다. 앞에서 살펴 본 황제택경의 오허오실五虛五實의 경우는 풍수지리학에서의 가상법家相法 즉, 건축물의 형태나 구조에 대한 것이며, 산림경제에서의 복거조 내용이나 이중환이 택리지에서 다루고 있

1100) 小宅多人소택다인
1101) 大宅小門대택소문
1102) 牆垣完全장원완전
1103) 小宅多六畜소택다륙축
1104) 南向東門남향동문

1105) 도선통맥지리, 지선당, p.304 외
이광규, 서경대 석사논문, 전원주택의
풍수입지에 관한연구, 2012.

양기 · 양택지의 기본
길흉도 예시[1105] ▶

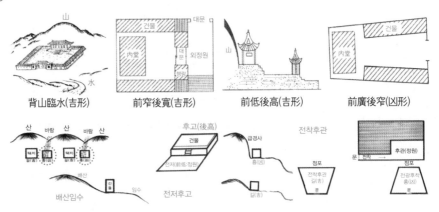

背山臨水(吉形)　　前窄後寬(吉形)　　前低後高(吉形)　　前廣後窄(凶形)

는 복거총론과 남사고의 10승지 등은 모두 양기·양택지陽基·陽宅地의 입지조건과 관련된 이론으로 볼 수 있다.

『산림경제』의 저자 홍만선은 1643년 인조 21년[1106]에 예조참의禮曹參議를 지낸 주국柱國과 이조판서를 지낸 경증景曾의 딸인 덕수이씨德水李氏 사이의 맏아들로 태어나 1715년 숙종 41년[1107]에 졸卒하였으며, 산림경제는 전 4권 4책에 총 16지志로 구성되어 있다. 각지는 앞에 해당 지志를 짓는 목적이나 편찬 방법을 밝힌 소서小序에 해당하는 글이 나온 다음 본문本文을 싣는 형식으로 되어 있다. 총 16편으로 제1편 복거조卜居條에서는 주택, 거옥居屋, 청당廳堂, 방실房室, 조竈, 정井, 문로門路, 측간厠間, 장리墻籬 등을 세울 경우 터의 선정 및 길일吉日, 흉일凶日 등에 대하여 논한 것이다. 끝에는 하도河圖와 낙서洛書의 수數를 본떠서 만든 집의 설계도인 용도서龍圖墅와 귀문원龜文園의 도면과 해설이 있다. 이 편은『미공비급眉公秘笈』『한정록閒情錄』『고사촬요故事撮要』『거가필용居家必用』『산거사요山居四要』『농가집성農家集成』등에서 해당 자료를 채록하고 있다.[1108]

이상에서 양기, 양택과 관련된 일반적 입지론立地論에 대하여 살펴본 바와 같이 도성과 사찰寺刹 및 성城에 대하여도 모두 생인生人이 기거한다는 풍수지리학적인 측면에서 양택의 범주範疇에 포함시켜 자연적 입지와 인문적 입지 및 가상家相의 구조형식 등에 대해서 종교와 철학, 경제와 사회문화, 군사적 의미에 대해 다양한 시각에서 풍수지리학적 해석을 위한 접근이 가능하다.

1.4 집도 사주가 있다고? - 양택4주

사주四柱란 사람이 태어난 년월일시年月日時를 간지干支로 나타 낸 것을 말한다. 사람을 하나의 집으로 비유하고 생년·생월·생일·생시를 그 집의 네 기둥이라고 보아 붙여진 명칭이다. 각각 간지 두 글자씩 모두 여덟 자로 나타내므로 팔자八字라고도 한다. 그리고 사주팔자를 풀어

1106) 癸未계미

1107) 乙未을미

1108) 김소영, 양택풍수의 공간구조와 내부 상징성에 관한 연구, 서경대학교 석사논문, 2010

보면 그 사람의 타고난 운명을 알 수 있다고 해서 통상 운명이나 숙명의 뜻으로 쓰이기도 한다. 사주는 간지로 나타내는데 '간干'은 10가지이므로 '십간'이라 하고, 사주의 윗 글자에 쓰이므로 천간天干이라고도 한다. '지支'는 12가지이므로 '십이지' 또는 사주의 아랫 글자에 쓰이므로 지지地支라고도 한다.

풍수지리 양택론에서 말하는 4주四柱란 주택의 사주를 말한다. 주택의 4주는 주거공간에서의 4요소인 대문大門과 가장家長이 머무르는 안방인 주방主房, 그리고 음식을 조리하는 부엌을 뜻하는 조灶와 생리적 문제를 해결하기 위한 화장실인 측간廁間이라는 네 공간을 의미한다. 4주 가운데 화장실을 제외한 문주조門主灶인 대문, 가장의 방, 부엌을 주택의 3요소라고 한다. 이 3요소는 전통적으로는 주거공간 내에서 이루어지는 양기陽氣의 공간이라면, 폐기맥廢氣脈으로 주거공간 외에서 이루어지는 음기陰氣의 공간은 화장실인 측간廁間에 해당한다. 주택의 4주는 사대부가士大夫家의 주택으로 사랑채와 안채로 구성되는 남녀의 거주위치가 명확히 구분되는 주택에 대한 것이라기보다 하나의 주거공간인 동棟 내內에서 이루어지는 주택의 공간배분을 말한다.

사대부가의 살림집은 남성들의 중심건물인 사랑채와 여성들의 중심건물인 안채로 크게 구별하여 불렀다. 그러나 조선 전기에는 특별히 남녀 구분이 명확하지 않았으며 사랑채와 안채가 분화되어 있지 않았다. 조선 초 가사규제 내용에 따르면 '사랑斜廊'이라는 건물 명칭은 나타나기는 하지만 조선 후기 남성 전용건물인 사랑채와는 개념이 다른 접객용도의 건물이었다. 사랑채는 바깥주인이 주로 거처하면서 외부의 손님들을 접대하는 생활 장소를 말한다. 농촌 민가와 같은 작은 규모의 주택에서는 사랑을 두지 않거나 두더라도 접객의 기능이나 교육 기능보다 밤이나 겨울철의 농경이나 가내공업 등의 작업공간 혹은 남자들이 모여 한담을 즐기는 마을로서의 의미가 큰 공간이 된다. 중류 민가에는 안채에 연결되어 대문에 가까운 부분에 설치된다. 사랑채가 독립된 건물은 부농이나 중·상류계급의 주택에서 볼 수 있다. 이에 있어서는 안채와 분리된 대문과 외부와의 동선動線을 직접 연결시켜주는 권위성 건물이 된다.

안채와 이어지는 사랑채인 경우에는 시각적으로 분리되도록 고려한다. 이것은 우리 나라의 민가가 대가족제도와 유교사상으로 인하여 큰 사랑·작은사랑·익랑채·별당채 등으로 가족간의 지위와 남녀생활권의 구별을 엄격하게 하였기 때문이다. 사랑채는 보통 사랑방·툇마루·대청마루로 구성된다. 상류주택에서는 사랑방 옆에 특별히 넓은 대청마루가 마련되어 있어 주택의 대외적인 의식을 치르는 장소가 된다. 누마루는 접객 장소로 쓰이는데, 누마루의 유무에 따라 상류 주택과 중류 주택을 구분하게 된다. 성격으로 보아서는 안채와 행랑채의 중간이 되며, 실제로 안채와 행랑채의 중간에 위치하는 경우가 많다. 그러나 행랑채에서 사랑채와 안채 사이에는 따로따로 중문을 마련하여 서로 출입을 구분한다.

사랑채는 독립하여 짓는 경우도 있으나 대개는 안채와 연결하여 지으며, 안채의 한 끝에서 행랑채에 면하여 짓는다. 사랑채의 앞에는 사랑마당이 따르는데, 사랑마당과 안마당은 반드시 담이나 행랑으로 서로 구분한다. 이것은 주택 내에서 집안 사람들의 생활과 외래객들의 출입을 철저히 분리하고자 한 것이다. 사랑채는 정실淨室이 있어 가묘家廟가 없는 집에서 신주를 모실 수 있도록 구조되기도 한다. 이는 조선 시대에서만 장려되던 공간이어서 고려 시대 이전에는 없었다.

사대부가의 안채란 살림집에서 주로 여성들이 사용하는 중심건물을 지칭한다. 또 여성전용 안채라는 명칭은 없으며 대신 '정침正寢'이라는 명칭이 있다. 이는 여성전용 건물이 아니며 부부가 함께 침전용도로 사용하는 중심건물이다. 따라서 안채는 조선후기 생활의 변화에 따라 새롭게 등장한 건물이라고 할 수 있다. 조선 초 살림집의 구성은 임진왜란을 계기로 달라진다. 그 이유는 제사와 접객의 내용이 달라지기 때문이다.

조선 전기 사대부가의 제사는 직계조상의 기제사를 중심으로 이루어졌다. 또 제사가 남녀 구분 없이 그들의 집에서 균등하게 모셔졌다. 가묘의 건립 또한 국초國初부터 의무화 하여 법으로 시행되었지만 잘 지켜지지 않았다. 이는 대지가 좁기 때문이기도 하지만 제사보다는 접객이 더 중요한 공간이었기 때문이다. 그러나 조선 후기에는 임진왜란을 기점으로 접객보다는 조상을 받들고 혈연간의 모임과 결속을 다지는 것을 중요시 하게 되었다.

혈족 간의 모임은 제사를 통해서 이루어졌으며, 제사도 장자長子 위주이고 남자 형제 위주로 이루어졌기 때문에 남성들의 활동이 활발해졌다. 이로써 주택 내에서 가묘家廟[1109]가 정착하는 배경이 되었고 접객공간은 제사공간으로 바뀌게 되었다. 그리고 가족 내 공간과 가족 외 공간으로 분리되어 있던 두 공간이 모두 가족 내 공간으로 변화하였다. 임진왜란 이전에 제사공간과 접객공간으로 사용하던 북루, 사랑斜廊, 횡랑, 초당, 재당, 객청, 별당, 외헌 등이 필요에 의해 서로 결합하거나 변화하는 과정을 거쳐 18세기 이후 규모가 크고 격식 있는 사랑채로 나타나게 되었다. 즉 조선 초 가족 내 공간이 여성 중심의 안채로 바뀌었고 여러 가지 성격이 결합된 복합적 성격의 사랑채가 탄생하게 되었던 것이다.

안채는 조선후기 가족 내 공간이 여성 중심공간으로 바뀐 것으로 안채는 사랑채보다 안쪽에 위치하며 사랑채와 안채 사이에는 내행랑이나 중문간채 등에 의해 공간이 구분되었다. 안손님이 아니면 안채까지의 출입이 제한되었으며 일반적인 접객은 사랑채에서 이루어 졌다. 안채는 시어머니와 며느리가 기거하는 건물로 주로 침전 기능을 하는 것이지만 여성들의 일상생활과 가사일, 취미생활 등이 모두 안채에서 이루어졌다. 사랑채에 손님이 왔을 때에도 음식 장만은 안채에서 이루어지기 때문에 부엌과 부식을 보관하는 창고 등이 발달하였다. 보통 안채의 평면상에서 가운데 대청을 중심으로 한쪽에 큰방을 두고 시어머니가 기거하며 반대편에 작은방을 두고 며느리가 기거하였다.

안방 앞에는 부엌이 달려있는 것이 보통이다. 곡물과 식료품을 보관

1109) 조선시대의 사대부들이 고조高祖 이하의 조상의 위패를 모셔놓고 제사를 지내던 집안의 사당.

하는 부식창고는 작은 경우 부엌 상부의 다락을 이용하기도 하지만 살림의 규모가 클 경우는 안채 좌우에 날개 채를 달아내 사용하거나 안채 앞에 내행랑을 두고 이용하기도 한다. 'ㄷ'자나 'ㅁ'자형 안채는 대개 안채에 부속건물인 익랑이나 내행랑이 붙어서 만들어지는 경우가 대부분이다. 안채는 사랑채와 더불어 조선후기 가족과 제사중심으로 바뀐 한국의 살림집을 대표하는 건축유형으로 한옥의 구성과 배치를 특징짓는 매우 중요한 건축요소이다.

4주柱는 사람과 주택에만 있는 게 아니다. 지리의 4주는 의당 용혈사수龍穴砂水이고, 혈장의 4주는 결인, 만두, 원훈, 선익이라는 혈판의 구성여건이 해당하며, 혈의 4주는 구, 첨, 인목, 상수가 해당한다. 4주는 무릇 만물의 중심을 이루는 4가지의 요소로써 개념상의 조건 가운데 가장 근본이 되는 것을 말한다. 따라서 명당의 4주는 사신사이다.

주택의 4주에서 대문은 형국에서의 수구水口에 해당한다. 수구는 용호의 말단末端[1110]사이를 말한다. 당연히 대문은 집의 격에 맞아야 한다. 수구가 빗장을 걸어 잠그듯이 좁을수록 형국내의 지기와 골육수의 누출을 막을 뿐만 아니라 외부로부터 형국내로 유입되는 흉기凶氣를 막아주는 역할을 한다. 대문도 그래야 한다. 집은 큰데 지나치게 작은 대문이나, 집은 작은데 지나치게 큰 대문은 격에 맞지 않아 흉택凶宅에 해당한다. 대문은 또한 한 가정의 좋은 모습뿐만 아니라 남에게 노출하고 싶지 않은 나의 허실도 드러나게 한다. 그래서 대문의 위치도 중요하다. 이러한 의미로 과거 우리의 선조와 풍수지리에서는 대문의 방위를 중요시 하였다. 대문은 외부의 흉기와 함께 좋은 기氣[1111]도 집안으로 유입시킨다. 풍수에서 중요시하는 4방위도 하루의 일기에 따른 기온의 변화가 다르듯이 1년의 기후 또한 다르다.

4방위는 이러한 일기日氣와 연기年氣의 시간적 변화를 말한다. 만약 대문이 동쪽 문이라면 태동하는 목기木氣를 받아들이는 방위의 문이지만, 서쪽 문이라면 성盛했던 기氣가 쇠퇴해가는 방위의 문이다. 대문은 또한 위계와 권위의 상징이자 의사소통의 구실을 하였다. 솟을대문과

1110) 끝 지점.
1111) 기운氣運

같은 대문과 평대문과 같은 것으로 얼마든지 그 집에 대한 품계를 확인할 수가 있다.

사랑채와 안채 ▶

구례 운조루 사랑채

구미 해평 최상학 가옥 배치도

구례 운조루의 안채

화성 정용채 가옥 안채

또한 아기가 태어나면 새끼줄을 대문에 걸어두는데 '금줄' 혹은 '인줄'이라고 하였다. 이 새끼줄은 우리 집에 아기가 태어났다는 것을 알리는 표시로 딸이 태어나면 새끼줄에 숯만 끼우고, 아들이 태어나면 숯과 빨간 고추를 줄이어 끼워놓았다. 금줄이 내걸리면 동네 사람들은 그 집에 삼칠일, 즉 21일간 출입해서는 안 되며, 특히 집안 식구들은 남의 초상집을 방문해서도 안 되었다. 액운厄運을 막아주는 이 '금줄'은 지혜로운 풍속으로 외부에서 유입되는 각종 질병을 사전에 차단하여 갓난아기를 안전하게 보호하려 했던 액막이 장치로 모두 기氣의 출입구인 대문과 관련이 있다. 금줄은 일반적으로 금승禁繩에서 나온 말 이라 한다. 그러나 원래 '금禁줄'이 아니라 '검줄'이며, '검'은 신神의 고어인 '감'에서 온 것으로 해석하기도 한다. 그래서 원래 '검줄'로 단순히 금지를 표시하는 것이 아니라 신성 공간임을 강조하는 줄로써 성聖·속俗을 구분하는 경계 지점인 대문에 금줄을 친다는 것을 의미한다.

1112) 도작권(稻作圈)인 오키나와 같은 남방 지역에서는 우리와 같이 짚으로 만든 왼새끼 금줄을 사용하고 있다. 물론 그 기능도 마을의 경계, 신역의 정화 등 우리와 같다.

1113) 백, 적, 청, 황, 녹

그러므로 금줄은 신성 공간에 대한 출입을 금지한다는 주술적 의미를 갖는다. 이와 함께 신생아가 출생한 경우 새 생명의 탄생을 축하하고 면역력이 약한 신생아를 외부와 차단하기 위해 설치한다. 금줄을 매는 습속은 동아시아권 전체에 널리 전파되어 있는 것으로 보인다. 즉 시베리아·몽골·중국은 물론 일본과 대만에서도 발견된다. 다만 유목을 생업수단으로 해서 살아가는 시베리아에서는 환경적 요인으로 인해 이를 말총으로 만들고 타르초(Tharchog)라는 오색천을 매달아 놓았다는 점에서 여타 지역과 약간의 차이가 있다.[1112] 오색천은 시베리아, 몽골 등지의 오보(Ovoo) 신앙과 중국으로부터 들어온 성지신앙城池信仰인 성황城隍에서 천지사방의 기본색인 오방색에서 유래하였다. 성황당에는 신목神木이 서 있고 그 밑에 돌무더기와 나무에 오색천[1113]을 묶어 놓는다.

몽고 유목민의 오방색 사용 ▶

몽골의 타르초 　　　　　　　　　　　 몽골의 라체

솟을 대문과 평대문 ▶

솟을대문 – 보은 선병국 가옥대문 　　　　　 평대문 – 운곡정사

평대문 – 윤증고택

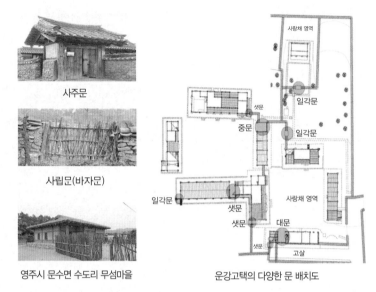

사립문과 운강 고택
문 배치도 ▶

사주문

사립문(바자문)

영주시 문수면 수도리 무섬마을

운강고택의 다양한 문 배치도

사랑채 영역

샛문

일각문

중문

일각문

일각문

샛문

사랑채 영역

샛문

대문

샛문

고살

　　금줄은 사회적 규약이며 약속이었다. 사회 스스로가 창출해 낸 자율적 공공질서였다. 대문 앞에 빨간 고추나 검정 숯을 새끼줄에 매달아 놓은 것은 색깔이 가지고 있는 풍수적 의미를 떠나 갓난아이의 출생을 알리는 의사소통의 일환이다. 제주도와 같은 곳에서는 긴 나무를 주목 또는 정낭이라 부르는데 이것을 걸쳐놓으면 주인이 없다는 의미이고, 걸쳐놓지 않았다면 주택 내에 주인이 있다는 표시이기도 했다. 구멍이 세 개 뚫린 돌을 양쪽에 세우고 정주석이라고 한다. 세 개의 막대인 정낭은 집을 비우는데, 바로 옆집에 가면 1개를 꼽고 마을 안에 있으면 2개, 멀리 다른 마을까지 가면 3개를 걸쳤다.

　　정낭은 집주인의 행방을 가늠하는 의사소통의 신호였다. 이러한 이유로 대문은 사람이 거주하는 주거공간에서 길흉화복과 관련이 있다. 주택의 4주로 설정되는 이유로 충분하다. 결론적으로 대문은 문門, 주主, 조竈의 '양택삼요陽宅三要' 중 하나이다. 주인방, 부엌과 함께 풍수에 조예가 깊은 주인이나 풍수사가 그 위치와 방향을 결정할 만큼 중요했다. 외부세계와 내부세계를 구분 짓는 경계이자 일가족이 조석朝夕으로 출입하는 요소가 바로 대문인 것이다.

다시 말해 대문이란 외부의 길흉기吉凶氣가 주택내부로 들어오는 입구이다. 때문에 입춘절을 맞아 입춘대길立春大吉이나 건양다경建陽多慶 내지 음양을 상징하고 수호신으로서의 용龍·호虎자를 써서 붙여놓는 것은 대문이 길흉화복을 부르거나 막는 장소로 인식하였기 때문이다. 이처럼 대문은 음양기陰陽氣가 교호交互하는 첫 관문으로써 중시되었다. 따라서 대문은 주택에서 1차적 요소로써 그 형식이나 규모가 집의 기능과 성격, 재력 등을 말해 주었다. 대문의 종류는 생김새나 소재에 따라 분류되는데, 일반적으로 격에 따라 분류하면 솟을대문, 평대문, 사주문, 바자문把子門[1114] 등으로 구분한다. 솟을대문은 말 그대로 대문이 달린 중앙의 한 칸만 불쑥 높은 대문을 일컬으며 그 형상은 산의 형태이고 좌우의 문은 용호龍虎의 문이었다. 또한 출입시는 음양논리에 맞춰 동입서출東入西出에 따랐다.

평대문은 초가지붕이나 기와지붕을 한 건물의 몸채나 행랑채와 같은 지붕 높이에 대문을 단 경우를 말한다. 바자문은 나뭇가지 · 대 · 갈대 · 수수깡 · 싸리 따위로 발을 엮듯이 엮어서 만든 문으로, 한국의 농촌 민가에서 바자[1115]에 달거나 간이문 · 변소문 등에 많이 사용하였다. 재료에 따라 문의 명칭을 붙이기도 하나 보통 싸리문을 많이 이용하기 때문에 재료가 싸리가 아니더라도 싸리문이라고 통칭하기도 한다. 바자문은 전통 민가에서 흙담이나 나무울타리에도 많이 쓴 양식이다. 집의 대문에만 주로 이용되는 형식으로는 솟을대문과 바자울, 제주도의 정낭을 예로 들 수 있다.

1114) 사립문
1115) 담

정낭과 금줄 ▶

제주도 대문(정낭) 제주도 성읍민속마을 금줄

금줄 작업 – 청원 남이면 문동리 인줄 금줄

주택에서 방房이란 사람이 거처하기 위하여 주택 내에 만들어 놓은 공간을 말한다. 반드시 사람이 출입할 수 있는 문이 설치되어 있다. 우리 나라 주택에서 공간은 방을 중심으로 한 건물 내부의 공간과 건물과 건물에 의해서 이루어지는 마당으로 나누어진다. 때문에 방은 주택의 기본적인 요소로서 다양한 기능을 가지게 된다. 원시시대의 주거형태는 수혈식竪穴式[1116] 주거형태로 하나의 방으로 이루어진 단일공간이었다. 이곳에서 거실·침실·부엌·식당·저장의 기능을 모두 담당하다가 점차 기능이 구분되었다. 각 방에 부여된 기능을 어떻게 연결, 조합하느냐에 따라 주택·공공건물 등의 성격이 결정된다.

민가에서는 주택 내의 주생활에서 나누어진 공간들을 방房이라고 하며, 특히 온돌구조의 온돌방을 가리키는 경우가 많다. 방의 구성은 지역에 따라서도 차이가 난다. 북부지방에서는 추위에 견딜 수 있는 평면구성으로 부엌에 정주간을 설치하여 다목적방으로 사용한다. 남부지방인 영·호남지역에서는 마루가 성행한다. 이와 같이 우리 나라는 네 계절이 뚜렷하고 여름과 겨울의 기온차가 심한 관계로 철저한 열관리를 해야 하였다. 일반적으로 방은 칸 단위로 크기를 가늠한다. 한 칸의 넓이는 네 모지게 세워진 네 기둥으로 구성된 넓이의 단위로써 이루어진다. 기둥

1116) 구덩이를 파고 기둥을 세워 짓는 양식을 말함.

의 간격에 따라서 다소 차이가 있으나 일반적으로 8~10자의 간격을 이룬다. 민가를 중심으로 한 방의 크기는 온돌이 미치는 난방능력의 한계가 고려되어 1칸 또는 2칸에 지나지 않고 있다. 방은 가장 서열이 높은 여성이 안방을 사용하였고, 그 다음 서열에 따라 건넌방·아랫방·문간방 등을 사용하였다. 대문과 집을 지탱하는 기둥과 받침돌은 주로 원형과 사각내지 팔각의 형태가 주류를 이루는데 사각과 원형은 지방地方과 천원사상天圓思想에서 연유하며 팔각八角은 팔괘사상에서 연유한다. 특히 사각 기둥은 뱀과 같은 파충류나 유해동물들이 기둥을 타고 올라가지 못하게 하는 기능도 가지고 있다.

양택풍수에서 말하는 안방인 주主는 사대부가의 안채에 딸린 안방의 개념이 아니라 사랑방의 개념이다. 한 집안의 대표적인 사람이 머무르는 주방主房이란 의미이다. 반드시 남성만을 위한 공간적 의미가 아니라 실질적으로 가장家長에 해당하는 사람이 머무르는 공간을 말한다. 전통적인 사랑방은 가부장의 일상적인 생활공간이자 남성접객에 대한 접객공간으로 주택 외부와 가까운 곳에 위치하고 있다. 공간이 좁은데다 앉은 키에서 사용하기 편리하며, 시각적으로 아담하게 정리된 선과 면의 형태로 구성된다.

사랑방은 주인이 거처하는 방이면서 손님을 맞는 응접실 역할도 했는데, 주인은 양반이면서 글하는 선비이기 때문에 방안은 유교적 덕목德目에 걸맞게 꾸며진 양陽의 열린 공간이었다. 반면 안방은 안채의 중심으로서 가장 폐쇄적인 주공간住空間이며, 주택의 제일 안쪽에 위치하여 외간남자의 출입이 금지된 음陰의 닫힌 공간이었다. 남자로서는 다만 남편과 그의 직계비속만이 출입을 할 수 있다. 또한 주부의 실내 생활의 대부분이 이루어지는 공간으로 집안일 중 안살림을 모두 관리하는 생활의 중추가 되는 공간이다. 광의 열쇠나 귀중품들이 보관되는 장소이며, 한 걸음 더 나아가 주부의 권위를 상징하는 장소이기도 하였다. 풍수에서의 안방은 이러한 기능이 복합적으로 하나의 공간에서 이루어지도록 하는 집주인인 가주家主가 머무르는 대표성 있는 공간개념이다.

사랑방과 안방의 배치도 ▶

사랑방   안방

가주家主는 그 집안의 정신적인 주체로서 집안의 대소사大小事를 두루 관장하며 가족구성원들의 생계를 책임진다. 가족 구성원의 갈등을 조절하고 공동체가 유지되도록 하며 정신적 주재자로 가문家門의 성패는 가주인 가장에게 달려 있다. 가장의 건강은 곧 그 집안의 미래이다. 따라서 풍수에서는 가장이 곧 혈이며 혈이 강건해야 하므로 가장의 공간은 안전과 안정이 확보됨과 동시에 권위의 상징인 건乾방위에 있어야 한다. 안방은 주인의 생활 대부분이 이곳을 중심으로 이루어지는 만큼, 신분에 걸맞게 꾸며졌으며 서민주택과 상류주택에 따라 규모와 시설에 차이를 두었다. 따라서 주택에서 안방이 갖는 상징적 의미에 따라 풍수적으로 주택의 4주柱 가운데 하나로 중요시 하였다.

다음으로 주택의 4주에서 양택삼요陽宅三要에 따르면 대문大門과 주인방[1117]에 이어 부엌[1118]의 위치는 주택 내 주요한 구성요소 중 하나이다. 우주론적 기준으로 볼 때 남향집의 동쪽에 위치한 사랑채가 남자 주인이 머무는 양陽의 공간이라면 안방과 부엌은 서쪽에 놓여 음陰에 해당하였다. 그러나 풍수론적으로는 건방乾方인 북서방에 사랑채가 있어야 하고, 곤방坤方인 남서방에 안채가 있어야 한다. 이는 택지를 기준으로 볼 때 주요건물은 서편에 배치되어야 하고 마당과 정원 등의 부속시설들은 동편에 있음으로써 서북을 등지고 동남을 껴안는 구조로 충분히 양기陽氣를 접할 수 있는 공간배치를 나타낸다. 전통적으로 부엌과 물,[1119] 불은 밀접하게 상호 관련이 있다. 이를 음양오행으로 구분하면 물[1120]은 음陰, 불[1121]은 양陽이므로 부엌은 음양오행이 공존하는 원리가 내재된 작은 소

1117) 主주
1118) 竈조
1119) 식수
1120) 水수
1121) 火화

우주임을 나타내고 있음을 알 수 있다. 홍만선은 『산림경제山林經濟』에서 부엌 만드는 법을 상세히 명시하기도 했다.

부엌은 신성한 불을 담는 공간이라는 상징적 의미도 가지고 있다. 조왕신, 조왕각시, 부뚜막신, 수명, 재운의 신을 모시는 공간으로서 복을 기원하는 운명론적 측면도 담고 있었다. 일반적 음양관으로 부엌이 서쪽에 위치한 것은 밥을 풀 때 주걱이 안쪽으로 향하게 되어 복이 집안으로 들어오게 하기 위함이고, 키질을 부엌을 향해 하지 않는 것도 부엌신神인 조왕신을 모신 신성한 공간이자 부정을 씻어주는 정화의 공간이라는 의미와 상징성 때문이었다. 절에 가면 조왕탱화를 간혹 볼 수 있다. 조왕탱화의 특징은 조왕 좌측에 땔감을 담당하는 역사力士와 우측에 하얀 쌀밥을 들고 있는 아녀자를 배치한다는 점이다.

부엌 만드는 법을 살펴보면 길이는 7척 9촌인데 이는 위로 북두칠성을 상징하고 아래로 구주九疇에 응應한 것이고, 너비는 4척인데 이는 사시四時를 상징한 것이며, 높이는 3척인데 삼재三才를 상징한 것이다. 부엌 아궁이의 크기는 1척 2촌인데 이는 12실궁室宮을 상징함이고, 솥은 두 개를 안치하는데 이는 음양일월陰陽日月을 상징함이며, 부엌 고래의 크기는 8촌인데 이는 8풍風을 상징한 것이다. 모름지기 새 벽돌을 준비하여 깨끗이 씻어서 깨끗한 흙으로 향수香水를 섞을 것이며, 흙을 이기는데 있어서는 벽에 쓰는 흙을 사용해서는 안 된다. 이를 서로 섞는 것은 크게 꺼리는 것이다. 돼지의 간을 섞어 흙을 이겨 쓰면 부인이 효순孝順하게 된다. 무릇 부엌을 만들 때 쓰는 흙은 먼저 땅 표면의 흙은 5촌쯤 제거하고 그 아래의 깨끗한 흙을 취하여 정화수井華水로써 향수를 섞어서 흙을 이겨 쓰면 대길하다.

조왕竈王은 화신火神으로 불을 관리하고 재산을 관리하기도 하는 부뚜막신으로 부녀자들이 섬기는 신이었다. 민속에 조왕은 섣달 스무 닷샛날에 하늘에 올라가 옥황상제에게 1년 동안 집안에서 있었던 일을 보고하고 그믐날에 제자리로 돌아온다고 하였다. 부녀자의 과오過誤나 공덕功德으로 집안의 운이 결정된다는 신앙으로, 주부는 매일 아침 일찍 일어

나 샘에 가서 깨끗한 물을 길어다 조왕물을 중발에 떠 올리고 가운家運이
일어나도록 기원하며 절을 하였다.

8풍 일람표[1122] ▶

八音	樂器	八卦	八風	12干支	方位	律呂	節候
금金	종鐘	태兌	염개풍閶闔風	경유신庚酉辛	서西	남南	추분秋分
석石	경磬	건乾	불주풍不周風	술해戌亥	서북西北	무·응無·應	입동立冬
혁革	고鼓	감坎	광막풍廣莫風	임자계壬子癸	북北	황黃	동지冬至
포匏	생笙	간艮	융풍融風	축인丑寅	동북東北	대·태大·太	입춘立春
죽竹	관管	진震	명서풍明庶風	갑묘을甲卯乙	동東	협夾	춘분春分
목木	축柷	손巽	청명풍淸明風	진사辰巳	남동南東	중·고仲·姑	입하立夏
사絲	금琴	리離	경풍景風	병오정丙午丁	남南	유蕤	하지夏至
토土	훈塤	곤坤	양풍凉風	미신未申	서남西南	이·임夷·林	입추立秋

풍수론적으로는 조왕의 화신火神과 수신水神인 조왕물은 오행의 상극
관계로 태과太過하는 화火[1123]와 불급不及하는 수水[1124]의 관계로 설명된
다. 따라서 조왕신과 부뚜막, 여자의 관계는 주택의 4주에서 모두 부엌
[1125]과 밀접한 관련이 있는 풍수적 신앙임을 알 수 있다. 명절 때 성주신
에게 하듯 조왕신에게도 상을 차려 부뚜막에 올려 두었다. 아궁이에 불
을 땔 때에는 나쁜 말을 하지 않고, 부뚜막에 걸터앉거나 발을 디디는 것
은 금기 사항이었으며, 대臺를 만들어 부뚜막을 항상 깨끗하게 하였다.
때문에 부엌은 아낙의 부지런하고 게으름을 따지는 잣대로 여겨질 정도
였을 뿐만 아니라 가족의 식생활과 관련이 있는 공간으로 풍수에서 4주
가운데 하나의 생활영역으로써 설정하게 되었다.

우리 나라는 밥과 국을 기본으로 한 식단에 나물과 생선을 추가하여
하루 세 끼를 먹었다. 자연식과 초식 위주로 겨울이 길고 추워 저장음식
을 마련해야 했으며 계절마다 별식이 있어 많은 시간과 넓은 공간을 필
요로 하였다. 그러나 부엌 안에 가사공간을 모두 담기에는 면적의 한계
가 있어 채마밭, 장독대와 우물가, 확돌, 방앗간, 광 등 인접한 마당과
주변 공간에 걸쳐 부엌일이 이루어졌다. 문은 앞뒤로 두고 김치, 젓갈 등
의 발효식품을 저장하기 위해 부엌 옆에 찬방을 설치했다. 살림 규모가

1122) 송나라 진양陳暘이 지은 악서樂
書의 소재 팔음도설을 인용하였다.

1123) 조왕신
1124) 조왕물
1125) 조灶

큰 집들은 부엌 외에 만찬을 장만하는 반빗간을 따로 두기도 했으며, 뒷마당에도 대소사 때 부엌의 보조역할을 할 수 있는 한데부엌[1126]을 두었다. 이러한 여염집들의 부엌들과 달리 창덕궁 연경당에는 일각문을 따로 세운 독채 부엌이 있다. 선비들의 주택도 일반 사대부가의 생활을 동경하여 안채의 화재火災를 막고 음식냄새가 나지 않도록 하기 위해서 부엌을 두지 않는 궁궐형식의 독채부엌을 따르기도 하였다. 보통의 사대부가에서는 간혹 사랑채에 붙은 반빗간을 볼 수 있는데 조리시설은 없고 안채에서 마련한 음식들을 그릇에 담아 내가는 일만 하는 곳이다.[1127]

지역적으로 특색 있는 부엌도 존재했다. 따뜻한 제주도의 부뚜막은 아궁이가 있지만 방과 떨어져 재를 모아두는 용도였다. 방의 건너편으로 부뚜막을 두기도 해 단순히 조리만 담당했으며 화로火爐의 역할을 하는 부섭[1128]이 마루에 설치되었다. 한 지붕 아래 며느리와 시어머니의 부엌이 따로 존재하거나 같은 부엌이라도 살림이 나뉘어져 있는 것은 제주의 오랜 풍습이다.

추운 함경도의 겹집에는 정주간이 있어 부엌도 아니고 방도 아닌 반실내외의 공간에서 집의 대소사가 이루어졌다. 옆에는 외양간이 들어와 가축이 함께 살기도 했다. 여성의 높아진 권위를 드러낸 주택으로는 함양의 허삼둘 가옥이 있다. 대부호였던 허씨의 딸 허삼둘이 시집오면서 새로 지은 집인데, ㄱ자형의 안채 꺾인 부분을 부엌으로 들어가는 마루가 차지하고 안채의 상당부분에 부엌이 넓게 자리한다.

한옥의 특징인 온돌과 마루의 공존으로 인해 부엌에서 아궁이를 통해 난방이 같이 이루어지면서, 방과 부엌의 바닥 높이는 차이가 날 수밖에 없었다. 이러한 단차는 주부의 가사노동을 가중시키는 한편, 다양한 형태의 주위시설을 고안하게 만들었다. 부엌바닥이 낮아지면서 안방에서 통하는 다락을 부엌 상부에 두어 수장공간으로 사용하거나, 안방으로 통하는 작은 문을 두어 식사를 할 때면 안주인이 음식을 건네곤 했다. 작은 문의 경우 주로 음식냄새를 차단하거나 겨울에 찬 공기가 방안으로 유입

1126) 본채와 동 떨어진 부엌을 말함.

1127) 한옥 전통에서 현대로(한옥의 구성요소), 2008. 8. 7., 주택문화사

1128) '아궁이(방이나 솥 따위에 불을 때기 위하여 만든 구멍)'의 방언(경남, 전남).

되는 것을 최소화 하는 역할도 하였다. 툇마루와 부엌 사이 찬장에는 문을 양쪽으로 달아 반찬을 저장하고 내먹기 좋게 하였다.

부엌 벽의 반을 차지하는 살창은 채광과 환기를 담당하고 살강과 그릇장, 물두멍 등을 배치하였다. 밤마다 방을 데우기 위해 불씨를 관리하고 낮은 부뚜막에서 1년 365일 조리를 해야 했기 때문에, 할머니들의 굽은 허리는 부엌의 부뚜막 때문이라는 말이 괜한 이야기는 아닌 듯싶다. 얼마 전까지만 해도 사람들의 인식 속에 '한옥은 불편하고 비위생적이다'라는 인식을 심어준 주 요인이 바로 이 부엌과 화장실이었다.[1129]

전통적인 부엌 ▶

함양 정여창 고택의 부엌　　　　　　　쌍산재의 부엌

마지막으로 주택의 4주 가운데 측간厠間을 들 수 있다. 서민주택에서 상류주택에 이르기까지 간 단위로 방·청·헌·실·각 등을 구성하는 것처럼, 화장실은 측간, 변소, 뒷간, 서각, 정방, 혼헌, 회치실, 사찰의 화장실인 해우소解憂所 등 다양한 이름으로 불리었다. 이는 단순히 생리본능을 해결하는 곳으로서의 화장실에서 더 나아가, 그 안에서 또 다른 의미를 찾고 순화시키는 조상들의 지혜로 인한 것이었다. 측간에 관련된 무시무시한 이야기가 많고 우스갯소리의 주 단골 장소이기도 한 것을 보면, 측간도 그저 편하게 볼일을 볼 수 있는 곳만은 아니었던 것 같다. 특히 뒷간은 될 수 있는 한 집과 멀리 떨어진 후미진 곳에 지어 놓아 그 기운이 무척 습濕하고 음산陰散하여 풍수론적으로는 폐기癈氣가 있는 곳이다. 변소를 지키는 뒷간신, 변소각시, 측부인이 있다고 하여 신령의 상징물인 형겊이나 흰 종이를 뒷간 처마에 매달아 놓기도 했다. 화장실

1129) 한옥 전통에서 현대로(한옥의 구성요소), 2008. 8. 7., 주택문화사

안에서는 입구의 뚫린 쪽을 향해 앉았는데 바깥공기를 마셔 악취를 피하는 목적 외에, 귀신이나 사람에 대한 생리적 경계를 위한 것이었으며, 홍만선의 『산림경제』에서도 이에 대한 언급[1130]이 있다.

측간의 형태와 위치도 다양했다. 서민 초가에서는 본채와 떨어진 곳에 지붕 없이 되는대로 공간을 구획하여 항아리에 판자 두 개를 걸치는 단순한 형태였고, 상류주택은 안채 영역과 사랑채 영역을 구분하면서 내외와 상하를 따졌다. 안뒷간은 주로 안채에서 떨어진 눈에 안 띄는 곳, 안행랑의 일부나 또는 독립된 건물로 두었고, 바깥뒷간은 사랑채를 둘러싸고 있는 바깥행랑이나 대문 가까운 마당의 한쪽 구석 혹은 대문 밖에 따로 두었다. 바깥뒷간은 주인과 손님이 쓰는 뒷간과 아랫사람들이 쓰는 뒷간으로 구분하기도 하였다. 궁궐 또한 신분별로 측간이 나뉘었다. 임금은 매화틀을 이동식 화장실로 사용하여 이를 전담한 나인이 따로 있었다. 궁궐 내에 상주하는 상궁, 내관, 나인들과 등청하는 관료들을 위한 공중측간은 경복궁을 그린 '북궐도'와 창덕궁, 창경궁을 그린 '동궐도'에서 발견할 수 있다. 지역적으로 주목할 만한 것은 제주도와 지리산 깊은 산골의 측간이다. 2층 구조로 아래에는 돼지가 살고 있어 똥돼지라고도 한다. 이렇듯 측간은 뒷간이라 불릴 만큼 본채에서 최대한 멀리 안 보이는 곳에 두는 것을 미덕으로 삼았는데, 삼척지방의 겹집구조인 전자田字집과 두렁집은 좀 다르다. 마구와 측간이 몸채로부터 분리되기 보다는 일체가 되는 경우가 많다.

1130) 무릇 새 측간을 지으면 즉시 옛 측간은 없애야 하며··(중략)··부엌의 재를 측간 가운데 버리면 집이 가난하게 되고 크게 흉해진다. 측간에 올라가서 측간 가운데와 사면의 벽에 침을 뱉어서는 안 된다. 측간에 갈 때는 측간과 3~5보 떨어진 거리에서 두서너 번 기침소리를 내면 측간 귀신이 자연 회피한다.

매화틀과 측간용구 ▶

사랑방의 난방실인 가마정지와 측간은 판자로만 나뉘고, 마구와 가마정지는 여물통으로 구분되어 있다. 추위로 인해 봉당과 정지, 가마정지가 보통 일렬로 배치된 것으로 사람과 가축이 함께하는 인축동거형人畜

同居形으로 현대식 건물의 화장실 개념과 흡사하다. 사랑방 가까이 마구
가 붙고 측간이 마구에 딸려 있으며 지붕 또한 건물에 매단 눈썹지붕 형
태가 많아 몸채와 일체 경향이 강하다.

한국의 전통 측간1 ▶

| 운강 고택 측간 | 정여창 가옥 측간 | 측간에 있는 똥장군 |

이렇게 함으로써 폭설이 내릴 때 측간을 쉽게 이용할 수 있도록 하였
고 밤에는 맹수의 습격으로부터 보호한 것이다. 또 본채에 위생시설의
집중화를 도모하여 마구에서 나오는 우분牛糞[1131]과 측간에서 나오는 인
분人糞[1132]을 함께 쌓아 두었다가 농사용 거름으로 사용하는 목적도 이룰
수가 있었다. 농경생활에서 인분과 축분畜糞[1133]은 땅의 지력을 높여주
는 가장 중요한 비료로써, 측간은 이를 위한 공간이기도 했다. 대소변이
분리되게 통을 따로 마련하거나, 볼일을 본 후 옆에 마련된 왕겨로 덮고
짚, 나뭇잎, 채소, 옥수수 수염으로 뒤처리한 것을 두엄자리에서 몇 달
동안 썩혀 거름을 만들었다.

뒷간은 대개 행랑채 뒤나 담장의 모퉁이, 사랑마당의 외진 곳에 위
치했다. 지붕은 기와나 짚으로 올렸는데 맞배지붕이나 모임지붕이 많았
고, 벽체는 흙이나 판벽으로 마감했다. 따라서 뒷간보다는 거름을 만드
는 퇴비장 기능이 강했다. 정여창 가옥 사랑채와 안채의 뒷간은 내·외
측간이 따로 마련되어 있는 모습이다. 나무나 담장으로 시선을 차단한
것은 이용자에 대한 배려이다. 행랑채나 대문간채의 몸채 일부, 혹은 옆
으로 달아내어 화장실을 만들었다. 운강고택 측간의 옆문은 담장구획
밖으로 연결된 통로이다. 인분을 퍼내어 짚과 섞어 쌓아두는 퇴비장으

1131) 소의 똥.
1132) 사람의 똥.
1133) 가축들의 똥.

로 보인다. 측간 안에는 인분을 퍼 나를 수 있는 똥장군 같은 기구를 비롯해 여타의 농기구들이 같이 보관되기도 했다. 항아리를 묻고 두 장의 나무판으로 공간을 만들거나 발판을 높이 띄워 만들었는데, 소리 나는 대로 '통시'라는 이름이 생기기도 했다. 따로 출입문이 없어 기침소리가 곧 노크(knock)였다.

　이상에서 살펴본 폐기癈氣내지는 사기死氣가 모이는 장소로서의 측간은 이러한 이유로 풍수양택론에서는 주택의 3요소로 측간을 제외한 문, 안방, 부엌이 갖는 공간을 위주로 설정하고 있다. 양택론의 대표적 동·서 사택론四宅論은 물론 좌·우선 육택론六宅論에서는 문주조 3요소와 측간이라는 1요소를 공간배분에서 달리하고 있다. 3요소는 항상 같은 동기택同氣宅에 있어야 하고 3요소 가운데 하나라도 서로 다른 이기택異氣宅에 있으면 좋지 않은 주택구조로 볼 수 있다. 반드시 사기死氣의 공간인 측간의 경우 3요소가 갖은 방위와는 다른 4택의 방위에 있어야 함을 잊어서는 안 되며, 만약 이를 어기면 위통기違通氣하는 것으로 가업家業이 패배敗하고 인정人丁이 쇠衰하여 패절敗絕한다고 좌·우선 6택론에서 강조하고 있다.

한국의 전통 측간2 ▶

뒷간의 다양한 형태　　　　　　김동수 가옥의 뒷간

1.5 택지입지의 3요소와 환경

1) 양기입지의 3요소

동양의 풍수문화권에서 양기의 3요소인 배산임수와 전저후고 및 전착후관은 만상의 규범처럼 지켜지고 있다. 이는 이기론적 주택환경이 아닌 형기론적 이론이란 점에 주목해야 한다. 다시 말해 3대 요소는 지극히 자연지형의 이치에 따라 인위성을 띠지 않고 활용하는 풍수이론이기 때문이다. 이는 자연지형과 상생하는 자연친화적 기능성을 살려 건축에 활용한 선인들의 과학적 지혜의 산물이라고 할 수 있다. 따라서 3대요소의 적용은 어떠한 양택풍수이론에 우선하여 적용되어야 할 절대명제에 해당한다.

먼저 배산임수背山臨水에 대하여 살펴보면, 산의 내맥來脈을 등지고[1134] 물이 있는 낮은 곳의 평양지平壤地를 향向하라[1135]는 뜻이다. 이러한 형국은 흉기凶氣를 피하고 보국保局된 양陽터로 조화된 정기精氣인 양기를 받게 되어 가족들이 건강하고 장수長壽할 수 있는 땅임과 동시에 농업에 유리한 땅으로, 길지선택의 최선책이다. 배산은 땔감과 같은 연료채취에 비교적 손쉬운 장점을 지니기도 한다. 도시에서는 언덕아래를 선택해야 배산격이며, 낮은 보국이라도 갖추었나를 살펴보고 낮은 곳을 향해야 배산임수의 원칙에 맞는다. 그러므로 협곡처의 주택은 계곡수의 상충과 골짜기의 음냉陰冷한 흉기凶氣의 통로로 불의의 변이 생긴다.

음 · 양택의 배산임수 사례 ▶

양택의 배산임수

음택의 배산임수

1134) 背山배산
1135) 臨水임수

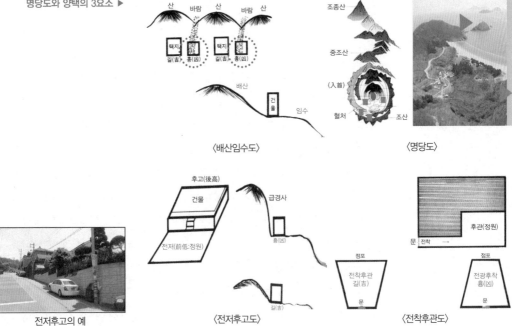

〈배산임수도〉　　〈명당도〉

전저후고의 예

〈전저후고도〉　　〈전착후관도〉

　지형지세를 따라 산을 등지고 야지野地에 있는 수려한 안산을 향向으로 하여 지리적 자연순리에 응하는 명당택지여야 길한 가상家相이 된다. 배산지역背山地域은 음기陰氣의 산지지역에 해당하고 임수지역臨水地域은 양기陽氣의 평지지역에 해당하여 사계四季에 따라 냉한기와 온열기의 대기순환이 이루어지는 하나의 시스템으로 기온과 습도를 자동적으로 조성된 형국이 되기 때문이다.

　다음으로 주택은 전저후고형前低後高形의 택지에 있어야 한다. 이는 용의 맥선상脈線上에 있어야 한다는 것을 의미한다. 이러한 지형은 일조권, 조망권, 통풍권 등이 인접주택으로부터 자동적으로 확보되며 자연배수가 용이하다. 또한 자연채광을 받아들이는데도 유리하여 인정人丁이 흥왕興旺하고 출세영웅出世英雄이 난다고 했다. 이러한 택지에 주택을 지을 때에는 주건물은 높게, 정원과 부속건물은 낮게 배치하는 가옥

이어야 한다.

또한 비산비야非山非野, 즉 산도 아니고 평지도 아닌 곳에서는 아래건 물인 하당건물과 담장이 주건물을 보호하도록 설계되어야 하고, 마당보다 높게 주택을 지어야 앞은 낮고 뒤가 높은 전저후고가 된다. 마지막으로 전착후관前窄後寬은 앞은 좁고 뒤는 넓다는 뜻이지만, 두 가지 측면에서 고려해야 한다. 첫째로, 택지형태의 전착후관은 다각형의 대지보다 정사각형내지 직사각형의 대지가 우선되나 여의치 않을 경우, 대지의 형태가 주택의 출입구에 해당하는 향쪽이 넓게 벌어진 대지보다 좁게 오므라진 대지가 좋다는 의미이다. 이는 길기吉氣의 누설漏泄과 형국적 논리에서 취용한 것으로 앞쪽의 교결관쇄交結關鎖한 수구水口개념을 적용하기 때문이다. 주택도 정사각내지 직사가형의 바른 주택이 우선되지만 그렇지 않을 경우 주택의 앞부분이 작고 안쪽으로 들어갈수록 넓게 지어진 형태의 건축물이 차선책으로 좋다는 것을 의미한다. 이것 또한 형국론의 일반적인 형태를 취용한 양택논리이다. 특히 주택이 입지하는 외부 영역에 대한 한국적 개념의 전착후관前窄後寬을 고려해야 하는데, 어느 마을이나 동구 밖이 있듯이 동구 밖은 외지인이 출입하는 곳으로 마을의 대문쯤으로 이해하면 된다. 보통은 천하대장군과 지하여장군이라는 장승이 버티고 서 있거나, 솟대와 같은 조형물이 맞이하는 장소이다. 동구의 안쪽으로 들어서면 넓게 펼쳐진 마을이 자리 잡고 있듯이 양기지에 적용하는 3대 입지조건으로서의 그 어떤 조건에 앞서 우선한다는 점을 간과해서는 안 된다.

장승과 솟대 ▶

2) 현대주택의 입지조건과 환경

양택풍수의 입지조건은 주거목적이라는 절대명제를 가지고 고찰되어야 한다. 이는 현대에 와서 상가나 업무용 부동산에 따라 주거목적의 풍수이론이 배치背馳되기 때문이기도 한다. 첫째, 남향이면 따뜻하고 북향이면 따뜻하지 않다지만 근본은 주위의 사각이 어떻게 환포되었고 배산의 실체가 있느냐에 있다. 즉, 사방위의 향을 볼 것이 아니라 지형과 지세에 따라 산을 뒤로 하고 물이 있는 야지野地를 향한 것이 택지의 길상이며, 실질적 방위의 남향보다 상징적 방위로써의 배산원칙이 중요하다는 것을 말한다. 둘째, 주택을 정하는데 있어 교육환경을 고려한 맹모삼천지교孟母三遷之教를 상고해야 한다. 셋째, 두 빌딩 사이의 좁은 공간은 마치 칼로 반을 쪼개놓은 듯한 천참살天斬殺로 주택은 고층건물로 인하여 햇볕이 들지 않아 음습한 환경이 조성되어 세균 등이 번식할 수 있고, 음기가 발생하여 냉기가 심하다.

1136) 곡풍谷風

두 빌딩 사이의 저층건물은 일조권과 조망권이 보장되지 않을 뿐만 아니라 빌딩과 빌딩 사이의 빌딩풍[1136]의 살기殺氣가 강하기 때문에 필해야 한다. 건물의 대소차이가 심할 경우도 압살壓殺로 인하여 불길하며 바람의 상충으로 흉살의 침범이 우려된다. 넷째, 큰 도로나 철도주변 및 고가도로에 인접한 주택은 소음진동과 매연 및 미세먼지와 중금속에 노출되어 호흡기와 청각, 신장에 이르기까지 건강을 해칠 수 있으며 정신건강에 해롭다. 따라서 심신불안과 정신이상 및 기형아 출산이 염려된다. 다섯째, 토질은 먼지가 나지 않고 우중雨中에도 단단한 비석비토非石非土인 마사토磨砂土[1137]로서 대개 황색의 생토生土이어야 한다. 그래야 정기의 조화로 정신이 맑아지고 심신이 건강하여 지기감응으로 인재도 출생하게 된다. 그러나 비가 오면 진창[1138]이 되고, 비가 갠 후 땅이 마르면 먼지가 나는 땅은 호흡기질병과 심폐질환을 유발한다.

1137) 풍화토風化土
1138) 이영泥濘

축대와 절개에 의한 택지조성 사례 ▶

토색이 검거나 푸석푸석하고 습기가 많은 땅은 허약자나 소아에게 신경계통의 질병을 안겨줄 수 있어 해롭다. 여섯째, 오물매립지 주택은 유독가스와 오염침출수가 나와 신경계통과 피부질환을 안겨준다. 특히 기형아 출산이 우려된다. 일곱째, 과거 자연재해가 있었던 지역은 자연의 이치에 따라 또 다시 재해가 발생할 수 있는 가능지역으로 피해야 한다.

그 밖에 상가 및 위락시설지역의 주택, 공장지대의 주택, 지하주택, 큰 건물의 모서리가 주택을 충하고 있는 주택, 막다른 골목주택, 도로보다 낮은 주택, 집의 규모에 비하여 대문이 크거나 창문이 많은 주택, 담장이 허술하거나 지나치게 높은 주택, 초고층 주택, 가족 수에 비하여 지나치게 큰 주택, 큰 나무가 무성하거나 마당 가운데 있는 주택, 택지에 비해 집이 월등히 작은 주택, 우물이 집 뒤에 있는 주택, 마당에 인공적으로 조성한 연못이 있는 주택, 대지의 형태가 방정하지 않은 주택 즉, 삼각형이나 기타 불규칙한 다각형으로 일그러진 택지에 건축된 집, 대문의 방향이 주택의 향과 일직선상에 있는 주택, 내룡맥來龍脈을 등지지 않고 정면의 향向으로 하는 주택, 패망하거나 살인이 난 주택, 앞집과 대문을 정면으로 마주하고 있는 주택, 같은 규모의 대문이 둘 이상 있는 주택, 묘좌유향卯坐酉向의 정서향正西向 주택, 안방과 대문이 일치하고 있는 주택, 절개지나 축대 위에 있는 주택, 계곡입구나 큰 강의 하천부지에 있는 주택, 도로가 집을 등지는 반궁도反弓道에 있는 주택,[1139] 호수나 저수지를 등지고 있는 주택, 고압선 아래의 선하지線下地 등은 피해야 할 주택이다.

1139) 수로水路나 도로가 집을 등지는 반궁수의 주택과 같은 의미이다.

2절 좋은 택지와 주택

사람이 살아가는데 있어서 환경이 직접적으로 제일 빠르고 많은 영향을 미치는 쪽은 음택보다는 양택이기 때문에 양택지의 선정은 각별하게 신경을 써야 한다. 다음은 택지에 대한 풍수관련 내용이다.

① 앞이 높고 뒤가 낮으면 항상 불안하고 오래 가면 집안이 결국 패절敗絕한다. ② 동쪽이 높고 서쪽이 낮으면 인물과 재물이 약하고 성공하기 어렵다. ③ 남쪽이 높고 북쪽이 낮으면 다재다난多災多難하고 맹인이 많이 난다. ④ 외롭게 돌출되어 있는 곳이면 포악한 인품이 나고 관재다발官災多發하여 손재패가損財敗家한다. ⑤ 택지가 도로(길)보다 낮으면 집안이 쇠퇴한다. 집뒤로 길이 나면 우환이 끊이지 않으며 집주인이 요절하고 과부가 집을 지키게 된다. 반대로 도로보다 지나치게 높은 택지

는 여색을 밝히게 된다. ⑥ 절벽 밑이나 위는 재앙이 다발多發하여 긴 병마에 시달리게 되고 결국은 파산破産한다. ⑦ 신전神殿이 있는 앞이나 불당 뒤, 제단근처, 감옥이나 전쟁터, 살인이 있던 택지는 피한다. ⑧ 음곡자생풍陰谷自生風이나 요결풍凹缺風의 풍살風殺이 침입하는 곳은 부지불식간에 재앙이 다발多發하여 사람이 상傷하고 손재損財하므로 피해야 하고, 특히 건해풍乾亥風은 그 피해가 극심하다.

우물방위	길흉내용	우물
묘방卯方	가내귀인家内貴人이 난다.	
손방巽方	가내부귀家内富貴한다.	
사방巳方	가내다자손家内多子孫한다.	
자방子方	가내도적실물수家内盜賊失物數가 있다.	
오방午方	가내맹인家内盲人이 난다.	
미방未方	일목불견자一目不見者(애꾸눈)가 난다.	
해방亥方	가내관재家内官災가 끊이지 않는다.	
간방艮方	다리불구자가 난다.	
신방申方	귀인원조貴人援助를 받는다.	

⑨ 물의 침입이 있거나 각종 수법水法상 수살水殺이 있는 곳은 사람이 상傷하고 재산이 패敗하니 피한다. ⑩ 산이 험준하고 고압高壓하면 다발질병多發疾病에 단명재패短命財敗하니 압살壓殺을 피한다. 30도 이상 언덕 밑에는 양택지로 피해야 한다. ⑪ 주변이 파열되어 목불인견目不忍見에 풍수광란風水狂亂하면 다음광란多淫狂亂하여 인상人傷에 재산이 없어지니 좋지 않다. ⑫ 가늘고 곧은 계곡이나 산줄기가 달려와 택지를 직충直衝하면 인상패가人傷敗家 하는 택지다. 택지 형상도 방方의 각형角形이나 원형圓形이 아닌 다각형의 형상은 좋지 않다. ⑬ 역룡세逆龍勢의 맥맥 아래에 있는 택지는 모반모역謀反謀逆의 죄인이나 불효불충不孝不忠한 자손이 난다.

3절 주택형상의 좋고 나쁨

주택의 허리뼈대나 양측 지붕의 머리 부위가 장기간의 보수 불량으로 노출되어 드러나는 주택은 좋지 않다. 이는 재물이 흩어지고 주택에 우환과 장애 및 인명의 손상 등 불상사가 발생한다. 골조나 방房, 지붕과 담장도 속뼈대가 외부로 드러난 것은 흉험·파괴의 액화厄禍가 생긴다.[1140] 집은 높은 반면 터가 협착하거나 터는 넓은데 집이 낮게 웅크린 것, 대들보나 기둥이 너무 크고 길어 본 골조 밖까지 튀어나온 것, 앞채는 안집으로 사용되고 뒤채가 바깥채[1141]로 쓰이는 것, 좌우의 옆채가 본채보다 길거나 높은 것, 앞뒤의 옆채가 본채보다 길거나 높은 것 등은 집안에 곤란과 고생, 빈한과 궁색의 재앙과 풍파가 발생되는 흉액가상이다.[1142] 사방의 처마가 치켜 떠들리고 흡사 두건으로 머리를 감아올린 듯한 것과 한 채의 집에 아래 위에 놓인 방문이 서로 마주보면서 중간에 대청[1143]이 없는 형태, 북쪽이 움푹 패어진 것은 불구자가 나고 사람과 재물이 쇠퇴하며 관재, 구설, 투쟁, 말썽의 피해가 자주 생기며, 오래 되면 파탄과 절망의 액화에 부딪혀 음란·색정·불량에 연관된 재난과 손상을 치르게 된다.[1144]

대문 밖의 외부 건물이나 도로가 집의 중앙부위를 공격해 오듯 길게 놓여지는 경우나 안채와 바깥채가 같은 용마루로 직통된 것, 안채의 중심부위를 다른 건물의 지붕 용마루 끝 부위가 세로로 길게 치고 들어오는 형태는 불행과 파괴의 흉험과 인명의 손상, 질병, 사고 등 액화를 겪게 된다.[1145] 또한 멀리 보이는 주택이나 건축물의 모서리나 기타 첨각尖角이 보이거나, 너무 낮게 패인 함몰된 부분이 보이거나, 혹은 기울어진 경사부위가 집의 중심부에 맞닿는 것, 집의 전후방의 누대나 다락건물이 낮은 곳에 있으면서 함몰되고 계단이 튀어 오르듯 돌출되어 있으면 투신이나 익사의 죽음을 맞는 사람이 생긴다.[1146]

기타 가상이 좋지 못한 주택으로는 ① 본래 있었던 원채 건물의 왼

1140) 陽宅露骨脫脊양택노골탈척
1141) 사랑채
1142) 陽宅貧窮困苦양택빈궁곤고
1143) 거실이나 마루
1144) 陽宅淫亂敗絕양택음란패절
1145) 陽宅穿心貫樑양택천심관량
1146) 陽宅投身落水河양택투신낙수하

쪽 방 뒷머리에다 작은 구조물을 잇대어 만들면 인명의 손상·자살·고질병·눈병창종[1147]의 우환 및 재물파탄과 같은 흉험凶險이 닥친다. 또한 주택의 일부분만을 헐어내어 모양을 개조하고 일부분은 그대로 놔두는 것은 빈궁해지는 지름길이다. 그리고 전부터 있던 건물의 윗부분을 보강해서 한 층수를 더 늘려 짓는 것과 두 집을 연결해서 한 채로 만드는 것, 두 집의 주방시설을 한 곳에 설치하는 것 등은 흉액, 불길, 재난격의 가상이다.

② 적당히 볼록 솟아오른 가상은 그 방위에 해당하는 길흉의 영향을 받는 사람과 주택의 화복에 오히려 좋은 영향력을 행사하는 것으로 본다. 심하게 일그러지거나 비뚤어졌다든지 요철凹凸의 형태를 이루는 등 음푹 패이거나 불거진 모양의 집 구조나 집터에서는 변고와 우환 및 불구자가 흔히 생기는 파괴형 가상이다. 주변의 다른 주택에 비해 특별한 구조나 돌출된 가옥은 구설口舌이 많고 재산증식이 어려우며 가족 중에 유별난 짓을 하는 가족이 생기는 파산형破産形으로 8괘 방위의 가족관계를 고려해야 한다.

③ 인공적인 연못이나 풀장, 우물은 절대 정남쪽에는 만들지 않는다. 변고와 단명, 집안의 우환 등 파괴의 상극으로 재난이 닿는다. 바깥 대문을 열어 놓으면 부엌이 일직선으로 보이는 구조는 수입보다 지출이 많은 외부내곤外富內困 형국이며, 숨기고 싶은 치부가 외부로 유출되고 주택의 기가 외부로 누출된다. 안방문과 대문이 일직선상에 놓이거나, 대문 옆에 침실이 놓여 진 형세, 안방 바로 옆에 주방이 붙어 있는 구조는 불길, 액화, 재난 형국이며, 특히 여자가 음란해진다고 간주한다. 우물과 부엌, 아궁이 등의 배치가 일직선 형태를 이루는 것과 천장에 채광을 위한 창구멍을 너무 크게 뚫는 것도 기氣가 누설되는 파괴의 형국이다.

④ 집터는 앞쪽이 평평하고 시야가 넓게 열리는 것이 좋고 뒤쪽은 아늑하게 여유가 있어야 하며,[1148] 앞쪽이나 뒤쪽 모두 지나치게 경사지지 말아야 하고 모양이 반듯하면서 좌우에 충분한 여유를 가지는 것이 좋다. 집터가 물이 잘 빠지지 않고 물이 고인다든지 습기가 지나치게 심한 경

1147) 患目痼腫환목창종

1148) 특히 북향 택의 경우 음습한 뒷켠 때문에 반드시 필요하다.

우와 남서쪽이나 동북쪽 방위에 배수구나 쓰레기장이 있는 경우 파괴, 재난, 우환, 분산의 형국으로 고아가 나거나 고향을 떠나게 된다. 습기가 많은 터에 집을 짓지 않는다. 우환과 질병이 자주 걸리고 재산증식이 어려우며 살림살이가 어수선해진다. 세탁물을 옥상 위에서 건조시키도록 줄을 매거나 계단을 설치하는 것. 세탁물을 주방과 우물 가까이 바짝 붙여 너는 것. 장독대를 출입문 위에다 만드는 것은 풍파가 발생하고 가정이 소란스러울 불길한 가상이다. 집터는 협소한데 주택이 너무 크거나 택지는 평탄하나 그 모양이 요철凹凸이나 삼각형으로 비뚤어져 모양새가 반듯하지 못한 것, 주택에 비해 마당이 현저히 낮은 경우도 파괴, 분산, 절손의 형태이다. 집터가 매우 넓은 집이라도 한울타리 내에서 자식들이 살 집을 별도로 짓지 않는다. 그것은 가족의 마음을 흩어지게 하고 부모와 자식이 반목하는 형국이다. 울타리 밖에서의 주택도 자식이 부모의 주택 위에 살거나, 아랫사람이 손윗사람보다 위에 사는 경우 인도장人倒葬이라 하여 좋지 않다. 이는 부모나 손윗사람을 업신여기게 되는 격이기 때문이다. 앞쪽의 터가 넓더라도 뒤쪽의 공간이 협착한 것은 외화내곤外華內困격으로 간주하고 좌우폭은 상대적으로 넓으면서 앞뒤쪽 간격이 비좁은 터는 우환과 풍파가 자주 발생되는 파괴형 가옥이다. ⑤ 북쪽이 움푹 패어진 것은 불구자나 과부가 생기며, 집안이 산란해지고 도박과 잡기로 재물이 흩어지며, 객사하거나 자식이 없어 후대가 끊기는 등 우환과 변고가 자주 생기며, 화장실이 그 쪽에 위치하면 정신질환자나 귀머거리가 생기기 쉽다. 북쪽이 볼록하게 튀어나온 집은 재물이 빨리 늘고 자식들의 두뇌가 좋다. 성공도 빨라 발전, 부귀 한다. 그러나 지나치게 불쑥 튀어나오는 것은 부녀자가 가장을 업신여기거나 자기 주장이 강해서 풍파風波가 생기고 바람을 피우는 등 끝내는 파괴와 재난이 닿는 불길한 구조이다.

⑥ 서쪽 방위에 결함이 있는 가옥이나 집터는 기관지 및 호흡기 질환, 폐기능 질환, 치아계통의 병환이 발생하기 쉽다. 집의 구조나 형태, 집터가 서쪽과 동쪽이 심하게 패어지면 벙어리가 생기기 쉽다. ⑦ 건방乾

方인 서북쪽과 간방艮方인 동북쪽이 움푹하게 패어진 형태의 집에서는 절름발이나 다리에 이상이 있는 불구자가 생기기 쉽다. 서북쪽 방위에 결함이 있는 주택과 택지는 두뇌질환, 고혈압, 동맥경화, 피부질환, 알레르기성 질환이 생기기 쉽다. 셋방이라도 주택의 서북쪽 방위에서 살면 나갈 때 부자가 되어 나간다. 따라서 서북쪽의 방을 빌려주는 것은 빈 껍데기만 차지하는 꼴이다.

⑧ 곤방坤方인 서남쪽 방위에 결함이 있는 주택이나 택지는 간질환에 의한 복수가 차는 병, 위암과 자궁암, 위장병 계통[1149]의 질환이 생기기 쉽다. ⑨ 남쪽이 패어진 곳에 화장실, 하수구 등이 배치되면 눈병이나 시력장애 및 정신질환자와 장님이 생기기 쉽다. 남쪽 방위에 결함이 있는 가옥이나 집터는 심장질환이나 신경성 종류의 질병, 소아마비 및 뇌성마비, 시력장애자가 생기기 쉽다. ⑩ 동남쪽과 서쪽 및 서북쪽에 남의 묘지라든가 화장실, 오물저장소, 더러운 것을 쌓아 두게 되면 정신질환자와 신경성 질병이 생기기 쉽다. 대체로 동남과 서북을 향해 놓여진 점포나 구조물은 발전이 더디고 장해와 곤란이 자주 생기며, 부엌이나 주방 및 화장실이 서남쪽에 배치되면 파괴, 액화, 재난의 형국이다. ⑪ 동북쪽과 서남쪽의 화장실, 하수도, 두엄자리, 우물 등은 변고나 돌발 재난이 생기기 쉽다.

⑫ 동쪽과 남쪽이 밝지 않고 넓게 트이지 않은 막혀 있는 집터에서는 매사 불성不成의 형국이다. 묘지나 화장실이 있어도 그렇다. ⑬ 부엌이 집의 한가운데 위치하는 것은 장해障害·파괴의 형국이다. 주택내의 계단은 중앙에 설치하지 않는다. 재산증식이 어렵고 풍파와 액운이 겹친다. 방의 배치는 가급적 그 집의 실질적 가장家長을 중심으로 본명궁本命宮과 오행의 상생과 상극을 고려하여 배치하되 집의 중앙부위에 손상이 미치지 않도록 세심한 주의와 배려를 해야 하며 8방위 가족관계로 적용한다. 주택의 중앙부위를 부엌, 화장실, 창고 등으로 하여 중심부가 폐쇄되는 형국이 되는 것은 가장의 일이 순탄치 않고 액화와 장해가 발생한다. ⑭ 임산부가 있을 때는 집을 새로 짓거나 이사, 주택수리, 집안의

1149) 위궤양, 변비, 위산과다, 위경련, 복통 등.

큰 우물을 변형, 이동하는 것은 불길하고, 화장실과 주방도 손대지 말아야 한다. 태아에게 불리하다. ⑮ 집 주위와 앞마당의 중앙에는 큰 나무를 심지 않는다. 비록 과일나무라도 수목이 무성해져서 그림자가 지붕을 덮거나 대문을 가리는 것 등은 우환, 불길, 파괴격이다. 나무를 심을 경우라면 서북쪽으로 심되 아주 멀리 떨어지게 심고 구조물이 나무의 영향권 밖에 놓이게 한다. 마당에다 나무를 심는 것도 좋을 것이 없지만, 연못이나 우물을 파고 마당을 완전히 포장하거나 자갈을 까는 것도 좋지 못하다. 정원수로써의 나무는 동남방에는 양지성, 서북방에는 음지성 수목을 선택하여 식목한다.

⑯ 집터 바깥으로 흐르는 물을 인위적으로 집안으로 끌어들이는 것과 담장이 지나치게 높게 둘러쳐진 것은 우환과 재난, 구설과 풍파가 생기고 재산이 늘지 않으며 음흉스러운 일이나 떳떳치 못한 비밀 등이 자주 발생되는 흉격이다. 한집에 격이 같은 규모의 대문이 또 하나 있으면 불행을 초래한다. 왜소한 가옥에 비해 대문이 너무 큰 것과 주택기둥을 거꾸로 세우는 것[1150], 재질이나 모양이 비뚤어지고 굽어진 것 등은 풍파, 파괴, 액화를 발생시킨다.

⑰ 담장과 주택이 붙어 있으면 일이 잘 풀리지 않으며 기력이 쇠약해지고, 집은 큰데 거주하는 사람이 적으면 불길자초형不吉自招形으로 점차 재산이 줄고 곤궁해지는 형국이다. 층수가 다른 사람들이 한 층의 화장실을 함께 쓰는 것, 화장실 문이 대문과 일치하는 것은 파괴형이다. 가파른 낭떨어지 밑이나 경사가 급한 장소, 협착한 위치에 바짝 붙여졌거나 너무 안쪽으로 들어가서 축조된 주택은 재난과 파괴격의 가상家相이다.

1150) 뿌리 쪽 밑둥을 위로 향하는 것.

제12장 버려야 할 동·서사택론

1절 동·서사택의 개요

양택에서 주택의 3요소는 문주조門主社이고 여기에 측간厠間을 포함하면 4주柱라고 부른다. 양택3요결이란 이론은 문주조를 바탕으로 이들 상호간의 관계에 8괘卦 논리를 이용하여 사람과의 길흉화복吉凶禍福을 음양오행으로 논論하는 이론이란 의미이다. 동서사택이란 양택의 술어로써 동사택東四宅과 서사택西四宅을 함께 부르는 합성어이다. 사택론은 주택의 뒤의 좌坐를 8방위에서 어떤 방위를 기준으로 건조할 것인지에 따라 음양배분을 한 것을 말한다. 따라서 동서東西란 말에는 음양陰陽이란 말을 내포하고 있다. 동사택이란 감리진손坎離震巽의 방위를 좌坐로 하고 있는 주택을 말하고, 서사택이란 건곤간태乾坤艮兌방위를 좌坐로 하고 있는 주택을 말한다. 8방위는 무극無極에서 음양으로, 음양兩儀는 다시 사상四象으로, 사상은 8괘로 분열한다. 8괘는 다시 64괘로 64괘는 4,096개의 괘로 무한분열 하는 역리易理의 8괘를 방위로 배정한 것을 말한다.

사상四象이란 태양太陽[1151], 태음太陰[1152], 소양少陽[1153], 소음少陰[1154]을 뜻한다. 동·서사택론의 팔방위는 4상이 가지고 있는 8개의 방위로 곧 8괘방에 해당한다. 동·서사택론의 요지는 주택의 3요소에 해당하는 문주조가 동사택의 주택에서는 동사택 방향인 감리진손 방위에 배치되어야하고, 서사택의 주택에서는 서사택 방위인 건곤간태방위에 배치되어야좋은 집으로 평가한다. 3요소인 문주조 가운데 가장 핵심은 주主이다. 주主는 곧 좌坐이며, 좌坐에 따라 대문의 방위와 부엌의 방위를 8방위로설정하여 좋고 나쁨을 본다. 주택은 모든 요소를 올바르게 적용하면 천기와 지기라는 음양기를 조화롭게 다 받을 수가 있게 됨으로써 인체에좋은 정기를 안겨준다. 동사택의 기운은 일출의 기氣로 성장하는 기운을뜻하는 양기陽氣이며 귀격貴格이다. 인물의 활동은 명예와 부富를 안겨준다. 서사택의 기운은 일몰의 기氣로 거두어서 쌓아둔다는 기운을 뜻하는음기陰氣이며 부격富格이다. 인물의 활동 결과를 거두어 저장[1155]한다는의미이다. 따라서 주택의 좌가 가지고 있는 본성本性이 동사택의 좌라면주택의 공간배분도 동사택의 기운을 담을 수 있는 그릇과 같이 동사택의방위에 배치되어야 한다.

서사택의 좌 또한 서사택의 본성이 추구하고 있는 것을 거두어 수장하는 음기를 지닌 서사택의 방위에 문주조라는 공간이 배분되어야 한다. 그래야만 각자가 지니고 있는 본성에 따라 천기와 지기를 채울 수 있기때문이다. 그래서 동·서사택론에서는 아무리 훌륭한 주택이 명당의 양기지지陽基之地에 있더라도 가옥이 동양기東陽氣와 서음기西陰氣가 뒤섞인혼잡한 주택이면 '가상家相이 허상虛相이다'라고 하였다. 문주조가 상생이면서 같은 사택이면 길吉하고 측간, 욕실, 하수구와 같은 흉기凶氣가있는 공간은 상극방이면 길하니 문주조의 동·서사택에 따라 다른 사택四宅 방향에 배치되어야 길하다.

1151) 乾兌건태
1152) 艮坤간곤
1153) 巽坎손감
1154) 離震리진
1155) 收藏수장

2절 구성의 생기복덕과 동·서사택에 의한 택좌와 문주조

주택은 사람이 거주하는 공간이므로 동·서사택론을 활용함에 있어 사람의 태어난 해인 본명本命을 중심으로 사람에 따라 어느 사택四宅에 살아야 하는지를 결정하기도 한다. 이때는 태어난 헤의 간지干支[1156]와 남녀의 구분을 중심으로 낙서의 구궁표를 활용한다. 구궁표는 상원, 중원, 하원으로 이루어진 삼원三元에 따라 60갑자를 일으키는[1157] 시작점이 다르다. 삼원갑자三元甲子라 함은 상원上元·중원中元·하원下元의 각 갑자년을 말하는데, 그 주기는 180년이다. 옛사람은 일백一白·이흑二黑·삼벽三碧·사록四綠·오황五黃·육백六白·칠적七赤·팔백八白·구자九紫의 구성九星을 매년마다 1성씩 배당하여 점술에 이용하였다. 실제로 1984 갑자년은 칠적, 1985 을축년은 육백, 1924 갑자년은 사록, 1864 갑자년은 일백, 1804 갑자년은 다시 칠적이 된다. 물론 이에 배당되어 9성은 9성도九星圖에서 중앙성을 대표성으로 쓴 것이다. 중앙성은 9성 모두가 번갈아 들어갈 수 있다. 서기 연수를 180으로 나눈 나머지가 64일 때, 이 해를 중국에서는 상원갑자년이라 하였다. 그리고 나머지가 124년일 때 중원갑자년, 4년일 때는 하원갑자년이다.

삼원갑자의 주기가 180년인 이유는 9성의 9와 60간지의 60의 최소공배수가 180이기 때문이다. 그런데 조선 시대에 와서 우리 나라의 독특한 방법이 사용되었다. 그것은 1444년[1158]을 상원갑자로 정했다는 점이다. 이 해는 『칠정산내편』이 간행된 해이고, 역계산 방법이 뚜렷해졌던 해이다. 이에 의하면, 우리 나라의 상원갑자년은 중국의 하원갑자년이라는 것이다. 이와 같이 상원갑자를 독자적으로 설정하여 자주성을 보이기는 했지만, 중국의 문물에 눌려 충분히 활용되었다고 볼 수는 없다.

좌향에 따른 길흉을 보고자 할 때 주로 이용하는 것이 구성론에서의 생기복덕법의 활용이다. 가령, 상원갑자上元甲子[1159]에 태어난 사람은 갑

1156) 60갑자

1157) 기갑起甲

1158) 세종 26, 갑자년

1159) 서기 1864년:甲子—1923년: 癸亥

자甲子를 감궁坎宮에, 중원갑자中元甲子[1160]에 태어난 갑자를 손궁巽宮에, 하원갑자下元甲子[1161]에 태어난 사람은 남녀에 따라 갑자를 태궁兌宮에 각각 붙여 기갑起甲한다. 그런 다음 구궁九宮을 돌리는 순서는 남여의 순역에 따라 순서를 붙여 돌리다 보면 출생한 태세太歲 즉, 생년生年에 이르는 궁宮에 이르게 되는데, 이때 해당하는 궁을 괘卦로 만들어 구성九星의 생기복덕生氣福德을 붙여 당사자의 방위가 구궁에서 어떤 위치인가에 따라 길흉吉凶을 본다. 다시 말해 풍수적 음양관에 따라 강음強陰의 남자는 역행으로 돌리고, 약양弱陽의 여자는 순행하여 구궁도의 순서에 따라 돌리면 태어난 해에 이르는 구궁도상의 8방위 가운데가 그 사람의 택명宅命이 결정된다. 이와 같은 방법으로 당사자의 4택도 어떤 4택에 해당하는지를 알 수도 있다. 즉, 동·서사택 가운데 어디에 속하는지에 따라 동·서사택이 결정되고 방위의 택좌宅坐[1162]가 된다.

구궁도와 동·서사택 방위의 구분 ▶

구궁도			동·서사택 방위	
건乾금金 ⑥ 백白무武	감坎수水 ① 백白탐貪	간艮토土 ⑧ 백白보輔		
태兌금金 ⑦ 적赤파破	중中토土 ⑤ 황黃염廉	진震목木 ③ 벽碧녹祿		
곤坤토土 ② 흑黑거巨	리離화火 ⑨ 자紫필弼	손巽목木 ④ 녹綠문文	동사택	서사택

가령 중원갑자의 을미乙未생 남자라면 중원갑자는 손궁巽宮에 갑자甲子를 붙여 구궁을 역순으로 돌리는데[1163] 손巽에 갑자甲子, 진震에 을축乙丑, 곤坤에 병인丙寅, 감坎에 정묘丁卯, 리離에 무진戊辰, 간艮에 기사己巳, 태兌에 경오庚午, 건乾에 신미辛未, 중中에 임신壬申, 손巽에 계유癸酉가 해당한다. 이렇게 계속 돌리면 진震에 갑술甲戌, 곤坤에 갑신甲申, 감坎에 갑오甲午, 리離에 을미乙未가 해당하니 을미는 출생년이다. 리離는 리허중離虛中으로 리괘離卦를 기본괘로 구성九星의 생기복덕을 붙인다. 즉 일상생

1160) 서기 1924년:甲子—1983년:癸亥
1161) 서기 1984년:甲子—2043년:癸亥
1162) 宅命택명
1163) 起甲기갑

기一上生氣면 진괘震卦, 이중오귀二中五鬼면 태괘兌卦, 삼하연년三下延年이면 감괘坎卦, 사중육살四中六殺이면 곤괘坤卦, 오상화해五上禍害면 간괘艮卦, 육중천을六中天乙이면 손괘巽卦, 칠하절명七下絕命이면 건괘乾卦, 팔중복위八中復位[1164]면 리괘離卦로써 을미생乙未生의 남자 생년에 해당한다.

그러므로 을미생의 남자는 오귀, 육살, 화해, 절명이 아닌 생기, 연년, 천복[1165], 복귀[1166]에 해당하는 진괘, 감괘, 손괘, 리괘에 해당하는 좌坐가 좋다. 따라서 을미생인 남자의 사택四宅도 리離에 해당함으로 리離는 동사택東四宅 방위에 해당하여 택명은 리좌離坐[1167]에 해당한다. 따라서 문주조門主竈도 동사택 방위에 배치되어야 한다. 그러나 이와 같은 방법이 난해할 경우는 편의상 공식을 이용하는 방법도 있다. 이때 남녀의 공식은 다르다. 남자의 경우는 1999년을 기준으로 하고, 여자의 경우는 2002년 이하와 이상인 2003년 출생부터 다르게 적용한다.

1164) 伏位복위
1165) 천을이라고도 한다.
1166) 귀혼이라고도 한다.
1167) 丙午丁병오정

동 · 서사택 방위와 음양분화에 따른 8괘 오행 ▶

음양분화에 따른 팔괘		사택	사상	음양	팔괘	오행	방위
태극 양의 사상 팔괘	坤 艮 坎 巽 震 離 兌 乾 —작용 地 山 水 風 雷 火 擇 天 —형상 유순 정지 험난 흩어짐 움직임 광명 기쁨, 겸손 다스림	동사택 東四宅	소양 少陽	음陰	손巽	목木	남동南東
				양陽	감坎	수水	정북正北
			소음 少陰	음陰	진震	목木	정동正東
				양陽	리離	화火	정남正南
		서사택 西四宅	태양 太陽	음陰	태兌	금金	정서正西
				양陽	건乾	금金	북서北西
			태음 太陰	음陰	간艮	토土	북동北東
				양陽	곤坤	토土	남서南西

남녀에 따른 택명공식표 ▶

구분	적용 나이	공식 내용
남자	1999년 이하	100에서 출생년의 십자리수 두개를 제한 후 9로 나눈다. 나머지가 없으면 9자화九紫火가 된다.(9로 제할 수 없을 경우 그대로 사용)
	1999년 이상 (2000년)	99에서 출생년의 십자리수 두개를 제한 후 9로 나눈다. 나머지가 없으면 9자화九紫火가 된다.(9로 제할 수 없을 경우 그대로 사용)
여자	2002년 이하	출생년의 십자리수 두 개에서 4를 제한 다음 9로 나눈다.(9로 제할 수 없을 경우 그대로 사용)
	2002년 이상 (2003년)	출생년의 십자리수 두 개에서 3을 제한 다음 9로 나눈다.(9로 제할 수 없을 경우 그대로 사용)

예를 들면 1997년생 남자는 100-97=3이다. 3은 9로 제할 수 없으므로 그대로 3궁(③)으로 진궁震宮이 되어 동사택명東四宅命이 된다. 1924년생의 남자는 100-24=76이다. 76을 9로 나누면 4가 남는다. 4는 4궁(④)으로 손궁巽宮이 되어 택명은 서사택명西四宅命이 된다. 1946년생의 남자는 100-46=54이다. 54는 9로 제하면 0으로 그대로 9가 된다. 9는 그대로 9궁(⑨)으로 리궁離宮이 되어 동사택명東四宅命이 되며, 2000년생 남자는 99-00=99이다. 99를 그대로 제하면 9가 남게 되어 리궁離宮이되어 동사택명에 해당한다. 2004년생 남자는 99-04=95이다. 95는 9로 제하면 5가 되어 중궁中宮이 된다. 중궁은 보통격으로 사택을 임의 선택할 수 있으나 좌坐와 문주조門主灶가 같은 사택으로 결정해야 한다. 2017년생인 남자는 99-17= 82이다. 82를 9로 제하면 1이 되어 감괘坎卦이므로 동사택에 해당한다.

여자의 경우 1944년생은 44-4=40이 된다. 40을 9로 제하면 4가 되고 4는 손괘에 해당하여 손궁巽宮이 택명宅命이 된다. 따라서 손택巽宅은 동사택명東四宅命이다. 2015년 여자는 15-3=12이다. 12에서 9를 제하면 3이 되고 3은 진궁震宮에 해당하니 택명宅命은 진택震宅이다. 진택은 동사택방위이므로 2015년생 여자는 동사택명東四宅命에 해당하여 동사택이 좋고 문주조도 동사택 방위에 배치되어야 한다. 또한 구성의 생기복덕을 적용하여 문주조門主灶를 배치하려면 2015년 여자는 진택震宅이 기본이므로 진택에서 일상생기 이중오귀순으로 해서 8번의 괘변화를 하면 좋은 방향 4방위인 동사택 방위가 결정된다.

남녀 모두 문주조의 길흉에 생기복덕과 9성과의 관계를 보아 음양이 배합되고 오행이 상생되면 대길하고, 음양이 불배합하거나 오행이 상극하면 불길하다. 그리고 같은 사택 내에서 배합되어야 하고, 다른 4택과의 배합은 흉택에 해당한다. 일반적으로 동사택은 생기가 가장 길하고, 연년이 그 다음이며, 천을이 그 다음이고, 서사택은 연년이 가장 길하고 천을이 그 다음이며, 생기가 그 다음 길하다고 하나 길흉에는 순위가 없으므로 좋고 나쁨만 살피면 된다.

생기복덕	오행	구성	생기복덕	오행	구성
복위復位	목木	보필輔弼	연년延年	금金	무곡武曲
천을天乙	토土	거문巨門	생기生氣	목木	탐랑貪狼
육살六殺	수水	문곡文曲	절명絶命	금金	파군破軍
오귀五鬼	화火	염정廉貞	화해禍害	토土	녹존祿存

3절 양택본명 생기법과 성조삼살법

양택법에 가주家主의 생년과 집의 좌향으로 생기복덕법을 따라 길흉吉
凶을 보는 방법을 양택 본명本命 생기법生氣法이라고 한다. 우선 가주의
생년生年이 8괘중 어떤 괘卦에 해당하는지를 먼저 알아야 한다. 갑년생甲
年生은 건괘乾卦, 을년생乙年生은 곤괘坤卦, 병년생丙年生은 간괘艮卦, 정년
생丁年生은 태괘兌卦, 무년생戊年生은 간괘艮卦, 기년생己年生은 곤괘坤卦,
경년생庚年生은 진괘震卦, 신년생辛年生은 손괘巽卦, 임년생壬年生은 리괘離
卦, 계년생癸年生은 감괘坎卦에 해당한다. 갑년생甲年生이라 함은 갑甲이
들어가는 갑자甲子, 갑술甲戌, 갑신甲申, 갑오甲午, 갑진甲辰, 갑인甲寅년생
을 말하는데 모두 건괘乾卦에 속한다는 의미로 나머지도 이와 같다. 괘
가 정해지면 이 기본괘를 가지고 8번의 괘변화로 생기복덕을 가린다. 이
결과 오귀, 육살, 화해, 절명은 나쁘며, 생기, 연년, 천복[1168], 복귀[1169]
는 좋다.

양택성조 삼살법이란 지지地支 3합 오행으로 집을 짓거나 수리하는
경우 살殺을 받는다는 것을 말한다. 신자진申子辰생은 신년申年에 성조하
면 대살년大殺年이 되고 자년子年에 집을 지으면 중살中殺이 되며, 진년辰
年에 집을 지으면 손살巽殺이 된다. 만약 범犯하면 대해大害를 입는다. 대
살년은 3년 내에 해害가 있고, 중살을 범하면 2년 내에 해가 있으며 손
살을 범하면 당년에 인망패가人亡敗家[1170]가 된다. 성조사각법成造四角法에
길운吉運이 될지라도 삼살三殺에 해당되지 않도록 한다. 나머지 삼합오행

의 지지에 의한 삼살은 해묘미생亥卯未生은 해년亥年대살, 묘년卯年중살, 미년未年손살이고 인오술생寅午戌生은 인년寅年대살, 오년午年중살, 술년戌年손살이다. 또한 사유축생巳酉丑生의 경우 사년巳年대살, 유년酉年중살, 축년丑年손살이 된다.

풍수에서의 삼살은 삼살방三煞方이나 대장군방大將軍方 등 흉신凶神이 머무는 방위를 가려 이떤 일을 하고자 할 때, 산가는 속신俗信 행위를 말한다. 삼살방은 세살歲煞, 겁살劫煞, 재살災煞 등 불길한 살이 낀 세 방위를 말한다. 삼살방은 일 년에 한번씩 시계방향으로 돌기 때문에 신申·자子·진辰생은 사巳에서, 인寅·오午·술戌생은 해亥에서, 해亥·묘卯·미未생은 신申에서, 사巳·유酉·축丑생은 인寅에서 겁살이 시작되어 순행順行으로 짚어 가면 된다. 풍수에서 '살煞'이란 사람이나 물건을 해치는 독하고 모진 기운으로, 곧 악귀惡鬼의 짓을 의미하며, '죽일 살殺'자와 같다. 세살世煞은 인오술년寅午戌年에는 축방丑方(북북동), 사유축년巳酉丑年에는 진방辰方(동동남), 신자진년申子辰年에는 미방未方(남남서), 해묘미년亥卯未年에는 술방戌方(서서북)에 독한 음기陰氣의 살煞이 있다는 살을 말한다. 이들 방위에 집을 짓거나 묘를 쓰거나, 심지어 화장실을 고치더라도 불길한 살이 동動하여 액운厄運을 당한다고 한다. 예컨대 세살은 천살天煞이라고도 하며, 이 방위를 범하면 자손 또는 가축이 해害를 입거나 수해水害나 냉해冷害로 농사를 망친다고 여긴다. 겁살은 대살大煞이라고도 하며, 이 방위를 범하면 재산을 탕진하거나 칼부림이 난다고 한다. [1171] 재살은 수옥살囚獄煞이라고도 하며, 이 방위를 범하면 관재구설官災口舌, 또는 송사訟事에 휘말리거나 질병에 걸린다고 한다. 한편 삼불복三不伏이라고 해서 삼살방에서는 어떠한 경우에도 절을 하지 말아야 한다.

대장군방은 팔장신八將神이 관장하고 있는 여덟 방위를 말한다. 여기서 팔장신은 태세太歲, 대장군大將軍, 태음太陰, 세형歲刑, 세파歲破, 세살歲煞, 황번黃幡, 표미豹尾 등으로 원래 음양가陰陽家의 신들이다. 태세는 목성의 다른 이름으로 간지干支의 방향에 따라 순행하는데, 그 방위에서는 길사吉事를 하면 복을 받지만 나무를 베면 액운을 맞는다고 한다. 대장군

[1171] 생년에 겁살이 있으면 일찍 고향을 떠나 타향을 떠돌아다니게 되고, 늘 열심히 일하지만 궁핍에서 벗어나지 못한다. 생월에 겁살이 있으면 부모나 형제자매의 인연이 박하여 일찍 부모를 여의거나 생이별 할 수도 있다. 생일에 겁살이 있으면 부부금슬이 좋지 않아 같이 사는 시간이 매우 적은 명이며, 같이 산다하더라도 제각기 쓸쓸이 살아가게 된다. 또한 생시에 겁살이 있으면 자손운이 없어서 자손이 병약하거나 키우기 어려울 명운이다.

이처럼 살이 흉하게 적용하면 커다란 재앙이 따라오지만 길하게 적용하면 대부대귀大富大貴하게 된다. 또 겁살이 귀인이나 천월덕 등과 같이 있으면 꾀가 많고 두뇌가 좋다. 사주 감정(鑑定) 때 흔히 응용하는 신살법(神殺法)이다.

방위에서는 만사萬事를 삼가해야 한다. 태음 방위에서는 혼인이나 출산을 삼가해야 한다. 세형 방위에서는 창업을 삼가해야 한다고 한다. 세파는 물을 다스리는 신으로, 그 방위에서는 배를 타거나 이사하는 것을 삼가해야 한다. 세살 방위에서는 어떤 사람과도 교류를 삼가야 한다. 황번 방위에서는 흙을 다루는 일을 삼가해야 한다. 표미 방위는 그 방위로 장가드는 것을 삼가해야 한다.

삼살방은 뱀·닭·소의 해[1172]에는 정동쪽, 돼지·토끼·양의 해[1173]에는 정서쪽, 원숭이·쥐·용의 해[1174]에는 정남쪽, 호랑이·말·개의 해[1175]에는 정북쪽에 1년간 머문다고 한다. 그리고 대장군방은 뱀·말·양의 해[1176]에는 정동쪽, 돼지·쥐·소의 해[1177]에는 정서쪽, 원숭이·닭·개의 해[1178]에는 정남쪽, 범·토끼·용의 해[1179]에는 정북쪽에 3년간 머문다고 한다. 삼살방의 위력이 대장군방보다 더욱 세다고 한다.[1180] 즉, 신자진申子辰생은 중간의 자수子水와 충하는 오화午火의 방위인 남쪽이 삼살방이 된다. 해묘미생亥卯未生은 중간자인 묘목卯木과 충衝하는 유금酉金의 방위인 서쪽이 삼살방이 되며, 인오술생寅午戌生은 중간자인 오화午火와 충하는 자수子水의 방위인 북쪽이 삼살방이다.

마지막으로 사유축생巳酉丑生은 중간자인 유금酉金과 충하는 묘목卯木의 방위인 동쪽이 삼살방이 된다. 따라서 삼살방의 주재자는 자오묘유子午卯酉이며 이들이 주도하는 3합 오행기로 중간의 지지생과 충하는 지지방위가 삼살방에 해당한다.

1172) 사유축巳酉丑
1173) 해묘미亥卯未
1174) 신자진申子辰
1175) 인오술寅午戌
1176) 사오미巳午未
1177) 해자축亥子丑
1178) 신유술申酉戌
1179) 인묘진寅卯辰

1180) 한국민속신앙사전: 가정신앙편, 2011. 12. 15., 국립민속박물관

積善德之家 必有餘慶 不積善德之家 必有餘殃.
선과 덕을 쌓는 집안은 반드시 경사스러움이 넘치나
선과 덕을 쌓지 않는 집안은 반드시 재앙이 넘친다.

제1장 도학풍수란 무엇인가?

1절 도학풍수의 개념과 정의

1.1 도학풍수의 개념

한국의 풍수지리이론은 대부분 중국으로부터 유입된 풍수이론이 주류를 이룬다. 물을 중심으로 하는 수법론水法論이나 산을 중심으로 하는 용법론龍法論에 이르기까지 워낙 다양하고 방대한 이론이 있어 왔다. 최근에는 대만과 홍콩등지에서 출처가 불분명한 이론에서부터 논리적으로도 맞지 않는 잡설雜說이 정통지리학인 한국의 풍수지리학을 오히려 비난하면서 중국의 풍수가 대세인 것처럼 하고 있다. 특히 풍수양택론이나 풍수인테리어와 관련하여 전혀 근거 없는 내용의 미신적 요소로 사람들을 현혹시키는가 하면, 엘로드(L-Rod)와 추를 비롯한 각종 기구를 앞세워 수맥水脈을 운운하는 것이 풍수지리학이라고 하는 지경에 이르렀다.

그뿐만이 아니라 새로운 왕조가 들어설 때 정치적 명분으로 활용하였던 지기쇠왕설地氣衰旺說과 같은 논리로 천도天道의 법칙[1]에 의해 땅의 지운地運이 바뀐다는 허무맹랑한 현대판 중국의 풍수이론까지 정통풍수론

[1] 년운年運. 명리로 지리를 보는 것으로 전혀 맞지 않는다.

과는 무관한 사술邪術이 판을 치는 지경에 이르렀다. 지리학이란 학문가운데 가장 복합적이고 다학적多學的인 것을 요구하는 종합학문이기에 일찍이 감여학堪輿學이라 불렀다. 그저 라경이나 수맥탐사구와 같은 기구나 들고 다니며 사람들을 현혹시키고 마치 사람의 흥망성쇠興亡盛衰가 수맥풍수水脈風水에 기인한다거나 땅의 지운地運이 바뀐다는 등 풍수를 가장한 잡설雜說 자체가 한국의 전통지리학에 대한 도전이자 지리학을 왜곡歪曲하는 반윤리적이고 비학적非學的 행위이다.

지리에는 철학이 있어야 하고 그 철학은 자연에 대한 보편적 생명관을 떠나서는 있을 수 없다. 모든 생태계는 자연의 순환법칙에 따라 작용하는 시스템으로 인간에 의한 인위적 변칙과 사설邪說은 자연질서에 대한 도전이다. 인간의 모든 활동과 학문은 자연을 위한 것이어야 한다. 인간은 아무리 그 지능이 발달하더라도 자연계를 이루는 일물一物이기 때문이다. 자연을 떠난 나는 존재할 수가 없지만 내가 없는 자연은 스스로 존재한다. 자연은 항상성을 유지하고 일정한 법칙아래 일관된 생명력을 스스로 가진다. 그 어떤 명분과 논리로도 자연의 법칙을 바꾸거나 왜곡시킬 수 없다. 자연은 본래 자연한 것이기 때문이다. 풍수지리는 인간에게 자연에 대한 도리를 안내하는 지침서이다. 자연과 인간이 상생하는 지혜를 깨우쳐주는 학문이란 의미이다.

풍수를 가장한
사술행위의 사례 ▶

풍수란 바람[2]과 물[3]을 의미한다. 바람이란 대기중 공기의 흐름이고 물이란 수증기[4]가 응결된 액체상태의 물질로 수소분자 2개와 산소분자 1개가 결합(H_2O)된 지상에서의 생명체이다. 바람과 물은 음양의 기운에 따라 형태를 변화하면서 모든 물질계를 변화시키는 주체이다. 모든 생명체는 이 두 가지 요소의 작용에 의해 변화된다. 변화란 생로병사生老病死의 순환구조를 말한다. 풍수지리학은 사람의 학문이다. 이 순환구조에서 인간에게 주어진 생명의 시간은 소중하나 그리 길지 않다. 이 두 가지 요소로부터 인간은 생명의 기운도 받지만 종말의 기운도 받는다. 풍수는 우리의 생사生死에 대한 운명을 좌우한다. 그래서 자연의 섭리를 이해할 줄 알아야 한다. 바람과 물에 대한 원리와 작용을 이해한다는 것은 풍수를 안다는 것이다. 그래서 풍수라는 지리학은 많은 공부를 필요로 하는 학문이다.

풍수지리 개념槪念은 이미 오래 전부터 인간의 삶에 있어 복을 기원하는 믿음[5]과 바람과 물의 중요성을 인식한 자생적自生的 풍수사상에서부터 비롯하여 고대 중국의 선·후천팔괘 및 역易이론에 근거하여 발전해왔음을 알 수 있다.[6] 이후 선승禪僧인 도선국사는 전국의 산천지세山川地勢를 직접 답사하여 사찰을 중심으로 결함이 있는 곳을 보완하는 비보풍수를 실천하고 풍수이론을 적용한 『옥룡자유산록玉龍子遊山錄』, 『도선비기道詵秘記』, 『십조통맥十條通脈』, 『송악명당기松岳明堂記』, 『통맥정경通脈正經』, 『금부경金符經』 등의 유작遺作을 남겼다. 비로소 도선을 통하여 그의 풍수 지리론이 한국사회에 널리 보급되기에 이른 것이다.[7]

도선의 비보풍수에서 비보裨補란 자의적字意的인 의미로 '부족하고 허한 것을 보완하거나 도와서 채워주어 상서祥瑞로 음陰을 더 한다'는 의미이다.[8] 자연적인 성국成局의 결처缺處[9]를 보補[10]하여 인위적, 인문적인 사상을 보태어 보완하고 개선함으로서 이상향을 추구함을 목적으로 하고 풍수와 결합하여 비보풍수론으로 발전하였다.[11] 그러나 이는 전통적인 명당풍수와는 대별되는 개념이다. 즉, 결함이 있는 자연적인 땅을 자연환경과 상생相生, 조화관계를 맺으려는 적극적이고 능동적인 풍수론으로

2) 풍風

3) 수水

4) 기체

5) 祈福信仰기복신앙

6) 삼국유사의 기록을 보면 신라의 제4대왕인 석탈해는 학문(學文)과 지리(地理)에 능하여 호공(瓠公)의 집터가 길지(吉地)임을 알고 꾀를 내어 그 집을 차지하였다는 기록은 사실상 도선국사 이전에 이미 풍수지리를 활용하고 있었다는 반증(反證)이기도 하다.

7) 음이란 음우陰佑, 즉 보이지 아니하는 곳에서 은밀히 도움.

8) 결함이 있는 곳.

9) 보호하고 보완한다는 뜻.

10) 정태열, 「도선통맥풍수지리로 바라본 사대부가의 음택문화에 대한 일고찰」, 서경대학교 대학원 석사논문, 2009, p. 21에서 재인용

11) 최원석, 「한국의 풍수와 비보」 민속원, 2004,p.41

자연적 조건을 강조하는 수동적 명당풍수明堂風水와는 대별되는 개념이다. 문헌을 살펴보면 '흙이 여유가 있어 파내야 마땅하면 파내고 산山이 부족하여 돋구어야 마땅하면 배토培土한다'[12] '초목이 울창 무성한 곳은 상서祥瑞로운 기운이 따르니 안과 밖, 겉과 속이 혹 자연적인 것도 있고 혹 인위적으로 조성할 수도 있다. 좌청룡, 우백호, 안산이 혹 자연적으로 이루어지거나 인력人力으로 이루어진 곳도 있다'[13]고 하였으나 이는 정통풍수이론에서 벗어난 해석으로 자연의 결점을 약간의 비보로써 활용한다는 심리적 풍수에 대한 의미일 뿐, 인위적 자연을 강조한 것으로 오해 해서는 안된다.

일반적으로 명당의 입지조건은 장풍득수藏風得水, 곧 거센 바람이 들지 않고[14] 물을 얻는[15] 땅이어야 한다. 여기서 득수는 주거환경론적으로 물을 가까이 얻을 수 있는 곳을 말하며, 장풍의 의미는 바람을 쉬게 하고 갈무리하거나 잠재운다는 뜻이다. 진나라의 곽박郭璞은 『금낭경錦囊經』에서 "기氣는 바람을 타면 흩어지고, 물은 경계에 이르면 멈추게 된다. 옛 사람들은 기가 흩어지지 않도록 장풍하고, 물을 얻고자 하였다. 따라서 풍수의 방법은 물을 얻음이 첫째요, 바람을 막음이 그 다음"[16]이라 하였다.

12) ..... 土有餘當闢則闢 山不足當培則培 ..... 山의 의미는 흙이란 의미이다.
卜應天 著. 신평 譯 「古典 풍수학 설심부」 관음출판사 2001.p.434

13) ..... 草木鬱茂 吉氣相隨 內外表裏 或然或爲 左右案對 或自然以成 或人力以爲之 .....
靑烏先生 著. 楊均松 註.「原本 靑烏鏡」 명문당 1992. p.5

14) 藏風장풍
15) 得水득수

16) ..... 氣乘風則 散界水則止 古人聚之使不散 行之使有止 故謂之風水 風水之法 得水爲上 藏風次之 .....

비보 방풍림과 사신 형국내 지모신도 ▶

그런데 장풍藏風과 득수得水가 온전한 보국保局은 많지도 않고 찾기도 어렵다. 선조들은 땅의 풍수적 결점을 보충하여 이용하는 이른바 한국적 비보풍수를 일부 행行하여 왔다. 이는 만물을 생육生育시키고 포용하는 어머니와 같다는 지모신격地母神格인 땅이 명당으로서의 자격이 부족하더라도 그곳을 보완하여 명당터로 삼는 방식이다. 이러한 비보풍수裨補風水에는 지세의 약점이나 흠결을 보충·보완하여 기운이 일어날 수 있도록 다독거리는 방법[17]과 지나친 기운을 눌러서 조화를 이루게 하는 법[18]이 있다[19]고 하지만, 이 또한 민간신앙의 하나로 주술심리적 차원이지 정통풍수에서 말하는 지리론이 아니다.

소응所應이란 허虛함을 보충하여 길한 기운을 유지하고 수해방지와 형국보완形局補完, 방풍防風과 방수防水, 지기의 누설방지漏泄防止, 흉凶한 모습을 가려서 덮는 것[20]을 말하며, 신앙적이거나 상징성을 부여하는 것도 포함한다. 예를 들어 행주형行舟形 형국에 돛대로서의 솟대, 수구水口막이, 나무를 심어 숲을 조성한 방풍防風, 허虛한 용맥을 보토補土[21]하는 것 등이다. 염승厭勝이란 천적天敵이나 상극효과로서 사기방어邪氣防禦 등을 말한다. 예를 들어 지네형국에 밤 숲, 밤 마을 등이다. 또한 압승壓勝이란 눌러서 제압한다는 뜻으로 인문적 시설이나 행사로서 사기방어邪氣防禦, 신앙적이거나 상징적 기능을 부여한다. 예를 들어, 음풍방어淫風防禦의 남근석, 화기방어火氣防禦의 해태상, 마을진입로 사기방어邪氣防禦를 위한 장승 등을 들 수 있다.

비보의 유형에는 대상지역과 비보 요소 및 형태와 비보의 기능 등을 고려하여야 한다. 예를 들어, 풍수형국이 좋지 않는 지역일 경우와 좋지 않는 의미의 지역이름을 비보차원에서 바꾸는 지명변경형은 땅의 명칭이 부적합하여 그곳에 불상사가 유발하여 그곳에 불상사가 유발하는 것으로 믿어 이름을 바꿈으로써 조화를 성취하려는 유형이다. 한 예로 강화도의 고려산에 있는 적련사는 화재가 자주 발생하므로 적석사積石寺로 바꾸고서 무사하였다.

지형변경형은 땅에 풍수적인 결함이 있으므로 땅의 형태를 변형시켜 비보하는 유형으로 여기에는 축성築城, 조산造山, 조림造林[22], 담장이나 울타리 조성, 고개 조성, 연못 조성 등 인위적인 것들이 해당된다. 다음으로 수계변경형은 강이나 하천의 흐름을 바꾸는 것을 말하며, 보완장치형은 허결虛結한 곳에 유형의 보조장치나 제어장치를 설치함으로써

17) 所應策소응책
18) 厭勝策염승책 또는 壓勝策압승책
19) 김의숙. 비보풍수 연구. 강원민속학 제17집 p.106
20) 凶狀遮蔽흉상차폐
21) 흙으로 덮어 보강하는 것.
22) 방풍림과 방수림.

비보하는 유형이다. 비보풍수에서 제일 많이 나타나는 유형인 보완장치형은 부족한 것을 보충하거나 거센 기운을 눌러 조화를 유지하려는 양태이다. 여기에는 동물상을 조성하거나 탑, 장승, 석주, 솟대, 당간, 비석, 불상 등을 안치한다.

남 · 여근석과 적석사 ▶

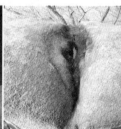

다음으로 행위형은 땅의 기를 보완하기 위해 의도적으로 행위를 취하는 유형이다. 다리[23]설치 기피, 지신밟기, 누각이전, 사찰이전 등이 해당된다. 이에 반해 사찰건립형은 허결한 땅을 보완하기 위해 불교적 신성공간인 사찰을 건립하는 유형으로서 신륵사는 홍수에 대비하고 화암사는 산사태를 방지하기 하기 위한 비보사찰이다. 마지막으로 안산설정형은 명당터의 조건인 진산, 좌청룡, 우백호 외에도 앞산인 안산을 잘 설정하여야 평안하다고 해서 형성된 유형을 말한다. 안산은 도학풍수에서 향向의 기준점으로써 매우 중요한 역할을 한다. 결론적으로 비보풍수는 검증하기도 어렵고 회의적인 내용으로 다분히 인간의 심리적 관점에서 결함이 있는 땅을 보완하고 유지하여 살기 좋은 명당으로 조성하는 것으로 일정부분 형기적으로 수용할 수도 있으나 자연한 본성을 완전히 극복할 수는 없다. 따라서 비보풍수라는 것은 풍수의 기본 원리에서 벗어난 무속신앙적 설說에 불과하고 현대사회에서 개발논리에 악용될 소지가 있으므로 유의해야 한다.

한국의 자생풍수는 중국의 풍수적 논리와는 전혀 다른 이론을 말한다. 일찍이 도선은 중국과 한국은 산수의 이치가 다르므로 중국의 풍수이론을 무조건 갖다 사용하는 것을 경계하였다. 그의 독자적인 풍수이

23) 교橋

론은 정음정양법의 원리와 같은 논리로 도선만의 독특한 이론인 도학풍수[24]를 체계화 하였다. 음양을 논함에 있어 유의해야 할 것이 있다. 흔히 말하는 음양배합은 모든 생명체의 탄생과 같은 생명에 대한 관점상의 음양론으로 음과 양은 서로 만나야 어떠한 형질이 생성된다는 선천적 생성논리이다. 그러나 정음정양법과 좌·우선 통맥을 중요시하는 도학풍수지리 같은 이론은 후천적 기질론이다. 기질론에서는 같은 기[25]는 같은 기氣끼리 모여야만 이미 생성된 형질이 그 본연성을 유지하고 성숙해 간다는 동기론적同氣論的 기질논리이다. 풍수의 다양한 이론들 가운데는 음양과 오행론을 활용함에 있어 생성논리와 기질논리에 따라 음양의 배합과 불배합, 오행기의 상생과 상극내지는 동기同氣의 추구성과 배타성에 대한 취取와 사捨가 다르게 적용된다는 점을 유념하여야 한다. 따라서 생성논리로 보면 음과 양은 상호 배합되어야 하고 오행기는 상생관계를 유지하여야 한다. 그러나 기질논리로 보면 음은 음을 만나야 하고 양은 양을 만나서 취해야 하며, 오행기는 형질의 본연성을 잃지 않아야 한다.

신륵사와 화암사 ▶

풍수에서의 용은 산줄기라는 몸과 몸속을 흐르는 혈관과 같은 맥脈이 있다. 용과 맥은 불가분의 관계로 서로 떼어놓을 수 없는 상인相因의 관계이다. 생룡生龍의 경우가 그렇다는 것이고, 죽은 용[26]은 이미 혈관 자체가 의미 없는 경우처럼 맥이 흐르지 않는다. 살아 있는 용의 혈관은 혈액이 흐르기 마련이다. 맥이 흐르는 선線을 지맥地脈이 흐르는 선으로 본다면 맥선脈線이라고 불러야 한다. 맥은 외로운 독산獨山과 같은 용에는 흐르지 않는다. 맥이 흐르는 것은 용이 살아 있기 때문이고 조종산의 모

24) 일명 통맥풍수라고도 한다.
25) 동기同氣
26) 사룡死龍

든 맥은 하나로 이어져 통맥通脈되어 혈에 이른다.

생룡生龍이 통맥通脈되는 과정에 대한 논리는 음양오행의 생성논리를 적용할 경우와 기질논리를 적용하는 경우에 따라 풍수이론체계가 달라진다. 도선국사에 의한 한국의 자생적 풍수이론의 경우는 기질론적 통맥에 관한 이론이다. 간략히 통맥법이라고 부를 수도 있으나 통맥이라는 풍수용어는 일반적으로 통용되는 용어이므로 '도학풍수道學風水'라고 명명命名하는 것이 마땅하다. 그것이 한국의 자생풍수를 위한 명분이며 이론을 창시한 도선국사의 뜻을 받드는 후학들의 도리이기 때문이다. 도학풍수란 한국풍수계의 조종祖宗에 해당하는 도선국사道詵國師와 무학대사無學大師의 법명法名을 따서 붙인 것이다.[27]

도선국사에 의한 기질론적 자생통맥自生通脈에 대한 기원은 『지리총론』에 선·후천 통맥법, 천간지지삼합좌법, 조자손삼대봉상지 등에 대하여 기록되어 있으며, 『요집초문要集抄文』에 선·후천팔괘의 이치를 활용한 배합룡격으로 나타나 있다.[28] 그 뿐 아니라『도선비결道詵秘訣』 등에 나타나 있는 도학풍수는 선천팔괘와 후천팔괘의 원리를 상호 접목하여 적용한 것으로[29] 규정되고 있다. 음양천지 창조의 원리인 선천팔괘는 우주창조의 기본인 체體를 나타내며, 변화變化의 원리인 후천팔괘는 우주의 운동과 변화에 대한 운용 방법인 용用을 나타낸 것이다. 도학풍수는 선천과 후천의 원리를 체용관계로 설명하는 땅에 대한 사람의 지리학이다.

도학풍수의 논리적 개념을 보면 태조산에서부터 행룡하는 모든 조종산은 음양과 금목수화토金木水火土라는 오행의 기氣가 배합과 불배합, 상생과 상극의 변화를 거친다. 박환剝換[30]과 생사生死의 과정을 거치며 동기同氣와 이기異氣를 취사取捨하면서[31] 조봉祖峰을 이룬다. 이기론적으로 조봉祖峰 아래의 산줄기가 좌선궁左旋宮으로 행룡한 용을 좌선룡이라 부르고, 우선궁으로 행룡한 용을 우선룡이라고 부른다. 그러므로 용입수가 좌선이면 좌입수 또한 좌선이어야 한다. 따라서 좌선룡에서는 좌선방향에 혈이 형성[32]됨으로 양택이나 음택은 좌선좌左旋坐로 하여야 기질론적으로 본연성을 지키게 된다. 또한 우선右旋으로 낙맥한 용은 우선룡아

27) 장정환. 지형의 변화원리와 현상에 대한 풍수지리학적 연구. 동국대학교. 박사논문. 2012.
무학대사無學大師를 舞鶴大師무학대사라고도 한다.

28) 김진태, 전게서, p. 43 요약발췌, 재인용

29) 정태열, 전게서, p. 22

30) 산의 외형이 삭박되어 벗겨지는 모습을 말함.

31)합행合行
32) 작혈作穴

래 우선좌가 합법合法하기 때문에 우선룡에서는 우선방향에 작혈作穴 되는 것이 기질론적으로 합당하므로 우선좌右旋坐로 점혈하여야 한다. 또한 좌·우선의 5행 기질론이 아닌 음양 기질론적으로도 도학풍수의 원리는 표현된다. 즉, 음룡陰龍에는 음룡좌陰龍坐가 합법合法하며 양룡陽龍에는 양룡좌陽龍坐가 합법하다는 음양룡법을 말한다. 이 음양룡법은 지상에서의 모든 양택과 음택은 지기地氣의 주된 영향권 아래에 있으므로 땅의 음양정기陰陽精氣를 기질론적으로 이론화 한 것으로 음陰과 지기地氣를 상징하는 12지지의 음양에 근거한다. 또한 오행기질론적으로 육임오행 이론을 적용하는데, 우선룡은 양의 목화기木火氣에 속하고, 좌선룡은 음의 금수기金水氣에 속한다. 따라서 도학풍수에서는 24방위 12궁에서 좌·우선의 원리와 음양오행의 기질논리로 음룡궁인 좌선6궁[33]과 양룡궁인 우선6궁[34]이 정해진다.

방수림과 방풍림 및 방조림 ▶

1.2 도학풍수의 정의

도학풍수에서 말하는 좌선6궁과 우선6궁, 음룡궁과 양룡궁은 어떻게 정해졌는지 그 원리를 살펴보자. 선·후천팔괘도에 의해 혈을 중심으로 하는 우주공간상의 영역배정은 24방위로 분류 배정된다. 이는 모든 풍수에서의 시·공간에 대한 영역배정과 같다. 선천팔괘도를 보면 건乾은 남南에 배정되어 있어 양을 상징하는 하늘[35]이고, 곤坤은 북北에 배정되어 있어 음을 상징하는 땅[36]임을 알 수 있다. 그런데 후천팔괘도에서는 건곤乾坤의 위치가 천축天軸의 중심선인 자오경선상에 있지 않고 바뀌어 배정되어 있다. 그것은 선천先天의 천지창조 시대가 끝나고 후천後天의

33) 12방위
34) 12방위
35) 천天
36) 지地

변화세계에서 건곤의 음양창조라는 위상보다 기질적 변화의 주체자인 불[37]과 물[38]의 위상과 역할이 커졌음을 의미한다.

따라서 후천팔괘도를 보면, 화火는 양기陽氣로 남南에 배정되어 있고, 수水는 음기陰氣로 북北에 배정되어 지축의 중심선인 경선축상에 배정되어 있다. 선천에서의 건乾은 후천의 화火에게 하늘의 자리를 양보해주고 여행을 떠난다. 본성이 양성陽性인 건은 선천팔괘로부터 순행順行의 좌선운동으로 후천팔괘도의 북서방위에 정착한다. 후천시대가 끝나는 먼 미래를 대비하기 위해서이다. 선천에서의 곤坤도 후천에서의 수水에게 땅의 자리를 양보해주고 여행을 떠난다. 본성이 음성陰性인 곤은 선천팔괘도로부터 역행逆行의 우선운동으로 후천팔괘도의 남서방위에 정착한다. 물론 건과 마찬가지로 후천시대가 막을 내리고 다시 찾아올 새 시대를 대비하기 위해서이다.

건乾과 곤坤은 그들의 배우자인 해亥[39]와 신申[40]의 성향인 음양에 따라 건은 건해궁으로 음陰의 지지地支로 이루어진 6개 궁宮의 대표가 되어 좌선궁左旋宮 혹은 음룡궁陰龍宮이라 부르게 되고, 곤은 양陽의 지지로 이루어진 6개 궁의 대표가 되어 우선궁右旋宮 혹은 양룡궁陽龍宮이라고 부르게 된다. 이렇게 해서 24방위 12궁 영역배정에서 건乾 중심의 좌선궁은 건해乾亥, 계축癸丑, 갑묘甲卯, 손사巽巳, 경유庚酉 방위이며, 곤坤 중심의 우선궁은 곤신坤申, 신술辛戌, 임자壬子, 간인艮寅, 병오丙午 방위가 된다. 오행기 가운데 도학풍수에서 취용하는 오행은 육임오행이다. 육임오행에 따르면 기질적으로 좌선궁은 모두 음의 금수기金水氣이며, 우선궁은 모두 양의 목화기木火氣로써 24방위 12궁은 좌선과 우선, 음과 양의 순서로 음이 오면 양으로 받고, 양이 오면 음으로 받는다는 역의 논리로 배정되어 있다. 다시 말해 창조론적으로써의 우선궁[41]은 본성이 양성이고, 좌선궁[42]은 음성이다. 그러나 기질적 변화관으로써의 운동원리에서 양성은 좌선운동을 취하고, 음성은 우선운동을 취해야 음은 양을 취하고 양은 음을 취한다는 역리에 합당하다.

---

37) 오행상 화火, 열기
38) 오행상 수水, 냉기
39) 음陰
40) 양陽

41) 우선룡을 말함.
42) 좌선룡을 말함.

도학풍수의 기질론은 음양오행의 동기同氣를 상생의 기氣로 받아들인다.[43] 또한 형기적으로는 후천적으로 도움을 주는 후원자격의 안산을 매우 중요시하여 좌향설정에서 안산을 향의 중심으로 잡는다. 다시 말해 좌선용으로 입수된 용맥하에는 좌선으로 좌를 정하되 반드시 안산을 향으로 하여 좌선이 되는 좌坐로 하여야 한다. 때문에 도학풍수는 입수룡을 중심으로 좌·우선을 가리고 형기적으로 안산을 맞추기 때문에 용안산좌향법龍案山坐向法으로 함축할 수 있다. 예를 들면, 간인좌艮寅坐로 좌향坐向을 잡으면 반드시 곤신향坤申向에 안산案山이 있어야 한다.

이상과 같은 도학풍수에 대해 학술적으로 정리된 요지를 보면,[44] 도학풍수는 이기론적理氣論的 형기론形氣論이다. 역易사상을 근간根幹으로 하여 파생된 학문으로 선천先天과 후천後天의 이치理致를 상호 접목한 팔괘八卦의 상象을 기본으로 한다. 천간天干과 지지地支를 배합하여 음양과 오행을 적용한 24방위方位 12궁을 각각의 방위마다 고유한 동양철학적 사상의 의미 즉, 음양오행작용陰陽五行作用을 부여하고 활용하는 이기론적 학문이다. 또한 도학풍수는 우주운동의 이치를 소우주인 땅地의 주체인 산山[45]의 이치로서 헤아리려고 하는 좌선룡과 우선룡의 구분에 의한 활용적인 측면과 간산看山을 통하여 자연과학적 측면의 객관적 시각으로 용체龍體에 대한 형상적形相的 간별看別과 상象으로서 의미를 찾고자 용론龍論을 기반으로 방법을 모색하는 일련의 형기론적形氣論的 학문의 양면성兩面性을 가지고 있다.

도학풍수는 형기론적形氣論的 음陰·양택론陽宅論이다. 자연현상과 지형地形을 이기理氣에 주안점을 두어 인간의 길흉화복吉凶禍福의 대안을 제시하려 하였던 이기론을 바탕으로 지地 자체에 소우주小宇宙로서의 의미를 부여한다. 땅의 이치理致는 곧 하늘의 이치이며, 하늘의 뜻[46]은 지地[47]의 용수龍水[48]로서 나타난다는 천지조응天地照應, 곧 천지합일天地合一의 통합된 대우주적大宇宙的 사고로부터 출발한다. 따라서 도학풍수는

43) 흔히 같은 무리를 일컬을 때 동류同類를 유유상종類類相從이라고 한 것과 같다.

44) 장정환, 전게서, pp.88~94, 권오삼, 통맥이론에 의한 조선시대 상신묘 연구, 서경대 석사논문, 2011.

45) 용龍이라고 한다.
46) 천의天意
47) 땅을 말함.

48) 宇宙는 天地合一에 의하여 하나로 存在하고 하나의 우주는 또 다른 小宇宙로 構成된다는 것으로 天,地,人에서 地를 意味함.

지地의 주체자主體者로서 용수龍水에 함축된 지기地氣가 가장 왕성旺盛하게 나타난다는 형기론의 발전을 이룸으로서 집약된 지리기법地理技法의 대표적 형기법이라 할 수 있다. 그러므로 형기론으로서의 도학풍수지리는 수水를 기준으로 파구破口에 의하여 우선적으로 좌향坐向을 결정하는 이기론의 대표적 이론인 포태수법胞胎水法이나 88향법向法과는 달리 지地의 주체자主體者로서의 용龍에 의한 좌坐를 결정하고 안산案山을 기준으로 향向을 결정하는 명실상부한 형기이론인 것이다.

선천先天과 후천後天의 이치를 상호 접목한 지리기법地理技法으로서의 도학풍수는 우주만물이 생성生成과 변화變化, 통일統一과 분열分裂의 과정으로 윤회輪廻한다는 음양오행론陰陽五行論과 5원질原質의[49] 기화운동氣化運動에 의하여 좌선과 우선으로, 또는 음룡陰龍과 양룡陽龍으로, 양의 목화기木火氣와 음의 금수기金水氣로 크게 구분하여 음양오행운동에 의하여 발생하였다는 우주생성과 변화의 법칙을 포함한 이론이다. 이는 선·후천의 이치, 즉 창조와 변화, 상생相生과 상극相剋, 성장成長과 분열分裂, 소멸과 통일운동, 생육과 수장을 상호 접목한 이론인 것이다. 이와 같은 이론은 용龍, 좌坐, 향向, 득得, 파破를 간별看別하는 용법用法에 널리 활용되고 있다.

그뿐만이 아니라 도학풍수는 자연과학이며 동시에 사회과학을 추구하는 학문이다. 우주변화의 원리와 자연의 이치에 순응함으로서 후손後孫과 망자亡者의 윤택潤澤한 삶과 영면永眠의 안식安息을 갖고자 하는 인간본위의 자연과학이다. 특히 내룡來龍을 근본으로 좌법坐法과 안산을 향向의 기본으로 삼는 독특한 향법向法은 형기形氣를 기본으로 한다. 따라서 수水의 파구破口를 향向의 기본으로 하는 포태수법胞胎水法이나 여타의 수법水法을 사용하는 다른 풍수지리 기법技法에 비해 형기우선의 자연과학이라고 말할 수 있다. 또한 망인亡人에 대하여 지地의 주체자로서 음陰인 용龍의 맥脈에 의한 지기地氣의 원활한 통맥通脈을 통하여 생자生者와 체백體魄의 안녕安寧을 도모하고 있음은 물론이고, 생인生人을 중심

49) 宇宙變化와 만물 生成의 原理와 法則에 順應하고자 하였던 동양철학 思想은 우주만물이 無極에서 太極으로 태극에서 陰과 陽으로 음양은 四象으로 사상은 또 다른 分合運動으로의 5原質로 이루어진 5개의 性質이 발생되고 이것이 다시 五行運動으로 각각 작용함으로써 존재하는 모든 것은 精神과 物質로 構成된다.

으로 입수룡과 거주자의 본명本命에 따라 양택의 입지와 좌향을 택하여 지기감응地氣感應과 동기감응同氣感應에 의한 음덕陰德의 발복發福을 기대하는 인성중심의 인문학이라고 할 수 있다. 특히 효孝를 중심으로 하는 인륜人倫의 덕목德目으로 주택과 매장문화埋葬文化를 인간의 실천덕목으로 규정하였고, 이는 조선 시대를 거쳐 현재까지 한국사회를 이끌어 온 도덕적道德的 사회규범社會規範이었으며 인위적 자연지형 조성을 경계하고자 했던 친환경론적 지리학인 것이다.

도학풍수론의
금부경 필사본[50) ▶

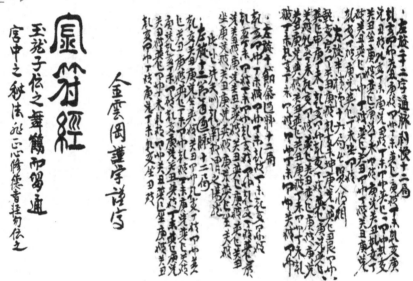

50) 금부경金符經은 도선국사인 옥룡자의 저서로 충북 보은면 마노면 관기리에 거주하는 한학자 현암 김광수 선생이 소장하고 있다가 인산 윤갑원 교수에게 전해졌다.

2절 도학풍수의 이론적 근거

2.1 음양과 음·양궁룡의 원리

도학풍수에서의 음양과 음·양궁룡은 24방위 12궁룡에 대하여 음룡陰龍과 양룡陽龍으로 양분하여 방위상의 영역과 산맥의 진행하는 방향에 대한 간룡看龍시에 활용하고 있다. 다시 말해 24룡龍 중 지지 12룡과 짝을 이룬 천간룡을 포함한 12궁룡을 12지지의 음양에 따라 지지음地支陰이 있는 궁宮을 음룡陰龍으로, 지지양地支陽이 있는 궁을 양룡陽龍으로 구분하여 음룡을 좌선6동궁룡左旋六同宮龍으로, 양룡을 우선6동궁룡右旋六同宮龍으로 설정하고 있다. 즉, 순행順行과 상생相生의 상징적 의미를 부여한 좌선룡左旋龍이란 개념과 다른 하나는 부정否定 또는 역리逆理의 상징적 의미를 부여한 음룡이란 개념이 동시에 사용되고, 역행逆行과 상극相剋의 상징적 의미를 부여한 우선룡이란 개념과 긍정肯定 또는 순리順理의 상징적 의미인 양룡이란 개념이 혼용되어 사용되고[51] 있음을 유념해야 한다.

이 원리는 언뜻 보기에는 좌·우선과 음·양의 상반된 개념의 상징성을 결부시킨 모순으로 비춰질 수 있지만, 도학풍수의 좌·우선룡과 음·양룡의 개념은 전혀 별개의 개념으로 이해하여야 한다. 일반적으로 순행과 긍정이라는 양의 개념은 좌선개념과 그 뜻을 같이 하며, 역행과 부정이라는 음의 개념은 우선개념과 그 뜻을 같이 한다. 이에 반해 도학풍수에서의 좌선룡=음룡, 우선룡=양룡이라는 표현은 일반적인 의미와 상징성으로 동일하게 해석해서는 안 된다는 점을 염두에 두어야 한다. 따라서 이와 같은 개념상의 혼란에 대한 확실한 이해가 뒤따르지 않는 성급한 동일적 판단은 도학풍수를 이해하는데 가장 큰 혼란을 야기하는 주요인 가운데 하나이다. 실제로 도학풍수를 수학修學하는 많은 풍수인들이 도학논리를 이해함에 있어 많은 어려움을 겪고 있는 것이 현실이다.

다시 말해 상징적 개념으로 왜 좌선룡을 양룡이라고 하지 않고 음룡이라 했으며, 왜 우선룡을 음룡이라 하지 않고 양룡이라고 부르는지에 대한 혼동인데 이는 일반적인 좌·우선 개념과 음·양개념을 묶어서 이해하려는 데서 기인한다. 이에 대하여 통맥정경에서 상세히 설명되지 않는 음·양룡에 대한 명명命名은 12개 동궁룡의 12지지地支의 음양에 따라 음의 6개 지지룡地支龍은 음룡陰龍으로, 양의 6개 지지룡은 양룡陽龍으로 하여 기질론적으로 명명命名하였음을 밝힌다.

51) 통맥정경通脈正經과 금부경錦符經

또한 좌·우선룡에 대한 명명은 12개 동궁同宮[52]에 대한 순역順逆에 따라 선천先天에서의 건乾을 중심으로 하는 순행의 6개 동궁룡은 좌선룡으로, 곤坤을 중심으로 하는 역행의 6개 동궁룡은 우선룡으로 하여 후천後天에서 자리를 잡[53]는 운행과정[54]을 기질론적으로 명명命名하였음을 알 수 있다. 즉, 건의 짝[55]은 해亥이며 해는 음의 지지에 속하고, 곤의 짝인 신申은 양의 지지에 속한다. 따라서 해亥와 같은 음성陰性의 지지궁地支宮은 모두 본성이 음성인 음룡에 속하고, 신申과 같은 양성의 지지궁은 모두 본성이 양성인 양룡에 속한다.[56]

따라서 역리적으로 선천적 음성은 후천적 좌선운동을 취하고, 선천적 양성은 후천적 우선운동을 취해야 易의 이치에 합당하다. '해위석亥位釋'에 '해亥는 본래 정오행상 수水에 속하고 북서간에 있어 건乾을 보좌하니 천상 28수宿의 별[57]로는 실화室火이며 동물로는 돼지[58]이고 제帝의 본궁本宮이니 그 조祖는 건乾이다. 천하의 땅인 지地가 해亥로 머리[59]를 하고[60] 사巳로서 다리[61]를 삼는다. 땅[62]의 형은 해좌亥坐이니 해좌는 음지陰支로 변동함이 없고 스스로 안정의 리理가 있는 것이므로 조祖인 건乾에서 떨어져 나온[63] 연후에야 음陰이 연이어 와서[64] 사이사이[65]로 축丑, 간艮이 있고 신辛으로 환절換節하여 해亥로써 돌아 머리[66]를 이루면 극길極吉하다'[67]고 했다.

2.2 좌·우선과 좌·우선육택론의 원리

도학풍수에서의 용龍이란 살아 움직이는 생명체生命體로서 산줄기다. 산의 형세는 태조산에서 발원하여 천리를 뻗어 나가면서[68] 음양오행陰陽五行의 법칙에 따라 수많은 오형체와 구성체 같은 형태변화를 꾀하고 방향을 선회旋回[69]하면서 미추美醜, 형기, 이기의 생사生死를 거듭한다.[70] 내룡來龍은 내재된 맥脈인 조산祖山의 지기地氣를 품고 흐르다 물과 만나 멈추면[71] 음양배합에 의한 기氣가 생성되어 혈穴을 맺는다[72]. 결혈처結穴處의 지기地氣는 우주만물의 근원으로써 지구 내부로부터 생성되어 용龍

52) 쌍산雙山
53) 위位
54) 선旋
55) 배配
56) 도학풍수에서의 좌우선궁은 정상 합궁으로도 동일하다.
57) 수宿
58) 저猪저
59) 수首
60) 중국의 4음궁양택四陰宮陽宅이 모두 해좌亥坐이다. 우리나라의 경우 음택에 해좌를 기피하는 것은 모두 이러한 이유에서 이다(실제로 경주에 선영을 두고 있는 경주 손씨의 종중 묘에서 사례를 볼 수 있다).
61) 족足
62) 지地
63) 離祖이조
64) 連來연래
65) 간간間間
66) 회두回頭
67) 김영소, 음택요결전서, 명문당. 1979. p39
68) 千里行龍천리행룡
69) 屈節굴절
70) 剝換박환
71) 龍盡용진, 즉 용인 산줄기가 끝남.
72) 結穴결혈

이 행룡行龍함에 있어서 하늘이 인도引渡하는 곳으로 음양오행의 정기精氣가 생성되어 흐르는 동기선同氣旋, 동기좌同氣坐가 되어야만 생룡生龍으로서 완전한 통기通氣, 통맥通脈이 되는 것이다.[73]

생기生氣가 살아있는 생룡眞龍은 용이 출맥하여 양兩 날개처럼 좌우로 장막을 열고[74] 용의 중심으로 뚫고 나오며,[75] 산의 봉우리[76]가 빼어나게 아름답고,[77] 중심맥인 간룡幹龍에는 가지와 같은 산줄기[78]가 보호하고 따른다. 또한 줄기에 해당하는 간룡이 방향을 선회할 때는 나룻배가 방향을 바꿀 때 젓는 노[79]에 의지하듯이 간룡幹龍도 노와 같은 역할을 하는 줄기맥[80]이 있어야 한다.

혈이란 박환剝換과 같은 변화와 과협처를 거쳐 현무정玄武頂을 만든 후 내맥來脈하다가 입수처入首處[81] 아래 혈판穴坂이 형성되고, 안산이 아름다우며 물이 유정有情하게 환포環抱하는 곳인 생기처生氣處이다. 생룡[82]이란 좌우굴절左右屈節 및 상하기복上下起伏을 하면서 역동적으로 움직여야 하며 마치 새가 날개를 펴고 날아가듯 변화가 이루어져야 생기生氣가 있는 형상으로 본다.[83] 이러한 결혈처結穴處를 이론적 학습과 간산看山을 통하여 묘택을 간별看別하여 보면, 망자亡者나 조상의 체백體魄을 모시거나 주택을 지어 생활함으로써 지기감응地氣感應 및 동기감응同氣感應에 의하여 상서로운 기氣는 생물학적으로 유전인자가 같은 동질同質의 후손에게 전傳해진다.[84]

따라서 통맥通脈이란 후손後孫에게 상서祥瑞로운 정기精氣가 조상의 체백體魄을 통通해 전해질 수 있는 일선一線의 결혈맥지結穴脈地로서 이곳으로 천리내룡千里來龍한 지기地氣가 소우주인 조상의 체백體魄과 상통相通되는 것을 말한다. 지기감응地氣感應 결과 상서로운 기운이 후손에 전달되는 상통相通의 결과는 동기감응同氣感應으로 나타나며, 이는 풍수지리의 기본적인 개념[85]으로 산자[86]들이 머무르는 양택에서도 천기와 지기에 의한 감응으로 부富와 귀貴를 얻을 수 있다는 점에서 동일한 논리로 적용된다.

73) 天地感應, 天地照應, 天藏地秘의 의미로 해석된다. 通氣, 通脈이란 左旋龍에 左旋坐, 右旋龍에 右旋坐이어야 한다는 의미이다.

74) 開帳개장
75) 穿心천심
76) 星峰성봉
77) 秀麗수려
78) 枝龍지룡

79) 棹도
80) 橈棹요도
81) 巒頭만두
82) 眞龍진용

83) 서선술, 서선계 공저, 명당전서, 명문당, 1997 p.p. 71~72 요약

84) 조상의 체백을 진혈처(명당)에 안장하면 지기감응이 되어 좋은 동질의 기운이 유전적 인자가 같은 후손에게 전달된다는 풍수지리 이론이다.

85) 박시익, 한국의 풍수지리와 건축, 일빛, 1999, p. 171

86) 生者생자

일반적으로 현무정[87]을 기준으로 혈처에서 안산의 향을 바라보았을 때, 좌우에 있는 용호를 보아 청룡과 같이 시계방향으로 순행順行하면서 감싸는 용을 형기적 좌선룡左旋龍이라 하고, 백호와 같이 반시계 바늘방향으로 역행하는 용을 형기적 우선룡右旋龍으로 칭한다. 이것은 용의 진행방향을 단순히 형기적으로 구분하여 시각적 판단에 따라 좌, 우선을 판단하는 의미로서 일반적으로 보편화 된 형세적 시각이다. 그러나 도학풍수에서는 선천先天과 후천後天의 원리를 상호 접목하여 상생과 상극으로 만물의 성쇠盛衰를 음양오행의 이치로 받아들여 이용한 것으로 생성이후의 기질론으로 해석할 수 있다.

하도河圖의 좌선左旋 상象에서 오행의 운행법칙을 보면, 생生의 출발점인 동방의 목木에서 목화토금수의 오행기는 순행順行으로 상생의 법칙을 의미한다. 반면, 하도의 우선右旋 상象에서 오행의 운행법칙을 보면 생生의 출발점인 동방의 목木에서 역행逆行으로 오행이 운행되는 상극의 법칙을 의미하는 것으로 우주만물의 생성은 하도의 좌선左旋에 의한 상생과 낙서의 우선에 의한 상극이라는 대립과 모순, 순順과 역逆의 작용에서 이루어진다고 보는 것이다. 다시 말해 천지창조라는 생성과 그 이후 물질계의 변화라는 기질에 대한 이치가 선·후천 팔괘도의 의미라고 할 수 있다. 도학풍수는 이러한 이치를 적용하는 한국의 자생풍수론이다.

도학풍수용 라경상의 24방위 12궁을 보면, 좌선룡은 선천하도先天河圖에서의 양천陽天을 의미하는 건乾이 오행의 출발점인 목방木方으로부터 목 ➡ 화 ➡ 토 ➡ 금 ➡ 수의 상생을 위한 좌선이 되어 후천낙서後天洛書의 북서방北西方[88]에 위치하게 된 것이므로 건천乾天을 기준으로 좌선左旋하는 12개룡[89]을 의미한다. 또한 우선룡은 선천하도에서 음지陰地를 의미하는 곤坤이 오행의 출발점인 목방木方으로부터 수 ➡ 화 ➡ 금 ➡ 목 ➡ 토의 상극을 위한 우선이 되어 후천낙서後天洛書의 남서방南西方인 곤방坤方에 위치하게 된 것이므로 곤지坤地를 기준으로 우선右旋되어진 12개룡[90]을 의미한다.

87) 父母山부모산
88) 乾方건방
89) 좌선 六宮龍6궁룡
90) 우선 六宮龍6궁룡

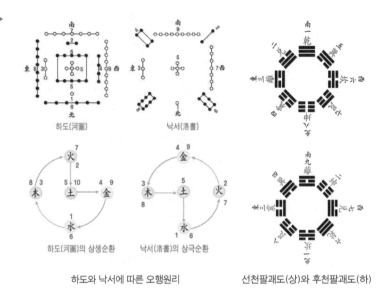

하도(河圖)   낙서(洛書)

하도(河圖)의 상생순환   낙서(洛書)의 상극순환

하도와 낙서에 따른 오행원리   선천팔괘도(상)와 후천팔괘도(하)

이상과 같은 이치에 따라 도학풍수에서의 좌선과 우선의 이선異旋이 각각의 동선同旋으로 동행同行하여 반복 윤회輪回된다. 그러므로 24산[91] 12궁룡은 각각 좌선룡과 우선룡으로 대별大別되고, 여기에 우주만물의 생성, 소멸, 생성으로 이어지는 오행의 상생 · 극 법칙이 적용되고 있다. 도학풍수에서 좌 · 우선으로 배정된 국局은 형기론적 상相[92]으로서의 의미가 아니라 이기론적 음양오행으로 배정된 궁宮, 혹은 방위方位로서의 좌 · 우선左 · 右旋을 의미한다. 따라서 형기 · 형세적 산세[93]의 순역방향과 관계있는 좌 · 우선형국과는 무관하게 도학풍수의 좌 · 우선룡은 천지天地의 도道로서 우주원리에 음양오행론적 순역에 의한 동기同氣와 통맥通脈이라는 동선同線에서의 선旋이란 의미意味이다.

도학풍수의 절대원칙은 음택과 양택을 가리지 않고 12궁 가운데 좌선6궁과 우선6궁으로 분류하여 좌선용맥하左旋龍脈下에서는 좌선택좌左旋宅坐, 우선용맥하右旋龍脈下에서는 우선택좌右旋宅坐의 입택론入宅論을 반드시 지켜야 할 것을 강조하고 있다.[94] 또한 12궁룡의 음 · 양룡에 따라

91) 龍용을 말함.
92) 形勢형세
93) 龍身용신. 산의 몸체와 같이 형세를 말함.
94) 윤갑원, 전게서, p.p.121~181

487

지지地支는 지정地靜의 리理가 있는 것이므로 양좌陽坐에는 양陽으로 입수룡入首龍하고, 음좌陰坐에는 음陰으로 입수룡 되어야 타당하다[95]고 했다. 『당사일행전도통서唐師一行傳道統序』에서도 이르기를 '지지좌地支坐로 말하면 천간天干으로 소이小異하여 변동이 있지 않고 스스로 안정한 리理가 있는 고故로 양좌陽坐에는 양래陽來하고, 음좌에는 음래해도 역시 해害가 없고 가히 극길極吉하니 양좌에는 자오인신진술子午寅申辰戌이며, 음좌에는 묘유축미사해卯酉丑未巳亥다'라고 했다.

2.3 오행의 원리

도학풍수에서 사용되는 오행원리는 일반적인 정오행, 쌍산삼합오행, 성수오행, 홍범오행, 사대국오행, 납음오행, 주마육임오행 등 다양한 오행원리가 활용되고 있다. 이 가운데 음·양룡에 따른 오행원리는 정오행이 활용되고 좌·우선론과 관련하여 주마육임오행이 활용되고 있다. 성수오행은 혈의 주위 사각에 대한 길흉을 살필 때 활용되고 삼합오행은 양택의 문주조와 관련하여 활용된다. 사대국오행은 수경론에 의한 득파得破와 관련하여 활용되며 홍범오행과 납음오행은 좌와 재혈시에 활용되는 오행이다. 주마육임오행은 좌·우선궁[96]과 관련하여 활용된다. 24방위에서 우선궁은 양의 기氣로 목화기木火氣에 해당하고 좌선궁은 음의 기氣로 금수기金水氣에 해당한다. 따라서 우선궁에서 임간을병곤신방壬艮乙丙坤辛方은 목기木氣이고, 자인진오신술방子寅辰午申戌方은 화기火氣에 속하며, 좌선궁인 계갑손정경건방癸甲巽丁庚乾方은 금기金氣이고 축묘사미유해방丑卯巳未酉亥方은 수기水氣에 해당한다. 우선右旋의 기氣는 생동하는 기로 성장과 발전을 상징하며, 좌선左旋의 기는 수확하고 거두어들여 창고에 저장하고 성숙시키는 보고寶庫를 상징한다. 또한 우선의 기氣가 인물로 대표되는 귀貴라면 좌선의 기氣는 재화財貨로 대표되는 부富를 상징한다.

95) 김영소, 음택요결전서, 명문당, 1979, p34

96) 龍용

육임오행에 따른 음·양용과
  좌·우선용의 관계 ▶

24방	임壬	자子	계癸	축丑	간艮	인寅	갑甲	묘卯	을乙	진辰	손巽	사巳	병丙	오午	정丁	미未	곤坤	신申	경庚	유酉	신辛	술戌	건乾	해亥
음양	양용陽龍		음용陰龍		양용陽龍		음용陰龍		양용陽龍		음용陰龍		양용陽龍		음용陰龍		양용陽龍		음용陰龍		양용陽龍		음용陰龍	
선旋	우선右旋		좌선左旋		우선右旋		좌선左旋		우선右旋		좌선左旋		우선右旋		좌선左旋		우선右旋		좌선左旋		우선右旋		좌선左旋	
오행	목木	화火	금金	수水	목木	화火	금金	수水	목木	화火	금金	수水	목木	화火	금金	수水	목木	화火	금金	수水	목木	화火	금金	수水

제2장 도학풍수의 음택이론

1절 생生·사룡死龍의 구분

도학풍수에서 생룡이라 함은 기복과 굴절의 형기적 용도 의미하지만, 라경상의 이기적理氣的 음양배합의 동궁동행룡同宮同行龍을 중심으로 생룡生龍이라고 부른다. 따라서 24룡 12궁룡에 의한 생룡은 모두 12룡으로 임자壬子, 계축癸丑, 간인艮寅, 갑묘甲卯, 을진乙辰, 손사巽巳, 병오丙午, 정미丁未, 곤신坤申, 경태庚兌, 신술辛戌, 건해乾亥 궁宮의 30도 이내로 용맥의 중심선이 흐르는 동궁동행룡同宮同行龍의 경우를 말한다. 이 가운데 좌선룡은 계축癸丑, 갑묘甲卯, 손사巽巳, 정미丁未, 경태庚兌, 건해乾亥궁으로 흐르는 용을 말하고, 우선룡은 임자壬子, 간인艮寅, 을진乙辰, 병오丙午, 곤신坤申, 신술辛戌궁으로 흐르는 용을 말한다.

사룡死龍은 24룡 12궁룡에서 음양배합된 동궁동행룡이 아니라 옆의 궁宮과 짝을 맺는 12개의 이궁동행룡異宮同行龍을 사룡死龍이라고 한다. 단, 진술축미辰戌丑未의 4고장庫藏과 배합된 이궁동행룡의 경우는 무인천용武人賤龍이라 하여 오히려 좋은 생룡生龍이므로 실제 사룡은 8개의 용이다. 따라서 이론상 사룡은 자계子癸, 축간丑艮, 인갑寅甲, 묘을卯乙, 진손辰巽, 사병巳丙, 오정午丁, 미곤未坤, 신경申庚, 유신酉辛, 술건戌乾, 해임亥壬룡이다. 이 중에 축간丑艮, 진손辰巽, 미곤未坤, 술건戌乾룡은 무인천룡武人賤龍이므로 생룡에 해당하여 도학풍수에서의 생룡은 모두 16룡이고 사룡은 8개의 용이다.

도학풍수에서의 생사룡生死龍은 모두 용입수 일절을 중심으로 판단한다. 생룡은 모두 귀룡貴龍으로 문관文官을 배출한다는 의미를 가지며 건곤간손乾坤艮巽의 4유기四維氣를 중요시 한다. 건곤간손의 4유방維方은 4대국 포태법에서 기포방起胞方이면서 생방生方에 해당한다. 예를 들면 '건지기乾之氣 축장丑藏 미급간칙未及艮則 사룡死龍'이다는 말에서 보듯이 건해의 기는 화국火局의 4유기維氣로 기포起胞궁 이므로 금국金局의 4고장인 축파구에 사장되어 생방生方인 간인궁艮寅宮[97]에 이르지 못하면 사룡에 해당한다. 그러므로 4유기維氣 미급사룡未及死龍이란 건곤간손의 기氣가 4고장庫藏인 진술축미辰戌丑未에 사장死藏되어 생방으로 이어지지 못하는 사룡死龍은 체백體魄이 흉凶하고 무후절손無後絕孫이 된다는 의미이다.

4유기 미급사룡과 하소결의 좌·우선사룡 ▶

4유기維氣 미급사룡未及死龍	좌선사룡:하소결荷沼訣	우선사룡:하소결荷沼訣
乾之氣 丑藏 未及艮則 死龍 건지기 축장 미급간칙 사룡	子癸龍 冬至龍故 乙辰坐 則死 자계룡 동지용고 을진좌 칙사	壬子龍 冬至龍故 申庚坐 則死 임자룡 동지용고 신경좌 칙사
艮之氣 辰藏 未及巽則 死龍 간지기 진장 미급손칙 사룡	午丁龍 夏至龍故 辛戌坐 則死 오정룡 하지용고 신술좌 칙사	丙午龍 夏至龍故 寅甲坐 則死 병오룡 하지용고 인갑좌 칙사
巽之氣 未藏 未及坤則 死龍 손지기 미장 미급곤칙 사룡	卯乙龍 春分龍故 丁未坐 則死龍 묘을룡 춘분용고 정미좌 칙사룡	甲卯龍 春分龍故 亥壬坐 則死龍 갑묘룡 춘분용고 해임좌 칙사룡
坤之氣 戌藏 未及乾則 死龍 곤지기 술장 미급건칙 사룡	酉辛龍 秋分龍故 癸丑坐 則死龍 유신룡 추분용고 계축좌 칙사룡	庚兌龍 秋分龍故 巳丙坐 則死龍 경태룡 추분용고 사병좌 칙사룡

하소결荷沼訣의 좌·우선 사룡死龍에서 '자계룡子癸龍 동지룡고冬至龍故 을진좌乙辰坐 칙사則死'에 대한 해석은 이궁동행의 자계룡은 북방수北方水로 동지룡冬至龍에 해당하고, 우선의 을진좌를 하면 사룡死龍에 해당하여 흉凶하다고 해석한다. 하소결荷沼訣의 좌선사룡과 우선사룡은 모두 4

97) 4유궁維宮인 건곤간손의 하나.

491

정四正[98])룡을 4절기와 관련지어 설명하고 있다. 그러나 자세히 살펴보면 좌선사룡은 이궁동행의 사룡에 모두 역좌逆坐에 해당하고, 우선사룡은 동궁동행룡에 이궁좌異宮坐로 사룡을 의미하지만 실제로는 역좌逆坐에 해당한다. 즉 하소결의 사룡은 4정룡正龍을 중심으로 하는 역좌에 대한 경고를 담고 있다.

천용맥의 흐름도 ▶

이는 우선사룡에서 임자룡의 경우 우선룡으로 신좌申坐는 우선좌이기 때문에 합법하지만 사룡死龍인 까닭은 배산임수의 절대원칙을 벗어난 역좌이기 때문이다. 이궁동행룡 가운데 무인천룡武人賤龍은 모두 4개의 용이다. 천룡은 좌·우선의 오묘한 병합倂合으로 연맥連脈되어야 한다는 전제조건이 있다. 병합竝合이란 좌선룡과 우선룡이 기전氣轉의 생사묘리生死妙理로 바뀌면서 진행한다는 의미이고, 연맥은 끊어짐이 없이 순차적으로 4개의 용이 이어진다는 뜻이다. 가령 24방위 12궁룡에서 간인 ▣ 갑묘 ▣ 을진 ▣ 손사[99]), 손사 ▣ 병오 ▣ 정미 ▣ 곤신[100]), 곤신 ▣ 경태 ▣ 신술 ▣ 건해[101]), 건해 ▣ 임자 ▣ 계축 ▣ 간인[102])과 같이 좌·우선으로 병합하면서 4개 용[103])으로 연맥하는 용을 말한다. 이러한 천룡은 결국 90° 이내로 입수入首되는 이궁동행룡이란 특징을 가진다.

98) 子午卯酉자오묘유
99) 辰巽賤龍진손천룡
100) 未坤賤龍미곤천룡
101) 戌乾賤龍술건천룡
102) 丑艮賤龍축간천룡

103) 辰巽진손, 未坤미곤, 戌乾술건,
丑艮축간 천룡을 말한다.

2절 좌·우선 내룡절來龍節의 구분

도학풍수에서 용절은 30° 내의 동궁 내로 용맥이 흐르는 생룡의 굴절 박환을 말한다. 용절龍節의 구분은 음양이 배합된 동궁同宮이므로 2절룡 이라고 부른다. 즉 우선룡인 임감룡壬坎龍은 그 자체가 임룡壬龍과 감룡坎 龍이 결합된 동궁의 2절룡이다. 따라서 혈로 이어지는 맥의 계속되는 진 행과정은 혈을 중심으로 역으로 올라가면서 2절씩 절수節數를 따진다. 다시 말해 용맥의 절수는 태조산에서부터 혈까지 순차적으로 이어지는 용맥龍脈을 기준으로 절수를 따지지 않고 혈로부터 태조산까지 역逆으로 절수를 따진다. 도학풍수에서 말하는 절수와 관련하여 좌선 4절통맥, 우 선 4절통맥, 좌선 6절통맥, 우선 6절통맥, 좌선 6절상하상용통맥, 우선 6절 상하상용통맥, 좌선 8절통맥, 우선 8절통맥, 좌선 10절통맥, 우선 10절통맥, 좌선 12절통맥, 우선 12절통맥, 좌선 22절통맥, 우선 22절통 맥 등을 말한다. 이를테면 좌선 4절통맥의 경우 좌선2절+좌선2절의 용 맥으로 좌선의 기氣가 상통相通 내지는 통맥通脈되었다는 것을 말한다.

▶ 용의 절수에 대한 이해

혈 ▶	좌입수 ▶	용입수 ▶	래용1 ▶	래용2 ▶	래용3 ▶	..... ▶ .... ▶ 태조산
상황에 따른 2절	2절용	4절용	6절용	8절용		무한절

도학풍수에서는 좌선이든 우선이든 동기同氣로 이어지는 기맥氣脈이 면서 절수가 많을수록 발복이 크고 부富와 귀貴가 따른다고 하고 있다. 그러나 중요한 것은 좌선룡은 좌선룡끼리 우선룡은 우선룡끼리 동선同 線으로 연맥連脈되었느냐가 가장 중요한 핵심이나 병합의 상극생도 중요 하게 다루지만, 오직 혈의 생사生死를 결정짓는 것은 용입수 1절이다. 그 러므로 좌선룡 입수入首에는 좌선좌로, 우선룡 입수에서는 우선좌로 입 향立向해야 한다는 절대원칙을 준수해야 한다. 통맥의 원칙을 어기면 사 람이 다치거나 죽고, 가산家産이 파탄에 이르거나 고향을 등지며 후손이 끊어져[104] 계대繼代가 이어지지 못한다는 것이 도선국사 풍수이론의 주 요 내용이다. 절수와 관련하여 가령 우선 8절통맥의 경우 곤신 ▶ 신술

104) 絶孫절손

493

➡ 임감 ➡ 간인좌와 같은 경우이다. 우선의 곤신2절+우선의 신술2절+우선의 임감2절+우선의 간인좌2절은 도합 우선8절룡이 된다.

3절 음택좌향의 설정과 음택이론

3.1 좌향의 설정

도학풍수에서는 좌향을 잡기 위해 먼저 라경의 4층 지반정침으로 결인結咽에서 만두로 이어지는 용입수를 격정格定한다. 이때 만두정巒頭頂에 라경을 놓고 측정한다. 다음으로 혈처의 상부에 라경을 놓고 만두정까지의 좌입수 용맥을 지반 4층을 활용하여 어느 방위궁으로 들어왔는지를 측정한다.[105] 용입수와 좌입수는 모두 좌선이거나 우선으로 같은 기氣[106]로 연맥聯脈되어져야 한다. 이 과정이 끝나면 혈처에서 보아 안산을 정하고 안산에 맞는 향을 정한다. 예를 들어, 용입수가 우선의 임자룡이라면 좌입수도 임자룡을 포함한 우선좌 입수맥이어야 한다. 만약 직룡直龍에 직좌直坐라면 임좌병향壬坐丙向이나 자좌오향子坐午向 중 하나를 선택해야 한다. 이때 안산의 중심이 병丙방위에 있다면 임좌병향으로 좌향을 잡아야 한다. 그러나 직룡직좌直龍直坐가 아닌 경우나, 안산案山이 병오丙午방향이 아닌 방향, 예를 들어, 곤신방坤申方에 있다면 용·좌입수가 우선이므로 우선좌인 간인좌艮寅坐에 곤신향坤申向으로 좌향을 잡으면 된다.

도학풍수론에서 좌선룡에 좌선좌, 우선룡에 우선좌라 할지라도 배산의 원칙에 어긋나는 좌향이 통맥이론으로 전개되는 경우가 있다. 예를 들면, 좌선의 건해룡이라면 건해좌는 직룡직입수좌, 경유좌와 계축좌는 좌선좌이므로 합법하다. 그러나 손사룡은 건해룡에 정면으로 거역하는 지지충地支沖의 역좌逆坐이므로 어떠한 경우라도 극흉極凶에 해당한다. 또한 좌선의 정미좌와 갑묘좌도 지지충의 대흉大凶은 아닐지라도 역

105) 格定격정
106) 동기同氣

장좌逆葬坐에 해당하여 불리하다.[107] 그러나 이러한 역좌의 궁이라도 통맥론의 여러 이론에서 합법하게 설명하고 있는 경우가 있다. 이때 유의할 점은 비록 역좌일지라도 반드시 좌의 뒤인 배背에 분지맥分枝脈,[108] 후장後帳, 출각出角 등을 조건으로 하는데 이는 배산과 같은 배맥背脈이 수반됨을 의미하므로 비록 배산은 아닐지라도 좌향설정으로 합법하게 설명되고 있음에 주의해야 한다.

안산이 병방위에 있는
임좌병향도 ▶

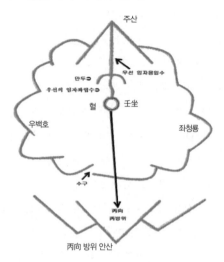

주산

만두⊃

우선의 임자좌입수⊃   우선 임자용입수

혈   壬坐

우백호   좌청룡

수구

丙向
丙방위

丙向 방위 안산

3.2 산의 품격과 조응론

1) 사각성정론砂角性情論

풍수에서는 산山을 사砂 또는 각角이나 사각砂角, 성봉成峰이라고 표현하기도 한다. 양택이든 음택이든 죽은 사람이나 산 사람이 머무르는 공간에서 주변의 자연환경을 결정하는 조건은 매우 다양하다. 다양한 조건 가운데 풍수에서는 산과 물의 자연적 환경을 매우 중요시한다. 좋은 산과 물의 형태와 형세가 인물[109]과 재산[110]을 안겨주기 때문이다. 산과 물은 그들이 가지고 있는 형상에 따라 형상에 맞는 기를 발산한다. 인간의 의지와는 상관이 없다. 오직 자연의 이치와 법칙에 따라 그들이 가지

107) 소흉小凶
108) 분각分角이라고도 부른다.
109) 귀貴
110) 富부

고 있는 품성品性이 결정되고 품성에 맞는 기氣가 존재할 뿐이다. 우리가 그토록 찾고자 하는 혈도 주위의 환경에 따라 길흉화복吉凶禍福이 결정된다.

사각성정론砂角性情論은 혈 주변의 산이 위치하고 있는 방위에 따라 방위가 갖는 음양오행기에 산의 기氣가 결정되고 그 기는 양택과 음택에 머무르는 사람에게 기를 발조發照하여 응應하게 된다는 환경론적 설명을 말한다. 혈을 중심으로 형국적인 측면에서 산세를 중심으로 전후좌우前後左右의 조응照應관계를 설명하는 것이 사신사론이라면 사각성정론은 혈을 중심으로 전후좌우에 있는 정4방산正四方山의 성정性情을 중심으로 조응관계를 보는 이론이다.

이기론적 산의 성정은 혈을 중심으로 정4방위의 산을 성수오행星宿五行을 활용하여 적용하되 라경은 인반중침人盤中針을 활용한다. 24방위에는 각각의 산이 자리 잡고 있을 수 있다. 먼저 4유維 또는 4태胎에 해당하는 건곤간손乾坤艮巽 방위에 있는 산은 모두 목기木氣에 해당한다. 목기는 오행체로 인물을 상징한다. 인신사해寅申巳亥의 4방위산은 4포胞라고 부르며 수기水氣에 해당한다. 수기는 예술과 창작과 같은 문화예술분야의 인물을 상징한다. 자오묘유子午卯酉의 4방위의 산은 4정正이라고 하며 화기火氣에 해당한다.

오행체에서 화기는 혁명가나 사상가 혹은 스포츠맨을 나타내지만 사각성정론에서는 종교부지의 땅이나 종교인을 상징한다. 갑경병임甲庚丙壬의 4방위 산은 4순順 내지는 4신神이라고 부르며 자오묘유의 4정방과 같이 화기火氣에 해당한다. 오행체의 의미도 4정방과 같으나 사각성정론에서는 문인文人을 상징한다. 을신정계乙辛丁癸의 4방위 산은 4강强이라고 부르며 토기土氣에 해당한다. 토체형은 재물을 안겨주는 산이기도 하지만, 산의 성정론으로 무인武人을 상징한다. 천간방위인 4순과 4강 방위를 8장壯이라고 한다. 8장의 장은 굳세고 기상이나 기운, 또는 세력이 왕성하다는 뜻이다.

진술축미辰戌丑未의 4방위 산은 4장藏내지는 4금金이라고도 부르며 금

111) 부富

112) 진위항금용술루금구 축위두우
금 미위귀금양 차위금용 용자 진술
축미수구야 우위사묘고황천수 범입
혈피지 소이도국선간금용수구-辰爲
亢金龍戌妻金狗 丑爲斗牛金 未爲鬼
金羊 此爲金龍龍者 辰戌丑未水口也
又爲四墓庫黃泉水 凡立穴避之 所以
到局先看金龍水口-

기金氣에 해당한다. 금체형은 재물과 인물을 주는 상징성을 가지고 있으나 사각성정론에서는 재물[111]과 관련이 있다. 4금을 금룡金龍이라고도 부른다. 금룡이란 진술축미의 수구水口이며 4묘고墓庫 황천수를 뜻한다. 그러므로 입혈立穴하려면 먼저 금룡수구를 보고 황천살을 살펴 피한다.[112] 수구가 좌선에 합당하면 양룡陽龍인 좌선룡이어야 하고, 수구가 우선에 합당하면 음룡陰龍인 우선룡이어야 한다.[113] 사각성정론은 4방의 사격砂格 중에서 4방위의 산이 최상급이라면 2~3개의 산도 중급으로 조응관계를 형성하는 것으로 해석한다. 따라서 사각의 영향으로 인물이 나고 현재의 자손은 더욱 성장한다.[114]

사각성정에 따른 사격표 ▼

4방위 산	명칭	성수오행	해의	
건곤간손 乾坤艮巽	사태四胎 사유四維	목木	수장 귀인출 승상지위 영웅 성현다출 문천무만야 왕자사부출 首長 貴人出 丞相之位 英雄 聖賢多出 文千武萬也 王子師傅出	
인신사해 寅申巳亥	사포四胞	수水	자손번연 직간지신 왕자사부불절 子孫蕃衍 直諫之臣 王子師傅不絕	
자오묘유 子午卯酉	사정四正	화火	영구지지 사지 종교인 지로지신 천하명장불절 永久之地 寺地 宗敎人 指路之臣 天下名將不絕	
갑경병임 甲庚丙壬	사순四順 사신四神	화火	문인출 보록지신 공후대대불절 文人出 補祿之臣 公候代代不絕	팔장八壯
을신정계 乙辛丁癸	사강四强	토土	무인출 외방지신 수령방백불절 武人出 外方之臣 守令方伯不絕	
진술축미 辰戌丑未	사장四藏 사금四金	금金	부인출 제왕지위 부귀장상 국모다출 富人出 帝王之位 富貴將相 國母多出	

113) 좌선출맥자위양용 우선출맥자
위음룡 고왈용분양안음양취야-左旋
出脈者爲陽龍 右旋出脈者爲陰龍 故
曰龍分兩岸陰陽取也-

114) 催官최관
115) 祖조
116) 자子
117) 손孫
118) 조모祖母
119) 용사란 풍수에서 묘나 집을 짓는
것을 말한다.

2) 조자손 3대법과 산매권

입수룡入首龍과 좌坐의 관계에서 24방위에 천지남녀를 음양관에 의한 3대의 가족관계로 배정하여 발복여부를 보는 이론이다. 가족관계에서 남자는 할아버지,[115] 자식,[116] 손자[117]이며 여자는 할머니,[118] 자부子婦, 손부孫婦를 활용하여 설명하였다. 예를 들면 조룡祖龍에 손좌孫坐와 손룡孫龍에 조좌祖坐로 용사用事[119]하면 부귀하며, 조룡祖龍에 자좌子坐, 자룡子龍에 손좌孫坐로 용사하면 다자손多子孫하고 부귀 한다. 조손祖孫이 통맥하면 막내 아들인 소자小子가 발복을 받고, 조자祖子가 통맥하면 장

중소長中小[120]가 같이 발복한다. 이는 근본을 벗어나지 않는 이치다.[121]

조자손 3대표 ▶

천양남天陽男 3대三代	지음여地陰女 3대三代
건곤간손乾坤艮巽=천지조天之祖(天道行천도행)	인신사해寅申巳亥=지지조모地之祖母
갑경병임甲庚丙壬=천지자天之子(日月行일월행)	자요묘유子午卯酉=지지자부地之子婦
을신정계乙辛丁癸=천지손天之孫(人道行인도행)	진술축미辰戌丑未=지지손부地之孫婦

산매권山媒權이란 산과 산을 매개자媒介者로써 이어주고 연결해준다는 의미이다. 산은 천리千里를 행룡行龍하면서 많은 변화를 꾀한다. 미추美醜와 유무정有無情의 형태변화는 물론이고, 24방위 내에서 방향을 틀면서 행진한다. 굴절변화屈節變化라고 한다. 모든 용은 굴절변화 없이 천리를 달려갈 수 없다. 동궁동행룡으로 30° 각도 내의 영역으로 달리다 방향을 선회하여 음양오행기가 다른 동궁으로 넘어간다. 이 모두가 용이 살아서 꿈틀거린다는 얘기다. 이 용들 사이에서 산과 산을 이어주고 연결해주는 매개자는 당연히 용일 수밖에 없다. 어떤 용이 무수히 많은 굴절변화를 행하는 용맥들 사이에서 매개자 역할을 할까? 양陽의 천기는 24방위 가운데 건곤간손乾坤艮巽이라는 4유기維氣가 4시時의 천기天氣를 중재한다. 용은 분명 지기地氣가 지배하는 지상에서의 대표적 지형물이다.

지상에서 음陰의 지기를 주도적으로 관장하는 것은 자오묘유子午卯酉라는 4정맥正脈이다. 즉 자오묘유라는 4정방으로 행진하는 용맥만이 24방위 12궁의 영역으로 진행하는 용맥들 사이에서 산맥과 산맥을 이어주는 충실한 매개자의 권리를 갖는다. 이 매개자는 매우 중요한 역할을 한다. 사람들의 혼인에 있어서도 중매자가 성실하지 않으면 그 결혼생활은 파산에 이르게 된다. 산도 마찬가지이다. 산을 매개하는 매개자에 따라 진행하는 용들의 영향을 받는다. 자子는 건乾에서 간艮까지의 용을 매개할 권한을 가지고, 묘卯는 간艮에서 손巽까지의 용을 매개하며, 오午는 손巽에서 곤坤까지의 용을 매개한다. 마지막으로 유酉는 곤坤에서 건乾까지의 용을 매개할 권한을 가진다. 4정룡은 매개할 권한이 주어지되 일정한 자격조건을 가져야 한다. 중매쟁이에게 일정한 자격을 갖출

120) 장남, 중남, 삼남 이하의 모든 아들.

121) 不奪本祖之理也불탈본조지리야

것을 요구하는 암묵적 의무사항이다. 즉, 자오묘유라는 4정룡은 근면[122] 하고 짧아야[123] 한다. 만약 게으르거나[124] 느리면[125] 산을 매개할 자격이 없다. 다시 말해 근면하고 짧다는 것은 자오묘유룡으로 굴절된 용절이 빠르게 끝난 후[126]에 주어진 혈로 모자람이 없으므로[127] 모두 진혈[128]이 형성된다. 4정룡이 게으르고 느려서 산을 매개할 자격이 없다는 것은 중매쟁이 4정룡이 지나치게 길다[129]는 것을 말한다. 긴 용은 자오묘유룡으로 굴절된 용절이 매우 느리게 끝난 후[130]에 주어진 혈로 대부분 부족함이 많으므로[131] 혈이 형성되지 않는다.[132]

자오묘유 4정룡의
진가眞假 산매도 ▶

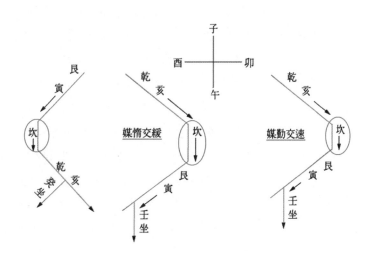

---

122) 근勤
123) 단短
124) 타惰
125) 교완交緩
126) 節速之下절속지하

127) 無空무공
128) 皆眞穴개진혈
129) 媒長매장
130) 節緩之下절완지하
131) 皆空개공

132) 無眞穴무진혈=假穴가혈

4절 용과 국에 대한 제이론

도학풍수의 음택론에서 핵심인 용과 국에 대한 이론에서 주로 활용되는 것 중에 하나가 천덕룡법天德龍法이다. 천덕룡법이란 용龍을 이기론理氣論으로 해서 좌坐를 놓는 법 중에 하나이다. 하늘의 덕[133]이란 이기理氣의 조화이니 4정正, 즉 자오묘유子午卯酉가 4태胎인 건곤간손乾坤艮巽을 좇아 15도수와 5도수를 이루니 8간干인 갑을병정경신임계甲乙丙丁庚辛壬癸가 8지支인 인신사해진술축미寅申巳亥辰戌丑未의 4포胞[134]와 4장藏[135]을 좇아 4국局인 목화금수국木火金水局의 파破로 납納하여 숨으니 그 이치가 심원하고 그 덕이 광대하다는 것을 말한다. 예를 들면, 자룡子龍[136]에 손좌巽坐, 손좌巽坐에 자좌子坐[137]는 자子 1, 손巽 4로 합이 5이며 자子에서 손巽이 10번째에 있는 것으로 15도수度數와 5도수度數를 이룸이다.

천덕에 대한 또 다른 설명을 보면, 천덕은 순양純陽을 말한다. 이정조의『주역집해』에서 '순양은 곧 천덕'이라 했고, 주희는『주역본의』에서 '천덕은 곧 천위天位다'라고 했다. 장자의『각의刻意』에 '허무하고 염담하여 곧 천덕에 합습한다'고 했다. 또한『협기변방』에 '천덕이란 천天의 복덕이다. 이것을 이용하면 길吉하지 않는 것이 없으며 순천順天하게 된다'라고 했다. 또『고원考原』에서는 '천덕이란 오행삼합의 기로써 천간天干을 위주로 하기 때문에 천덕이라 한다'라고 하였다. 지지와 천간의 이치가 통하는 것은 해당 지지에서 10번째 천간은 서로 통한다는 것인데, 자통손子通巽, 오통건午通乾, 묘통곤卯通坤, 유통간酉通艮, 인통정寅通丁, 사통신巳通辛, 신통계申通癸, 해통을亥通乙, 진통임辰通壬, 술통병戌通丙, 축통경丑通庚, 미통갑未通甲을 말한다.

133) 천덕天德
134) 寅申巳亥인신사해
135) 辰戌丑未진술축미
136) 감룡坎龍
137) 감坎좌

천덕의 15도수와 5도수 ▶

감坎 ⇔ 손巽	감坎은 1이요 손巽은 4이니 그 합은 5이다.
진震 ⇔ 곤坤	진震은 3이요 곤坤은 2이니 그 합은 5이다.
태兌 ⇔ 간艮	태兌는 7이요 간艮은 8이니 그 합은 15가 된다.
리離 ⇔ 건乾	리離는 9요 건乾은 6이니 그 합은 15가 된다.

4.1 성인지지와 천자·제후·봉군지지

성인지지聖人之地는 공자와 맹자 같은 성인이 난다는 땅을 말한다. 이러한 땅은 용세龍勢가 크지 않더라도 내룡來龍과 입수룡이 4태胎,[138] 4포胞[139]로 이루어진 용이 주어지는 혈로 대현大賢이 나오니 국가에서 녹봉을 먹는다는 땅이다.[140] 특히 주룡主龍[141]과 입수룡이 4태胎로 이루어진 용은 천자天子가 나는 혈[142]이다. 주산에서 입수룡까지의 용맥이 4정正[143]룡과 4강強[144]룡이 연이어 3절을 이루거나 4포[145]룡이 많으면 신神이 만들어준 혈로 제후가 나는 땅이다.[146] 특히 4정과 4강이 합해진 용이 주산인 주룡에서 내룡來龍하는 용맥이 입수룡까지 오면서 두 세차례 나타난 다음에 바로 4태룡이 나타나면 병수사兵水使가 나오고, 4정과 4강이 합해진 용이 4~5회 박환을 한 다음에 나타나고 건곤간손의 4태룡이 주를 이루면 제후諸侯나 천자天子가 나는 땅[147]이다. 임금이 나는 땅이란 뜻의 봉군지지封君之地는 입수룡 뒤의 용맥이 주산에 이르는 동안에 4정正과 4장藏[148]이 합행合行된 용맥[149]으로 수리數里에 걸쳐 많이 나타나고 4태胎로 이루어진 용맥이 많은 다음에 혈이 맺혀진 경우에 해당한다. 이 경우 봉군이 아니면 장상將相이 난다. 봉군지지 용맥의 특징은 갑경병임甲庚丙壬과 자오묘유子午卯酉의 합행룡合行龍 다음에 천룡賤龍 입수입수首한다는 것이다. 즉, 진술축미와 건곤간손의 합행룡은 천룡인바 그 천룡 입수에 좌坐 또한 갑경병임과 자오묘유의 합행 좌坐로 이루어져 있음을 알 수 있다.

138) 乾坤艮巽건곤간손
139) 寅申巳亥인신사해
140) 血食之地혈식지지
141) 主山주산
142) 天子之地천자지지

143) 子午卯酉자오묘유
144) 乙辛丁癸을신정계
145) 寅申巳亥인신사해
146) 諸侯之地제후지지
147) 穴혈

148) 辰戌丑未진술축미
149) 賤龍천룡

용맥龍脈의 굴절박환屈節剝換	좌坐	발복發福
임감壬坎 ❏ 임감 ❏ 술건戌乾 ❏ 술건 용하龍下	임감좌壬坎坐	3대후봉군출三代後封君出
병오丙午 ❏ 병오 ❏ 진손辰巽 ❏ 진손 용하龍下	병오좌丙午坐	4대후봉군출四代後封君出
갑묘甲卯 ❏ 갑묘 ❏ 축간丑艮 ❏ 축간 용하龍下	갑묘좌甲卯坐	5대후봉군출五代後封君出
경태庚兌 ❏ 경태 ❏ 미곤未坤 ❏ 미곤 용하龍下	경태좌庚兌坐	6대후봉군출六代後封君出

고전에서 전해지는
봉군지지 내용 ▲

4.2 천덕지지

천도행룡天道行龍은 좌향과 파破와 용龍이 천덕天德에 통하는 이치로써 4태胎룡 입수에 4고장四庫藏과 동궁을 이루는 4강좌四强坐인 을신정계좌나 또는 4순順인 갑경병임과 동궁인 4정좌四正坐인 자오묘유좌로 대현大賢이 많이 난다. 또한 4태胎[150)가 사귀고 친해져[151) 천덕에 통하는 이치로써 장상將相이 많이 배출된다.

일월행룡日月行龍은 좌향과 파破, 그리고 용이 천덕에 통하는 이치로써 4정正인 자오묘유와 4순順인 갑경병임의 합행지기맥合行之氣脈 아래에 4태좌胎坐[152)로 형성된 혈을 말한다. 일월행용은 크게 부귀한다. 또한 인도행룡人道行龍도 일월행룡과 같이 좌향과 파破, 그리고 용이 천덕에 통하는 이치인데 4고장룡庫藏龍[153)에 자오묘유인 4정正좌로 이루어진 혈로 대현大賢이 많이 난다.

150) 건곤간손
151) 四胎交媾4태교구
152) 건곤간손좌
153) 진술축미

고전에 있는 천도행룡 내용 ▶

| 래용 —— 용입수맥 —— 분각 또는 분지 —— 좌 —— 득파 | | | | |
來龍 —— 龍入首脈 —— 分角 또는 分枝 —— 坐 —— 得破				
乾亥 ❍ 乾亥龍入首 壬坎과 坤坐으로 分脚 辛坐와 戌坐 丙午破 또는 艮寅과 辛戌分枝 子坐 乙辰破				
건해 ❍ 건해용입수 임감과 곤신으로 분각 신좌와 술좌 병오파 또는 간인과 신술분지 자좌 을진파				
坤申 ❍ 坤申龍入首 巽巳와 庚兌로 分脚 丁坐 甲卯破 또는 乾亥와 丁未로 分枝 酉坐 癸丑破				
곤신 ❍ 곤신용입수 손사와 경태로 분각 정좌 갑묘파 또는 건해와 정미로 분지 유좌 계축파				
巽巳 ❍ 巽巳龍入首 艮寅과 丙午로 分脚 乙坐 壬坎破 또는 坤申과 乙辰으로 分枝 午坐 辛戌破				
손사 ❍ 손사용입수 간인과 병오로 분각 을좌 임감파 또는 곤신과 을진으로 분지 오좌 신술파				
艮寅 ❍ 艮寅龍入首 乾亥와 甲卯로 分脚 癸坐 庚兌破 또는 癸丑과 庚兌로 分枝 卯坐 丁未破				
간인 ❍ 간인용입수 건해와 갑묘로 분각 축좌 경태파 또는 계축과 경태로 분지 묘좌 정미파				

乾亥 ❍ 丑艮龍 甲卯坐入首 甲卯坐 丁未坤申庚兌破	艮寅 ❍ 辰巽龍 丙午坐入首 丙午坐 辛戌乾亥破
건해 ❍ 축간용 갑묘좌입수 갑묘좌 정미곤신경태파	간인 ❍ 진손룡 병오좌입수 병오좌 신술건해파
乾亥 ❍ 丑艮龍 庚兌坐入首 庚兌坐 巽巳破	艮寅 ❍ 辰巽龍 壬坎坐入首 壬坎坐 坤申破
건해 ❍ 축간용 경태좌입수 경태좌 손사파	간인 ❍ 진손용 임감좌입수 임감좌 곤신파
巽巳 ❍ 未坤龍 庚兌坐入首 庚兌坐 癸丑艮寅破	坤申 ❍ 戌乾龍 壬坎坐入首 壬坎坐 乙辰巽巳破
손사 ❍ 정미용 경태좌입수 경태좌 계축간인파	곤신 ❍ 술건용 임감좌입수 임감좌 을진손사파
巽巳 ❍ 未坤龍 甲卯坐入首 甲卯坐 乾亥破	坤申 ❍ 戌乾龍 丙午坐入首 丙午坐 艮寅破
손사 ❍ 정미용 갑묘좌입수 갑묘좌 건해파	곤신 ❍ 술건용 병오좌입수 병오좌 간인파

이 4고장룡의 을진乙辰, 신술辛戌, 계축癸丑, 정미丁未룡의 기氣를 많이 받는 혈에 있는 샘은 매우 길하다. 이 샘물이 마른다는 것은 복福이 다한

다는 의미이므로 유의해야 한다. 4고장庫藏인 진술축미辰戌丑未는 파구破口를 의미하고 재물의 보고寶庫이기 때문이다.

일월행용日月行龍				인도행용人道行龍			
丙午龍 巽巳坐入首	丁未甲卯分枝	巽坐	辛戌破	辛戌龍 庚兌坐入首	乾亥丁未分枝	酉坐	丁未破
병오룡 손사좌입수	정미갑묘분지	손좌	신술파	신술룡 경태좌입수	건해정미분지	유좌	정미파
甲卯龍 艮寅坐入首	壬子乙辰分枝	艮坐	丁未破	丁未龍 丙午坐入首	坤申乙辰分枝	午坐	乙辰破
갑묘룡 간인좌입수	임자을진분지	간좌	정미파	정미룡 병오좌입수	곤신을진분지	오좌	을진파
壬坎龍 乾亥坐入首	癸丑庚兌分枝	乾坐	乙辰破	乙辰龍 甲卯坐入首	巽巳癸丑分枝	卯坐	癸丑破
임감룡 건해좌입수	계축경태분지	건좌	을진파	을진룡 갑묘좌입수	손사계축분지	묘좌	계축파
乙辰龍 甲卯坐入首	巽巳癸丑分枝	卯坐	癸丑破	癸丑龍 壬坎坐入首	艮寅辛戌分枝	子坐	辛戌破
을진룡 갑묘좌입수	손사계축분지	묘좌	계축파	계축룡 임감좌입수	간인신술분지	자좌	신술파

丙午龍 巽巳坐入首	丁未甲卯分枝	巽坐	辛戌破	辛戌龍 庚兌坐入首	乾亥丁未分枝	酉坐	丁未破
병오룡 손사좌입수	정미갑묘분지	손좌	신술파	신술룡 경태좌입수	건해정미분지	유좌	정미파

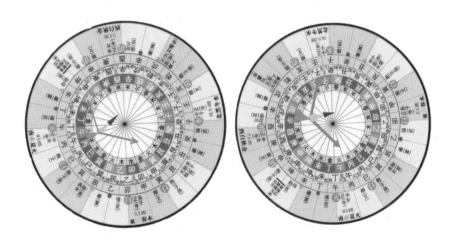

4.3 직룡자사절봉군지지直龍自四節封君之地

용이란 일반적으로 하나의 형태로 흐르다 주룡主龍인 본신룡本身龍이 방향을 틀면서[154] 분각分角이나 분지分枝를 형성하는 것이 보통이다. 그런데 직룡자사절直龍自四節이란 방향을 선회하지 않으면서 좌우로 용이 교차하듯이 분룡分龍이 형성되어 2절과 같은 4절의 용맥을 말하거나, 용입수와 좌입수가 같은 경우를 직룡直龍에 직좌直坐 내지 자사절自四節이라고 한다. 따라서 직룡자사절은 주맥主脈이 좌입수坐入首 2절 + 용입수龍入首 2절로 좌의 뒤가 모두 동궁同宮 내 일직一直으로 형성된 4절의 직룡자사절直龍自四節 성국成局을 말한다.

고전에 있는 직룡자사절 봉군지지 ▶

작혈 내용
1. 一六水 乙辰出脈(龍 · 龍入首) 左右艮寅丙午分枝角間 乙辰成局(龍 · 坐入首) 乙辰坐 辛戌破 1. 일육수 을진출맥(용 · 용입수) 좌우간인병오분지각간 을진성국(용 · 좌입수) 을진좌 신술파
2. 二七火 辛戌出脈(龍 · 龍入首) 左右坤申壬坎分枝角間 辛戌成局(龍 · 坐入首) 辛戌坐 乙辰破 2. 이칠화 신술출맥(용 · 용입수) 좌우곤신임감분지각간 신술성국(용 · 좌입수) 신술좌 을진파
3. 三八木 丁未出脈(龍 · 龍入首) 左右巽巳庚兌分枝角間 丁未成局(龍 · 坐入首) 丁未坐 癸丑破 3. 삼팔목 정미출맥(용 · 용입수) 좌우손사경태분지각간 정미성국(용 · 좌입수) 정미좌 계축파
4. 四九金 癸丑出脈(龍 · 龍入首) 左右乾亥甲卯分枝角間 癸丑成局(龍 · 坐入首) 癸丑坐 丁未破 4. 사구금 계축출맥(용 · 용입수) 좌우건해갑묘분지각간 계축성국(용 · 좌입수) 계축좌 정미파
5. 壬坎壬坎行 乾亥起伏癸脈 乾甲分枝角間 癸坐 丁未破 三十年內封君 丙午得巽破 當代封君 5. 임감임감행 건해기복계맥 건갑분지각간 계좌 정미파 삼십년내봉군 병오득손파 당대부군
6. 庚兌庚兌坤申坤申起伏辛脈 坤壬分枝角間 辛坐 甲卯得 癸丑破 當代封君 乙辰破 六十年內封君 6. 경태경태곤신곤신기복신맥 곤임분지각간 신좌 갑묘득 계축파 당대부군 을진파 육십년내봉군
7. 丙午丙午行 巽起伏丁脈 巽庚分枝角間 丁坐 壬坎得 辛戌破 二代封君 癸丑破 四十年內封君 7. 병오병오행 손기복정맥 손경분지각간 정좌 임감득 신술파 이대봉군 계축파 사십년내봉군
8. 甲卯甲卯艮寅艮寅起伏乙脈 艮丙分枝角間 乙坐 庚兌得 丁未破 三代封君 辛戌破 二十年內封君 8. 갑묘갑묘간인간인기복을맥 간병분지각간 을좌 경태득 정미파 삼대봉군 신술파 이십년내봉군
9. 壬坎壬坎戌乾戌乾龍(壬坎後龍, 戌乾龍入首) 壬坎坐(坐入首) 坤申得 乙辰破 三代出封君 9. 임감임감술건술건용(임감후룡, 술건용입수) 임감좌(좌입수) 곤신득 을진파 삼대출봉군
10. 庚兌庚兌未坤未坤龍(庚兌後龍, 未坤龍入首) 庚胎坐(坐入首) 巽巳得 癸丑破 六代出封君 10. 경태경태미곤미곤용(경태후룡, 미곤용입수) 경태좌(좌입수) 손사득 계축파 육대출봉군
11. 丙午丙午辰巽辰巽龍(丙午後龍, 辰巽龍入首) 丙午坐(坐入首) 艮寅得 辛戌破 四代出封君 11. 병오병오진손진손용(병오후룡, 진손용입수) 병오좌(좌입수) 간인득 신술파 사대출봉군
12. 甲卯甲卯丑艮丑艮龍(甲卯後龍, 丑艮龍入首) 甲卯坐(坐入首) 乾亥得 丁未破 二代出封君 12. 갑묘갑묘축간축간용(갑묘후룡, 축간용입수) 갑묘좌(좌입수) 건해득 정미파 이대출봉군

154) 旋回선회

직룡자4절의 경우 '말로는 쉽게 다 표현할 수 없고 마음과 눈이 아니면 전수하지 못하는 것이니 신중하고 신중하라' 했다.[155] 용이 혈을 만들 때[156]는 3~4번의 굴절박환屈節剝換과 과협박환過峽剝換이 있어야 한다. 그런 자리는 큰 자리[157]를 형성한다. 직룡에 자사절自四節이면 부귀富貴이니 자손들의 부귀인들 말이 필요 없다.[158] 용龍, 좌坐, 득得, 파破 중에 형기살을 범하면[159] 자손가운데 역모를 꾸미는 자손[160]이 나와 죽어나가는 자손이 많다. 직룡자사절봉군지지는 후룡에 4정正, 4순順, 4강强이 합행하여 용맥을 형성하여 수리數里에 걸쳐 길게 행룡한 후 건곤간손의 4태胎와 함께하는 용맥이 많아 그 기氣를 받아 4고장庫藏인 진술축미와 함께 을신정계[161]로 혈이 맺혀지면 봉군장상이 난다.[162]

4.4 당대 대장지지와 장상지지當代 大將之地와 將相之地

당대에 무인武人이 나는 대장지지는 진술축미인 4고장의 이궁동행룡인 천룡을 말한다. 무인이란 현재의 사법기관인 법무, 경찰, 군인, 교정, 스포츠인 등과 같은 사람을 말한다. 부모산에서 행룡한 용이 만두 결혈처까지의 용입수와 전 단계의 내룡來龍인 4절룡[613]을 보아 천룡인 축간丑艮, 미곤未坤, 술건戌乾, 진손辰巽 용의 맥 아래 무인을 상징하는 4강좌强坐일 경우 통맥의 힘으로 당대에 대장이 난다. 대장이란 소속된 무인조직의 대표인 수장급에 해당하는 인물이란 뜻이다.

장상지지將相之地는 좌·우선룡에 좌·우선좌의 원칙을 따르며 4절룡[164]에서 결혈 후 좌는 반드시 용입수절 앞의 절과 같은 궁의 좌로 된 경우이다. 예를 들면, 손사경태룡의 4절[165]에서 용입수는 경태이고 용입수 앞절룡은 손사룡이다. 이때 좌가 손사로 될 경우 장상지지라는 의미이다. 여기서 손사 경태 손사좌는 모두 좌선이다. 따라서 우선으로 된 경우도 장상지지이다. 또한 용입수가 무인천룡武人賤龍인 경우 좌·우선좌에 구애받지 않는 경우도 장상지지에 해당한다. 그리고 장상지지로 천도행룡교구법天道行龍交媾法이란 것이 있다. 이 법은 6절[166]로 된 용맥과 좌의 관계로 구성되어 있다. 즉, 조자손삼대법의 천지조天之祖인 건곤간손乾坤艮巽[167]룡이 첫 6절로 시작하여 다음 절인 4절룡이 천룡인 축간丑艮, 미곤未坤, 진손辰巽, 술건戌乾용이 되어 상호 화친[168]하고, 용입수와 좌가 같아 직룡직입수直龍直入首에 직좌直坐로 장상이 난다.[169] 이는 하늘과 통하는 이치이다.[170]

166) 실제로 3절
167) 4胎태
168) 交媾교구
169) 出將相출장상
170) 通天道통천도

고전에 있는 당대 장상지지 내용 ▶

작혈 내용
1. 丑艮庚兌龍 癸丑坐 丁未巽巳破 當代大將 四代封君 九代兵判出 寅通丁 丑通庚 酉通艮之理 1. 축간경태용 계축좌 정미손사파 당대대장 사대봉군 구대병판출 인통정 축통경 유통간지리
2. 未坤甲卯龍 丁未坐 癸丑乾亥破 當代大將 二代判君 八代兵判出 辛通癸 卯通坤 未通甲之理 2. 미곤갑묘룡 정미좌 계축건해파 당대대장 이대판군 팔대병판출 신통계 묘통곤 미통갑지리
3. 戌乾丙午龍 辛戌坐 乙辰艮寅破 當代大將 二代判君 七代兵判出 午通乾 亥通乙 戌通丙之理 3. 술건병오룡 신술좌 을진간인파 당대대장 이대판군 칠대병판출 오통건 해통을 술통병지리
4. 辰巽壬坎龍 乙辰坐 辛戌坤申破 當代大將 六代判君 六代兵判出 子通巽 辰通壬 巳通辛之理 4. 진손임감룡 을진좌 신술곤신파 당대대장 육대판군 육대병판출 자통손 진통임 사통신지리

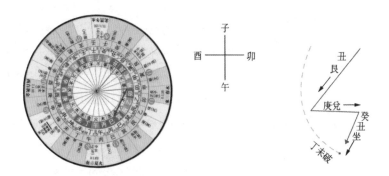

고전에 있는 장상지지 내용 ▶

巽巳庚兌龍巽巳坐 손사경태용손사좌	乾亥甲卯龍乾亥坐 건해갑묘용건해좌	癸丑巽巳龍癸丑坐 계축손사용계축좌	丁未乾亥龍丁未坐 정미건해용정미좌	乾亥丁未龍乾亥坐 건해정미용건해좌
巽巳癸丑龍巽巳坐 손사계축용손사좌	癸丑庚兌龍癸丑坐 계축경태용계축좌	丁未甲卯龍丁未坐 정미갑묘용정미좌	庚兌巽巳龍庚兌坐 경태손사룡경태좌	甲卯乾亥龍甲卯坐 갑묘건해용갑묘좌
庚兌癸丑龍庚兌坐 경태계축용경태좌	甲卯丁未龍甲卯坐 갑묘정미용갑묘좌	巽巳丑艮龍甲卯坐 손사축간용갑묘좌	乾亥未坤龍庚兌坐 건해미곤용경태좌	坤申壬坎龍坤申坐 곤신임감용곤신좌
艮寅丙午龍艮寅坐 간인병오룡간인좌	乙辰壬坎龍乙辰坐 을진임감용을진좌	辛戌坤申龍辛戌坐 신술곤신용신술좌	艮寅乙辰龍艮寅坐 간인을진용간인좌	坤申辛戌龍坤申坐 곤신신술용곤신좌
乙辰丙午龍乙辰坐 을진병오룡을진좌	辛戌壬坎龍辛戌坐 신술임감용신술좌	坤申戌乾龍壬坎坐 곤신술건용임감좌	艮寅辰巽龍丙午坐 간인진손용병오좌	艮寅辰巽龍壬坎坐 간인진손용임감좌
坤申戌乾龍丙午坐곤신술건용병오좌(坤申後龍곤신후룡, 戌乾龍入首술건용입수)				

乾亥丑艮甲卯龍甲卯坐 건해축간갑묘룡갑묘좌	艮寅辰巽丙午龍丙午坐 간인진손병오룡병오좌	巽巳未坤庚兌龍庚兌坐 손사미곤경태룡경태좌	乾亥丑艮庚兌龍庚兌坐 건해축간경태룡경태좌
艮寅辰巽壬坎龍壬坎坐 간인진손감룡임감좌	坤申戌乾丙午龍丙午坐 곤신술건병오용병오좌	巽巳未坤甲卯龍甲卯坐 손사미곤갑묘룡갑묘좌	坤申戌乾壬坎龍壬坎坐 곤신술건임감룡임감좌

고전에 있는
천도행용교구법 내용 ▲

4.5 만대영화지지와 금시발복지지萬代榮華之地와 今時發福之地

만대영화지지는 왕비지지王妃之地와 군왕장상지지君王將相之地 두 가지
가 있다. 용이 행룡하여 혈을 만들 때[171] 주산에서 혈처 사이에 3~4회
의 박환剝換[172]을 거치면 이는 분명 대혈大穴이므로 부귀와 자손이 창성
한다. 용의 대세大勢로 혈이 형성되고 후룡後龍이 4포胞[173]나 4태胎[174]룡
이 주로 형성되어 있으면 자손 가운데 대현大賢이 나오고 국가에서 녹
봉을 받으며, 사후에 제사를 지내주는 혈식지인血食之人[175]이 난다. 용龍,
좌坐, 득得, 파破 중에 형기살을 범하면 자손이 역모를 꾀하는 자손이 나
와 멸족의 화禍를 당한다.

금시발복지지는 발복이 빨리 나타나는 혈을 말한다. 그러한 혈이 만
들어지기 위해서는 입수룡을 비롯한 여러 가지 조건들을 갖추어야 한다.
금시발복지지의 조건은 용입수와 좌, 그리고 좌를 받쳐주는 귀성鬼星내
지는 귀맥鬼脈과 같은 지맥支脈의 유무에 따라 입수룡과 분지맥分枝脈의
여러 조건을 달리 함으로써 금시발복지지가 형성된다. 좌를 뒤에서 받
쳐주는 귀맥 같은 지맥인 후장後帳이 있어야 하는 경우는 총 27개로 대부
분 직룡자4절의 횡룡입수의 경우에 해당한다.

횡룡입수橫龍入首에서 횡룡의 경우는 반드시 결인이 있어야 하고 결인
이 없으면 후장이 그 역을 대행한다. 후장이 없는 금시발복지지의 경우
는 대부분 와겸혈窩鉗穴에 해당한다. 금시발복지지는 4태胎의 건곤간손乾
坤艮巽과 4강强의 을신정계乙辛丁癸의 대세大勢로 그 이치를 가히 알 수 있
고, 급히 산과 물을 건너[176]는 이치이니 이는 타룡他龍을 참작하여 그 이
치를 논하여야 한다. 특히 주의할 점은 후장의 경우 만두처에서 뻗어나

171) 作穴時작혈시
172) 過峽과협
173) 인신사해寅申巳亥
174) 건곤간손乾坤艮巽
175) 국가에서 제사를 지내주는 사람

176) 越山到水월산도수

가는 향방향이 아니라 좌방향에서 입행入行하는 래룡來龍으로 후장의 귀맥鬼脈을 측정하여야 한다.

간인임계기복 일지갑묘출각 임해낙맥 건해경태용하 건갑분지 계축좌 정미파칙
艮寅壬癸起伏 一枝甲卯出脚 壬亥落脈 乾亥庚兌龍下 乾甲分枝 癸丑坐 丁未破則
出二妃 三相八判 寅通丁 兌通艮 丑通庚之理 출이비 삼상팔판 인통정 태통간 축통경지리

건해신태기봉 일지임감낙각 신경낙맥 곤신병오룡하 곤임분지 신술좌 을진파칙
乾亥辛兌起峰 一枝壬坎出脚 申庚落脈 坤申丙午龍下 坤壬分枝 辛戌坐 乙辰破則
出三妃 六相十判 亥乙午乾戌丙 相通之理 출삼비 육상십판 해을오건술병 상통지리

곤신오정기복 일지경태출각 사병낙맥 손사갑묘룡하 정미좌 계축파칙
坤申午丁起伏 一枝庚兌出脚 巳丙落脈 巽巳甲卯龍下 丁未坐 癸丑破則
出一妃 四相九判 申癸通坤未甲 相通之理 출일비 사상구판 신계묘곤미갑 상통지리

손사묘을기봉 일지병오출각 인갑낙맥 간인임감용하 병간분지 을진좌 신술파칙
巽巳卯乙起峰 一枝丙午出脚 寅甲落脈 艮寅壬坎用下 丙艮分枝 乙辰坐 辛戌破則
出四妃 七相七判巳通辛 子通坎 辰通壬之理 출사비 칠상칠판사통신 자통손 진통임지리

손사손사행용 축미교구지하 미맥하 갑묘좌 건해파 巽巳巽巳行龍 丑未交媾之下 未脈下 甲卯坐
乾亥破 九代孫出貴妃 然 葬後四日內女死 萬代榮華 구대손출귀비 연 장후사일내여사 만대영화

건해건해행용 축미교구지하 축맥하 경태좌 손사파 乾亥乾亥行龍 丑未交媾之下 丑脈下
庚兌坐 巽巳破 八代相 八代孫出 貴妃 然 葬之三日內女死 萬代榮華 팔대상 팔대손출 귀비 연
장지삼일내여사 만대영화

곤신곤신행용 진술교구지하 술맥하 병오좌 신술파. 육대상 육대손출 귀비 연 만대영화
坤申坤申行龍 辰戌交媾之下 戌脈下 丙午坐 辛戌破. 六代相 六代孫出 貴妃 然 萬代榮華

간인간인행용 진술교구지하 진맥하 임감좌 곤신파. 칠대상 칠대손출 귀비 만대영화
艮寅艮寅行龍 辰戌交媾之下 辰脈下 壬坎坐 坤申破. 七代相 七代孫出 貴妃 萬代榮華

갑묘갑묘행용 사해교구지하 사맥하 계축좌 경파. 십팔대장상 구대손출 귀비
甲卯甲卯行龍 巳亥交媾之下 巳脈下 癸丑坐 庚破. 十八代將相 九代孫出 貴妃

임감임감행용 인신교구지하 인맥하 신술좌 병파 壬坎壬坎行龍 寅申交媾之下 寅脈下 辛戌坐
丙破 十四代將相 七代孫出 貴妃 然 葬後六七日內 長子亡 십사대장상 칠대손출 귀비 연
장후육칠일내 장자망

경태 ◐ 경태행용 사해교구지하 해맥하 정미좌. 십육대장상 팔대손출귀비
庚兌 ◐ 庚兌行龍 巳亥交媾之下 亥脈下 丁未坐. 十六代將相 八代孫出貴妃

병오 ◐ 병오행용 인신교구지하 신맥하 을진좌 임감파. 십이대장상 육대손출귀비
丙午 ◐ 丙午行龍 寅申交媾之下 辛脈下 乙辰坐 壬坎破. 十二代將相 六代孫出貴妃

계축 ◐ 계축행용 묘유교구지하 묘맥하 건해좌 정미파. 십육대장상 팔대손출귀비
癸丑 ◐ 癸丑行龍 卯酉交媾之下 卯脈下 乾亥坐 丁未破. 十六代將相 八代孫出貴妃

정미 ◐ 정미행용 묘유교구지하 유맥하 손사좌 계축파. 십팔대현달 구대손출귀비
丁未 ◐ 丁未行龍 卯酉交媾之下 酉脈下 巽巳坐 癸丑破. 十八代顯達 九代孫出貴妃

을진 ◐ 을진행용 자오교구지하 오맥하 간인좌 신술파. 십사대현달 칠대손출귀비
乙辰 ◐ 乙辰行龍 子午交媾之下 午脈下 艮寅坐 辛戌破. 十四代顯達 七代孫出貴妃

신술 ◐ 신술행용 자오교구지하 자맥하 곤신좌 임감파. 십이대현달 육대손출귀비
辛戌 ◐ 辛戌行龍 子午交媾之下 子脈下 坤申坐 壬坎破. 十二代顯達 六代孫出貴妃

또한 귀에 해당하는 후장을 좌입수맥으로 오인誤認해서는 안 된다. 반드시 혈판의 구성요건을 보면 귀맥인 후장은 갖추고 있지 않다. 혈장후면穴場後面에 귀鬼가 크고 단단하게 뭉쳐있는 경우도 금시발복지지에 해당한다. 고전에 명기된 금시발복지지를 보면 일부 내용은 배산임수의 절대원칙에 어긋나게 좌坐가 되어 있음을 볼 수 있다. 그러나 이는 배산에 상응하는 분지맥分枝脈과 같은 지각枝角을 가지고 있다는 것을 의미한다.

고전에 있는 금시발복지지 내용 ▶

을진용 간인후장 곤신좌정파 乙辰龍 艮寅後帳 坤申坐丁破	을진용 곤신후장 간인좌신파 乙辰龍 坤申後帳 艮寅坐辛破	을진용 병오후장 임감좌곤파 乙辰龍 丙午後帳 壬坎坐坤破
을진용 임감후장 병오좌간파 乙辰龍 壬坎後帳 丙午坐艮破	정미용 손사후장 건해좌갑파 丁未龍 巽巳後帳 乾亥坐甲破	정미용 건해후장 손사좌경파 丁未龍 乾亥後帳 巽巳坐庚破
정미용 경태후장 갑묘좌건파 丁未龍 庚兌後帳 甲卯坐乾破	정미용 갑묘후장 경태좌축파 丁未龍 甲卯後帳 庚兌坐丑破	신술용 곤신후장 간인좌병파 辛戌龍 坤申後帳 艮寅坐丙破
신술용 간인후장 곤신좌병파 辛戌龍 艮寅後帳 坤申坐丙破	신술용 병오후장 임감좌진파 辛戌龍 丙午後帳 壬坎坐辰破	신술용 임감후장 병오좌진파 辛戌龍 壬坎後帳 丙午坐辰破
계축용 건해후장 손사좌경파 癸丑龍 乾亥後帳 巽巳坐庚破	계축용 손사후장 건해좌정파 癸丑龍 巽巳後帳 乾亥坐丁破	계축용 경태후장 갑묘좌정파 癸丑龍 庚兌後帳 甲卯坐丁破
계축용 갑묘후장 경태좌손파 癸丑龍 甲卯後帳 庚兌坐巽破	간인용 을진후장 신술좌병파 艮寅龍 乙辰後帳 辛戌坐丙破	간인용 신술후장 을진좌임파 艮寅龍 辛戌後帳 乙辰坐壬破
곤신용 병오후장 임감좌진파 坤申龍 丙午後帳 壬坎坐辰破	곤신용 임감후장 병오좌술파 坤申龍 壬坎後帳 丙午坐戌破	건해용 경태후장 갑묘좌정파 乾亥龍 庚兌後帳 甲卯坐丁破
건해용 갑묘후장 경태좌축파 乾亥龍 甲卯後帳 庚兌坐丑破	손사용 계축후장 정미좌갑파 巽巳龍 癸丑後帳 丁未坐甲破	손사용 정미후장 계축좌경파 巽巳龍 丁未後帳 癸丑坐庚破
갑묘용 정미후장 계축좌경파 甲卯龍 丁未後帳 癸丑坐庚破	갑묘용 계축후장 정미좌갑파 甲卯龍 癸丑後帳 丁未坐甲破	손사용 갑묘후장 경태좌손파 巽巳龍 甲卯後帳 庚兌坐巽破

간인용 병오후무장 간신각 임감좌 진파 艮寅龍 丙午後無帳 艮辛角 壬坎坐 辰破	건해용 정미후무장 건갑각 계축좌 경파 乾亥龍 丁未後無帳 乾甲角 癸丑坐 庚破
병오용 신술후무장 간병각 을진좌 임파 丙午龍 辛戌後無帳 艮丙角 乙辰坐 壬破	병오용 을진후무장 곤임각 신술좌 병파 丙午龍 乙辰後無帳 坤壬角 辛戌坐 丙破
병오용 곤신후무장 임을각 간인좌 신파 丙午龍 坤申後無帳 壬乙角 艮寅坐 辛破	갑묘용 계축후무장 손경각 정미좌 갑파 甲卯龍 癸丑後無帳 巽庚角 丁未坐 甲破
갑묘용 정미후무장 건갑각 계축좌 경파 甲卯龍 丁未後無帳 乾甲角 癸丑坐 庚破	갑묘용 건해후무장 정갑각 손사좌 경파 甲卯龍 乾亥後無帳 丁甲角 巽巳坐 庚破
갑묘용 손사후무장 계경각 건해좌 정파 甲卯龍 巽巳後無帳 癸庚角 乾亥坐 丁破	곤신용 을진후무장 곤임각 신술좌 병파 坤申龍 乙辰後無帳 坤壬角 辛戌坐 丙破

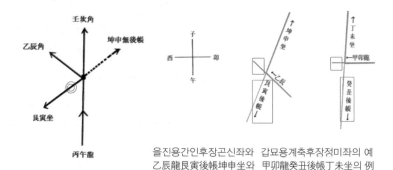

을진용간인후장곤신좌와 갑묘용계축후장정미좌의 예
乙辰龍艮寅後帳坤申坐와 甲卯龍癸丑後帳丁未坐의 例

4.6 속발·자자손손·기년내 발복지지速發·子子孫孫·期年內 發福之地

속발지지는 빠르게 발복이 되는 혈이란 뜻으로 아침에 가난했으나 날이 저물 때 부자가 된다(朝貧暮富조빈모부)는 의미도 가지고 있다. 속발지지는 용입수와 좌, 그리고 득파와의 관계로 되어 있다. 자자손손부귀지지는 자손대대로 부귀가 이어진다는 혈을 말하며, 좌와 득수 득파와의 관계로 되어 있다. 즉, 4정正坐인 자오묘유좌에 득得과 파破를 보아 4포胞인 인신사해寅申巳亥 득수得水에 4장藏破인 진술축미 득파得破는 자자손손子子孫孫 모두 부귀가 발하는 격이다.

고전에 있는 속발·자자손손·
기년내 발복지지 내용 ▶

속발지지	을진용 · 좌입수 인좌 정파(乙辰龍坐入首 寅坐 丁破). 을진용 · 좌입수 오좌 임파(乙辰龍坐入首 午坐 壬破). 경태용 · 좌입수 사좌 축파(庚兌龍坐入首 巳坐 丑破). 계축용 · 좌입수 해좌 을파(癸丑龍坐入首 亥坐 乙破). 신용 · 좌입수 자좌 손파(辛龍坐入首 子坐 巽破). 갑용 · 좌입수 미좌 손파(甲龍坐入首 未坐 巽破). 병용 · 좌입수 술좌 간파(丙龍坐入首 戌坐 艮破).
자자손손 부귀지지	임감좌 간인득 신술파(壬坎坐 艮寅得 辛戌破). 갑묘좌 손사득 계축파(甲卯坐 巽巳得 癸丑破). 병오좌 곤신득 을진파(丙午坐 坤申得 乙辰破). 경태좌 건해득 정미파(庚兌坐 乾亥得 丁未破).
기년내 발복지지	미곤용 묘좌 불기년생자(未坤龍 卯坐 不期年生子). 곤신용 자좌 불기년성공(坤申龍 子坐 不期年成功). 곤신용 오좌 삼월내득재(坤申龍 午坐 三月內得財). 축간용 유좌 불기년생녀(丑艮龍 酉坐 不期年生女).

자자손손부귀지지의 4정正은 조자손삼대법에서 지지자부地之子婦에 해당하며, 4포胞는 지지조모地之祖母이고 4장藏은 지지손부地之孫婦에 해당한다. 기년내 발복지지는 혈에 용사한 후 당해 년을 넘기기 전에 발복을 받는다는 혈을 말한다. 모두 자손, 부귀와 관련이 있다.

4.7 간종손법과 생자지지看宗孫法과 生子之地

간종손법은 종손의 길흉관계를 용입수로 설명하는 이론으로 정오행수로써 길흉계대吉凶繼代를 추산하는 이론이다. 용입수의 일절一節을 1대代나 혹은 3대代로 풀이한다. 즉, 일육수一六水, 이칠화二七火, 삼팔목三八木, 사구금四九金, 오십토五十土의 오행배정수를 적용하여 해석한다. 예를 들면 간인룡艮寅龍은 정오행상 화火이고 2·7수數가 배정되어 있다. 간인룡이 짧으면 2대에서 절손絕孫되고, 절손되었으니 3대에서 양자손養子孫이 들어온다. 그러나 간인룡이 길면 성수成數를 대입하여 7대代에서 절손되고 8대代에서 양자손이 들어와 계대繼代를 잇게 된다.

생자지지生子之地는 자손을 얻는 관계를 보는 이론으로 정오행과 삼합오행을 활용한다. 입수룡과 좌坐로써 오행수를 가린다. 정오행과 삼합오행을 병용倂龍한다는 의미이다. 예를 들면, 정오행을 적용할 경우 간병룡입수艮丙龍入首에 을좌입수乙坐入首 을좌乙坐는 8명의 팔자八子를 낳는다. 이는 정오행상으로 을乙이 목木이 되기 때문이다. 그러나 삼합오행과 정오행을 함께 적용하면 상황은 다르다. 가령 을좌乙坐인 경우는 목木으로 3과 8자子를 득해야 함에도 1·6자子를 얻었다면 이는 해룡亥龍에 유입수酉入首가 길면서 유좌酉坐가 되면 해룡은 삼합으로 목木이니 3이고 유좌酉坐는 금金으로 4이니 합해서 칠자七子가 된다.

또한 해亥는 본래 정오행으로 수水이기 때문에 6자子를 낳는다.[177] 또 다른 예로 임룡壬龍에 자좌子坐는 정오행으로 자손 몇 형제를 두는 것이니 목木의 3·8과 금국의 4·9와 수국水局의 1·6과 화국火局의 2·7 수數로

177) 타룡도 동일한 원리로 미루어 살핀다.

써 헤아린다면 인명의 수를 대입하여 부귀를 소상하게 알 수 있다. 용의 길고 짧음으로 추산해 본다면 비록 여러 국局이라도 같은 원리로 추산할 수 있다.

고전에 있는 간종손법과 생자지지 내용 ▶

간종손법	건해 ◐ 곤신 ◐ 손사 ◐ 간인용(국) 장손대발 지손불발 서손망-문관국 乾亥 ◐ 坤申 ◐ 巽巳 ◐ 艮寅龍(局) 長孫大發 支孫不發 庶孫亡-文官局		
	갑묘 ◐ 병오 ◐ 경태 ◐ 임감용(국) 중손대발 장손불발 서손불발-문관국 甲卯 ◐ 丙午 ◐ 庚兌 ◐ 壬坎龍(局) 中孫大發 長孫不發 庶孫不發-文官局		
	을신 ◐ 성미 ◐ 신술 ◐ 계축용(국) 서손대발 장손지손불발-무관국 乙辰 ◐ 丁未 ◐ 辛戌 ◐ 癸丑龍(局) 庶孫大發 長孫支孫不發-武官局		
	간인불장칙 이대절 삼대입후 대장칙 칠대절 팔대입후 艮寅不長則 二代絕 三代入後 大長則 七代絕 八代入後		
	손사불장칙사대절 오대입후 대장칙 구대절 십대입후 巽巳不長則四代絕 五代入後 大長則 九代絕 十代入後		
	곤신불장칙육대절 칠대입후 대장칙십대절 십일대입후 坤申不長則六代絕 七代入後 大長則十代絕 十一代入後		
	건해불장칙삼대절 사대입후 대장칙팔대절 구대입후 乾亥不長則三代絕 四代入後 大長則八代絕 九代入後		
생자지지	간병입각지하 을입수 을좌 생팔자 艮丙入脚之下 乙入首 乙坐 生八子		간룡하 임입수장 임좌칙 생육자 艮龍下 壬入首長 壬坐則 生六子
	간용하 신좌칙 생사자 艮龍下 辛坐則 生四子		

4.8 출아향지지와 천덕좌지지出亞鄕之地와 天德坐之地

출아향出亞鄕이란 고향을 떠난다는 말이다. 고향에서 살지 왜 떠나야 한다고 할지 모르지만 타향에서 성공한다는 의미이다. 타향살이는 이리저리 옮겨가는 삶이다. 정착해서는 성공할 수 없는 경우이다. 풍수에서의 이런 땅은 지방수령이나 무인들의 삶과 연관을 짓는다. 따라서 출아향지지는 주로 이궁동행룡異宮同行龍인 무인천룡武人賤龍으로 변방의 주요 요직을 맡는 관리를 뜻한다. 군인, 경찰, 지방관리, 운동을 업으로 하는 사람들이 해당한다. 천룡은 4고장인 진술축미를 끼고 있는 불배합궁인 이궁동행룡에서 주어진다. 12개의 사룡死龍중 유일한 생룡生龍으로 오히려 다른 생룡 못지않게 좋은 용이다.

천룡은 4태인 건곤간손의 기氣가 강하다. 예를 들면 진손룡辰巽龍으로 래룡來龍한 용맥아래에서 병오룡입수丙午龍入首, 을좌입수乙坐入首, 을좌乙坐로 갖추어져 있으면 먼저 부자가 되고 후에 훌륭한 인물이 난다.[178] 이는 천룡아래의 용맥이 4순順인 갑경병임甲庚丙壬의 용입수로 4강强인 을신정계乙辛丁癸의 좌坐로 용사하면 타향에서 크게 번창하여 무관武官이 난다. 특히 용龍, 좌坐, 득파得破의 관계가 천덕天德이나 월덕파月德破가 아니면 음택이나 양택을 조장造裝[179]하지 않는다. 천룡은 사고장인 진술축미를 끼고 있는 이궁동행룡을 말하지만, 4고장룡이란 진술축미의 동궁동행룡을 말한다. 천룡과 4고장룡은 명당의 대지에 속하며, 그 발복이 빨리 나타나는 속성지지에 해당한다. 천룡은 축간, 미곤, 진손, 술건이며 사고장룡은 계축, 을진, 정미, 신술룡이다. 좌향을 잡을 때[180] 천룡은 양좌兩坐를 선택할 수 있고 좌ㆍ우선룡의 절대 원칙에 구애 받지 않는다.

고전에 있는
출아향지지 내용 ▶

진손맥하 병오용 을진입수 을좌 임감파 辰巽脈下 丙午龍 乙辰入首 乙坐 壬坎破 先富後貴 八代出現(선부후귀 8대출현)	병오용 정미갑묘분지 손좌 신술파 丙午龍 丁未甲卯分枝 巽坐 辛戌破 二代生七子 大富貴(2대생7자 대부귀)
술건맥하 임감용 신술입수 신좌 간인파 戌乾脈下 壬坎龍 辛戌入首 辛坐 艮寅破 先富後貴 七代出現(선부후귀 7대출현)	갑묘용 을진임감분지 간좌 정미파 甲卯龍 乙辰壬坎分枝 艮坐 丁未破 二代生七子 大富貴(2대생7자 대부귀)
축간맥하 갑묘용 계축입수 계좌 경태파 丑艮脈下 甲卯龍 癸丑入首 癸坐 庚兌破 先富後貴 五代出現(선부후귀 5대출현)	임감용 간인경태분지 건좌 을진파 壬坎龍 艮寅庚兌分枝 乾坐 乙辰破 當代生十子 大發福(당대생10자 대발복)
미곤맥하 경태용 정미입수 정좌 갑묘파 未坤脈下 庚兌龍 丁未入首 丁坐 甲卯破 先富後貴 五代出現(선부후귀 5대출현)	경태용 신술병오분지 곤좌 계축파 庚兌龍 辛戌丙午分枝 坤坐 癸丑破 四代生九子 大發福(4대생9자 대발복)

축간룡丑艮龍 입수일 경우 축좌나 간좌나 용입수 30도 각도내에서 좌향을 잡을 수 있다. 다른 말로 입수룡을 24룡으로 15도 각도로 세분하여 측정하여 축룡丑龍의 경우 축좌丑坐나 간자艮坐, 간룡艮龍입수의 경우에도 축좌나 간좌로 좌향을 결정해도 무방하다는 의미가 된다. 그러나 사고장룡四庫藏龍의 경우는 반드시 지켜야 할 규칙이 있다. 만약 계축룡癸丑

178) 先富後貴선부후귀
179) 用事용사
180) 立向입향

龍으로 입수한 4고장룡일 경우 다시 세분하여 계룡癸龍으로 입수하였는지 축룡丑龍으로 입수하였는지를 엄밀히 살펴야 한다. 축룡으로 입수하였다면 반드시 축좌丑坐로만 가능하다. 계좌癸坐를 하면 안된다는 의미이다. 또한 계룡癸龍으로 입수했다면 반드시 계좌癸坐로만 입향立向해야 한다. 축좌丑坐로 좌향을 잡아서는 안된다는 것을 말한다. 반드시 직룡直龍에 직좌直坐만이 합법하다는 것을 의미한다. 이 규칙을 어기면 오히려 엄청난 재앙을 불러오는 사룡死龍에 사좌死坐가 된다.

천덕좌지지天德坐之地는 입수룡이 4고장庫藏인 진술축미辰戌丑未룡에 좌坐가 4순順인 갑경병임甲庚丙壬좌로 이루어진 혈을 말한다. 을진룡입수에 임좌, 정미룡입수에 갑좌, 계축룡입수에 경좌, 신술룡입수에 병좌가 이에 해당한다. 천덕좌지지는 용과 좌가 상통하는 천덕의 이치로 맺어진 혈이다. 발복發福으로는 갑과甲科에 합격자가 나고 음양택에 동일한 원리가 적용된다. 갑과는 조선시대 문과복시 급제자에게 최종적으로 6조六曹 중 하나인 예조禮曹에서 전시殿試를 보이고 최고득점자 3명에게 준 등급을 말한다. 첫째 등급자는 장원랑壯元郎이라 하여 종6품에 홍문관弘文館 버슬을 주고, 둘째는 방안榜眼 또는 아원亞元이라 하여 정7품, 셋째는 탐화랑探花郎이라 하여 역시 정7품의 품계를 주었다. 을과는 넷째 등급부터 열 번째까지, 병과는 그 이하로 각각 정8품과 정9품의 품계를 주었다.

천덕과 월덕의 내용 ▶

구분	내용	특기
천덕天德	子通巽자통손. 午通乾오통건. 卯通坤묘통건. 酉通艮유통간. 寅通丁인통정. 巳通辛사통신.申通癸신통계. 亥通乙해통을. 辰通壬진통임. 戌通丙술통병. 丑通庚축통경. 未通甲미통갑.	해당 12지支에서 10번째 천간은 통한다.
월덕月德	寅午戌−月德在丙. 月德合辛. 月德空壬 인오술−월덕재병. 월덕합신. 월덕공임 申子辰−月德在壬. 月德合丁. 月德空丙 신자진−월덕재임. 월덕합정. 월덕공병 亥卯未−月德在甲. 月德合癸. 月德空庚 해묘미−월덕재갑. 월덕합계. 월덕공경 巳酉丑−月德在庚. 月德合乙. 月德空甲 사유축−월덕재경. 월덕합을. 월덕공갑	지支삼합의 오행을 따르고 공空空의 의미는 흉살凶殺이 모두 공망空亡이 된다는 뜻이다.

4.9 쌍태지지와 영화낙맥·출각지지

쌍태지지雙胎之地는 이기론적 용격龍格에 의한 이론으로 쌍태란 쌍둥이를 잉태하는 땅이란 뜻으로 모두 좌선으로만 주어지는 땅이다. 만약에 경태룡이 용입수결혈, 또는 경태좌입수 결혈結穴하고 정미丁未의 한 가지가 경태룡·좌입수 근처에 있어서 두 맥에 결혈이 되어 있으면 쌍둥이가 태어난다.

고전에 있는 쌍태지지 내용 ▶

경태입수결혈 우 정미일지 방재입수근처칙 쌍태	庚兌入首結穴 又 丁未一枝 傍在入首近處則 雙胎
손사입수결혈 우 정미일지 충재입수근처칙 쌍태	巽巳入首結穴 又 丁未一枝 沖在入首近處則 雙胎
정미입수결혈 우 손사일지 충재입수근처칙 쌍태	丁未入首結穴 又 巽巳一枝 沖在入首近處則 雙胎

위 고전 내용에서 지枝는 가지라는 의미가 아니라 옆에 있는 또 다른 용맥이란 뜻이며, 방傍은 하나의 좌입수판坐入首板에서 주어지는 쌍맥雙脈이란 뜻이고 충沖은 충살의 개념이 아니라 두 개의 좌입수판에서 이루어지는 것을 의미한다.

쌍태지지 이해도 ▶

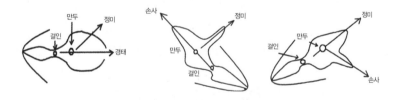

4개분용에 의한 낙맥지지 ▶

간인용 ➡	임감용 ➡	갑묘용 ➡	건해용 ➡	건해용 ➡	경태용 ➡	계축좌 ➡	정미파
艮寅龍 ➡	壬坎龍 ➡	甲卯龍 ➡	乾亥龍 ➡	乾亥龍 ➡	庚兌龍 ➡	癸丑坐 ➡	丁未破

간인용 ➡	임감용 ➡	갑묘용 ➡	임감용 ➡	건해용 ➡	경태용 ➡	계축좌 ➡	정미파
艮寅龍 ➡	壬坎龍 ➡	甲卯龍 ➡	壬坎龍 ➡	乾亥龍 ➡	庚兌龍 ➡	癸丑坐 ➡	丁未破

간인용 ➡	계축용 ➡	갑묘용 ➡	건해용 ➡	건해용 ➡	경태용 ➡	계축좌 ➡	정미파
艮寅龍 ➡	癸丑龍 ➡	甲卯龍 ➡	乾亥龍 ➡	乾亥龍 ➡	庚兌龍 ➡	癸丑坐 ➡	丁未破

간인용 ➡	계축용 ➡	갑묘용 ➡	임감용 ➡	건해용 ➡	경태용 ➡	계축좌 ➡	정미파
艮寅龍 ➡	癸丑龍 ➡	甲卯龍 ➡	壬坎龍 ➡	乾亥龍 ➡	庚兌龍 ➡	癸丑坐 ➡	丁未破

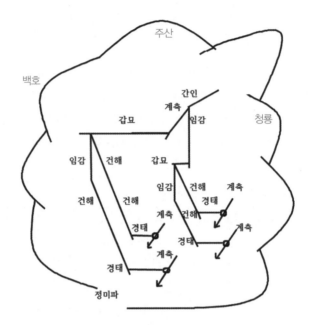

주산

백호

간인
계축
갑묘   임감   청룡

임감   건해   갑묘

건해   건해   임감   건해   계축
경태

경태   계축   건해
계축   경태

4개분룡에 의한
낙맥지지 이해도 ▶

경태   계축

정미파

　낙맥지지落脈之地는 왕비와 장상지지將相之地로서 만대영화의 길지이다. 일비一妃와 삼상三相 및 팔판八判이 나는 대길지이다. 낙落은 떨어지다의 의미가 아니라 뻗어나간다 내지는 준공하여 새로이 만든다는 의미이다. 고전에 의하면 간인룡艮寅龍이 감계坎癸로 기봉起峰하여 그 일지一枝가 갑묘甲卯로 출각出脚, 임해壬亥로 낙맥하고 건해乾亥를 거쳐 경태룡庚兌龍을 이루고 계축좌癸丑坐로 정혈定穴하는 경우에 해당한다. 득파得破는 정미파丁未破라야 한다.

　이를 다시 설명하면 낙맥지지는 크게 두 가지 경우로 구분되고, 이두 분룡은 다시 두 가지로 나뉘어 도합 네 가지 경우로 분룡分龍될 경우낙맥지지가 된다고 해석한다. 왜냐하면 낙맥지지는 부귀영하의 대혈大穴로 결코 이궁동행룡異宮同行龍의 사룡하死龍下에 주어진다는 것은 있을수 없다.
　따라서 원전을 잘못 이해하면 원전의 감계坎癸룡을 사룡死龍으로 오인

할 수도 있다. 또한 출각지지出脚之地는 양 다리가 벌려나가듯이 뻗은 지룡支龍을 말하는데 분각지지分脚之地라고도 불린다.

제3장 도학풍수의 양기·양택이론

1절 도학풍수의 양기·양택에 대한 입지론

1.1 입지론에 대한 개설

주택이란 인간을 비·바람이나 추위·더위와 같은 자연적 피해와 도난·파괴와 같은 사회적 침해로부터 보호하기 위한 건물을 말하는데, 가족구성의 핵화核化와 순수한 가정생활의 장소로서 소형화·단순화가 이루어져 가는 경향이 있다. 이와 동시에 인간의 생리적 욕구인 식사·배설·수면 등을 해결하고, 재창조를 위한 휴식과 문화생활을 담는 그릇이기도 하다. 그러므로 주택이란 외부로부터 적당히 차폐遮蔽된 공간을 건축적으로 해결한 것이라고 할 수 있다. 그러나 이 사생활에 대한 욕구는 적절한 사회적 관계, 즉 공동체적 취락聚落 관계를 벗어나서 형성되지는 않는다. 취락이란 원래 정착을 뜻하는 말이어서, 그것은 인간의 사회생활의 기반이 되는 곳이라는 의미를 지닌다. 취락은 거기 사는 인구집단의 대소大小나 사는 사람들의 직업 및 그것이 지니는 기능이나 경관의 차이 등에 따라 크게 '촌락'과 '도시'로 나뉜다. 촌락은 주민의 주된 생업에 의해 농촌·산촌·어촌으로 나누기도 하고, 또 그 평면형태에 의하여 집촌이나 산촌, 그리고 전통지역과 도시지역으로 나누기도 한다.

촌락은 인류생활의 근거가 되는 취락의 한 유형을 일컫는다. 도시는 그 사회적인 기능에 의해 생산도시와 소비도시로 나뉘고, 또 도시경관이나 발전과정 등에 의해 여러 유형으로 분류된다. 취락의 분포나 경관, 그리고 발전과정, 입지조건, 기능이나 상호관계를 규명하는 것이 현대 취락지리학이다. 인문지리학의 한 부문으로 촌락지리학과 도시지리학의 두 분야로 나뉘는데, 양자의 상호관계의 규명도 중요하지만, 미래의 도시나 농촌에 어떤 기능이나 형태를 부여하느냐에 대한 연구도 중요시 되고 있다. 인류는 태초부터 주택을 짓기 시작하였으며, 인지人智가 발달함에 따라 보다 쾌적하고도 견실한 주택을 짓기 위해서 노력을 기울여왔다. 그러나 각 지역의 풍토적 환경과 민족성은 주택과 취락을 독자적인 형식으로 조영하게 하였다. 근대 주택은 앞에서 살펴본 바와 같이 가족구성의 핵화核化와 순수한 가정생활의 장소로서 소형화·단순화가 이루어져 가는 경향이 있다. 여기에 인구 증가와 인간의 집단화 과정이 더욱 적극화되어 도시의 발달을 가져오게 되고, 아파트와 같은 도시집단 주택의 유형이 보편화되고 있다.

고전 풍수지리서[181]에 담겨진 양기적 이론을 살펴보면 주로 산山, 수水에 관한 형세를 표현한 내용들이 주류를 이룬다. 풍수지리서별로 표현방법의 차이는 있으나 표현내용에 있어서는 동일한 형상을 설명하고 있다. 이는 풍수에 대한 기본원리와 산·수를 보는 방법에 차이가 없음을 잘 나타내는 결과라 할 수 있다. 풍수적 사고思考가 생겨나기 시작한 초기에는 단순한 산의 형태만이 풍수이론을 구성하였으나 점차 명당 주변의 사신사의 형세, 물의 환포형세 등 양기풍수를 구성하는 각 요소별로 산·수를 보는 풍수지리적 시각이 발달하고 있음을 풍수지리 최초의 고

181) 설심부, 지리신법, 인자수지, 택리지, 조선의 풍수, 청오경, 금낭경, 통맥정경 등

전이라는『청오경』과『금낭경』을 통해서 알 수 있다.

또한 풍수지리적 이론은 시간이 흐름에 따라 산·수를 보는 안목이 넓어지고 자연을 세밀하게 평가할 수 있는 지적 능력이 축적되어, 역易에 근거한 음양오행론에 의한 이기론이 발달하면서 자연의 바탕위에 음양오행론이 결합되는 양태를 띠게 되었다. 양기풍수는 우리가 살아가는데 적합한 입지를 찾고자 하는 사고思考에서 출발한 것으로 음택풍수와 마찬가지로 생기生氣가 있는 명당을 찾아 그 위에 취락입지를 선정하는 것이 양기풍수의 목적이라 할 수 있다. 양기풍수에서 국세局勢의 크기에 따라 큰 곳에는 주읍州邑,[182] 작으면 향촌鄕村,[183] 더 작으면 주택이 들어선다. 주변산세의 규모가 취락의 규모를 결정하며 그 입지의 양부良否여부는 풍수지리의 술법이론에 따라 달리 평가한다.

풍수는 기본적으로 용龍·혈穴·사砂·수水·좌坐로 구성되는데, 양기를 찾는 풍수지리적 방법이론의 거시적 입지선정 방법으로 간룡법과 장풍법, 득수법, 형국론에 따라 입지를 선정한다. 좌향론은 집이나 묘의 방향에 대한 종합적인 입지선정과 특징을 파악할 수 있는 논리로 구성되어 있다.[184] 간룡법은 풍수의 모든 원리가 가시적可視的 실체로서 표출되는 산山, 즉 풍수지리 용어로 용龍과 그 용맥龍脈의 흐름의 좋고 나쁨을 살피는 일이다. 풍수에서의 용이 산을 가리킴은 분명하지만, 엄밀하게 말하면 용은 산세를 지칭한다. 따라서 일반적인 산의 형태는 용과는 다른 하나의 산을 말한다. 산은 평지에서 한 치라도 높으면 산山이라 할 수 있고 한 치라도 낮으면 수水라 일컬으니, 평지에 혈이 있는 경우도 땅속으로 산의 기맥氣脈이 통한 것으로 간주된다.[185]

풍수지리의 원리로 보더라도 명당은 높은 산이나 높은 고갯마루[186]에 있지 않고 산맥이 진행을 멈추어 능선의 끝부분이 평지와 맞닿는 곳[187]에 위치하며, 산맥을 타고 온 지기地氣가 평지 부근의 물을 만나면서 합수처 내에 혈처穴處[188]를 만들게 된다. 큰 산이 길게 뻗어 내린 산의 끝자락에 만들어진 '큰 터'에는 깊은 골짜기에서 내린 물들이 합수合水되고,

182) 시, 군 정도의 영역
183) 동, 리, 마을
184) 이중환, 택리지, 전게서, p.211

185) 인류가 공동사회를 이루면서 많은 인구가 밀집해서 살아야 하는 취락입지는 좁고 깊은 골짜기를 이용해야 하는 고산지대보다 넓고 평탄한 대지가 펼쳐진 터를 자연스럽게 찾았다. 龍의 三勢가운데 平地勢에 해당한다.

186) 高山峻嶺고산준령
187) 龍盡處용진처
188) 明堂명당

그 안쪽에 지기地氣가 뭉친 명당을 만든다. 형국내의 물은 그 터를 감싸 안고[189] 빠져나가면서 많은 인구가 살아가기에 풍부한 수자원을 제공하였고, 도시는 고대 농경도시로부터 근대산업도시를 거쳐, 현대에 이르기까지 물을 유용하게 이용하면서 큰 도시로 성장하였다.

고전 풍수서에서 양기를 보는 공통된 논리를 보면, 양기지陽基地는 장룡長龍으로 휘하에 지룡支龍을 거느리고 물이 크게 둘러 국세局勢가 넓어야 하며 그 크기에 따라 도시의 크기가 결정된다. 이는 산이 커야 큰 물이 만들어지듯이 물이 커야 큰 취락입지가 될 수 있고, 산맥의 끝에 형성된 도시입지는 산을 등지고 물을 만나는 배산임수背山臨水의 형세이다. 산맥 앞으로는 일편의 평포된 땅[190]이 펼쳐 있어 뒤는 높고 앞은 낮은 전저후고형前低後高形의 대지大地이면서 사방이 크게 감싸[191]있어 마을 입구인 동구밖은 좁아 보이나 그 안쪽은 넓게 펼쳐진 전착후관형세前窄後寬形勢가 되어 양택에서 말하는 좋은 택지와도 일치한다.

이밖에 바람의 공격을 피할 수 있는 이론인 장풍법藏風法은 명당 주위의 지세에 관한 풍수이론을 통칭하는 것으로 실제로 도읍이나 주택 혹은 음택의 땅을 살피는데[192] 있어 긴요하게 활용된다. 도시가 입지할 '큰 터'가 용을 살펴[193] 아무리 좋은 형세라도 장풍의 형국을 갖추어야 취락입지로서의 의미가 있다. 장풍은 도시입지에서 생활용수로 필수적인 물을 얻는다는 뜻의 득수得水와 함께 입지선정의 중요한 요소로서 이는 주산과 안산, 용호 등 사신사의 지리적 공간구성이 온전한 장풍의 기능을 갖추고 있는지를 판단하게 된다. 풍수에서 이러한 형국을 장풍국藏風局이라고 한다. 또한 득수법은 물의 조건을 다루는 것으로 여러 이론이 있는데, 음양론陰陽論적 해석방법이 다양한 것으로 알려져 있고 득수국得水局이라고 부른다. 그리고 풍수물형론은 주로 지세의 외형을 사람이나 금수禽獸 또는 특이한 형상으로 보는 풍수론이다. 물형론은 산이나 물과 같은 형상과 형국을 의인화하여 상징성으로 그에 걸 맞는 지운地運이 있다고 믿는 샤머니즘적 풍수관으로 그 감응여부를 판단하는 것으로 물형

규국론物形規局論이라고도 한다. 다시 말해 그 혈의 형체와 역량과 기세氣勢를 어떠한 물체의 형상에 견주어 표현한 것이다. 그러나 물형론을 형국론으로 보는 표현은 잘못된 것으로, 물형론은 사신사를 위주로 형국을 논하는 형국론과는 차이가 있다. 일부 풍수서에 형국론을 물형론으로 설명하는 경우가 있는데 이는 잘못된 것이다. 모교수의 풍수서와 일부 전래되는 풍수서의 내용을 마치 정설인 것처럼 오용誤用에서 비롯된 것이다. 다음으로 정혈법은 풍수에서 요체가 되는 장소를 찾아 음택의 경우 시신이 직접 땅에 접하여 생기生氣를 얻을 수 있는 곳, 양기의 경우 거주자의 생활공간을 찾는 방법이다.

마지막으로 좌향론은 혈을 중심으로 산, 수, 방위, 사람이라는 네 가지 풍수 구성요소 중 공간상의 방위에 관계된 이론으로 좌향은 방향의 개념과는 다르다. 좌향론은 풍수지리 원리에 따라 찾는 혈처에서 음·양택과 같은 목적물의 기능에 가장 유용하도록 최선의 공간적 방위를 선택하여 입지시킴으로써 간룡법과 득수법에 의해 선정된 특정입지의 가치를 증대시킬 수 있다고 할 수 있다.[194]

1.2 양기 · 양택 입지론

도학풍수道學風水는[195] 옥룡자玉龍子의 유서遺書로 전래되는 통맥풍수通脈風水의 이칭異稱인데, 양기입지에 대해 논하기를, 주산主山의 형상形相은 산山의 맥脈이 끊어지지 않고 형세形勢가 온중溫中하고 풍대豊大하며, 수려秀麗하고 단정하여 청명淸明하고 아담하여야 한다. 또한 주위의 다른 산[196]으로부터 살殺을 받지 않아야 한다. 용호龍虎는 혈穴을 호위하기 위한 것으로, 기울어지지 않아야 하고, 뻗은 능선이 안쪽으로 서로 교차되면서 겹겹이 중첩重疊되어 감싸주어야 하며, 용호의 끝이 나란히 마주보며 고개를 쳐들고 다투는 형상을 하면 안 된다. 또한 중간부분이 요함凹陷하지 않고 비주飛走하지 않아야 하며 유정有情하여야 한다.

194) 오준석 외 9인, 전게서, pp.292~295

195) 通脈風水를 龍案山坐向法, 혹은 道詵國師와 無學大師가 法統을 이었다는 의미로 道學(道詵 + 無學)風水라고도 한다.

196) 砂角사각

사람이 살만한 곳이란 주위의 사각으로부터 각종 형기살形氣殺을 받으면 안 된다. 안산은 혈을 조응照應하는 사각砂角으로 단정하여야 하며, 혈 앞에서 신하가 조회朝會하는 것 같아야 하고 절하는 것 같아야 한다. 혹 한쪽으로 기울고 비뚤어지고 높고 음침하고 안산이 높아서 혈을 누르거나, 너무 길거나 짧지 않아야 하며, 유정有情하여야 한다. 조산朝山은 깨지고 흉한 암석이 없이 빈객賓客이 주인을 보는 것, 신하가 왕을 알현謁見 하듯, 처가 지아비를 쫓는 것과 같이 유정有情하여야 하며, 안산案山과 조산朝山도 주위의 사각으로 부터 각종 형기살形氣殺을 받으면 안 된다"라고 하고 있다. 또한 내명당內明堂의 국局은 산수山水가 조화되어야 하며, 물이 흘러오고, 흘러감은 좌선형국左旋形局에는 우선수右旋水[197]로 우선형국에서는 좌선수로 외수外水[198]가 감싸 안고 흘러가는 형세를 취해 지리에 합당하여야 한다. 또한 산중山中이라도 시내[199]와 골짜기의 물[200]이 모여 물이 있어야 한다.

외명당外明堂의 국局은 물이 환포環抱하여야 하며, 주거지를 향하여 똑바로 오는 직수충살直水沖殺을 맞지 않아야 한다. 작은 냇물이나 시냇물이 형국내 안산案山 안으로 흘러들어야[201]하며, 흘러드는 물[202]이 산맥의 좌향坐向과 음양이치陰陽理致에 합당하여야 하고, 구불구불하고 길면서 멀게 흘러들어 와야 한다.[203] 내명당과 외명당은 항상 해와 달, 별빛이 들어야 하며, 바람과 비, 차고 더운 기후가 고르게 알맞은 곳이어야 한다.

토양은 사토砂土[204]로서 굳고 촘촘하여 건수乾水[205]가 잘 빠지고 우물물이 맑고 차가워야 한다. 각종 나쁜 형상의 지형이 주는 형기살形氣殺인 직수에 의한 공격살,[206] 창 끝과 같이 예리한 산이 혈처를 찌를 듯한 살,[207] 입수되어 오는 용[208]을 등지는 것이 아니라 거슬러 바라보고 있는 주택의 살,[209] 칼날과 같은 산이 혈처에서 보이는 살,[210] 뾰족하고 거친 산이 바라보이는 살,[211] 마치 사람이 죽어 염습殮襲[212]한 형태로 시신이 누워있는 듯한 살,[213] 계곡이 혈처를 향해 있는 살,[214] 사신사 밖으로 음흉하게 넘겨다보고 있는 산에 의한 살,[215] 산세가 등을 지

197) 逆水역수
198) 得水득수
199) 溪谷水계곡수
200) 澗水간수
201) 逆水역수

202) 得水득수
203) 之玄弓體水지현궁체수
204) 磨砂土마사토
205) 雨天水우천수
206) 直水沖殺직수충살

207) 槍沖殺창충살
208) 來龍래룡

209) 역장살逆葬殺이라고 하는데 주로 음택, 즉 묘에 적용된다.

210) 劍殺검살
211) 尖殺첨살

212) 습襲이란 시체를 목욕시키고 일체의 의복을 입히는 것을 의미하며, 염殮이란 시신을 염포로 묶는 일을 말한다. 소렴은 시체를 옷과 홑이불로 싸서 묶는 것이며, 대렴은 시체를 아주 묶어서 관에 넣는 것을 말하는 것으로, 습과 렴을 총칭하여 염습이라고 부른다.

213) 浮屍形殺부시형살
214) 谷殺곡살
215) 窺峰殺규봉살

고 배반하는 형세로 조산祖山을 바라보지 않고 측후側後로 뻗어나가는 산에 의한 살216)과 수사手砂맥과 같이 사신사내의 산줄기가 위협적으로 혈처를 향해 돌진해 오는 살,217) 한 마을에서 아랫사람이 어른보다 높은 지대의 집에서 살거나, 한 벌 안에서 후손이 윗대의 묘위에 안장되어 있음으로 해서 주는 살,218) 배산背山219)을 좌로 하지 않고 향방위로 삼아 용의 진행에 순응하지 않는 살220) 등이 양기陽基에 해당하는 마을에 있는 경우는 좋지 않다.221)

도학풍수에서의 양기론은 현대적 의미로 해석해 보면 주변의 자연경관과 조화를 이루는 지세와 지형에 대한 택지론에 해당한다. 예로부터 전해 내려오는 바에 의하면 '살기 좋은 터'를 찾으면서 생겨난 자생풍수의 원리와 부합되기도 하여 우리 나라 지형에 적합한 '좋은 주거입지를 찾는 지표'이다. 양택입지에 관한 풍수서로 중국의 송宋나라 왕미王薇가 저술한 것으로『황제택경黃帝宅經』, 명대明代에 쓰여 진 것으로 알려진 작자미상의『양택십서陽宅十書』, 청淸나라 오자吳子가 쓴『양택촬요陽宅撮要』등이 있다. 이들 책에서 강조되고 있는 이론을 살펴보면 도학풍수이론과 동일함을 알 수 있다. 주변의 산이 웅장하고 잘 둘러싼 분지형으로 여러 골에서 흘러내린 물이 합수合水하고, 외수222)가 명당을 감싸는 곳이어야 한다. 용맥은 길고 힘 있는 용이 들어온 곳으로 물이 빠지는 수구가 좁고 긴밀223)하여야 한다.

주변의 산은 요함凹陷하지 않고 장풍이 잘 되는 곳으로 입지주변에 강이나 하천을 끼면 더욱 좋다.224) 안으로는 넓고 평탄한 땅이 펼쳐진 곳225)이어야 하며 북쪽은 막혀 있고 남쪽으로 트인 곳226)이어야 길한 곳이다. 이 밖에 홍만선이 지은『산림경제山林經濟』의 '복거卜居'에서 풍수와 관련한 주택의 터 선정에 관하여 기술하고 있는 내용도 도학풍수의 내용과 같다. 특히 배산임수背山臨水, 전저후고前低後高, 전착후관前窄後寬의 3가지를 기본적인 양택의 입지조건으로 하고 있으며 일조, 통풍, 토질, 조망에 관해서도 기술하고 있다.

그 밖에 햇볕이 잘 받아야 하고, 바람이 잘 통해야 하며, 땅은 단단하

216) 逆龍殺역룡살
217) 龍沖殺용충살 내지는 手砂沖殺수사충살
218) 人倒葬인도장
219) 來龍脈래용맥
220) 逆葬殺역장살

221) 김현호, 風水害 多發地域에 對한 風水地理論的 硏究, 서경대학교 석사논문, 2012

222) 客水객수
223) 交結關鎖교결관쇄
224) 背山臨水배산임수
225) 前窄後寬전착후관
226) 前低後高전저후고

면서도 배수排水가 잘 되어야 한다. 그리고 초목草木이 잘 자라야 하며 양택지로서 길한 땅의 형상으로는 원만하고 평탄하게 생겨야 한다.[227] 또한 평평하고 꽉 차야 하고[228] 앞이 평탄해야 한다.[229] 길한 택지의 모형은 원형의 택지, 앞이 좁은 사각형, 원형돌출, 직사각형의 택지, 정사각형, 사각돌출형 등 형태에 따라 각기 다르게 적용한다.

2절 도학풍수의 양택론

2.1 양택론에 대한 개설

우리의 선인先人들은 오랜 세월에 걸쳐 스스로 산천의 살기 좋은 곳을 찾아 정착생활을 하게 되었다. 역사학적으로는 석기시대 토기문화의 발달과 함께 농업과 가축을 사육하면서 따뜻하고 양지바른 곳에서 풍부한 수자원을 활용하여 배산임수의 터를 잡고 문화를 영위하며 살아왔다. 온갖 물산物産이 풍부하게 생산되고 교통이 편리하여 생활조건을 갖추고 자연재앙으로부터 보호받으며 외적의 침입에 유리한 방어적 지형을 갖춘 길지吉地를 선택하여 살아왔다. 인간이 거주하는 생활공간에서는 주위환경이 일상생활에 많은 영향을 미치게 된다. 사람은 작은 소음騷音과 진동공해振動公害에도 민감하게 반응한다. 인체에 누적되면 질병의 원인이 되고 정신적으로 안정을 찾기가 어렵게 된다. 따라서 심리적 작용을 원용하여 항시 안정을 갖도록 하고 평정심平靜心을 유지할 수 있는 주거환경이어야 한다. 사람이 살만한 땅으로 산줄기[230]가 큰 산[231]으로부터 천리를 뻗어와[232] 머무르고 지기가 응결된 곳[233]을 물이 감돌아 흐르는[234] 형국을 명당이라고 불렀다. 이러한 곳은 사신사가 형국내를 보호하고 지기地氣의 누설漏泄을 방지하며, 외부로부터 국내局內로 유입되는 극한 자연인자自然因子[235]로부터 안전성이 확보되는 곳이다. 양기지陽基地는 긴 산줄기[236]에서 많은 곁가지에 해당하는 줄기[237]들이 뻗어 내려와 머

227) 方正圓滿방정원만
228) 充滿平坦충만평탄
229) 前面充滿전면충만
230) 龍脈용맥
231) 祖山조산

232) 千里來龍천리래룡
233) 龍盡용진
234) 水回수회, 수태극水太極
235) 凶殺흉살

236) 長龍장룡
237) 支龍지룡

무르고 큰 강물이 크게 합취合聚되거나 만곡彎曲하여 국세局勢가 넓고 관활寬闊한 평양지에 형성된다. 그러므로 양기지는 역량이 크고 국세가 넓을수록 결작結作이 커서 상격은 수도首都나 대도시가 되고, 그 다음은 군읍郡邑 정도가 되며, 작은 것은 향촌鄕村이나 리里 정도의 터가 되는 것이다. 음택지는 꽉 짜여져 있으며 수구가 긴밀하게 이루어져야 한다. 음택은 산줄기상의 일선一線으로 이어지는 용맥을 등지고 맥이 응결되어 만들어지며, 양기지는 일편一片의 평지로 평포平鋪된 곳에 농업용수나 생활용수와 같은 물이 풍족하고 국세局勢가 넓게 트여져 평화로운 곳에서 형성된다. 택지를 볼 때는 대국적으로 지세地勢를 보고, 소국적小局的으로는 택지의 형태形態나 지질地質을 살펴야 한다.

예부터 우리는 취락지 중에서 집을 짓는 터를 중요시 해왔고, 그 다음이 터 위에 조성된 건축물이었다. 전통적 한국의 건축물은 주로 초가나 기와를 얹은 한옥이 주류였다. 초가는 농업사회에서 지붕재료와 목재 등을 손쉽게 구할 수 있다는 측면에서 서민들이 선호하였으며, 한옥은 재력과 권위의 상징으로 지배계층을 위주로 선호하게 되었다.

전통한옥의 각부 명칭 ▶

지역의 인구는 지표상의 자연환경에 따라 밀집정도에 차이가 난다. 이는 지표상에서 주어지는 자연환경과 관련이 있다는 것을 말한다. 자연환경이란 지형과 지세, 기후와 토양, 강수량과 풍향, 일사량과 기온의 변화, 식생환경 등 다양하다. 사람이 살만한 땅이란 생기生氣가 모이는 혈처와 그 주변형세의 선악순역善惡順逆에 따라 크게 영향을 받게 되는 것이니, 음택지는 직접 땅속의 생기로부터 지기감응地氣感應이 있을 경우 크게 영향을 받게 되나, 양기지는 지상의 형세에 의한 지기와 더불어 태양에너지나 기후와 같은 천기天氣가 매우 중요한 역할을 한다. 음택지는 죽은 사람을 위한 땅으로 생전에 망자亡者가 지니고 있던 사주四柱와 같은 음양오행[238]은 끝나고 땅에 묻힘으로써 지기의 음양오행기를 받는다. 그러나 양기·양택지는 살아 있는 인간이 생활하는 공간상의 땅이므로 지기와 천기에 의한 음양오행기를 동시에 받는다.

성주신 ▶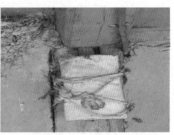

살아 있는 사람이 숙식하는 공간을 풍수에서는 양택이라고 부른다면, 현대 주거학이나 건축학에서는 주택의 개념으로 사용하고 있다. 주택은 과거 숙식위주의 공간개념에서 현대에 와서는 문화와 여가를 위한 쉼터의 기능이 더 강조되고 있다. 주택과 관련하여 전통적으로 우리 민족은 소우주적小宇宙的 존재로서의 인간이 머무르는 공간에 대해 신성시해 왔다. 신성한 공간에서 인간의 탄생과 죽음에 이르기까지 삶의 과정에 여러 의식을 행해왔다. 집을 지을 때는 터잡기, 지신밟기, 고사, 성조신 모시기, 상량식 등 다양한 행사를 해왔고, 이러한 의식에는 반드시 흉이 없는 날을 택일하여 경건한 복장과 깨끗한 마음으로 행하였다. 건

238) 음양오행의 법칙에 의한 천명天命

축에 있어 주택의 내부공간에 대한 삶의 공간을 양택풍수에서는 크게 4요소를 중시한다.

8방위에 따른 가족관계 ▶

구분	남자가족: 양의 방위				여자가족: 음의 방위			
8괘명	건乾	묘卯:진震	자子:감坎	간艮	곤坤	손巽	오午:리離	유酉:태兌
8괘방	건삼련 乾三連	진하연 震下連	감중련 坎中連	간상련 艮上連	곤삼절 坤三絶	손하절 巽下絶	리허중 離虛中	태상절 兌上絶
가족	부父	장자長子	중자仲子	말자末子	모母	장녀長女	중녀仲女	말녀末女

조왕신 ▶

4가지 주요소를 양택의 4주柱라 하여 가장家長이 머무르는 안방인 주主, 대문大門, 주방을 뜻하는 조灶, 화장실인 측厠을 일컫는다. 문주조에 대한 위계성으로 대문大門은 태극太極의 의미를 갖게 되어 기氣의 출입구 이면서 기氣 생성의 근원으로 흉凶을 막는 장소적 의미로써 양택陽宅의 중요한 요소가 된다. 안방을 상징하는 주主는 주인이 거처하는 가장 높은 곳이며, 사랑방이 이에 해당하고, 부엌이란 조灶는 여성의 공간으로 가옥의 가장 안쪽에 위치하며 물과 불을 다루는 음양오행陰陽五行의 장소로서 소우주小宇宙로 상징된다.

사람에게 생년월일시라는 사주四柱가 사람의 명운命運을 좌우하듯이 주택에 있어서도 4요소의 공간을 어떻게 배분하느냐에 따라 양택에서 살고 있는 사람의 길흉吉凶이 좌우된다는 것이다. 이는 4요소가 배정되어 있는 방위적 영역과 건축물의 좌향을 음양오행의 상생과 상극의 논리로 해석하는 것이다. 살아 있는 사람과 관련된 양택풍수에서는 8괘방이나 12궁방을 주로 활용한다. 동·서 사택론과 같은 대부분의 외래풍수는 24방위를 후천8괘방으로 배납하여 가족관계로 설명한다. 그러나 한국의 자생적 도학풍수의 좌·우선6택론에서는 12궁방宮方(龍용)을 활용한다. 따라서 동·서4택론에서 8방위의 1방위가 45도의 공간배분을 영역으로 한다면, 좌·우선6택론의 12궁방으로 나타내는 12궁룡은 1방위가 30도의 공간배분을 영역으로 하기 때문에 좌향론에서도 더욱 정밀하다고 할 수 있다.

2.2 좌·우선6택론의 이해

12궁방宮方의 12룡龍을 적용하는 좌·우선6택론은 주택의 공간요소를 문주조측門主灶厠이라는 4주柱로 영역을 배정한다. 문주조의 영역은 생기生氣와 관련이 있고 화장실인 측厠은 사기死氣와 관련이 있다. 좌·우선6택론은 순역順逆에 따른 기질론氣質論이므로 음양과 육임오행의 기氣가 같은 동기同氣끼리 감응이 일어난다. 따라서 생기生氣와 관련이 있는 문주조는 항상 좌선궁이든 우선궁이든 동기궁同氣宮에 있어야 하고, 이때 사기死氣와 관련이 있는 측厠은 문주조와 다른 궁宮인 이기궁異氣宮에 있어야 한다. 또한 좌·우선6택론은 삼합오행에 의한 삼합동기三合同氣에 문주조가 배정되는데, 이는 12포태의 생왕묘生旺墓239)방과 같은 정삼합의 꼭지점에 해당한다. 좌·우선은 또한 순역順逆과 관련이 있으므로 좌선은 순행궁順行宮으로 순포태順胞胎의 생왕방에 문주조를 배정하고, 우선은 역행궁逆行宮으로 역포태逆胞胎의 생왕방에 문주조를 배정한다. 좌·우선6택론은 입수룡入首龍의 좌·우선과 태어난 해를 상징하는 본명궁本命宮의 좌·우선, 육임오행六壬五行과 삼합오행기에 의한 좌선기左旋氣와 우선기右旋氣로 구분하여 적용한다. 따라서 대국적大局的으로는 입수룡과 좌향 및 본명本命240)을 중심으로 양택의 외부조건인 입지와 좌향을 결정하고, 소국적小局的으로는 주택의 4주柱를 중심으로 양택의 내부조건인 공간배정을 결정한다. 특히 입수룡과 양택의 좌향에 있어서 비록 동기同氣의 좌선궁이나 우선궁이라 할지라도 6택좌 가운데 모두 가능한 것이 아니라 실

238) 庫고 또는 藏장이라고도 한다.

239) 60갑자로 태어 난 해를 말한다.

제로는 배산임수의 절대 원칙에 위배되는 3개 택좌는 불용不用한다. 즉, 도학풍수의 양택론에 있어 택좌법의 경우에 배산임수라는 풍수이론의 절대원칙을 준수해야 하기 때문이다.

주택의 용입수좌법과
내부 공간배정 ▶

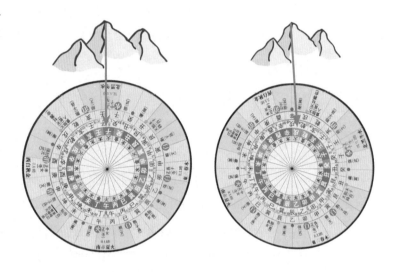

도학풍수 양택론의 용입수좌법에서는 양택의 3대 원칙인 배산임수背山臨水, 전착후관前窄後寬, 전저후고前低後高 등의 절대원칙을 벗어난 어떠한 이론도 합당한 논리가 되지 못한다는 것이다. 그러므로 좌선6궁의 택좌와 우선6궁의 택좌에는 좌선 3좌와 우선 3좌만 취하고 나머지 좌·우선 3좌씩은 배산임수背山臨水에 반反하는 역택좌逆宅坐로 취해서는 안 된다. 즉, 용입수좌법에서는 12포태胞胎에 의한 삼합의 생왕生旺 가운데 생방좌生方坐와 왕방좌旺方坐를 고려하여 적용하지 않는다는 의미이다.[240] 예를 들어 임자룡으로 용입수 되었다면 우선룡 입수다. 따라서 취할 수 있는 좌향은 직룡直龍에 직좌直坐인 임자좌壬子坐와 삼합이 아닌 동기궁同氣宮인 좌우의 신술좌辛戌坐와 간인좌艮寅坐인 3개좌이다. 나머진 3개의 우선좌인 곤신좌坤申坐와 을진좌乙辰坐는 역좌逆坐에 해당하여 소흉小凶하다. 특히 병오좌丙午坐의 경우는 정면으로 충衝하는 좌향으로 대흉大凶의 역좌로 이 3개룡은 배산임수의 절대원칙에 위배하므로 취할 수 없다.

240) 만약 직룡하게 되면 일부좌의 경우 앞서 설명한 것 처럼 역좌로 배산임수의 절대원칙에 위배되기 때문이다.

본명에 따른 주택의 내부공간 배정에서는 정삼합오행의 논리가 반드시 적용된다. 예를 들어, 개 띠라면 술생戌生[241]이다. 개띠는 우선띠에 해당하는 우선본명으로 개 띠가 머무르는 안방의 위치는 순역의 논리에 따라 신술방辛戌房이고 대문의 방위는 간인문艮寅門에 병오조丙午灶[242]이어야 한다. 따라서 개 띠는 우선룡 입수에 우선좌향의 주택에서 문주조는 모두 역순의 우선방위인 간인, 신술, 병오 방위에 배정되어야 한다.

3절 도학풍수의 좌·우선6택론

3.1 좌·우선 용입수에 의한 6좌법

용입수에 따른 좌·우선 6택론은 전원주택, 농가주택과 같이 주변의 자연지형이 대체적으로 보존된 지형에서 반드시 고려해야 한다. 양택은 천기와 지기를 동시에 함께 받는다고 하지만 주산主山에서 택지로 이어지는 주맥主脈을 우선적으로 받는 택지가 지기地氣를 가장 잘 받는다. 보통 양택은 일편상의 평포平鋪된 지형구조에서 주어진다는 것은 지기와 전혀 무관하다는 것이 아니라 천기天氣를 받는다는 점을 강조한데서 나온 말이다. 일반적으로 주맥선상主脈線上의 택지는 배산임수背山臨水의 가장 안정적인 공간구조로 바람과 물의 위협으로부터 안전한데 비해 주맥主脈[243]에서 벗어난 일편一片의 택지는 환포된 배산의 계곡처일 경우가 많다. 요곡처凹谷處는 기류가 왕래하는 곳으로 조석朝夕과 사계四季에 따른 기온의 일교차와 연교차가 심한 곳이며, 요곡처凹谷處를 배후로 할 경우 물과 바람에 의한 공격[244]을 받을 수 있는 지형이기 때문이다.

그러나 자연지형이 훼손된 대도시나 개발지구 같은 곳에서는 주맥主脈 뿐만 아니라 과거의 요곡처와 같은 수살과 풍살지역을 찾기가 쉽지 않다. 이럴 경우는 개발이전의 지형도면을 참고로 주맥이 흐르는 땅을 찾을 수 있으나 여의치 않을 경우 토질土質을 참고로 한다. 토질이 생토生

241) 辛戌宮신술궁
242) 병오방위의 부엌
243) 幹脈간맥
244) 水殺수살과 風殺풍살
245) 마사토:풍화토

531

土[245])이면 대체적으로 지맥地脈이 흐른다고 보아도 무방하지만, 퇴적토와 같이 연질軟質의 토질이나 매립토埋立土는 과거 물이 합수合水되어 흘렀던 곡지谷地로 지기의 맥이 있을 수 없다. 이러한 지역에서의 택지나 주택은 주맥과 무관하게 배후에 있는 건물이나 기타 지형물 가운데 배산 역할을 할 만한 것이 있는 택지라도 선택하는 것이 장풍藏風과 비보풍수의 의미를 살리는 방법이다.[246])

좌·우선6택 삼합도 ▶

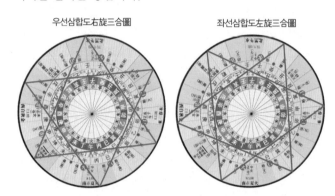

우선삼합도右旋三合圖   좌선삼합도左旋三合圖

도학풍수 양택론에서의 좌향법은 12궁 좌·우선의 음양오행에 따른 이기론적 좌향론이다. 그러나 풍수에서 가장 기본적이고 우선적으로 고려할 사항은 형기가 우선하고 그 다음이 이기론에 의한 좌향설정이다. 본래 형기론에서 명당의 혈이란 천지조응天地照應에 의한 길지吉地이므로 안산에 맞게 좌향이 설정되도록 천연天然으로 주어져 있고 사신사를 거느리고 있다. 형기적 좌향이란 안산을 향의 기준으로 맞추되 배산의 원칙에 합당해야 한다.

이밖에 입수룡과 주택의 좌향에 중요한 것이 물이다. 입수룡과 주택의 좌향이 배산背山과 관련이 있다면 주거환경에서 빼놓을 수 없는 것이 재산과 부富를 상징하는 물이다. 물은 배산과 함께 임수臨水라 하여 매우 중요한 생활자원으로써 득수得水와 득파得破로 구별되는데, 도학풍수에서의 득수·파의 방위는 정삼합방에 있어야 하는 것을 우선적으로 중요시 한다. 득수방과 득파방위도 정삼합이론에 따라 좌坐를 중심으로 좌·우선의 순역順逆논리에 따라 선득수先得水 후득파後得破가 결정된다.

246) 도시지역의 요곡처는 빌딩과 빌딩사이가 해당한다.

1) 좌선의 음룡 용입수좌법과 6택론

좌선궁룡左旋宮龍은 모두 지지음룡地支陰龍을 말하며, 육임오행기로는 금수기金水氣에 해당한다. 금수기는 기질론적으로 만물을 생육生育한 후 거두어 들여 창고에 차곡차곡 쌓아 저장하는 재화財貨인 부富를 상징하는 기氣이다. 건해, 계축, 갑묘, 손사, 정미, 경유궁룡 등 순행궁룡順行宮龍이 이에 해당한다. 용입수좌법은 주택의 외부환경을 고려한 형국적 입지를 보는 것이므로 삼합원리를 적용하지 않는다는 것을 반드시 유념해야 한다.

❶ 건해 용입수일 경우 주택의 좌향

최고로 좋은 대길大吉 주택좌향으로 제1순위가 직룡直龍에 직좌直坐인 건해좌乾亥坐이며, 다음으로 소길小吉의 좌향에 해당하는 제2순위는 선계축좌先癸丑坐나 후경유좌後庚酉坐이다. 나머지 갑묘좌나 정미좌는 역좌逆坐로 배산背山의 원칙에 위배하여 소흉좌小凶坐이고, 손사좌는 지지충地支沖에 해당하여 건해룡 입수에 정면으로 상충하는 대흉좌大凶坐에 해당한다.

❷ 계축 용입수일 경우 주택의 좌향

최고로 좋은 주택의 좌향으로 제1순위가 직룡直龍에 직좌直坐인 계축좌癸丑坐이며, 다음으로 소길小吉의 좌향에 해당하는 제2순위는 선갑묘좌나 후건해좌이다. 나머지 경유좌나 손사좌는 역좌逆坐로 배산背山의 원칙에 위배하여 소흉좌小凶坐이고, 정미좌는 지지충地支沖에 해당하여 계축룡 입수에 정면으로 상충하는 대흉좌大凶坐에 해당한다.

❸ 갑묘 용입수일 경우 주택의 좌향

최고로 좋은 주택의 좌향으로 제1순위가 직룡直龍에 직좌直坐인 갑묘좌甲卯坐이며, 다음으로 소길小吉의 좌향에 해당하는 제2순위는 선손사좌나 후계축좌이다. 나머지 건해좌나 정미좌는 역좌逆坐로 배산背山의 원칙에 위배하여 소흉좌小凶坐이고, 경유좌庚酉坐는 지지충地支沖에 해당하여 갑묘룡 입수에 정면으로 상충하는 대흉좌大凶坐에 해당한다.

❹ 손사 용입수일 경우 주택의 좌향

최고로 좋은 주택의 좌향으로 제1순위가 직룡直龍에 직좌直坐인 손사좌巽巳坐이며, 다음으로 소길小吉의 좌향에 해당하는 제2순위는 선정미좌나 후갑묘좌이다. 나머지 계축좌나 경유좌는 역좌逆坐로 배산背山의 원칙에 위배하여 소흉좌小凶坐이고, 건해좌乾亥坐는 지지충地支沖에 해당하여 손사룡 입수에 정면으로 상충하는 대흉좌大凶坐에 해당한다.

❺ 정미 용입수일 경우 주택의 좌향

최고로 좋은 주택의 좌향으로 제1순위가 직룡直龍에 직좌直坐인 정미좌丁未坐이며, 다음으로 소길小吉의 좌향에 해당하는 제2순위는 선경유좌나 후손사좌이다. 나머지 갑묘좌나 건해좌는 역좌逆坐로 배산背山의 원칙에 위배하여 소흉좌小凶坐이고, 계축좌癸丑坐는 지지충地支沖에 해당하여 정미룡 입수에 정면으로 상충하는 대흉좌大凶坐에 해당한다.

❻ 경유 용입수일 경우 주택의 좌향

최고로 좋은 대길의 주택좌향으로 제1순위가 직룡直龍에 직좌直坐인 경유좌庚酉坐이며, 다음으로 소길小吉의 좌향에 해당하는 제2순위는 선건해좌나 후정미좌이다. 나머지 손사좌나 계축좌는 역좌逆坐로 배산背山의 원칙에 위배하여 소흉좌小凶坐이고, 갑묘좌甲卯坐는 지지충地支沖에 해당하여 경유룡 입수에 정면으로 상충하는 대흉좌大凶坐에 해당한다.

2) 우선의 양룡 용입수좌법과 6택론

우선궁룡은 모두 지지양룡을 말하며, 육임오행기로는 목화기木火氣에 해당한다. 목화기는 기질론적으로 수장收藏과 침잠沈潛되어 있는 만물을 깨워 새 싹을 틔우고[247] 생육하는 약동의 기氣로 인물을 상징하는 귀룡貴龍이다. 임자, 간인, 을진, 병오, 곤신, 신술궁룡 등 역행궁룡逆行宮龍이 이에 해당한다. 용입수좌법에서는 삼합원리를 적용하지 않는다.

247) 發芽발아

❶ 임자 용입수일 경우 주택의 좌향

최고로 좋은 대길大吉의 주택좌향으로 제1순위가 직룡直龍에 직좌直坐인 임자좌壬子坐이며, 다음으로 소길小吉의 좌향에 해당하는 제2순위는 선신술좌先辛戌坐나 후간인좌後艮寅坐이다. 나머지 곤신좌나 을진좌는 역좌逆坐로 배산背山의 원칙에 위배하여 소흉좌小凶坐이고, 병오좌는 지지충地支冲에 해당하여 임자룡 입수에 정면으로 상충하는 대흉좌大凶坐에 해당한다.

❷ 간인 용입수일 경우 주택의 좌향

최고로 좋은 주택의 좌향으로 제1순위가 직룡直龍에 직좌直坐인 간인좌艮寅坐이며, 다음으로 소길小吉의 좌향에 해당하는 제2순위는 선임자좌나 후을진좌이다. 나머지 신술좌나 병오좌는 역좌逆坐로 배산背山의 원칙에 위배하여 소흉좌小凶坐이고, 곤신좌는 지지충地支冲에 해당하여 간인룡 입수에 정면으로 상충하는 대흉좌大凶坐에 해당한다.

❸ 을진 용입수일 경우 주택의 좌향

최고로 좋은 주택의 좌향으로 제1순위가 직룡直龍에 직좌直坐인 을진좌乙辰坐이며, 다음으로 소길小吉의 좌향에 해당하는 제2순위는 선간인좌나 후병오좌이다. 나머지 임자좌나 곤신좌는 역좌逆坐로 배산背山의 원칙에 위배하여 소흉좌小凶坐이고, 신술좌辛戌坐는 지지충地支冲에 해당하여 을진룡 입수에 정면으로 상충하는 대흉좌大凶坐에 해당한다.

❹ 병오 용입수일 경우 주택의 좌향

최고로 좋은 주택의 좌향으로 제1순위가 직룡直龍에 직좌直坐인 병오좌丙午坐이며, 다음으로 소길小吉의 좌향에 해당하는 제2순위는 선을진좌나 후곤신좌이다. 나머지 간인좌나 신술좌는 역좌逆坐로 배산背山의 원칙에 위배하여 소흉좌小凶坐이고, 임자좌壬子坐는 지지충地支冲에 해당하여 병오룡 입수에 정면으로 상충하는 대흉좌大凶坐에 해당한다.

❺ 곤신 용입수일 경우 주택의 좌향

최고로 좋은 주택의 좌향으로 제1순위가 직룡直龍에 직좌直坐인 곤신
좌坤申坐이며, 다음으로 소길小吉의 좌향에 해당하는 제2순위는 선병오좌
나 후신술좌이다. 나머지 을진좌나 임자좌는 역좌逆坐로 배산背山의 원칙
에 위배하여 소흉좌小凶坐이고, 간인좌艮寅坐는 지지충地支沖에 해당하여
곤신룡 입수에 정면으로 상충하는 대흉좌大凶坐에 해당한다.

❻ 신술 용입수일 경우 주택의 좌향

최고로 좋은 대길의 주택좌향으로 제1순위가 직룡直龍에 직좌直坐인
신술좌辛戌坐이며, 다음으로 소길小吉의 좌향에 해당하는 제2순위는 선곤
신좌나 후임자좌이다. 나머지 병오좌나 간인좌는 역좌逆坐로 배산背山의
원칙에 위배하여 소흉좌小凶坐이고, 을진좌乙辰坐는 지지충地支沖에 해당
하여 신술룡 입수에 정면으로 상충하는 대흉좌大凶坐에 해당한다.

도학풍수의 용입수에 따른 길흉좌 ▼

입수룡 入首龍	좌·우선룡 左·右旋龍	음·양용 陰·陽龍	제1순위 택좌 第1順位 宅坐	제2순위 택좌 第2順位 宅坐	逆宅坐 凶의 大小		
					小凶	大凶	特記
임자壬子	우선右旋	陽龍	임자택壬子宅	先辛戌宅 後艮寅宅	坤申. 乙辰宅	丙午宅	背山에 反함. 干支沖 大凶. 逆葬임.
계축癸丑	좌선左旋	陰龍	계축택癸丑宅	先甲卯宅 後乾亥宅	庚兌. 巽巳宅	丁未宅	
간인艮寅	우선右旋	陽龍	간인택艮寅宅	先壬子宅 後乙辰宅	辛戌. 丙午宅	坤申宅	
갑묘甲卯	좌선左旋	陰龍	갑묘택甲卯宅	先巽巳宅 後癸丑宅	乾亥. 丁未宅	庚兌宅	
을진乙辰	우선右旋	陽龍	을진택乙辰宅	先艮寅宅 後丙午宅	壬子. 坤申宅	辛戌宅	
손사巽巳	좌선左旋	陰龍	손사택巽巳宅	先丁未宅 後甲卯宅	癸丑. 庚兌宅	乾亥宅	
병오丙午	우선右旋	陽龍	병오택丙午宅	先乙辰宅 後坤申宅	艮寅. 辛戌宅	壬坎宅	
정미丁未	좌선左旋	陰龍	정미택丁未宅	先庚兌宅 後巽巳宅	甲卯. 乾亥宅	癸丑宅	
곤신坤申	우선右旋	陽龍	곤신택坤申宅	先丙午宅 後辛戌宅	乙辰. 壬坎宅	艮寅宅	
경유庚酉	좌선左旋	陰龍	경유택庚酉宅	先乾亥宅 後丁未宅	巽巳. 癸丑宅	甲卯宅	
신술辛戌	우선右旋	陽龍	신술택辛戌宅	先坤申宅 後壬坎宅	丙午. 艮寅宅	乙辰宅	
건해乾亥	좌선左旋	陰龍	건해택乾亥宅	先癸丑宅 後庚兌宅	丁未. 甲卯宅	巽巳宅	

좌·우선6택좌에 따른 음양오행과 3요의 배치 및 득수·파조견표248) ▼

좌선6택左旋六宅과 문주조門主灶			기타	우선6택右旋六宅과 문주조門主灶			기타
좌선좌택	순행의 3요방 배치	육임오행과 음양택	득수득파	우선좌택	역행의 3요방 배치	육임오행과 음양택	득수득파
건해택 乾亥宅	乾亥. 丁未. 甲卯. (主) 先門⇌後灶	乾金 亥水 陰宅	丁未 得水 甲卯 得破	임자택 壬子宅	壬子. 乙辰. 坤申. (主) 先門⇌後灶	壬木 子火 陽宅	乙辰 得水 坤申 得破
계축택 癸丑宅	癸丑. 庚酉. 巽巳. (主) 先門⇌後灶	癸金 丑水 陰宅	庚酉 得水 巽巳 得破	간인택 艮寅宅	艮寅. 丙午. 辛戌. (主) 先門⇌後灶	艮木 寅火 陽宅	丙午 得水 辛戌 得破
갑묘택 甲卯宅	甲卯. 乾亥. 丁未. (主) 先門⇌後灶	甲金 卯水 陰宅	乾亥 得水 丁未 得破	을진택 乙辰宅	乙辰. 坤申. 壬子. (主) 先門⇌後灶	乙木 辰火 陽宅	坤申 得水 壬子 得破
손사택 巽巳宅	巽巳. 癸丑. 庚兌. (主) 先門⇌後灶	巽金 巳水 陰宅	癸丑 得水 庚兌 得破	병오택 丙午宅	丙午. 辛戌. 艮寅. (主) 先門⇌後灶	丙木 午火 陽宅	辛戌 得水 艮寅 得破
정미택 丁未宅	丁未. 甲卯. 乾亥. (主) 先門⇌後灶	丁金 未水 陰宅	甲卯 得水 乾亥 得破	곤신택 坤申宅	坤申. 壬子. 乙辰. (主) 先門⇌後灶	坤木 申火 陽宅	壬子 得水 乙辰 得破
경태택 庚兌宅	庚兌. 巽巳. 癸丑. (主) 先門⇌後灶	庚金 兌水 陰宅	巽巳 得水 癸丑 得破	신술택 辛戌宅	辛戌. 艮寅. 丙午. (主) 先門⇌後灶	辛木 戌火 陽宅	艮寅 得水 丙午 得破

3.2 본명궁에 의한 좌·우선 6좌법과 문주조의 배치

사람은 누구나 생년월일시라는 사주를 가지고 태어난다. 일반 명리학에서는 개인의 운명을 4주를 활용한다. 4가지 조건이란 음양과 오행의 기氣가 제 각각 다르다는 것을 의미한다. 개인에 따라 이 4가지 조건을 모두 중요하게 생각할 수도 있고, 그 가운데 개인의 운명을 특정한 하나를 중심으로 생각하는 경우도 있다. 그래서 흔히들 태어난 해가 중요하다든지 월月이나 시時를 중요시 한다는 등의 얘기를 한다. 또한 4살 터울의 남녀관계는 4주를 보나마나 좋은 관계라는 것도 삼합오행론에 의한 같은 오행기질五行氣質249)이 같다는 의미이다. 도학풍수는 음양과 오행의 기질론이다. 기질론은 생성론과는 달리 후천적 변화론이다. 변화라는 것도 근본을 바탕으로 한다. 사람의 운명인 태어난 해는 천운에 의한 대운을 말하는 것이므로 출생년이 매우 중요하다. 사람은 누구나 한 번쯤은 태어나서 왕성한 활동을 하다 묘지로 돌아간다. 인생의 순환법칙이라고나 할까? 삼합오행론은 순환법칙의 가장 핵심적인 생왕묘生旺

248) 장정환, 자연지형의 변화원리와 현상에 대한 지리학적 분석, 동국대 박사논문, 2000.
좌우선 육택론에 대한 원리분석 연구, 전게서.

249) 同氣동기

墓가 별개의 과정이 아니라 하나의 기氣에 해당하는 인생의 총운이라 본다. 따라서 도학풍수 양택론에서는 개인에게 맞는 주택에 대해서 태어난 해를 중요시 한다. 이는 황제이후로 이어지는 천간과 지지로 이어지는 60갑자와 상·중·하원의 삼원갑자라는 음양오행의 정설을 받아들이기 때문이다. 사람에게는 12지신에 의한 띠가 주어진다. 세상에 태어나는 순간부터 지표상에 유착하면서 12지신의 지배를 받는다는 것을 의미한다. 사람의 본명本命에 대해 다양하게 해석될 수도 있지만, 도학풍수에서는 태어난 해(年년)를 말한다. 따라서 누구나 태어난 해에 따른 띠가 있기 마련이고 그 해의 음양기질 또한 다르므로 띠에 따라 같은 기질에 따른 방위가 있기 마련이다. 방위는 곧 기氣가 변하는[250] 운행 공간의 질서로 본인의 태어난 기질과 같은 동기同氣를 공유해야 한다.

12궁방위와 본명(띠) ▶

12궁 방위	임자 壬子	계축 癸丑	간인 艮寅	갑묘 甲卯	을진 乙辰	손사 巽巳	병오 丙午	정미 丁未	곤신 坤申	경유 庚酉	신술 申戌	건해 乾亥
본명: 띠	쥐	소	호랑이	토끼	용	뱀	말	양	원숭이	닭	개	돼지

태어난 띠가 쥐, 호랑이, 용, 말, 원숭이, 개 띠는 모두 우선본명右旋本命으로 목화기木火氣에 해당하여 우선룡입수右旋龍入首와 우선택右旋宅에 거주해야 하며, 주택의 문주조門主灶도 우선궁방右旋宮方에 배정되어야 명예와 권력을 가질 수 있다. 반면 소, 토끼, 뱀, 양, 닭, 돼지 띠는 모두 좌선본명으로 금수기金水氣에 해당하며 좌선룡입수에 좌선택에서 거주해야 하고 주택의 문주조도 좌선궁방에 배정되어야 재물과 부富를 가질 수 있다. 그래야만 동기同氣에 의해 부富나 귀貴를 얻을 수 있다. 이는 지기地氣와 지맥地脈에 의한 천기天氣의 본명이 융합되어 통기맥通氣脈하는 이치이기 때문이다.

250) 變轉변전

12地支 (本命宮)	좌·우선룡 左·右旋龍	음·양용 陰·陽龍	제1순위 택좌 第1順位 宅坐	제2순위 택좌 第2順位 宅坐	逆宅坐역택좌 凶흉의 大小대소		
					小凶	大凶	特記
子生:쥐	우선右旋	陽龍양용	임자택壬子宅	先辛戌宅 後艮寅宅	坤申. 乙辰宅	丙午宅	背山에 反함. 干支沖 大凶. 逆葬임.
丑生:소	좌선左旋	陰龍음용	계축택癸丑宅	先甲卯宅 後乾亥宅	庚兌. 巽巳宅	丁未宅	
寅生:범	右旋	陽龍	간인택艮寅宅	先壬子宅 後乙辰宅	辛戌. 丙午宅	坤申宅	
卯生:토	左旋	陰龍	갑묘택甲卯宅	先巽巳宅 後癸丑宅	乾亥. 丁未宅	庚兌宅	
辰生:용	右旋	陽龍	을진택乙辰宅	先艮寅宅 後丙午宅	壬子. 坤申宅	辛戌宅	
巳生:뱀	左旋	陰龍	손사택巽巳宅	先丁未宅 後甲卯宅	癸丑. 庚兌宅	乾亥宅	
午生:말	右旋	陽龍	병오택丙午宅	先乙辰宅 後坤申宅	艮寅. 辛戌宅	壬坎宅	
未生:양	左旋	陰龍	정미택丁未宅	先庚兌宅 後巽巳宅	甲卯. 乾亥宅	癸丑宅	
申生:원	右旋	陽龍	곤신택坤申宅	先丙午宅 後辛戌宅	乙辰. 壬坎宅	艮寅宅	
酉生:닭	左旋	陰龍	경유택庚酉宅	先乾亥宅 後丁未宅	巽巳. 癸丑宅	甲卯宅	
戌生:개	右旋	陽龍	신술택辛戌宅	先坤申宅 後壬坎宅	丙午. 艮寅宅	乙辰宅	
亥生:돼	左旋	陰龍	건해택乾亥宅	先癸丑宅 後庚兌宅	丁未. 甲卯宅	巽巳宅	

본명과 좌·우선용입수 및 음·양용의 구분에 따른 택좌순위 ▲

1) 우선의 양룡 본명과 6택론에 따른 문주조

❶ 쥐 띠: 자생본명子生本命[251]

자생子生인 쥐 띠의 경우 최고로 좋은 대길大吉의 용입수는 임자壬子 용입수맥을 받아야 한다. 다음으로 소길小吉의 용입수는 임자와 삼합오행기三合五行氣가 같은 수기水氣의 곤신과 을진 용입수맥을 취해야 한다. 그 다음 3순위에 해당하는 용입수는 동궁同宮의 양기陽氣가 같은 신술, 간인, 병오 용입수맥을 취한다. 이는 모두 우선궁으로 통기通氣 통맥通脈의 원칙에 합법하기 때문이다. 또한 쥐 띠가 택할 주택의 좌향은 용입수가 정해지면 좌·우선 용입수에 의한 6좌법에서 살펴 본 바와 같이 택좌를 선택한다. 예를 들어, 쥐 띠인 사람이 6개의 우선 용입수 가운데 신술 용입수를 취했다면 대길인 신술좌와 소길인 곤신좌나 임자좌를 택해야 하고, 대흉大凶인 을진, 소흉小凶인 병오, 간인좌는 모두 배산의 원칙에 어긋나거나 지지충地支衝으로 흉좌凶坐에 해당하여 취하지 않는다.

주택 내부의 문주조와 관련한 공간배정에 있어서도 쥐 띠는 주택의 중위점에 라경을 놓고 주인이 머무르는 안방의 위치는 임자방이어야 하

251) 壬子本命임자본명

고, 대문은 을진방에 있어야 하며 부엌은 곤신방위에 있는 것을 제1로[252] 우선于先한다. 다음으로 제2안[253]은 안방을 곤신방에 둘 경우 대문은 임자, 부엌은 을진방이며, 안방을 을진방에 둘 경우 대문은 곤신방, 부엌은 임자방에 두어야 한다. 마지막 대안으로 제1, 2안이 여의치 않을 경우 제3의 방안[254]으로 동기궁同氣宮인 우선궁 가운데 신술, 병오, 간인방에 대문과 부엌을 두어야 한다. 이 또한 모두 우선궁으로 통기通氣 통맥通脈의 원칙에 합법하기 때문에 흉함이 없고, 현대주택의 내부 공간구조상 가장 보편적이고 일반적인 배치방법이기도 하기 때문이다.

자생본명子生本命의 6택표 ▶

활용 / 순위	입수룡	좌향	문주조
1순위	임자壬子 대길大吉	임자壬子 대길大吉	을진문. 임자주. 곤신조 대길 乙辰門. 壬子主. 坤申灶 大吉
2순위	곤신 을진 중길 坤申 乙辰 中吉	신술 간인 중길 辛戌 艮寅 中吉	임자문. 곤신주. 을진조 중길 壬子門. 坤申主. 乙辰灶 中吉 곤신문. 을진주. 임자조 중길 坤申門. 乙辰主. 壬子灶 中吉
3순위	신술 간인 병오 소길 辛戌 艮寅 丙午 小吉	병오丙午 대흉大凶 곤신 을진 소흉 坤申 乙辰 小凶	신술문. 간인주. 병오조 소길 辛戌門. 艮寅主. 丙午灶 小吉

❷ 호랑이 띠: 인생본명寅生本命[255]

인생寅生인 호랑이 띠의 경우 최고로 좋은 용입수는 간인 용입수맥을 받아야 한다. 다음으로 소길小吉의 용입수는 간인과 삼합오행기三合五行氣가 같은 화기火氣의 신술과 병오 용입수맥을 취해야 한다. 그 다음 3순위에 해당하는 용입수는 동궁同宮의 양기陽氣가 같은 임자, 곤신, 을진 용입수맥을 취한다. 이는 모두 우선궁으로 통기通氣 통맥通脈의 원칙에 합법하기 때문이다. 또한 호랑이 띠가 택할 주택의 좌향은 용입수가 정해지면 좌·우선 용입수에 의한 6좌법에서 살펴본 바와 같이 택좌를 선택한다. 예를 들어 호랑이 띠인 사람이 6개의 우선 용입수 가운데 병오 용입수를 취했다면 대길인 병오좌와 소길인 을진좌나 곤신좌를 택해야 하고, 대흉大凶인 임자, 소흉小凶인 간인, 신술좌는 모두 배산의 원칙에 어긋나거나 지지충地支衝으로 흉좌凶坐에 해당하여 취하지 않는다. 주택 내

252) 上格상격
253) 中格중격
254) 下格하격
255) 艮寅本命간인본명

부의 문주조와 관련한 공간배정에 있어서도 호랑이 띠는 주택의 중위점에 라경을 놓고 주인이 머무르는 안방의 위치는 간인방이어야 하고, 대문은 병오방에 있어야 하며 부엌은 신술방위에 있는 것을 상격上格의 제1로 우선于先한다.

인생본명寅生本命의 6택표 ▶

활용 순위	입수룡	좌향	문주조
1순위	간인 대길 艮寅 大吉	艮寅 大吉 간인 대길	병오문 간인주 신술조 대길 丙午門 艮寅主 辛戌灶 大吉
2순위	신술 병오 중길 辛戌 丙午 中吉	임자 을진 중길 壬子 乙辰 中吉	간인문 신술주 병오조 중길 艮寅門 辛戌主 丙午灶 中吉 신술문 병오주 간인조 중길 辛戌門 丙午主 艮寅灶 中吉
3순위	임자 을진 곤신 소길 壬子 乙辰 坤申 小吉	곤신坤申 대흉大凶 신술 병오 소흉 辛戌 丙午 小凶	임자문 을진주 곤신조 소길 壬子門 乙辰主 坤申灶 小吉

다음으로 제2안[256]은 안방을 신술방에 둘 경우 대문은 간인, 부엌은 병오방이며, 안방을 병오방에 둘 경우 대문은 신술방, 부엌은 간인방에 두어야 한다. 마지막 대안으로 제1, 2안이 여의치 않을 경우 제3의 방안[257]으로 동기궁同氣宮인 우선궁 가운데 임자, 을진, 곤신방에 대문과 부엌을 두어야 한다.

❸ 용 띠: 진생본명辰生本命[258]

용 띠의 경우 최고로 좋은 대길大吉의 용입수는 을진 용입수맥을 받아야 한다. 다음으로 소길小吉의 용입수는 을진과 삼합오행기三合五行氣가 같은(水氣수기) 임자와 곤신 용입수맥을 취해야 한다. 그 다음 3순위에 해당하는 용입수는 동궁同宮의 양기陽氣가 같은 간인, 병오, 신술 용입수맥을 취한다. 이는 모두 우선궁으로 통기通氣 통맥通脈의 원칙에 합법하기 때문이다.

또한 용 띠가 택할 주택의 좌향은 용입수가 정해지면 좌·우선 용입수에 의한 6좌법에서 살펴본 바와 같이 택좌를 선택한다. 예를 들어 용 띠인 사람이 6개의 우선용입수 가운데 임자용입수를 취했다면 대길인

256) 中格중격
257) 下格하격
258) 乙辰本命을진본명

임자좌와 소길인 신술좌나 간인좌를 택해야 하고, 대흉大凶인 병오, 소흉小凶인 곤신, 을진좌는 모두 배산의 원칙에 어긋나거나 지지충地支衝으로 흉좌凶坐에 해당하여 취하지 않는다.

진생본명辰生本命의 6택표 ▶

활용 순위	입수룡	좌향	문주조
1순위	을진乙辰 대길大吉	을진乙辰 대길大吉	곤신문 을진주 임자조 대길 坤申門 乙辰主 壬子灶 大吉
2순위	임자 곤신 중길 壬子 坤申 中吉	간인 병오 중길 艮寅 丙午 中吉	을진문 임자주 곤신조 중길 乙辰門 壬子主 坤申灶 中吉 임자문 곤신주 을진조 중길 壬子門 坤申主 乙辰灶 中吉
3순위	간인 병오 신술 소길 艮寅 丙午 辛戌 小吉	신술辛戌 대흉大凶 임자 곤신 소흉 壬子 坤申 小凶	간인문 병오주 신술조 소길 艮寅門 丙午主 辛戌灶 小吉

주택 내부의 문주조와 관련한 공간배정에 있어서도 용 띠는 주택의 중위점에 라경을 놓고 주인이 머무르는 안방의 위치는 을진방이어야 하고, 대문은 곤신방에 있어야 하며 부엌은 임자방위에 있는 것을 제1로(上格상격) 우선于先한다. 다음으로 제2안(中格중격)은 안방을 임자방에 둘 경우 대문은 을진, 부엌은 곤신방이며, 안방을 곤신방에 둘 경우 대문은 임자방, 부엌은 을진방에 두어야 한다. 마지막 대안으로 제1, 2안이 여의치 않을 경우 제3의 방안(下格하격)으로 동기궁同氣宮인 우선궁 가운데 간인, 병오, 신술방에 대문과 부엌을 두어야 한다.

❹ 말 띠: 오생본명午生本命[259]

말 띠(午生진생)의 경우 최고로 좋은(大吉대길) 용입수는 병오 용입수맥을 받아야 한다. 다음으로 소길小吉의 용입수는 병오와 삼합오행기三合五行氣가 같은(火氣화기) 간인과 신술 용입수맥을 취해야 한다. 그 다음 3순위에 해당하는 용입수는 동궁同宮의 양기陽氣가 같은 을진, 곤신, 임자 용입수맥을 취한다. 이는 모두 우선궁으로 통기通氣 통맥通脈의 원칙에 합법하기 때문이다. 또한 말 띠가 택할 주택의 좌향은 용입수가 정해지면 좌·우선 용입수에 의한 6좌법에서 살펴 본 바와 같이 택좌를 선택한다.

259) 丙午本命병오본명

예를 들어, 말 띠인 사람이 6개의 우선 용입수 가운데 간인 용입수를 취했다면 대길의 간인좌와 소길인 임자좌나 을진좌를 택해야 하고, 대흉大凶인 곤신, 소흉小凶인 신술, 병오좌는 모두 배산의 원칙에 어긋나거나 지지충地支衝으로 흉좌凶坐에 해당하여 취하지 않는다.

오생본명午生本命의 6택표 ▶

활용 순위	입수롱	좌향	문주조
1순위	병오丙午 대길大吉	병오丙午 대길大吉	신술문 병오주 간인조 대길 辛戌門 丙午主 艮寅灶 大吉
2순위	간인 신술 중길 艮寅 辛戌 中吉	을진 곤신 중길 乙辰 坤申 中吉	병오문 간인주 신술조 중길 丙午門 艮寅主 辛戌灶 中吉 간인문 신술주 병오조 중길 艮寅門 辛戌主 丙午灶 中吉
3순위	을진 곤신 임자 소길 乙辰 坤申 壬子 小吉	임자壬子 대흉大凶 간인 신술 소흉 艮寅 辛戌 小凶	을진문 곤신주 임자조 소길 乙辰門 坤申主 壬子灶 小吉

주택 내부의 문주조와 관련한 공간배정에 있어서도 말 띠는 주택의 중위점에 라경을 놓고 주인이 머무르는 안방의 위치는 병오방이어야 하고, 대문은 신술방에 있어야 하며 부엌은 간인방위에 있는 것을 제1로(上格상격) 우선于先한다. 다음으로 제2안(中格중격)은 안방을 간인방에 둘 경우 대문은 병오, 부엌은 신술방이며, 안방을 신술방에 둘 경우 대문은 간인방, 부엌은 병오방에 두어야 한다. 마지막 대안으로 제1, 2안이 여의치 않을 경우 제3의 방안(下格하격)으로 동기궁同氣宮인 우선궁 가운데 을진, 곤신, 임자방에 대문과 부엌을 두어야 한다.

❺ 원숭이 띠: 신생본명申生本命[260]

원숭이 띠(午生진생)의 경우 최고로 좋은(大吉대길) 용입수는 곤신 용입수맥을 받아야 한다. 다음으로 소길小吉의 용입수는 곤신과 삼합오행기三合五行氣가 같은(水氣수기) 을진과 임자 용입수맥을 취해야 한다. 그 다음 3순위에 해당하는 용입수는 동궁同宮의 양기陽氣가 같은 병오, 신술, 간인 용입수맥을 취한다. 이는 모두 우선궁으로 통기通氣 통맥通脈의 원칙에 합법하기 때문이다. 또한 원숭이 띠가 택할 주택의 좌향은 용입수

260) 坤申本命곤신본명

543

가 정해지면 좌·우선 용입수에 의한 6좌법에서 살펴 본 바와 같이 택
좌를 선택한다. 예를 들어, 원숭이 띠인 사람이 6개의 우선 용입수 가운
데 을진 용입수를 취했다면 직룡에 직좌인 대길의 을진좌와 소길인 간
인좌나 병오좌를 택해야 하고, 대흉大凶인 신술, 소흉小凶인 임자, 곤신
좌는 모두 배산의 원칙에 어긋나거나 지지충地支衝으로 흉좌凶坐에 해당
하여 취하지 않는다.

신생본명申生本命의 6택표 ▶

순위 \ 활용	입수룡	좌향	문주조
1순위	곤신坤申 대길大吉	곤신坤申 대길大吉	임자문 곤신주 을진조 대길 壬子門 坤申主 乙辰灶 大吉
2순위	을진 임자 중길 乙辰 壬子 中吉	병오 신술 중길 丙午 辛戌 中吉	곤신문 을진주 임자조 중길 坤申門 乙辰主 壬子灶 中吉 을진문 임자주 곤신조 중길 乙辰門 壬子主 坤申灶 中吉
3순위	병오 신술 간인 소길 丙午 辛戌 艮寅 小吉	간인艮寅 대흉大凶 을진 임자 소흉 乙辰 壬子 小凶	병오문 신술주 간인조 소길 丙午門 辛戌主 艮寅灶 小吉

주택 내부의 문주조와 관련한 공간배정에 있어서도 원숭이 띠는 주택
의 중위점에 라경을 놓고 주인이 머무르는 안방의 위치는 곤신방이어야
하고, 대문은 임자방에 있어야 하며 부엌은 을진방위에 있는 것을 제1로
(上格상격) 우선于先한다. 다음으로 제2안(中格중격)은 안방을 을진방에 둘
경우 대문은 곤신, 부엌은 임자방이며, 안방을 임자방에 둘 경우 대문은
을진방, 부엌은 곤신방에 두어야 한다. 마지막 대안으로 제1, 2안이 여
의치 않을 경우 제3의 방안(下格하격)으로 동기궁同氣宮인 우선궁 가운데
병오, 신술, 간인방에 대문과 부엌을 두어야 한다.

❻ 개 띠: 술생본명戌生本命[261]

개 띠(戌生술생)의 경우 최고로 좋은(大吉대길) 용입수는 신술辛戌 용입수
맥을 받아야 한다. 다음으로 소길小吉의 용입수는 신술과 삼합오행기三
合五行氣가 같은(火氣화기) 병오와 간인 용입수맥을 취해야 한다. 그 다음
3순위에 해당하는 용입수는 동궁同宮의 양기陽氣가 같은 곤신, 임자, 을

261) 辛戌本命신술본명

진 용입수맥을 취한다. 이는 모두 우선궁으로 통기通氣 통맥通脈의 원칙에 합법하기 때문이다. 또한 개 띠가 택할 주택의 좌향은 용입수가 정해지면 좌·우선 용입수에 의한 6좌법에서 살펴본 바와 같이 택좌를 선택한다. 예를 들어 개 띠인 사람이 6개의 우선 용입수 가운데 병오 용입수를 취했다면 대길大吉인 병오좌와 소길小吉인 을진좌나 곤신좌를 택해야 하고, 대흉大凶인 임자, 소흉小凶인 간인, 신술좌는 모두 배산의 원칙에 어긋나거나 12지지끼리 부딪히는 지지충地支衝으로 흉좌凶坐에 해당하여 취하지 않는다.

주택 내부의 문주조와 관련한 공간배정에 있어서도 개 띠는 주택의 중위점에 라경을 놓고 주인이 머무르는 안방의 위치는 신술방이어야 하고, 대문은 간인방에 있어야 하며 부엌은 병오방위에 있는 것을 제1로(上格상격) 우선于先한다. 다음으로 제2안(中格중격)은 안방을 병오방에 둘 경우 대문은 신술, 부엌은 간인방이며, 안방을 간인방에 둘 경우 대문은 병오방, 부엌은 신술방에 두어야 한다. 마지막 대안으로 제1, 2안이 여의치 않을 경우 제3의 방안(下格하격)으로 동기궁同氣宮인 우선궁 가운데 곤신, 임자, 을진방에 대문과 부엌을 두어야 한다.

술생본명戌生本命의 6택표 ▶

활용순위	입수롱	좌향	문주조
1순위	신술辛戌 대길大吉	신술辛戌 대길大吉	간인문 신술주 병오조 대길 艮寅門 辛戌主 丙午灶 大吉
2순위	병오 간인 중길 丙午 艮寅 中吉	곤신 임자 중길 坤申 壬子 中吉	신술문 병오주 간인조 중길 辛戌門 丙午主 艮寅灶 中吉 병오문 간인주 신술조 중길 丙午門 艮寅主 辛戌灶 中吉
3순위	곤신 임자 을진 소길 坤申 壬子 乙辰 小吉	을진乙辰 대흉大凶 병오 간인 소흉 丙午 艮寅 小凶	곤신문 임자주 을진조 소길 坤申門 壬子主 乙辰灶 小吉

2) 좌선의 음룡 본명과 6택론에 따른 문주조

❶ 소 띠: 축생본명丑生本命[262]

소 띠(丑生축생)의 경우 최고로 좋은(大吉대길) 용입수는 계축癸丑 용입수맥을 받아야 한다. 다음으로 소길小吉의 용입수는 계축과 삼합오행기三合

262) 癸丑本命계축본명

五行氣가 같은(金氣금기) 경유와 손사 용입수맥을 취해야 한다. 그 다음 3순위에 해당하는 용입수는 동궁同宮의 양기陽氣가 같은 건해, 갑묘, 정미 용입수맥을 취한다. 이는 모두 좌선궁으로 통기通氣 통맥通脈의 원칙에 합법하기 때문이다. 또한 소 띠가 택할 주택의 좌향은 용입수가 정해지면 좌·우선 용입수에 의한 6좌법에서 살펴본 바와 같이 택좌를 선택한다. 예를 들어, 소 띠인 사람이 6개의 좌선 용입수 가운데 경유 용입수를 취했다면 대길인 경유좌와 소길小吉인 정미나 건해좌를 택해야 하고, 대흉大凶인 갑묘, 소흉小凶인 손사, 계축좌는 모두 배산의 원칙에 어긋나거나 지지충地支衝으로 흉좌凶坐에 해당하여 취하지 않는다.

활용 순위	입수룡	좌향	문주조
1순위	계축癸丑 대길大吉	계축癸丑 대길大吉	경유문 계축주 손사조 대길 庚酉門 癸丑主 巽巳灶 大吉
2순위	손사 경유 중길 巽巳 庚酉 中吉	갑묘 건해 중길 甲卯 乾亥 中吉	계축문 손사주 경유조 중길 癸丑門 巽巳主 庚酉灶 中吉 손사문 경유주 계축조 중길 巽巳門 庚酉主 癸丑灶 中吉
3순위	건해 갑묘 정미 소길 乾亥 甲卯 丁未 小吉	정미丁未 대흉大凶 손사 경유 소흉 巽巳 庚酉 小凶	건해문 갑묘주 정미조 소길 乾亥門 甲卯主 丁未灶 小吉

주택 내부의 문주조와 관련한 공간배정에 있어서도 소 띠는 주택의 중위점에 라경을 놓고 주인이 머무르는 안방의 위치는 계축방이어야 하고, 대문은 경유방에 있어야 하며 부엌은 손사방위에 있는 것을 제1로(上格상격) 우선于先한다. 다음으로 제2안(中格중격)은 안방을 경유방에 둘 경우 대문은 손사, 부엌은 계축방이며, 안방을 손사방에 둘 경우 대문은 계축방, 부엌은 경유방에 두어야 한다. 마지막 대안으로 제1, 2안이 여의치 않을 경우 제3의 방안(下格하격)으로 동기궁同氣宮인 좌선궁 가운데 건해, 갑묘, 정미방에 대문과 부엌을 두어야 한다. 이 또한 모두 좌선궁으로 통기通氣 통맥通脈의 원칙에 합법하기 때문에 흉함이 없고, 현대주택의 내부 공간구조상 가장 보편적이고 일반적인 배치방법이기 때문이다.

❷ 토끼 띠: 묘생본명卯生本命[263]

토끼 띠(卯生묘생)의 경우 최고로 좋은(大吉대길) 용입수는 갑묘 용입수 맥을 받아야 한다. 다음으로 소길小吉의 용입수는 갑묘 삼합오행기三合五 行氣가 같은(木氣목기) 건해와 정미 용입수맥을 취해야 한다. 그 다음 3순 위에 해당하는 용입수는 동궁同宮의 양기陽氣가 같은 계축, 손사, 경유 용 입수맥을 취한다. 이는 모두 좌선궁으로 통기通氣 통맥通脈의 원칙에 합 법하기 때문이다. 또한 토끼 띠가 택할 주택의 좌향은 용입수가 정해지 면 좌·우선 용입수에 의한 6좌법에서 살펴본 바와 같이 택좌를 선택한 다. 예를 들어, 토끼 띠인 사람이 6개의 좌선 용입수 가운데 건해 용입수 를 취했다면 대길인 건해좌와 소길인 경유좌나 계축좌를 택해야 하고, 대흉大凶인 손사, 소흉小凶인 정미, 갑묘좌는 모두 배산의 원칙에 어긋나 거나 지지충地支衝으로 흉좌凶坐에 해당하여 취하지 않는다.

주택 내부의 문주조와 관련한 공간배정에 있어서도 토끼 띠는 주택의 중위점에 라경을 놓고 주인이 머무르는 안방의 위치는 갑묘방이어야 하 고, 대문은 건해방에 있어야 하며 부엌은 정미방위에 있는 것을 제1로(上 格상격) 우선于先한다. 다음으로 제2안(中格중격)은 안방을 건해방에 둘 경 우 대문은 정미, 부엌은 갑묘방이며, 안방을 정미방에 둘 경우 대문은 갑 묘방, 부엌은 건해방에 두어야 한다. 마지막 대안으로 제1, 2안이 여의 치 않을 경우 제3의 방안(下格하격)으로 동기궁同氣宮인 좌선궁 가운데 계 축, 손사, 경유방에 대문과 부엌을 두어야 한다.

◀ 묘생본명卯生本命의 6택표

활용 순위	입수룡	좌향	문주조
1순위	갑묘甲卯 대길大吉	갑묘甲卯 대길大吉	건해문 갑묘주 정미조 대길 乾亥門 甲卯主 丁未灶 大吉
2순위	정미 건해 중길 丁未 乾亥 中吉	손사 계축 중길 巽巳 癸丑 中吉	갑묘문 정미주 건해조 중길 甲卯門 丁未主 乾亥灶 中吉 정미문 건해주 갑묘조 중길 丁未門 乾亥主 甲卯灶 中吉
3순위	계축 손사 경유 소길 癸丑 巽巳 庚酉 小吉	경유庚酉 대흉大凶 정미 건해 소흉 丁未 乾亥 小凶	계축문 손사주 경유조 소길 癸丑門 巽巳主 庚酉灶 小吉

263) 甲卯本命갑묘본명

❸ 뱀 띠: 사생본명巳生本命[264]

뱀 띠(巳生사생)의 경우 최고로 좋은(大吉대길) 용입수는 손사 용입수맥을 받아야 한다. 다음으로 소길小吉의 용입수는 손사와 삼합오행기三合五行氣가 같은(金氣금기) 계축과 경유 용입수맥을 취해야 한다. 그 다음 3순위에 해당하는 용입수는 동궁同宮의 양기陽氣가 같은 갑묘, 정미, 건해 용입수맥을 취한다. 이는 모두 좌선궁으로 통기通氣 통맥通脈의 원칙에 합법하기 때문이다. 또한 뱀 띠가 택할 주택의 좌향은 용입수가 정해지면 좌·우선 용입수에 의한 6좌법에서 살펴 본 바와 같이 택좌를 선택한다. 예를 들어 뱀 띠인 사람이 6개의 좌선 용입수 가운데 계축 용입수를 취했다면 대길인 계축좌와 소길인 건해좌나 갑묘좌를 택해야 하고, 대흉大凶인 정미, 소흉小凶인 경유, 손사좌는 모두 배산의 원칙에 어긋나거나 지지충地支衝으로 흉좌凶坐에 해당하여 취하지 않는다.

주택 내부의 문주조와 관련한 공간배정에 있어서도 뱀 띠는 주택의 중위점에 라경을 놓고 주인이 머무르는 안방의 위치는 손사방이어야 하고, 대문은 계축방에 있어야 하며 부엌은 경유방위에 있는 것을 제1로(上格상격) 우선于先한다. 다음으로 제2안(中格중격)은 안방을 계축방에 둘 경우 대문은 경유, 부엌은 손사방이며, 안방을 경유방에 둘 경우 대문은 손사방, 부엌은 계축방에 두어야 한다. 마지막 대안으로 제1, 2안이 여의치 않을 경우 제3의 방안(下格하격)으로 동기궁同氣宮인 좌선궁 가운데 갑묘, 정미, 건해방에 대문과 부엌을 두어야 한다.

사생본명巳生本命의 6택표 ▶

순위 \ 활용	입수롱	좌향	문주조
1순위	손사巽巳 대길大吉	손사巽巳 대길大吉	계축문 손사주 경유조 대길 癸丑門 巽巳主 庚酉灶 大吉
2순위	경유 계축 중길 庚酉 癸丑 中吉	정미 갑묘 중길 丁未 甲卯 中吉	손사문 경유주 계축조 중길 巽巳門 庚酉主 癸丑灶 中吉 경유문 계축주 손사조 중길 庚酉門 癸丑主 巽巳灶 中吉
3순위	갑묘 정미 건해 소길 甲卯 丁未 乾亥 小吉	건해乾亥 대흉大凶 경유 계축 소흉 庚酉 癸丑 小凶	갑묘문 정미주 건해조 소길 甲卯門 丁未主 乾亥灶 小吉

264) 巽巳本命손사본명

❹ 양 띠: 미생본명未生本命[265]

양 띠(未生미생)의 경우 최고로 좋은(大吉대길) 용입수는 정미 용입수맥을 받아야 한다. 다음으로 소길小吉의 용입수는 정미와 삼합오행기三合五行氣가 같은(木氣목기) 갑묘와 건해 용입수맥을 취해야 한다. 그 다음 3순위에 해당하는 용입수는 동궁同宮의 양기陽氣가 같은 손사, 경유, 계축 용입수맥을 취한다. 이는 모두 좌선궁으로 통기通氣 통맥通脈의 원칙에 합법하기 때문이다. 또한 양 띠가 택할 주택의 좌향은 용입수가 정해지면 좌·우선 용입수에 의한 6좌법에서 살펴본 바와 같이 택좌를 선택한다. 예를 들어 양 띠인 사람이 6개의 좌선 용입수 가운데 갑묘 용입수를 취했다면 대길의 갑묘좌와 소길인 계축좌나 손사좌를 택해야 하고, 대흉大凶인 경유, 소흉小凶인 건해, 정미좌는 모두 배산의 원칙에 어긋나거나 지지충地支衝으로 흉좌凶坐에 해당하여 취하지 않는다.

<table>
<tr><td rowspan="2">미생본명未生本命의 6택표 ▶</td></tr>
</table>

순위＼활용	입수룡	좌향	문주조
1순위	정미丁未 대길大吉	정미丁未 대길大吉	갑묘문 정미주 건해조 대길 甲卯門 丁未主 乾亥灶 大吉
2순위	건해 갑묘 중길 乾亥 甲卯 中吉	경유 손사 중길 庚酉 巽巳 中吉	정미문 건해주 갑묘조 중길 丁未門 乾亥主 甲卯灶 中吉 건해문 갑묘주 정미조 중길 乾亥門 甲卯主 丁未灶 中吉
3순위	경유 손사 계축 소길 庚酉 巽巳 癸丑 小吉	계축癸丑 대흉大凶 건해 갑묘 소흉 乾亥 甲卯 小凶	경유문 손사주 계축조 소길 庚酉門 巽巳主 癸丑灶 小吉

주택 내부의 문주조와 관련한 공간배정에 있어서도 양 띠는 주택의 중위점에 라경을 놓고 주인이 머무르는 안방의 위치는 정미방이어야 하고, 대문은 갑묘방에 있어야 하며 부엌은 건해방위에 있는 것을 제1로(上格상격) 우선于先한다. 다음으로 제2안(中格중격)은 안방을 갑묘방에 둘 경우 대문은 건해, 부엌은 정미방이며, 안방을 건해방에 둘 경우 대문은 정미방, 부엌은 갑묘방에 두어야 한다. 마지막 대안으로 제1, 2안이 여의치 않을 경우 제3의 방안(下格하격)으로 동기궁同氣宮인 좌선궁 가운데 손사, 경유, 계축방에 대문과 부엌을 두어야 한다.

265) 丁未本命정미본명

549

❺ 닭 띠: 유생본명酉生本命[266]

닭 띠(酉生유생)의 경우 최고로 좋은(大吉대길) 용입수는 경유 용입수맥을 받아야 한다. 다음으로 소길小吉의 용입수는 경유와 삼합오행기三合五行氣가 같은(金氣금기) 손사와 계축 용입수맥을 취해야 한다. 그 다음 3순위에 해당하는 용입수는 동궁同宮의 양기陽氣가 같은 정미, 건해, 갑묘 용입수맥을 취한다. 이는 모두 좌선궁으로 통기通氣 통맥通脈의 원칙에 합법하기 때문이다. 또한 닭 띠가 택할 주택의 좌향은 용입수가 정해지면 좌·우선 용입수에 의한 6좌법에서 살펴 본 바와 같이 택좌를 선택한다. 예를 들어, 닭 띠인 사람이 6개의 좌선 용입수 가운데 손사 용입수를 취했다면 직룡에 직좌인 대길의 손사좌와 소길인 갑묘좌나 정미좌를 택해야 하고, 대흉大凶인 건해, 소흉小凶인 계축, 경유좌는 모두 배산의 원칙에 어긋나거나 지지충地支衝으로 흉좌凶坐에 해당하여 취하지 않는다.

주택 내부의 문주조와 관련한 공간배정에 있어서도 닭 띠는 주택의 중위점에 라경을 놓고 주인이 머무르는 안방의 위치는 경유방이어야 하고, 대문은 손사방에 있어야 하며 부엌은 계축방위에 있는 것을 제1로(上格상격) 우선于先한다. 다음으로 제2안(中格중격)은 안방을 손사방에 둘 경우 대문은 계축, 부엌은 경유방이며, 안방을 계축방에 둘 경우 대문은 경유방, 부엌은 손사방에 두어야 한다. 마지막 대안으로 제1, 2안이 여의치 않을 경우 제3의 방안(下格하격)으로 동기궁同氣宮인 좌선궁 가운데 정미, 건해, 갑묘방에 대문과 부엌을 두어야 한다.

유생본명酉生本命의 6택표 ▶

순위 활용	입수룡	좌향	문주조
1순위	경유庚酉 대길大吉	손사巽巳 대길大吉	손사문 경유주 계축조 대길 巽巳門 庚酉主 癸丑灶 大吉
2순위	계축 손사 중길 癸丑 巽巳 中吉	건해 정미 중길 乾亥 丁未 中吉	경유문 계축주 손사조 중길 庚酉門 癸丑主 巽巳灶 中吉 계축문 손사주 경유조 중길 癸丑門 巽巳主 庚酉灶 中吉
3순위	건해 정미 갑묘 소길 乾亥 丁未 甲卯 小吉	갑묘甲卯 대흉大凶 계축 손사 소흉 癸丑 巽巳 小凶	건해문 정미주 갑묘조 소길 乾亥門 丁未主 甲卯灶 小吉

266) 庚酉本命경유본명

❻ 돼지 띠: 해생본명亥生本命[267]

돼지 띠(亥生해생)의 경우 최고로 좋은(大吉대길) 용입수는 건해 용입수 맥을 받아야 한다. 다음으로 소길小吉의 용입수는 건해와 삼합오행기三合五行氣가 같은(木氣목기) 정미와 갑묘 용입수맥을 취해야 한다. 그 다음 3순위에 해당하는 용입수는 동궁同宮의 양기陽氣가 같은 경유, 계축, 손사 용입수맥을 취한다. 이는 모두 좌선궁으로 통기通氣 통맥通脈의 원칙에 합법하기 때문이다. 또한 돼지 띠가 택할 주택의 좌향은 용입수가 정해지면 좌·우선 용입수에 의한 6좌법에서 살펴 본 바와 같이 택좌를 선택한다. 예를 들어, 돼지 띠인 사람이 6개의 좌선 용입수 가운데 정미 용입수를 취했다면 대길大吉인 정미좌와 소길小吉인 손사좌나 경유좌를 택해야 하고, 대흉大凶인 계축, 소흉小凶인 갑묘, 건해좌는 모두 배산의 원칙에 어긋나거나 지지충地支衝으로 흉좌凶坐에 해당하여 취하지 않는다.

주택 내부의 문주조와 관련한 공간배정에 있어서도 돼지 띠는 주택의 중위점에 라경을 놓고 주인이 머무르는 안방의 위치는 건해방이어야 하고, 대문은 정미방에 있어야 하며 부엌은 갑묘방위에 있는 것을 제1로(上格상격) 우선于先한다. 다음으로 제2안(中格중격)은 안방을 정미방에 둘 경우 대문은 갑묘, 부엌은 건해방이며, 안방을 갑묘방에 둘 경우 대문은 건해방, 부엌은 정미방에 두어야 한다. 마지막 대안으로 제1, 2안이 여의치 않을 경우 제3의 방안(下格하격)으로 동기궁同氣宮인 좌선궁 가운데 경유, 계축, 손사방에 대문과 부엌을 두어야 한다.

◀ 해생본명亥生本命의 6택표

순위 \ 활용	입수룡	좌향	문주조
1순위	건해乾亥 대길大吉	건해乾亥 대길大吉	정미문 건해주 갑묘조 대길 丁未門 乾亥主 甲卯灶 大吉
2순위	갑묘 정미 중길 甲卯 丁未 中吉	계축 경유 중길 癸丑 庚酉 中吉	건해문 갑묘주 정미조 중길 乾亥門 甲卯主 丁未灶 中吉 갑묘문 정미주 건해조 중길 甲卯門 丁未主 乾亥灶 中吉
3순위	계축 경유 손사 소길 癸丑 庚酉 巽巳 小吉	손사巽巳 대흉大凶 갑묘 정미 소흉 甲卯 丁未 小凶	계축문 경유주 손사조 소길 癸丑門 庚酉主 巽巳灶 小吉

267) 乾亥本命건해본명

551

3.3 좌·우선 12궁의 8괘방 배납에 따른 문의 배치

일반적으로 풍수이론에는 24방위를 8괘방위인 건곤간손감리진태乾坤艮巽坎離震兌에 배납하여 풍수이론에 적용한다. 임자계壬子癸 ▶ 자子(坎감)방, 축간인丑艮寅 ▶ 간艮방, 갑묘을甲卯乙 ▶ 묘卯(震진)방, 진손사辰巽巳 ▶ 손巽방, 병오정丙午丁 ▶ 오午(離리)방, 미곤신未坤申 ▶ 곤坤방, 경유신庚酉辛 ▶ 유酉(兌태)방, 술건해戌乾亥 ▶ 건乾방으로 배납된다. 이 8괘방은 천도天道의 주도방위인 건곤간손乾坤艮巽과 지도地道의 주도방위인 자오묘유子午卯酉[268]방을 말한다. 따라서 모든 24방위는 이들 천지도의 주도방위로 귀속시킬 수 있다. 도학풍수에서도 8괘방위에 따른 배납원리를 활용하여 12개의 좌·우선궁을 8괘방위로 배납하여 기氣의 출입구이자 길흉화복의 통로이면서 가문의 권위를 상징하는 대문의 방위를 생기복덕간법生氣福德看法으로 적용하여 활용할 수 있다. 생기복덕간법은 낙서洛書의 구성원리를 이용한 전통이론이다.

따라서 8괘방의 좌·우선관계를 보면 4괘는 좌선괘, 4괘는 우선괘로 이루어졌음을 알 수 있다. 즉 임자계 ▶ 자방 ▶ 우선괘, 축간인 ▶ 간방 ▶ 우선괘, 갑묘을 ▶ 묘방 ▶ 좌선괘, 진손사 ▶ 손방 ▶ 좌선괘, 병오정 ▶ 오방 ▶ 우선괘, 미곤신 ▶ 곤방 ▶ 우선괘, 경유신 ▶ 유방 ▶ 좌선괘, 술건해 ▶ 건방 ▶ 좌선괘로 배납된다. 그러므로 우선괘는 자子(坎감)괘, 오午(離리)괘, 간艮괘, 곤坤괘의 4개로 구성되고, 좌선괘는 묘卯(震진)괘, 유酉(兌태)괘, 손巽괘, 건乾괘로 이루어지는 4괘이다.

구성논리에 의한 생기복덕간법에서 8개의 8괘방위 각각마다 일상생기一上生氣, 이중오귀二中五鬼, 삼하연년三下延年, 사중육살四中六殺, 오상화해五上禍害, 육중천복六中天福, 칠하절명七下絶命, 팔중귀혼八中歸魂을 붙여 대문이 길흉방위 중 어느 방위에 있는지를 본다. 따라서 1괘 방위가 8개의 생기복덕방위를 가지므로 8괘 방위는 모두 64개의 길흉방위를 갖게 되는 셈이다. 8개의 생기복덕방위에서 2, 4, 5, 7번째는 흉凶하고, 1,

268) 坎離震兌감리진태

3, 6, 8번째 방위는 길吉하다. 그러므로 일상생기一上生氣, 삼하연년三下延年, 육중천복六中天福, 팔중귀혼八中歸魂 방위의 대문은 좋으며, 이중오귀二中五鬼, 사중육살四中六殺, 오상화해五上禍害, 칠하절명七下絕命 방위의 대문은 나쁘다.

생기복덕간법은 양택의 모든 좌향을 8괘방위로 하고, 좌坐에 따라 다시 8개의 방위를 가려 좋은 방위의 대문 4괘방 대문과 나쁜 방위의 대문 4괘방 대문에 따라 취용하거나 사용하지 않는 이론[269]을 말한다. 앞의 숫자는 기본좌향의 괘에서 효의 변화순서를 의미하는데 양효는 음효로, 음효는 양효로 바뀌어 변화한다.

가령, 양택이 인생寅生에게 맞는 간좌곤향택이라면 간좌艮坐[270]에 해당한다. 간좌의 이 주택은 8개의 괘변화를 시도하여 8방위에 대문을 둘 수 있다. 첫 번째 변화로 일상생기, 즉 첫 번째 변화는 제일 위에서[271] 변하므로 간괘의 제일 상효인 양효를 음효로 바꾸면 곤괘坤卦가 된다. 그러므로 곤괘방위의 대문은 생기生氣방의 대문으로 좋다는 뜻이 되고, 두 번째 변화는 첫 번째 변한 곤괘에서 가운데 효가 바뀜[272]으로 감괘坎卦가 된다. 두 번째 변화는 오귀五鬼라 했으므로 매우 흉하다. 따라서 감괘방

269) 取捨취사
270) 艮上連간상연
271) 一上일상
272) 二中이중

좌·우선 12궁 8괘방 배납에
따른 생기복덕방의 대문
길흉대문방 ▶

변화 8개좌坐	일상생기 一上生氣	이중오귀 二中五鬼	삼하연년 三下延年	사중육살 四中六殺	오상화해 五上禍害	육중천복 六中天福	칠하절명 七下絕命	팔중귀혼 八中歸魂
자子(坎)좌 坎中連	손巽방	간艮방	리離방	건乾방	태兌방	진震방	곤坤방	감坎방
간艮좌 艮上連	곤坤방	감坎방	태兌방	진震방	리離방	건乾방	손巽방	간艮방
오午(離좌) 離虛中	진震방	태兌방	감坎방	곤坤방	간艮방	손巽방	건乾방	리離방
곤坤좌 坤三絕	간艮방	손巽방	건乾방	리離방	진震방	태兌방	감坎방	곤坤방
묘卯(震)좌 震下連	리離방	건乾방	손巽방	간艮방	곤坤방	감坎방	태兌방	진震방
손巽좌 巽下絕	감坎방	곤坤방	진震방	태兌방	건乾방	리離방	간艮방	손巽방
유酉(兌)좌 兌上絕	건乾방	리離방	간艮방	손巽방	감坎방	곤坤방	진震방	태兌방
건乾좌 乾三連	태兌방	진震방	곤坤방	감坎방	손巽방	간艮방	리離방	건乾방

위의 대문은 오귀문으로 흉하여 사용하지 않는다. 세 번째 변화는 두 번째 변한 감괘를 중심으로 감괘의 제일 아래[273] 효爻인 음효가 양효로 바뀌므로 태괘兌卦가 된다. 세 번째 변화를 연년延年이라 하므로 태괘방의 대문은 연년방위의 대문으로 길방에 해당하여 매우 좋은 방위의 대문에 해당한다.[274] 생기복덕간법은 이상과 같이 기본 좌향에 따라 8번의 괘변화로 길흉방의 대문을 가리는 이론이다.

273) 三下삼하

274) 나머지 변화도 이와 같이 변한다.

　　도학풍수에서의 쥐 띠(壬子임자), 소 띠(癸丑계축), 호랑이 띠(艮寅간인), 말 띠(丙午병오), 양 띠(丁未정미), 원숭이 띠(坤申곤신)인 사람은 우선 4괘인 자子(坎감)방, 간艮방, 오午(離리)방, 곤坤방에 배납한 집(坐宅좌택)을 선택해야 할 좌향으로 삼아 생기복덕간법에 따라 대문방을 가린다. 반면 토끼 띠(甲卯갑묘), 용 띠(乙辰을진), 뱀 띠(巽巳손사), 닭 띠(庚酉경유), 개 띠(辛戌신술), 돼지 띠(乾亥건해)인 사람은 좌선 4괘인 묘卯(震진)방, 손巽방, 유酉(兌태)방, 건乾방에 배납한 집(坐宅좌택)을 선택해야 할 좌향으로 삼아 생기복덕간법에 따라 대문방을 가린다.

4절 도학풍수의 가상과 상지론

4.1 도학풍수 가상론家相論

275) 吉山길산
276) 凶山흉산

　　이 세상의 모든 사람은 그 생김새가 모두 다르다. 제 각각의 사람들은 그 개성만큼이나 주택의 형태와 크기 또한 취향이 다르다. 산형론에 의하면 혈을 중심으로 하는 산의 모양에 따라 좋은 산[275]과 나쁜 산[276]이 있고 그에 따라 사람에게 미치는 영향이 다르다. 물형적으로 형국을 보는 물형규국론에서도 의인화된 형국의 상징성에 따라 혈의 위치를 달리 한다.

　　사람은 내면의 아름다움도 중요하지만 현대인에게 얼굴을 중심으로 하는 외형도 매우 중요하게 인식되고 있다. 그것은 강남을 중심으로 성형외과 병원이 성업중인 것만 보더라도 그렇다. 외출할 때나 출근할 때 사람들은 거울에 비친 자신의 모습이 타인에게 어떻게 비춰질지에 대해 한번 쯤 생각해 본다. 사람의 외형, 특히 얼굴의 생김새를 보는 것이 관상觀相이다. 외형에 치중한다는 것은 사람들에게 호감이 가는 관상으로 비춰지기를 바라는 여망은 아닐까?

사람이 사는 주택도 마찬가지이다. 사람에게 사주四柱가 있고 관상이 중요하듯이 주택도 사주가 있고 주택의 생김새를 보는 가상家相이 있다. 사람의 관상이 흉상凶相인지 길상吉相인지에 따라 호감이나 비호감으로 인간관계가 형성되고 사람의 운명이 달라지듯이, 주택의 가상에 따라 그 집에 살고 있는 사람들의 길흉吉凶이 결정된다. 그렇다면 도학풍수적으로 어떤 주택이 복을 주는 좋은 주택이고 어떤 주택이 불운을 안겨주는 주택일까?

1) 주택재질에 따른 구분

❶ 목기택木氣宅

나무를 재료로 하는 목질木質주택은 오행상 목기木氣가 강한 나무와 같은 다년생 목재에 의해 지어진 주택을 말한다. 요즘 전원주택으로 인기가 있는 통나무 주택과 같은 집이나 사찰, 향교, 왕궁, 사대부가의 전통건축 등이 해당한다. 목木은 이제 서서히 일어나는 기운으로 희망을 상징하며 색으로는 청색을 나타낸다. 목질의 주택은 인물人物을 나타내고 명예를 상징하는 귀貴를 나타낸다. 우선본명右旋本命을 가진 쥐 띠(壬子임자), 호랑이 띠(艮寅간인), 용 띠(乙辰을진), 말 띠(丙午병오), 원숭이 띠(坤申곤신), 개 띠(辛戌신술)인 사람에게 유리하고 임간을병곤신좌壬艮乙丙坤辛坐를 하고 있는 주택의 재질로 사용되면 좋다.

목질주택은 100% 목재 또는 건축재료에서 약 70% 정도가 목재를 활용했다면 목질주택에 해당한다. 이러한 주택에는 철과 같은 금속성 재료는 좋지 않으므로 30% 이상 활용되었다면 해롭다. 주택의 색도 목재의 자연스러움을 나타내는 것이 가장 좋으나 백색계통의 색이 건축 내·외에 활용되는 것은 흉凶하므로 청색이나 녹색계열의 색을 활용하는 것이 좋다. 주택의 하단부에 검정색 계통의 어두운 색을 일부 가미하는 것도 좋다. 목재주택의 단점은 습기에 약하므로 습지나 계곡주위의 주택으로 바람직하지 않다.

❷ 화기택火氣宅

화기주택火氣住宅은 주로 사막과 건조지대에서 살고 있는 사람들의 집을 의미하고 화질주택火質住宅이라고 부른다. 이들은 주로 한 곳에 정착하기 보다는 수시로 이동하면서 생활하므로 주택의 재료라는 것은 주로 동물의 가죽, 소량의 나무와 불에 잘 타는 건초, 식물성 천, 석유화학 제품의 건축재료, 예를 들면 스치로폼((styrofoam)이나 비닐 혹은 인공목재, 합성수지, 합판 등으로 이루어진 주택으로 정착을 위한 주택의 재료가 아니므로 상징적 의미로 화질주택의 범주에 포함시킨다.

목기택과 화기택 ▶

화질주택의 사람들은 양陽의 기질이 매우 강하여 주로 부계사회父系社會를 이룬다. 성격이 급한 반면 적극적으로 활동하며 붉은 색 계통의 색을 활용함이 좋다. 검정색 계통은 화기火氣를 제압할 수 있으므로 지나치게 활용하면 오히려 해로우나 청·녹색 계열의 일부 색을 활용하는 것도 좋다.

화기의 우선본명右旋本命을 가진 사람에게 합당하며 주로 목기주택과 같은 쥐 띠(壬子임자), 호랑이 띠(艮寅간인), 용 띠(乙辰을진), 말 띠(丙午병오), 원숭이 띠(坤申곤신), 개 띠(辛戌신술)인 사람에게 유리하고 화기택에 거주해야 하며, 주택의 좌향은 자인진오신술좌子寅辰午申戌坐를 하고 있는 주택에 사는 것이 통맥의 순리에 따르는 것이다. 임시주택과 캠핑이나 피서철과 같은 경우에 임시거처에서도 동일하게 활용된다.

❸ 토기택土氣宅

주로 흙을 이용한 주택으로 전통의 민가나, 흙을 이용한 초가, 토굴이나 움집과 같은 수혈竪穴식 주택이 이에 해당한다. 주택의 대부분이 흙을 이용한 토질土質의 집으로 여름에 시원하고 겨울에 따뜻한 반면 습기와 진동에 약하다는 단점을 가지고 있다. 현대인들이 자주 사용하는 황토를 이용한 사우나도 토기土氣의 장점을 살린 사례이다. 전원주택으로 황토주택이 인기를 끌고 있듯이 토질주택은 선사시대부터 현대까지 주택의 재료로 선호되고 있다. 토기주택은 좌·우선 본명에 크게 구애받지 않으며 좌향도 별다른 제약을 받지 않으므로 띠에 크게 연연하지 않는다.

토기택 ▶

토기주택을 선호하는 사람들의 특징은 원만하고 합리적 사고를 가진 사람들이며 황색을 기본색상으로 하지만 붉은 색 계통을 적절히 사용하는 것도 토기주택에 사는 사람들에게 활력소를 불어넣는 방법이기도 하다. 그러나 지나친 검정색은 오히려 거주하고 있는 사람들에게 예민함을 줄 수 있고 심리적으로 불안감을 조성할 수 있어 주의해야 한다. 비교적 원만한 사람들의 취향에 맞는 주택으로 명예와 재물을 적절히 추구하면

서 주변의 인간관계를 중요시하는 성향을 가진다. 토기택은 모든 띠에게 무난하며 우선택좌인 임간을병곤신좌壬艮乙丙坤辛坐, 자인진오신술좌子寅辰午申戌坐에도 양호하고 좌선택좌인 계갑손정경건좌癸甲巽丁庚乾坐나 축묘사미유해좌丑卯巳未酉亥坐의 주택에 두루 활용된다.

❹ 금기택金氣宅

건축재료로 돌을 이용한 돌집[277])이나, 철근 콘크리트 주택, 철재를 이용한 주택들은 주로 차갑고 냉기가 흐르는 금기金氣가 지배하는 주택이다. 흔히들 주택의 담장도 돌이나 철재를 이용하는데 이것도 금기金氣를 더욱 확장하는 기운의 재질이다. 이런 주택에 사는 사람들은 주로 외유내강의 성격을 가진 사람들에게 좋으며, 감성보다 이성을 중시하려는 경향을 보인다. 따라서 심플하고 단아한 취향으로 명예를 소중히 하면서 목적한 바를 성취하여 반드시 결과를 얻고야 마는 성격의 소유자에게 맞는 주택이다. 대체적으로 현대인들이 업무상 머무르고 있는 업무공간의 대부분은 금기金氣주택에 해당하고, 금기의 성향을 가지므로 직장 내에서도 동료애보다 경쟁심이 크게 작용하여 업무성과에 사활死活을 건다. 특히 학교건물과 같은 현대식 금기건물金氣建物 내에서 공부하는 학생들도 이기심이 팽배한 것도 금기의 영향이 크기 때문이다. 따라서 황색 계통의 색을 활용하면 활력소가 되어 명예를 얻는데 도움이 된다. 검정색 계통은 주택이 가지고 있는 금기를 누출하는 효과가 있으므로 자제해야 하며, 붉은색 계열을 많이 활용하면 명예를 얻는데 지장을 초래하고 이성적 판단이 흐려질 수 있다. 주로 좌선본명을 가진 소 띠(癸丑계축), 토끼 띠(甲卯갑묘), 뱀 띠(巽巳손사), 양 띠(丁未정미), 닭 띠(庚酉경유), 돼지 띠(乾亥건해)에게 좋은 재질의 주택이다. 주택의 좌향은 계갑손정경건좌癸甲巽丁庚乾坐를 하고 있는 주택에 좋으며 재복財福이 따른다.

277) 돌에는 철분이 함유되어 있음으로 토기土氣보다 금기金氣가 더 강하다.

❺ 수기택水氣宅

에스키모인들처럼 추운 툰드라 기후인 동토기후凍土氣候 지방의 사람들은 돔(dome)형태의 얼음집인 이글루(Igloo)라는 집에서 산다. 기후학자 쾨펜은 1년 중 최고로 따뜻한 달의 평균온도가 0~10℃의 지역인 스칸디나비아, 그린란드, 러시아, 알래스카 등의 북극해 연안을 중심으로 발달한 지역을 툰드라기후로 분류하였다. 이글루 안의 공기는 바깥공기보다 훨씬 따뜻하기 때문이다. 물론 문에 해당하는 얼음문도 있고 출입구의 방향은 남쪽으로 낸다. 에스키모인들은 이글루 안에 순록이나 고래, 늑대와 바다표범, 곰과 같은 동물의 가죽이나 털을 깔고 생활한다. 이글루는 열이 전달되는 것을 막아준다. 눈이 굳어서 만들어진 얼음의 눈분자 속에는 공기가 많이 내포되어 있기 때문이다. 또한 비가 많은 다우지역多雨地域에 해당하는 밀림지역의 1년생 초목草木으로 지은 집도 수기주택水氣住宅에 해당한다. 수기주택이란 물과 습기가 높은 재질로 지은 집에 대한 통칭으로 예술적 감각이나 자기만의 의식세계에 심취하는 사람들의 성향에 맞는 주택이다. 전통초가집의 지붕재료인 이엉[278]이나 귀틀집, 울릉도지역의 옥수수 울타리인 우데기와 대나무를 이용한 울타리 같은 것도 수기재질에 속한다.

수기재질의 주택도 금기주택과 같이 주로 좌선본명을 가진 소 띠(癸丑계축), 토끼 띠(甲卯갑묘), 뱀 띠(巽巳손사), 양 띠(丁未정미), 닭 띠(庚酉경유), 돼지 띠(乾亥건해)에게 좋은 재질의 주택이다. 주택의 좌향은 축묘사미유해좌丑卯巳未酉亥坐로 하고 있는 주택에 좋다. 주로 비활동적이며 정적靜的인 삶을 추구하는 사람의 성향에 맞는 주택이다. 참선이나 종교인, 도학인들에게 매우 좋으며 공부하는 수험생, 연구개발, 고시원, 예술이나 창작인, 학자처럼 수기재질의 주택은 주로 밝은 색 계열보다 어둡고 무거운 색이 본연의 색이다. 조금 밝은 흰색이나 진회색 계열의 색은 본연의 어둡고 무거운 수기水氣를 상생시켜주는 역할을 한다. 그러나 붉은 색 계열은 오히려 이성을 강조하는 성향을 방해하려는 색이므로 지나치게 많이 사용하는 것은 삼가야 한다. 정적인 패턴을 동적인 패턴으로 바꾸려고 하기 때문이다. 수질주택水質住宅에 거주하는 사람들은 대부분 자기 주관이 강하고 타인과의 관계보다 내면에 치중하는 경향이 강해 독립심

278) 초가지붕을 이는 마람을 말한다.

이 강하고 지적 능력이 띠어난다. 단점으로 수기水氣가 강하면 이기적이기 쉽고 타인과의 관계가 원만하지 못할 수 있다.

2) 주택형태에 따른 구분

주택의 형태는 거주하고 있는 사람의 특성이나 개성은 물론이고 미래에 대한 화복禍福의 심리에 영향을 미치기 때문에 어떤 형태의 집에 살 것인지는 매우 중요하다. 주택의 형태에 따른 오행기는 두 가지 측면으로 구분한다. 첫 번째는 지붕의 형태나 수직의 높이에 따라 구분하는 방법이고, 다른 하나는 주택의 평면형태에 따른 구분이다.

❶ 목형택木形宅

목木의 기운을 가지고 있는 주택의 지붕은 주로 눈이 많은 지역에서 볼 수 있다. 눈의 하중을 이겨내는 방법으로 지붕경사도가 큰 형태의 지붕이다. 또한 일부 교회건물의 지붕과 같이 하나로 된 지붕이 전체적으로 뾰족한 형상을 지닌다. 전원주택의 경우에서도 건축미학 측면에서 흔히 볼 수 있는 지붕의 형태이다. 이런 형태의 주택은 재물보다 명예와 권위를 소중히 여기기 때문에 귀貴를 상징하는 형태이다. 지붕의 색은 청색 계열의 색이 좋으며 흰색 계통의 밝은 색은 명예를 실추시킬 수 있는 기운으로 좋지 않다. 또한 붉은 색 계통도 운運이 들어오기 보다는 노출되는 운을 상징하므로 유의해야 한다. 목형택은 주택이나 건물의 바닥면적인 평면적의 2배 이상 비교적 높은 건축일 경우에도 해당한다.

평면도상으로는 동쪽방향의 면이 지나치게 돌출되거나 들어간 경우의 주택이 이에 해당한다. 돌출의 경우 목운木運으로 상승하는 운運이지만 심하게 돌출된 경우는 상대적으로 잦은 풍파風波가 뒤따른다는 점을 유의해야 한다. 반대로 오목하게 주택 안쪽으로 들어간 주택은 목운木運을 억제하고 성장하지 못하게 하는 주택으로 삼가야 한다. 그러나 전체적인 주택 규모로 보아 돌출되고 들어간 평면의 형태가 지나치지 않을 경우는 목운木

運을 유지하는데 지장을 받지 않는 것으로 간주한다. 우선본명右旋本命을 가진 쥐 띠(壬子임자), 호랑이 띠(艮寅간인), 용 띠(乙辰을진), 말 띠(丙午병오), 원숭이 띠(坤申곤신), 개 띠(辛戌신술)인 사람에게 유리하고 육임오행상 목기木氣인 임간을병곤신좌壬艮乙丙坤辛坐를 하고 있는 주택에 좋다.

목형택의 예 ▶

❷ 화형택火形宅

화火의 기운을 가지고 있는 주택의 지붕은 주로 바람이 많은 지역에서 볼 수 있다. 바람이 거센 풍살을 상쇄시키는 역할을 하기 때문이다. 또한 일부 종교시설의 건물과 도시형주택, 모텔과 같은 숙박시설, 어린이 집 등에서 하나의 지붕이 여러 개의 작은 삼각형 형태로 이루어진 뾰족뾰족한 형상을 지닌다. 전원주택의 경우에서도 목형택처럼 건축미학 측면에서 흔히 볼 수 있는 지붕의 형태이다. 이런 형태의 주택은 명예보다 더 소중한 사상과 철학적 사유를 존중하는 사람이나, 혁명적 사고와 힘을 필요로 하는 스포츠인, 군인, 경찰 같은 무인에게 합당한 형태의 주택형태이다. 지붕의 색은 붉은색 계열이 좋으며 어두운 색은 의기義氣를 상실하게 하는 기운으로 좋지 않다. 또한 노랑색 계통도 운運이 들어오기 보다는 노출되는 운을 상징하므로 유의해야 한다.

화형택은 주택이나 건물의 바닥면적인 평면적의 6배 이상 비교적 높은 고층건물일 경우에 해당되지만, 높이에 관계없이 지나치게 각진 형태로 불꽃을 연상시킬 수 있는 형태도 화택형에 해당한다. 평면도상으로는 남쪽방향의 면이 지나치게 돌출되거나 들어간 경우에 해당한다. 돌출의 경우 화운火運으로 승승장구하는 운이지만, 지나치게 돌출된 경우는 상대적으로 모함謀陷과 거센 풍파風波가 뒤따른다는 점을 유의해야 한다. 반대로 오목하게 주택 안쪽으로 지나치게 들어간 주택은 화운火運을 억제하고 성장하지 못하게 하는 흉택凶宅으로 삼가야 한다.

화형택의 예 ▶

그러나 목형택에서와 같이 전체적인 주택규모로 보아 돌출되고 들어간 평면의 형태가 크지 않을 경우는 화운火運을 유지하는데 지장을 받지 않는 것으로 간주한다. 우선본명右旋本命을 가진 쥐 띠(壬子임자), 호랑이 띠(艮寅간인), 용 띠(乙辰을진), 말 띠(丙午병오), 원숭이 띠(坤申곤신), 개 띠(辛戌신술)인 사람에게 유리하고 좌향은 자인진오신술좌子寅辰午申戌坐를 하고 있는 주택에 좋다.

❸ 토형택土形宅

토土의 기운을 가지고 있는 주택의 지붕은 주로 비가 많은 지역에서 볼 수 있다. 비가 많은 지역의 주택에서 지붕을 타고 흐르는 물은 그 양이 엄청나고 그 물들이 지면인 마당으로 떨어지는 낙차에 큰 영향을 끼친다. 따라서 이러한 문제를 해결하기 위해 지붕에서 흐르는 물의 운동에너지를 줄이기 위해 지붕의 경사도를 낮게 한 형태의 지붕이다. 전통한옥이나 一자형 건축지붕에서 볼 수 있고 대부분의 한국형 전통주택이 이에 해당하며 특히, 초가지붕과 같은 경우가 전형적인 토형체이다. 토형체는 지붕의 처마가 중요한 역할을 하고 농업위주의 지역에서 발달한 주택형식이다. 이런 형태의 주택은 명예보다 재물을 상징하는 재복財福의 지붕형태이다. 지붕의 색은 황색계열의 색이 좋으며 어두운 색은 부富의 축적을 방해하는 기운으로 좋지 않다. 또한 지붕의 색을 밝은 흰색 계통으로 할 경우 재운財運이 들어오기 보다는 노출되는 운을 상징하므로 유의해야 한다. 토형택은 주택이나 건물의 바닥인 평면적의 2배 이하로 비교적 낮은 건축일 경우에도 해당하거나 높이보다 평면적이 넓은 주택을 말한다.

평면도상으로는 동서남북의 4면이 지나치게 돌출되거나 들어가지 않은 경우에 해당한다. 이러한 토체형의 주택은 정사각형에 가까운 주택일 경우 토운土運이 크게 작용하며, 비교적 작게 돌출되거나 반대로 오목하게 주택안쪽으로 들어간 주택은 토운土運을 억제하고 성장하지 못하게 하는 주택으로 보지 않아도 된다.

토형택의 예 ▶

토형의 주택은 기업인이나 금융업, 중개인 기타 자산이 많은 사람들에게 적합하며 우선본명右旋本命을 가진 쥐 띠(壬子임자), 호랑이 띠(艮寅간인), 용 띠(乙辰을진), 말 띠(丙午병오), 원숭이 띠(坤申곤신), 개 띠(辛戌신술)인 사람이나, 좌선본명을 가진 소 띠(癸丑계축), 토끼 띠(甲卯갑묘), 뱀 띠(巽巳손사), 양 띠(丁未정미), 닭 띠(庚酉경유), 돼지 띠(乾亥건해)인 사람들 모두에게 무난한 주택형태이다. 주택의 좌향도 좌선본명좌인 계갑손정경건좌癸甲巽丁庚乾坐와 축묘사미유해좌丑卯巳未酉亥坐, 우선본명좌인 임간을병곤신좌壬艮乙丙坤辛坐와 자인진오신술좌子寅辰午申戌坐 모두 무난하다.

❹ 금형택金形宅

금金의 기운을 가지고 있는 주택의 지붕은 주로 4계절이 뚜렷하고 눈과 비의 양이 적절한 지역에서 볼 수 있다. 목형택과 토형택의 중간형태로 지붕경사도는 급하지도 완만하지도 않은 형태이다. 이런 형태의 주택은 재물과 명예를 소중히 여기기 때문에 부富와 귀貴를 동시에 만족하는 형태이다. 지붕의 색은 백색계열의 색이 좋으며 청색계열의 색은 부와 귀를 동시에 실추시킬 수 있는 기운으로 좋지 않다. 또한 검정색 계통도 부귀의 운運이 들어오기 보다는 노출되는 운을 상징하므로 유의해야 한다. 금형택은 주택이나 건물의 바닥면적인 평면적의 2배 이하정도로 바닥면적인 평면적보다 약간 높은 건축이다. 주로 개인소유의 소규모 빌딩에서 흔히 볼 수 있는 형태이다.

금형택의 예 ▶

평면도상으로는 서쪽방향의 면이 지나치게 돌출되거나 들어간 경우에 해당한다. 돌출의 경우 금운金運으로써 노력한 대가를 거두어들이는 운이지만 비교적 돌출된 경우는 상대적으로 잦은 풍파風波가 뒤따라 노력한 만큼의 대가를 거두어들이는데 어려움이 있다. 반대로 오목하게 주택안쪽으로 들어간 주택도 금운을 억제하고 성장하지 못하게 하는 주택으로 작게 거두어들인 것마저도 잃을 수도 있다는 점에 유의해야 한다. 그러나 전체적인 주택규모로 보아 돌출되고 들어간 평면의 형태가 작을 경우는 부귀운富貴運을 유지하는데 지장을 받지 않는 것으로 간주한다. 대체적으로 작은 토지용도를 크게 할 수 있어 상가건물의 형태로 적합하며, 좌선본명을 가진 소 띠(癸丑계축), 토끼 띠(甲卯갑묘), 뱀 띠(巽巳손사), 양 띠(丁未정미), 닭 띠(庚酉경유), 돼지 띠(乾亥건해)에게 좋은 재질의 주택이다. 주택의 좌향은 계갑손정경건좌癸甲巽丁庚乾坐로 하고 있는 주택에 좋다.

❺ 수형택水形宅

수水의 기운을 가지고 있는 주택의 지붕은 주로 바람과 눈이나 비가 많은 지역에서 볼 수 있다. 주로 예술이나 문인 또는 창작이나 학문을 하는 사람들에게 알맞으며 지붕의 경사도는 급하거나 완만한 형태로 지붕전체는 요곡의 형태로 다양한 삼각형의 모양새를 띠고 있는 것이 일반적인 형태다.

과거 서양의 종교건물이나 중세시대의 건축에서 흔히 보이며 마치 출렁이는 물결을 형상화한 지붕형태이다. 이런 형태의 주택은 재물과 명예를 쫓기보다 자존감이 강한 성격의 소유자에게 적합하다. 지붕의 색은 흑색계열의 어둡고 중량감 있는 색이 좋으며 붉은 색은 추구하는 이상理想을 억제시킬 수 있는 기운으로 좋지 않다. 또한 청색 계통도 운運이 들어오기 보다는 노출되는 운을 상징하므로 유의해야 한다. 수형택은 화형택과 같이 주택이나 건물의 바닥면적인 평면적의 6배 이상 매우 높은 건축일 경우에 주로 활용된다. 평면도상으로는 북쪽방향의 면이 지나치게 돌출되거나 들어간 경우에 해당한다. 돌출의 경우 수운水運으로 모든 것을 거둬들여 창고에 차곡차곡 쌓는 수장收藏의 운運이지만 지나치게 돌출된 경우는 상대적으로 큰 풍파風波가 뒤따른다는 점을 유의해야 한다.

수형택의 예 ▶

좌·우선 방위궁과 궁색에 따른 3합·육임오행 배정표[279] ▶

좌선방위궁左旋方位宮					우선방위궁右旋方位宮				
左旋本命宮	궁색宮色	좌 3합궁 左三合宮	三合五行	육임오행 六壬五行	右旋本命宮	궁색宮色	우 3합궁 右三合宮	三合五行	육임오행 六壬五行
乾亥宮		乾亥. 丁未. 甲卯	木	건금乾金 해수亥水	壬子宮		壬子. 坤申. 乙辰	水	임목壬木 자수子火
癸丑宮		癸丑. 巽巳. 庚酉	金	계금癸金 축수丑水	艮寅宮		艮寅. 丙午. 辛戌	火	간목艮木 인화寅火
甲卯宮		甲卯. 丁未. 乾亥	木	갑금甲金 묘수卯水	乙辰宮		乙辰. 壬子. 坤申	水	을목乙木 진화辰火
巽巳宮		巽巳. 庚兌. 癸丑	金	손금巽金 사수巳水	丙午宮		丙午. 艮寅. 辛戌	火	병목丙木 오화午火
丁未宮		丁未. 乾亥. 甲卯	木	정금丁金 미수未水	坤申宮		坤申. 壬子. 乙辰	水	곤목坤木 신화申火
庚酉宮		庚兌. 癸丑. 巽巳	金	경금庚金 유수酉水	辛戌宮		辛戌. 艮寅. 丙午	火	신목辛木 술화戌火

반대로 오목하게 주택 안쪽으로 들어간 주택은 거둬들이는 수운水運을 억제하고 성장하지 못하게 하는 주택으로 삼가야 한다. 그러나 전체적인 주택규모로 보아서 돌출되고 들어간 평면의 형태가 작을 경우는 수운水運을 유지하는데 지장을 받지 않는 것으로 간주한다. 좌선본명을 가진 소 띠(癸丑계축), 토끼 띠(甲卯갑묘), 뱀 띠(巽巳손사), 양 띠(丁未정미), 닭 띠(庚酉경유), 돼지 띠(乾亥건해)에게 좋은 재질의 주택이다. 주택의 좌향은 축묘사미유해좌丑卯巳未酉亥坐를 하고 있는 주택에 좋다.

279) 장정환, 좌우선 육택론에 대한 원리분석 연구, 전게서.
색상출처: HS전통색의 색상환(김희성, 전통 풍수지리 오방색의 다양성에 관한 연구, 서경대 석사논문, 2013, p.112)
*본명궁의 12지지의 굵은 글씨는 띠를 나타내기 위함이다.

4.2 도학풍수 상지론相地論

상지란 주택이 들어설 땅의 형상을 보는 것을 말한다. 주택이란 일정한 땅에 조형되는 건축물이다. 필지筆地로 불리는 일편一片의 땅은 이미 확정지어진 형태로 크기와 모양이 각양각색이다. 이러한 택지에 맞게 어떻게 건축할 것인지는 사람에 따라 다르다. 따라서 땅의 생김새는 땅이 가지고 있는 근본형태로 변하지 않는 체體라면 그 체위에 지어지는 건축물은 용도와 취향에 따라 변용되어 지는 용用에 해당한다. 건축물은 본래 그 땅의 생김새에 따라 길흉화복이 달라진다. 즉, 땅이 가지고 있는 선천적인 기운의 지배를 받는다고 본다. 인사人事에 있어서 가풍家風이나 부모의 역량을 선천적 체라고 한다면, 나란 존재는 후천적 용에 해당한다. 사례로 우리들의 주위에 있는 건축물들을 보면 주거용, 상업용, 자영이나 임대를 불문하고 땅의 형상에 따라 입주해 있는 사람이나 업종의 성패成敗가 달라진다. 이렇듯 땅의 형상은 사람의 길흉화복에 지대한 영향을 끼치므로 매우 중요하다.

땅의 형상을 보는데 있어[280] 긴물의 형상[281]과 같이 조건이 있다. 다시 말해 땅의 형상도 오형체로 구분하는데 있어 선제조건으로 건물의 형상이나 땅의 형상은 모두 원형圓形 ➡ 정다각형[282] ➡ 사각형四角形 ➡ 사다리형 ➡ 불규칙한 사다리형이나 단순다각형 ➡ 삼각형三角形 ➡ 기타 난잡한 사다리형 내지 다각형의 순으로 평가절하 된다. 따라서 불규칙 다각형이 제일 나쁜 형상이고 원형에 가까울수록 좋은 형상으로 판단한다. 땅의 형상은 또한 반듯한 정형正形과 한 변이 반듯하지 않는 변형變形으로 구분하고 정형을 변형보다 높게 평가한다. 변형은 가로나 세로의 어느 한변의 토지형태가 바르지 못한 경우를 말한다. 각형의 각角은 살기殺氣를 머금은 창충살槍衝殺에 해당하기 때문이다. 반면 원형은 바람과 유입되는 살기를 상쇄시킬 수 있는 형태일 뿐만 아니라 천원지방사상에서 둥근 우주의 형태와 같이 천기天氣 내지는 천복天福의 상징적 형상이기 때문이다.

철학적으로는 모든 물질은 생명체이든 비생명체이든 생로병사生老病死와 12포태胞胎에 의해 윤회輪回한다. 양택이론은 이러한 철학사상까지도 내포하고 있는 동양인의 삶의 지혜이자 최고의 덕목德目이기도 하다. 그뿐만이 아니다. 지적도면을 보면 한 필지와 인접한 필지를 보면, 어떤 필지는 인접한 필지의 각진 모서리 부분에 의해 창충살을 받고 있음을 볼 수 있다. 이렇게 인접한 필지의 땅으로부터 창충살을 받는 땅은 아무리 생김새에 결함이 없더라도 살기殺氣에 의해 위협을 받는다. 따라서 모든 땅은 원형이나 사각형의 방정한 형태이어야 하며, 동시에 인접한 필지의 형태로부터 창충살을 받지 않는 땅이어야 하고, 인접한 필지에 위협을 주지 않는 창충살을 가지지 않는 땅이라야 좋다.

280) 相地상지
281) 宅形택형
282) 64각, 24각, 12각, 8각, 5각형 등.

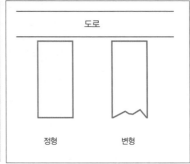

지적도상의 창충살   택지의 정형과 변형

1) 목지형木地形

택지의 형을 평면적으로 보아 오행체 가운데 목체형인 택지를 목지형이라고 부른다. 목지형 택지는 길, 도로에 접한 면을 기준으로 도로면에서 반대방향으로 멀어 질수록 길게 생긴 땅으로 가장 바른 형태는 직사각형이다. 일반적으로 주거용 택지로 최적으로 좋으나 상업용이나 업무용지로는 비효율적인 땅으로 경제적 가치가 저평가 받는다. 목지형은 땅의 모양이 전면인 가로 길이에 비해 세로의 길이가 2~3배로 깊숙하게 생긴 직사각형의 일자형상이다. 후면의 가로면과 측면이 반듯한 정형正形과 반듯하지 않는 변형變形이 있으며, 정형이 더 좋게 평가 받는다. 목지형 택지는 앞에서 설명한 주택재질론과 주택형태론의 이론이 적용되며, 우선본명右旋本命을 가진 쥐 띠(壬子임자), 호랑이 띠(艮寅간인), 용 띠(乙辰을진), 말 띠(丙午병오), 원숭이 띠(坤申곤신), 개 띠(辛戌신술)인 사람에게 유리하고 임간을병곤신좌壬艮乙丙坤辛坐를 하고 있는 상가나 주택에 좋다.

2) 화지형火地形

땅의 형상이 오행체 가운데 화체형의 택지를 말한다. 화지형 택지는 길(도로)에 접한 면으로부터 반대방향으로 목지형보다 더 길게 생긴 땅을 말한다. 일반적으로 주거용 택지에 효율적이며 상업용, 업무용지로는 비효율적인 땅으로 경제적 가치가 매우 저평가 받는다. 전면인 가로 길이에 비해 측면의 세로 길이가 3배 이상으로 깊숙이 들어간 직사각형의 형상이다. 목지형과 마찬가지로 후면의 가로나 세로면이 반듯한 정형正形과 반듯하지 않는 변형變形이 있으며, 정형이 더 좋게 평가 받는다. 화지형 택지도 앞에서 설명한 주택재질론과 주택형태론의 이론이 적용되며, 우선본명右旋本命을 가진 쥐 띠(壬子임자), 호랑이 띠(艮寅간인), 용 띠乙辰을진), 말 띠(丙午병오), 원숭이 띠(坤申곤신), 개 띠(辛戌신술)인 사람에게 유리하고 임간을병곤신좌壬艮乙丙坤辛坐를 하고 있는 상가나 주택에 좋다.

3) 토지형土地形

땅의 형상이 오행체 가운데 토체형의 택지를 말한다. 토지형 택지는 길(도로)에 접한 전면의 길이와 측면의 세로 길이가 거의 같은 정사각형의 택지로 주거용 택지나 상업용, 업무용지로서 효율적인 땅으로 경제적 가치와 풍수적 가치가 매우 높다. 토지형 택지도 후면의 가로면이 반듯한 정형正形과 반듯하지 않는 변형變形이 있으며, 정형이 더 좋게 평가 받는다.

토지형 택지도 앞에서 설명한 주택재질론과 주택형태론의 이론이 적용되며, 우선본명右旋本命을 가진 쥐 띠(壬子임자), 호랑이 띠(艮寅간인), 용 띠(乙辰을진), 말 띠(丙午병오), 원숭이 띠(坤申곤신), 개 띠(辛戌신술)인 사람이나, 좌선본명을 가진 소 띠(癸丑계축), 토끼 띠(甲卯갑묘), 뱀 띠(巽巳손사), 양 띠(丁未정미), 닭 띠(庚酉경유), 돼지 띠(乾亥건해)인 사람들에게 무난한 주택형태이다. 주택의 좌향도 좌선본명좌인 계갑손정경건좌癸甲巽丁庚乾坐나 우선본명좌인 임간을병곤신좌壬艮乙丙坤辛坐 모두 무난하고 상가나 주택용지로 무난하다.

4) 금지형金地形

택지의 생김새가 오행체로 금체형인 택지를 말한다. 금지형 택지는 길(도로)에 접한 전면을 중심으로 가로의 전면이 측면의 세로 길이보다 2~3배로 큰 가로형의 직사각형 땅이다. 일반적으로 주거용 택지로 부적합하나 상업용지로 최적의 땅이다. 이런 땅은 경제적 가치로 고평가 받는 형태로 상가형성에 도움이 되는 땅이다. 재산과 부를 증식시킬 수 있는 땅이다. 금지형의 택지도 앞에서 설명한 주택재질론과 주택형태론의 이론이 동일하게 적용되며, 좌선본명을 가진 소 띠(癸丑계축), 토끼 띠(甲卯갑묘), 뱀 띠(巽巳손사), 양 띠(丁未정미), 닭 띠(庚酉경유), 돼지 띠(乾亥건해)에게 좋은 재질의 주택이다. 주택의 좌향은 축묘사미유해좌丑卯巳未酉亥坐를 하고 있는 주택에 좋다.

5) 수지형水地形

땅의 형상이 오행체 가운데 수체형의 택지를 말한다. 수지형 택지는 길(도로)에 접한 전면의 가로면이 세로의 측면 길이보다 3배 이상 길게 생긴 땅이다. 수지형 택지도 후면의 가로면이 반듯한 정형正形과 반듯하지 않는 변형變形이 있으며, 정형이 더 좋게 평가 받는다. 주거용지로 부적합하고 상업용지, 업무용지로는 효율적인 땅으로 경제적 가치가 높은 땅으로 평가 받는다. 수지형 택지도 앞에서 설명한 주택재질론과 주택형태론의 이론이 적용되며, 좌선본명을 가진 소 띠(癸丑계축), 토끼 띠(甲卯갑묘), 뱀 띠(巽巳손사), 양 띠(丁未정미), 닭 띠(庚酉경유), 돼지 띠(乾亥건해)에게 좋은 재질의 주택이다. 주택의 좌향은 축묘사미유해좌丑卯巳未酉亥坐를 하고 있는 주택에 좋다.

택지의 오형체 ▶

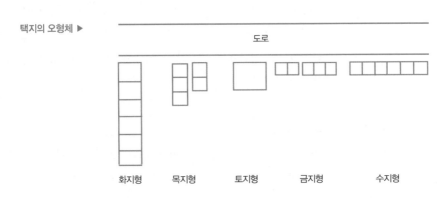

도로

화지형　　목지형　　토지형　　금지형　　수지형

제4장 도학풍수 라경론

1절 도학라경에 대한 해의

1.1 도학라경의 종류와 구성

도학풍수에서 활용되는 라경은 일반 9층라경의 주요한 부분만 활용하면서 도학풍수이론을 적용하여 구성된 천지인天地人라경, 통맥라경, 이기라경의 세 종류로 나뉜다. 천지인라경은 휴대용으로 간편하게 활용될 수 있는 라경으로 지반정침, 인반중침, 천반봉침을 중심으로 구성되어 있고 전면은 5층, 후면은 7층인 반면에 통맥라경은 일반 9층라경을 포함하여 도학풍수이론의 상당부분을 직접표기 하였고 전면의 경우 16층, 후면은 21층으로 구성되어 혈을 찾거나 현장에서 감정시 활용되도록 고안된 것이다. 이기라경은 일반라경의 5층에 해당하는 천산72룡층과 7층에 해당하는 투지60룡층 및 9층의 분금120칸을 중심으로 각층과의 상생오행 표시와 생기복덕방의 대문방위 등이 기입되어 있다. 도학풍수에서 사용하는 세 가지 라경은 우선 좌·우선궁의 구별을 위해 24

방위 12궁을 우선 6궁은 노란색으로 좌선 6궁은 회색으로 구분하였다.

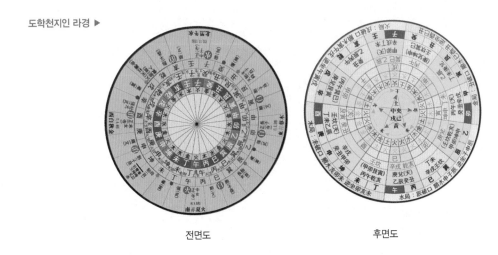

도학천지인 라경 ▶

전면도 　　　　　　　　　　　　　　후면도

1.2 도학천지인라경道學天地人羅經에 대한 해의解義

1) 도학천지인라경의 전면

❶ 주마육임오행층 −1층

1층은 주마육임오행走馬六壬五行이 표시되어 있다. 구묘오행이라고도 불리며 주로 음택과 양택에서 두루 활용되는 이론으로 도학풍수에서 가장 유용하게 활용되는 오행론이다. 임자궁壬子宮[283]을 시작으로 계축癸丑[284]의 순행방향으로 목화금수木火金水라고 표기되어 있다. 24방위는 모두 4기氣가 순차적으로 윤전輪轉되고 우선궁은 모두 양陽의 목화기木火氣이 며 좌선궁은 모두 음陰의 금수기金水氣이다. 우선궁의 간방위干方位는 목기木氣이고 지방위支方位는 화기火氣이다. 또한 좌선궁의 간방위는 모두 금기金氣이고 지방위는 모두 수기水氣이다.

283) 우선궁右旋宮
284) 좌선궁左旋宮

❷ 지반정침층 −2층

지반정침의 활용은 일방라경의 4층에 해당하는 지반정침과 같다. 주로 입수룡과 같은 용맥과 음양택의 좌향을 측정하는 층이다. 24방위마다 적색과 청색으로 표시되어 있는데 이것은 정음정양방위를 표시한 것이다. 적색은 정양방위이고 청색은 정음방위이다. 지반정침에서 주로 활용되는 오행은 정오행과 주마육임오행이다.

천지인라경 1–4층별 이해도 ▶

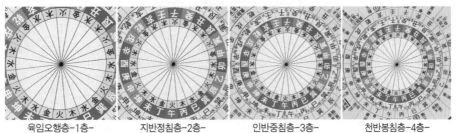

| 육임오행층 −1층− | 지반정침층 −2층− | 인반중침층 −3층− | 천반봉침층 −4층− |

❸ 인반중침층 −3층

일반라경의 6층에 해당하는 인반중침의 설명과 같으며 바탕색에 옅은 하늘색으로 표시되어 있다. 혈과 주위 사격과의 관계를 격정格定하며 사각성정론砂角性情論에서 성수오행星宿五行을 활용한다. 주위 규봉사窺峰砂를 포함한 24방위의 사砂에 대해 성수오행의 상생과 상극을 적용하여 길흉吉凶을 살필 때도 사용된다. 사각성정론의 4정正, 4태胎, 4포胞, 4강强, 4순順, 4장藏으로 구분하여 풍수적 의미를 살핀다.

성수오행의 적용은 반드시 향向이 아닌 택좌宅坐를 기준으로 주위 사각과의 형기와 오행적 이기로 길흉을 판단한다. 사각성정에 대한 풀이와 해석은 5층에 표기되어 있다. 예를 들어, 6층으로 측정한 건좌乾坐의 택宅이 있다고 하면, 건乾은 성수오행으로 목木에 해당한다. 따라서 건좌乾坐는 목좌木坐에 해당한다. 이때 24방위에 있는 산, 즉 사砂의 오행인 성수오행과의 길흉관계를 4정正, 4태胎, 4포胞, 4강强, 4순順, 4장藏 등으로 살펴보자. 4태에서 건좌를 제외한 손간곤방巽艮坤方의 사砂는 같은 목木이니 비화자比和者[285]가 되어 인人과 재財의 득이 있다고 판단한다.

285) 兄弟砂형제사

573

혈穴		穴과 砂의 상생·극	砂의 방위와 오행 및 명칭			穴과 砂의 길흉관계	
坐	五行	穴과 砂의 상생·극	砂의 방위	오행	砂명칭	해석	길흉
乾	木	내가 剋한 砂 목극토: 我剋者	을신정계 乙辛丁癸	토土	재성 財星	財殺로 財物의 손실. 高淸하면 吉.	흉凶
乾	木	나를 剋한 砂 金剋木: 剋我者	진술축미 辰戌丑未	금金	관살 官殺	인人과 재財에 피해가 있음.	흉凶
乾	木	나를 生해주는 砂 水生木: 生我者	인신사해 寅申巳亥	수水	인수 印綬	관官, 인人, 재財의 도움을 받음.	길吉
乾	木	내가 生해주는 砂 木生火: 我生者	갑경병임 甲庚丙壬 자오묘유 子午卯酉	화火	상식 傷食	재물財物의 손실이 따름.	흉凶
乾	木	서로 相助해주는 砂 木助木: 比和者	곤간손 坤艮巽	목木	비화 比和	형제(비견)가 되어 인人, 재財에 득得이 있음.	길吉

건방사乾方砂   곤방사坤方砂   간방사艮方砂   손방사巽方砂

4순順의 갑경병임甲庚丙壬이나 4정正의 자오묘유子午卯酉 방위의 사砂는 성수오행으로 화火이니 건좌乾坐인 목좌木坐와의 오행관계는 목생화木生火가 되어 좌坐[286]가 주위 사砂를 생生해 주는 아생자我生者 관계[287]로 재물의 손실이 따른다. 4강强의 을신정계乙辛丁癸 방위의 사砂는 토土로 건좌[288]와는 목극토木剋土가 되어 혈좌穴坐인 목木이 4강방의 사砂를 극하는 아극자我剋者가 되기 때문에 재물이 유출되는 사砂가 된다. 4장藏의 진술축미辰戌丑未 방위의 사砂는 금金이니 혈좌穴坐인 목木을 4장방의 사가

286) 穴혈
287) 傷官상관
288) 木坐목좌

극剋하는 극아자剋我者 관계로 관살官殺에 해당하여 인人과 재財의 피해를 받는다. 마지막 4포의 인신사해寅申巳亥 방위의 사는 수水이므로 건좌[289]와는 수생목水生木에 해당하는 생아자生我者 관계로 관官과 인人, 그리고 재財의 도움을 받는 길吉방위의 사砂에 해당한다. 인반중침층의 24방위마다 방위글자를 중심으로 좌우로 작게 적힌 글자의 의미는 건좌일 경우 24방위와의 관계를 나타낸 것이다.

❹ 천반봉침층 −4층

일반라경의 8층에 해당하는 천반봉침과 같이 수법론에서 좌향측정에 활용되는 층으로 연분홍 바탕색에 24방위 표시가 되어 있다. 또한 물의 득수와 득파방위를 측정하고 득파에 따른 4대국의 기준이 된다. 8요황천수를 격정格定하는 층이며, 네 개의 정방위正方位를 중심으로 사각성정론을 적용하여 4방수四方水의 성정性情을 재화와 관련지어 확대 해석할 수 있다. 예를 들어, 4태胎방의 건乾방에 유정수有情水는 귀貴와 더불어 부富를 안겨주고, 노부老父에게는 재운財運이 따른다.

❺ 천지인天地人 해의층解義層 −5층

도학풍수의 주요 이론이 기입되어 있는 층이다. 이 층을 활용할 때는 내용에 따라 7.5도씩의 차이가 있음을 유의해야 한다. 사각과 관련된 경우는 3층의 인반중침층을 중심으로 살펴야 한다. 기타 이궁동행룡과 방위관련 내용은 2층의 지반정침 방위를 중심으로 놓고 이해해야 한다. 구체적으로 24방위와 관련된 5층을 설명하면 다음과 같다.

㉠ 4정방四正方: 자오묘유子午卯酉방위를 말한다. 이 4개의 방위를 보면 모두 사社라는 글자가 있다. 종교부지宗敎敷地 내지는 종교인이나 철학자, 도인과 같은 인물을 나타낸다. 묘나 집을 중심으로 동서남북 방위인 자오묘유 방위에 수려하고 유정有情한 산이 있으면 그 땅, 즉 혈은 종교부지이며 그곳에 음택이나 양택이 있으면 선천적으로 종교인과 같은

289) 木坐목좌

인물이 난다는 것을 의미한다. 자子방위의 중자中子는 감중련坎中連의 둘째 아들을 나타내고 월月로는 10, 11, 12월을 나타낸다. 방위로는 북이고 색으로는 흑색, 계절로는 겨울(冬동), 정오행으로는 수水를 나타낸다. 오방위午方位는 중녀中女가 표기되어 있다. 8괘를 활용한 가족관계에서 리허중離虛中으로 둘째 여식女息을 뜻하는 방위라는 의미이다. 월로는 4, 5, 6월에 해당하고, 방위로는 남쪽, 색으로는 적색, 계절로는 여름, 정오행으로는 화火에 해당한다. 묘卯방위에는 장자長子라고 표기되어 있어 가족관계로 진하연震下連의 장남을 상징하는 방위에 해당한다. 월月로는 1, 2, 3월이 해당하고, 방위로는 동쪽, 색으로는 청색, 계절로는 봄, 정오행으로는 목木에 해당하는 방위이다. 유酉방위에는 말녀末女라고 되어 있어 가족관계로 태상절兌上絕로 표현되는 막내딸의 방위란 뜻이다. 월로는 7, 8, 9월에 해당하고, 방위로는 서쪽이며, 색으로는 백색이고, 계절로는 가을이며, 정오행으로는 금金에 해당한다.

4정正 · 포胞방의 표시 ▶

4정正방:자오묘유子午卯酉   4포胞방:인신사해寅申巳亥

　ⓛ 4포방四胞方: 인신사해寅申巳亥의 정4방위를 보면 모두 포胞와 괄호 안에 자손子孫이라고 쓰여 있다. 이 4방위를 4포방위胞方位라고 부르고 네 방위에 수려하고 유정한 사砂가 있으면 자손이 번창繁昌한다는 의미로 해석한다.

　ⓒ 4태방四胎方: 건곤간손乾坤艮巽의 정4방위에는 모두 태胎와 괄호 안에 수肖라는 글자가 있다. 이는 모두 4태방위胎方位라는 뜻이며 수肖는 4태방위의 사각砂角이 수려하고 유정하면 큰 인물로 조직의 리더(leader)인

수장首長이 난다는 것을 나타낸다. 건乾방위를 보면 또 다른 표기로 귀인貴人이 쓰여 있다. 이는 특히 건방위의 산은 후천적으로 나에게 도움을 주는 조력자助力者의 귀인이 나타난다는 뜻이거나 귀한 인물이 나온다고 해석하며, 부父라고 적혀 있는 것은 아버지나 조직의 책임자인 CEO와 같은 수장首長이 배출되는 건삼련乾三連방위라는 의미이다. 또한 천주수명天柱壽命이라는 뜻은 천기天氣의 중심방위이고 장수長壽를 상징하는 방위이다. 동양학에서 천주는 하늘을 받치는 기둥이나 옥황상제 또는 조물주와 같은 창조주를 뜻하기도 한다.

중국의 신화, 전설에서 하늘은 대지의 사방 끝에 있는 기둥으로 받쳐져 있으며, 역逆으로 대지는 하늘에 연결된 4개의 굵은 끈으로 매달려 있다고 생각했다. '회남자'에는 태고에 공공共工이 전욱과 제왕의 자리를 두고 다투어서 패敗하자, 화가 나서 불주산에 부딪쳐서 천주가 꺾이고, 끈이 끊어져, 대지가 동남쪽으로 기울었다. 그 결과, 대지의 동남 부분이 바다가 되어, 천하의 모든 강이 손방위인 동남쪽으로 흘러나갔다고 한다. 또한 산악을 천주라고도 하며, 특히 곤륜산이 세계의 중앙에 위치해서 하늘을 바치는 기둥이 되고 있으며, 천상, 지상, 지하 세 곳의 3재계三才界가 거기에서 결합하고 있다고 한다.

천주天柱는 흔히 높은 산 이름에서도 붙여진다. 곤방위坤方位에는 4태방위를 뜻하는 태胎라는 글자와 수장首長이라는 글자가 있고, 모母라고 적혀 있는 것은 어머니인 노모老母를 상징하는 곤삼절坤三絶 방위라는 뜻이다. 따라서 택宅과 마을의 중심점에서 보아 건곤방위의 산이 좋으면 부모가 무병장수하고 건곤방위의 산이 허虛하면 부모가 성盛치 못한다는 뜻이다. 옛 말에 홀아비는 이[290]가 세 말이요 과부는 쌀이 세 말이란 뜻은 홀아비의 경우 곤방위의 산이 허虛하고, 과부의 경우 건방위의 산이 안 좋다는 것을 나타낸다. 간방위艮方位는 태胎[291]라고 되어 있고, 말자末子는 8괘방으로 간상련艮上連의 막내아들을 상징하는 방위라는 뜻이다. 간방위의 산이 좋으면 말자가 흥興한다는 것을 나타낸다. 천록天祿이라고 쓰여 있는 의미는 명리적으로 설명한 것인데 일간이 건록에 대하는

290) 과거 몸에 기생하는 벼룩과 같은 기생벌레. 蝨슬.

291) 수장首長

것을 일록日祿이라고 한다.

일간이란 사주의 생일 천간을 두고 하는 말로 4주 가운데 하나의 사주, 아我, 아신我身 및 체용體用의 이치에 대한 체體, 체신體神이라고도 한다. 일간은 본인이고 사주를 대표하는 상징이며 인격을 의지하는 곳으로 명리에서는 특히 일간을 중요시 한다. 사주 중의 타 간干을 지지에 맞추어봐서 12운 건록에 대하는 것을 천록이라 하며 그 오행의 기氣가 강하다고 본다. 위 사주에서 일간의 병丙은 월지月支 사巳에 맞추어봐서 건록, 시상時相의 경庚은 시지時支를 보고 건록이 된 것으로 천록이라 한다. 풍수적으로는 천록天鹿이라고도 하는데 천록은 중국의 공상적인 동물의 이름이기도 하다. 노루를 닮아 꼬리가 길고 외뿔292)인 것은 천록, 두뿔293)인 것은 벽사辟邪라고 한다. 한나라부터 6조시대294)에 묘릉 앞에 놓인 한쌍의 석수石獸를 천록·벽사라고 하며 『후한서』에는 천록과 하마를 주조鑄造하여 궁전문 앞에 수호상守護像으로 삼아 비보神補로 하였다고 씌어있다. 손방위巽方位는 4태방위의 하나로 4태의 의미를 가지고 있으며, 장녀長女라고 적혀있는 것은 8괘에서 장녀를 상징하는 손하절巽下絕방위라는 뜻이다. 손방위의 산이 수려하고 유정有情하면 장녀가 흥興한다는 뜻이다.

292) 一角일각
293) 雙角쌍각
294) 육조시대(六朝時代, 229년~589년)는 중국 삼국 시대의 오나라, 동진 및 남조의 유송, 남제, 양나라와 진나라가 존속했던 기간을 모두 합한 시대이다.

4태胎방의 표시 ▶

㉣ 4강방四强方: 4개의 강강방위는 24방위에서 음천간인陰天干인 을신정계乙辛丁癸 방위를 말한다. 따라서 을신정계 각 방위마다 강강이라는 글자가 씌여 있고 무武라는 글자가 괄호 안에 기입되어 있다. 을신정계 4방위에 산이 좋으면 무인武人이 난다는 것을 의미한다. 무인이란 지금의 경찰, 군인, 사법부, 정보부처, 스포츠맨과 같은 사람을 의미한다. 음택에서의 사각은 선천적 기질이 주어진다는 것이고, 양택에서 사각의 영

향은 후천적 기질을 받는다는 것을 나타낸다. 특히 신辛방위의 산이 좋을 경우 무인등과시험에서 수석에 해당하는 장원이 난다. 신辛방위의 장원壯元은 이러한 표시이다. 본래 장원이란 고려와 조선 시대 과거 문무과 전시殿試에서 갑과 3인 가운데에서 수석으로 급제한 자를 일컫는다. 고려 말기 권보權溥가 광종 이후의 좌주座主와 장원의 이름을 모아서 '계원록桂苑錄'이라는 책을 만든 바 있다고 하나 지금은 전하지 않고 있다. 장원급제자는 동년회同年會[295]를 주관하며, 또한 장원급제자들끼리 용두회龍頭會[296]를 만들어 그들의 명망을 과시하였다. 장원급제자의 관계진출은, 조선 시대 문과의 경우 관품이 없는 자는 종6품직을 제수하며, 관품이 있는 사람은 4품을 올려주었다. 무과의 경우는 장원 구분없이 갑과 3인 모두에게 관품이 없는 자는 종7품을 제수하였고, 관품이 있는 자는 3품을 올려주었다.

295) 같은 해에 과거시험에 합격한 사람들의 모임.

296)고려, 조선 시대 문과(文科)에 장원(壯元)한 사람끼리 모이는 회. 일반적으로 새로 장원한 이가 잔치를 베풀고 선배를 모심. 고려 희종(熙宗) 때부터 시작되었다고 함.

　　㉤ 4순방四順方: 4개의 순順방위는 모두 양천간陽天干의 갑경병임甲庚丙壬 방위를 뜻한다. 따라서 갑경병임방위 각각을 보면 모두 순順이란 글자가 있다. 4순방이라는 표시이다. 괄호 안의 문文은 문관文官이란 뜻으로 행정관료를 의미한다. 혈처를 중심으로 갑경병임의 산이 좋아 조응照應관계를 형성하면 문인文人이 난다는 것으로 해석한다.

4강强 · 순順방의 표시 ▶

4강强방:을신정계乙辛丁癸　　　　　　4순順방:갑경병임甲庚丙壬

　　㉥ 4장방四藏方: 4장방은 진술축미辰戌丑未의 네 방위를 말한다. 진술축미는 4대국 포태법에서 모두 묘고墓庫인 파구破口에 해당한다. 파구는 모든 것을 거둬들여 창고에 차곡차곡 쌓아 저장한다는 의미를 가진다. 금은보화金銀寶貨가 가득한 창고倉庫쯤으로 이해하면 된다. 따라서 부富를

나타낸다. 진술축미의 4방위에 있는 장藏은 4장방이라는 뜻이고 괄호 안
의 부자富字는 재산이 많은 부자富者를 상징한다. 그러므로 진술축미의
4방위에 있는 수려하고 유정한 산은 재산을 안겨주는 부富를 의미한다.

4장藏방의 표시 ▶

㉠ 이궁동행생룡異宮同行生龍: 이궁異宮이란 음양배합이 서로 다른
궁宮끼리 이뤄졌다는 뜻이다. 본래 동궁同宮이란 정배합의 쌍산을 의미
한다. 임자壬子, 계축癸丑, 간인艮寅, 갑묘甲卯, 을진乙辰과 같이 천간과 지
지가 정배합으로 이루어져야 한다. 입수룡은 이처럼 동궁내로 정배합을
이루는 30도 각도내로 용맥이 입수해야 한다. 이때의 용맥은 살아 있는
용맥이다. 그 기운이 힘차고 순리에 따르며 음양이 정배합하여 생기生
氣가 있다. 그래서 생룡生龍이라고 부른다. 진혈은 모두 생룡에서만 주어
진다. 흔히 용입수 일절이 생사生死를 결정짓는다는 말은 이러한 의미를
두고 하는 말이다. 그런데 간산看山시에 입수룡을 측정해보면 동궁의 쌍
산이 아닌 이궁異宮으로 입수된 용맥을 볼 수 있다. 임자, 계축, 간인, 갑
묘가 아닌 자계子癸, 축간丑艮, 인갑寅甲과 같이 부정합不正合으로 용맥이
입수되는 경우를 말한다. 도학풍수에서는 이궁룡異宮龍이라고 부르고 모
두 죽은 용이란 뜻으로 사룡死龍이라고 칭한다.

이궁동행룡은 그 기운이 바르지 못하고 역리逆理를 쫓으며 죽은 기氣인
사기死氣로 혈 또한 가혈假穴을 낳는다. 24방위 12궁에서 이러한 사룡死
龍은 모두 12개가 주어진다. 그 가운데 유독 진술축미인 4고장을 끼고 있
는 4개의 이궁동행룡은 오히려 사기死氣를 넘어 생기生氣를 얻는다. 4고
장은 모든 것을 거두어들여 영원한 죽음이 아닌 또 다른 생生의 시작이기
때문이다. 모든 것은 윤회輪回하지 않는 것이 없다. 생生은 곧 죽음을 향

해 가는 것이고 죽음은 곧 또 다른 생生을 의미한다. 그래서 이궁동행룡 가운데 진술축미를 끼고 있는 축간丑艮, 진손辰巽, 미곤未坤, 술건戌乾룡 아래에 녹색의 작은 점으로 표시를 해놓았다. 생룡生龍으로 모두 강인한 무인武人을 나타낸다. 이 4개의 용맥으로 입수한 혈이나 4개의 방위에 산이 있으면 무인이 나는 천룡賤龍으로 매우 길吉한 사격砂格이다. 천룡이란 조선 시대 문무양반 체제에서 문인을 숭상하고 무인을 천대한데서 유래한 것으로 사실은 매우 좋은 길격吉格의 이궁동행룡으로 해석한다.

이궁동행 4생룡生龍의 표시 ▶

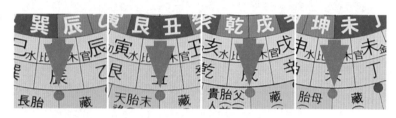

◎ 이궁동행사룡異宮同行死龍: 이궁동행룡이란 자계子癸, 축간丑艮, 인갑寅甲과 같이 부정합不正合으로 용맥이 입수되는 경우로 24방위 12궁에서 이러한 사룡死龍은 모두 12개가 주어진다. 여기에서 진술축미인 4고장을 끼고 있는 4개의 이궁동행룡인 무인천룡武人賤龍인 축간丑艮, 진손辰巽, 미곤未坤, 술건戌乾을 제외하면 8개의 이궁동행룡이 남는다. 엄밀한 의미로 사룡死龍은 8개란 의미이다. 8개의 사룡은 자계子癸, 인갑寅甲, 묘을卯乙, 사병巳丙, 오정午丁, 신경申庚, 유신酉辛, 해임亥壬룡이다. 이 8개의 사룡에는 모두 적색의 원圓으로 표시되어 있고, 각각의 원에는 상징하는 글씨가 적혀 있다. 글씨는 자계룡에 수水, 인갑룡에 백白, 묘을룡에 백白, 사병룡에 백白, 오정룡에 화火, 신경룡에 소消, 유신룡에 소消, 해임룡에 소消라는 글자가 새겨져 있다. 자계룡의 수水는 자계룡으로 입수한 혈에 묘를 쓰면 묘에 물이 들거나 체백體魄이 물을 먹어 유골이 물에 젖어 있다는 것을 나타내고, 오정룡의 화火는 유골이 화장한 유골처럼 바삭바삭하게 건조된 상태를 뜻한다. 인갑, 묘을, 사병룡에 있는 백白은 유골이 황색으로 묵직하게 보존되어 있지 않고 하얗게 되어 가볍고 속이 빈

것처럼 진기眞氣가 없는 유골이 된다는 것을 말한다.[297) 신경, 유신, 해임룡의 소消는 조상의 유골이 얼마 안 돼서 녹아 없어져 버리거나 사라져 없어진다는 뜻이다.

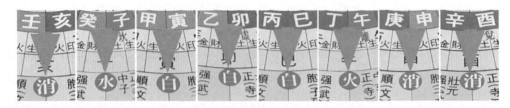

이궁동행 8사룡死龍의 표시 ▲

ㅈ) 4고장룡四庫藏龍: 4고장룡이란 4대국 포태법에서 4국의 파구인 수국水局의 진파구辰破口, 화국火局의 술파구戌破口, 금국金局의 축파구丑破口, 목국木局의 미파구未破口인 진술축미辰戌丑未를 끼고 있는 동궁동행룡을 말한다. 따라서 4고장룡은 24방위에서 4개가 주어진다. 일반적으로 좌향은 동궁내 30도 각도 범위안에서 천간좌天干坐든 지지좌地支坐든 가리지 않고 형기적으로 안산을 중심으로 좌향을 잡게 된다. 물론 이기론적으로는 5층 천산72룡을 중심으로 하는 입수룡맥과 7층의 투지60룡을 중심으로 상생과 생기의 좌입수맥 등을 중심으로 좌향을 설정하지만, 일반적으로는 동궁내 2개의 간지좌干支坐 가운데 하나를 선택한다. 예를 들면 임감壬坎룡[298)으로 입수하였다면 천간좌인 임좌壬坐나 지지좌인 자좌子坐를 선택한다. 그러나 4고장룡의 경우는 이 같은 원칙을 따르지 않는다. 4고장룡은 진보라색의 원으로 표시되어 있는데 을진룡乙辰龍, 신술룡辛戌龍, 계축룡癸丑龍, 정미룡丁未龍이 이에 해당한다. 가령 을진룡으로 입수하였다면 일반적으로는 을좌乙坐나 진좌辰坐로 택좌擇坐할 수 있으나 4고장룡에 해당하기 때문에 반드시 입수용맥을 30도가 아닌 15도로 세분하여 좌향을 설정해야 한다. 마치 천산룡이나 투지룡을 볼 때처럼 정밀하게 간룡看龍해야 한다. 그러므로 을진룡의 경우 입수맥이 을룡乙龍의 15도내로 입수했다면 반드시 을좌乙坐만 가능하며, 진룡辰龍의 15도내로 용입수했다면 진좌辰坐로만 좌坐를 잡아야 한다. 만약 을룡으로 입수하였는데 진좌로 좌향을 잡을 경우는 간干인 을乙과 지支인 진辰의 박잡駁

297) 마치 산과 들에 사람이 버린 동물의 뼈를 보면 새하얗게 되어 가볍고 푸석푸석한 뼈를 말한다.

298) 임자룡壬子龍을 말한다.

4고장庫藏룡
입수에서의 길흉 ▶

4장룡	을진룡乙辰龍				계축룡癸丑龍				신술룡辛戌龍				정미룡丁未龍			
용입수	을乙 입수		진辰 입수		계癸 입수		축丑 입수		신辛 입수		술戌 입수		정丁 입수		미未 입수	
길흉좌 吉凶坐	乙좌	辰좌	辰좌	乙좌	癸좌	丑좌	丑좌	癸좌	辛좌	戌좌	戌좌	辛좌	丁좌	未좌	未좌	丁좌
	吉	凶	吉	凶	吉	凶	吉	凶	吉	凶	吉	凶	吉	凶	吉	凶

2) 도학천지인라경의 후면

라경의 후면 중심부에는 오행의 상생과 상극 및 황색을 상징하는 황黃, 오행의 토土, 천간의 토土인 무기戊己 등이 기록되어 있다. 순행의 녹색화살표는 오행의 상생순을 나타내고 대각선의 붉은 색 화살표는 오행의 상극관계를 나타낸다.

도학천지인 라경 후면도와
8괘방 및 8요살도 ▶

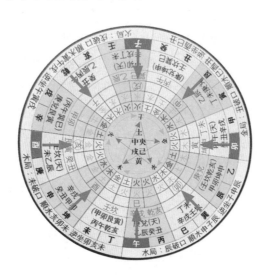

❶ 성수오행층 −1층

천지인 라경의 후면 1층은 성수오행星宿五行이 표기되어 있다. 성수오행은 전면의 5층에서 활용되는 사각성정과 관련이 있다. 성수오행을 애성오행埃星五行이라고도 부르는데 성수오행은 향向이 아닌 택좌宅坐의 오행과 관련이 있다. 물론 이기론적으로 혈과 주위 사격砂格과의 조응관계를 상생과 상극 및 비화로써 사격을 평가할 때 사용하는 오행이다. 인반중침으로 사각의 방위를 측정하고 성수오행을 배정하여 택좌의 오행을 측정한다. 성수오행은 임자壬子방위로부터 계축癸丑방향으로 순행하면서 화화토금목수火火土金木水가 반복되면서 운행된다. 24방위에 따른 성수오행은 임壬 화火 자子 화火, 계癸 토土 축丑 금金, 간艮 목木 인寅 수水, 갑甲 화火 묘卯 화火, 을乙 토土 진辰 금金, 손巽 목木 사巳 수水, 병丙 화火 오午 화火, 정丁 토土 미未 금金, 곤坤 목木 신申 수水, 경庚 화火 유酉 화火, 신辛 토土 술戌 금金, 건乾 목木 해亥 수水로 배정되어 있다. 화화火火는 모두 4정방인 자오묘유子午卯酉가 있는 궁宮인 동궁同宮에서부터 기화起火한다고 생각하면 쉽게 기억된다.[299]

299) 임화자화壬火子火 갑화묘화甲火卯火 병화오화丙火午火 경화유화庚火酉火

❷ 정오행층 −2층

정오행은 풍수지리에서 가장 보편적으로 활용되는 오행으로 오행중의 오행으로 불린다. 가장 기본이 되는 오행으로 동양철학에서 가장 많이 활용되는 오행이기도 한다. 풍수에서의 여러 오행론에서 정오행은 항상 기준이 되기도 하며 함께 사용하기도 한다.

24방위에 따른 정오행 배정은 2층에 임壬 수水 자子 수水, 계癸 수水 축丑 토土, 간艮 토土 인寅 목木, 갑甲 목木 묘卯 목木, 을乙 목木 진辰 토土, 손巽 목木 사巳 화火, 병丙 화火 오午 화火, 정丁 화火 미未 토土, 곤坤 토土 신申 금金, 경庚 금金 유酉 금金, 신辛 금金 술戌 토土, 건乾 금金 해亥 수水로 배정되어 있다.

❸ 팔살층八殺層 −3층

천지인 라경 후면의 3층 팔살층은 용상팔살龍上八殺과 8요황천살八曜黃
泉殺, 8요수살八曜水殺와 8요풍살八曜風殺을 나타낸다. 팔살에서의 8이란 의
미는 주역의 8괘를 이용한 풍수24방위에서의 건곤간손乾坤艮巽과 자오묘
유子午卯酉의 여덟 방위를 나타내며 팔살이란 8개의 방위에 정오행상 상극
방위의 살을 말한다.

8요살에 의한
1, 2, 3층의 표시 ▶

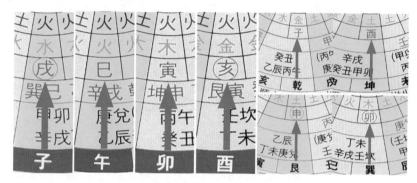

8방위는 주로 중국에서 유입된 동서4택론과 같은 양택론의 좌향론에
서 활용되지만, 양택과 음택의 입수맥入首脈을 측정하여 8괘방위의 오행
이론을 적용하기도 한다.

㉠ 용상팔살龍上八殺: 용상팔살은 입수룡에 주어지는 8방위의 정오행
의 상극살을 의미한다. 그러므로 24방위에서의 8개 방위는 입수룡의 방
위를 가리킨다. 다시 말해 8개 입수룡의 정오행과 상극적인 8개의 방위
와의 살殺을 용상팔살이라고 한다. 용상龍上이란 용龍[300]에 주어지는 살
이다. 먼저 8개의 용이란 8괘방위의 용이므로 건곤간손乾坤艮巽 4개룡과
감坎[301], 리離[302], 진震[303], 태兌[304]의 방위로 입수되는 4개의 용맥이다.
자룡子龍[305]의 3층에는 술戌, 간룡艮龍의 3층에 신申, 묘룡卯龍에 인寅, 손
룡巽龍에 묘卯, 오룡午龍에 사巳, 곤룡坤龍에 유酉, 유룡酉龍에 해亥, 건룡乾
龍에 자子라는 글자가 각기 새겨져 있음을 볼 수 있다.

300) 入首龍입수룡
301) 子자
302) 午오
303) 卯묘
304) 酉유
305) 坎龍감룡

585

고전에서의 용상8살
문헌과 해의 ▶

2편 394p 주석 980) 참조

	건乾 곤坤 간艮 손巽 감坎(子자) 리離(午오) 진震(卯묘) 태兌(酉유)는 용龍이요, 용龍(辰진 ⇔ 戌술) 토兎(卯묘 ⇔ 酉유) 후猴(申신 ⇔ 寅인) 계鷄(酉유 ⇔ 卯묘) 마馬(午오 ⇔ 子자) 사蛇(巳사 ⇔ 亥해) 호虎(寅인 ⇔ 申신) 저猪(亥해 ⇔ 巳사)는 항向이라.
	감룡곤토진산후坎龍坤兎震山猴 ⇨ 감坎(子자)용龍에 용龍(辰진)항向은 술좌戌坐, 곤룡坤龍에 토兎(卯묘)항向은 유좌酉坐, 진震(卯묘)용龍에 후猴(申신)항向은 인좌寅坐다.
	손계건마태사두巽鷄乾馬兌蛇頭 ⇨ 손용巽龍에 계鷄(酉유)항向은 묘좌卯坐, 건용乾龍에 마馬(午오)항向은 자좌子坐, 태兌(酉유)용龍에 사蛇(巳사)항向은 해좌亥坐다.
	간호리저위살요艮虎離猪爲殺曜 ⇨ 간용艮龍에 호虎(寅인)항向은 신좌申坐, 리離(午오)용龍에 저猪(亥해)항向은 사좌巳坐이니 살요殺曜이다.
	총택봉지일단휴塚宅逢之一但休 ⇨ 음택이든 양택이든 용상팔살龍上八殺을 범犯하면 모든일이 헛 수고(萬事休矣만사휴의)다.
해의	감수용진토坎水龍辰土 토극수살범칙土克水殺犯則 무후신지신지無後愼知愼知라. 즉, 감坎은 자룡子龍이니 용龍은 진향辰向으로 술좌戌坐이다. 오행상 자子는 수水요 진辰은 토土로 수극토水剋土이니 범살犯殺이므로 무후절손無後絶孫된다. 신중하고 신중해야 한다.

모두 정오행상 상극관계의 용과 방위를 뜻한다. 따라서 자룡子龍으로 입수한 용맥에서 술좌戌坐의 양택과 음택을 하게 되면 술좌는 진향辰向을 향하게 되는데, 이때 향向[306]의 오행인 토土가 입수룡[307]의 오행인 수水를 극剋[308]하므로 진향인 술좌戌坐로 택좌宅坐를 하지 말라는 뜻이다.

다음으로 간룡艮龍으로 입수한 용맥에서 신좌申坐의 양택과 음택을 하게 되면 신좌는 인향寅向을 향하게 되는데, 이때 향向[309]의 오행인 목木이 입수룡[310]의 오행인 토土를 극剋[311]하므로 인향인 신좌申坐로 택좌宅坐를 하지 말라는 뜻이다. 이하 6개의 용상팔살의 설명도 이와 동일하다. 따라서 용상팔살의 진정한 의미는 택향오행宅向五行이 입수룡 오행을 극剋하는 살殺을 말한다.

ⓒ 8요황천살八曜黃泉殺: 황천黃泉은 한자 문화권에서 죽은 사람이 산다는 지하세계인 황천을 의미한다. 8요황천살을 나타내는 8개의 방위는 음택과 양택의 좌坐방위를 의미한다. 즉, 8개의 좌방위라는 뜻이다. 용상팔살이 용龍에 주어지는 정오행의 상극적 용살龍殺이라면, 8요황천살은 좌坐에 주어지는 8개의 상극방위의 좌살坐殺을 말한다. 8요황천살의 8개 방위도 용상팔살과 똑같은 글자가 새겨져 있다. 따라서 자룡子龍으

306) 辰向진향
307) 子龍자룡
308) 土剋水토극수
309) 寅向인향
310) 艮龍간룡
311) 木剋土목극토

로 입수한 용맥에서 오행상 수水에 해당하는 자좌子坐의 양택과 음택의 경우 진방위辰方位에서 득수得水된 물은 오행상 토土에 해당하는 상극의 물이 있는 득수방위로써 자좌子坐의 택宅에 토극수土剋水 작용을 하여 죽음을 안겨준다는 뜻이다. 따라서 자룡子龍으로 입수한 용맥에서의 자좌 택子坐宅이나, 입수룡과 무관한 자좌택에서 진방위의 물[312]은 황천수에 해당하여 죽음을 안겨준다는 것으로 해석한다.

다음으로 간룡艮龍으로 입수한 용맥 아래에서 간좌택艮坐宅의 양택과 음택은 인방위寅方位에서 득수되는 물은 정오행으로 목木에 해당하는 방위로 상극방의 득수에 해당한다. 따라서 택좌宅坐인 간좌艮坐의 오행인 토土를 극剋[313]하게 된다. 따라서 간좌에서 인방위의 득수는 죽음을 상징하는 황천방위로 살殺에 해당하므로 간좌택에서의 인寅방위 물을 삼가 해야 한다. 이하 6개 황천살의 설명은 동일하다. 따라서 황천살의 진정한 의미는 택좌오행宅坐五行을 상극방의 득수오행이 극剋을 가加하는 살을 말한다. 8요 황천살의 상극방위의 물은 득수를 포함한 모든 물을 나타내기도 한다. 적색원은 대황천살을 나타낸 것이고 원이 없는 것은 소황천이란 의미이다.

8요황천살과 24방위 상극관계표 ▶

8괘방	24방위	음양	8살	음양	오행	관계
건乾	술건해戌乾亥	양陽	오午	양陽	건금오화乾金午火	화극금火剋金
감坎	임자계壬子癸	양陽	진辰	양陽	감수진토坎水辰土	토극수土剋水
간艮	축간인丑艮寅	양陽	인寅	양陽	간토인목艮土寅木	목극토木剋土
진震	갑묘을甲卯乙	양陽	신申	양陽	진목신금震木申金	금극목金剋木
손巽	진손사辰巽巳	음陰	유酉	음陰	손목유금巽木酉金	금극목金剋木
리離	병오정丙午丁	음陰	해亥	음陰	리화해수離火亥水	수극화水剋火
곤坤	미곤신未坤申	음陰	묘卯	음陰	곤토묘목坤土卯木	목극토木剋土
태兌	경유신庚酉辛	음陰	사巳	음陰	태금사화兌金巳火	화극금火剋金

ⓒ 8요수살八曜水殺: 8요수살도 8괘방위에서 주어지는 정오행의 상극방위에 있는 물이 음택과 양택에 안겨주는 이기적 살殺을 의미한다. 양택에서의 8개 방위의 상극수相剋水의 보이는 물은 형기적으로 사신사의 8개 방위가 요함凹陷하다는 것을 의미한다. 8요수 방위도 용상팔살

과 8요황천살방과 같이 역의 8괘방위에 똑같은 글자가 쓰여 있고 음택에서 8요수는 망자亡者의 관棺에 물이 가득 차 있어 오랫동안 시신屍身이 탈골奪骨되지 않는 채 한수寒水에 모셔져 있는 경우를 말한다. 양택에서는 물에 의한 인명과 재산상의 손실이 따르게 된다. 수재水災를 나타내는 방위로 오행상 수水에 해당하는 자좌子坐의 양택과 음택은 진방위辰方位가 허虛 할 경우 오행상 토土에 해당하는 상극방위의 물이 혈穴314)에서 보이게 된다.

그러므로 자좌子坐의 택宅에 진방토辰方土는 토극수土剋水 작용을 하여 수재水災를 당하게 된다. 다음으로 간좌택艮坐宅의 양택과 음택은 인방위寅方位의 물이 정오행으로 목木에 해당하는 상극방위의 물에 해당한다. 따라서 택좌宅坐인 간좌艮坐의 오행인 토土를 인방목寅方木이 극剋315)하게 된다. 따라서 간좌에서 인방위의 물은 수재水災를 안겨주는 방위의 물에 해당하므로 간좌택에서의 인방위 물을 삼가해야 한다. 이하 6개 수살水殺의 설명은 이와 동일하게 해석한다.

ⓒ 8요풍살八曜風殺: 8요풍살도 8괘방위에서 주어지는 정오행의 상극방위에 있는 바람이 음택과 양택에 안겨주는 이기적 살殺을 의미한다. 양택에서의 8개 방위의 상극풍相剋風 또한 8요 수살처럼 형기적으로 사신사의 8개 방위가 요함凹陷하다는 것을 의미한다. 8요풍살도 용상팔살과 8요황천살방과 같이 역의 8괘방위에 똑같은 글자가 8괘 방위마다 쓰여 있고, 음택에서 8요풍은 망자亡者의 관棺에 냉풍冷風이 들어 시신屍身의 유골이 황골黃骨로 있지 않고 바람이 든 뼈처럼 희고 푸석푸석하게 마른 상태로 있게 된다. 양택에서는 바람에 의한 풍재風災로 인명과 재산상의 손실이 따르게 된다. 풍재風災를 나타내는 방위로 오행상 수水에 해당하는 자좌子坐의 양택과 음택은 진방위辰方位가 허虛 할 경우 오행상 토土에 해당하는 상극방위의 바람이 혈穴316)에 풍살風殺로써 위협한다. 그러므로 정오행으로 자좌子坐의 택宅에 진방토辰方土는 토극풍土剋風 작용을 하여 풍재風災를 당하게 된다. 다음으로 간좌택艮坐宅의 양·음택은 인방위寅方位의 바람이 정오행으로 목木에 해당하는 상극방위의 바람에 해당한다.

314) 양택과 음택
315) 木剋土목극토
316) 양택과 음택

따라서 택좌宅坐인 간좌艮坐의 오행인 토土를 인방목寅方木이 극剋[317]하게 됨으로써 간좌에서 인寅방위의 바람은 풍재風災를 안겨주는 방위의 바람에 해당한다. 그러므로 간좌택에서의 인방위 바람은 삼가해야 한다. 이하 6개 풍살風殺에 대한 설명도 동일하게 해석한다.

❹ 황천득파방黃泉得破方 −4층

풍수에서의 물은 재화財貨인 부富를 상징한다. 재산이란 선천적인 것고 있지만 후천적인 것도 있다. 모두 소중한 것으로 사람에 따라 선·후천의 복福에 따라 달리주어진다. 이러한 재화는 선천적이든 후천적이든 얻는 것[318]도 중요하지만 어떻게 지키고 보존하는가도 매우 중요한 것이다. 재산을 잃거나 재물이 서서히 빠져나가는 것은 물이 빠져나가는 방위인 득파得破와 관련이 있다. 그래서 득파방위는 매우 중요하다. 라경 4층을 보면 적색으로 을진乙辰 손사巽巳, 병오丙午, 곤신坤申 정미丁未, 경태庚兌(酉유), 신술辛戌 건해乾亥, 임감壬坎(子자), 간인艮寅, 계축癸丑, 갑묘甲卯라고 표기되어 있는 것을 볼 수 있는데, 모두 사람과 재화가 보존되지 못하는 흉수凶水방위인 황천득파방위를 가리킨다. 이때 해당되는 24방위의 궁宮은 음택과 양택의 좌坐를 가리킨다.

먼저 임자방위의 4층을 보면, 을진乙辰 손사巽巳라고 쓰여 있다. 다시 말해 임자좌壬子坐에서 물이 빠져나가는 득파방위를 보았을 때 을진파乙辰破나 손사파巽巳破는 황천파黃泉破에 해당하는 득파방위이므로 임자좌는 좋지 않으므로 다른 좌를 택하거나 혈처가 좋지 않으므로 혈처를 옮겨야 한다는 것을 말한다. 이하 계축좌癸丑坐에 병오파丙午破, 갑묘좌甲卯坐에 곤신파坤申破나 정미파丁未破, 을진좌乙辰坐에 경태파庚兌破, 병오좌丙午坐에 신술파辛戌破나 건해파乾亥破, 정미좌丁未坐에 임감파壬坎破, 경유좌庚酉坐에 간인파艮寅破나 계축파癸丑破, 신술좌辛戌坐에 갑묘파甲卯破는 모두 사람이 죽거나 재산상 큰 피해가 따르는 황천파로 모두 피해야 할 득파방위이다. 따라서 모두 좌향을 다른 좌향으로 잡거나 혈처를 옮겨야 한다.

317) 木剋土목극토
318) 得水득수

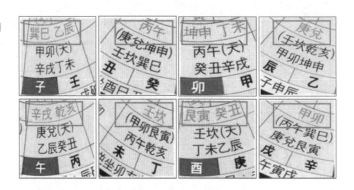

❺ 천복득파방天福得破方 −5층

천지인 라경의 후면 5층도 모두 득파得破 방위와 관련이 있다. 모두
12궁좌宮坐마다 검정색 글씨로 득파방위가 쓰여 있다. 이 5층은 좌坐에
따른 길득파吉得破를 나타내며 모두 천복天福을 안겨다 주는 득파방위로
써 선천과 후천복에 구애됨이 없이 좋은 득파방위를 나타낸다. 천복득
파방도 모두 24방위에서의 해당 방위궁宮은 좌坐를 나타낸다. 먼저 임자
좌壬子坐의 경우 5층에 갑묘甲卯천天이라고 되어 있고 그 밑에 신술辛戌,
정미丁未라고 표기되어 있음을 볼 수 있다. 즉, 임자좌에 갑묘파甲卯破는
천복득파 방위로 재산을 증식시키고 손실을 막아주는 득파방위라는 뜻
이며 괄호 안의 천天은 천록天祿 의 득수로 명리로는 천간에서 4지지의
어느 것이든 맞추어봐서 건록이 된다.

일간이 건록에 대하는 것을 일록日祿이라고 하는데 사주 중의 타
간干을 지지에 맞추어봐서 12운 건록에 대하는 것도 천록이라 하며, 그
오행의 기氣가 강하다고 본다. 건록乾祿이란 사주에서 12운 중의 4번
째 오행으로 길조가 많음을 뜻하다. 표의 사주에서 일간의 병丙은 월지
사巳에 맞추어봐서 건록, 시상의 경庚은 시지를 보고 건록이 된 것으로
천록이라 한다. 풍수적으로는 길득파吉得破로 이해하면 된다.

십간 천록 표 ▶

십간	갑甲	을乙	병丙	정丁	무戊	기己	경庚	신辛	임壬	계癸	사주예	時 日 月 年 庚 丙 辛 戊 천록 申 午 巳 年
건록	인寅	묘卯	사巳	오午	사巳	오午	신申	유酉	해亥	자子		

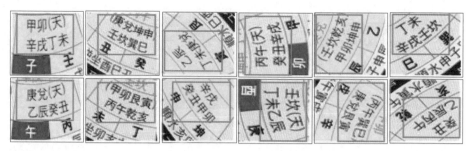

다음으로 계축궁좌癸丑宮坐에는 괄호 안에 경태庚兌, 곤신坤申이라고 되어 있고 그 아래에 임감壬坎 손사巽巳라고 표기되어 있다. 괄호 안의 득파는 소길파小吉破를 나타내고 괄호가 없는 것은 대길파大吉破를 나타낸다. 따라서 계축좌에 경태 곤신파는 소길파로 좋으며, 임감 손사파는 대길파로 매우 좋은 득파방위라는 의미이다. 이하 나머지의 해석도 이와 동일하다.

❻ 4대국오행방四大局五行方 −7층

6층의 24방위 표시 밖으로 7층에는 4대국오행이 표시되어 있다. 4대국 포태법에서 활용되는 방위표시이다. 4대국 포태법도 좌坐를 기준으로 득파방위를 헤아려 4대국을 정하고 각각의 4대국마다 기포방위起胞方位를 시작으로 해서 12포태胞胎로 돌려 좌향설정시 길방위吉方位의 좌향을 가릴 때 활용되는 층이다. 목국木局의 경우 정미丁未, 곤신坤申, 경유庚酉의 6궁 90°의 영역에 분홍색 바탕면에 검정글씨로 표기되어 있다.

목국은 4고장庫藏 가운데 하나인 미未방위가 파구破口에 해당하여 미파구未破口라 부르고 물인 수水에 의한 양陽의 향법向法에서 12포태는 순포태順胞胎하면 생왕묘生旺墓가 해묘미순亥卯未順으로 이어진다는 의미로 순수해묘미順水亥卯未라고 되어 있다. 또한 좌坐를 기준으로 하는 좌법坐法에서의 득파는 음陰의 산을 중심으로 하는 좌법이므로 12포태는 역포태逆胞胎하면 생왕묘生旺墓가 묘해미순卯亥未順으로 이어진다는 의미로 역좌묘해미逆坐卯亥未라고 표기되어 있다.

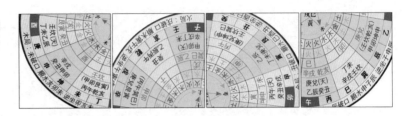

4대국의 설정은 좌坐에서 득파방위를 보았을 때 물이 빠져나가는 득파방위가 24방위상에서 정미丁未, 곤신坤申, 경유庚酉의 6궁 90도의 영역의 내로 이루어져 있을 경우 목국木局으로 배정하는 것을 말한다. 이하 나머지 대국大局도 이와 같이 해석한다. 4대국의 기포起胞방위는 4고장인 진술축미辰戌丑未 다음의 인신사해寅申巳亥방위가 기포방위에 해당한다. 12궁으로는 간인艮寅, 곤신坤申, 손사巽巳, 건해乾亥 궁宮이 기포궁방起胞宮方이다.

1.3 도학통맥라경道學通脈羅經에 대한 해의解義

통맥라경은 일반 9층라경과 천지인라경을 포함하여 도학풍수이론의 상당부분을 직접표기 한 라경으로 전면의 경우 16층, 후면은 21층으로 구성되어 혈을 찾거나 현장에서 풍수감정시 활용되도록 특별 고안된 라경이다.

1) 도학통맥라경 전면

❶ 8살층八殺層

통맥라경의 1층은 8괘방위를 중심으로 정오행상 상극과 관련된 용상 8살, 8요황천살, 8요풍살, 8요수살 등이 향으로 표시되어 있다. 천지인라경 후면 3층의 경우 좌坐를 기준으로 표시된 점과 다르다. 예를 들어 1층 자방子方의 경우 천지인 라경에서는 술戌이라 표기되어 있지만, 도학통맥라경은 진辰이라 표기되어 있다. 다시 말해 천지인 라경의 술戌은 좌坐를 말하고 진辰은 향向 방위를 말한다. 따라서 자子의 오행과 진辰방위의 오행상극방방을 간과하지 말라는 뜻이다. 나머지 7개방위의 표기도 이와 같으며 1층은 모두 4정正과 4태胎방위에 8자字의 글씨가 표기되어 있다. 해석은 도학천지인 라경의 후면 3층의 해석(p.580-584)과 같다.

❷ 향황천살층向黃泉殺層 −팔로사로황천살八路四路黃泉殺

2층은 택향宅向의 황천살을 보는 층으로 일반라경 2층과 동일하다. 향의 황천살은 바람과 물의 오고가는 것을 동시에 살펴본다는 측면에서 1층의 좌坐를 기준으로 하는 황천살과 차이가 있다. 임자壬子방위를 보면 임壬이란 글자에 건乾이라고 표기되어 있다. 모두 4유의 건곤간손乾坤艮巽과 오행상 토土에 해당하는 무기戊己를 제외한 나머지 8천간의 12방위에 천간天干 16자의 글자가 쓰여 있다. 이 가운데 특히 건곤간손인 4유방維方에는 두 글자씩이 있고 나머지 천간방天干方에는 한 글자씩이 적혀있다. 좀 더 상세히 이것을 풀이하면 임궁방壬宮方에 건乾이란 글자가 있는데, 이때 임궁방은 향向으로써의 임향壬向을 나타낸다. 따라서 택향宅

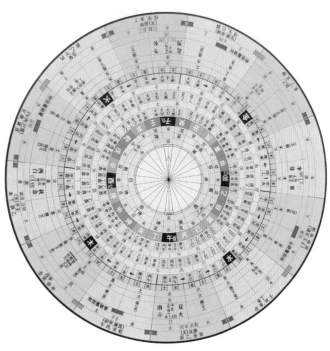

向이 임향壬向[319]일 경우에는 건방위향乾方位向의 황천살을 살피라는 뜻이다.

나머지 계향癸向(丁未坐정미좌)에 간방향艮方向, 간향艮向(坤申坐곤신좌)에 갑방향甲方向과 계방향癸方向, 갑향甲向(庚兌坐경태좌)에 간방향艮方向, 을향乙向(辛戌坐신술좌)에는 손방향巽方向, 손향巽向(乾亥坐건해좌)에는 을방향乙方向과 병방향丙方向, 병향丙向(壬子坐임자좌)에는 손방향巽方向, 정향丁向(癸丑坐계축좌)에는 곤방향坤方向, 곤향坤向(艮寅坐간인좌)에는 정방향丁方向과 경방향庚方向, 경향庚向(甲卯坐갑묘좌)에는 곤방향坤方向, 신향辛向(乙辰坐을진좌)에는 건방향乾方向, 건향乾向(巽巳坐손사좌)에는 신방향辛方向과 임방향壬方向의 황천살을 살펴야 한다는 것을 말한다.

❸ 쌍산정삼합층雙山正三合層

3층은 삼합오행을 나타내는 층으로 쌍산삼합층이라고도 부른다. 삼합은 간지동궁干支同宮으로 되어 있으므로 세분하면 간삼합干三合과 지삼합支三合으로 나눈다. 예를 들면, 임자궁壬子宮은 곤신궁坤申宮과 을진궁乙辰宮이 정삼합正三合을 이루는 삼합관계다. 삼합은 동질同質의 기氣를 공유하므로 그 오행기五行氣가 같다. 여기에서 임壬, 곤坤, 을乙은 천간으로 정삼합[320]을 이루고 자子(쥐), 신申(원숭이), 진辰(용)은 지지支地로 정삼합[321]을 이룬다. 12지지로 보면 4개 차이로 정삼합을 이루는 관계이며 모두 지도地道방위인 자오묘유子午卯酉라는 4정방의 정오행기正五行氣가 삼합오행기를 주도 한다.

삼합오행의 표시는 모두 12지지의 궁宮에만 표기되어 있다. 2층의 황천살을 나타내는 방위가 모두 천간방위 궁에만 표기되어 있는 것과는 대조적이다. 또한 임자궁壬子宮에서 삼합오행기는 자궁子宮에 표시되어 있지만 임궁壬宮에는 귀貴라는 글자가 적혀 있고, 간인궁艮寅宮의 경우 인궁寅宮에는 삼합오행기인 화火가 간궁艮宮에는 손孫이라는 글자가 있다. 이와 같이 라경 3층에는 모두 12개의 삼합오행과 부富, 손孫, 귀貴라는

319) 丙午坐병오좌
320) 干三合간삼합
321) 支三合지삼합

글자가 12궁宮마다 표기되어 있다. 부富는 재산을 의미하며 손孫은 자손, 귀貴는 인물을 나타낸다. 이에 대한 풀이를 보면, 임자궁壬子宮의 경우 자궁子宮에는 수水가 있고 임궁壬宮에는 귀貴라는 글자가 쓰여 있다. 임자궁은 삼합오행으로 모두 수水이며 삼합포태수법三合胞胎水法으로는 수국水局에 해당한다는 뜻이다. 따라서 수국에서의 임자좌향壬子坐向 귀貴로써 자손가운데 귀한 인물이 나와 명성을 떨친다는 의미이다. 다음으로 계축궁癸丑宮은 금金과 부富라는 글자가 쓰여 있다. 이는 삼합포태수법에서 금국金局에 해당하고 계축좌향癸丑坐向을 하였을 경우 재산이 쌓여 부富를 누린다는 의미이다. 이하 3층 삼합오행층에 대한 나머지 궁삼합宮三合에 대한 해석도 이와 같다.

3층의 삼합오행층의 표시 ▶

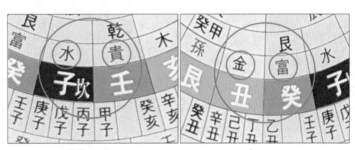

임자궁壬子宮　　　　　　　계축궁癸丑宮

❹ 지반4층·인반6층·천반봉침8층

일반라경 4층의 지반정침地盤正針층과 6층의 인반중침人盤中針층 및 8층의 천반봉침天盤縫針층에 대한 해의는 일반라경론의 층별사용법(p.400, 403, 411)과 도학천지인라경(p.573~575)에서 설명한 바와 같다.

❺ 천산72룡5층·투지60룡7층·분금120간9층

일반라경 5층의 천산72룡층과 7층의 투지60룡층 및 9층의 분금120간층에 대한 해의 또한 일반라경의 층별사용법(p.401, 408, 414)에서 설명한 바와 같다.

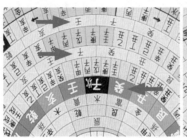

지반4층 · 인반6층 · 천반봉침8층   천산72룡5층 · 투지60룡7층 · 분금120간9층

❻ 납음오행층納音五行層

10층의 오행은 망인亡人의 천광穿壙에 재혈栽穴작업시 활용되는 납음오행층으로 이에 대한 해의는 음양과 오행(p.364~366)에서 설명한 바와 같다.

❼ 성수오행층星宿五行層

11층의 오행은 성수오행층으로 24방위에 대한 성수오행이 표기되어 있으며 해의는 음양과 오행(p.363~364) 및 도학천지인라경(p.584)에서 설명한 바와 같다.

❽ 정오행층正五行層

12층의 오행은 정오행층으로 24방위에 대한 정오행이 표기되어 있으며 해의는 음양과 오행론(p.355~357)과 도학천지인라경(p.584)에서 설명한 바와 같다.

❾ 사각성정砂角性情과 오행배정층

13층은 24방위 사각의 형기적 내용과 성수오행을 활용한 이기적 사각성정을 분석하는 층이며 이에 대한 상세한 설명은 음양과 오행론(p.354~356) 및 도학천지인라경5층에서 설명하는 성수오행층(p.573~575)에서와 같다.

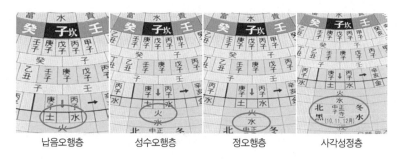

| 납음오행층 | 성수오행층 | 정오행층 | 사각성정층 |

❿ 8살殺과 4고장룡四庫藏龍 및 파묘숙살층破墓宿煞層

14층의 8방위에 있는 붉은 글씨는 8살과 관련된 용상팔살과 황천살 및 수·풍살水·風殺과 관련된 것으로 천지인라경 후면 3층(p.585~589)에서 설명한 바와 같다. 사각四角의 보라색은 4고장룡에 대한 표기로 천지인라경 전면 5층(p.582)과 같다. 이장시에 계절에 따라 살煞을 잠재우는 파묘숙살방破墓宿煞方은 검정 글씨로 진술축미辰戌丑未방에 각각 기재되어 있다. 예를 들어, 여름 4, 5, 6월에 파묘하는 경우 술방위戌方位에서 첫 삽을 뜨고 파묘하면 파묘에 따를 수 있는 모든 살煞을 잠재울 수 있다는 의미이다. 진술축미는 모든 것을 거두어 수장收藏하는 방위로 살煞마저 거두어 들여 잠재운다는 뜻에서 유래하였다. 또한 숙살방은 양택에서도 살을 잠재운다는 의미로 활용된다. 예를 들면, 건축시 터 파기나 이사移徙를 나고 들 때도 적용한다. 나머지 진辰, 축丑, 미未의 해석도 이와 같다.

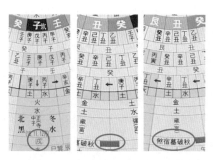

| 8살殺 | 4고장룡四庫藏龍 | 파묘숙살층破墓宿煞層 |

⓫ 황천득파黃泉得破방위와 홍범오행층洪範五行層

15층의 적색글씨로 된 12궁명宮名은 황천득파방위를 나타낸 것으로 도학천지인 라경 후면의 4층(p.589)에서 설명한 바와 같다. 또한 24방 위마다 목화토금수木火土金水의 오행표시가 되어 있는데 이것은 좌坐의 산운山運을 보는 홍범오행이다. 묘墓의 좌坐와 해당 연운年運과의 관계를 보는 층으로 음양과 오행에 관한 설명(p.361~363)에서 살펴본 바 있다. 좀 더 상세히 말하면, 홍범오행은 묘좌墓坐가 연운의 극剋을 받는지를 보는 것으로 묘墓의 이장시 택일을 볼 때 반드시 필요한 오행이다. 즉, 연운이 산운山運인 좌坐를 생조生助하거나 비화比和하면 길吉하고 상극하면 흉凶하다. 따라서 연운은 납음오행納音五行을 필요로 한다. 홍범오행은 갑인진손술자신신좌甲寅辰巽戌子申辛坐는 수水, 묘간사좌卯艮巳坐는 목木, 오임병을좌午壬丙乙坐는 화火, 유정건해좌酉丁乾亥坐는 금金, 계축곤경미좌癸丑坤庚未坐는 토土로써 24방위에 각각 표기되어 있다. 예를 들어 좌가 목木이고 연운이 금金이라면 연운이 좌坐를 극剋하므로 불길하다. 이때 망명亡命의 본명이 납음오행으로 화火이고 장사葬事 당일의 일진 또한 화火라면 망명일진이 화극금火剋金하여 산운을 다시 제극制剋하여 장사지내는데 이상이 없다. 반대로 년운이 수水이고 산운이 목木이면 수생목水生木으로 년운이 산운을 생조生助하여 길吉하고 년운이 또한 목木이면 목생조목木生助木으로 비화比和로써 길吉하다.

⑫ 길득파吉得破와 이궁동행층異宮同行層

16층의 검정색 글씨는 택좌宅坐에서 바라보았을 때의 물이 빠져나가는 득파得破방위를 나타내는 궁宮의 방위명칭이다. 득파방위는 모두 12 궁방에 쓰여 있다. 갑묘甲卯방위의 빈 공간은 미기재된 것으로 병오丙午(天천), 계축癸丑, 신술辛戌이란 글자가 누락된 것이다. 길득파吉得破 방위에 대한 해의는 천지인라경 후면의 5층 천복득파방(p.590~591)의 설명과 같다. 이궁동행룡은 라경상에서 모두 12개의 이궁동행룡이 있다.

이 가운데 무인천룡武人賤龍으로써 생룡生龍에 해당하는 술건戌乾, 축간丑艮, 진손辰巽, 미곤未坤룡은 모두 4고장인 진술축미辰戌丑未를 끼고 있는 용龍으로 매우 길吉한 용龍에 해당하고 녹색의 사각으로 표시되어 있다. 그러나 나머지 8개의 이궁동행룡은 사룡死龍으로 무후절손룡無後絶孫龍에 해당하고 적색의 사각으로 표시되어 있고 그에 따른 좋지 않은 결과를 흰색글씨로 새겨져 있다. 이에 대한 상세한 해의는 도학천지인 라경 전면 5층에서 살펴 본 이궁동행생룡(p.580~581)과 이궁동행사룡(p.581~582)의 설명과 같다.

15층과 16층의 이해도 ▶

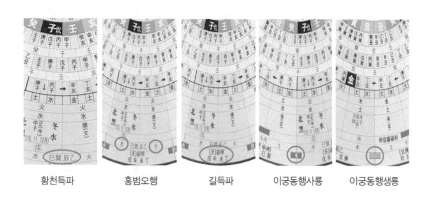

| 황천득파 | 홍범오행 | 길득파 | 이궁동행사룡 | 이궁동행생룡 |

2) 도학통맥라경 후면

도학통맥라경의 후면은 총 21층으로 구분되어 있다. 중앙은 오행의 상생과 상극이 화살표로 표시되어 있고 천간의 토土인 무기戊己가 기재되어 있다. 바탕의 노란색은 중앙의 황색을 나타낸다. 1층에서 8층까지는 24방위표시를 비롯하여 일반풍수이론에서 활용되는 내용을 팔괘방위마다 기재되어 있고 9층부터 19층까지는 도학통맥풍수의 주요 핵심이론을 정리하여 방위마다 각각의 색으로 구별하여 식별에 용이하도록 되어 있다. 20층과 21층은 9층부터 19층까지의 이론에 대한 명칭과 라경상의 해당층을 기재하여 사용자에게 편리하도록 고안되었다.

1층은 8괘 방위에 따른 현대적 의미의 방위명을 기재되어 있고, 2층의 경우는 8괘의 표시와 정오행수가 천수天數와 지수地數로 나누어 기입되어 있다. 3층은 8방위의 괘명卦名이고 4층은 정오행과 가족관계가 표시되어 있으며, 5층은 4상四象과 괘卦의 음양부호 설명과 동·서4택이 쓰여 있다. 동4택과 서4택을 나타내는 방위구분은 1층부터 6층까지 동4택방은 연분홍색, 서4택방은 연하늘색으로 크게 구별하여 놓았다. 6층은 9성九星의 자백론紫白論과 8괘명을 쉽게 외울 수 있는 연상명聯想名을 감중련坎中連, 리허중離虛中 등과 같은 방법으로 기입되어 있다. 7층은 노랑색 바탕에 24방위가 표시되어 있고, 이 가운데 회색글씨로 된 8개의 방위는 8괘방의 표시이다. 8층은 24방위를 4대국오행의 대국大局으로 구분하여 놓았다.

9층과 10층은 무후선후천파無後先後天破를 나타낸 것이다. 무후無後란 후손이 끊어진다는 의미로 자손이 성盛치 못한다는 것을 말한다. 용龍과 좌坐의 관계를 나타낸다. 가령 9층의 계癸방을 보면 용하간좌龍下艮坐라고 되어 있다. 이것은 계룡입수癸龍入首된 용맥에서 간좌艮坐의 택좌宅坐로 되어 있으면 절손絕孫되는 관계라는 뜻이다. 또한 10층의 계축癸丑방에는 용하자龍下子·인좌寅坐라고 되어 있다. 이 말은 계축룡 입수에서 자좌子坐나 인좌寅坐로 택좌宅坐가 되어 있으면 무후절손된다는 의미이다.

9층의 신辛방위에는 용하유좌龍下酉坐라고 되어 있고, 술戌방위에는 용하건龍下乾·해좌亥坐라고 되어 있다. 이는 신룡辛龍 입수에 유좌酉坐의 택좌, 술룡戌龍 입수에 건좌乾坐나 해좌亥坐로 택좌宅坐가 되어 있으면 절손되는 택좌라는 의미이다. 10층의 신술辛戌방위에는 용하유龍下酉·해좌亥坐라고 되어 있다. 이것 또한 신술룡辛戌龍 입수에 유좌酉坐나 해좌亥坐의 택좌는 절손된다는 것을 나타낸다. 이하 9, 10층에 대한 해석도 이와 같다. 11층은 환자宦子, 즉 궁궐의 내시內侍가 난다는 뜻으로 내시부內侍府의 관직을 갖는 후손을 말한다. 환자지지는 좌坐와 득파得破 방위와의 관계를 보는 층으로 내시는 반드시 절손된다는 의미가 아니다. 자손가운데 내시가 나온다는 것이며 독자獨子라도 양자養子를 입적하여 계대繼代를 이어가기 때문이다. 지금의 비서실쯤으로 이해하면 된다.[322] 따라서 벼슬의 상징성으로 결코 나쁘다는 의미가 아니다. 11층의 건해乾亥방위에는 용하좌하을진파龍下坐下乙辰破라고 되어 있다. 건해룡乾亥龍 입수에 을

322) 내시부는 조선시대 궁중 안의 식사 감독, 왕명의 전달, 수문(守門)·수직(守直) 및 청소의 일을 맡은 관청.

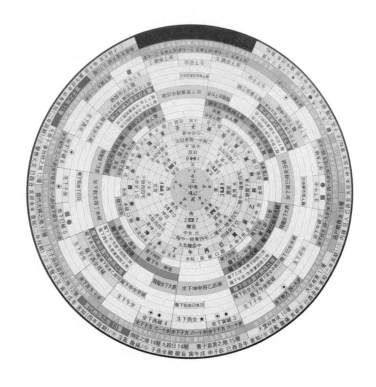

진파乙辰破나 혹은, 입수룡이 다르더라도 건해좌乾亥坐에 을진파이면 환자지지宦子之地라는 의미이다. 용하龍下는 용입수 아래라는 뜻이고 좌하坐下는 좌입수坐入首나 택좌宅坐를 나타낸다.

계축癸丑방위에는 용하간인좌정미파龍下艮寅坐丁未破라고 되어 있다. 즉, 계축룡癸丑龍 입수에 간인좌艮寅坐이면서 정미파丁未破일 경우 환자지지에 해당한다는 뜻이다.[323] 또한 정미丁未방의 경우는 용하곤신좌계축파龍下坤申坐癸丑破라고 되어 있는데 정미룡丁未龍 입수에 곤신좌坤申坐로 계축파癸丑破를 이루면 환자지지라는 의미이다.[324]

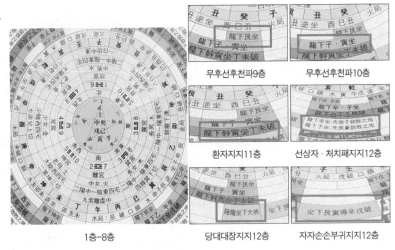

무후선후천파9층 무후선후천파10층

환자지지11층 선상자 · 처치패지지12층

1층-8층 당대대장지지12층 자자손손부귀지지12층

12층은 나[325]를 중심으로 자식을 먼저 여의는 택좌를 뜻하는 선상자
치패지지先喪子致敗之地, 부인을 먼저 여의는 선상처치패지지先喪妻致敗之
地, 자손가운데 무장武將이 난다는 무인천룡武人賤龍의 당대대장지지當代
大將之地, 자자손손 부귀영화를 누린다는 자자손손부귀지지子子孫孫富貴之
地 등이 미색의 바탕색 위에 기재되어 있다. 선상자치패지지와 선상처
치패지지에서 건해乾亥방을 보면, 용하신좌龍下辛坐: 선상자치패지지先喪
子致敗之地와 용하자좌龍下子坐: 선상처치패지지先喪妻致敗之地라고 되어 있
다. 이를 풀이하면, 건해룡乾亥龍 입수에 신좌辛坐는 먼저 자식을 앞세우
고 가산家産이 파破한다는 것을 말한다. 또한 건해룡 입수에 자좌子坐는
처妻가 일찍 죽고 나서 가산이 파한다는 뜻이다. 이하 해의는 이와 같다.
무인천룡의 경우는 녹색바탕색에 4강强방인 을신정계乙辛丁癸 방위에 쓰
여 있다. 신辛방위를 보면 천룡좌하대장賤龍坐下大將이라고 되어 있다. 즉,
신룡辛龍[326] 입수에 신좌辛坐이면 당대當代에 후손 가운데 대장이 나와 명
성을 떨친다는 것을 말한다. 자자손손부귀지지는 황색의 바탕위에 기재
되어 있다. 임자壬子방의 경우 좌하간인득신술파坐下艮寅得辛戌破라고 쓰
여 있다. 이 말은 임자좌壬子坐의 택좌에서 득수得水방이 간인艮寅방이고
물이 빠져나가는 득파得破방위가 신술방辛戌방이라면 자손대대로 부귀영

325) 我아
326) 辛戌龍신술룡

화를 누린다는 의미이다. 이하 무인천룡의 당대 대장지지와 자자손손부귀지지에 대한 해의도 이와 같다.

13층–14층의 이해도 ▶

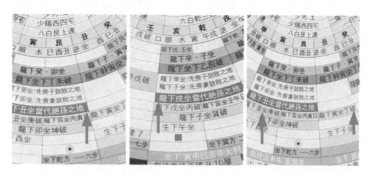

당대절손지지13층　　　　　　　　도성지지14층

　13층은 당대절손지지當代絶孫之地층으로 무자식無子息이거나 자식이 있더라도 일찍 앞세워 잃는다는 것을 말한다. 물론 자식이 있어도 자식노릇을 못하거나 혹은 멀리 떠나고 잃어버린 자식의 경우까지도 포함한다. 모두 4개의 조건으로 건곤간손룡乾坤艮巽龍에 주어지는 살殺이다. 건해乾亥방위를 보면 용하좌하을진파龍下坐下乙辰破라고 되어 있다. 이 말은 건해룡乾亥龍 입수에 건좌乾坐이고 물이 빠져나가는 득파방위가 을진파乙辰破일 경우의 택좌宅坐에서는 당대에 절손이 된다는 의미이다. 이하 나머지도 이와 같이 해의한다. 14층은 자식의 성씨姓氏가 나와 다른 성씨를 갖는다는 뜻의 도성지지倒星之地와 살殺이 작용하여 꺼리는 날327)을 뜻하는 구살일九殺日이 8개씩 표기되어 있다. 먼저 축丑방위를 보면 노란색 바탕에 용하인좌정파龍下寅坐丁破라고 되어 있고, 간艮방위에는 회색바탕에 용하궁좌병인일龍下宮坐丙寅日이라고 되어 있다. 따라서 병인 일을 모든 일은 삼가야 한다는 의미이다.

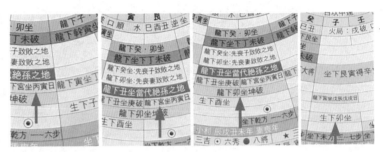

구살일14층　　　　　　양자부귀지지15층　　　　천강살무후16층

　　도성지지 축방丑方에 쓰여 있는 용하인좌정파龍下寅坐丁破의 뜻은 축룡丑龍[328] 입수에 인좌택寅坐宅이면서 물이 빠져나가는 득파방위가 정파丁破[329]이면 자식의 성씨姓氏가 바뀐다는 것을 말하고, 구살일九殺日 간방위艮方位의 용하궁좌병인일龍下宮坐丙寅日은 간룡艮龍[330]입수에 간좌택艮坐宅[331]의 경우는 이장移葬, 파묘破墓, 사초莎草, 입석立石, 면례緬禮와 같은 음택관련 일이나 이사移徙, 개증축改增築, 혼례婚禮와 같은 양택과 일상의 일에 살殺이 끼므로 일진이 병인일丙寅日에 해당하는 경우는 구살일九殺日 가운데 하나로 반드시 병인일은 피해야 한다는 것을 의미한다. 도성지지는 아녀자가 음란부정淫亂不貞하여 남의 씨를 받아와 나의 자식으로 키우는 것과 남자가 다른 아녀자에게 씨를 뿌려 나의 성씨가 아닌 다른 가정에서 다른 성씨로 자라는 것은 물론 다른 성씨의 자식이 있는 처妻를 맞이하여 그 자식이 계대를 이어가는 것까지를 포함한다. 이하 14층의 도성지지와 구살일에 대한 해의도 이와 같다.

　　15층은 양자부귀지지로 양자가 부귀를 얻는 것을 말하는 것으로 내가 양자를 들이는 경우와 나의 자식을 다른 사람의 양자로 보내는 경우를 말한다. 손사방巽巳方의 경우 15층에는 용하오좌건파龍下午坐乾破라고 되어 있는데 이것을 풀이하면, 손사룡巽巳龍 입수에 오좌택午坐宅으로 되어 있고 물이 빠져나가는 방위가 건파乾破[332]이면 양자부귀지지라는 뜻이다. 이하 나머지 양자부귀지지에 대한 해석도 이와 같다. 또한 16층에는 연하늘색 바탕에 12개의 천강살무후天罡殺無後가 표기되어 있다. 12개의 표시는 모두 지지방地支方에 되어 있는데 이는 12개의 본명 띠와 관련이

328) 癸丑龍계축룡
329) 丁未破정미파
330) 艮寅龍간인룡
331) 艮坐坤向宅간좌곤향택
332) 乾亥破건해파

있음을 말한다. 12개의 띠마다 천강살로 절손이 되는 살殺이 있다는 것을 말한다. 가령 쥐 띠는 자생子生에 해당한다. 자방위子方位를 보면 생하묘좌生下卯坐라고 되어 있다. 즉, 본명이 쥐띠인 자생이 묘좌卯坐로 택좌宅坐할 경우 천강살天罡殺을 받아 이후 자손이 끊기게 된다는 것을 말한다. 묘좌택卯坐宅에 자생본명子生本命을 가진 사람이 입주入住 할 경우도 천강살에 해당한다. 나머지 11개의 천강살무후에 대한 해의도 이와 같다.

17층은 장정壯丁[333]이 어린나이에 일찍 죽는 것을 뜻하는 요사유해夭死有害층이다. 갑방위甲方位의 17층에는 좌하해파坐下亥破라고 쓰여 있는데, 이는 갑좌甲坐에 해파亥破[334]는 자손이 요절夭折하는 요사유해지지夭死有害之地라는 의미이다. 이하 나머지 요사유해도 이와 같이 해석한다. 기타 16층과 17층에는 길吉한 방위를 뜻하는 몇 개의 도형표시가 되어 있다. 3길吉 방위인 묘경해卯庚亥에는 적색의 사각, 6수秀 방위인 간병신손정태艮丙辛巽丁兌에는 검정색원圓 안에 또 하나의 원으로 표시되어 있고, 6수秀 방위와 묘경卯庚의 2개 방위를 합친 8개 방위에 있는 산을 8장將이라고 하는데 8장방위에는 짙은 군청색의 원으로 나타내었다. 또한 3화수火秀 방위인 병오정丙午丁 방위는 별표로 표시되어 있다.

우리가 살고 있는 지표면의 토양은 끊임없이 움직이고 있다. 이 움직임을 기氣에 의한 침식작용이라고 하는데 모든 토양은 빠르게 진행하느냐 느리게 진행하느냐의 차이일 뿐 모두 풍화작용과 침식활동을 하고 있다.

33) 나이가 젊고 기운이 좋은 子孫자손을 말함.

334) 乾亥破건해파

17층-19층의 이해도 ▶

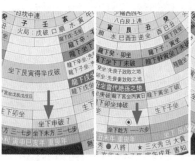

요사유해17층   도시찰심법18층   신좌중상년법19층

풍수에서는 간혹 조상 묘를 이장할 때 묘지 봉분을 파헤치면 유골이 없는 경우가 간혹 있다. 이는 토양 침식작용이 빠르게 진행되는 지표면에 조상의 묘를 조장造葬하였을 경우에 해당한다. 겉으로 보기에는 지표면의 변화가 없는 듯 보여도 내부에서는 지층구조가 크게 움직이고 있음을 말한다. 이러한 현상을 지리학 용어로는 토양의 포행匍行이라고 불린다. 포행이란 경사지에서 토양입자와 입단粒團과 같은 토양을 이루는 물질이 부드럽게 변형되어 주로 집단(mass)으로 중력에 의해서 천천히 아래 방향으로 이동하는 현상을 말한다. 이 현상은 토양입자나 토양 구성물질이 물로 포화되거나 농결凍結과 해동解凍이 반복될 때 더욱 촉진된다. 포행의 속도가 크고 사면이 급속하게 파괴되는 것을 사태沙汰(landslide)라 한다. 다시 말해 토양포행[335]은 중력에 의한 각종 쇄설물碎屑物[336]들이 사면을 이동하는 것으로 토양층의 가장 윗부분에서 일어나는 암설물의 이동이며, 유동성운동에 속한다. 보통 토양입자가 매우 천천히 경사면을 이동하는 것을 말한다. 토양이 수분을 많이 함유할 수 있는 지역에서 나타나며 우리 나라의 지형에서도 쉽게 목격된다. 이동속도가 매우 느려 육안으로는 관찰이 어렵고 토양으로 덮인 사면에서의 지표피복물질이 변화하는 것을 통해서 알 수 있다.

우리 선조들은 이러한 장소의 무덤에서 유골이 없어지는 것을 시신이 도망갔다는 뜻으로 도시逃尸라고 불렀다. 이때 시신을 찾는 이론을 도시찰심법逃尸察尋法이라고 하는데 18층에 기재되어 있다. 손방위巽方位의 18층을 보면, 좌하건방사~구보坐下乾方四~九步라고 기재되어 있다. 이것은 손좌巽坐의 묘墓에서 유골이 없으면 건방위乾方位로 4보步에서 9보 사이를 파면 그곳에 조상의 유골이 있다는 것을 말한다. 이하 나머지 도시찰심법의 해의는 이와 같다.

마지막으로 19층은 청색의 바탕에 산좌중상년법山坐重喪年法이 기재되어 있다. 산좌山坐란 택宅의 좌향을 말하고 중상重喪이란 거듭되는 상喪을 말한다. 그러므로 택좌에 따라 거듭된 상을 당하는 혈처를 말한다. 따라서 19층에는 이장과 같은 일을 할 때 좋은 해年를 뜻하는 길년吉年과 줄

335) 특히 온대습윤 지역을 중심으로 수분을 어느 정도 포함할 수 있는 비교적 다양한 기후지역에서 나타나는 현상이다.

336) 유기물 파편 및 생물의 잔해를 말하거나 암석부스러기, 기계적 풍화작용으로 생성된 자갈과 모래 이상의 조립질 암석편이나 광물조각 또는 그 집합을 말한다.

초상을 당하는 중상년重喪年이 4방위씩 6개영역으로 나뉘어 표기되어 있다. 이를테면 병오정미丙午丁未 4개의 방위 19층에는 좌하진술축미년대리坐下辰戌丑未年大利 자오묘유년소리子午卯酉年小利 인신사해년중상년寅申巳亥年重喪年이라고 되어 있다. 이것을 풀이하면 병좌丙坐, 오좌午坐, 정좌丁坐, 미좌未坐의 택좌宅坐라면 해당 년의 육십갑자에 진술축미가 들어가는 해에 이장移葬을 하면 크게 길吉하고, 자오묘유가 들어가는 해의 이장은 작게 유리有利하며, 인신사해년에 이장하면 거듭 상상을 당하는 해年 이므로 묘를 이장을 해서는 안 된다는 것을 말한다. 생인生人에게는 사주四柱에 의한 명리적 오행이 적용될 수 있다하나, 이미 죽은 망인亡人은 죽음과 함께 사주의 운運도 다하고 묘墓에 안장安葬되므로 땅의 오행기가 절대적 영향을 끼친다. 따라서 이장운과 관련하여 이장길년을 볼 때는 현재의 묘지 좌향을 중심으로 중상년을 피해 이장년을 잡으면 된다. 이하 나머지 산좌중상년법山坐重喪年法에 의한 19층의 해석도 이와 같다. 20층과 21층의 표시는 쉽게 찾아보기 위한 라경층의 안내표시이다.

1.4 도학이기라경道學理氣羅經에 대한 해의解義

도학이기라경은 일반라경의 5층에 해당하는 천산72룡층과 7층에 해당하는 투지60룡층 및 9층의 분금120간을 중심으로 각층과의 납음오행의 상생과 일반 양택론 및 생기복덕방의 대문방위 등을 중심으로 구성되었다. 도학풍수에서 사용하는 세 가지 모든 라경은 우선 좌·우선궁의 구별을 위해 24방위 12궁에 대하여 우선6궁은 노란색으로 좌선6궁은 회색으로 구분하였다.

1) 도학이기라경 전면

❶ 지반정침층 −1층
도학이기라경 전면은 총 5층으로 되어 있다. 1층은 24방위층으로 청

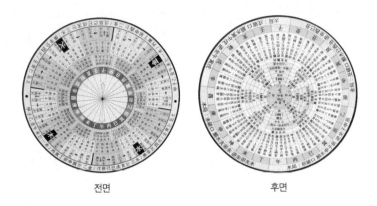

도학이기라경의 전 · 후면도 ▶

전면   후면

색과 적색은 정음정양방위의 표시이다. 정양방위는 적색이고 정음방위
는 청색으로 구분하였다. 1층의 24방위는 일반라경 4층의 지반정침과
같으며 용맥의 입수방위와 좌향측정시에 활용된다.

❷ 천산72룡층 ‒2층
　　2층은 천산72룡을 측정하는 층으로 일반라경 5층에 해당한다. 천산
은 24방위 12궁룡宮龍의 용입수맥을 72룡으로 세분하여 살펴보는 층이
다. 72룡의 측정과 활용은 일반라경 5층의 설명337)과 같다. 다만 공망
맥空亡脈을 제외한 5자순맥子旬脈의 아래에 납음오행338)이 표기되어 있다.
임자룡壬子龍의 오자맥五子脈과 납음오행의 표기를 보면, 갑자금甲子金,
병자수丙子水, 무자화戊子火, 경자토庚子土, 임자목壬子木의 순서로 기입되
어 있다. 이때 사용할 수 있는 용입수맥은 왕기맥旺氣脈인 2번과 상기맥相
氣脈인4번의 병자수맥丙子水脈과 경자토맥庚子土脈이다. 기타 분홍색(동4택)
과 노란색(서4택)의 표시는 동 · 서4택궁의 방위를 표시한 것이다.

❸ 투지60룡층 ‒3층
　　3층은 일반라경의 7층에 해당하는 투지60룡층으로 24방위 12궁룡의
좌입수坐入首맥을 측정하는 층이다. 즉, 투지60룡은 2층의 천산72룡에
서 입수한 용입수맥의 납음오행기가 어떤 좌입수맥坐入首脈을 상생시켜

337) p.401~403
338) p.364‒366

주는가를 보고 취용하는 층이다. 60룡의 측정과 활용은 일반라경 7층의 설명[339]과 같다. 가령 임자궁壬子宮으로 입수한 용맥의 투지분금을 보면 천산72룡과 같이 갑자금甲子金, 병자수丙子水, 무자화戊子火, 경자토庚子土, 임자목壬子木의 오자순五子旬으로 기입되어 있음을 알 수 있다. 투지60룡도 왕기맥인 2번과 상기맥인 4번을 중심으로 취용할 수 있으므로 2층의 천산룡이 상생해 주는 투지용맥으로 입수되어야 한다.

❹ 분금120간층 −4층

이기라경의 4층은 일반라경의 9층에 해당하는 분금층分金層이다. 분금층은 망자亡者의 본명궁本命宮과 관련이 깊다. 임자壬子 방위에 기입되어 있는 분금을 보면, 정해토丁亥土, 신해금辛亥金, 병자수丙子水, 경자토庚子土이다. 분금은 용입수와 좌입수의 천산맥과 투지분금이 상생하는 오행기로 승기承氣되어 입수되어야 하고, 분금좌는 이러한 승기를 타고 망인亡人의 본명궁本命宮을 생生해주어야 체백體魄의 안녕을 도모할 수 있다. 그러나 분금좌가 망명亡命을 극헌하면 매우 흉凶하고 망명이 좌운坐運을 극하면 대길大吉하다. 나머지 분금층의 해의도 이와 같이 일반라경 9층 분금론[340]과 같다. 기타 화살표와 90° 영역으로 나누어 목화금수木火金水라고 쓰여 진 것은 4대국 포태법의 4대국을 의미한다.

천산 · 투지 · 분금 · 4대국 이해도 ▶

339) p.408~410
340) p.414~416

천산72룡층   투지60룡층   분금120간   4대국

❺ 납음오행 공식층 −5층

6층은 천간과 지지에 대한 납음오행수와 60갑자내지 용 · 좌입수맥을 납음오행으로 구분하는 방법을 공식으로 나타내 빨리 해석할 수 있

도록 하였다. 납음오행에 대한 이해는 음양과 오행론[341]에서 살펴 본 바와 같다.

납음오행 이해도와 공식 ▶

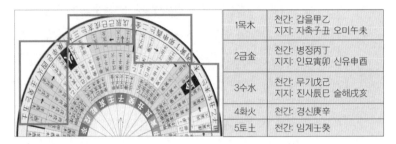

1목木	천간: 갑을甲乙 지지: 자축子丑 오미午未
2금金	천간: 병정丙丁 지지: 인묘寅卯 신유申酉
3수水	천간: 무기戊己 지지: 진사辰巳 술해戌亥
4화火	천간: 경신庚辛
5토土	천간: 임계壬癸

2) 도학이기라경 후면

도학이기라경도 도학통맥라경과 같이 1층은 8괘 방위에 따른 현대적 의미의 방위명을 기재되어 있고, 2층의 경우는 8괘의 표시와 정오행수가 천수天數와 지수地數로 나누어 기입되어 있다. 3층은 8방위의 괘명卦名이고 4층은 정오행과 가족관계가 표시되어 있으며, 5층은 4상四象과 괘卦의 음양부호 설명과 동·서4택이 쓰여 있다. 동4택과 서4택을 나타내는 방위구분은 1층부터 6층까지 동4택방은 연분홍색, 서4택방은 연하늘색으로 크게 구별하여 놓았다. 6층은 9성九星의 자백론紫白論과 8괘명을 쉽게 외울 수 있는 연상명聯想名을 감중련坎中連, 리허중離虛中 등과 같은 방법으로 기입되어 있다.

7층과 8층은 전통적 양택론에서 택의 좌향과 대문과의 길흉吉凶을 보는 생기복덕간법生氣福德看法에 대하여 표기하였다. 7층은 8괘방향의 8개 좌를 표시한 것이고 8층은 7층의 좌향에 따른 생기복덕의 길흉대문방吉凶大門方을 표시하였다. 예를 들어, 감괘坎卦 방위인 임자계壬子癸 방위에는 7층에 감좌리향坎坐離向[342]이라고 되어 있고 8층은 세로글씨로 왼쪽부터 감방평8중귀혼坎方平八中歸魂, 곤방흉7하절명坤方凶七下絶命, 진방길6중천복震方吉六中天福, 태방흉5상화해兌方凶五上禍害, 건방평4중육살乾方凶平四中六殺, 리방길3하연년離方吉三下延年, 간방흉2중오귀艮方凶二中五鬼, 손방길1상생기巽方吉一上生氣라고 쓰여 있다. 기타 설명은(p.547-549)에서와 같으며 9층은 지반정침인 24방위를 나타내고 8괘방위는 회색바탕으로 하였다. 좋은 방위의 대문은 1, 3, 6, 8의 생기生氣, 연년延年, 천복天福, 귀혼歸魂방위이고 2, 4, 5, 7의 오귀五鬼, 육살六殺, 화해禍害, 절명絶命방 위는 흉凶한 방위의 대문에 해당한다. 마지막 10층은 4대국오행과 삼합 국三合局에 의한 순수順水와 역좌逆坐 및 파구처破口處를 기입하였다.

2절 도학라경의 활용

2.1 전통주택에서의 라경 측정

1) 전통주택의 구조와 공간

전통주택의 기본적인 구조에 대해 살펴보면, 전통주택에서 칸間은 네 개의 기둥이 이루는 사각 공간으로 집의 규모를 표현하는 단위로 사용 되었다. 보통 7척~8척[343]이 기본이었다. 기단이란 우천시 빗물이 튀는 것과 땅으로부터 올라오는 습기를 피하고 동시에 건물의 권위를 높이기 위해 건물 밑 부분에 돌을 쌓거나 다른 자재를 쌓아 올린 단으로 기단의 높이, 돌의 다듬어진 정도, 재료에 따라 가문의 권위와 비례하였다. 보 통은 화강석을 많이 사용하였으며 3척~4척[344] 정도였다. 주춧돌은 기 둥의 밑받침으로 활용되고 1척[345] 정도 였다. 주춧돌 사이에 놓는 돌은 고막이돌이라고 불렀으며, 기둥이란 주춧돌 위에 세우는 나무기둥으로 '칸'을 이루는 기본 구조체이다.

343) 210cm ~240cm, 1척=30cm
344) 90cm~120cm
345) 30cm

삼원사 요사채기단　　　사각주춧돌　　　원형주춧돌

346) 圓柱원주
347) 角柱각주

348) 기둥과 기둥 위에 건너 얹어 그 위에 서까래를 놓는 나무로 원형과 방형(方形)이 주로 쓰이는데 간혹 팔각형도 쓰인다. 원형은 굴도리, 방형은 납도리라 한다.

349) 기둥 위에서 지붕의 무게를 전달해주는 건축 부재(部材).

기둥은 건물의 크기를 결정하는 요소였으며 천원天圓인 우주를 상징하는 두리기둥346)는 궁이나 절에서만 사용되고 일반 주택은 지방地方인 지구를 상징하는 사각기둥347)을 사용하였다. 원주는 각주에 비해 품위와 장식성이 뛰어나고 각주는 소박성이 있다. 기둥머리는 가로로 도리348)와 연결하고 세로로는 보349)와 연결된다. 대청350)이란 상류주택의 의식과 권위를 표현하는 상징적인 공간이며 외부와 각 방을 연결하는 전이공간으로 주로 남쪽에 위치하였다. 대청바닥은 우물마루, 천장은 연등천장으로 구성되고 문은 네 개의 짝으로 구성된 사분합문四分閤門351)이 설치되어 겨울철에는 문을 닫고 여름철에는 문 아래쪽의 쇠장석을 풀어 서까래 밑

350) 집채 가운데에 있는 마루로 된 방
351) 문짝이 넷으로 되어 열리고 닫히는 문

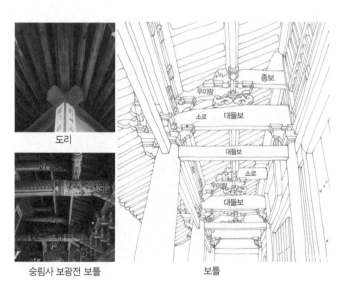

도리

종보
우미량
소로　대들보
대들보
소로
우미량
대들보

숭림사 보광전 보틀　　　　　　보틀

에 내려진 들쇠에 걸어 대청 공간을 개방시키는 들어열개문의 형태이다.

사분합문 위에는 교창이 설치되고 누마루는 주로 사랑채에 설치되었다. 방의 바닥은 장판지로 마감되고 천장도 모든 구조체가 벽지나 천장지로 가려지고 창과 문에는 명장지와 맹장지가 사용되었으며 안방과 사랑방의 중간에 샛장지문을 달아 공간을 분리하기도 한다. 다음으로 전통주택에서의 실내 공간의 구성 요소로 온돌 바닥을 들 수 있다. 온돌바닥은 아궁이에 불을 때서 방바닥 밑의 구들장을 데워 그 열로 인체나 실내의 공기를 데우는 장치이며, 부엌의 바닥이 방바닥보다 2.5~3척[352] 정도 낮은 것은 온돌의 구조 때문이다. 온돌은 방의 한편에만 설치하는 쪽구들인 고구려의 장갱長坑에서 유래되었다.

대청과 사분합문 ▶

양동 수졸당 대청·서까래   칠사당 대청   사분합문

온돌구조와 쪽구들 ▶

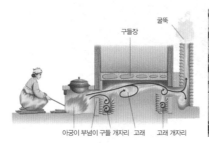

구들장   굴뚝

아궁이 부넘이 구들 개자리 고래 고래 개자리

온돌구조[353]   쪽구들

마루와 관련하여서는 널을 깐 방을 마루방 혹은 마루청이라고도 하고 넓은 마루청을 대청이라 한다. 마루를 깐 모양에 따라 주로 사용되던 장마루와 우물마루가 있다. 장마루는 긴 널판을 깔아 놓은 것으로 누마루, 광, 다락에 주로 설치하였다. 우물마루는 가장 보편적으로 쓰이던 마루

352) 75~90cm
353) 온돌의 구조, 두산백과 참조

구조로써 대청, 곳간에 주로 이용되었다. 벽의 종류로는 심벽, 내심벽 외평벽, 방화장벽. 주로 심벽이 많이 쓰였다. 심벽이란 기둥과 기둥 사이에 흙벽을 친 것으로 기둥이 벽면보다 두드러져 보인다. 방화장벽은 화재시에 불이 번지는 것을 방지하기 위해 벽돌과 석재로 쌓는 외부벽을 말한다. 반 방화장벽은 벽의 중인방 높이까지만 돌을 쌓아 만든 벽으로 화재의 위험이 있는 부엌에서 주로 이용되었다.

심·판벽과 인방 ▶

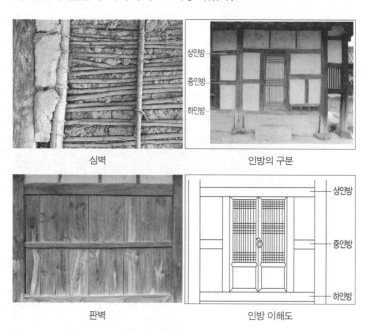

심벽

인방의 구분

판벽

인방 이해도

천장과 관련한 것으로 대들보는 지붕에서 오는 하중을 받아내기 위해 기둥 또는 벽체 위에 수평으로 걸친 구조체를 말한다. 도리는 종도리, 중도리, 주도리로 구성되고 서까래는 도리와 도리 사이 걸쳐 지른 나무를 함께 일컫는다. 천장은 크기[354)]에 따라 삼량집, 오량집, 고주오량집, 칠량집으로 나뉜다. 천장의 구성에 따라 연등천장, 반자천장, 삿갓천장으로 분류되기도 하며, 연등천장은 지붕밑의 서까래가 그대로 노출되어 아래에서 보이게 되는 천장으로 주로 대청마루에 사용되었다. 반자천장은 지붕밑을 장식적으로 마무리한 것. 실내의 보온효과를 높이기 위한

354) 도리의 개수

것이다. 지붕의 크기는 도리의 개수에 따라 삼량집, 오량집, 고주오량집, 칠량집으로 구분된다.

　창이란 건물에서 사람이 드나들 수 있도록 하기 위한 개부구로 문이라 하고, 채광과 통풍을 위한 구조물이다. 그러나 전통 주택은 창과 문을 엄격히 구별하기가 쉽지 않아서 전통주택의 창과 문을 창호라 하는데 요즘도 그 개념이 남아 창문이라 부른다. 한옥의 창실은 바깥쪽으로 노출되어 있어 눈에 가장 잘 보인다. 창의 종류로는 봉창, 화창, 광창光窓, 교창交窓, 눈곱재기창, 살창, 갑창甲窓 등이 있다. 봉창은 창틀 없이 구멍만 뚫려 있어 여닫지 못하는 작은 창을 말하고, 화창은 부엌의 부뚜막 측면의 윗벽을 뚫어 만든 일종의 배기 구멍으로 땔감에서 나오는 연기와 솥의 수증기를 마당으로 뽑아내기 위한 창을 말한다.

교창과 광창 및 누마루 ▶

교창　　　　　　누마루　　　　　　　　　광창

　광창이란 실내에 빛을 들어오게 하기 위한 창으로 봉창에서 발달한 창으로 방의 위쪽에 설치된다. 교창이란 부엌 벽, 광의 벽, 주택 정면 분합문 위에 설치하는 가로로 긴 창을 말하고, 눈곱재기창은 밖을 내다보기 위한 특수기능을 지닌 아주 작은 창이다. 즉, 출입문 곁에 난 봉창이나 광창에 유리를 박아 밖을 내다볼 수 있도록 한 창을 말한다. 살창은 창울거미를 짠 후 여러 개의 살들을 일정한 간격으로 수직방향으로 꽂아 만든 창이며, 갑창은 방한을 위해 안에 이중으로 만든 창이다. 한옥에서의 보통 문은 이중문으로 설치하였는데 바깥쪽의 것을 덧문이라 한다. 덧문은 방한이나 방법의 용도로 쓰였다. 일조량이 적은 북쪽은 문살의 밀도가 낮은 정자井字문살을 사용해서 많은 빛을 방안에 들였고, 남쪽에서는 적은 빛을 방안에 들이기 위해 문살의 밀도가 높은 창살이 사용되었다. 문의 종류로는 판장문, 골판문, 맹장지문, 도듬문, 불발기문, 장지문, 분합문, 두껍닫이문 등이 있다.

문의 종류와 설명 ▶

문의 구분	문에 대한 설명
판장문	몇 장의 널판에 띠를 대어 한 장의 문판을 구성한 것. 부엌 출입문, 광문, 방의 덧문으로 사용
골판문	문 울거미를 짠 후 그 사이에 청판을 끼운 것. 대청의 북향쪽 문, 방의 덧문으로 사용
도듬문	맹장지의 일종. 문틀 부분만 돋보이게 한 문. 문의 테두리 부분에 테를 따로 대고 서화를 붙여 액자 같은 느낌이 드는 문
장지문 (명장지)	외부에서 유입되는 강한 빛을 완충시킴. 방과 방 사이의 시각적 차단 역할을 하는 문
맹장지문	빛을 차단시키기 위해 두꺼운 종이로 안팎을 여러 겹으로 발라 벽체와 같은 질감이 나도록 한 문. 대청에서 방으로 들어가는 문에 주로 사용
불발기문	맹장지의 앉은키 정도의 위치에 직사각형, 팔각형 등으로 울거미를 짜고 그 속에 창살을 짜 넣은 문. 한쪽만 창호지를 발라 명장지로 되어있어 빛이 투과된다.
분합문	들어열개문으로 공간을 분리시키기도 하고 통합시키기도 한다. 방과 대청은 대개 분합문으로 이루어 짐. 빛의 유입을 위해 불발기창이 달려있는 것이 대부분
두껍닫이문	미닫이가 들어가 숨도록 만들어진 문. 주로 머름이 있는 창의 경우에 설치된다. 고정되어 움직이지 않는 경우가 많다.

2) 좌향의 측정

전통주택의 구조와 생활공간 가운데 조선 시대 한옥구조는 현재 우리들이 살고 있는 주택구조와 가장 밀접한 관련성을 갖고 있다고 할 수 있다. 주택의 형태면에서 일자一字형 주택에는 부엌 · 안방 · 건넌방이 나란히 위치하고, 앞쪽에 긴 쪽마루를 놓아 서로 연결했으며, ㄱ자字형 주택에서는 부엌과 안방 그리고 대청을 건너면 건넌방이 있다. 안방과 건넌방 사이의 대청마루는 비교적 좁은 주택 구조에서 독립되고 안정된 공간을 마련하기 위함이며, 유교적 관념에서 남녀유별의 이념이 강조된 면

616   제3편 | 긴 여정의 끝 – 한국의 도학풍수

도 있다. 『예기禮記』의 '내칙內則'에서 언급되는 예禮에 대한 내용을 살펴보면, "부부夫婦의 구별을 삼가는 데서 시작된다. 궁실宮室의 밖과 안을 구별하여 남자는 외실, 여자는 내실에 있어 서로 궁을 깊이 하고 문을 굳게 하는데, 남자는 필요할 때가 아니면 내실에 들어가지 않으며, 여자는 예의상 필요치 아니하면 문밖 출입을 삼간다"[355]는 내용과 "일곱 살이 되면 남녀가 같이 앉지 않으며, 같이 음식을 먹지 않는다"[356]라는 내용이 있다. 따라서 안채는 가정의 화목和睦을 도모하는 곳으로 여성적 취향을 살린 구조로 꾸몄으며, 남성들의 사랑채는 선비들의 인격을 수행하고 학문을 닦는 정신적인 면을 강조하여 검소하면서도 안정된 구조로 되어 있다. 이처럼 사대부가의 경우 남녀 공간이 음양적 공간으로 분명히 나뉘어 독특한 조형양식으로 발전해왔다.

355) "禮始於謹夫婦爲宮室辨內外男子居外女子居內深宮固門 … 男不入女不"

356) "男女七歲不同席不同食"

과거 건축이나 묘지에서 방위를 나타낼 때 좌향坐向이란 표시법을 사용하였다. 좌향은 건물의 방향을 표시할 때 나라는 혈처穴處를 기준으로 생각하면 이해가 빠르다. 어디에 앉아서 어느 쪽을 바라보고 있는가(向향)에서, 어디에 앉았느냐(坐좌)는 혈처라는 입지점을 말한다. 이때 앉아 있는 뒤쪽은 좌坐에 해당하고 어느 쪽을 바라보고 있는가는 정면의 방향인 향向을 뜻하는 것이다. 주택의 등 뒤인 좌坐에서 바라보는 방향은 윤도輪圖, 즉 라경羅經으로 측정하고 설명하는데 방위는 음양陰陽, 오행五行, 팔괘八卦, 십간十干, 십이지十二支 등을 활용하여 나타냈다.

사대부와 평민의 전통주택 ▶

사대부 주택   중인·평민 주택

풍수적으로 전통주택은 크게 사대부가士大夫家의 주택과 평민주택으로 구분한다. 모두 담장으로 둘러싸인 공간내부에 대문, 마당, 사랑채와 안채, 마루, 안방[357], 부엌 등이 있는 구조로 지역에 따라 다양한 공간배치 형식을 갖추고 있다. 일반적으로 기후조건을 고려한 실질적 방위상의 남향위주로 되어 있으나 사대부가의 주택일수록 배산임수背山臨水의 터에 상징적 방위상의 남향으로 용맥龍脈과 주산主山을 등지고 있는 형태가 대부분이다. 이는 자연지형의 지세에 순응하고자 했던 순리에 따른 것이다.

전통주택에서의 마당 ▶

사랑마당

안마당

일반 민가의 마당

전통주택의 좌향측정은 주건물인 본채, 즉 사랑채든 안채든 가주家主가 숙식을 하며 실질적으로 머무르는 안방이라는 상징적 공간이 배정되어 있는 건물의 채를 중심으로 좌향을 측정한다. 흔히 사랑채의 경우 남성들의 공간이라고 하여 가주家主가 머무르는 안방으로 보는 경우가 있으나 풍수적으로 사랑채는 남성들의 일상과 접견을 위한 생활공간의 의미가 강할 뿐, 실질적인 숙식의 공간이라고 보기 힘들다. [358] 마당은 집과 터에 따라 제각각의 형태를 띠므로 거주가 실질적으로 머무는 본채나 사랑채를 중심으로 좌향을 잰다. 대부분의 경우 대청마루가 있는 본당本堂의 건물을 중심으로 좌향이 결정된다. 본당은 측면채나 별채의 부속건물보다 위계상의 이유로 높은 경우가 일반적이다.

357) 가주家主가 머무르는 안방. 즉 주방主房

358) 그러나 사랑채의 사랑방이 가주家主의 실질적 주거공간으로 활용되고 있다면 사랑채의 주방主房을 안방으로 보는 것이 합당하다.

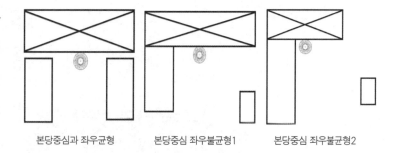

본당중심과 좌우균형　　　　본당중심 좌우불균형1　　　　본당중심 좌우불균형2

　　주택의 좌향은 주건물인 본당이 어느 방위를 등지고[359]바라보느냐[360]에 따라 8괘방 내지 12궁방위로 결정된다. 주건물은 대청마루를 중심으로 주택의 형태에 따라 구별된다. 한국의 대표적인 주택형식은 일자형—字形, ㄴ자형 혹은 ㄱ자형, ㄷ자형, ㅁ자형, 기타 불규칙형 등으로 구별된다. 주택은 이와 같이 그 형태가 다르더라도 좌향의 측정은 본당을 대각선으로 교차하는 중심점의 앞에서 측정한다. 보통은 신발을 벗어 놓는 댓돌이나 디딤돌이 있는 부분으로 민택3요에서 말하는 지시랑청에 라경을 놓고 측정한다. 지시랑청은 빗물이 지붕의 처마를 타고 흘러내려 떨어지는 안쪽의 지면보다 높은 댓돌부위의 기단을 말한다.

　　따라서 주건물이 가장 크거나 높고 위엄을 갖춘 중심역할을 하는 것이 일반적이지만 부속건물이 오히려 본당인 주건물보다 외형적으로 큰 경우도 있다. 이 경우 건물의 외형에 치우치다보면 부속건물을 주건물로 오인誤認하여 좌향을 잘못 측정할 수도 있다. 본당이란 개념은 사대부가나 평민주택에서 남자들의 영역인 사랑채가 중심일 경우도 있지만, 실질적으로 안채가 중심일 경우가 의외로 많다. 이때 중요한 것은 건물의 좌와 향의 설정시에 벽면과 창을 중심으로 좌방위와 향방위가 결정된다는 점이다.

359) 坐坐
360) 向向

댓돌과 디딤돌 ▶

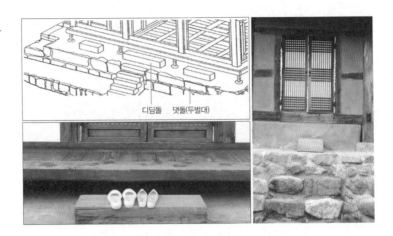

디딤돌   댓돌(두벌대)

　　풍수적으로 사랑채는 외부의 손님을 접견하는 공간쯤으로 이해하기 때문이다. 예를 들어, 추사 김정희 선생의 고택을 보면 ㅁ자형의 안채와 ㄱ자형의 사랑채 모두 유좌묘향酉坐卯向의 동향집이다. 그러나 사랑채를 보면 본당중심 좌우불균형2에 해당함에도 불구하고 자좌오향택子坐午向宅의 남향으로 오인誤認하여 측정하는 경우가 많은데, 이는 건물의 외형에 치우치기 때문이다.

추사 김정희 고택도 ▶

ㅁ자형 안채

ㄱ자형 사랑채

건물배치도면

현대에 와서 일반주택의 좌향측정에는 더 많은 혼선이 빚어진다. 이유는 과거의 전통주택은 형태가 방정方正한 형태로 명확히 일자형一字形, ㄴ자형(ㄱ자형), ㄷ자형, ㅁ자형이 주류를 이루었지만, 현대건축의 설계는 형태면에서 다각적이고 불규칙한 형태가 대부분이기 때문이다. 특히 최근 건설되는 아파트는 용적률을 높이기 위해 급속히 확장되고 있다. 이러한 경우의 주택 좌향은 필수적으로 주택의 평면도상에서 가상假想의 가감신상加減線上으로 대각선을 그려서 교차되는 중심점에서 주택의 향向방향으로 이동하여 좌향을 측정한다. 이는 음택에서 묘의 상석중앙에 라경을 놓고 좌향을 측정할 때와 같은 이치이다. 이때 중요한 것은 건물의 좌와 향은 벽면과 창을 중심으로 좌방위와 향방위가 결정된다.

일반주택의 좌향 측정위치 ▶

전통주택의 형태에 따른
좌향 측정위치 ▶

3) 문주조門主竈의 측정

한국의 전통주택과 단독주택 및 전원형주택은 모두 일편一片의 택지상택地上에서 마당과 건물이 조화롭게 구성되어 있다. 지기地氣의 관점에서 음양적 체용體用논리로 보면 주택과 주택 내의 공간이란 불변의 고정적 음陰이 택지상에서 주어지는 유동적 양陽의 건축물에 불과하다. 따라서 택지가 근본인 체體라면 건축물과 그 내부공간인 대문과 안방을 비롯한 부엌의 문주조는 용으로써 한국의 전통주택 내 공간배치의 가장 핵심적인 3요소이다. 부엌의 경우는 하나의 건물채에 부속되어 있는 경우도 있지만 별채로 떨어져 있는 경우도 있다. 모든 주택의 좌향은 택지형태와는 무관하게 건물의 대각선이 교차하는 중심점에서 대청마루, 댓돌과 디딤돌 같은 지시랑청쪽으로 이동하여 좌향을 측정하지만, 문주조를 측정할 경우는 본체인 본당의 좌향측정 지점과는 별도로 측정해야 한다.

천기天氣의 관점에서 음양적 체용體用논리로 체의 택지가 양陽이라면 용의 건축물은 음陰에 해당하여 지기의 관점과는 정반대의 음양적 체용논리가 적용된다. 양택은 일편一片상의 비교적 넓은 택지라는 혈처에 주어지고 마당과 건축물이라는 조형과 공간배분의 미학적 구성으로 특히 마당이 갖는 상징적 의미는 매우 크다. 우선 마당이 양의 공간이라면 건축물은 음의 공간을 대표한다. 물매가 있어서 문과 반대쪽으로 물이 빠지도록 계획되어 있다. 마당은 택지인 땅으로서의 장소인 외부공간의 의미를 가지고 있으면서 장소적 개념뿐만 아니라 활동, 생활을 담는 기능의 의미로도 해석된다.

마당을 고려하지 않는
문주조 측정위치 ▶

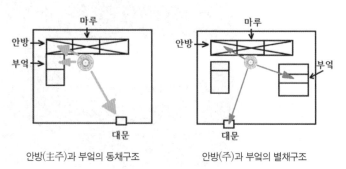

안방(主주)과 부엌의 동채구조   안방(주)과 부엌의 별채구조

단순히 마당이라는 말은 차령산맥 이남以南에서 주로 쓰는 것이고, 이북에서는 안마당과 바깥마당으로 나누어 구분하여 쓴다. 마당은 크게 형성 원인에 따

라 건축물에 의해 형성되는 마당과 의식이나 특수기능을 위해 독자적으로 만든 마당으로 구분한다. 기능면에서는 외부공간에서 내부공간으로 동선을 연결하는 통로, 채광이나 통풍을 위한 중정中庭, 추수기의 작업, 생산을 위한 채마밭, 공간 구분, 정서 조성을 위한 정원庭園, 행정·의식 수행 등으로 구분할 수 있으나 여러 기능이 복합적으로 작용하는 것이 보통이다. 사대부 주택이나 대농大農, 중농中農의 주택들은 여러 채로 구성되기 때문에 마당 이름도 바깥마당·행랑마당·사랑마당·중문간마당·안마당·뒷마당 등 다양하다. 따라서 이 두 가지의 공간이 갖는 음양적 상징성은 양택이라는 하나의 소우주체를 형성한다. 그러므로 문주조라는 공간배분 또한 마당을 떠나서는 있을 수 없다.

마당을 고려한 문주조
측정위치 ▶

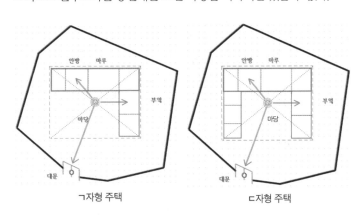

ㄱ자형 주택   ㄷ자형 주택

　　　한국의 가옥구조를 보면 마당을 중심으로 하는 대문은 위계와 권위의 상징성으로 음택에서의 수구水口에 해당하는 기구氣口라는 점에서 절대적이었던 반면, 안방인 주방主房의 문과 같은 것은 대문역할을 하는 주문柱門이 아닌 창문의 성격이 강하다. 따라서 문주조의 방위측정은 건축물과 마당을 합친 택지공간 상에서의 영역적 방위로써 측정되어야 한다.

사랑채 중심의 문주조
측정위치 ▶

이병철 생가

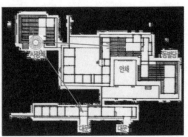

강릉선교장

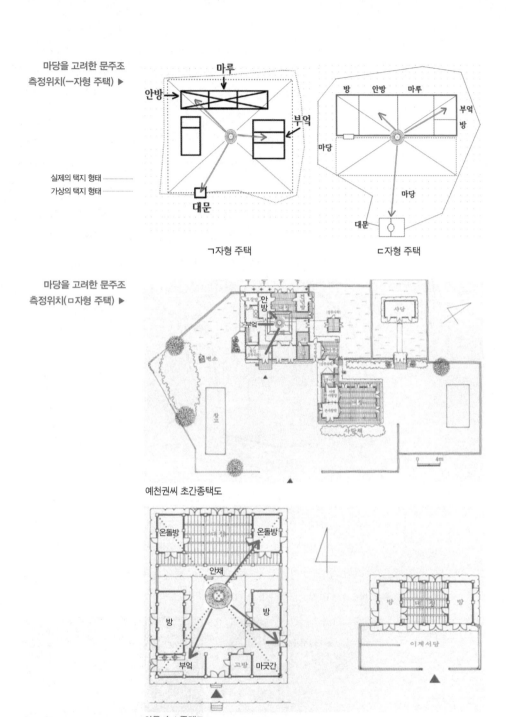

마당을 고려한 문주조
측정위치(一자형 주택) ▶

마루
안방
부엌

실제의 택지 형태
가상의 택지 형태

대문

ㄱ자형 주택

방 안방 마루
부엌
방
마당

마당

대문

ㄷ자형 주택

마당을 고려한 문주조
측정위치(ㅁ자형 주택) ▶

안방
부엌
변소
창고
사당
사랑채

예천권씨 초간종택도

온돌방 온돌방
안채
방 방
부엌 고방 마굿간

안동 송소종택도

방 방
이계서당

현대주택의 경우에서도 아파트와 빌라 등과 같이 마당이 없는 주택의 경우를 제외하고 단독주택이나 최근에 유행하고 있는 전원주택도 전통주택과 마찬가지로 마당이라는 공간에 대해 주택을 형성하고 있는 하나의 주거공간으로 인식해야 한다.

따라서 문주조와 같은 3요소에 대한 풍수적 길흉배치 여부에 대한 측정시 마당을 고려한 측정이 합리적이다. 물론 약간의 편차길이 있으나 8괘방 45° 영역으로 좌향과 문주조를 측정하는 중국의 양택이론인 동·서4택론과 한국의 전통풍수론인 좌·우선6택론의 12방위 30도 영역의 범주안에 포함되기 때문에 약간의 편차각은 크게 문제되지 않는다. 앞의 그림에서 보듯이 일자형一字形 주택에서 청색의 점선은 문주조 측정을 위한 가상의 선으로 대각선의 교차점에 라경을 놓고 문주조방위를 측정한다.

그러나 일자형 주택과는 달리 전통주택의 평민주택361)이나 사대부가의 안채와 같은 ㅁ자형, ㄷ자형 주택에서 문주조의 측정은 마당을 끌어안는 구조이기 때문에 비교적 가상假想의 선을 긋고 교차점에서의 측정이 비교적 용이하다. 좌측 그림의 예천권씨 초간종택도와 안동 송소종택도는 ㅁ자형 주택에서의 문주조 측정의 용이함을 보여주고 있는 사례이다. 이는 음양논리와 주택이 갖는 우주관인 주거철학적 논리로 마당이라는 공간이 갖는 상징성을 수용한다는 측면과도 부합符合하다.

2.2 현대주택에서의 라경 측정

1) 마당이 있는 주택

전통주택의 대표적 한옥의 구성요소로써 마당은 단순히 건물의 외부라기보다는 집의 한 요소인 내부공간 개념으로 생각하여 왔다. 여염집에는 보통 행랑마당·사랑마당·안마당 등이 있다. 행랑마당은 주인이나 머슴이 일을 하는 공간이고 사랑마당은 바깥주인의 공간으로 손님을 영접하는 장소이며 경우에 따라서는 혼례식도 치러졌다. 안마당은 안방마

361) 中人階級중인계급

님이 집안을 꾸려가는 가사家事노동의 공간으로 밖으로부터 폐쇄적인 구조로 주로 ㅁ자형의 마당으로 이루어진 것이 일반적이다. 뒷마당은 장독대나 굴뚝 등이 배치되어 가사노동이 집약되도록 하고, 안방이나 건넌방에서 문을 열면 감상할 수 있도록 후원을 가꾸었다. 마당은 중국의 양택 풍수이론인 양택삼요론陽宅三要論에서 3요소인 대문, 안방, 부엌의 공간 방위를 측정할 때 패철佩鐵을 두는 곳으로 한옥의 중심공간이다. 집의 방문이 모두 밖으로 열리고 대문이 안으로 열리는 깃도 중심공간인 마당을 향하기 때문이다. 마당은 풍수적으로도 중요하지만 농경생활이 주主인 주택에서 농작물을 갈무리하고 건조하는데 필수적인 공간이기도 하다. 서유구의『임원경제지』에서도 마당의 형상에 대해 "무릇 뜰을 만듦에 있어서 세 가지 좋은 점과 세 가지 피해야 할 점이 있다. 높낮이가 평탄하여 울퉁불퉁함이 없고 비스듬해서 물이 잘 빠지기 쉬운 것이 첫째 좋은 점이요, 담과 집의 사이가 비좁지 않아서 햇빛을 받고, 화분을 늘어놓을 수 있는 것이 두 번째 좋은 점이요, 네 모퉁이가 평탄하고 반듯하여 비틀어짐이나 구부러짐이 없는 것이 세 번째 좋은 점이다. 이러한 것과 반대되는 것이 세 가지 피해야 할 점이다."라고 서술하고 있다.

마당이 갖는 공통적인 요소로는 사각형의 마당 평면과 평평하게 다져진 바닥이라는 점이며 현대의 정원 개념까지도 가지고 있다. 조선 시대 문헌인『산림경제』에도 마당의 식목植木에 대한 주의 및 위치를 기술하고 있다. 즉, "주택에 심는 나무로서는 소나무와 대나무가 좋다. 이것은 주위를 울창하게 하며 세속世俗의 탁기濁氣인 속기俗氣를 없애기 때문이다. 마당 한가운데에 나무를 심는 것은 화禍를 불러들이고362) 과일나무가 무성하여 집의 좌우를 덮으면 질병을 초래하게 되며, 큰 나뭇가지가 집이나 문에 닿으면 불길하다. 북서쪽에는 큰 나무를 피하고,363) 집 근처에 오래된 고목古木은 귀신이 모이니 피해야 한다. 문 앞에 고목이나 썩은 나무의 그림자가 지는 것도 피하고 문 앞 양쪽으로 나무가 있는 것도 피하는 것이 좋다."고 하고 있다.

초목草木을 적당히 배치하되 지세地勢를 인공화 하는 것을 금기시 하

362) 마당 가운데를 형상화 한 글자는 곤困자를 들 수 있다. 곤자는 어떤 일이 풀리지 않는다는 의미이다. 피곤한 일이 생긴다는 뜻이다.

363) 북서쪽은 가장을 뜻하는 건방위에 해당한다. 이 방위에 나무를 심으면 가장의 기를 나무가 뺏어 공중으로 발산해 버린다는 의미이다.

여 주어진 환경에 동화함을 기본으로 삼고, 마당을 가공해서 정원화 하는 것을 피하였다. 따라서 우리나라 전통의 마당은 다목적 기능을 가지고 있는 우리 특유의 외부 공간으로 정원이 아닌 의식주 생활에 직접 관여한 공간이라고 할 수 있다.[364]

마당의 다양한 형태 ▶

364) 신영훈, 한국의 살림집, 열화당, 1983.

365) 한옥 전통에서 현대로(한옥의 구성요소), 주택문화사, 2008.

성리학은 조선의 지배이념이자 생활원리로서 궁궐에서부터 하층민에 이르기까지 문화에 큰 영향을 끼친 관계로 건축도 성리학의 이념을 따라 조영되었다. 그중에서도 유학자들이 가장 이상향으로 삼은 것은 '무이구곡武夷九曲'이다. 중국의 주자朱子가 중국 무이산 계곡에 무이정사를 짓고 자연에 은둔하며 현실정치의 모순에서 떠나 초야생활을 한 것으로, 조선시대 성리학자들의 누정이나 정사 · 초당 · 서당 · 서재 등의 건축뿐만 아니라 개인주택의 마당에서도 이를 작게나마 실현해보고자 하는 염원이 있었다.[365]

무이정사武夷精舍 ▶

또한 네모난 방형方形의 마당에 나무를 뜻하는 목木이란 글자가 들어서면 한자로 괴로울 곤자困字가 되어 안마당에는 큰 나무를 심지 않았다. 집터를 잡을 때 배산임수背山臨水의 명당자리에 앉히는데, 앞에 큰 나무가 자라면 사람이 받아야 할 생지기生地氣를 나무가 다 빼앗아 갈뿐만 아니라 지기地氣를 누설하고, 대체적으로 집의 향이 대부분 동남향이므로

햇빛을 가려 집을 음습陰濕하게 하기 때문이다. 마당은 물이 잘 빠질 수 있도록 마사토磨砂土[366]의 토질로 아침마다 대나무 빗자루로 가지런히 쓸어 놓는다. 본시 마당이 밝으면 그 집이 잘된다고 했다. 그것은 아침 일찍 일어나 마당을 쓸고 하루를 힘차게 시작할 수 있다는 것도 있지만, 처마가 긴 한옥은 마당의 마사토에서 반사된 빛이 집안까지 들어와 양명하게 생활할 수 있음을 은유적으로 표현한 것이라고도 할 수 있다. 집 앞의 연못은 자연적인 것이 가장 좋지만 그렇지 못할 경우 인위적으로라도 집 근처에 연못을 파고 사랑채에서 잘 보이는 곳에 배롱나무를 한그루 심어 놓으면 더 이상 바랄게 없었다.

수공간을활용한마당의사례 ▶

연못은 보기 좋으라고 파기도 하지만 집으로 들어오는 습기를 낮은 곳에 모으고 가두는 역할도 한다. 물은 음이온을 발생해 머리를 맑게 해주어 학문을 업으로 삼은 유학자들의 주거에 많이 적용되었다고도 보지만, 풍수적으로는 1·6수水로써 오상五常의 지혜(智지)를 나타내고, 골육수骨肉水내지 명당수라 하여 지기地氣의 산물産物로 명당임을 입증하는 증혈證穴로 중시되었다.[367] 연못에는 작은 다리가 놓이는 경우도 종종 있었는데 수공간水空間을 성속聖俗의 경계로 삼은 예라 할 수 있다. 연못의 형태는 사각의 연못으로 가운데에는 원형의 인공섬을 두었는데 이는 천원지방天圓地方사상을 반영한 것이다.

아주 좋은 명당에 집을 지으면 금상첨화이겠으나 썩 좋지 못한 자리에도 여러 가지로 비보裨補하여 터를 이루었던 선조들의 지혜는 배울 점이다. 자연의 이치를 깊이 이해하면서 지나치거나 모자람 없이 삶의 터

366) 風化土풍화토

367) 인공적으로 조성한 정원의 우물은 물이 오염될 경우 탁기가 발생하고 온갖 세균의 온상이 될 수도 있다.

전을 이뤄나가는 방법들이야말로 한옥의 기본정신이다. 그러나 비보는 최선이 아닌 차선으로 풍수심리적 관점에서 다뤄져야 한다.[368]

2) 마당이 없는 주택

❶ 과거형 아파트 · 빌라

현대주택에서 도시형 주택의 대표적인 아파트와 빌라, 주거형 오피스텔의 경우 마당이라는 공간은 둘 수가 없다. 대신 향向 쪽의 앞 베란다가 마당과 같은 역할을 한다. 그렇다고 베란다 자체가 마당이라는 의미는 아니다. 대신 전통주택에서 양택의 3요소에 들지 않았던 마루의 개념이 거실로 바뀌게 된 점이 다르다.

따라서 거실이란 가족 구성원들이 공유하고 있는 주거공간이다. 아파트와 같은 도시형주택에서 모든 가족들의 동선動線은 거실을 통하여 이루어진다. 배분된 공간의 면적도 당연히 거실이 차지하는 면적이 넓을 수밖에 없다. 이러한 이유로 문주조의 측정을 위해 사각지점끼리 연결되는 대각선상에서 중위점은 거실의 특정부분에 놓이게 된다.

도시형 주택의 문주조
측정위치 ▶

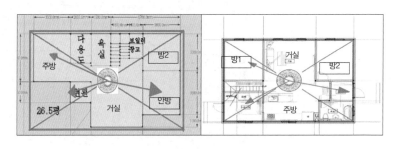

공동주택인 도시형주택은 단독가구를 중심으로 문주조를 측정한다. 다가구가 사는 동棟의 출입구는 의미가 없다. 다시 말해 다세대가 이용하는 출입구는 3요소의 문으로 보지 않는다는 뜻이다. 중요한 것은 해당 세대가 거주하는 각호의 출입구인 현관문이 대문에 속한다. 도시형 주택은 마당이 있는 ㅁ자형 주택과 같이 측정한다.

368) 김여경, 풍수지리에 함의된 심리학적 연구, 서경대대학원, 석사논문, 2014

❷ 단독주택과 최근형 아파트 · 빌라

대도시 단독주택의 경우 과거 건축법이 미비할 때 지어진 경우 마당이 거의 없이 건물위주로 건축된 주택이 상당수 있다. 이러한 주택의 조그마한 마당을 고려한 가상의 선으로 주택의 중위점을 잡더라도 마당을 고려하지 않는 건물위주의 가상선假想線을 중심으로 중위점을 찾는 경우와 별반 차이가 없다.

또한 최근의 도시형 주택인 아파트와 빌라 등은 사각형의 반듯한 평면보다 대지면적에 대한 지상 건축물의 연면적 비율인 용적율容積率을 높이기 위하여 불규칙한 다각형의 도시형주택이 주류를 이룬다. 따라서 마당이 거의 없는 단독주택이나 최근에 건축되어진 아파트와 빌라 같은 도시형 주택의 경우도 그림과 같이 가감처리 한 가상의 사각형에서 대각선에 의한 중위점을 찾아 라경을 놓고 문주조 방위를 측정한다.

마당이 없는 단독주택과
최근형의 도시형주택
문주조 측정위치 ▶

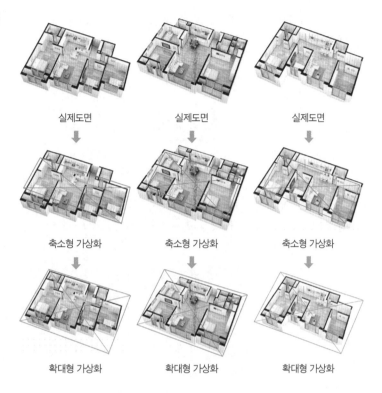

실제도면   실제도면   실제도면

축소형 가상화   축소형 가상화   축소형 가상화

확대형 가상화   확대형 가상화   확대형 가상화

❸ 전원형 주택

근래에 들어 주택중심의 부동산 시장에서 투자에 대한 불확실성이 증대하고 주택가격의 거품과 기대가치가 사라지면서 전원형주택을 선호하는 사람들이 증가하고 있다. 물론 여기에는 도로교통시설의 확충과 더불어 대중교통이 용이해진 점도 한몫을 차지하고 있다. 전통주택 개념에서 대문은 택지상에서 경계를 이루는 담장을 전제로 양택의 3요소로 설정되어진 것이다. 담장은 황제택경에서도 언급되었듯이 혈처를 보호하는 사신사에 해당하는 개념이며, 대문은 형국론에서 수구水口에 해당하는 기氣의 출입구이다. 담장은 사신사와 같은 것으로 당처堂處의 기氣가 외부로 유출되는 것을 막고 외부의 흉기凶氣가 침범하는 것을 막아준다. 물론 흉기의 개념은 바람과 추위를 비롯한 도난 등의 자연적이거나 인위

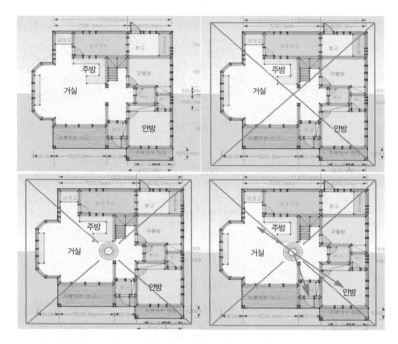

적인 인명과 재산상의 손실을 말한다. 그러므로 주택의 개념에서 건물과 마당을 포함한 택지에서는 반드시 담장을 두르고 대문이 있어야 한다. 이는 과거의 전통주택이 형식면에서 개방형의 구조를 추구하였기 때문이다. 그러나 현대주택은 철저하게 폐쇄형 주택으로 건축되고 있다. 건축물의 외벽이 담장과 같은 역할을 할 수 있도록 설계된다. 당연히 경계를 구분 짓는 담장의 기능은 축소되고 자연친화성이 강조되면서 형식적인 담장이 인테리어 소품쯤으로 전락할 수밖에 없다. 마당이 있으나 마당이 제 역할을 못한다는 것은 대문의 역할 또한 의미가 없다는 말이 된다. 이러한 형식적인 담장의 전원형 주택은 외관상으로는 개방적이고 오픈적인 주택의 모양새이지만 실질적으로는 매우 견고한 폐쇄형의 주택이다. 따라서 이러한 전원형주택에서의 문주조 측정은 마당이 없는 도시형 주택의 경우처럼 마당의 대문이 아닌 건축물의 출입구를 대문으로 보고 문주조를 측정하여야 한다.

祖上是根 根固枝茂.
나무의 뿌리는 조상과 같은 것이니 조상을 길지에 모시면
그 뿌리가 견고한 것과 같다. 뿌리가 깊은 나무는 나뭇가지가
무성할 수밖에 없는 것이니 후손은 나뭇가지와 같이 번성한다.

절취선

* 도학풍수에서 실제 활용되는 도학풍수 라경과 천지인 라경의 전·후면 견본
라경 문의 ps6065@naver.com

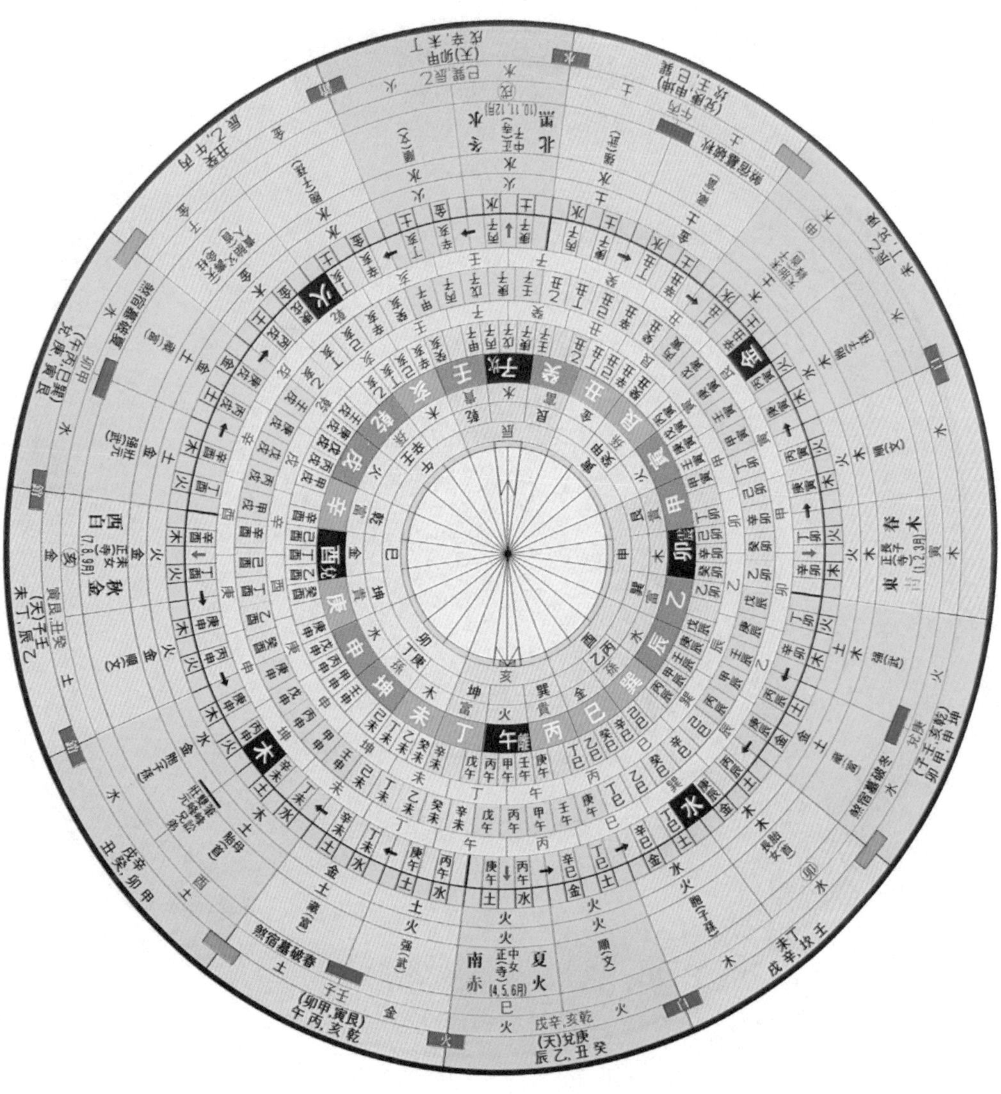

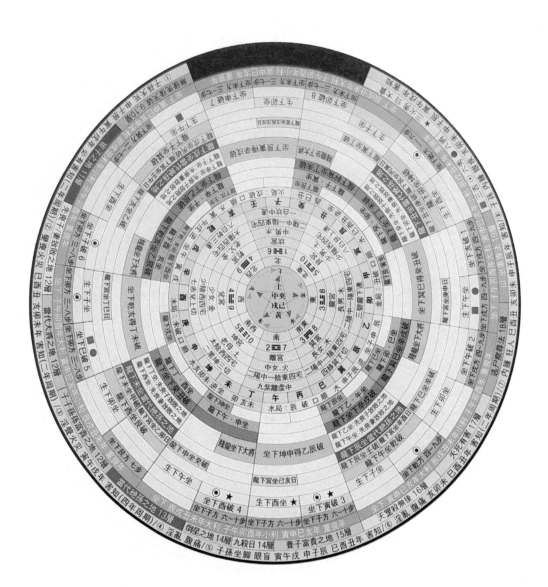

646

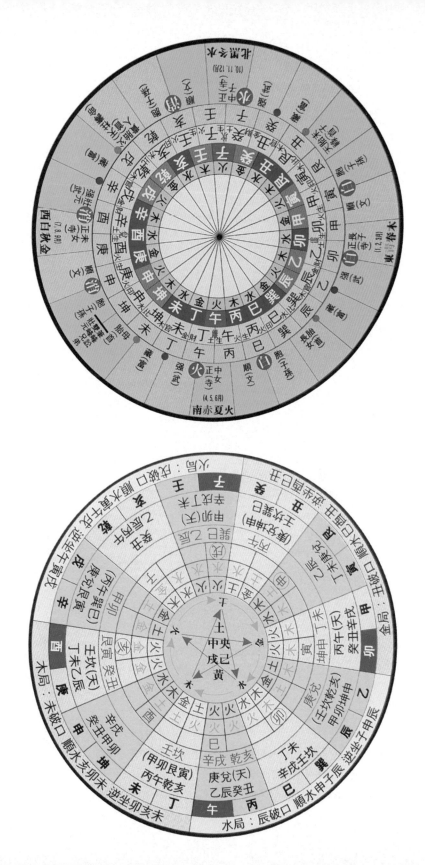

도서출판 이비컴의 실용서 브랜드 **이비락** 樂 은 더불어 사는 삶의 긍정적인 변화를
가져다 줄 유익한 책을 만들기 위해 끊임없이 노력합니다.
원고 및 기획안 문의 : bookbee@naver.com